中文社会科学引文索引（CSSCI）来源集刊

人文论丛

2020年
第1辑（总第33卷）

冯天瑜　主编

教育部人文社会科学重点研究基地
武汉大学中国传统文化研究中心　　主办

WUHAN UNIVERSITY PRESS
武汉大学出版社

KEY RESEARCH INSTITUTE IN UNIVERSITY

图书在版编目(CIP)数据

人文论丛.2020年.第1辑:总第33卷/教育部人文社会科学重点研究基地,武汉大学中国传统文化研究中心主办.—武汉:武汉大学出版社,2020.6
ISBN 978-7-307-21607-5

Ⅰ.人…　Ⅱ.①教…　②武…　Ⅲ.社会科学—2020—丛刊　Ⅳ.C55

中国版本图书馆 CIP 数据核字(2020)第 107421 号

责任编辑:李　程　　　责任校对:李孟潇　　　版式设计:马　佳

出版发行:**武汉大学出版社**　　(430072　武昌　珞珈山)
(电子邮箱:cbs22@whu.edu.cn 网址:www.wdp.com.cn)
印刷:湖北金海印务有限公司
开本:787×1092　1/16　印张:31　字数:751千字　插页:2
版次:2020年6月第1版　　　2020年6月第1次印刷
ISBN 978-7-307-21607-5　　　定价:108.00元

《人文论丛》2020年第1辑（总第33卷）

目　　录

人文探寻

文史考证

制度与思想

历史文化语义学

学术综述

人 文 探 寻

与三先生议 "封建"

□　冯天瑜　□述　姚彬彬　笔录

　　"封建"本为表述中国古代政制的旧词，意谓 "封土建国" "封爵建藩"，近代以前在汉字文化圈诸国（中、越、朝、日）通用，未生异议。19 世纪中叶西学东渐以降，中日两国用 "封建"一词翻译西洋史学术语 feudalism（封土封臣、采邑领主制），衍为一个表述社会形态的新名（时间上中西并不对应，中国封建在殷周，西欧封建在中世纪，时差千余年），此新名的基本内涵仍然与 "封建"原义相通。

　　20 世纪 20 年代开始，来自苏俄的 "泛化封建"观强势降临，把 "以农业为基础的"从秦汉至明清的中国社会视为 "封建社会"。郭沫若先生是此说的力推者，他在 1930 年出版的《中国古代社会研究》中称："中国的社会固定在封建制度之下已经二千多年"，还将 "废封建、立郡县"的秦始皇称之 "中国社会史上完成了封建制的元勋"。这种说法，是在斯大林及共产国际影响下应运而生的，但 30 年代还仅是一家之言，学界很少顺应。至延安整风时期，《联共（布）党史简明教程》立为干部必读书和述史经典，中国的历史进程纳入该《简明教程》规定的模式：原始社会—奴隶社会—封建社会—资本主义社会—共产主义社会（其初级阶段为社会主义社会），且在时段划分上也必须与西欧史对应。自 1949 年以降，正式颁发的历史学教科书和大多数社会科学论著及整个文宣系统皆沿袭此说。

　　我们这一代及下代中国人，受教的是 "五种社会形态单线直进"论，将商周归入奴隶社会，秦汉至明清是一以贯之的封建社会。1978 年至 20 世纪 80 年代中期，本人步入学术研究领域，不假思索地运用这种论式。转机发端于 20 世纪 80 年代中期以后，我在撰写《明清文化史散论》及稍晚的《中华元典精神》之际，较系统地阅读《左传》《史记》《明史》《清史稿》以及柳宗元、马端临、黄宗羲、顾炎武、王夫之的史论，又从梁启超、章太炎、钱穆等近代学者的讲论中得到启示，并于 20 世纪 80 年代末读到刚翻译出版的马克思晚年的《人类学笔记》，对 "泛化封建观"渐生疑窦，不再将秦汉—明清封建时代说视为确论。这些思考，初步反映在 1989 年前后与何晓明、周积明二君合著的《中华文化史》（上海人民出版社 1990 年版）中。吾撰之上篇探讨中国历史分期问题，并专立一目《中国 "封建制度"辨析》云：

　　　　中国古来即用的专词 "封建"，是 "封土建国"的简称。……西方的 "封建制度"（feudalism）与中国古来的 "封建"在概念上比较切近。……自 20 世纪 40 年代以来，我国史学界所通用的"封建制度""封建社会"，则是从"五种社会形态"角度确定其含义的，用所有制和阶级关系作为判定标准，指由地主阶级占有土地等生产资料的主要份额，以剥削农民（或农奴）剩余劳动为基础的社会制度；自然经济是这一制度的特征，农民和地主构成这一制度的基本成员，农民与地主的阶级矛盾是这一制度的主要社会矛盾。这里所使用的"封建"一词，已与"封建"的古义和西义均不搭界。

该目提出，"秦汉至明清两千年间社会形态较确切的表述，应是'宗法君主专制社会'"，其制度主体已不是"封建"的。1989 年的此种看法，是我 2005 年前后撰写《"封建"考论》的基点。

上述思路的整理及明晰化和渐趋深入，得益于与师友的切磋，特别值得纪念的是与三位年长我 20 岁左右的学界先哲——李慎之（1923—2003）、唐德刚（1920—2009）、谷川道雄（1925—2013）——的研讨。

一、与李慎之先生议"封建"

李慎之先生 20 世纪 80 年代中后期是中国社会科学院副院长，主管外事工作，同时也是社科院美国所所长，以博通中西著称。

1988 年，李慎之副院长受上级命，组建一个小型人文学者代表团，赴美国与华裔人文学者建立联系。当时台湾当局刚刚"解严"，海峡两岸人员交流渠道尚未开通，大陆方面试图通过在美华裔学者（如历史学家唐德刚、哲学史家成中英、政治学者熊玠等，他们与台湾关系密切），搭建海峡两岸学术沟通桥梁。

那个人文学者代表团由四人组成，中国社科院两位：《历史研究》主编庞朴、政治所所长严家其；院外两位：社会学家郑杭生（时任中国人民大学副校长）、文化史学者冯天瑜（时为湖北大学教授）。我们四人到社科院汇合后，由李慎之交代任务。这是我第一次见到李氏，即为其博学和率真所吸引。之后代表团一行到美国夏威夷，在东西方中心（East-West Center）和夏威夷大学与美籍华裔学者晤谈甚欢，达到预期目的。回国后我们到社科院向李氏汇报，他很高兴，说以后每年举行一次这样的会议，并把台湾学者汲纳进来。后来由于情势变化，李氏的这一设想未能实现。

李氏 1989 年秋辞去中国社科院副院长职，次年拙著《中华文化史》出版，我往外寄送的第一位便是李氏。以后几年间，在北京的学术会议上曾两三次见到李氏，他说，收阅《中华文化史》，特别称赞其中论封建一节"甚精当"。然见面匆匆，未及详述。后来我获悉，李氏在文章中多次论及"封建"问题。

李氏 1993 年 10 月发表《"封建"二字不可滥用》，指出中国学术必须保持"自性"，不可乱套外来模式，由此论及"封建"概念和历史分期问题：

> 时下所说的"封建"以及由此而派生的"封建迷信""封建落后""封建反动""封建顽固"并不合乎中国历史上"封建"的本义，不合乎从 feudal, feudalism 这样的西方文字翻译过来的"封建主义"的本义，也不合乎马克思、恩格斯所说的"封

建主义"的本义,它完全是中国近代政治中为宣传方便而无限扩大使用的一个政治术语。

李氏坦陈:"这个错误是我代人所犯下的",显示了老辈学人的历史担当精神。他指出:

> 循名责实,正本清源,是所望于后生。所幸的是青年一代史学家已经有人注意到了这个问题。两年多前,我收到湖北大学冯天瑜教授寄给我的《中华文化史》,书中即已专列《中国"封建制度"辨析》一节,可说已经开始了这一工程。

1993 年我已年过天命,慎之先生称之"青年一代史学家",这是老辈寄语,我只能勉为认领了。(一笑)

近年我又读到李氏 1998 年撰写的《发现另一个中国》,文章在批评"封建"滥用后指出:"把中国自秦始皇起的社会制度称为封建主义实在是近几十年才大行其道(在此以前的名家,如陈寅恪、冯友兰都是压根儿不用这个名词的,西方研究中国历史的学者也不用这个词儿)。然而究其实际,则与中国原来所说的封建与日本、西洋的封建(feudalism)大不相同,当然也与马克思所说的封建不同(他心目中封建主义本来就是西方通用的封建主义概念),因此名实不符,只能乱人视听。"愚见与李氏所议一致。惜乎 1993 年以后,我们没有交流机会,拙著《"封建"考论》2006 年出版时,先生已辞世三载,只能献之于灵前。

二、与唐德刚先生议"封建"

与唐德刚先生相识,恰在前述 1988 年夏威夷大学交流之际。会议期间我与夏威夷大学成中英、纽约州立大学熊玠及唐德刚互动较多。唐氏时任纽约市立大学教授、亚洲研究系系主任,他的学术贡献,最为人熟知的是口述史。唐氏擅长采访,又有一支生花妙笔,李宗仁、胡适、张国焘、张学良的口述传记出自他的手笔。我读过精彩纷呈的《李宗仁回忆录》,对该书作者十分心仪。因为神交已久,故与唐氏一见如故,俩人在会议休息期间交谈,晚饭后到海边散步,指天画地,渐渐集中到封建辨析问题。我陈述对"封建"滥用的反拨之议,唐氏连称"难得",因为在他的印象中,大陆学者普遍持五种社会形态单线直进说,认定秦汉至明清是封建社会。唐氏听罢我的陈述,立即操着浓重的安徽乡音,介绍他撰写的《论中国大陆落后问题的秦汉根源》中的观点。唐氏的这篇文章是 1987 年在西安一个会议上宣读的论文,我们 1988 年交谈时,该文尚未正式发表,我当时听来颇觉新颖(该文 20 世纪 90 年代后收入他的《史学与红学》等文集中)。

唐氏说,中古欧洲式的封建制,政治属从的关系只是皇帝与诸侯、诸侯与附庸的关系,政府与人民之间无直接关系。农民只附属于土地,而土地则是附庸、诸侯或(直属于)皇帝的私产。欧洲史家十七十八世纪把这种管辖制度称之 feudalism。近代中国知识分子读欧洲历史,发现中国古代亦有类似的制度,这个制度并且有个古老的名字叫作"封建"。封建者,封君建国也。唐氏讲到这里兴奋起来,提高声调说,20 世纪二三十年代，"封建"一词便逐渐变质了，最后它竟变成了所有古老而落伍的一切坏的风俗习惯的总代名词。唐氏强调："时至今日，在中国马克思史学派的词汇中，所谓'封建'显然既非中古欧洲的 feudalism，也不是中国古代封君建国的'封建'了，它变成中国马克思主义者受苏联影响而特创的一个新名词。"

唐氏这一评论基本符合实际，但有须加修正的地方。我插言："大陆流行的泛化封建观，并非'马克思史学'，实则与马克思封建社会原论相悖。"

唐氏闻言有些诧异，连问："这是么意思？"我解释道："泛化封建观是在苏俄及共产国际影响下、中国初学唯物史观的学者形成的一种偏失判断。"

唐氏可能没有读过马克思关于"封建"的论说，误以为那种泛化封建观出自马克思，我特别指出："马克思认为，非欧国家只有日本的前近代是封建社会，中国、印度等绝大多数东方国家的前近代皆非封建社会。中国一些熟悉马克思原著的史学家并不赞成秦汉—明清封建社会说。"唐氏听到介绍后，连连点头说："可能是你讲的这种情况"，并连连拍我的肩膀，说："看来你读了不少原著，所以不人云亦云。"唐氏的虚心态度和敏锐判断力令人钦佩。

1998 年以后几年我在日本讲学，1999 年 5 月初专程回国参加在北京大学举办的纪念五四运动八十周年国际学术研讨会，会上重逢唐先生，我们不约而同地谈到不能把五四运动的题旨概括为"反封建"，而应称之"反君主专制"，如辛亥革命诸人从未"反封建"，而是"反帝制，争共和"。由此我们在会上会下继续讨论"封建"所涉诸题。住在同一宾馆的王元化先生也曾参与交谈，三人所见一致。

在这次北大会议期间，爱知大学绪形康教授邀中国的王元化、冯天瑜，美国的周策纵、唐德刚，新加坡的王赓武座谈（座谈纪要载于爱知大学《中国 21》1999 年卷，中国社会科学出版社 2001 年版），王元化讲到，五四"反封建"一说应当重估，因为中国在秦始皇统一后，就不再是封建制了。绪形康接着说：

> 冯天瑜先生发表过《厘清概念——以"封建"与"形而上学"为例》，与王元化先生观点相近。看来我们对五四运动的再认识，有一个重新厘定概念的任务。

这次北大重晤，我与唐德刚讨论封建问题较夏威夷那次深入。我把 1988 年以后十年间自己对"封建"问题的进一步思考告诉唐氏，他深表赞许，并阐述己见。

唐氏指出：

> 中国社会历史可划分为三个阶段，即封建、帝制、民治。帝制就是君主专制，民治就是进入民主制度的实践阶段。

唐氏这种划分与吾见相似。我补充道：封建的基旨是宗法，宗法封建制初现于殷商，西周得以完备。从春秋战国到秦汉，发生从分权的封建到中央集权的君主专制的转变（史书称"废封建，立郡县"），但周代确立的宗法观念和宗法制度秦汉以后承袭下来，用严复的话来说，直到今天，中国人"犹然一宗法之民"。封建制解体，宗法制保留下来，周代是宗法封建，秦汉后是宗法君主集权制，这是中国史的一个特点。唐氏赞成此说。

我们还讨论到，中唐前后的中国社会形态，颇有差异。从秦汉到中唐以前，进入皇权专制社会，但封建性要素还多有遗留，从两汉到魏晋南北朝，一直发生封建制与郡县制的博弈。

俩人有一共识：因为秦汉到明清时间跨度长，应作阶段性划分，这两千年间，各种典制、习俗、思想多有迁衍变化，秦至中唐为"皇权时代前期"，其地主经济、官僚政治粗具规模，却又保留领主经济、贵族政治的若干要素，某些时段（如两晋南北朝）封建制更有张大之势（可称"亚封建"）；中唐至明清为"皇权时代后期"，领主经济、贵族政治淡出社会舞台，地主经济、官僚政治成熟，专制君主集权迈向极峰，但封建性要素仍有遗存。

唐德刚先生的封建、帝制、民治的三段分期法，胜在简明。他有一个形象的比喻，叫做"历史三峡"。他说：

> 历史的潮流中，前后两个社会政治形态的转换，其间必然有个转型期，此转型期就个"三峡"，跨过这个转型期，就像江水经过瞿塘峡、巫峡、西陵峡之后便一泻千里。他认为，第一个"历史三峡"，是自公元前4世纪"商鞅变法"起至秦皇汉武之间，实现了从封建转帝制，历时约三百年。此次转型是自动的，内部矛盾运行的结果。

我续接道：从宗法封建向皇权社会的过渡，直至西汉的中期，也就是在汉武帝时，才算真正克服了贵族政治的遗留，当然其后还有反复。

唐氏说：

> 第二个"历史三峡"，发端于鸦片战争之后，时间应该也是二三百年，此次转型是受外来刺激而行，是被迫的，我们至今仍处于这个转型期之中。民国以来一直没有彻底消除的出身论、阶级固化等社会现象，可以看作宗法专制甚至是封建制的历史遗留物，彻底克服尚须时日。

我赞同唐氏此议，又补充道，第二个"历史三峡"，并非全是外力所致，内在动力也十分重要，而且愈到后来愈重要。

以上对谈是宾馆房间内和晚餐后在北大校园散步时进行的。我在笔记本上有简要记载。

李慎之、唐德刚二位先生与我议"封建"，发生在80年代末，延及90年代初。三人原未谋面，事先彼此没有任何沟通，相逢一叙，即不谋而合，可谓"心有灵犀一点通"。

三、与谷川道雄先生议"封建"

1998—2001年我应聘位于日本名古屋的爱知大学专任教授；2004—2005年在京都的国际日本文化研究中心（简称"日文研"）做访问学者，这两个时段与沟口雄三、中岛敏夫、加加美光行、梅原猛等日本学者切磋"封建"议题，更多次与谷川道雄先生深度研讨。

谷川道雄被称为日本京都学派第三代"祭酒"，在中国六朝隋唐史研究方面贡献卓著。我在爱知大学任教时，已经结识谷川氏，他在京都主持的学术会常邀我参加，他到名古屋这边也多来晤谈。2004—2005年我到京都"日文研"以后，见面就更方便了，经常一起畅谈。他持非常明确的中国秦汉后"非封建"观点，所撰《中国中世社会与共同体》等书多有阐发。当时我正撰写《"封建"考论》，曾持文稿向谷川先生请益，他极表赞赏，并以蝇头小楷写意见书数页。2006年《"封建"考论》出版，他收到赠书后第一时间即细致阅读，并用红笔作了密密麻麻的批记圈点，后来见面他专门翻给我看。

2008年我赴京都参加学术会议，其间谷川先生邀我到他府上。同去的还有聂长顺和牟发松二君。长顺是我的学生，日语很好，时任武汉大学中国传统文化研究中心副教授（现在已是教授了）；发松是唐长孺先生及门弟子（唐先生与谷川先生友谊甚深，谷川书房悬挂的唯一条幅便是唐先生所书），与我在武汉大学历史系同事，后任华东师范大学教授，时在京都访学。我们在谷川先生书房畅谈一整天（中餐由谷川夫人主厨），四人的议题是"封建"问题。后来聂长顺把谈话内容整理成文，题为"关于中国前近代社会'非封建'的对话"，发表于《史学月刊》。

谷川氏服膺唯物史观，对中国史学界一些学者（有的是谷川的老朋友）至今抱持"泛化封建论"表示非常不理解。他说，这些老友以为是在坚持马克思主义，实则非也。将秦至清中国社会称为"封建社会"，是斯大林教条的产物，与马克思主义史学相悖。他说：

> 真正的马克思主义是发展的。而发展必须首先探究她的本来面目，找到她的基本理念、逻辑原点和逻辑结构。斯大林把"五种生产方式形态"模式化，是机械的、专断的，并不尊重马克思的本来面目和根本原则，并不是对马克思学说的发展。像冯先生的《"封建"考论》那样，才是发展马克思主义。

我表示，自己并不肯认马克思的全部观点，更不敢自命发展马克思主义，但认为马克思在"封建"问题上的阐述，是准确而深刻的。

《"封建"考论》出版以后，我遭到措辞严厉的批评，获得三顶帽子：一是"反马克思主义"；二是"否定中国民主革命"（中国民主革命是"反帝反封建"，你说中国前近代不是封建社会，便从根本上否定了中国民主革命）；三是"否定了中国现代史学成就"。会晤时，谷川先生笑问："冯先生对这几顶帽子作何回应？"我笑答：

第一顶帽子是否恰当，那就得认定马克思的封建观是什么。查阅《马克思恩格斯全集》或四卷本《马克思恩格斯选集》，如果觉得麻烦，可以把《马克思恩格斯论中国》这本小册子找来看，便会发现，马克思从来没有说过中国前近代是封建社会，而是用"东方专制主义""亚细亚生产方式"概括包括中国在内的东方国家的前近代制度。

马克思有两篇文章直接论及东方国家社会形态，一篇是为驳斥俄国民粹主义者米海洛夫斯基而作的《给〈祖国纪事〉杂志编辑部的信》（1877年11月），文称："关于原始积累的那一章只不过想描述西欧的资本主义经济制度从封建主义经济制度内部产生出来的途径。"但米海洛夫斯基却"一定要把我关于西欧资本主义起源的历史概述彻底变成一般发展道路的历史哲学理论,一切民族,不管它们所处的历史环境如何,都注定要走这条道路,——以便最后都达到在保证社会劳动生产力极高度发展的同时又保证每个生产者个人最全面的发展的这样一种经济形态。但是我要请他原谅。他这样做,会给我过多的荣誉,同时也会给我过多的侮辱"。马克思明确反对用西欧的社会发展模式硬套其他区域的作法。

另一篇是《科瓦列夫斯基〈公社土地占有制,其解体的原因、进程和结果〉一书摘要》。马克思的朋友、文化人类学家科瓦列夫斯基写了一部研究印度历史的书《公社土地占有制,其解体的原因、进程和结果》,认定前近代印度是封建社会,马克思不同意这一论断,他指出,中古印度不同于西欧中世纪,"依据印度法典,统治权不得由诸子平分;这样一来,欧洲封建主义的大量源泉便被堵塞了"。马克思的理由有二:首先,印度存在一个中央集权的官僚政治系统,这是非封建的;此外,当时印度的土地是可以自由买卖的,这也是非封建的。

对照马克思确认的封建标准,中国的前近代就更不是封建社会了。秦汉以后确立中央集权的皇权官僚政治,制度的非封建性超过印度。至于土地可以自由买卖的情况,中国兴起于战国末期,秦汉以后更加普遍,经济制度的非封建性也在印度之上。而马克思认为印度前近代不是封建社会,那么中国前近代就更加不是封建社会了。因此,在封建问题上,有些人糊制的"反马"帽子很容易扣到马克思本人头上。这可万万使不得。(众笑)

第二,关于中国的民主革命,对外"反帝",这没有分歧;至于对内"反"什么,就要如实判定:中国民主革命不是反对封建性的领主经济,而是革除非封建的地主经济。在政治领域不是反对封建性的贵族政治,而是革除非封建的君主专制,从辛亥革命、二次革命,直到新民主主义革命,都是反对君主专制及变相的君主专制。孙中山说过,封建贵族制中国两千前已经打破,我们的革命对象为非封建的专制帝制,他的名言是:"敢有帝制自为者,天下共击之。"

中国民主革命在经济、政治两方面,皆不能以"反封建"概括。因此"否定中国民主革命"的帽子也戴不上吾头。(众笑)

第三,是不是否定了中国现代史学的成果。《"封建"考论》中以很大篇幅回顾近现代史学家的"封建论",从章太炎、梁启超、钱穆、瞿同祖、张荫麟、李剑农等,一直到晚近的吴于廑、齐思和等,这些史学家或对封建制度有正面阐述,或对泛化封建论提出质疑,均言之凿凿。我们正是承袭近现代史学的这一传统,对沿袭苏联《联共(布)党史简明教程》的史学偏误略加纠正。不知是何人在"否定中国现代史学成果"。(众笑)

笑谈后,牟发松教授介绍,谷川道雄先生曾在上海作《"非封建"的中国中世》讲座,论述中国前近代社会的非封建性问题。谷川先生接着发表许多精辟意见,概述如下。

(1)"封建"的名实之辨,涉及多层级论题,是一个需要细致用心的学术课目。而"封建"问题要置于历史分期的大视野中探讨。近代日本史学界曾从东西比较角度对历史分期作探究,内藤湖南等人对中国史分期颇有创识,但现在日本学者已极少讨论分期问题,这令人遗憾。谷川氏寄望中国史学界继续推进此一研究。我对谷川氏此议表示赞同,并认为,分期问题在社会形态定型了的现代日本,可能已经退出视野,但在转型间的现代中国,却有着深切的理论意义和实践意义。

（2）谷川氏将中国秦汉以下排除在"封建社会"之外，而称之"专制政治社会"。他说，春秋战国以前属古代社会（或曰封建社会），秦汉以下属中世社会。中世社会分前后两段：中唐以前是古代社会（或曰封建社会）残存的中世社会，其间的农民有较多君主农奴性质；中唐以后已少有古代社会残存，其间的农民有较多君主隶奴性质。我补充道，秦汉以下的自耕农，已成为直接向朝廷纳税服役并有人身自由的编户齐民，与封建时代（中国先秦时、西欧中世纪、日本三幕府时）人身依附的农奴有区别，这是秦汉以下社会非封建的表现。

（3）谷川氏评介"二战"后日本史学界的中国史分期论争：由前田直典及东京的历史学会为一方，认为从秦汉至明清乃至民国是"封建社会"；而发扬内藤史学的京都学派（代表者宫崎市定及其弟子谷川道雄）为另一方，认为秦汉至明清，中国确立为官僚制的、郡县制的君权一统帝国，并非封建社会，而为"专制政治社会"。

我介绍了与日本汉学家沟口雄三的交流。沟口氏认为：自秦汉帝国以来，一直采取以皇帝为中心的中央集权制，至少在政治体制上，不能将近代以前的中国称为封建时代。他在一篇文章中指出，"把鸦片战争以前看作长期的封建时代""存在着一个概念的偷换"。

晤谈中大家说到现在学术界许多人已脱离《联共（布）党史简明教程》的框架，但大的文宣语境和教科书仍然沿用中国前近代封建说，表明对时下中国史学的进步，还只能持谨慎乐观态度，有些问题还须阐明。

（1）将秦汉至明清称封建社会，套用的是西欧历史模式（西欧中世纪是封建社会）。这种模式不仅无法套用于印度、中国，连东欧的俄罗斯都不是这样的。俄罗斯前近代有一个漫长的农村公社制阶段，并未出现西欧中世纪时的封建制度。五种社会形态单线直进说，是对西欧历史的概括，而且是粗糙概括，许多欧美学者并不认同。

（2）封建社会和皇权专制社会的根本差别，可概括为：政治制度上是贵族政治与官僚政治之别；经济制度上是领主经济与地主经济之别。这些要点尚须深入研讨。

（3）中国周代"封建"制，与欧洲中世纪的 feudalism，内涵有相近处，但在时间上二者错位一千多年。这是东西方历史条件差异造成的。如果把西欧历史模式硬套到中国史上，便是"削足适履"（钱穆语），结果造成"语乱天下"（侯外庐语）。

以上皆世纪之交旧事，时过二三十年后，只能追记其概略，但大意不会走样。谨以此篇敬奉三先生在天之灵。2020 年春末 新冠肺炎大疫 于武昌珞珈山

（作者单位：武汉大学中国传统文化研究中心）

☞ **编者按：** 2019 年 9 月 19 日晚，应武汉大学中国传统文化中心邀请，中山大学刘志伟教授、复旦大学张晓虹教授、四川师范大学段渝教授和武汉大学徐少华教授，在历史学院第一会议室举办了一场题为"中国区域文化研究：理论、方法和史料拓展"的联合学术讲座。杨华教授主持了这场讨论。现将讨论内容载录如后，以飨读者。

中国区域文化研究：理论、方法和史料拓展

□ 刘志伟 段 渝 徐少华 张晓虹

杨华： 各位老师、同学，今天我们很荣幸地请到四位"大咖"，也是各位非常熟悉的四位著名学者：中山大学历史人类学中心主任刘志伟教授、复旦大学历史地理研究中心主任张晓虹教授、四川师范大学巴蜀文化研究中心主任段渝教授，还有本院的徐少华教授。今天他们要讨论的题目，是一个命题作文。教育部人文社科重点研究基地主任年会在我校召开，四位老师都是基地主任，因为莅会，难得同时聚集在武大。我临时给四位老师出题，请他们谈一谈区域文化。大家也可以看到：段老师研究长江上游；徐老师研究长江中游；张老师研究长江下游，同时也研究汉水流域文化和历史地理理论；刘老师则研究珠江流域。他们在研究时段、研究方法上各有不同，有的使用考古学办法，有的采用田野考察或人类学方法，但都在区域文化研究方面卓有成就。今晚的话题是区域文化，区域文化与历史自然地理、历史人文地理有密切关系，谭其骧先生曾经提出过系列理论，那我们就先从理论开始，我们先请张晓虹教授开讲。

张晓虹： 我应该说是一个中青年学者，我是读着徐老师、段老师和刘老师的书成长起来的学者，但是既然今天杨老师邀请我先讲，那么，我就先抛砖引玉吧。

做区域文化，其实和历史地理关系最为密切。尤其是复旦史地所有一系列的研究成果，这就是我们系列的省区历史文化地理。这一研究开始最早的是张伟然老师，他先做湖南历史文化地理，再做湖北历史文化地理。他之后我们也分别按照不同省区进行研究。我做了陕西历史文化地理，后来又有山西、浙江、甘青宁、江苏等省区的历史文化地理研究。从理论上讲，这时我们还没有完全形成自己关于历史文化地理、区域文化研究的基本理论与方法，所以最初的这些区域研究大多借用西方文化地理学的理论与方法。我想大家对文化地理有兴趣的话，一定读过北京大学王恩涌先生的《文化地理学》。王先生在系

地介绍西方文化地理研究成果的同时，也把自己对于中国的文化地理研究的一些想法加了进去，才形成这本书。因此，我们最早的文化地理研究基本还是按照这一体系展开，即按照文化地理的五大主题：文化区、文化传播、文化生态、文化整合和文化景观等开展研究。这样的做法固然有效，但我们在后来的研究中发现存在很多问题。这待我后面再谈。此外，西方一些最新的文化地理理论，尤其是新文化地理的理论进入了中国，这些主要是受到后现代影响而产生的理论，也开始通过文化地理学的中介影响历史文化地理研究。

在这一过程中一定要提北师大地理学的周尚意教授，她对西方历史文化地理理论进行了系统介绍，并以之对中国当代文化地理进行了大量的研究工作。她的译介和工作对我们认识历史时期的中国区域文化有非常多的启发。所以最初的研究我们基本上是"拿来主义"，更多的是借鉴西方的理论。

除此之外，我们还受到很多其他学科的影响，其中最重要的就是历史人类学。我记得历史地理学界一度被历史人类学"打击"得很厉害，曾经有老师就提出说，从历史研究的角度讲，每一个区域或者断代都有一个独有的特征，所以在写论文时就必须有贯穿始终的主线。但是，早期做区域历史地理时非常模式化，比如我们一定要研究"四大主题"：即学术文化、宗教、语言、风俗。至于为什么要研究这四大主题？首先，这是因为中国历史其实也是儒学文化不断扩展的历史，学术文化对地方历史影响很大，所以学术文化是地域文化的重要组成，这是一定要研究的；第二，我们在借鉴西方文化地理理论时，就知道他们很重视两大文化要素：一个是语言，一个是宗教。如果大家去过西方就会发现，在西方每个地区最大的不同就是各种各样的教堂。那么语言不用多说，更是地方文化的重要特色，中国当然也有各地方言的差异。所以，对宗教和语言的研究，其实是受西方的影响。当然在中国，周振鹤老师提出宗教的差异并不明显，大部分人信仰佛教，但是中国人信仰宗教的态度是和西方人不同的。最后一个文化要素就是风俗，这一点在《汉书·地理志》中就讲了，所以，风俗就替代了宗教成为中国文化区域划分中的第四个重要因素。

但是有学者就对于我们这种模式下的历史文化地理研究提出质疑，就是按照这样的模式，我们一个一个区域做下去有什么意思呢？这一质疑引起了我们的思考。正是在这种情况下，大家看到张伟然老师的《湖北历史文化地理（研究）》就完全改变了这种描述文化区域特点的风格。这本书更多地用文化景观、文化心态切入，以增强人们对区域文化特征的认识。以上就是历史文化地理之前十几年理论上的发展过程。

当然，研究到现在，历史文化地理已经在丰富度上超过了之前的模式化的研究，但是做过那么多个案之后我们也思考，面对中国这样一个疆域边阔、人口众多的国家，专题研究、要素划分，可能仍然是相对可行的研究方法。我先暂时讲到这里。

杨华：张老师讲的内容我有所了解。20世纪90年代初，我在复旦念博士时，与张伟然教授是先后同学，几乎是同寝室而居，我也算是耳濡目染了。他做那篇《湖南（历史）文化地理（研究）》的博士论文时，究竟选择哪些要素来讨论，确实有些踌躇。宗教、方言、科举人才、出版印刷、风俗习惯，等等，都可以作为判断区域文化特色的指标，但是这种指标是否在其他区域也有普适性，真是个问题。他当时研究的难度，我比较清楚。下面我们就请刘老师来讲讲。

刘志伟：其实我也不是历史人类学（学者），只不过大家都给我贴了这个标签。我还是从张老师讲到的，历史地理学被我们"冲击"开始谈吧。从我们的研究角度来说，确实与历史地理学的研究风格、学术传统、提出问题的逻辑和解释的脉络有所不同，但是从整个中国历史学的大框架中，我又觉得历史地理学和我们有很多的共同语言。

虽然大家关注的问题、论述的办法与路径不太一样，但还是有很多共同语言，所以很多老师也与我们有很好的关系，历史地理与我们也算是"又爱又恨"的关系吧。

刚才张老师讲他们做的是区域文化地理，也就是把各个区域文化的特征、特性呈现出来。所以在我的理解中历史地理重要的是讲清楚各个地方的文化是怎样的；这一点对所谓的历史人类学可能是反过来的，我们是希望通过观察各个地区怎么样讲"他们的文化是怎么样的"，来了解一个地方的历史。也许正是这个区别，他们属于地理学，我们属于历史学。简单说，我们不研究一个区域，但是我们在一个区域做研究。

一个区域作为一个空间、地理单位，它的形态是怎么样的？历史人类学的问题是，通过它们呈现出的文化现象，来探求我们希望去建立的历史。这样一来，可能就与历史地理的路径有所不同。我想，历史地理是一个很有中国特色的学问，它的前提是面对中国这样一个很有整体性的帝国，问的是每个地区的特性在哪里？差异在哪里？我们怎么去把握？

我们做的刚好相反，我们认为，各个地方的差异，是不言而喻的，我们要问的问题是：各地自然条件和文化有如此之大的地理差异，中国怎样成为一个中国，怎样还是一个中国？它的整体性为什么那么牢固？它是怎么样得到延续的？这个问题从政治史、思想史的角度似乎很好回答。政治史给出的回答是，我们就是中央集权、大一统、专制主义，等等，由这种政治格局和特性，带出很多政治史问题；思想史也会说我们有儒家的统一意识形态，就可以把这个问题解答了。但是，我们不满意这样的回答，因为只是说专制主义、高度集权、统一的意识形态，这些东西不只是中国存在过，比如在意识形态方面，我们看看伊斯兰教、基督教，恐怕中国的统一性不一定比他们强吧？可是为什么只有中国呈现出这样的长久的政治文化甚至社会的大一统局面？

所以历史人类学是回到人，回到人与自然的关系，回到人的行为，回到普通人的生活、普通人的情感和他们理解世界的方法以及由此产生出的一系列行为，从最下层人的行为观念、情感、他们对于世界的想象中去回答这个问题，从而产生我们努力去探寻的路径。要回答这个问题，也需要从每一个不同区域的不同历史进程中来探求。所以，我们做的研究，从我刚才讲的这些方面中可能与张老师有所不同。但是这些不同绝对不是什么要做，什么不要做。学术研究最重要的还是不同的研究方法、研究风格，大家都按自己的路走，再互相启发。所以我们不认为不同的研究风格、路径是不正常的，而恰恰是进一步深入研究的基础。

我要特别说明的是，我们现在看到的关于某个地方的区域文化的表述是有很大不同的，历史地理可能是更加专业的做法，他们有一套规范的做法，这个我不太懂。我更熟悉的是地方的文化工作者所做出来的东西，这些东西很多历史学者会觉得不靠谱，但对我而言，我认为这恰恰是很重要的一种史料。在今天的价值观、今天的文化范式、今天的地方文化建设的背景之下所产生出的对于地方文化的描述，这对我们而言恰恰是重要的资料。

为什么呢？徐老师做的是考古，从考古中所呈现出的很多区域差异是不言而喻的，但这些差异是基于什么的？这也许不是基于人的差别，而是自然条件的差异，因为自然条件有差异，人与不同的自然条件发生互动，就产生出不同的文化形态、文化现象，从而呈现出差异。但关于区域文化的表述，每个地方虽然都不一样，但是它们的"一致性"也是相当高的，我不知道我这样说大家能不能理解，各个地方的关于本地文化的表述一致性是相当高的。它在讲自己文化特色时，把地名换掉几乎都能换到其他地方去，就是它们有很高的"同构性"。考古学者、历史地理学者的研究都为我们展示出这些区域的文化差异，就好比今晚我在武汉吃的菜和我昨晚在广州吃的菜肯定是不一样的，但是，在各个地方关于本地的区域文化特色的表述中，我们有看到大家又都用同样的话语结构去表达。这个背后显示的，就是我提到的中国的整体性，中国的整体性就由此表现出来。这个整体性没有所谓对错的问题，其实只是人们对于自己、对于他人文化的一种认知。

例如，各个地方的文化工作者讲述自己的区域文化，都有同一个目标，就是证明本地区人杰地灵。这样的塑造会强调本地出了多少进士、多少名人，哪怕这个地方只有一个进士也会说得很了不起，除了进士，还有贞女节妇。我们今天去一个地方旅游，在乡村里都会听到这类说法，为什么各个地方的乡村都一样？这其实就反映出一种同构的观念。

这样的一个观念结构背后，体现了中国至少自秦汉以来一直被塑造的共同的观念、心理、社会想象和共同的价值。面对在这个情况，做区域研究的人很重要的任务就是把各个要素打通。一个地方，也许有很独特的地理条件、生态环境和很独特的历史进程，这些是很关键的、避不开的。比如你讲西北，怎么样避不开秦汉以前，我们讲长江下游一定避不开南宋，这就是背后历史进程的不一样。所以，不同的历史进程也是很重要的，这种不同历史进程塑造出的不同的区域特性是毫无疑问的，但同时这样的差异性是怎样在一个共同的"意识形态模型"下展开的？人类学的理论把意识形态模型分成几个不同的模型，我们的研究其实就是在探讨这些不同的意识模型的关系。

杨华： 我们都知道中山大学的考古学、人类学很强，历史学有很好的学术传承，所以他们把历史学与人类学结合在了一起。他们问问题的视角，与传统沿革地理研究有很大的不同。当然，这个学术体系的建立也是有一定的因缘的，恐怕也有深入研究华南地区的海外学者的影响。刘老师还提到，历史地理是一门很有中国特色的学问，我非常赞同。中国悠久的历史传统和辽阔的地域，以及历代统治者统驭如此广阔疆域的方略，为今天留下了丰富的史料。下面请段老师发表高见。

段渝： 刚才几位老师在侃侃而谈时我在思考自己怎么说，突然想起几个概念：地域文化、区域文化，还有地方史。地方史包括明清以来编写的一系列地方志，大家可能比较容易理解。那么地域文化和区域文化怎么区分？地域文化与区域文化是什么关系？地域和区域又如何区分？一个县可能算一个地域，也可能算一个区域。区域在我们的理解中，一个区域可能可以跨几个地域。

比如我们把眼光放大，南亚可能是一个区域，但我们不能说是一个地域。东南亚是一个区域，东北亚也是，但是这种大范围的地区不能算是一个地域。我研究巴蜀文化，它算是一个区域，内部包含了很多地域，比如说四川盆地算是一个大的地域，在四川盆地里又有不同的小的地域，比如川西高原、成都平原、川东丘陵。它呈现出不同的地域特征，所以地域从地理方面来看是比较合理的，但是区域不一定从地理上看，区域可能横跨大的地域，当然小的区域也有，比如一个村也算是区域，所以这个概念不好界定。

而我感觉到，不论是区域还是地域，都很难有一个明确的边缘：地域的边缘从地理的角度可能就比较好界定，但区域的边界就很难确定。比如一个省作为一个区域，但从文化上有包括了几种不同的文化，也可能这种文化被划分到了几省。所以区域文化很复杂。

　　而从巴蜀文化看，巴蜀既包括四川、重庆，也有甘肃的一部分、湖北的鄂西南、湖南的一部分和贵州，所以四川文化、川渝文化不等于巴蜀文化。从地域角度看，成都的蜀文化、川东的巴文化、云南贵州的滇文化和夜郎文化等都和巴蜀文化有很深的关系，有一部分还被巴蜀文化覆盖。湖北学术界 20 世纪 90 年代又提出"巴楚文化"，所以区域文化很难看出有明确的边界，但是地域能看出来，它与生态关系、生计形态有关系，不同地域文化有不同的生态关系，进而产生不同的风俗习惯。所以不同的文化，通过考古发现、风俗可以看得很清楚。唐朝的诗人进入巴蜀，就说看到了"新人"，就是说这儿的风俗习惯与他们见到的黄河流域的不一样。唐以后，很多宋代的诗人进入这里，都写《入蜀记》。这个词显得"入蜀"是一个很大的事，为什么？就是因为风俗习惯的不同。这是看得见的，还有看不见的，考古学的划分就是根据不同的类型、不同的风格，这都与不同的区域结合。

　　虽然我讲了很多，但我也很模糊，区域文化、地域文化之间有什么区别？好像没有一个权威的解释，很难区分。在我看来，区域文化包括了不同的地域文化，我们那里就是这样，川西高原以畜牧业为主，它和成都平原就不一样，川东丘陵就以农业为主。而三峡一带在白居易的诗里就记载说，到秋收的时候漫山遍野都是燕麦，条件很艰苦。所以不同的地域造就了不同的文化形态，比如所谓的"巴有将，蜀有相"，巴地区有很多山地，所以川东地区只能形成小的文化，文化很分散，导致川东的人性格勇猛能战，所谓"巴有将"；而蜀以平原为主，造就人们的性格"君子精明，小人狡黠"，这就是成都平原，出相才。《汉书·地理志》等记载也说川东地区"人民戆勇"，甚至"斗讼必死"，这样的性格在川西就看不到。所以不同的环境造成不同的生产方式乃至性格，巴蜀文化就包含了这些众多的地域文化。

　　当然，从中国来讲巴蜀是地域，但是从它所包含的部分讲，它又属于一个区域。而我说的地域则是根据不同的地理条件造成的不同的生产方式、风俗习惯，所以即便是巴蜀这样一个小区域都包含了如此多的因素，它内部也是多元的，所以一个地域文化内部也是很复杂的。比如川西平原，研究也发现里面从史前以来有几十种文化。所以总体来讲，区域文化、地域文化这两个概念我们需要科学的解释，才不致混乱，能做出一个权威的解释用起来就方便很多。

　　杨华：地域文化、区域文化的确是很矛盾的概念，可能在英文里差不多，但是怎么去界定这个概念还可以再谈。有一个问题，就是刚才刘老师也讲了中国的区域之间差异很大，所谓"十里不同风，百里不同俗"，文化面貌差异很大。所以段老师刚才讲，即便是巴蜀地区这样一个本身相对独立的文化区域内，都还有这么多细分的文化单元。那么这样细分下去，哪怕一个县、一个村都能划分出来，是不是就无穷无尽了？这个划分到什么程度和级别为止呢？我觉得，之所以谈区域文化，谈巴蜀、燕赵，有这些框框，从哪里来的呢？从春秋战国来，我们认为西周是一个整体，但是春秋战国时期分裂成那么多诸侯国，这是后来我们谈区域文化的基本格局。虽然秦代把各地统一了，但《汉书·地理志》当中对它们进行了各种描述。我想这可能是最基本的一个框架。此后又有政区的沿革，不管是二级政区还是三级，省这一级的政区还是相对比较稳定。那么省与省之间以自然地理环境划分，有的是以山脉，有的以河流为界，这些政区可能对于我们谈论区域文化会有先天性的框架影响。当然这个东西也不绝对，我们划到这两级，可能也是比较合适的，这是我的一点感想。下面有请徐老师。

徐少华：今天的区域文化，刚才张老师、刘老师都讲了，我们的研究不管是历史地理、历史人类学还是文化史，都要分区，我们的研究按区域进行。刚才段老师讲了长江上游的巴蜀区，我下午就在想政治史层面上分区的概念可能就淡化一点。但是我想其他方面也都是要分区的，全国那么大的地盘，文化史、经济史也都要分区。

刚才段老师讲区域、地域的区别，我想区域可能要大一点，地域可能会小一点。比如我们讲长江中游这个区域，还可以分成很多小的地域，比如南阳盆地、江汉平原、湘西、等等，这确实是引起我们思考的问题。

张老师是做历史地理的，可能偏后一点，我做的时代偏前一点。现在的学科分类把我们划在历史学科里，但是这也意味着不同学科的方法理论的交叉。比如做历史地理研究的，历史学科的方法和理论我们要用要学，地理学的我们也需要用。而年代较早的研究，我们就需要用到大量的考古学材料，我读本科、研究生时武大考古系还没有硕士点，当时考古系的系主任石泉先生大力提倡考古材料与历史文献的结合，这就让我们比较关注文献材料，也加强了这方面的训练。当时我就在想，考古学的方法理论我们也要学要用，考古学最早从西方引进时，一个是地层学，其次就是类型学，而现在中国的考古学已经走到世界的前沿位置了，不断地创新、突破。

同样的，考古学中的区系类型划分，也是每个大区下面再分小区，因为每个地区的地理环境不同。不同的区域比较核心的内容可能是相近的，但是小的方面可能不一样，这也就是段老师刚才讲，巴蜀文化是大的概念，但是里面又有很多的小区域，因为里面各种各样的条件不一样。比如说楚文化，北边的楚文化与中原王朝非常靠近，西边则和巴蜀文化交融在一起，南边与两广地区的文化有千丝万缕的联系。假如对楚文化不分区，就很难把楚文化说深说透，所以我们现在的深入研究就不能仅在于定性的分析，要把各地区的材料吃透，这也就是为什么要分区。又如淮河流域的楚文化哪些是中原文化影响、引进来的？三峡地区楚文化和巴蜀文化又有什么关系？长江下游的楚文化与吴越文化区又有什么联系？今天的苏北、皖北地区的楚文化，其实也和齐鲁有联系。这些东西我们定性谈就不是很深入，但是定量，去看哪些是楚文化的东西，哪些是吴越文化的东西，哪些东西是从中原文化继承过来的？这样细致的分析比较，地域文化的研究就会更深入。

我想我们做每一个地域都要这样去思考，做历史地理，既要把历史学的方法拿过来，也要拓展材料。王国维先生的"二重证据法"可以说是我们的看家法宝。做晚一点时段的，也会有自己的看家手段，而地理学的手段在这些方面也是非常有用的。

杨华：徐老师从长江中游地区出发，通过青铜器、竹简来开展研究，取得了很大成就。刚才徐老师对史料和方法问题进行了回应。他在发言的时候我想起，前几天微信上有一条徐良高先生的推送，讲七十年来考古学的发展历程，题目就叫"从证经补史到考古写史"。中国的考古学最初只不过处于历史学的附属地位，现在转变成为考古学成就直接书写历史。他提到了早期文化，徐国、曾国的文化，考古的材料其实比传世文献还多，这些新发现重新建构了区域史。在座的段老师和徐老师都是考古专家，所以可能也有同感。

那我们最后一轮就谈史料拓展，顺序倒过来，徐老师谈过了，请段老师先就史料拓展讲一讲。

段渝：做研究肯定是追求史料拓展的，不管做哪一段历史，肯定不可能只用你自己见过的材料。我们做先秦研究，除了考古，很重要的一类资料就是民族学资料，也叫人类学资料。徐中舒先生就很重视民族学资料，徐老师是考古学、民族学、古文字、先秦史四位一体，不止二重，多重证据法，我们需要学习。

比如民族学资料，二十四史中的辽金夏民族的史料，就可以作为先秦研究中有用的资料。比如西羌这样一些族群，他们的社会以及文化的情况，记载很少。但是对于辽金夏这样一些（与西羌）有密切联系的民族，从他们的习俗、文化中，可以间接地推知先秦时期、秦汉时期西部的羌人集团的一些文化。当然不只是从辽金夏去研究，还有考古的发现、文献的资料，多种方法开展研究，这是一种史料的拓展。当然，类比是存在危险的，一定要建立在相同的历史发展阶段，类比才能有价值。比如拿秦汉以后凉山的习俗去类比古代的西南夷地区就是有问题的，条件已经发生了变化，所以不同阶段的资料进行比较还是很危险的。这就是一种史料拓展，因为先秦史资料太少了，太受局限，所以需要重视民族学，重视族群的研究，另外田野调查也可以作为我们的补充。

所以我们在使用资料上很谨慎，史料拓展不是什么资料都用，一定要有史料的鉴别，即便我们用时段相同的资料也一定要鉴别。

西方的很多考古学家用了人类学的方法，所以很多人类学的方法也可以帮助我们对人类的行为、工具、思想进行考察，这也是我们要借鉴的理论和方法。不管是理论拓展、方法拓展还是史料拓展，都很重要，这其中比较研究也很重要。考古的类型学其实也是比较，人类学涉及不同族群的比较，历史学也有不同阶段的比较，所以比较的方法是很重要的。理论、方法、史料我们都要拓展，但不管什么方法，也都需要鉴别。西方的方法也要和中国的实际结合起来，方法和你研究的对象是有关系的，对平原和对山区的研究方法就是有区别的，对此我们在研究中也要加以注意。

杨华：方法、史料的鉴别，研究前面一段和后面一段的研究还是有所不同的，前面一段很依赖地下材料，包括古文字、考古材料，而民族志、人类学对研究者而言只是辅助材料。这里面确实有个史料鉴别的问题，日本学者称之为"史料批判"，西方学者在这方面也要求很严。刘老师的研究代表后面的一些时段，对于考古发掘可能没有那么重视，也不是不重视，而是文字记载太丰富了。那么就涉及另外一个问题，即如何梳理和鉴别这一类史料。我们有请刘老师。

刘志伟：刚才后面的几句话其实把问题转化得更具体了。讲到史料拓展，近十几年、二十年史学的发展最突出的问题就是史料拓展，史学理论是不断革新的，但是真正有长远影响的，不管对于哪一个门类，史料的拓展都是最有长远影响的方面，而且它可以引起史学理论、范式的根本性的改变。这是我们大家都对它予以高度重视的原因，而不是因为我们写论文、写书需要什么新的资料。这是它的重要性所在。

刚才谈到了长江的研究，而我们那里古代是"蛮夷"，近代一点也是"蛮夷"，既然这样，我们就把我们那里近代一点的状况看作你们古代一点的状况。为什么这么切入呢？

我们现在讲，尤其是我们的社会史、经济史研究，从30年代以来其实我们有一个很重要的倾向，就是我们重视四部以外的史料。过去中国史学基本上还是在经史子集的范围，但是经济史、社会史研究，确实要推到梁启超，从梁启超以来人们越发重视经史子集以外的资料。从梁启超算起是100年，真正的发展起来也是80~100年。但是这样的史料拓展，大家很多时候只是把它看成一种"资料的扩大"，或者经史子集讲的是上层社会的、帝王将相的历史，而四部以外的资料我们把它看成民间的历史。但真正的意义我认为不在这里，而在于两个方面：一个是这些史料产生、产生的用途与其他史料有根本性的差异，这些史料的意义在于这些东西其实不是作为史料，甚至不是作为文献产生的，而是在人们现实生活中要处理某些问题时产生出来的。这就带来第二个更根本的不同：它不作为史料产生出来，就说明这些资料根本没有打算留下来被研究。就像今天大家天天写微信，人们根本不打算把它作为史料进行研究，但我相信50年后去研究中国的当代史，微信是最重要的史料。它本身没有打算作为史料去被研究，这就带来一个根本问题，这一点与很多考古学的研究有点相像，我相信考古学挖出来的，当时人基本上也不是准备把它留下来当作史料的。这种史料对于史学研究构成了很大的挑战，就是我们整套历史研究的方法都被影响，在这一点上考古学对我们非常有启发，刚才徐老师说了考古学、人类学，作为历史学者就要向考古学者学习。

为什么强调它的重要性，因为这些史料是"无意识的"。我们说，所有的史料都是选择的结果，但是有意识的选择与无意识的选择，这个史料的意义与呈现出来的过程是不一样的，是有完全不一样的面向。同样的时间、同样的人群他们的历史活动可能都不一样。就像刚才杨老师提到考古去构建历史，我想这些新史料对于近世，明清这一段，我们可以去重写历史，与那些按照四部材料写的历史会不一样。

而这样一来，我们就要面对一个问题，我们大量地找到这类新史料，这些史料可能（是）千百倍于简帛出土的新材料，这些材料数量如此之多，怎么去处理？这其实是我们材料拓展所面对的问题。除了数量，很重要的是我们怎么读懂这些新出现的史料？我们读四部的书就能够读懂，假如我受的是很规范的训练。比如我年轻时受到了很规范的训练，我读明清史，但是前四史我们一定要读，《左传》也一定要读，我当时问"哪年哪月才能读到我的这个时段啊"？我们的老师其实是在提醒我们打好基础，因为你读了先秦时期的经典，读了前四史，你才读得懂后面的历史，是有这种训练的。但是宋以后的这些新史料要读得懂，你的基础在哪里？这也是有一点要向考古学家学习的，他们挖的时候不会只看器物，他会把整个环境看进去，透过这些东西结合起来构成一个现场。所以我们阅读明清的史料，也要走进现场。这一点可能是很多学界对于我们历史人类学的东西不是很能理解的地方。我们强调在现场解读史料，这个现场有周边的环境，有现场史料以外的东西，甚至有地层。这个地层不一定在土里面有土石构成，它是存在于一层一层的历史活动所掩盖起来的、层累的历史中的，这是我们要学会观察历史的方式。所以在这个意义上，我们现在各个地方明清史的学者都要去挖掘民间文献，挖掘很多东西，当然我觉得这是做得还不够的。我们现在把那些碎片拿回来之后，好的做一个数据库，不好的就堆在那里，连目都不编。但是考古学一定不这么做，考古学会编进考古报告，我们也是这样的。重要的除了搜集到的史料外，还有研究史料搜集的现场，各个方面的：景观的、生态的、人群的、记忆的，包括存在的传世文献，这些都需要我们一起来看，这样的史料拓展是重要的。

最后一点我要提的是，不能因为新史料的存在而漠视了传统文献的价值。传统传世文献非常有价值，我们原来阅读文献的方法、训练也是一定要坚持的，但是还有一个新的要求，这个传世文献也可以成为新史料，成为新史料的条件、前提，你的问题和看待的角度不同，它可以呈现出不一样的世界。比如对于那些宋元时期的理学家，我们把他们看成理学家和看成普通人，你看到的是不一样的世界。所以史料拓展对于研究后面时段的学者，可能更艰难，要求也更多，我们一直相信我们还是可以向中古史、考古学的学者学习，但我们有一个更大的空间，只不过这个路可能很远很远，需要几代人。当几代人过去，最大的困难或许就是怎么面对信息化的时代，每一秒钟数以万亿计的数据怎么处理？

杨华： 刚才刘老师谈到史料分"有意识的史料"和"无意识的史料"，还有历史人类学的方法和考古学的方法是一样的，这两点我很赞成。考古学挖掘的东西是无法预见的，葛兆光教授的思想史其实也是这样的方法。另外一点，我相信历史人类学的研究可能在视角方法上也与考古学有相同之处。考古学是看地层，埋得深就时代久远；而人类学的方法就是，我们进到一个村子里也要去挖掘看到的现象，我想这是"知识地层学"的方法，这对于当今的乡村研究更有价值。下面有请张老师。

张晓虹： 我刚才聆听三位老师的见解时一直在想，我怎么就把自己定义成"明清史研究者"的？我想我其实是被迫的，为什么呢？虽然，我现在带学生时，也是一上来就开书单去读前四史，读完了再去往下读各代地理志，也就是说，我们做历史地理时，前四史是一个最基本的史料训练。但为什么做历史文化地理时，却往往选择后面的朝代呢？大家可能会注意到，正史，也就是我们认为的历史研究中的核心史料，其实关注的基本上是政治过程。而对于文化和文化史的研究应该是近几十年来才开始的事，因为人们发现影响历史进展的不仅有帝王将相，还有普通百姓，这时候文化史被提到了很重要的位置上。也正因为此，历史文化地理研究遇到的最大的问题就是，我们从历史学的基本史料中很难挖掘到我们需要的相关资料，这可能是我和杨老师工作特点的不同。杨老师做的是经典，他所需要的资料可能从基本史料中就能充分挖掘出来。段老师可能也会有与我同样的感触。

我最开始做陕西的历史文化地理时，关中地区的文化在汉唐还有一些概略性的描述，但汉中地区、陕北地区材料就很少。因此，我不得不用考古资料，因为地层学对于区域划分、对历史文化区域文化差异的研究很有帮助。即使如此，关中地区的文化资料除了《货殖列传》，往下就是《隋书·地理志》了，但是《隋书·地理志》常常被诟病说抄袭前代的记载。这就迫使我们大量利用明清地方志来试图复原各地的历史文化面貌。实际上，在我读书的 20 世纪 90 年代，正统的史学家还是认为地方志是不入流的史料，如谭其骧先生在做地方志的编写工作时，就曾经表达过对明清地方志不很满意的意见。但我们没办法，只有这些史料可以利用。所以，利用这些"并不很可靠"的文献，就需要有很严格、系统的学术训练，分辨出哪些史料是有价值的，哪些史料只能用作反证，而不能把材料拿过来直接利用。虽然明清地方志中存在很多问题，但只要利用恰当，它也确实可以成为我们研究区域文化地理的重要史料。我为什么说被迫变成"明清史学者"，往往就是因为这一点。

很多时候有这样的史料就已经很不错了，我在做陕北历史文化地理的时候，这些史料连明清的都很少有了，大多数情况是只有民国时期的方志。

另外，我们除了利用地方志之外，还大量用诗文作为史料描述区域文化景观，这就是在国内几乎最早开展的"感觉文化区"的研究。就像刚才段老师讲的《入蜀记》，这就是古人到四川、巴蜀以后记载了他们对于巴蜀地区的感受，这就是"感觉文化区"的基本内容。所以，诗词、小说等在历史文化地理研究中甚至变成了一种基本史料。这是因为在正史中，缺乏对于百姓的生活这样一类史料的记载。

除此之外，我们也发现在上古史研究中，还有更多的史料可以利用。我在这里讲一个故事来说明史料的多元性：曾经一位台湾学者给我讲，她是做两广地区历史地理研究的。当年她在两广地区实地考察时经常会坐夜车。她说有一次在坐夜车时，听见一群刚下夜班的工人在车上讲故事，讲的是武则天。她告诉我说虽然她也是做唐史的，但工人们讲的武则天是一个她闻所未闻的武则天。她感叹着民间有自己的历史观。还有一次我们去河西地区考察，在当地看到一个文史资料集，这个刘老师可能更熟悉，就是一些地方文史工作者很喜欢编写一些当地的文史资料。当时，我觉得这种资料没什么价值，因为这是与我们的观念里的历史完全不同的地方历史。当时一同考察的鲁西奇老师就提醒我说，为什么要这么傲慢？难道只有我们知道的历史才是真正的历史吗?！这就让我猛醒：我们一定要明白，我们研究的历史是谁的历史？落实到史料的使用上，这也使我们首先意识到这是为什么、站在什么立场上的资料。

杨华：好。今天我们非常有耳福，聆听了各位前沿学者关于区域文化研究的理论、方法的高见，特别是关于从事区域文化研究时如何进行史料拓展和史料甄别的高见，这些不仅对于区域文化史研究，我想对于所有的历史研究，都有普遍意义。由于时间有限，今天的讨论和讲座就到此结束。谢谢各位老师！谢谢各位同学！

从"王"的涵义演变看中国传统政治的文质两面性

□ 张家海　储昭华

【摘要】 "王"的源初之义有多种说法，其中"王"源自斧钺之形，指部族军事首领之说已基本为考古发掘所证实。而更具影响的无疑是《说文》所谓"天下归之之谓王"的阐释。二者之间并非正误、是非对错之别，而是"文"与"质"的两面性。其深化演变，最终构成了中国传统政治的政道与治道，由此决定了二者之间既相辅相成，又相互抵牾消解，从而呈现出中国传统政治的特有面貌和趋势。

【关键词】 王；文；质；政道；治道

作为现实的反映和思想观念的表达，语词的语义演变过程往往蕴涵着其表征对象的多层面信息，特别是一些核心语词，尤其具有这样的特征和意义。对中国传统政治文化来说，"王"显然就是这样一个核心语词。在华夏民族走向文明的过程，特别是中国传统政治的起源过程中，占有非常重要的地位，可以说，无论从逻辑上还是历史上都具有绝对的优先性。而其语义，也经历了隐晦、曲折且深刻的转变演化过程，因此不仅备受古文字研究者和历史学者的关注，也对我们更全面深入地理解中国传统之政的本质特征，有着重要的借鉴启迪意义。从这一窗口，可以一窥中国传统之政的一个重要特征，且将对儒家政道乃至儒家文化的内在旨向获得更深切的体悟。本文的探讨便是基于这一考量而展开的。

一、"王"的语义演变

1. "王"的源初涵义

既然"王"在华夏文明的形成、演进过程中具有如此重要的地位，与之相应地，其文字表达也起源很早，应该是有文字之时早先诞生的关键语词之一。在甲骨文中，"王"便是最常见的字词之一。但据学者考证，"王"字在甲骨文中，写法不一，字形并不完全一致。这不仅给识读、辨认带来一定困难，重要的是，也自然使研究者对其最初的涵义也有着不同的解释。

尽管各家都较一致地公认，甲骨文中，"王"应是象形字。然究竟是象何物之形，各家则有不同的解释：王国维、罗振玉认为是象"火"燃烧之形；郭沫若认为与"祖"的初文"且"类似，象男性生殖器；陈梦家释为"凤冠倒置"之形；黎正甫指出象"大人"之形，似指的部落酋长；徐中舒、董作宾及胡厚宣则主张"王"字象一人端坐于宝座上；还有学者如顾实认为"王"乃"德"的初文……各家都举出了各自的论据，也有着程度不同的解释力。

在这当中，由吴其昌先行提出、后由林沄给出较详尽阐发和论证的"斧钺说"，最为人们所关注，并得到越来越多研究者的赞同和考古发现的佐证。

吴其昌历举甲骨文、金文、出土文物、古文献等八证为据，认为"王字之本义，斧也"，"斧形之锋刃向下者工形，逐渐演化而为工，为壬，为王"。①

受其启发并沿着这一思路，林沄对此展开了更具体的阐释，提出"王"最初无论是字形，还是语音，都源自斧钺。据其考证，"王"字在甲骨文中最早字形为"$\underline{\Lambda}$"，除此之外，常见的写法主要有"$\underline{\overline{\Lambda}}$""$\underline{\underline{\Lambda}}$""$\underline{\overline{I}}$""王"等。通过与其他字的辨别对比，林沄认为王字本形为"不纳柲之斧钺"。佐之以字音考证，其结论是："王字之本象斧钺形，可以无疑。"（$\underline{\underline{I}}$→王）斧钺之所以构成"王"的最初之义，按照林沄的解释，是由于斧钺乃是远古时期军事统率权的象征，是其指挥众民征战、惩罚治军的权杖和刑具。"总之，通过以上分析，不但可以知道王字之本形是象不纳柲之斧钺，而且从以斧钺作为王权的象征物这一现象中，又可为我国王权的发生发展史找到一点线索。我们有理由推测，在斧钺作为王权的象征物之前，它本是军事民主制时期军事酋长的权杖。"用象征军事统率权的斧钺构成王字，"说明中国古代世袭而握有最高行政权力的王，也是以军事首长为其前身的"②。

吴其昌、林沄关于"王"的源初之义为"斧钺说"的解释，已为越来越多的研究者所肯定，逐渐成为一种共识甚至定论。之所以如此，倒不在于其论证本身比其他各家更为充分有力（"王"在甲骨文和金文中本有多种不同的字形），一个重要原因在于其得到了更多文献的有力支持和佐证。

首先，这一解释有着更多的文献作为佐证。在先秦文献中，有大量关于王与象征讨伐、征服的"钺"相互伴随和联系的记载。如，《尚书·顾命》："一人冕，执钺，立于西堂。"《荀子·乐论》："军旅斧钺者，先王所以饰怒也。"《史记·殷本纪》："汤自把钺以伐昆吾，遂伐桀。""赐（周文王）弓矢斧钺，使得征伐，为西伯。"

《史记·周本纪》中，有一段关于武王对已死之商纣王再行斩杀的仪式性活动记载尤其耐人寻味。武王"遂入，至纣死所。武王自射之，三发而后下车，以轻剑击之，以黄钺斩纣头，悬大白之旗。已而至纣之嬖妾二女，二女皆经自杀。武王又射三发，击以剑，斩以玄钺，悬其头小白之旗"。"其明日……及朝，百夫荷罕旗以先驱。武王弟叔振铎奉陈常车，周公旦把大钺，召公把小钺，以夹武王。"很显然，这一系列活动具有很强的仪式特征和象征意味：纣王及其嬖妾本已自裁而亡，射箭、剑击与斩杀，其意已不再是真的

① 吴其昌：《金文名家疏证》（一），《武大文史哲季刊》五卷三期，1936年，第236页。

② 林沄：《说"王"》，《考古》1965年第6期。

灭杀对方，应更多的是一种象征仪式。分别以黄钺和玄钺斩去纣王与其嬖妾之首，应意在表示以斧钺实现王权和王位的更替和转移。"按照商周以来的文献说法，钺是王权的重要象征，代表着杀伐与军事的威严。"①

与文献的佐证相比，更重要的原因是，这一解释已经越来越被考古发掘所证明。"近世越来越多的发现和研究成果证实了'王'字源于斧钺的象形……更说明斧钺用为军权象征是源远流长的。"②

考古工作者在对牛河梁遗址、西坡遗址、大汶口遗址、凌家滩遗址和石家河遗址等的考古发掘中发现，虽然这些遗址分别属于红山文化、仰韶文化、大汶口文化及屈家岭文化等不同的文化形态，但在其墓冢中，都随葬有象征军权及王权的玉石钺，只是军事统率者的层级不同，其材质和精致程度有所差异。除少数使用过外，多数玉戚、玉钺均未使用过，显示其作为一种礼器，乃是统率者和王者身份的标志，正如随葬的鼍鼓乃巫祝的身份标志一样。"这类遗存中，除牛梁河遗址大型冢墓中仅见装饰类和宗教祭祀类玉器而未见象征军权的玉石戚、钺之类的兵器，其他遗址或者装饰类、宗教祭祀类和象征军权的兵器类玉石器伴出，或者像西坡大墓那样仅见象征军权的玉钺兵器一种，表明初期王权已经产生。"③

上述语义考证和一系列考古发现，为我们勾勒出"王"得以形成的历史源流：从最初的军事酋长首领，到祈天通神的巫祝，再到统领支配从生产到其他各个方面的族邦的一切活动的最高主宰，"王"就是这样逐步诞生的。

以斧钺作为王的象形，并以此为基点来解释"王"，其意义并不止于将二者联系起来，且由于更充分的佐证而具有更强的理论说服力。实际上，虽然在关于"王"具体象何种之形的解释上有所歧异，但在由象形引申出的对"王"核心语义的解释上，吴其昌、林沄的"斧钺说"，与徐中舒、董作宾及胡厚宣的"宝座说"和黎正甫的"大人说"，三者乃是相近或相通的，都认为"王"指的是部族统帅、主宰。吴、林的"斧钺说"独特且更深层的意义在于，这一解释既更清晰地揭示出"王"之形成过程和机制，即"王"乃由斧钺之威所造就，源于斧钺，更凸显出这一过程的暴力特征和王者之所以成王并维持王者地位、起到主宰作用的内在原因，即以斧钺而得位、保位，凭斧钺统御、宰制一切。具体来说，作为王权的标志，斧钺主要表征着两层意义：对外，意味着征伐、争夺；对内，则象征着号令、主宰和驯服，以确立并维持秩序。

引起研究者广泛关注的山西陶寺遗址，被大多数研究者认定为传说中的尧都所在。对该遗址的发掘表明，不仅王者的墓葬中皆以玉钺作为身份的标志，更值得注意的是，王的形成和更替，远不像儒家所描绘的那样，以温情斯文的禅让完成，而是通过残酷的武力征服和争斗而实现的。"如果陶寺早期期文化代表的是尧或者陶唐氏部族的政权统治，那么唐尧与其继任者之间的政权更替是通过革命式的暴力手段完成的。"④ "陶寺遗址的文物

① 叶舒宪：《尧舜禅让：儒家政治神话的历史建构》，《民族艺术》2016 年第 2 期。
② 李学勤主编：《中国古代文明与国家形成研究》，云南人民出版社 1997 年版，第 242 页。
③ 李伯谦：《略论陶寺遗址在中国古代文明演进中的地位》，《华夏考古》2015 年第 4 期。
④ 王晓毅、丁金龙：《从陶寺遗址的考古新发现看尧舜禅让》，《山西师范大学学报》2004 年第 7 期。

给出的信息表明，那不是一个和平安宁的时代，而是充满杀伐之气的冲突与战争的年代。……原来古书上颂声不绝的最美好和谐的圣王政治乌托邦时代，实际上却是东亚大地上自有人类以来最残暴和血腥的时期之一。"[1]

在先秦思想史上，关于"王（君、天子）"产生过程及其特性问题，在儒家经籍之外，其实有很多这样的描述："制生杀之威之谓王"（《战国策·秦策》）；"夫王者，能攻人者也"（《韩非子·五蠹》）；"兵所自来者久矣。黄、炎故用水火矣。共工氏固次作难矣。五帝固相与争矣。递兴废胜者用事。人曰：'蚩尤作兵'，蚩尤非作兵也，利其械矣。未有蚩尤之时，民固剥林木以战矣。胜者为长，长则犹不足治之，故立君；君又不足以治之，故立天子。天子之立也出于君，君之立也出于长，长之立也出于争"（《吕氏春秋·荡兵篇》）。中国古代的"刑"与"法"也是这样起源的，并具有同样的特征。"中国古代法最初主要是刑，刑最初主要是借助征战这种特殊形式形成的。"[2] "族姓的统治术取代了政治正义论，法最初只可能被看作镇压（主要镇压异族）的工具，这个工具就是刑。"[3] 这些新的考古发现，恰恰证明了先秦时期儒家之外的文献对历史的总结和描述，才是对历史的真实反映，或至少更接近历史的真相。

2. "王"的既定之义

很难确定是何时，最有可能是周代商之后，由像斧钺之形而引申出的"王"源初语义，却逐渐沉入历史长河之中，被有意无意地尘封于历史的深处。只是由于现代考古发掘才被激活，重新为人们所关注，成为人们重新认识华夏文明与政治等一系列问题的一扇重开的窗口。

正如在绝大多数问题上一样，关于"王"的涵义，最有代表性的无疑是许慎《说文解字》中的释义。《说文》对"王"的阐释是："天下所归往也。董仲舒曰：'古之造文者，三画而连其中谓之王。三者，天、地、人也，而参通之者，王也。孔子曰：'一贯三为王'。凡王之属皆从王。"这一说法一直被视为关于"王"的最经典、权威的解释。作为一种最有代表性的解释，其对后世的影响也最为显著。

《说文》对"王"的这种解释，正如其所表述的那样，直接来自董仲舒的阐释和演绎。而这一思想，在孟子那里便有明确的体现。关于如何得天下、何以为王的问题，孟子的回答是："桀纣之失天下也，失其民也；失其民者，失其心也。得天下有道：得其民，斯得天下矣；得其民有道：得其心，斯得民矣"（《孟子·离娄上》）；"以善养人，然后能服天下。天下不心服而王者，未之有也"（《孟子·离娄下》）。荀子的论述则更为具体而鲜明。《荀子》中多个篇章都有以天下归之而释王的论述："天下归之之谓王，天下去之之谓亡。汤武者，修其道，行其义，兴天下同利，除天下同害，天下归之"（《荀子·王霸》）；"能用天下之谓王。汤武非取天下也，修其道，行其义，兴天下之同利，除天下之同害，而天下归之也。桀纣非去天下也，反禹汤之德，乱礼义之分，禽兽之行，积其

---

① 叶舒宪：《尧舜禅让：儒家政治神话的历史建构》，《民族艺术》2016 年第 2 期。

② 张中秋：《中国古代法的形成及其特性考论——以部族征战与刑的成长为线索》，《清华法学》2006 年第 3 期。

③ 梁治平：《"法"辨》，《中国社会科学》1986 年第 4 期。

凶，全其恶，而天下去之也。天下归之之谓王，天下去之之谓亡"（《荀子·正论》）；"今人主有能明其德者，则天下归之，若蝉之归明火也"（《荀子·致士》）。

可见，无论就其思想来源而言，还是就其思想立场和倾向来说，《说文》关于"王"的解释，毫无疑问乃是儒家立场和理路的总结和反映。

二、"文""质"之别与矛盾统一

如何理解"王"由象斧钺之形而引申的源初之义与《说文》所代表的确定之义这两种解释之间的关系？是正误之别还是新旧之分？

如果上述源自斧钺说揭示出"王"的源初的真正涵义，那是否就意味着《说文》的解释有误呢？林沄的《说"王"》开篇就是如此判别的："商周金文中的王字作王、𝕀等形，而甲骨文中的王字最早本作𝕏，根本不是什么'三画而连其中'，可见《说文》的说法是错误的。"① 抑或像某些研究者所认为的那样，由于人的认识的发展和深化，《说文》作为新的认识的反映，最终以新的语义取代了源初之义？毕竟，文字和思想发展史上，不乏这样的例证。

如果不只是局限于某一历史时期，而是从中国传统政治文化的整个演变历程来看；不是只局限于问题的一个层面，而是综合不同层次加以考察，就会发现关于"王"的这两种解释关系应该不是如此，既不像林沄所认定的那样有着正误对错之分，也不属于新旧更替，而是中国传统政治文化中"王"的两个不同层面或维度的性质或面相的反映，具体而确切地说，表征的是"王"的"文"与"质"的两重属性、维度或特征，统一起来作为一个整体反映出中国传统政治文化中"王"的本质特征。二者始终为"王"所具有，其中的任何一种解释并不足以揭示中国传统文化语境中"王"及与之相关的王权、王道的全部奥秘。所不同的是，"文"较为鲜明而突出，而"质"则相对隐于"文"之后而不显著。

质，为形声字。《说文》的解释是："以物相赘也。从贝，所声。"原意为人质、质押；后引申拓展出材质、质地、本（实）体、本质、本性之义。从源初之义到其后的引申、扩展之义，贯穿其中的一个核心义项是以有形、物化、可验证的形态和方式体现、贯彻出来。无论是最初的军事统领、部落酋长及国家、政治意义上的王或王权，还是天下共主的天子、国君及其后的帝王，凡王者，其产生和守成都必然依赖于对外的征战、讨伐和对内的驯服、统御，其权力必然通过各种有形的制度和措施得以贯彻和实现，其中惩罚与驱使为其重心所在……正是在这个意义上，斧钺作为一种象征和标志，表征着王和王权的源泉、基础和实质。

"文"为象形字，甲骨文以线条纹理纵横交错之形表示。《说文》的释义是："错画也。象交文。今字作纹。"其源初涵义是纹理、花纹、图案，后引申为修饰、文饰，进而扩展出言说、彰显、定性、美化、升华等义。

对王的诞生、王权的贯彻和王位的保有来说，斧钺所象征的强力、威严、各种手段及

———————————

① 林沄：《说"王"》，《考古》1965年第6期。

具体方略，便是王及王权之"质"。这是王得以形成的现实基础，是其所必须依赖的最现实的因素。没有这一切，王及王权便无从谈起。之所以以斧钺象征王，以斧钺作为王的源初语义，所凸显的正是这一面。虽然这一源初语义逐渐被遮蔽，但并不意味着，王的这一面便随之消失不存，而只是退隐到"文"之后，为"文"所掩饰了而已。事实上，直到传统政治模式崩溃解体，凡是王及王权，尽管名称不断变异，手段方式不断更新，日趋严密，这一基础和实质是始终存在且不断强化的，因为，这是王、王权和王位本身存在和保有所不可须臾或缺的。

对王来说，斧钺所标示的"质"虽是基础和根本所在，但也只是其中一面而已。王之所生、所守，仅靠"质"，是远远不够，且难以实现的，同时还离不开"文"的辅助、证明、支持和巩固。与王、王权之"质"相比，王之"文"的体现形态远为丰富、复杂，有着多层面的复杂涵义。王的身世与成王过程的神（秘）化、对其德性与伟力的圣化、天命所召、五德终始、民心所归、褒贬评判（所以谥号中"经纬天地曰文""慈惠爱民曰文"）、礼乐教化，等等，都属于"文"的范畴。不仅正面的美化为"文"，反面的贬斥、丑化，作为对正面的对照和衬托，其实也是一种"文"。所谓"成者为王，败者为寇"就属于此。各种层次、不同形式的"文"，其功能包括美化、修饰，但决不止于外在的美饰，而既为意欲为王者造势、动员民众，更为其提供合法性证明，又为保位确立秩序、稳固民心……因而是王得以成王、保位所同样必不可少的、至关重要的要素。

"文"对于王的意义，当然不止于方式和手段层面。从政治哲学的视野来看，在儒家那里，"文"的更深层意义还在于通过为"王"定性、定位，对"王"本身加以规范、引导："王"不能只以征伐、驯服和统御为业——那只是霸道，还应该自我修德，以身垂范，以"圣王"境界为目标，同时教化万民，养其德性，使其成人，以造就理想的社会，这才是王之应有之义，是王的更高责任和使命。这是王之文的更深涵义和更高的旨向。

而《说文》关于"王者，天下所归往也……天、地、人三者相通者"的阐释，便是从"文"的一面赋予王以更深层内涵和意义：一方面，从实然的层面说，它意在为王提供合法性、正当性证明——王之为王，乃是由于民之所归，天命所定；万民的归附，才成就了王者，使王得以统领众人，成其为王："用国者，得百姓之力者富，得百姓之死者强，得百姓之誉者荣。三得者具而天下归之，三得者亡而天下去之"（《荀子·王霸》），"四海归之，则为天子；天下叛之，则为独夫"（朱熹《孟子集注·梁惠王下》）。另一方面，这更是一种应当，以此劝诫王者应顺从民意，以民为念，如此才会天下归往，才能成为王者，成为天下的主宰。在儒家那里，后一方面是价值导向所在，故对此多有强调。《论语·子路》："如有王者，必世而后仁。"孟子更着重从后一方面规范、告诫王者。"齐宣王问：'德何如，则可以王矣？'曰：'保民而王，莫之能御也。'"（《孟子·梁惠王上》）"乐民之乐者，民亦乐其乐。忧民之忧者，民亦忧其忧。乐以天下，忧以天下，然而不王者，未之有也。"（《孟子·梁惠王下》）

从这一视角，可以对儒家的禅让说的用意和意义获得另一层认识。在先秦时期，包括《竹书纪年》《荀子》《韩非子》和《吕氏春秋》等在内的文献都怀疑乃至否认禅让制的存在，且这种怀疑和否定，已基本为今天的考古发掘所证实，则孔子、孟子对此应有大致清醒的认识。为什么仍力倡禅让说？答案在于：他们原本就不是从"质"、实然的层面来提出这一理论，而是从"文"、应然的层面来倡导这一主张的，其用意或目的显而易见——期望王者和社会朝着由此指引的方向发展。在这个意义上，有学者将此称为"政治神话"："没有什么确凿证据能够说明尧舜禅让的事件曾经在四千多年前的华夏文明初始王朝真的发生过。……据距今四千年上下的出土文物去验证儒家所盛传尧舜禅让说，却显示出相反的情况：那很可能出自儒家的神话建构，属于后人的乌托邦化、理想化追忆性叙事。"①

既然是两个不同层面或维度的属性，"文"与"质"之间的差异和矛盾就不难理解。明明是以强力和威权为基础和根本依托，而文的兴盛和抬升，应在一定程度上对斧钺之质有所规训和引导。二者之间的反差和矛盾不言而喻。

这样来看，王最初的斧钺之义，在时间上应该是随着周之代殷和周文兴起而逐渐退隐的，或者说是被敬德重民的周文所淡化或遮蔽的。其求善之心与积极意义毋庸置疑。"禅让说虽然不一定符合历史的真实性，却充分体现出儒家信念的真实性，以及中国式理想政治的非暴力主义精神的积极一面。"②

三、由"王"观"政"：中国传统政治的文质两面性

对中国传统政治文化来说，"王"与王权无疑是其最核心的概念。后者所蕴涵的这种文质两面性，其实也正是前者的一个缩影，是其集中的体现。透过这一窗口，进而可对整个中国传统政治获得更深入的认识。

1. "政"的涵义的两重性

中国传统政治的文质两面性，首先凝聚、反映在"政"的词源演变过程和语义构成之中，从中可以窥其一斑。

"政者，正也，从攴，从正。"《说文》关于"政"的这一解释，应该是对之前关于"政"的认识的总结。正，据学者考证，原义为"向城邑行走"，引申为"远行"，继而引申为"征伐"。在殷墟甲骨文中，"正"字频繁出现于征伐卜辞中，其核心义项便是"征伐""讨伐"，"攴"为以枝权击打，意为"正"之手段和方式。这两个义项，所揭示的正是"政"之质的一面。

有学者综合甲骨文和金文中的相关文献资料，对殷墟卜辞中"正"的涵义进行了较全面的梳理和总结，发现除"征伐""第一个月"义项之外，"正"还有两个较为常见的重要义项："适宜、合适"和"对……适宜、对……合适、适合"。③ 由这两个义项演绎出"政者，正也"的更核心意蕴：确信天地间应有一个合理、适宜的秩序，所有的人与物应有恰当、适宜的存在状态与活动轨迹。而"政"的核心宗旨，乃是要使人与物处于合适、适宜的状态，归于应有的、中正的轨道或秩序，即归于正道。这就是"正"——匡正、校正不"正"之物、不"正"之举，将一切纳入应有的、合适有序的状态。作为官名的"正"（如车正、庖正），便是这一涵义的一种具体体现。

---

① 叶舒宪：《尧舜禅让：儒家政治神话的历史建构》，《民族艺术》2016 年第 2 期。
② 叶舒宪：《尧舜禅让：儒家政治神话的历史建构》，《民族艺术》2016 年第 2 期。
③ 张玉金：《殷墟甲骨文"正"字释义》，《语言科学》2004 年第 7 期。

究竟何为合适、适宜？如何才是应有的正道？这就涉及"政"之"文"一面。《尚书·汤誓》中商汤讨伐夏桀的动员令："夏氏有罪，予畏上帝，不敢不正"，《史记·五帝本纪》中关于黄帝事迹的记载："天下有不顺者，黄帝从而征之"便是两方面意蕴的统一：讨伐、征伐显然是其质，即以"征"而"正"，而对夏氏、不顺者的道德评判、汤的道德自许、并诉之于以上帝之命，则意在阐明为什么要"正"、为何而"正"、凭什么而"正"？武王伐纣时，则反复申言奉天、为民、依德而"正"。这便是文的体现。

2. 中国传统政治的"文"与"质"关系的特殊性

自古以来，无论中西，政治的形成演进历程无不具有文质两面性，只是体现形态各有不同而已。自三代以来中国古代政治文化特别是后来构成其主导的儒家政治哲学的文质两面性的特殊之处究竟何在？换言之，这种文质两面性究竟在何种意义、何种程度上构成中国古代政治特别是儒家政治哲学的重要特质之一？

中国传统政治（文化）的文质两面性，正如"王""王权"一样，也有一个不断形成、演变的过程。如果说，在文明起源伊始，"王""王权"所具有的神性或神圣之源，不仅具有很强的神秘色彩，而且对绝大多数人来说，乃是一种虔诚的信仰——甚至在一定程度上王者本人亦不例外。其首先体现为非理性、神秘的色彩不断褪去，起而代之的，乃是一种自觉的理性设计和建构，并形成特有的历史与文化效应。

在这种理性设计和建构中，虽然所谓天象、祥瑞、征兆和仪式依然存在，甚至在某个时期、在某些场合还被强化，但理性的天、天命、民心乃是政治之"文"的基本内容所在，而且是以概念、理论化的方式呈现出来。前者为辅，后者为主；前者为表，后者为里。进而言之，"文"本身也包含着两面性：前者为表层、形式之"文"，即"文"之表；后者为"文"之里或"文"之"质"。

三代以来逐渐定型的这种特有的政治之文所起的特殊作用，及其与政治之质的复杂而微妙的关系，使中国传统政治表现出诸多重要特征，并呈现出迥然不同的发展趋向。

当我们将政道与治道的关系问题与上述的文质关系问题结合起来相互观照，就能清楚地洞察到这一点。

在如何认识中国传统政治的缺陷问题上，张君劢、牟宗三提出，其根源应在于"只有治道，没有政道"。这一解释模式具有很强的代表性（徐复观等其他思想家们，也从不同角度提出了这一论断）。张君劢最先指出，中国古代政治只是吏治，而不是真正的政治。受其启发，牟宗三认为，对于中国古代政治理论来说，无论是儒家还是道家，抑或法家，都只有治道，而无政道。体现在现实历史上，中国传统政治更是如此。

牟宗三的"政道"概念，有不同层次的含义。其狭义或核心的意涵，指的是现代民主政道，即以民众为权力之源，以合法的方式赋权于统治者的理念和制度。而广义的"政道"概念，则泛指统治及秩序的正当性依据。中国传统政治只有治道，在很大程度上确实揭示了其以治为政，政以正人、治人的本质。而就政道而言，如果指其广义，则中国传统政治非但不缺乏，反而似乎占有更显著的位置。

问题的实质，其实不在于中国传统政治是否有其政道，而在于其所谓的政道具体内涵若何，且在中国传统政治中的真正地位与作用，以及与治道之间的真正关系究竟如何。以此为参照，从政治哲学的视角来看中国古代政治（文化），将会发现上述文质两面性的深一层特征——这种以天命（天意）、民心、有德为核心（诸如祭天、封禅、祥瑞、罪己诏等仪式、象征或举措等，则是其宣示方式）的"文"，通过儒家的不断理论化和系统化，实质上构成了中国传统政治的"政道"。其最首要的功能在于为王者的地位及其所确立的秩序，尤其为王者及秩序的更替提供正当性、合法性证明——将这一切释为天命所归，民心所向："汤、武之王，上顺天命，下应人心，顺乎天而应乎人也"（《周易程氏传·革卦》）；"此皆非人力所为而自为，非人力所至而自至。……非人之所能为者，天也"（《孟子·万章上》）。从董仲舒到《说文》，关于"王"的解释——"古之造文者，三画而连其中谓之王。三者，天、地、人也，而参通之者，王也"——其核心意旨应在于此。其次，则是对王者及其为政之举的规范与制约：王者应"得天理之正，极人伦之至……诚心而王"（《河南程氏文集》卷一《论王霸札子》）。唯有"以德配天"、安民保民才是为王为政之正道，如此才能为民所拥戴，国祚长久。

而与斧钺作为王之质的象征相应，作为政治的具体体现和贯彻方式的治道则构成中国传统政治之质。为政层面的质当然不仅仅只是指统治方式和手段的具体、严密与酷烈，而更意味着权力的集中和无所不及的主宰作用。从原初的军事统帅、部族首领演变而来的王者，不仅主导着向外的征战，也掌握着对内的杀伐之权，逐渐成为至上、至尊、决定一切的主宰者。三代以来特别是秦汉之后的中国传统政治中君王及其对天下的主宰之权，既是这一趋势演变的结果，也是其最充分的展现。

从政治哲学视角来解析整个中国古代政治及其文化，其更深层的特征，既不是这种文质两面性，也不只是这种政道与治道之分，而是二者相互对应，以文质的方式实现政道与治道的矛盾统一——二者之间，在表层上的相互联系和统一背后，恰恰隐含着相互脱节、矛盾与背离。这蕴涵着中国传统政治文化与西方政治文化之间的深层差异，而其他差异在很大程度上其实都源于此。且正是这一点，决定了中国传统政治文化的矛盾多面性和无限复杂性。

在西方政治中，政道乃是治道的根本和法则，治道虽不同于政道，但基于政道而立，是政道的贯彻与落实。二者之间乃是既有所歧异、更内在统一的关系。政道为本，而治道为用。从古希腊开始，便明确将政治确定为全体公民的公共事业，以为全体公民谋求福祉为宗旨，并由这一政道原则决定其治道——由全体公民决定城邦事务，依法律治理城邦。

当我们从文、质的视角来认识中国传统政治的政道与治道的关系时，将会对后者获得更切实的认识。为何而"正"、由何者来"正"的政道与如何"征伐""匡正"的治道之间，从"政"的真正主体——王者的角度来说，"理所当然"地相互统一。而就传统政治本身而言，二者的所谓统一只是外在的，而并无内在的逻辑联系，其实质恰恰是政道服务于治道，为治道所主导。

无论是就其缘起而言，还是就其主导功能而言，中国传统之政的"文"更多地具有工具性特征。其结果，一方面，最终将会遮蔽、消解对政治之本质及应有功能的认识——很多时候，"文"沦为一种伪饰，成为阴谋野心、罪恶的遮掩和粉饰，起着欺骗、迷惑万民与后人、助纣为虐的作用；另一方面，就其历史效应而言，二者相互涵摄的封闭循环，使之总是且总能以不变应万变，因而从内部有效阻止政治的真正变革和进步，妨碍向现代政治的转化。

3. 认识中国传统政治本质的一个重要指引

从文与质的两面性，并结合政道与治道的关系问题，来解析中国传统政治的整体面貌和演变趋势，可以对许多相关问题获得新的更整全的认识。一些始终争论不休、难有进展的问题，从这一视角来解析，或许能对其中各要素之间的相互关系获得更具体、清晰的认识，进而使之得以深化。

对中国传统政治来说，究竟何者才是其主体？这是研究者在解析中国古代政治时，始终面临的难题。是天、民还是君（王）？每一种回答，都不难在文献和历史中找到依据和证明："天生民而立之君。"（《左传·襄公十二年》）"为天下主者天也，继天者君也。"（《春秋穀梁传·宣公十五年》）天既生万民，也是君王的创设和择立者，应是主宰一切的最终主体。然"天视自我民视，天听自我民听"；"民之所欲，天必从之"（《尚书·泰誓》）。如此来看，民才是主体。而体现在现实政治中，君（圣王）既是道的创始者，更是实际的主宰者。虽然人们各寻其据，给出各种不同的解释，但对三者之间的关系问题的解释，往往各取所需，以立一面之论。因为这其中本来蕴含着深刻的矛盾张力——不仅理论之间不无矛盾，理念与现实之间更有巨大反差和矛盾，所以徐复观、牟宗三等大家也为此而困惑。

与之相应，以民为本与君临天下的关系问题也是如此。在中国政治思想史上，一方面，"天下非一人之天下也，天下之天下也"（《吕氏春秋·贵公》）、"天之生民，非为君也；天之立君，以为民也"（《荀子·大略》）之类的主张不仅为思想家们所坚持，也为君王本身所倡导；另一方面，"君，天也，天可逃乎？"（《左传·宣公四年》）、"君也者，道之所出也"（《新书·大政下》）。在政治实践中更是如此："主者人之所仰而生也"（《管子·形势解》）；"以今日世事视之，所谓天下者，君者一人之天下也，非天下人之天下也"（《日知录·正始》）。正如冯天瑜、张岱年诸先生所指出的那样，二者乃是"一体之左右两翼"①，构成相辅相成的关系。

如何理解这种"一体之两翼"的关系？从本文的视角看，二者之间正是"文"与"质"的关系——以民为本为"文"，"君临天下"为"质"，同时也构成政道与治道的关系。二者之间既相互有别，民本为表，尊君为里；也有着内在的矛盾张力，代表着两种迥然不同的价值取向，蕴含着不同乃至相反的演变趋势。但又相互支撑，相辅相成：一方面，天命所归、保民、安民所需恰恰为尊君提供了正当性证明；另一方面，在天命、民意之文背后，中国传统政治的核心和本质则始终是王者主宰一切。

同样，所谓王霸之辨、外儒内法（阳儒阴法）方略，也是如此。认真分析一下汉宣帝对太子的训示，应不难体悟出这一点：

> 孝元皇帝……柔仁好儒，见先帝所用多文法吏，以刑名绳下。……尝侍燕，从容曰："陛下持刑太深，宜用儒生。"宣帝作色曰："汉家自有制度，本以霸王道杂之，奈何纯任德教，用周政乎？且俗儒不达时宜，好是古非今，使人眩于名实，不知所守，何足委任？""乱我家者，太子也！"（《汉书·元帝纪》）

---

① 冯天瑜：《中华元典精神》，湖北人民出版社 2017 年版，第 320 页。

这一为人所熟知的文本，蕴含着多层丰富意蕴。其一，算是圣明有为之君的汉宣帝明确宣示：天下、江山乃我汉家所有。其二，所谓独尊儒术，无论就其本意而言，还是就实际的地位和作用而言，实质上只是以儒为"文"而已：一方面为其一统天下提供合法性和正当性证明和辩护，并为其巩固和延续提供服务；另一方面，也对包括主政者在内的一切人加以规范、指引。汉宣帝所言，决不只是他一人的一时感悟。汉武帝确立"罢黜百家，独尊儒术"的方略时，应该就是如此谋划的。从汉高祖开始便已是如此。也不仅只是汉家如此，之后的"李家""赵家""朱家"等历朝"各家"无不如此。

进而言之，从这个视角来看，近代中国政治转型过程中所谓"虚君共和"的君主立宪之路，从一开始就不可能行得通：从质上说，王（帝王）本身就是赖"斧钺"之威力而生、而存，赢者通吃，败者通失。他不会也不敢舍此而"虚己"；而王者之神圣、至尊至上地位只是凡人所设之"文"，具有很强的工具和手段意味，并不真正具有神圣性，因此，也不可能唤起人们特别是近神器者内心深处的敬畏。所以，这种方案不失败反倒不可思议了。

（作者单位：武汉大学哲学院、中国传统文化研究中心）

中国工匠的起源、组织模式与文化形象之变迁*

□ 宋时磊

【摘要】中国历史悠久，有丰富的关于工匠精神的思想资源。不同时期工匠的组织形态与其所承担的文化形象紧密相连，既往研究对两者高度相关性的关注付之阙如。工匠组织的最初组织模式可追溯至氏族部落时期，早期氏族部落首领以工匠形象出现时，被赋予了经天纬地、沟通天人的功能，具有"工巫同一"的特性。西周工匠食官制度之下，工匠以其特殊技能而拥有相对较高的地位，于是拥有了诚告劝谏的政治职责。而在春秋战国及以后，工匠组织模式进入多元化时代，工匠的形象回归其本职——器物制作。在三个不同的时期，工匠拥有了治者、谏者、工者三位一体的文化形象，而三重形象对中国传统工匠精神产生了深刻影响。

【关键词】先秦；工匠精神；手工业；文化形象；价值取向

　　近年来，在转型升级、提质增效的背景之下，工匠和工匠精神受到各层面的广泛倡导和重视。对于工匠精神的探讨，存在崇洋化等方面的误区和不良倾向。① 因此，历史学者开始回到典籍和文本，注重本土工匠精神文化资源的开掘，此方面的研究成果渐次增多，不乏精彩之论。这些研究多倾向于提炼中国传统工匠精神的内涵，论述其当代发展的意义，或者从著作典籍、古代思想家、特定工匠等方面入手，分析工匠思想、工匠形象等。② 在论述工匠形象时，无论是群体研究还是个体研究，较少还原到当时的历史语境揭橥其深层原因。实际上，不同时期工匠的文化形象、职责和精神，与工匠的组织模式、生

---

　　* 本文为武汉大学人文社会科学青年项目"中国传统工匠精神现代转化"的研究成果之一，得到中央高校基本科研业务费项目资助。

　　① 宋时磊：《让工匠精神落地生根》，《光明日报·理论版》，2016年6月9日。

　　② 此方面成果有过常宝：《论先秦工匠的文化形象》，《北京师范大学学报》（社会科学版）2012年第1期；李唐：《中国传统质量文化的主要特质》，《宏观质量研究》2015年第3期；肖群忠、刘永春：《工匠精神及其当代价值》，《湖南社会科学》2015年第6期；张迪：《中国的工匠精神及其历史演变》，《思想教育研究》2016年第10期；孙洪伟：《墨子、鲁班工匠形象的分化与转换》，《民族艺术》2019年第6期。

存状态社会地位等密切相关。故本文从此视角出发，从工匠的起源着手，分析工匠组织模式与文化形象之间的内在逻辑关系。

一、工匠氏族的起源与神秘性形象

工匠作为一个职业群体，只有在生产工具发展到一定阶段、社会分工呈现专门化的时期才会出现。中国工匠群体出现于新石器时代，而在整个先秦时期，工匠组织结构持续性变迁构成了中国手工业经济的基本组织形态，并对工匠的劳动创造产生了深远影响。[1]

旧石器时代，原始人类主要自我制造生产和生活工具，工匠职业群体尚未形成。根据中国境内的考古发现，在新石器时代早期，距今 15000～9000 年，人类开始制作陶器。[2] 距今 10000 年以降，陶器开始广泛出现在各个遗址，这标志着陶器成为人们重要的生产和生活器具。生产陶器需要专门技能，从业者经过长期训练方能胜任，于是工匠群体和手工业得以发展。这实现了史前社会的大分工，手工业从农业中分离。[3] 此时，从事陶器等手工业生产的工匠以氏族部落为组织单位。距今 8000 年左右的甘肃秦安大地湾文化一期遗址，发掘 35 座制陶的窑址，出土陶器 4147 件。[4] 一个文化遗址陶窑多达 35 座，这不仅能够满足一个氏族部落生活之需，还会有剩余陶器与其他部落进行交换。这说明当时一些制陶技术比较先进的部落，已经开始从事专业化的陶器手工业生产。专业化陶器手工业作坊以及专门的陶器生产氏族部落的出现，提高了陶器的生产效率，同时又为高质量陶器的生产提供必要的组织保障。史前时代所形成的工匠氏族部落组织，在先秦时期得到继承。殷商遗址考古资料表明，氏族手工业已经形成比较大的手工业作坊，为王室提供服务，如殷墟宫殿宗庙遗址曾有小屯东北地铸铜遗址、小屯村北制玉作坊、花园庄南地制陶作坊遗址，宗庙遗址以外还发现了苗圃北地铸铜手工业作坊遗址、薛家庄铸铜遗址、大司空村制骨作坊遗址、北辛庄制骨作坊遗址等。[5] 据童书业分析判断，这种类型的氏族手工业，可能就是后来工商食官的先驱。[6] 有部分氏族部落因其所从事手工业而得名，据《左传》定公四年记载，商朝灭亡后，周以殷民六族分鲁、七族分卫，这十三族中至少有九族是手工业工匠部落。这九族分别是索氏（绳工）、长勺氏、尾勺氏（酒器工）、陶氏（陶工）、施氏（旗工）、繁氏（马缨工）、锜氏（锉刀工或釜工）、樊氏（篱笆工）、终葵氏（椎工）。[7]

---

① 需要指出的是，下文所归纳的三种组织形式，并非遵循严格的线性演进脉络，在同一历史时期，工匠可能有两种甚至更多的组织形式并存。

② 朱乃诚：《中国陶器的起源》，《考古》2004 年第 6 期。

③ 金岷彬、陈明远：《陶器促进史前社会分工——手工业与农业分离》，《社会科学论坛》2012 年第 6 期。

④ 李文杰、郎树德、赵建龙：《甘肃秦安大地湾一期制陶工艺研究》，《考古与文物》1996 年第 2 期。

⑤ 安志敏、江秉信、陈志达：《1958—1959 年殷墟发掘简报》，《考古》1961 年第 2 期。

⑥ 童书业编著：《中国手工业商业发展史》，齐鲁书社 1981 年版，第 3 页。

⑦ 杨伯峻编著：《春秋左传注》，中华书局 1955 年版，第 1536～1538 页。也有论者认为十三族中的"索""长勺""陶""繁"等，可在卜辞、金文及《左传》等文献中找到对应的地名，这些族或许因封地而得名。

手工业是氏族部落时期重要的经济部门，其首领在其中承担组织者甚至是创造者的角色。以采集、狩猎、种植等为主要生存方式的部落，必须依仗以手工业为主业的工匠部落交换生活用品。在蒙昧未开、认知水平有限的人类社会早期，能够从事创造性生产就被视为拥有神秘力量，而其氏族首领则被视为拥有超凡能力。所以，人类早期首领大多拥有手执规矩、经天纬地、治理天下的形象。山东嘉祥县出土的汉代武梁祠石室，石雕壁画有伏羲氏执矩、女娲氏执规的图像，这反映了人们对首领执掌规矩的集体认同。文献记载，西方少昊帝"其佐蓐收，执矩而治秋"①；大禹在治理水患时，"左准绳，右规矩，以开九州，通九道，陂九泽，度九山"②。这些首领一方面手持工匠的代表性工具"规"和"矩"，另一方面又拥有器物发明创造的工匠形象，如伏羲被认为是八卦、书契、结网罟等器物的制作者。据《尸子》载，工匠倕创造了规矩："古者倕为规矩、准绳，使天下效。"③ 为何被认为有神秘力量的首领会与规矩和工匠联系在一起？我们注意到，《说文解字》在释"工"时云"与巫同意"，释"巫"时云"与工同意"。这两处指明工巫同义，南唐徐锴传曰："为巧必遵规矩法度，然后为工。否则目巧也，巫事无形，失在于诡，亦当遵规矩，故曰与巫同意。"④ 这种解释有些生硬，并不能让人信服。从篆文看，巫似两人围绕"工"起舞。进一步追溯至甲骨文，工主要有"𠬪"和"工"两种写法。"𠬪"学者一般认为是象形字，下部为夯土时所使用的石块，上部是手柄或者把手，可解释为早期人类制造陶器或者筑土为墙时所用的石夯。⑤ "工"一般被解释为"矩"，是掌握、测量天地的法器。⑥ 巫也有两种常见字体"巫"和"𢀺"。前者似手执工，后者由两个工横竖交叉而成。第一个巫字是人手持法器，祝祷降神，第二个巫字由两个法器构成，强调巫者有双倍的智巧。因此，巫者承担执有法器、沟通天地人的职责。⑦ "工"的本意是测量天地万物的规矩，这一工具可以定方圆、正曲直，带有莫可道名的神秘力量，因此人类早期首领多与规矩等形象联系在一起。正是从这个意义上说，工与巫意义有相通之处。⑧ 在从金文隶化为篆文时，巫变为从"工"从"人"，许慎看到了两字的相通之处，却没有做出详细说明，后世徐锴则不明其意，故解释近乎牵强附会。另外，学者向来对为

① 张双棣：《淮南子校释》，北京大学出版社 1997 年版，第 263 页。

② 司马迁：《史记》，中华书局 1959 年版，第 51 页。

③ 尸佼：《尸子》卷下，清平津馆丛书本。

④ 许慎：《说文解字》，中华书局 1963 年版，第 100 页。

⑤ ［瑞典］林西莉：《汉字王国》，山东画报出版社 1998 年版，第 254 页。

⑥ 目前比较明确可靠的"矩"字见于西周金文，象一人手持工具之形，见《殷周金文集成》伯矩鼎（器号 2456）及裘卫盉（器号 9456），见中国社会科学院考古研究所：《殷周金文集成》，中华书局 2007 年版，第 290、9473 页。

⑦ 董莲池云："（工）本上古巫者实行巫术时以指画方圆，掌握天地的一种法器的象形，后逐渐引申而有工作、工巧、法式、善长等义。"董莲池：《说文部首形义通释》，东北师范大学出版社 2000 年版，第 115 页。张光直云："矩可以用来画方，也可以用来画圆，用这个工具的人便是知天知地的人。巫便是知天知地又是能通天通地的专家，所以用矩的专家正是巫师。"张光直：《中国青铜时代》，三联书店 1999 年版，第 201 页。

⑧ 本文从文字学角度解释"工巫同义"，而邓联合则从职业特征、文明起源、人类学等三个角度对此诠释。邓联合：《巫与〈庄子〉中的畸人、巧匠及特异功能者》，《中国哲学史》2011 年第 2 期。

何先秦的百工有"百官"之意及百工是否官职存在争论。① 这一争论看到了百工职业群体的特殊性，但没有给出产生根源的合理解释。工匠在上古时期具有近乎"巫者"的神秘形象，首领可以执规矩治天下。百工依靠规矩来整治器物，百官职责是依照法度和规矩来治理国家，两者内在旨趣和机理相契合。《尚书·尧典》："允厘百工，庶绩咸熙。"② 《诗·周颂·臣工》："嗟嗟臣工，敬尔在公。"故在古文献中，常用百工指称百官，他们多行经天纬地之功。

二、工商食官制度与执艺以谏之职

在私有制度逐步确立后，工匠的氏族部落组织随之解体，取而代之的是以家族为中心的官手工业，这一组织形式在西周被称为"工商食官"制度。③《国语·晋语》云："公食贡，大夫食邑，士食田，庶人食力，工商食官，皂隶食职，官宰食加。"④ 此处的"工"是指依附于官府或者贵族从事手工业劳动的工匠，这是存世文献明确载明的工匠官工业组织形态。官手工业的工匠从专业氏族演化而来，统治者给予他们一定的经济来源、社会地位甚至是官职，于是这些手工业氏族就变成了官方的手工业生产单位。先秦文献多处记载了当时工商食官制度的存在，如《国语·齐语》："昔圣王之处士也，使就闲燕；处工，就官府；处商，就市井；处农，就田野"，《论语·子张》："百工居肆，以成其事"⑤。早先的手工业氏族转变为世世代代从事手工业生产的家族，"令夫工，群萃而州处，审其四时，辨其功苦，权节其用，论比协材，旦暮从事，施于四方，以饬其子弟，相语以事，相示以巧，相陈以功。少而习焉，其心安焉，不见异物而迁焉。是故其父兄之教不肃而成，其子弟之学不劳而能。夫是，故工之子恒为工"⑥。手工业家族世代为官府工匠，不轻易改变职业："商、工、皂、隶，不知迁业。"⑦ 当时工商食官的情形比较普遍，不仅高级贵族拥有手工业工匠，即使较低级的贵族亦然。⑧ 西周工商食官制度之下，工匠大多以家族为中心、临近官府"族居"而处，《逸周书·程典解》："士大夫不杂于工商，士之子不知义，不可以长幼。工不族居，不足以给官；族不乡别，不可以入惠。"⑨ 典籍

① 主要有两种观点。一是认为手工业者供职于王廷，接受百工管理，故百工是"官职"，见过常宝：《论先秦工匠的文化形象》，《北京师范大学学报》（社会科学版）2012 年第 1 期。二是认为百工只是以其技艺服务于周王或者其他大贵族，"百工"是百官的同义借代，"百工"不是官，见林森：《商周时期"百工"研究》，《史学集刊》2014 年第 1 期。

② 孙星衍撰，陈抗、盛冬铃点校：《尚书今古文注疏》，中华书局 2004 年版，第 23 页。

③ 据学者考证，殷墟卜辞中已有"百工""多工"之名，多是手工业者的集合称谓，此外还可见"执工"及王命臣属役使"我工"的记载，说明晚商阶段可能已经出现官方管理的手工业者的组织形式，这或许是"工商食官"的雏形，见肖楠：《试论卜辞中的"工"与"百工"》，《考古》1981 年第 3 期。但到西周时期，工商的制度真正得以确立，这成为工匠新的组织类型。

④ 徐元诰撰，王树民、沈长云点校：《国语集解》，中华书局 2002 年版，第 350 页。

⑤ 程树德撰，程俊英、蒋见元点校：《论语集释》，中华书局 1990 年版，第 1312 页。

⑥ 徐元诰撰，王树民、沈长云点校：《国语集解》，中华书局 2002 年版，第 220 页。

⑦ 杨伯峻编著：《春秋左传注》，中华书局 1955 年版，第 966 页。

⑧ 朱凤瀚：《商周家族形态研究》，天津古籍出版社 2004 年版，第 327 页。

⑨ 黄怀信、张懋镕、田旭东：《逸周书汇校集注》，上海古籍出版社 2007 年版，第 186 页。

记载内容可与考古发掘相印证。据称，西周周原一带的齐家、云塘、庄李等地墓葬遗址，发现制玦、制骨、铸铜等手工业工匠家族，洛阳北窑铸铜遗址也发现了手工业家族。① 当时工匠根据从事工作内容被区分为不同的工种，数量很多，故有"百工"之称。百工之"百"是一个概述，《考工记》曾记载 30 个手工业工种，凡攻木之工七，攻金之工六，攻皮之工五，设色之工五，刮摩之工五，抟埴之工二。当然，这一记载并未涵盖当时全部工种，如酿酒业、制骨、漆器等手工业并未列举任何工种。

工匠制器要遵循规矩和自然法则，代表了法度和标准，因此先秦时期这一群体还承担了劝谏功能，其典型特征是执其艺事以谏。《国语·周语上》："故天子听政，使公卿至于列士献诗，瞽献曲，史献书，师箴，瞍赋，矇诵，百工谏，庶人传语，近臣尽规，亲戚补察，瞽史教诲，耆艾修之，而后王斟酌焉，是以事行而不悖。"② "工执艺事以谏"是指工匠凭借技能参与和介入国家事务，发挥其独特的影响力。工匠之所以具有进谏的形象，是因为该群体代表了规矩和法度，成为衡量治国者的准绳和天平，可以判定是非曲直，墨子认为这是天志："譬若轮人之有规，匠人之有矩，轮匠执其规矩，以度天下之方圆，曰中者是也，不中者非也。"③ 工匠参与国家政治也确存诸史实：公元前 841 年，国都镐京爆发驱逐暴虐天子周厉王的"国人暴动"，百工是重要的发动力量之一。④ 鲁哀公十七年，卫国工匠攻击国君卫庄公："公使匠久。公欲逐石圃，未及而难作。辛巳，石圃因匠氏攻公，公阖门而请，弗许。"⑤ 工匠在劝谏无效的情况下，依靠团体组织力量直接干预朝政。在先秦诸子著作中，工匠是充满智慧的谏者，以其技艺所体现的基本哲理来启迪国君。其中，名为"庆"的工匠出现次数最为频繁。《国语·鲁语上》载鲁庄公欲为桓宫丹楹刻桷，匠庆进谏节俭治国之方，《左传·襄公四年》匠庆因王妃丧礼有疵，匠庆告诫权臣季文子"多行无礼，必自及也"之理⑥。《庄子·达生》梓庆可削木为"见者惊犹鬼神"之鐻，并借此向鲁侯进献"斋以静心"之术。《韩非子·外储说》对庆的形象作反面演绎，以虞庆诎匠而屋坏、范且穷工而弓折的寓言来行谏诫之事：

故人主之于国事也，皆不达乎工匠之构屋张弓也。然而士穷乎范且、虞庆者，为

① 陕西省考古研究院、北京大学考古文博学院、中国社会科学院考古研究所、周原考古队编著：《周原——2002 年度齐家制玦作坊和礼村遗址考古发掘报告》，科学出版社 2010 年版；林森：《商周时期"百工"研究》，《史学集刊》2014 年第 1 期；雷兴山：《论周原齐家制玦作坊的族徽与社会结构》，《古代文明》第 10 卷，上海古籍出版社 2016 年版，第 215~228 页。

② 徐元诰撰，王树民、沈长云点校：《国语集解》，中华书局 2002 年版，第 11~12 页。

③ 孙诒让撰，孙启治点校：《墨子间诂》，中华书局 2001 年版，第 197 页。

④ 按照《周礼》记载，此时期有"国人"和"野人"之分，国人主要是居住在国城里的工商业者群体。贾公彦疏："国人者，谓住在国城之内，即六乡之民也"，见王与之：《周礼订义》卷 26，清《四库全书》本。范文澜等解释为："农民住在田野小邑，称为野人；工商业者住在大邑，称为国人"，见范文澜、蔡美彪等编著：《中国通史》，人民出版社 1978 年版，第 94 页。

⑤ 左丘明撰，杜预集解：《左传》，上海古籍出版社 2015 年版，第 1052 页。另外，哀公二十五年，卫国还发生一起攻击国君卫出公的情况："公使三匠久。公使优狡盟拳弥，而甚近信之。故褚师比、公孙弥牟、公文要、司寇亥、司徒期因三匠与拳弥以作乱，皆执利兵，无者执斤。使拳弥入于公宫，而自大子疾之宫噪以攻公。"见左丘明撰，杜预集解：《左传》，上海古籍出版社 2015 年版，第 1052 页。

⑥ 杨伯峻编著：《春秋左传注》，中华书局 1955 年版，第 935 页。

虚辞、其无用而胜，实事，其无易而穷也。人主多无用之辩，而少无易之言，此所以
乱也。今世之为范且、虞庆者不辍，而人主说之不止，是贵败折之类，而以知术之人
为工匠也。不得施其技巧，故屋坏弓折。知治之人不得行其方术，故国乱而主危。①

这是劝诫君主不能注重华丽动听诡辩，而是要讲求治国强兵的实际功效。这些文献所记载
的工匠"庆"，生活年代不尽相同，应不是同一人。他们或正或反地承担执艺进谏的职
责，可以说匠庆已经成为一个时代所普遍认同的"谏者"文化形象。

三、组织多元化时代工匠本职的回归

工商食官制度盛行于西周时期，春秋时期周王室衰微、诸侯列国并起，井田制开始逐
渐瓦解。工商食官制度的经济基础是井田制，工商业组织是井田制农业组织在城市的翻
版，井田制的瓦解导致工商食官制度也逐渐趋向崩溃。② 另一方面，社会的职业分工得到
进一步强化，这既造成了不同阶层的鸿沟，又使得彼此之间物质交换的需求日益扩大，
《孟子·滕文公下》："子不通功易事，以羡补不足，则农有余粟，女有余布；子如通之，
则梓匠轮舆，皆得食于子。"③ 在这一历史背景之下，原本依附于西周王室和贵族的工匠
向诸侯列国转移，隶属于官方的工匠流落于民间，《论语·微子》记载鲁哀公时，宫廷乐
工家族丧职、流散四方，大师挚适齐，亚饭干适楚，三饭缭适蔡，四饭缺适秦，鼓方叔入
于河，播鼗武入于汉，少师阳、击磬襄入于海。④ 列国不再将手工业作为单纯的享乐或奢
侈品的生产组织，而是将其作为富国强兵的重要产业，大力发展诸侯国官手工业。土地私
有制带动了自由民和小农群体的发展，这一专业从事农业生产的群体对手工业产品也有
需求。

因此，春秋时代起，社会对工匠有着大量需求，工匠组织也开始分化，呈现多元化的
态势。官营手工业中有两类工匠：一是专门为东周王室贵族提供手工业产品的工匠，这类
工匠是工商食官时代的余绪，如《左传》昭公二十二年曾记载，在东周王室洛阳东圈中
有大量工匠；二是诸侯列国还大力发展自身煮盐、铸币、采矿等手工业，这类产业会使用
刑徒一类的工匠，春秋叔夷钟铭文记载，齐灵公对宠臣叔夷说："余命汝司予莱，陶铁徒
四千，为汝敌寮。"⑤ 此时期还出现了以手工业为生的工匠家族，《庄子·逍遥游》所载
宋人善为不龟手之药者，便是世世以洴澼絖为生计，《吕氏春秋·召类》记载南家工人则
"恃为鞔以食三世"。其中，南家工匠技艺出众，拥有相对固定且庞大的消费群体，彼此
形成很深的依赖关系："是宋国之求鞔者不知吾处也，吾将不食。"⑥ 另外，面向市场、

① 王先慎撰，钟哲点校：《韩非子集解》，中华书局 2003 年版，第 273 页。
② 朱红林：《周代"工商食官"制度再研究》，《人文杂志》2004 年第 1 期。
③ 杨伯峻译注：《孟子译注》，中华书局 1960 年版，第 146 页。
④ 程树德撰，程俊英、蒋见元点校：《论语集释》，中华书局 1990 年版，第 1287 页。
⑤ 唐兰：《中国青铜器的起源与发展》，《故宫博物院院刊》1979 年第 1 期。战国末叶至秦汉时
期，开始大量使用刑徒，见杜正胜：《编户齐民：传统政治社会之结构形成》，台湾联经出版公司 1990
年版，第 294~316 页。
⑥ 吕不韦著，陈奇猷校释：《吕氏春秋新校释》，上海古籍出版社 2002 年版，第 1370 页。

自我雇佣的工匠比较普遍,《韩非子》记载了鲁国的一个手工业家庭,丈夫擅长做鞋、妻子擅长织布:"鲁人身善织屦,妻善织缟,而欲徙于越。"① 工匠凭借一技之长,便可立足谋生,根据市场需求远距离流动迁徙。齐国名士陈仲子一家也是自食其力,《孟子·滕文公下》:"彼身织屦,妻辟纑,以易之也。"② 春秋战国时代,工匠丰富生产、强化国力等方面作用受到列国重视,所谓"来百工则财用足"。于是,各国想方设法招徕工匠,甚至把工匠多寡作为国家势力的重要标志,《管子·问》:"男女有巧伎,能利备用者几何人?处女操工事者几何人?"③ 这是工匠组织形式趋向多元化的社会政治现实基础。

在官营、工匠家族、个体业者等多元化工匠组织形态之下,工匠神秘性的超验功能、现实性的政治功能等开始退化,逐渐回归工匠职责的本义。工匠最核心的职责和功能是辨材、攻器,即取舍材料、生产器具。《考工记》:"审曲面势,以饬五材,以辨民器,谓之百工。"④《吕氏春秋》:"农攻粟,工攻器,贾攻货。"⑤ 工匠生产精良的器具要有三项重要的品质。一是要顺应自然的规律和法则,做到"审曲面势",即根据生产材料的具体情况以采用不同的生产手段。天时、地气、材质等是工匠从事生产最基本的条件:"天有时,地有气,材有美,工有巧,合此四者,然后可以为良。"《逸周书·大聚解》:"山林薮泽,以因其□,工匠役工,以攻其材。"⑥ 根据上下文判断,该史料中脱字当为"时"字,同样指明工匠技巧要与时节、材质等相协。同时,工匠制作器具要有高超的技巧和技艺,这是工匠的第二项品质。工匠的第三项品质是要讲求诚信,先秦诸家无不着力强调此点。《管子》:"非诚贾不得食于贾,非诚工不得食于工。"⑦《荀子》:"百工将时斩伐,佻其日期,而利其巧任,如是,则百工莫不忠信而不楛矣……百工忠信而不楛,则器用巧便而财不匮矣。"⑧《吕氏春秋·贵信》:"百工不信,则器械苦伪,丹漆染色不贞。"⑨

工匠内在品质的高下、技能的娴熟与否,直接决定了器具的质量水平。具备优秀品质、技艺超群的工匠受到人们的尊重,被称为"上工""良工"等,最高等级的则名为"国工"。《六韬》:"故争胜于白刃之前者,非良将也;设备于已失之后者,非上圣也;智与众同,非国师也;技与众同,非国工也。"⑩ 手工业者拥有独特的手艺,则社会地位很高,可以位列良将、圣人、国师之后。战车和兵器是先秦时期最为精密复杂、最为重要的产品之一,从事生产的工匠需要超高的技艺方可胜任,《考工记》将制作水准最高、技能最娴熟的工匠称为"国工":可以用六种方法检验车轮质量的工匠被称为国工;生产出牢固车盖的工匠可称为国工,"良盖弗冒弗纮,殷亩而驰,不队,谓之国工"⑪;兵器和旌

① 王先慎撰,钟哲点校:《韩非子集解》,中华书局 2003 年版,第 180 页。
② 杨伯峻译注:《孟子译注》,中华书局 1960 年版,第 159 页。
③ 黎翔凤撰,梁运华整理:《管子校注》,中华书局 2004 年版,第 492 页。
④ 闻人军译注:《考工记译注》,上海古籍出版社 2008 年版,第 1 页。
⑤ 吕不韦著,陈奇猷校释:《吕氏春秋新校释》,上海古籍出版社 2002 年版,第 1720 页。
⑥ 黄怀信、张懋镕、田旭东:《逸周书汇校集注》,上海古籍出版社 2007 年版,第 427 页。
⑦ 黎翔凤撰,梁运华整理:《管子校注》,中华书局 2004 年版,第 91 页。
⑧ 王先谦撰,沈啸寰、王星贤点校:《荀子集解》,中华书局 1988 年版,第 228~229 页。
⑨ 吕不韦著,陈奇猷校释:《吕氏春秋新校释》,上海古籍出版社 2002 年版,第 1312 页。
⑩ 吕望撰:《六韬》,清平津馆丛书本。
⑪ 闻人军译注:《考工记译注》,上海古籍出版社 2008 年版,第 26 页。

旗之柄安装妥善的庐人，也可称为国工，"六建既备，车不反复，谓之国工"①。这种类型的轮人和庐人被称为国工，是因为他们的工艺在某一细分领域做到了技艺超群，正所谓"工之巧足擅一国者也"②。

四、结　　语

先秦是传统工匠职业群体诞生期，专业化生产分工的需要促使工匠氏族的出现。氏族部落解体、新的生产关系建立之后，商周时期官营、民营、个体家庭等工匠的三种基本组织形态成型。不同组织类型中的产品定位、服务对象不尽相同，但他们各有专长、相互补充，自身不懈创造以满足社会需求，在日积月累的劳作中生产了众多高品质的产品、艺术杰作，给我们留下了丰富的物质财富。在文明发轫之初，工匠的劳动创造被视为在神秘力量驱动下的行为，故早期人类先祖多以"工"的文化形象出现，强调他们经天纬地之功，后又被史家和先秦各学派赋予了诚谏功能，但工匠最核心和本质的形象还是器具的制作者。组织模式和集体认知意识是传统工匠诞生和生长的现实土壤，赋予了中国传统工匠根本性的精神特质，如崇尚先祖的神秘创造、对推崇自由创造的最高境界"道"、以技巧为群体身份标识等，构成了中国传统工匠的终极追求精神、敬畏精神、坚守精神等。这与美、日、德等国家的工匠传统和精神有着显著不同③，我们今后将对中国传统工匠精神的特质，以及在与国外主要国家相比较中所体现出的异质性进行研究。

（作者单位：武汉大学文学院）

---

① 闻人军译注：《考工记译注》，上海古籍出版社 2008 年版，第 106 页。

② 孙诒让：《周礼正义》卷七十六，民国二十年湖北篲湖精舍递刻本。

③ 美国工匠精神始终强调创新，美国当代著名的工匠迪恩·卡门认为美国工匠精神的本质是"收集改装可利用的技术来解决或者创造解决问题的方法从而创造财富"，见［美］亚力客·福奇：《工匠精神——缔造伟大传奇的重要力量》，陈劲译，浙江人民出版社 2014 年版，译者序。日本工匠精神强调天命，木作师秋山利辉认为职人气质是一种社会责任："要竭力工作给人们带去普遍的福祉，这一责任既是精神上的，也是物质上的，不论何种情况下，职人的责任是对满足的完成。"见 Matt Goulding, *Rice, Noodle, Fish: Deep Travels Through Japan's Food Culture*, New York: Harper Wave/Anthony Bourdain, 2015, p. 4.

论《周易程氏传》的君臣关系

□ 张　浩　孙劲松

【摘要】北宋政治家、理学家程颐所著的《周易程氏传》，秉承先秦儒家的易学诠释传统，创造性地对《周易》进行义理阐发，由自然之理扩展引申至人事之理，将政治哲学思想融入《周易》文本的阐释。本文将集中探讨《周易程氏传》中君臣关系的逻辑起点和君臣关系的解释模式，以及程颐所要建立的一种"君臣相合"的儒家政治理想。

【关键词】程颐；易传；君臣关系

《周易程氏传》，亦称《伊川易传》《程氏易传》，秉承先秦儒家的易学诠释传统，对《周易》进行创造性的义理阐发，由自然之理引申至人事之理，将政治哲学思想融入《周易》文本阐释。本文集中探讨《周易程氏传》中的君臣关系，以及由此所体现的程颐"君臣相合"的儒家政治理想。

一、乾坤是论述君臣关系的逻辑起点

《周易》将乾坤二卦对应为君臣，"乾为天，为圜，为君，为父"①，"阴虽有美，含之以从王事，弗敢成也。地道也，妻道也，臣道也"②。乾为君，坤为臣。乾道，即君道，具有刚健的特性；臣道，即坤道，具有柔顺的特性。程颐依据《周易》乾坤二卦的关系阐释君臣关系，《周易程氏传·释坤卦》云："主利，利万物则主于神，生成皆地之功也。臣道亦然，君令臣行，劳于事者臣之职也。"③ 乾坤二卦居六十四卦之首，是阴阳之本，天地之道，自然之理。万物资乾以始，资坤以生，乾坤合德，顺承天施，以成其功，则利益万物的作用含弘光大。同理，君臣之间，君作主宰，发号施令，臣行君令，尽职尽责，也是天地之道，自然之理，不可违背。《周易程氏传·释咸卦》指出："天地二气交感而化生万物，圣人至诚以感亿兆之心而天下和平。天下之心所以和平，由圣人感之也。观天地交感化生万物之理，与圣人感人心致和平之道，则天地万物之情可见矣。感通之理，知

---

① 黄寿祺、张善文：《周易译注》，上海古籍出版社 2004 年版，第 585 页。
② 黄寿祺、张善文：《周易译注》，上海古籍出版社 2004 年版，第 32 页。
③ 程颐撰，王孝鱼点校：《周易程氏传》，中华书局 2016 年版，第 10 页。

道者默而观之可也。"① "凡君臣上下，以至万物，皆有相感之道。物之相感，则有亨通
之理。君臣能相感，则君臣之道通；上下能相感，则上下之志通，以至父子、夫妇、亲
戚、朋友，皆情意相感，则和顺而亨通。事物皆然，故咸有亨之理也。利贞，相感之道利
在于正也。不以正，则入于恶矣，如夫妇之以淫姣，君臣之以媚说，上下之以邪僻，皆相
感之以不正也。"② 君臣之间要像天地交感、万物化生、像少男少女心有灵犀、情意相通
那样，以正道相感，则君臣之间和顺亨通，君臣合德，则天下治，社稷安，百姓乐。因
此，程颐参照乾坤二卦的卦德及其相互关系，提出了君臣关系之"君健臣顺"政治行为
规范，及其君臣相合政治理想。

在程颐看来，君臣关系的逻辑起点，正如天尊地卑，阳尊阴卑，乾尊坤卑一样，是天
理在自然界和人类社会"理一分殊"的表现，"圣人于尊卑之辨，谨言如此"。因此，君
臣关系，首先就表现在君尊臣卑，君臣之间在逻辑起点、初始地位上本身就存在着不对等
和失衡。在《周易程氏传》中，君常常取第五爻，臣常常随着卦之事、爻之时取第二、
三、四、上爻作引申解释。程颐认为君位只能是五爻，《周易程氏传·释旅卦》六五不取
君义，君位不旅，旅则失位，故不取君义。即君主之位不能随意变更，变更则意味着王朝
更迭，江山易主，所以"尊君"是前提，也是君臣关系的逻辑起点。

因此，《周易程氏传》对于"臣居尊位""妇居尊位"这种君臣关系的倾覆、僭越行
为都持否定态度。"坤虽臣道，五实君位，故为之戒云，黄裳元吉。黄，中色。裳，下
服。守中而居下，则元吉，谓守其分也。元，大而善也。爻象唯言守中居下则元吉，不尽
发其义也。黄裳既元吉，则居尊为天下大凶可知。后之人未达，则此义晦矣，不得不辨
也。五，尊位也。在他卦，六居五，或为柔顺，或为文明，或为暗弱；在坤，则为居尊
位。阴者臣道也，妇道也。臣居尊位，羿、莽是也，犹可言也。妇居尊位，女娲氏、武氏
是也，非常之变，不可言也，故有黄裳之戒而不尽言也。或疑在《革》，汤、武之事犹尽
言之，独于此不言，何也？曰：废兴，理之常也。以阴居尊位，非常之变也。"③ 程颐认
为《坤卦》六五爻"黄裳元吉"背后还有隐而未发之言，第五爻乃是君位，在别地卦中
出现，阴爻居第五爻，有的柔顺，有的文明，有的暗弱；在坤卦，就是居于尊位。阴是臣
之道，妇之道，臣下居尊位，如后羿、王莽，尚且可以明说。女人居尊位，如女娲、武
后，这是不可预料的非常的变局，不可明说，因此爻辞只有"黄裳"的告诫而没有说尽
其中之理。④

程颐曾以王安石对《易义·乾》之九三爻的解释来批评"臣居尊位"为"大乱之
道"。"王荆公云：九三知九五之位可至而至之。大煞害事，使人臣每怀此心，大乱之道，
亦不识汤、武。知至至之，只是至其道也。"⑤ 王安石的解释不仅"大煞害事"，而且还
不理解汤武革命之道。臣子当知晓可以到达什么位置，并"知终终之"，使自己的行为符

① 程颐撰，王孝鱼点校：《周易程氏传》，中华书局 2016 年版，第 136 页。
② 程颐撰，王孝鱼点校：《周易程氏传》，中华书局 2016 年版，第 136 页。
③ 程颐撰，王孝鱼点校：《周易程氏传》，中华书局 2016 年版，第 13 页。
④ 程颐撰，孙劲松、范云飞、何瑞麟译注：《周易程氏传译注》，商务印书馆 2018 年版，第 82 页。
⑤ 程颢、程颐著，王孝鱼点校：《二程集》，中华书局 1981 年版，第 248 页。

合天道。而那些大奸大恶之臣，正是因为"用过其分"才导致"篡逆之谋"。"或曰：共工、鲧之徒，尧既知其恶矣，何不去也？曰：彼所谓大奸者，知恶之不可行也，则能隐其恶，立尧之朝，以助尧之治，何因而去之也？及将举而进之，则尧知其不可，盖用过其分则其恶必见，如王莽、司马懿，若使终身居卿大夫之位，必不起篡逆之谋，而终身为才能之臣。"① 假若使王莽、司马懿终身居卿大夫之位，或许这二人还能成就终身才能之臣，而不至于有僭越君权的行为。

因此程颐大力批驳王安石对《尚书·泰誓》中"武王观兵""观政于商"的解释，努力维护武王顺天应人"革命之说"，而非"弑君独夫"。"介甫以武王观兵为九四，大无义理，兼观兵之说亦自无此事。如今日天命绝，则今日便是独夫，岂容更留之三年？今日天命未绝，便是君也，为人臣子，岂可以兵胁其君？安有此义？又纣鸷很（狠）若此，大史公谓有七十万众，未知是否；然书亦自云，纣之众若林。三年之中，岂肯容武王如此便休得也？只是《泰誓》一篇前序云：'十有一年'，后面正经便说'惟十有三年'，先儒误妄，遂转为观兵之说。先王无观兵之事，不是前序一字错却，便是后面正经三字错却。"② 程颐认为武王实无观兵之事，王安石以九四爻来解释"武王观兵"从史料的源头来看就出现了错误，"观兵之事"是后儒经文解释不通而妄加揣测的结果。

而对于"妇居尊位"的僭越行为，程颐在其政治实践活动中也直接提出异议。在宋代，"女主临朝"是一个普遍现象。"宋朝皇后常预大政者上谥皆四字，真宗章献明肃刘皇后、仁宗慈圣光献曹皇后、英宗宣仁圣烈高皇后、神宗钦圣献肃向皇后、哲宗昭慈圣献孟皇后、高宗宪圣慈烈吴皇后、宁宗恭圣仁烈杨皇后。"③ 在程颐政治实践的过程中，历经五任帝王，面临幼主、弱主、病主的治国形势，四任皇后"临朝辅政"，程颐也曾因为担任哲宗皇帝侍讲官一职在崇政殿说书，有一次年幼的哲宗皇帝患"疮疹"，几日未能上朝，太皇太后独自问政。程颐指出："二圣临朝，上不御殿，太皇太后不当独坐，且人主有疾，而大臣不知，可乎？"④ 程颐认为，太皇太后不应在君王不在场的情况下临朝理事。《周易程氏传》中的"尊君"，不仅是出于阴阳、刚柔自然之理，也与程颐对史实的反思、个人的从政经历密切相关。

另一方面，程颐"尊君"并不代表臣子在不对等的君臣关系里无所作为，而恰恰是臣子在君臣关系中居于主动地位，尤其是近于君位的宰辅和经筵侍讲官，承担着辅养上德的重任。君之所以尊，是由于"势位"。同样，"势位使然"和"私欲之蔽"使得君王常常出现德位不相匹配的情况，尤比普通人更甚，"以唐太宗之聪睿，躬历艰难，力平祸乱，年亦长矣，其始也，恶隋炀帝之侈丽，毁共曾观，未六七年，乃欲治乾阳殿矣。人心奚常之有？所以圣贤处崇高之位，当盛明之际，不忘规戒，为虑至深远也。况幼冲之君，而可懈于闲邪拂违之道乎？"⑤ 程颐通过"调护圣躬"的方式，时刻敲打君王，让君王气质自化，德器自成，所见必正事，所闻必正言，慢慢涵养熏陶，净化君王的政治环境。虽

① 程颢、程颐著，王孝鱼点校：《二程集》，中华书局 1981 年版，第 1039 页。
② 程颢、程颐著，王孝鱼点校：《二程集》，中华书局 1981 年版，第 250 页。
③ 林瑞翰：《宋代政治史》，台湾正中书局 1989 年版，第 136 页。
④ 程颢、程颐著，王孝鱼点校：《二程集》，中华书局 1981 年版，第 343 页。
⑤ 程颢、程颐著，王孝鱼点校：《二程集》，中华书局 1981 年版，第 1250 页。

然，乾坤二卦是《周易程氏传》论述君臣关系的起点，君臣关系在初始地位上不对等，但并不是君臣关系的终点，程颐通过讨论不同德位、不同时势下君臣关系的变化和应对，提出四种不同的君臣关系的解释模式，实现君臣相合的政治理想。

二、君臣关系的解释模式

在一卦的六个爻位之中，二、五爻分别居于上下两个八卦的中间，故都称之为"中位"，其中五爻为君位，二爻是与五爻相呼应的臣位，四爻比邻于五爻之下，《周易》中也经常将之比附为"近君之臣"。《周易程氏传》中的君臣关系多围绕着五与二、四爻的关系展开论述。《易》又以阳爻为刚，阴爻为柔。阳爻居初、三、五的阳位、阴爻居二、四、上的阴位为正，反之为不正。但在二、五两爻，程颐又提出了"中重于正"的原则。《周易程氏传·释恒卦》云："中重于正，中则正矣，正不必中也。"[1]《周易程氏传·释震卦》又云："不失中，则不违于正矣，所以中为贵也。诸卦：二五虽不当位，多以中为美；三四虽当位，或以不中为过，中常重于正也。盖中则不违于正，正不必中也。天下之理，莫善于中。"[2] "中重于正"作为一种周易卦爻位的解释原则，即二、五爻位为中，具有"中"德，就不必拘泥于阳居阳位，阴居阴位为正的这一原则，即便是阴爻居五位、阳爻居二位，也不能说是"不正"，因为中道必然已经涵盖了正道。只是把九五爻比为刚明之君，六五爻比为柔顺之君，九二爻比作刚明之臣，六二爻比作柔顺之臣。由此而形成了以下几种君臣关系模型。

（一）刚明之君与柔顺之臣

在这种君臣关系模式中，臣子处于相对弱势的一方，君王处于相对强势的一方，要想君臣之间"共成天下之事"，形成一个稳定和谐的共同体，柔顺之臣就应该遵循本爻所体现出来的顺巽之道，正如《周易程氏传·释坤卦·六三爻》所展现出来的为臣之道。"为臣之道，当含晦其章美，有善则归之于君，乃可常而得正。上无忌恶之心，下得柔顺之道也。可贞谓可贞固守之，又可以常久而无悔咎也。或从上之事，不敢当其成功，惟奉事以守其终耳。"[3] 作为相对弱势之一方的臣子，应善于归功于君主，固守柔顺之道，不居功自傲，尽职尽责；在上的君主，要能够含弘广大，不慕妒臣子之才德，为含章之臣施展自身的才德提供良好的政治环境。这样才能在君臣地位、实力相对悬殊之时，长久保持一种稳定的共同体。

同样，九五刚明之君虽然在地位、实力、权力上居于上峰，但是也不能为所欲为。一个具有阳刚中正之德的君主，行事杀伐决断，是开创太平盛世的必要条件，但不意味着是充分条件。"五以阳刚乾体，居至尊之位，任其刚决而行者也。如此，则虽得正，犹危厉也。古之圣人，居天下之尊，明足以照，刚足以决，势足以专，然而未尝不尽天下之议，虽刍荛之微必取，乃其所以为圣也，履帝位而光明者也。若自任刚明，决行不顾，虽使得

① 程颐撰，王孝鱼点校：《周易程氏传》，中华书局 2016 年版，第 143 页。
② 程颐撰，王孝鱼点校：《周易程氏传》，中华书局 2016 年版，第 231 页。
③ 程颐撰，王孝鱼点校：《周易程氏传》，中华书局 2016 年版，第 12 页。

正，亦危道也，可固守乎？有刚明之才，苟专自任，犹为危道，况刚明不足者乎？"① 君王本就居于至尊之位，有刚明之才德和气势，能够威慑在下位的臣子，但若刚猛过度，则致臣子噤若寒蝉，唯唯诺诺，天下治理就危险了。

"虽贤明之君，苟无其臣，则不能济于难也。"② 因此，在刚明之君与柔顺之臣的君臣关系模式中，君臣之间要相互配合，缺一不可，刚明之君与柔顺之臣都要坚守"中德"，刚明之君不能刚猛过度，柔顺之臣不能柔顺过度，自失其德，以致降志辱身。君臣之间相互配合，才能渡过难关。《比卦》代表上下相亲相辅，卦爻象上是九五应六二，刚明之君与柔顺之臣相亲以求辅助。《周易程氏传·释比卦》指出，"比之自内，不自失也。守己中正之道，以待上之求，乃不自失也。易之为戒严密。二虽中正，质柔体顺，故有贞吉自失之戒。戒之自守，以待上之求，无乃涉后凶乎？曰：士之修己，乃求上之道；降志辱身，非自重之道也。故伊尹、武侯救天下之心非不切，必待礼至，然后出也"③。程颐以商汤三聘伊尹，刘备三顾茅庐请诸葛亮出山的故事，告诫在下之有德之臣，虽然是否能被任用，不由自己决定，但以何种方式被择用，却可以由自己决定。伊尹、孔明并非济世之心不深切，却一定要待上位之君王礼成而后出，只有这样才能体现君王至诚之心。同时也是告诫臣子不宜张扬，应把握好君臣上下的基本定位。

在刚明之君与柔顺之臣这一类君臣关系模式中，二五爻当然是探讨君臣关系的核心，但四近君位，四爻在某一些卦中常常代表国之重臣、宰辅之位。程颐也会对四、五爻所对应的柔顺之臣与刚明之君的模式予以阐释。《坎卦》代表坎险之世，《周易程氏传》围绕六四与九五的君臣关系展开论述，"唯至诚见信于君，其交固而不可间，又能开明君心，则可保无咎矣。夫欲上之笃信，唯当尽其质实而已"④。君臣之间如果以至诚相待，则其关系坚固而不会遭人离间。而若人臣又能开明君心，则可以保全性命，全身而退。《周易程氏传·释井卦》亦通过六四与九五的关系论述刚明之君与柔顺之臣的相处之道，六四之臣虽然才德不足以广施利物，但亦可以中正自守，"臣不及君，则赞助之而已"⑤。在天下人心涣散之时，大臣更应当与君王同心同德。《周易程氏传·释涣卦》："五与四君臣合德，以刚中正巽顺之道，治涣得其道矣"，"君臣合力，刚柔相济，以拯天下之涣者也。方涣散之时，用刚则不能使之怀附，用柔则不足为之依归。四以巽顺之正道，辅刚中正之君，君臣同功，所以能济涣也"⑥。六四与九五刚好能够刚柔互济，阴阳相合，六四以巽顺之德帮助九五之君拯救涣散的世道人心。

（二）柔顺之君与刚明之臣

这一模式是程颐最为推崇的君臣相处模式。《周易程氏传·释蹇卦》云："故凡六居五、九居二者，则多由助而有功，蒙、泰之类是也；九居五、六居二，则功多不足，屯、

① 程颐撰，王孝鱼点校：《周易程氏传》，中华书局 2016 年版，第 48 页。
② 程颐撰，王孝鱼点校：《周易程氏传》，中华书局 2016 年版，第 174 页。
③ 程颐撰，王孝鱼点校：《周易程氏传》，中华书局 2016 年版，第 38 页。
④ 程颐撰，王孝鱼点校：《周易程氏传》，中华书局 2016 年版，第 128 页。
⑤ 程颐撰，王孝鱼点校：《周易程氏传》，中华书局 2016 年版，第 174 页。
⑥ 程颐撰，王孝鱼点校：《周易程氏传》，中华书局 2016 年版，第 263 页。

否之类是也。盖臣贤于君，则辅君以君所不能；臣不及君，则赞助之而已，故不能成大功也。"① 臣子贤于君王，君王又高度信任他，可以成就千秋功业。如果是前一种模式，臣子不及君王，不能集思广益，只能赞助守成，难成大功。

《周易程氏传·释蒙卦》在论述六五与九二的关系时指出，"以柔中之德，任刚明之才，足以治天下之蒙，为人君者，苟能至诚任贤以成其功，何异乎出于己也？"② 柔顺之君降低姿态，卑巽下求刚明之臣，提拔刚明之臣，让刚明之才能发天下之蒙昧，成至大之事业。《周易程氏传·释泰卦》也是指出，六五之君以柔顺之德礼遇九二之贤臣，上下齐心协力，君臣同志同德，方能共同成就太平盛世的功业。《周易程氏传·释蛊卦》九二亦是"以刚阳之臣，辅柔弱之君"。

"知时识势，学易之大方也。"当天下战事方兴未艾之时，刚明之臣与柔顺之君在《师卦》中分别对应率师之将与兴师之主。在其他卦中，九二爻为刚明之臣，施为、行事当忌专断，忌刚愎自用。但在兴兵率众之师卦，君王要信任将帅之才德，敢于授命行权；将帅敢于独当一面，任事自专，正所谓"将在外，君命有所不受"。《周易程氏传·释睽卦》论述天下人心睽散、乖离之时的应对方略，"五虽阴柔之才，二辅以阳刚之道而深入之，则可往而有庆，复何过咎之有？以周成之幼稚，而兴盛王之治；以刘禅之昏弱，而有中兴之势，盖由任贤圣之辅，而姬公、孔明所以入之者深也"③。当人心乖离之时，君臣之间的同舟共济就显得非常重要，虽然六五之才不如九二之臣，但六五与九二能互相信任，以诚相交，生死相托，才有周代的成康之治、三国的蜀汉中兴。

《未济卦》代表君道艰难、诸事未成之时，诸爻皆不当位，君臣关系上也是六五应九二。"五以柔处君位，而二乃刚阳之才，而居相应之地，当用者也。刚有陵柔之义，水有胜火之象。方艰难之时，所赖者才臣耳，尤当尽恭顺之道，故戒曳其轮则得正而吉也。倒曳其轮，杀其势，缓其进，戒用刚之过也。刚过，则好犯上而顺不足。唐之郭子仪、李晟，当艰危未济之时，能极其恭顺，所以为得正而能保其终吉也。于六五则言其贞吉光辉，尽君道之善；于九二则戒其恭顺，尽臣道之正，尽上下之道也。"④ 未济卦中六五与九二相应，九二是有胆识的臣子，六五是柔弱之君，遇到艰难之时道，柔弱之君自身才智不足以济困，需要仰赖九二这样的才臣。在这种君臣才德智识力量不相侔的情况下，九二之臣忌过于刚强，以至居功自傲，犯上作乱。六五之君则要避免嫉妒臣子才德，让九二之臣放手施展抱负。

同理，在刚明之臣与柔顺之君这种君臣关系的模式中，程颐也给予比邻的四五爻以特别的关注，这种模式在某种程度上是程颐所处的北宋时代君臣关系的一个写照，因此程颐对这种模式寄予了很高的期望。在九四刚明之臣的才识、威德超过六五柔弱之君时，《周易程氏传·释豫卦》给出了君臣如何相处之道。当天下安乐和豫之时，六五是柔弱不能自立之君，耽于豫乐，虽然仍然处于尊位，但是威权却已失去，而九四之刚明之臣，处受人猜疑之地。若六五之君不失君道，能顺巽九四之臣，让九四以忠诚之心、阳刚之德当天

① 程颐撰，王孝鱼点校：《周易程氏传》，中华书局 2016 年版，第 174 页。
② 程颐撰，王孝鱼点校：《周易程氏传》，中华书局 2016 年版，第 23 页。
③ 程颐撰，王孝鱼点校：《周易程氏传》，中华书局 2016 年版，第 169 页。
④ 程颐撰，王孝鱼点校：《周易程氏传》，中华书局 2016 年版，第 280 页。

下之任。如伊尹之于太甲，周公之于成王，还能成就中兴之世。若九四之臣能不失为臣之正，恪尽职守，至诚待上，则可辅助柔弱之君致天下和豫的景象。

（三）刚明之君与刚明之臣

《姤卦》代表君臣之相遇相知，卦爻象上是九五对应九二，属于刚明之君与刚明之臣相遇，"君臣皆以阳刚居中为正，以中正相遇也。君得刚中之臣，臣遇中正之君，其道大行于天下"[1]。"九五尊居君位，而下求贤才，以至高而求至下，犹以杞叶而包瓜，能自降屈如此；又其内蕴中正之德，充实章美，人君如是，则无有不遇所求者也。虽屈己求贤，若其德不正，贤者不屑也，故必含蓄章美，内积至诚，则有陨自天矣，犹云自天而降，言必得之也。自古人君至诚降屈，以中正之道，求天下之贤，未有不遇者也。高宗感于梦寐，文王遇于渔钓，皆由是道也。"[2] 君臣之间的相遇如高贵的杞木树叶包含瓜果一样，君王能够礼贤下士，内含章美，臣子以中正之德与君王相应，这种以德位相应犹如神助，未有得不到的贤人。

《困卦》代表时义困穷之时，五爻与二爻都是阳爻，君臣皆以"刚中之道"而得吉，有中行之德，"非刚中，则遇困而失其正矣"。刚明之君子困于穷厄险难，也能够乐天知命，心怀"泽天下之民，济天下之困"的信念，虽以阳居阴位，但却能够中正自守。九五爻代表"人君之困"，"五虽在困，而有刚中之德，下有九二刚中之贤，道同德合，徐必相应而来，共济天下之困，是始困而徐有喜说也"。所以能够君臣同德共度困穷之时，开始困难而后有喜悦。由此可见，君臣皆刚明之才，非常适合于共渡难关、共克时艰的极端情况。

（四）六五之君与六二之臣

从卦爻象来说，六五与六二的组合比较复杂，不能简单地用柔顺之君与柔顺之臣来概括。爻根据卦的含义不同而表述为不同的关系，六五可以代表柔顺、柔暗乃至大明，而六二代表臣子的柔顺或者中正之德。

《复卦》代表万物复生。其六二与六五爻代表柔顺之君与柔顺之臣的关系。六二之臣以中正之德，柔顺处下。"六五以中顺之德，处君位，能敦笃于复善者也，故无悔。虽本善，戒亦在其中矣。阳复方微之时，以柔居尊，下复无助，未能致亨吉也，能无悔而已。"[3] 六五爻的君王中正柔顺，有敦厚笃实之德，但六五以阴爻而居于尊位，向下没有刚明之臣的援助，只能无悔，而不能达到亨通吉祥的境界。这说明，柔顺之君与柔顺之臣相互配合，不如柔顺之君与刚明之臣的配合，不是最为理想的君臣道合的模型，但柔顺之君与柔顺之臣因不相应而有"中德"能"无悔而已"。

《丰卦》代表盛大，其六二遇六五，就不能称之为柔顺之君与柔顺之臣了，应该是柔暗之君与中正之才，程颐指出："二虽至明中正之才，所遇乃柔暗不正之君，既不能下求于己，若往求之，则反得疑猜忌疾，暗主如是也。然则如之何而可？夫君子之事上也，不

---

① 程颐撰，王孝鱼点校：《周易程氏传》，中华书局 2016 年版，第 195 页。
② 程颐撰，王孝鱼点校：《周易程氏传》，中华书局 2016 年版，第 198 页。
③ 程颐撰，王孝鱼点校：《周易程氏传》，中华书局 2016 年版，第 107 页。

得其心，则尽其至诚，以感发其志意而已。苟诚意能动，则虽昏蒙可开也，虽柔弱可辅也，虽不正可正也。古人之事庸君常主，而克行其道者，己之诚意上达，而君见信之笃耳。管仲之相桓公，孔明之辅后主是也。若能以诚信发其志意，则得行其道，乃为吉也。"① 六二不仅仅言柔顺，而能"至明中正"，是因为丰卦由"上震下离"构成，离为火，六二为离卦中爻，有至为明丽之象。六二的臣子之诚能够破除昏暗，即便是六五柔暗的庸君常主，只要臣子能够"尽其至诚"，就像管子辅佐齐桓公、诸葛亮辅佐刘禅，君主之间也能获得感通，获得相对吉祥的结果。

《晋卦》由"上离下坤"组合而成，代表前进之时，也是六五与六二之相遇。程颐指出，六五爻为离卦的中爻，有"大明"之象，所以代表"大明之君以中正巽顺之德广纳天下贤才"。处于下位的六二柔顺之臣，以"中正之德，久而必彰，上之人自当求之。盖六五大明之君，与之同德，必当求之，加之宠禄，受介福于王母也"②。这说明中正柔顺之臣以其德行才华必将获得大明之君的宠遇。若六五之君能"推诚委任，尽众人之才，通天下之志，勿复自任其明，恤其失得，如此而往，则吉而无不利也"③。但大明之君毕竟是阴爻，有阴柔之象，要告诫其避免"自任其明、自以为是"的过失，令天下有德之人皆来顺附，贤才皆能获得发展空间，君臣之间同德相附丽，可以成天下之大功。

以上所展示的《周易程氏传》中君臣关系的四种模式，灵活运用乘承比应、阴阳相应、刚柔互济和"中重于正"的解释原则，在二五爻阴阳相应、刚柔互济，四五爻相比承的情况下，并且能够符合"中"且"正"的解释原则，无疑是君臣关系的理想状态。当诸多原则无法同时应用，且相冲突的情况下，如三四爻当位得"正"，却因不中为过时，"中重于正"。"中"和"正"这两种爻位解释原则，不仅是"中位"原则可以打破"正位"原则，而且"中"的德行原则可以涵盖"正"的德性原则。程颐常常在某些卦爻辞处应用"中重于正"的原则对君臣关系作为创造性的诠释，引史证经义，发挥《周易》中"得尚于中行""柔中""刚中"的品德，这种"中"的德性在君臣关系中突出表现为臣子的进谏策略，如春风化雨般入于君心，而不是"刚过""柔过"讦直强劲或取谀奉承。

《周易程氏传·释习坎卦》："自古能谏其君者，未有不因其所明者也。故讦直强劲者率多取忤，而温厚明辩者其说多行。且如汉祖爱戚姬，将易太子，是其所蔽也。群臣争之者众矣。嫡庶之义，长幼之序，非不明也，如其蔽而不察何？四老者，高祖素知其贤而重之，此其不蔽之明心也，故因其所明而及其事，则悟之如反手。且四老人之力孰与张良群公卿及天下之士？其言之切孰与周昌、叔孙通？然而不从彼而从此者，由攻蔽与就其明之异耳。又如赵王太后爱其少子长安君，不肯使质于齐，此其蔽于私爱也。大臣谏之虽强，既曰蔽矣，其能听乎？爱其子而欲使之长久富贵者，其心之所明也。故左师触龙因其明而导之以长久之计，故其听也如响。非惟告于君者如此，为教者亦然。"④

程颐认为谏臣奉行"言路好直""刚过"并非好事，容易引起党争。"大抵自仁祖朝

---

① 程颐撰，王孝鱼点校：《周易程氏传》，中华书局2016年版，第248页。
② 程颐撰，王孝鱼点校：《周易程氏传》，中华书局2016年版，第153~154页。
③ 程颐撰，王孝鱼点校：《周易程氏传》，中华书局2016年版，第155页。
④ 程颐撰，王孝鱼点校：《周易程氏传》，中华书局2016年版，第129页。

优容谏臣，当言职者必以攻讦而去为贤，习以成风，惟恐人言不称职以去，为落便宜。昨来诸君，盖未免此。苟如是为，则是为己，尚有私意在，却不在朝廷，不干事理。"① 北宋士人以"正直"为美德，犯颜直谏为风尚，甚至以是否去职为衡量一个谏官履职好坏，品德奸贤的标准。这恰恰不是程颐愿意看到的，晚年自悔因"言路好直"而引发朋党之祸导致涂炭天下有"两分其罪"，这种对于"中"的德性的看重实际与北宋"翻烧饼"式的政治动荡、纷争及程颐的个人政治生命有关。

三 、 结 　 语

《周易程氏传》中君臣关系的四种模式并没有孰优孰劣的区别，程颐通过对六十四卦、三百八十四爻的演绎，提供不同形势下君臣关系的理想形态。在现实复杂的政治环境中远比六十四卦三百八十四爻所模拟的治理模型复杂，一段君臣关系可能同时掺杂一种或者多种模式，但基本都不超出此四种的范围。而基于北宋当时的政治环境，程颐更寄希望于柔顺之君与刚明之臣的相处模式，最终都是为了实现君臣相合，得君行道的儒家政治理想。

《周易程氏传》中解释君臣关系的话语有很多，《释临卦》云："君臣道合，盖以气类相求"，《释困卦》云："君臣朋友，义合也"。程颐在《书解》中也指出："帝王之道也，以择任贤俊为本，得人而后与之同治天下。"② 从北宋仁宗朝开始，与士大夫"共治"天下成为祖宗之法，成为一种共识，与程颐同时的文彦博也曾道出"与士大夫同治天下"一语。直到《周易程氏传》一书的完成，关于君臣如何共治以恢复三代之治才说得透彻，程颐通过对《周易》创造性的解读，提出"君臣相合"的政治观念为整个宋代"君臣共治"提供了基调和范本。

（作者单位：武汉大学哲学学院）

---

① 程颢、程颐著，王孝鱼点校：《二程集》，中华书局 1981 年版，第 28 页。
② 程颢、程颐著，王孝鱼点校：《二程集》，中华书局 1981 年版，第 1035 页。

洪迈《容斋随笔》易学新探

□ 陈 艳 何宗美

【摘要】洪迈易学具有考据性、朴实性的特点，馆臣对此也颇多褒扬。"考据易"突破了我们对宋易的固有认知，这也是南宋学术具有独立特征的重要体现，让人不得不思索南宋学术的时代性是否被遮蔽于对"宋学"的整体认识之中。洪迈在阐释内部易理时，坚持类推方法，继承《左传》易筮，呈现出不主一家、贵于简明的特征，这种阐释方法和性质特征与南宋易学风尚、洪迈的释经思想深相契合。而对洪迈易学思想的正确认识，应当建立在对《容斋随笔》易学材料进行全面梳理和科学分类的基础之上。
【关键词】洪迈；容斋随笔；易学；南宋易学；学者易学

以博学著称的南宋学者洪迈虽然算不上著名的易学家，但他的易学思想在易学史上具有一席之地，值得重视。他留下的大型学术著作《容斋随笔》包含丰富的易学材料和易学思想，而现有研究缺乏对其切实的梳理和准确的把握，需要重新加以整理和深入辨析，以呈现洪迈易学思想的真实面貌。

一、研究梳理显现问题

洪迈之学"博极载籍，虽稗官虞初，释老傍行，靡不涉猎"①。这一特点在《容斋随笔》体现得最为突出。洪迈及其《容斋随笔》研究，可从这一特点受到启发——研究视角多样而又不能陷入杂乱无章，由其核心领域抓住关键问题并进而全面、系统、准确理解和阐释洪迈之思想与学术。也就是说，我们不仅要研究洪迈，还要思考究竟应该研究洪迈的什么以及怎样研究洪迈等问题。

"随笔"的形式是洪迈《容斋随笔》的书写形态，但其知识系统仍然不出中国传统知识体系中经、史、子、集四大纲领，而各大纲领之下又涉猎大大小小许许多多知识分支，以经学为例，易学、尚书学、诗经学、三礼学、春秋学等无所不及，仅就此言即可见史家所谓"博极载籍"绝非虚言。

本文仅以易学为切入点，探讨洪迈《容斋随笔》知识系统的一个重要侧面。

---

① 脱脱等：《宋史》卷三七三《洪皓传》附传，中华书局 2000 年版，第 9161 页。

对洪迈《容斋随笔》易学的关注，最初可以追溯到宋末元初易学家俞琰。他在《读易举要》一书"魏晋以后唐宋以来诸家著述"条目中提到"洪景卢作《容斋随笔》，多及易"①，此在易学史上较早重视到洪迈《容斋随笔》易学价值。明代的唐顺之在其《荆川稗编》"互卦取象"条目下收入《容斋随笔》易学随笔五则②，清代郑方坤的《经稗》也收入洪著易论十三则③等。由此可见，洪迈在易学史上虽然被关注得不是太多，但仍有其一席之地。

令人遗憾的是，现代以来洪迈研究罕有涉及其易学者。篇幅近二百万字称得上易学史宏构的《易学哲学史》④ 在其南宋易学部分只字未及洪迈易。王铁《宋代易学》⑤、程刚《宋代文人的易学与诗学》⑥、续晓琼《南宋史事易学研究》⑦ 等专著虽于宋易研究各有开掘，但洪迈仍未进入这一研究领域的视野。而迄今为止专论洪迈易学的仅见王长红《洪迈以史学为基础的解易理路发微》一文，该文就"信守汉易与避谈河洛""援史解易与以易阐史""考辨校勘与辑佚训诂"三个层面加以讨论，对洪迈易学思想和易学方法作了有益探索，显得弥足珍贵。⑧ 但鉴于《容斋随笔》易学材料的零散特点、洪迈思想学术的复杂性，加之有关研究相对薄弱而显露的问题，因此洪迈《容斋随笔》易学仍有较大的新探空间，基本看法亟待重辨。

主要的问题可以归为两类：一是文献材料使用的问题，二是立论和方法论的问题。比如"棘寺棘卿"本是洪迈引用坎卦"以居险阻囚执之词"来证实"大理寺为棘寺"中"棘"的含义⑨，如果以此认为是"以典章制度来解易"，则颠倒了该条目原本内容的逻辑。又如据"易举正"一则随笔来认为"洪迈本之《周易举正》，或籍他书记载，或据字形、字体或文注互证，校勘经传之文 20 处"，那就误判了文献性质。作者自谓："唐苏州司户郭京有《周易举正》三卷……今略取其明白者二十处载于此。"⑩ 显然，说洪迈"本之《周易举正》"，并把"校勘经传之文 20 处"归功于他，就完全弄错了文献材料的本义，因为洪迈已说这 20 处仅仅是从唐人郭京《周易举正》"一百三节"中"略取其明白者"的结果。这样，说洪迈"其易学研究在方法上具有重考证的特点"的第一个方面即"重视校勘文字的讹误、脱衍、倒文"就几乎不太能成立，至于说这方面"无疑是超越前

① 俞琰：《读易举要》卷四，《景印文渊阁四库全书》第 21 册，台湾"商务印书馆"1986 年版，第 465 页。

② 五则分别为"易中爻""利涉大川""巽为鱼""兑为羊""蹇解之险"，收于《荆川稗编》卷四，《景印文渊阁四库全书》第 953 册，台湾"商务印书馆"1986 年版，第 72~73 页。

③ 十三则分别为"三易""易举正""坤动也刚""屯六二蒙六三""利涉大川""刑罚四卦""乾坤下六卦皆有坎""巳日乃孚""巽为鱼""易中爻""兑为羊""为宣发""左传易筮"，存于《经稗》卷一、卷二、卷八，《景印文渊阁四库全书》第 191 册，台湾"商务印书馆"1986 年版，第 504、513、516、517、521、524、533、537、546、546、546、689 页。

④ 朱伯崑：《易学哲学史》，昆仑出版社 2005 年版。

⑤ 王铁：《宋代易学》，上海古籍出版社 2005 年版。

⑥ 程刚：《宋代文人的易学与诗学》，方志出版社 2014 年版。

⑦ 续晓琼：《南宋史事易学研究》，人民出版社 2016 年版。

⑧ 王长红：《洪迈以史学为基础的解易理路发微》，《人文杂志》2016 年第 10 期。

⑨ 洪迈著，穆公校点：《容斋随笔·五笔》卷四，上海古籍出版社 2015 年版，第 580 页。

⑩ 洪迈著，穆公校点：《容斋随笔》卷五，上海古籍出版社 2015 年版，第 44 页。

人的"更是缺乏支撑的依据。再如，"岁月日风雷雄雌"条，原意是讲岁、月、日、风、雷都有雄雌之分，然后分别引《太初历》《风赋》《春秋元命包》《师旷占》等文献为证，在引《太初历》后提及《后汉书》（卷三十下）"《郎顗传》引《易雌雄秘历》，今亡此书"，在引《师旷占》后提及"予家有故书一种，曰《孝经雌雄图》，云出《京房易传》，亦曰星占相书也"①，显然作者的本意在于"雌雄"话题，而非在易。可见，以此来评价洪迈，以为"体现了他对亡佚易著、易说的重视和辑录"则完全是一种曲解。"五帝官天下"条的情况与此类似，当归于《容斋随笔》史事考证的范围，不能说"体现了他对亡佚易著、易说的重视和辑录"。以此来看，说洪迈"其易学研究在方法上具有重考证的特点"的第二个方面即"重视辑录《周易》经传文字的异文和佚说"同样难以成立。

至于立论和方法论的问题，同样显而易见。比如，既然说洪迈"信守汉易"，又说"汉魏之际的荀爽、王弼和北宋程颐等学者以此注易或阐理，南宋洪迈亦是如此"，则不免函矢相攻。且又认为"这种据'位'而发言、施为的思想作为儒家学说的重要部分，对我国古代社会的方方面面都产生了深刻影响"，举例说"万事不可过"条"充分体现了儒家以'位'为内核的中庸之道"，不仅言过其实，也牵强附会。如"万事不可过"条依次讲天下万事、造化阴阳、赏刑、仁义礼信的"不可过"，概而言曰："是皆偏而不举之弊，所谓过犹不及者。"再引扬雄《法言》"周公以来，未有汉公之懿也，勤劳则过于阿衡"以证之。②显然，这与《周易》讲的"位"或者"儒家以'位'为内核的中庸之道"缺乏切实关联，真正的来源本是《论语·先进》中孔夫子所说的"过犹不及"之语③，这一点洪迈本人已概括清楚。所以，从经典阐释史来说，这当归于《论语》范围而不是《周易》。还有一种情况也需要指出，虽《容斋随笔》"易中爻"条引《易·系辞》"杂物撰德，辨是与非，则非其中爻不备"，确有"中爻者，谓二三四及三四五也"的说法④，但谓"以证'互体'说自古有之，并非后世所杜撰"仍然容易造成误解，因为《系辞》原意并非如此。试看：

> 《易》之为书也，原始要终以为质也。六爻相杂，唯其时物也。其初难知，其上易知，本末也；初辞拟之，卒成之终。若夫杂物撰德，辨是与非，则非其中爻不备。⑤

很清楚，这里讲的"中爻"之"中"是处于"始""终"或"初""上"系列中而言的，实为"唯其时物"之"时"的一个阶段或一种情形，与互体说无关。韩注曰："论中爻之义，约以存博，简以兼众，杂物撰德，而一以贯之。"孔疏云："谓一卦之内，而有六爻，各主其物，各数其德，欲辨定此六爻之是非，则总归于中爻，言中爻统摄一卦之

① 洪迈著，穆公校点：《容斋随笔·三笔》卷十一，上海古籍出版社2015年版，第369~370页。
② 洪迈著，穆公校点：《容斋随笔·五笔》卷五，上海古籍出版社2015年版，第585页。
③ 程树德：《论语集释》卷二十二，中华书局1990年版，第772页。
④ 洪迈著，穆公校点：《容斋随笔》卷十一，上海古籍出版社2015年版，第100页。
⑤ 王弼注，孔颖达疏：《周易正义》卷八，阮元校刻：《十三经注疏》，中华书局1980年版，第90页。

义多也。"又具体解释所谓"中爻",即如乾卦之九二、九五,坤卦之六二、六五。① 依洪迈"互体"说,则传、注、疏皆不能解通。此之当辨,不可含糊。

"援史解易",是易学阐释学的一种重要方法。但严格来说这种方法既不是洪迈首创,也不是洪迈易学的基本特色。前已说"以典章制度阐易"的问题所在,再看"以历史事实、历史人物解易""以史阐发处世之道"两个方面也不例外。一般来说,学术研究有所谓孤证不立之通则,若仅举"小贞大贞"条一孤例来论证洪迈"以历史事实、历史人物解易",很难说这可以被确定为洪迈解易的一个突出特色。而且,准确地说这则随笔实质上是洪迈在讨论某种历史规律时引用了《周易》,属于引易证史,而非以史证易。即使权当"援史解易"来看,对这个例子的理解仍有需要澄清之处。首先可以肯定的是,在"小贞大贞"条中,洪迈提出"此自系一时国家之隆替,君身之祸福,盖有刚决而得志,隐忍而危亡者,不可一概论也"②,这样的看法对屯卦九五"屯其膏,小贞吉,大贞凶"③的诠释已更趋圆融,这并不能影响我们在对材料的理解和思想观点的把握时保持一种客观审视的态度。例如,"故《易》有'屯其膏,小贞,吉;大贞,凶'之戒,谓当以渐而正之"④,显然,"当以渐而正之"是就经文原意而言的,而不是"学者多以为此爻本旨在于示人以渐正获吉之道",也就是洪迈此则易学随笔的意义,不只是对程颐、李光等人的观点作了补正,而且还对《周易》本身的思想加以反思和突破,"虽欲小正之,岂可得也"讲的就是"小贞"亦未必"吉"的道理。在此,洪迈是经、注同正,重要的在于对经文思想的发挥。这是从思想层面应当肯定的地方,至于援史的方法不说有程、李等人运用在前,本身还不无辨正的空间。应该说,"刚决而得志""刚决而失""小正之"而"不得"之外,"渐而正之"以及"刚决"与"渐正"即"小贞""大贞"的互用也不可否认,这方面的史实如加梳理同样举不胜举。

再看"以史阐发处世之道"。这种表述本身已游离易学之外,不属"援史解易"的范围。"士之处世"条的例子更不能说明相关问题。现录原文以证之:

> 士之处世,视富贵利禄,当如优伶之为参军,方其据几正坐,噫呜呵箠,群优拱而听命,戏罢则亦已矣。见纷华盛丽,当如老人之抚节物,以上元、清明言之,方少年壮盛,昼夜出游,若恐不暇,灯收花暮,辄怅然移日不能忘,老人则不然,未尝置欣戚于胸中也。睹金珠珍玩,当如小儿之弄戏剧,方杂然前陈,疑若可悦,即委之以去,了无恋想。遭横逆机阱,当如醉人之受骂辱,耳无所闻,目无所见,酒醒之后,所以为我者自若也,何所加损哉!⑤

通观全文,无一字涉及"援史解易",也无一字涉及"以史阐发处世之道",与所谓

---

① 王弼注,孔颖达疏:《周易正义》卷八,阮元校刻:《十三经注疏》,中华书局1980年版,第90页。

② 洪迈著,穆公校点:《容斋随笔》卷十一,上海古籍出版社2015年版,第97页。

③ 程颐:《周易程氏传》卷一,中华书局2011年版,第25页。

④ 洪迈著,穆公校点:《容斋随笔》卷十一,上海古籍出版社2015年版,第97页。

⑤ 洪迈著,穆公校点:《容斋随笔》卷十四,上海古籍出版社2015年版,第120页。

"易"与"史"皆毫无关系。它的内容很清楚，是用"优伶之为参军""老人之抚节物"等例子来讲如何"处世"的道理，用的都是生活体验，既不是史事，也不是易理。

其他问题在此不再一一列举和分析。归纳起来，有几个问题需要特别提炼出来加以重视。首先是文献的切实梳理问题。因为洪迈《容斋随笔》文体性质是"随笔"，而且是大型随笔。该著包括《随笔》《续笔》《三笔》《四笔》各十六卷，《五笔》十卷，共录一千二百二十条①，其材料具有数量大、内容散、隐蔽的特征，所以对其细细梳理并不简单，给研究工作带来了较大的难度。按基本常识，拟对某一专题加以研究，则首要的事情是把这一方面的材料汇辑起来，并严格分类，这样可以避免文献视野的片面，也可以避免文献使用的盲目性和随意性。其次是文献的准确理解问题。这需要就前所汇辑的每一则材料切实读懂，防止误读、曲解或过度解读。再次是论文的逻辑方法问题。这里又有两个问题需要注意：即观念先行和简单举例法。如果说认为两宋出现了"易学史上著名的以李光、杨万里为代表的参证史事派"，而"生于斯时的洪迈自然受此浸染"，而又缺乏切实考证，就不免要犯观念先行之弊。再如，在定位了洪迈为史学家基础上，就把《容斋随笔》的易学材料都往史学话题来置放，而并非基于材料本身深入辨析，这也不免要陷入观念先行的陷阱。这样做的问题是很容易掩盖洪迈易学的真实面貌。再说简单举例法。举例法原本属于严密性欠缺的论说方法，而简单举例法就更不可靠了。所谓简单举例，包括随意、盲目举例，也包括举孤例。容易造成似是而非的错觉，而其原因则是对文献材料缺乏整体梳理、深入辨析和准确把握，其实质不是论证问题而是认识问题。

基于上述情况，笔者认为有必要对《容斋随笔》中的易学文献进行重新梳理，对洪迈的易学思想进行重新探讨，这样才能在现有学术成果基础上使研究得以推进并取得新的突破。

二、《容斋随笔》易学文献再梳理

文献的切实梳理与准确理解是学术研究中的关键环节，只有对相关的文献进行全面梳理、理解、辨别等，观点结论才能得以立足。对《容斋随笔》易学的讨论也是如此，我们首先应该对书内的易学文献做清底和性质判定的工作，这样我们在研究洪迈易学的时候才能有一种更可靠的视野和更科学的方法。

（一）《容斋随笔》易学文献的范围广度

这些易学文献在横向上可按照相关程度分为两类：其一是单篇为完整易学内容的文献，如"易举正"等共有 21 条；其二是引用易的文献，如"文章小伎"等共有 22 条。

先来说第一类完整易学内容的文献，这类文献都是讨论易学问题的。从来源来看，其中又有两种不同类型，第一种是洪迈摘录他人著述或观点的文献，第二种是洪迈论易的文献。摘录文献共有 6 条，其中摘录了包括王弼等易学家和《周易举正》《经典释文》《考工记》等书籍的说法。这 6 则摘录文献涉及包括《周易》及易传的多种理解、文本校勘、异文辑佚、训诂的问题。尽管大部分内容来自其他文献，但在条目最后，洪迈通常会简单

---

① 洪迈著，穆公校点：《容斋随笔》校点说明，上海古籍出版社 2015 年版，第 1 页。

地表达自己的倾向。如"坤动也刚"一条中，洪迈列举了各家易学的阐释以后，对昙莹的说法作出了"其说最为分明有理"的评价。在关注《周易》文本方面，洪迈虽未判断《周易举正》的真伪，但他所列举的"明白者二十处"，基本肯定了该书在文献校对上的贡献。

洪迈独立论易的文献共有 15 则，是支撑起洪迈易学的门梁部分。该类文献可以使我们窥得洪迈易学的根本方法和思想观念，补充和深化我们对南宋易学的认识。

第二类是洪迈引用易的文献，这类文献在讨论其他问题时引用了易，它们又可细分为两种。其一是引用《周易》原文的文献，共 10 条①。《周易》为经学之首，洪迈常常以其作为解释语词含义的经典依据。其中值得单独说明的是"吾家四六""将帅当专""治盗法不同"三条，因为洪迈并不限于简单地引用《周易》原文中的话，还有意识地运用《周易》文本进行四六文创作，运用"长子帅师"和"变而通之"的易学思想治军理政，这是引用的更高层次，体现了易学对洪迈的广泛影响力。

其二是转引易的文献，共 12 条②。该类文献中虽有易，但多来自其他著述，洪迈转引用来说明其他主题，与易关联度低。其中值得说明的是，洪迈誊录了宋代苏轼对易序卦的重新排列，晁以道的易学观点，史书中的易学流传等问题。可见，洪迈还关注易学研究的外部问题。

通过《容斋随笔》易学文献的横向分类，我们可以发现洪迈对《周易》的理解是综合、丰富的。这些易学文献不仅零散，而且性质不一。其中不仅有对易学内部问题的阐发，也有对易学研究的认识和倾向等外部问题，还有以易文字释义，甚至仅仅是对易略有涉及的文献。汇辑与性质判定决定了材料与相关问题的关联性，只有找到文献的边界，研究中的文献使用才不至于盲目随意。

（二）《容斋随笔》易学文献的时间逻辑

洪迈《容斋随笔》五个部分耗时接近四十年，其中必定有可追溯的时间逻辑。在时间线上的易学文献又有哪些不同的关注重点？呈现出怎样的变化趋势呢？这就需要我们从纵向的维度来分类整理《容斋随笔》中的易学文献。

根据《容斋随笔》《续笔》《三笔》《四笔》前的洪迈自序中所标明的时间信息，以及《四笔》序中有云："始予作《容斋随笔》，首尾十八年，《续笔》十三年，《三笔》五年"③，写作效率增长的同时，易学文献的数量却呈下降趋势。④ 洪迈于《随笔》写就的

---

① 这 10 条分别为"大贞小贞""文章小伎""一定之计""将帅当专""吾家四六""媵字训""棘寺棘卿""卜筮不敬""一二三与壹贰叁同""治盗之法不同"。

② 这 12 条分别为"韩柳为文之旨""李习之论文""卜筮不同""羌庆同音""说文与经传不同""书易脱误""晁景迁经说""之字训变""诸家经学兴废""五帝官天下""岁月日风雷雌雄""夏侯胜京房两传"。

③ 洪迈著，穆公校点：《容斋随笔·四笔》序，上海古籍出版社 2015 年版，第 417 页。

④ 《容斋随笔》作于绍兴三十二年，成书于淳熙七年，共有 329 条，易学文献有 18 条；《续笔》作于淳熙六年，成书于绍熙三年，共有 249 条，其中易学文献有 10 条；《三笔》作于绍熙二年，成书于庆元二年，共有 248 条，其中易学文献有 5 条；《四笔》作于庆元二年，成书于庆元三年，共录 259 条，其中易学文献 5 条。《五笔》未就，洪迈以 80 岁高龄卒于嘉泰二年，共有 135 条，易学文献有 4 条。

四年后（乾道二年①）复召还朝，宦海浮沉 24 年，绍熙元年十二月归里，居家 12 年而卒。由此可见，《随笔》和《续笔》基本成于洪迈的仕宦阶段，而后三部作于归里时期。而与前种分类探讨联系起来看，主题与易相关的文献集中于《随笔》和《续笔》，是研究洪迈易学的主体部分。引用易的文献主要集中于后三部，主要内容多是关于文字训诂、音韵，是研究洪迈易学的补充材料。通过对洪迈易学文献时间逻辑的梳理，我们大致可以看出洪迈对《周易》关注点的流变过程。在作《随笔》时期，是洪迈研易的主要阶段。他除了重视各家易著和易学思想、关注异文之外，更重要的是有了相对独立的易学思想。此时的洪迈有了前面几十年的积累，开始从关注易文本的外部问题而转向易学的内在诠释，是洪迈研易最为深入和精微的阶段。洪迈在《续笔》时期的易学思路进一步开阔，关注重点放到了《左传》易筮、卜筮、易名等各种问题。而洪迈后期多关注易学的传承，为教导后生而纠正易学文本的句读、文字，如"健讼之误"一条；总结易学的流传问题，如"诸家经学兴废"；利用史书文献解答一些"古先名儒以至于今，未有论之"② 的问题，如"坎离阴阳"等。

在时间逻辑上的洪迈易学具有一定的变化趋势，一方面，洪迈对易的关注视野越来越宽泛，涉及的外围问题越来越多，另一方面，洪迈解易的深度也随着时间推移而不断下降。

（三）《容斋随笔》易学文献的关注视野

通过对《容斋随笔》易学文献横向与纵向两个维度的分类，我们可以看出洪迈易学中稳定、持续的关注视野是易的文字、音韵、训诂、校勘问题，这说明洪迈对文献和理解准确性的重视，体现出其关注易学"考据性""朴学性"的特征。在时间上，这种重视伴随着洪迈关注易的全过程；数量上，这类问题的文献有 14 条③。其中包括对易文本的文字校勘、句读、训诂、引易来释音释义等。

这与洪迈知识结构、工作性质、学术志趣分不开。洪迈经学渊源深厚，青年时期是他易学思想的最初源头。洪迈备考时曾作《经子法语》，第一卷便摘抄《周易》词句共一百八十七条，后附有注解。这些大多注摘自王注、孔疏和《经典释文》卷二的《周易音义》。这说明，洪迈从青年时候起便十分重视《周易》文本的训诂、音韵等基础性问题，以后还有不断补充。比如"宣发"一条的注解从《经子法语》到《容斋随笔》中逐渐丰富明晰，这也体现出文字训诂是洪迈易学中一以贯之的部分。而且，洪迈曾做过正字、编辑、校正图书、出词科考题、起草机要文书等工作④，无一不需要重视文字细节。洪迈还具有"求真"的意识，"二疏赞"中说道："作议论文字，须考引事实无差忒，乃可传信后世。"⑤ 洪迈还多以实证的方法进行史事辨伪，如"野史不可信""谈丛失实"等，也

---

① 凌郁之：《洪迈年谱》，上海古籍出版社 2006 年版，第 204 页。

② 洪迈著，穆公校点：《容斋随笔·三笔》，上海古籍出版社 2015 年版，第 359~360 页。

③ 这 14 条为："易举正""其惟圣人乎""易说卦""说文与经传不同""书易脱落""健讼之误""宣发""义理之说无穷""治历明时""膝字训""棘寺棘卿""一二三与壹贰叁同""羌庆同音""之字训变"。

④ 李菁：《南宋四洪研究》，武汉大学博士学位论文，2005 年。

⑤ 洪迈著，穆公校点：《容斋随笔》卷四，上海古籍出版社 2005 年版，第 38 页。

重视诗歌、俗语中的文字字形、字音和意义的讨论，这些都体现出洪迈重视考据和实证的知识趣味和学术特征。

清代馆臣也认识到了洪迈易学的考据性和朴学性，不仅评价说"辩证考据，颇为精确。如论易《说卦》寡发之为宣发"①，还将《容斋随笔》视为"南宋说部之首"，这恰恰说明洪迈的考据，尤其是对易学的考据受到了馆臣的推崇，这反过来利于我们认识洪迈易学的特征。当代的文献学家也开始重视洪迈的考据，如孙钦善先生认为洪迈"既反对穿凿为说，又反对繁琐考证"，是"南宋著名的考据学家"②，并详细分析了洪迈在文字、音韵、训诂、校勘等方面的成就与局限，其中多涉及易。这既是对洪迈考据学的评价，更是对洪迈易学"考据"的评论，说明了洪迈易学的特征。

洪迈重视"考据"的学术倾向与此基础上形成的"考据"易学，与宋代义理学主流之外涌动着的学术新变有关。此种新变从王安石开始，"从博学名物的学术旨趣，在荆公后学中也得到了发扬，例如陆化、蔡卞等人的《诗经》名物训诂与《尔雅》博物。此外，北宋中期的沈括与两宋之际的黄朝英等人的笔记考辨，也表现出了与此相近的知识化倾向和文献考辨之风"③。而宋代考据学发展之盛的一个重要体现便是考据笔记的大量涌现，而南宋笔记的数量占绝对优势，体现出南宋文人对知识和文献的兴趣，打破了后人对宋学"以义理为主"的认知范式。说明宋学到了南宋，其朴学的特征逐渐明晰起来，学术向着一种历史的、客观的、朴实的道路前进着，这不得不要求我们对南宋学术的探讨应该逐渐从宋学大框架中抽离，重视其独立性，有越来越多的学者主张发掘南宋文学的时代特性，比如侯体健就曾提出"作为独立研究单元的南宋文学"④ 这一观点。回到易学发展史本身，学者身份的"考据"易也打破了我们对宋代义理易、图书易的固有认知，这说明南宋易学也是体现南宋学术独立特征的重要组成部分，值得学界深入探讨。

三、洪迈易学思想再探析

洪迈易学具有考据性和朴实性，故其易理阐释必然不会陷入空疏的义理派。正是有了科学、全面的文献梳理功夫，故我们可以精准地拈取出洪迈独立解易的文献，对洪迈易学的内部阐释进行探究。

（一）方法：以类而知之

洪迈解易普遍运用推类方法。在"巽为鱼"⑤ 一则中，他说：

> 《易》卦所言鱼，皆指巽也。姤卦巽下乾上，故九二有鱼，九四无鱼。井内卦为巽，故二有射鲋之象。中孚外卦为巽，故曰"豚鱼吉"。

---

① 纪昀：《四库全书总目》卷一，中华书局 1965 年版，第 4 页。
② 孙钦善：《中国古文献学史》，中华书局 1994 年版，第 593~613 页。
③ 温志拔：《知识、文学、学术史——南宋考据学研究》，南京大学博士学位论文，2012 年。
④ 侯体健：《士人身份与南宋诗文研究》引言，复旦大学出版社 2018 年版，第 3 页。
⑤ 洪迈著，穆公校点：《容斋随笔》卷十二，上海古籍出版社 2015 年版，第 103 页。

姤☴九二为"包有鱼"，井☵九二为"井谷射鲋"，中孚☴卦辞为"豚鱼吉"，它们均是由经卦巽☴组成的别卦，爻辞或者卦辞中又都与"鱼"有关，所以类推得出"巽为鱼"的结论。其中剥☶六五的爻辞虽然也出现了"鱼"，但因为内外两卦均与巽无关，故洪迈接着说道：

> 剥卦五阴而一阳。方一阴自下生，变乾为姤，其下三爻，乃巽体也。二阴生而为遁，则六二、九三、九四乃巽体。三阴生而为否，则六三、九四、九五乃巽体。四阴生而为观，则上三爻乃巽体。至五阴为剥，则巽始亡。故六五之爻辞曰："贯鱼"，盖指下四爻皆从巽来，如鱼骈头而贯也。

剥☶由乾☰开始，一阴自下而生，不断蔓延，依次为姤☴、遁☳、否☷、观☴，显示出巽不断向上升起的过程，到为五阴时为剥卦☶，巽☴也就消失了，这个过程就如鱼骈头而贯，故剥六五爻辞为"贯鱼"，这样也可推论出巽为鱼象的结论。洪迈通过此种解易过程，明确提出了"类推"的诠释思路：

> 或曰："说卦不言'巽为鱼'，今何以知之？"曰："以类而知之。说卦所不该者多矣，如'长子''长女''少女'见于震、巽、离、兑中，而坎、艮之下，不言'为中男'，'为少男'之类，他可推也。"

洪迈将这几例与"鱼"相关的卦归类到一起说，名为"以类而知之"。"巽为鱼"并非是洪迈首创，虞翻在姤九二卦有"巽为鱼"的说法，剥卦乃"巽为鱼，为绳。艮手持绳贯巽，故贯鱼也"[1]。虞翻是依卦而说，没有成一种固定的体例，但洪迈却深入具体寻找其中的内在逻辑，最终得出了规律性的认识。尤其是解释剥卦时，洪迈的解释非常有新意，富有创见，足以在易学史上成一家之说。但是，洪迈的推类也仅仅是根据已知的爻辞或卦辞而来，除了上列几卦以外，其他由巽组成的别卦中却没有出现"鱼"，逆推不能成立，这也说明了阐释《周易》很难有贯穿整体的固定说法。

洪迈用此种方法解易的文献共有七条，除了"巽为鱼"外，还有"兑为羊"一则与其完全相同。洪迈继承汉唐易学重视象的传统，解易也经常以象作为归类标准。除这二例之外，还有"利涉大川"一则。洪迈这样归纳道："《易》卦辞称'利涉大川'者七，'不利涉'者一。爻辞称'利涉'者二，'用涉'者一，'不可涉'者一。"[2] 洪迈将易卦爻辞中出现的"利涉大川"系列都整理出来，分为了五类，这几种情况的卦中都有"坎""巽"之一，或者是二体兼有，或者是与二体有所关联。因为坎为水，有大川之象，巽为木，可以济川，故也能够具体解释出这几种分类的不同之处。不仅如此，洪迈还通过分类归纳大象的主题来说明八卦之义。他在"刑罚四卦"一则中指出噬嗑卦☲、丰卦☳、贲卦☶、旅卦☶都讲了刑罚之事，而且四卦中都有"明罚""明庶政""明慎用刑"，说明离是"明"的意思。归类往往会导致同类比较，比如洪迈将由"二阳四阴"组成、都有

---

① 张文智：《周易集解导读》卷五，齐鲁书社 2005 年版，第 195 页。

② 洪迈著，穆公校点：《容斋随笔》卷十二，上海古籍出版社 2015 年版，第 101 页。

"柔乘刚"体例的屯卦☳和蒙卦☶进行归类对比，说明中正之位的特殊性。

洪迈的归类方法不仅体现在易学文献中，在其他地方也多有涉及，是我们理解洪迈思想学术的重要方面。如洪迈在分析历史问题时，尤其喜欢把同一类型的历史事件放在一起说，如"汉采众议""汉氏择所从"等。但洪迈是在解易中提出"以类而推之"的，这说明洪迈易学思想与他整个学术特征也有着密切的关系。

推类是"按照两种不同事物、现象在类属性或类事理上具有某种同一性或相似性，因此可以由此及彼、由言事而论道的论说方式"①。这是《周易》最基本的思维方式，在易学推类逻辑中有着更为复杂精微的体系。这种归纳诠释方法孔颖达疏中就有体现。他说：

> 圣人名卦，体例不同，或则以物象而为卦名者，若否泰剥颐鼎之属是也。或以象之所用，而为卦名者，即乾坤之属是也。如此之类多矣。②

孔颖达在诠释时虽然常常以"类"来说明，但是从整体上来看，只是为了"义便而言"，所以"不可以一例取也"③，是一种"不完全的归纳法"④。洪迈解易也是如此，虽然他的推论使得结论的合理性和严谨程度得到增强，但也仅限于具体的条目中，并不能以此建立起完整的易学阐释体系。

（二）观念：传承《左传》易筮

洪迈不仅重视有着悠久历史的易象，还传承古易学，这集中体现在他对《左传》易筮的重视上。第一，洪迈推崇《左传》易筮中的"一爻之变"。"左传易筮"条目开宗明义地指出："《左传》所载《周易》占筮，大抵只一爻之变，未尝有两爻以上者。"⑤ 洪迈解易也推崇"一爻变"。在对坤卦《文言传》有"坤至柔而动也刚"一句的解释中，他并不认同义理派的解说，他说："予顷见临安退居庵僧昙莹云：'动者，爻之变也，坤不动则已，动则阳刚见焉。在初为复，在二为师，在三为谦，自是以往皆刚也。'其说最为分明有理。"⑥ 这是以"一爻变"来解易。还有"兑为羊"中，大壮卦☱无兑，却有三条爻辞中都出现了"羊"。原因为何？洪迈从"爻变"来证明。大壮卦☱由复☷而推为临☱，可以看出，在这个移动过程中，兑☱开始出现，到泰☷的时候，兑逐渐走向消失，故

---

① 张晓芒：《中国古代从"类"范畴到"类"法式的发展演进过程》，《逻辑学研究》2010 年第 1 期。

② 王弼注，孔颖达疏：《周易正义》卷一，阮元校刻：《十三经注疏》，中华书局 1980 年版，第 13 页。

③ 王弼注，孔颖达疏：《周易正义》卷八，阮元校刻：《十三经注疏》，中华书局 1980 年版，第 87 页。

④ 王铁《宋代易学》在第三章中总结道："《易传》作者及王弼所用的归纳法，是不完全的归纳法。就某一具体的爻位而言，如果它对某一概念来说是例外，则一般总有别的概念适用于它。"（上海古籍出版社 2005 年版，第 102 页）

⑤ 洪迈著，穆公校点：《容斋随笔·续笔》卷六，上海古籍出版社 2015 年版，第 197 页。

⑥ 洪迈著，穆公校点：《容斋随笔》卷一，上海古籍出版社 2015 年版，第 9 页。

九三爻辞为"羝羊触藩，羸其角"。洪迈以"一爻之变"而形成的卦变来解释卦辞，关注"变"的趋势和"变"过程中经卦的隐显，以此来说明易象的变动，并不仅以变卦的含义来解释原卦。洪迈关注卦与卦之间爻位的变动情况来释义，并不像南宋时推崇《左传》易爻变法的沈该、都絜那样以变卦来释义，不关注爻变的整个过程。不过，洪迈的这种阐释方法也不能成为某种通例来阐释整个文本。

第二，洪迈继承《左传》易筮而多以中爻取义。以中爻取义多被称为"互体"，这也是传统的解易方法。《左传》中就已有以该方法解易的纪录，洪迈在《左传易筮》条目中说道：

> 唯陈厉公生敬仲，遇观之否。周史曰："坤，土也；巽，风也；乾，天也。风为天，于土上山也，有山之材，而照之以天光，于是乎居土上。"杜氏注云："自二至四有艮象，艮为山。"予谓此正是用中爻取义，前书论之祥矣。①

洪迈明确指出："中爻者，谓二、三、四及三、四、五也。"②《容斋随笔》中有大量以"中爻取义"解卦的条目，如"蹇解之险"。蹇☷的六二、九三、六四又可组成坎，故六二重言"蹇蹇"。解☷的六三、九四、六五为坎，故六三"将出险"。这种以"中爻取义"的方法随处可见于洪迈的解易过程中。③ 从以《左传》为代表的古易开始，互体解易就在不断继承中得到发展。汉代易学家对互体说颇有建树，从京房的简单互体到虞翻完备的互体取义，体现了互体说在象数易学中的重要地位。洪迈广泛运用"中爻取义"，他的"爻变"和"中爻取义"互相补充，如"巽为鱼"中的剥卦和"兑为羊"中的大壮卦，共同形成了对从《左传》易筮发轫的解易理路的继承。

洪迈的解易与南宋时期对《左传》古易法的关注分不开。作于绍兴三十年的《周易古占法》，是宋代学者中较早对古占法进行系统性探究的著作。该书通过对《左传》《国语》等典籍中所记载的占筮实例的考察，分析、归纳出《周易》的古占法的程式。④ 南宋还有赵汝楳、雷思齐也对《左传》易筮中的"爻变"作过研究。和他们的研究相比，洪迈的"一爻变"简略、零散得多了。而真正将《左传》易占运用发挥到极致的是南宋沈该的《易小传》。《直斋书录解题》有云："专释六爻，兼论变卦，多本《春秋左氏传》占法。"⑤ 该书在绍兴二十八年进呈高宗，故潘雨廷先生说道："同时有都絜著《易变体义》，于绍兴戊寅进于朝，正沈氏为相之时，亦用一爻变之例，此例于南宋后蔚然成风，

---

① 洪迈著，穆公校点：《容斋随笔·续笔》卷六，上海古籍出版社 2015 年版，第 197 页。

② 洪迈著，穆公校点：《容斋随笔》卷十二，上海古籍出版社 2015 年版，第 100 页。

③ 《容斋随笔》中出现"以中爻取义"的条目有"易中爻""重言蹇蹇""利涉大川""左传易筮""巽为鱼""兑为羊"，共 6 条。

④ 黄黎星：《探筮寻例，归本儒理——论程迥对〈周易〉古占法的探究》，《中州学刊》2007 年第 4 期。

⑤ 陈振孙撰，徐小蛮、顾美华点校：《直斋书录解题》卷一，上海古籍出版社 2015 年版，第 19 页。

实滥觞于此。"① 洪迈于绍兴十五年中进士，绍兴二十八年时被召入馆"除秘书省教书郎"②，此时，沈该和都絜的书正活跃于朝廷，洪迈极有可能受到此重古法风气的浸染。

对《左传》古易的关注是南宋易学的重要现象，南宋象学以互体、爻变解经为热潮，这种关注与南宋时期的时代背景分不开。王铁先生总结道："由战乱引起的筮占之术的盛行是促成这一现象发展的客观因素。如《左传》《国语》所记载的象占古法，是当时习见的占法。"③ 这说明南宋易学对古占法的重视，与南渡君臣在内忧外患危机下重视古代卜筮之术有关，这在《建炎以来系年要录》中也有多处记载。④ 此种现象影响下的南宋易学易著染指古象占法，如上文的沈该、朱熹、洪迈等。洪迈虽然受到南宋易学风气的浸染，学习和运用了古卜筮的爻变规则，但他在"筮龟卜筮"和"卜筮不敬"中对卜筮之术的泛滥也有所批评，体现了他对易学风尚的反思意识。

（三）特征：不主一家和贵于简明

易经作为古代学人的必修书目，其在后代的接受必然十分复杂。通过分析，洪迈解易虽然以古易为主，但他并没有派别意识，对义理易⑤、图书易、史事易也有涉猎，体现出饱学之士的易学接受状貌。由于洪迈的职务身份，他不仅有机会见到进呈上观的易著，还对一些易著作序。冯椅记载："《易卦解义》二卷，贵州文学刘翔撰，绍兴十五年表进，监学官看详云：'通达经旨，附近人情，间出新意，议论不诡，旁涉史传，援证明白。'特差福州教授，藏书禁中。鄱阳洪迈序。"⑥《易卦解义》今虽散佚，但通过评论可见并非象数易学，洪迈对此也有所关注。《直斋书录解题》卷一有云："《易本传》三十三卷，隆山李舜臣子思撰。其自序以为易起于画，舍画则无以见易，因画论心，以中为用，如舍本卦而论他卦及某卦从某卦来者，皆所不取。洪景卢为之作序。"⑦ 该书业已散佚，图画易当为其核心思想，不取卦变。可见洪迈关注易学的广博视野。洪迈易学的"不主一家"和他的非易学家身份有关，也和南渡易学"义理、象数二派的对立逐渐淡化"⑧ 的大趋势分不开，如朱震、张浚等人。洪迈也并无讲象数或者义理的专著，其易学思想呈现出"不主一家"的特征。

洪迈解易的第二个特征是"贵于简明"，这和他主张"解释经旨，贵于简明"⑨ 的观点有关。清代王玉树的《退易思话》有《容斋随笔解易数条，甚简当》一则，摘录了

---

① 潘雨廷：《读易提要》，上海古籍出版社 2006 年版，第 148 页。

② 凌郁之：《洪迈年谱》，上海古籍出版社 2006 年版，第 98 页。

③ 王铁：《宋代易学》前言，上海古籍出版社 2005 年版，第 3 页。

④ 吴亚娜、何宗美《宋南渡象数易学探究》一文第三部分"南渡象数易学与时代迁变"中有详细说明（《周易研究》2016 年第 2 期）。

⑤ 如"屯蒙二卦"以儒理说易。

⑥ 冯椅：《厚斋易学》附录一，《景印文渊阁四库全书》，台湾"商务印书馆"1986 年版，第 833~834 页。

⑦ 陈振孙撰，徐小蛮、顾美华点校：《直斋书录解题》卷一，上海古籍出版社 2015 年版，第 23 页。

⑧ 王铁：《宋代易学》前言，上海古籍出版社 2005 年版，第 5 页。

⑨ 洪迈著，穆公校点：《容斋随笔》卷一，上海古籍出版社 2015 年版，第 8 页。

《容斋随笔》中"利涉大川""刑罚四卦""屯蒙二卦"三则的内容，对洪迈解易的特色也作出了"简当"的评价。① 洪迈解易在方法上简易明了，既没有形成体系化的易学思想，也未指向具体的细枝末节。"爻变"和"互体"在汉易中都是非常繁琐的体系，到了洪迈这里却简单易懂。随笔之"随"在于其随想随记，并无构建易学体系的自觉意识，所以没有对《周易》进行全面而系统化的论说，最终未能形成如朱熹那样系统化的爻变理论。非易学家的身份和随笔形态的文本载体共同构成了洪迈易学简洁明了的特征，这与精微复杂、繁琐细密的象数派宋易有很大的不同。这种"简明"也使得洪迈易学具有信息明确、观念准确的优点。

洪迈的易学思想体现出饱学之士科学、理性的学术特征。从对易学的认识来看，洪迈追求文本、音韵和释义的准确性，体现了学者坚持"考据"，重视实学的态度。而从内部的易理阐释问题来看，洪迈以类推为方法，坚持古易，具有不主一家和简洁明了的特征。故研究《容斋随笔》的易学思想既是探讨洪迈广博知识系统与学术特征一个很好的切入点，更能为深入、全面理解南宋易学甚至宋学提供新的角度。

（作者单位：西南大学文学院）

---

① 王玉树：《退思易话》第五策，《续修四库全书》第 24 册，上海古籍出版社 2002 年版，第 680 页。

文 史 考 证

黄焯"诗义重章互足说"述论[*]

□ 郭东阳　卢烈红

【摘要】黄焯发明"诗义重章互足说",并用之于训诂实践,解决了《诗经》训诂史上的不少千年疑案,对当代《诗经》研究产生了重要影响。梳理黄焯《诗经》研究成果可以发现,其"重章互足说"系受《毛传》等前说的影响而产生,最晚到 1949 年已基本成型。无论是在理论阐述上,还是在训诂实践上,他的此项研究都大大超越了前人。"重章互足"与黄焯所说的"互文"存在交叉关系。

【关键词】黄焯;《诗经》;重章互足

"重章互足说"是黄焯先生对《诗经》条例的发明之一,对当代《诗经》研究产生了重要影响。对于此说,学者们不乏讨论,且存在一定分歧,但多流于对其结论的推阐,而少有专就其过程追本溯源,辨章学术者。有鉴于此,本文试图以黄焯《诗经》研究的成果为基础,全面勾稽和梳理其中涉及"重章互足说"的内容,对这一学说的具体内涵、理论渊源、学术价值及存在的疏失等作出客观评介。

一、"重章互足说"及其成型时间

(一) 黄焯关于"重章互足说"的系统阐述

黄焯先生关于"重章互足说"的系统阐述集中体现在其《诗义重章互足说》(简称"《互足说》")一文中。该文不足 2300 字,但要言不烦,对"诗义重章互足"的缘起、作用、分布和类型等情况都有所论及。

关于诗义重章互足的缘起与分布,文中说道:

> 《诗》三百篇皆古乐章,其章句措置之法,往往异于他文,故有辞意限于字句音节不能完具者,则以前后章互足其义。而《风》诗率(《诗说》本作"间")采民

　＊　本文是湖北省教育厅哲学社会科学研究重大项目"黄侃的语言学研究成就及其学术转型意义"(14zd002)阶段性成果。

俗歌谣之作，反复咏叹者特多，故有一义而离为数章、析为数句者。……《小雅》之辞句间与《国风》相类，故亦有章别而义相联缀者。若《大雅》与《鲁颂》及《商颂》之《长发》，虽或于意有不尽，重章以申殷勤，惟其辞气音体皆与《风》诗迥异，故于义之重章互足者只偶见焉。①

关于重章互足在解《诗》中的作用，在上段引文省略的部分，黄先生指出，明白了这一条例，在解读此类诗篇时就不能只着眼于一章一句，而应把前后几章或几句连缀起来互相补足，这样才能真正领会诗意，从而明辨并避免前人因不明此例而竞标新解的误说。

关于诗义重章互足的类型，黄先生划分为三类：

第一类是"前章句义未完，须待重章足成之者"。所谓"句义未完"，指句子意有未尽，既包括句义不自足的情况，也包括句义虽自足但语义未完的情况。前者如《小雅·渐渐之石》首章"不皇朝矣"，句义不自足，须待次章"不皇出"、卒章"不皇他"补足，合言"朝夕无暇出于其他"。后者如《小雅·鹤鸣》首章"它山之石，可以为错"，句义虽自足，但不显"为错"之用，意有未尽，须待次章"可以攻玉"补足。

第二类是"句义完整，而本章义有未尽，犹待后章补申之者"。如《召南·行露》次章"虽速我狱，室家不足"与卒章"虽速我讼，亦不女从"，句义皆完整，但前章只言原因，章意未尽，故后章言结果加以补充。

第三类是"句义未完，可即于本章求之者"。如《大雅·召旻》"维昔之富不如时，维今之疚不如兹"，上句因下省"今"字，下句承上省"昔"字，二句实云"维昔之富，今不如时，维今之疚，昔不如兹"。

以上三类的划分各有侧重。就互足跨度②而言，第一类和第二类属于章间互足，跨度相对较大，第三类属于"同章上下句意互相足"③，即章内互足，跨度相对较小；就章间互足来说，前两类都属于前章意有未尽而待后章补足，所不同的是，第一类强调句义未尽，第二类侧重章意不完。

（二）"重章互足说"的成型时间

《互足说》一文发表于1959年，但我们不能据此认为黄先生的"重章互足说"直到这一时期才成型，更不能认为此前他尚未发现《诗经》中有重章互足现象。

黄焯初刊本《毛诗郑笺平议》（简称"初刊本"）为我们探讨此说的成型时间提供了宝贵的线索。该本系抗战时期作者在乐山（彼时武大西迁于此）所撰，1949年曾作为武大讲义内部印行，是考察其早年《诗经》研究情况的可靠文献。该本序文落款时间是"乙酉四月孟夏"，乙酉年即1945年，应即其完稿时间，但不排除印刷前还有少许改动。

---

① 黄焯：《诗义重章互足说》，《武汉大学人文科学学报》1959年第6期。引文标点稍有改动，下同。此部分凡引黄说而未出注者，皆采自此文。

② "互足跨度"之语参考滕志贤：《〈诗经〉引论》，江苏教育出版社1996年版，第116页。

③ 黄焯：《毛诗郑笺平议》，武汉大学出版社2008年版，第123页。

2013 年，林庆彰先生将该本影印出版①，以嘉惠学林。通过对该影印本的考察，我们发现：

（1）初刊本已经明确提出"重章互足"这一术语。如在《齐风·载驱》"齐子岂弟"条，作者指出，二章"岂弟"、三章"翱翔"、四章"游敖"皆当配首章"发夕"言之，"发夕"即"旦夕"，《郑笺》谓"岂弟犹言发夕"，乃是"未审重章互足之例"。②

（2）初刊本点明的重章互足例，在数量上与《互足说》基本相当，且已全面涵盖《互足说》所划分出的三个类型。《互足说》共列重章互足例 17 个，其中有 7 例初刊本已经点明。除了这 7 例以外，初刊本点明的另有 8 例，一共是 15 例。其中，属于《互足说》第一类的有 7 例，即《王风》之《君子阳阳》《丘中有麻》、《齐风·载驱》、《小雅》之《采芑》《蓼莪》《车舝》《何草不黄》；属于第二类的有 5 例，即《召南·行露》、《邶风·击鼓》、《唐风·蟋蟀》、《小雅》之《頍弁》《菀柳》；属于第三类的有 2 例，即《小雅》之《甫田》《角弓》。另有 1 例，初刊本认为是重章互足，但与《互足说》提出的三个类型皆不符，故后来公开出版的定本《毛诗郑笺平议》将其删除。

（3）《互足说》中有 10 例不见于初刊本，或初刊本未明言其为互足，这些例子可以分为以下三类：

第一，初刊本没有必要点明其为互足。该书的主要撰作目的是匡正《郑笺》之失，故《诗》中有些篇目虽然采用了重章互足手法，但若《郑笺》并未误说，初刊本便无需一一点出，《鄘风·载驰》《魏风·伐檀》《小雅·鹤鸣》《大雅·召旻》4 例皆属此类。因此，不能因为初刊本未点明，便认为作者在这一时期还未认识到它们采用了重章互足之法。

第二，初刊本尚未发现其为重章互足。《唐风·葛生》《小雅·渐渐之石》2 例属此类。如《葛生》三章之"独旦"，《郑笺》训为"独自洁明"，未审它与首章"独处"、次章"独息"互足为义，但初刊本未予驳正。可见，此时黄先生尚未认识到它们属于重章互足。

第三，尚不能明确判断作者是否当作重章互足。如《郑风·遵大路》"不寁故也""不寁好也"，初刊本引范处义《诗补传》"不敢速忘故旧之情""不敢速忘昔日之好"为释，未明言其为重章互足，而范氏是否合"故""好"二字为释，也不好判断。《邶风·绿衣》《卫风·考槃》《桧风·隰有苌楚》3 例亦属此类。

总之，在《互足说》发表之前，初刊本已经明确提出了"重章互足"这一术语，发举了与《互足说》数量基本相当的例证，且这些例证已全面涵盖重章互足的三大类型。因此，可以肯定的是，最迟到 1949 年初刊本印成，黄焯先生的"重章互足说"虽未必成熟，但已基本成型。

───────────────

① 收入林庆彰主编：《民国时期经学丛书》第 6 辑第 24 册，台湾文听阁图书有限公司 2013 年版。
② 黄焯：《毛诗郑笺平议》，林庆彰主编：《民国时期经学丛书》第 6 辑第 24 册，台湾文听阁图书有限公司 2013 年版，第 52~53 页。

二、"重章互足说"的渊源

（一）《毛传》的启发

任何学说的提出都必定渊源有自，"重章互足说"也不例外。黄焯先生对《毛传》极为推崇，其"重章互足说"的提出即深受《毛传》启发。1983 年 1 月 2 日，黄先生致书曹文安先生云："来书提到'重章互足'之说，系焯当年从《王风·丘中有麻·传》中悟得，非能独创。"① 下面我们来看看他是如何悟得此说的。

《丘中有麻》首章言"丘中有麻，彼留子嗟"，次章言"丘中有麦，彼留子国"，卒章言"丘中有李，彼留之子"。《传》于首章言："丘中墝埆之处，尽有麻麦草木，乃彼子嗟之所治。"又于次章言："子国，子嗟父。"由于《毛传》过于简略，《郑笺》误认为次章是说子国，清儒李黼平、马瑞辰、俞樾等又以为"彼留之子"中的"子"指子嗟之子，《诗》乃著明"留氏三代都是那一地方的贤长官"。对此，黄焯先生作了详细辨正：

> 留氏三代恰恰都做过那一个地方的官，怎么会有这么碰巧的事呢？毛公作《传》极精……他既认为诗三章都是歌颂留子嗟的，决不会在第二章把种麦又说成是留子国所做的事。他定是知道诗词为四字句所限，二三两章互相配足，又为取韵之故，二章只言子国，下面省去"之子"二字，三章言"之子"，是承二章"子国"为一句，而在本章"之子"上省去"子国"二字，实则都是说彼留子国之子，而为"子嗟"的变文罢了。②

由此可见，《毛传》合三章言之的说解，已经暗示此诗运用了重章互足之法，只是未立条例，且用语简略，遂致后人疑窦丛生。黄先生遇《毛传》难明处，不是轻易否定其说，另标新解，而是细心玩索其义，故能有此重要发明。

（二）其他古注旧说的影响

不独《毛传》，《笺》《疏》等古注旧说也对诗义重章互足现象有所揭示，针对这些见解，清代以来学者们也曾粗创条例，黄焯先生"重章互足说"的提出，难免会受到这些成果的影响。下面分别从揭明现象和确立条例两个方面，对此加以说明。

1. 揭明现象

《笺》《疏》等对《诗经》的重章互足现象也有揭示。如黄先生指出，《商颂·长发》四章"受小球大球"、五章"受小共大共"，"《笺》以小球谓圭，大球谓琏，共为执，谓执圭揸琏"，即是"会合前后两章立解"。③ 又如《小雅·頍弁·疏》申毛云："有頍然者

---

① 丁忱编次：《黄焯文集》，湖北教育出版社 1989 年版，第 185 页。
② 黄焯：《自叙》，丁忱编次：《黄焯文集》，湖北教育出版社 1989 年版，第 268~269 页。
③ 黄焯：《诗疏平议》，武汉大学出版社 2013 年版，第 659 页。

之皮弁，实维伊何乎？宜在于首以为表饰也。"其实就是合首章"有頍者弁，实维伊何"、二章"实维何其"、三章"实维在首"言之，黄焯先生在点明这几句为重章互足时，即引《疏》语为证。①

除《笺》《疏》以外，其他前儒对《诗经》的重章互足现象亦有所揭示，仅就黄焯先生的引证来看，就有焦延寿、程颐、戴溪、胡承珙等。不过，上述古注旧说并未就重章互足现象确立条例，在认识上还不够深刻，解《诗》时又常有不明此例的误说。

此外，还需指出的是，"重章"这一术语已见于《孔疏》，如"一章不尽，重章以申殷勤""重章共述一事""重章以变文"等，《孔疏》中亦有"互相足"之语，但它并未把"重章"与"互相足"这两个术语关联起来。黄焯"重章互足"这一术语的提出，很可能是受此启发的。

2. 确立条例

清代以来，学者们已经开始有意识地对《诗经》条例进行专门总结，表现出了一定的理论自觉。如清人陈奂《毛传章句读例》立"有上章言未尽而下章足其义者"例：

> 《鹤鸣》"可以为错""可以攻玉"，《传》云："攻，错也。"上章言"错"，下章言"错玉"。《祈父》"予王之爪牙""予王之爪士"，《传》云："士，事也。"上章言"爪牙"，下章言"爪牙之事"，皆其例。②

近人刘师培《毛诗词例举要（略本）》亦以标题代说解的方式，立有"互词见意例"，引《关雎》《丘中有麻》篇《经》《传》相关之语为证。③ 黄侃《诗经序传笺略例》"经例"部分也立有"上章语未尽而下章足其义"例④，盖本之陈奂，举例亦与陈奂同。

在《互足说》发表之前，黄焯先生参看过刘师培、黄侃的上述两篇文章。⑤ 而在其《诗经》训诂实践中，黄先生亦时常征引陈奂的说解，所以他应该也读过陈氏的《毛传章句读例》。因此，其"重章互足说"的提出，不免会受到上述三家的影响。但上述三家发凡起例，只是点到为止，并未进行深入的阐述，例证也极少。至于互足的缘起、分布和类型等问题，更是没有深入探讨。

综上所述，前人研究的贡献与不足，为黄焯先生的重章互足研究提供了基础和空间，经过不断的验证、总结，他才正式提出了"重章互足"这一术语，将其确立为《诗经》的重要条例，作出了系统的理论阐述。

三、黄焯对"重章互足说"的运用

除了对重章互足做出系统的理论阐述外，黄先生还在其《诗经》训诂实践中，较为

---

① 黄焯：《毛诗郑笺平议》，武汉大学出版社 2008 年版，第 198 页。
② 陈奂：《诗毛氏传疏》附《毛诗说》，滕志贤整理，凤凰出版社 2019 年版，第 985 页。
③ 刘师培：《毛诗词例举要（略本）》，《刘申叔遗书》，凤凰出版社 1997 年版，第 405 页上。
④ 黄侃：《诗经序传笺略例》，《兰州大学学报》（社会科学版）1982 年第 3 期。
⑤ 见黄焯：《诗经序传笺略例补续》文后"附记"，《兰州学刊》1982 年第 2 期。

全面地发举了重章互足例，纠正了前人的不少相关误说，解决了一些千年悬案。

（一）对重章互足例的发举

除了《互足说》一文，黄焯先生发举《诗经》重章互足例的成果，还散见于其专著《毛诗郑笺平议》《诗疏平议》《经典释文汇校》及论文《诗经序传笺略例续》（简称"《例续》"）中。① 由于这些论著的主要撰作目的或为匡正前说之失，或为校勘文献，或为补充前人例证之不足，故均未对《诗经》的重章互足例作穷尽性发举。不过，将这些成果中已点明的重章互足例汇集起来，就可以使我们较为全面地了解黄先生重章互足研究的面貌（见表1）：

表1   黄焯点明的重章互足例汇总表

篇目 项目		互足内容	原文相关用语②	互足类型	文献出处③
周南·葛覃		三章"薄汙我私，薄浣我衣"	互文见义	三	C
召南·行露		二章"虽速我狱，室家不足"、三章"虽速我讼，亦不女从"	两章意互相足	二	A、B
邶风	绿衣	三章"我思古人，俾无訧兮"、四章"我思古人，实获我心"	后章足成前章之义	二	A
	击鼓	四章"死生契阔……与子偕老"、五章"于嗟阔兮……不我信兮"	变易其辞以足意	二	B
鄘风·载驰		二章"不能旋反"与章内下文"我思不远"	本章互相足成	三	A、B④
卫风·考槃		一章"永矢弗谖"与章内上文"考槃在涧"	本章互相足成	三	A、B

① 部分成果亦见于黄焯：《诗说》，长江文艺出版社1981年版。该书前两卷为《诗》之总论（收有《互足说》），后三卷是《诗经》训诂个案，取自作者的两部《平议》，故本文不再重复统计。

② 黄焯在《互足说》中发举重章互足例时，所用术语既有"互足"也有"互文"，但文中所举属于互足的互文例仅限于"二物各举一边而省文"的句间、章间互文，故本表亦把此类例子统计在内。另外，个别例子没有使用明显的相关术语，则该项留白。

③ A代表《互足说》，B代表《毛诗郑笺平议》（武汉大学出版社2008年版），C代表《诗疏平议》（武汉大学出版社2013年版），D代表《经典释文汇校》（武汉大学出版社2008年版），E代表《诗经序传笺略例续》（《兰州学刊》1982年第2期）。

④ 《郑笺》对此条并无误说，故《毛诗郑笺平议》未在说解本篇时点明其为重章互足，而是在平议《唐风·杕杜·笺》时举例点明，以下类此者不再出注。

续表

篇目	项目	互足内容	原文相关用语	互足类型	文献出处
王风	君子阳阳	一章"右招我由房"、二章"由敖"	义则互足	一	A、B
	丘中有麻	二章"彼留子国"、三章"之子"	重章互文以足意	一	A、B、C
郑风	清人	一章"二矛重英"、二章"重乔"	意互相足	一	C
	遵大路	一章"不寁故也"、二章"不寁好也"	重章足成之	一	A
齐风	南山	一章"曷又怀止"、二章"从止"	语意互足	一	B
	载驱	一章"齐子发夕"、二章"岂弟"、三章"翱翔"、四章"游敖"	重章互足	一	A、B、C
魏风	十亩之间	一章"十亩之间兮"、二章"之外"	意互足	二	C
	伐檀	一章"伐檀"、二章"伐辐"、三章"伐轮"	重章足成之	一	A、C
唐风	蟋蟀	一章"职思其居"、二章"其外"	前后章互足其义	二	B、C
	杕杜	一章"独行踽踽"与章内下文"嗟行之人""人无兄弟"	本章互相足成	三	B
	鸨羽	一章"肃肃鸨羽"、二章"鸨翼"、三章"鸨行"	语意互足	一	C
	葛生	一章"葛生蒙楚,蔹蔓于野"	互文同兴	三	E
		一章"谁与独处"、二章"独息"、三章"独旦"	互足为义	一	A、B、C
		三章"角枕粲兮,锦衾烂兮"	①	三	C
秦风·权舆		一章"夏屋渠渠"、二章"每食四簋"	前后章意互相足	二	C
桧风·隰有苌楚		一章"乐子之无知"、二章"无家"、三章"无室"	重章足成之	一	A、B
小雅	常棣	二章"原隰裒矣,兄弟求矣"与章内上文"死丧之威,兄弟孔怀"	同章上下句意互相足	三	B
	鱼丽	上三章与下三章之"多、旨、有"既指"鱼"与"酒"言,又指"物"言,非专属一边	前后文互相足	二	C、D

———————————

① 黄焯解此二句云:"角枕锦衾之粲烂。"

续表

篇目	项目	互足内容	原文相关用语	互足类型	文献出处
小雅	采芑	一章"于此菑亩"、二章"于此中乡"	前后章互足	一	B、C
	鹤鸣	首章"它山之石，可以为错"、卒章"可以攻玉"	重章足成之	一	A
	蓼莪	五章"我独何害"、六章"不卒"	意互相足	一	B
	甫田	二章"琴瑟击鼓，以御田祖，以祈甘雨"与章内上文"以我齐明，与我牺羊，以社以方"	互辞见义（引胡承珙）	三	B
	頍弁	一章"实维伊何"、二章"实维何其"、三章"实维在首"	意互相足	二	A、B
	车舝	一章"虽无好友"、三章"虽无德与女"	意互相足	一	A、B
	角弓	六章"毋教猱升木，如涂涂附"	互文（引胡承珙）	三	B
	菀柳	一章"后予极焉"与二章"后予迈焉"	辞义互足互明	二	A、B
	渐渐之石	一章"不皇朝矣"、二章"不皇出"、卒章"不皇他"	意互相足	一	A、B、C
	何草不黄	一章"何草不黄"、二章"何草不玄"	合二字成义（引陈奂）	一	B、C
大雅	文王有声	八章"诒厥孙谋，以燕翼子"	互词	三	C
	召旻	五章"维昔之富不如时，维今之疚不如兹"	上句因下省，下句承上省；足成之	三	A
鲁颂·駉		一章"思马斯臧"、二章"斯才"、三章"斯作"、四章"斯徂"	前后章义互相足	一	C
商颂·长发		四章"受小球大球，为下国缀旒"、五章"受小共大共，为下国骏厖"	互足为义	一	C

　　由表1可见，黄焯先生明确点出的《诗经》重章互足例一共有38例。从互足的类型看，属于第一类的有18例，属于第二类的有9例，属于第三类的有11例。从它们在《风》《雅》《颂》中的分布看，《国风》有22例，《小雅》12例，《大雅》2例，《颂》2例，这与黄焯先生作出的重章互足多见于《国风》《小雅》，在《大雅》和《颂》中只是偶见的论断相一致。

（二） 对前人说解的匡正

黄焯先生在《诗经》训诂实践中对"重章互足说"的运用，主要表现为对《笺》《疏》的匡正。据统计，其运用此说匡正《笺》者凡21条，匡正《疏》者凡13条。相关匡正从前文举例中已可见一斑，兹再举一例以明之。

其匡正《疏》者，如《唐风·鸨羽》"肃肃鸨行"，《传》训"行"为"翮"，《疏》以为此诗"鸨羽""鸨翼""鸨行"一律，又误会《传》意，遂解"行"为"鸟翮之毛有行列"。对此，黄先生指出：

> 此诗首章言鸨羽，次章言鸨翼，与此章鸨行语意互足，盖谓鸨群飞羽翼成行也。《传》训行为翮者，当谓鸨飞而羽翮成行，非指鸨之毛翮有行列也。《传》文简奥，《正义》往往未得其解。[①]

在平议《笺》《疏》的过程中，黄焯先生也运用"重章互足说"，对王肃、欧阳修、朱熹、吕祖谦、杨慎、惠周惕、方苞、陈启源、戴震、焦循、胡承珙、李黼平、马瑞辰、陈奂、俞樾等人的误说作了附带辨正，限于篇幅，例不赘引。此外，在校勘《毛诗音义》的过程中，黄先生亦运用"重章互足说"匡正《释文》误说1条，如下：

> 《释文》："（《小雅·鱼丽》）'君子有酒旨'绝句。'且多'，此二字为句，后章放此，异此读则非。"黄先生驳之："此诗上三章之'旨''多''有'实指万物言，不专属之鱼与酒。后三章首句皆言物，正以补足上三章之义，且《笺》云'酒美而此鱼又多'，亦明以下三字为句，固不以'旨'字上属也。陆说未可从。"[②]

四、互足和互文的关系

互足和互文是两个极易混淆的概念，它们之间到底是怎样的关系，黄焯先生语焉不详，学者们对此有不同的理解。这里仅以胡常德先生的意见为例，对此加以说明。胡先生认为，互足和互文之间有很大的差别：互足既非"一个意思分布在数章或数句中的文字互省"（从胡文举例看，即贾公彦所谓"二物各举一边而省文"的互文，我们姑且称为"狭义互文"，以下仿此），也决不是"同义词在数章或数句中的同位排列"（我们姑且称为"同义变文"，以下仿此），而互文则包括这两种情况。[③]

根据我们对黄焯《诗经》研究成果的考察，胡先生的上述论断既有与黄焯先生相合者，也有不相合者。兹辨析如下：

① 黄焯：《诗疏平议》，武汉大学出版社2013年版，第160页。
② 黄焯：《经典释文汇校》，武汉大学出版社2008年版，第68页。
③ 胡常德：《互足——一个被忽略的释义方法》，《怀化师专学报》1994年第4期。

（一）重章互足不包括同义变文

在黄先生所举的重章互足例中，我们发现共有两例提及"变文"。一例是前述《丘中有麻》例，黄先生认为二章"子国"、三章"之子"均是首章"子嗟"的变文。不过，他之所以把此例归入重章互足，并非因为它采用了变文的手法，而是因其"二三两章互相配足"。另一例是《邶风·击鼓》例，黄先生认为该诗四、五两章是"（一正一反）变易其辞以足意"①。而这一例显然不是同义变文。在其余说解中，黄先生也未把同义变文例归入重章互足。如《大雅·文王》"宣昭义问"，黄先生认为，"义问"与二章之"令闻"同义，"彼云'令闻'，此云'义问'，特变文耳"②，并未将其认定为重章互足。由此可见，胡先生认为同义变文不属于互足的观点，正与黄先生相合。

（二）重章互足包括句间、章间狭义互文③

从黄先生的举例来看，其所谓重章互足明显包括句间、章间狭义互文，不包括本句互文。句间狭义互文，如前述《大雅·召旻》"维昔之富不如时，维今之疚不如兹"例。章间狭义互文，如前述《丘中有麻》"彼留子国""彼留之子"例，黄先生明言其为"重章互文以足意"④。

明确了上述两点以后，我们还需判明黄焯所说的"互文"到底包括哪些情况，以进一步推断他对互足和互文关系的认定。

（三）黄焯所言互文的指称对象

据我们考察，除了指称狭义互文外，在《诗经》研究中，黄焯先生还用"互文""互言""互文见义"等术语指称以下几种情形：

（1）《诗序》的异篇互文。如在《例续》一文"序例"部分，黄先生立有"互文"例，以"《小雅·楚茨》《信南山》《甫田》《大田》四篇之《序》，文皆互见"⑤ 为证。

（2）《经》《传》互文。如《大雅·大明》："挚仲氏任。"《传》："挚国任姓之中女也。"黄焯云："经以任为氏，《传》言任姓，盖互文以明氏亦可为姓耳。"⑥

目前，学术界一般认为，以上两类不属于修辞格，而与西方文论中的互文性相类。⑦

（3）《毛传》本身的互文。如在《例续》"传例"部分，黄先生立有"互言见义"例，谓《传》于《召南·羔羊》之"紽""总"言"数"，"緎"言"缝"，乃"互言之"。⑧

---

① 黄焯：《毛诗郑笺平议》，武汉大学出版社 2008 年版，第 27 页。

② 黄焯：《毛诗郑笺平议》，武汉大学出版社 2008 年版，第 224~225 页。

③ "句间互文""章间互文"及下文所言"本句互文"，参考滕志贤：《〈诗经〉引论》，江苏教育出版社 1996 年版，第 115~116 页。

④ 黄焯：《毛诗郑笺平议》，武汉大学出版社 2008 年版，第 54 页。

⑤ 黄焯：《诗经序传笺略例续》，《兰州学刊》1982 年第 2 期。

⑥ 黄焯：《诗疏平议》，武汉大学出版社 2013 年版，第 442 页。

⑦ 参看刘斐、朱可：《互文考论》，《当代修辞学》2011 年第 3 期。

⑧ 黄焯：《诗经序传笺略例续》，《兰州学刊》1982 年第 2 期。

（4）同义变文。如《鄘风·定之方中》"作于楚宫""作于楚室"，黄焯认为"宫""室"同义，变"宫"言"室"，"只是互文见义"。①

而具体到重章互足的研究，除句间、章间狭义互文以外，黄先生并未使用"互文"之语来发明其余重章互足例，而是用了"互相足""重章以互足其意""互相足成""互足其义"等术语。

不过，我们也发现了1条特例。《邶风·新台》"河水瀰瀰""河水浼浼"，《传》："浼浼，平地也。"《疏》："（《传》于）河瀰言盛貌，下言平地，见河在平地而波流盛也。"黄焯云："《传》意当谓水极盛则与地平，《正义》未得毛意，以为与首章互文见义，非也。"② 黄先生此处所说的"互文见义"，显然不是狭义互文，但又与其发明重章互足例的术语不合，是否其用语疏忽，不得而知，故只能当作一个特例来看待。

综上所述，排除上述1条特例后，就其《诗经》研究成果来看，黄焯先生所说的互文和重章互足之间的关系，很可能如下图所示：

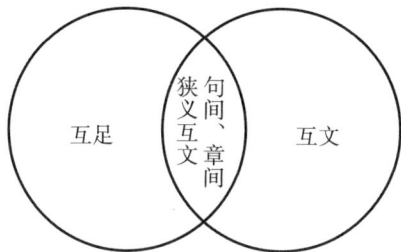

（黄焯）"互足"与"互文"关系示意图

由此可见，胡常德先生认为互足不包括狭义互文，窄化了互足涵盖的范围。而通过对黄先生《诗经》研究成果中"互文"术语的考察，我们可作如下推测：黄先生在为重章互足现象创立条例时，之所以不用"重章互文"之语，或许是觉得"互文"的所指太过宽泛。此外，"互足"更能揭示内容上互相补足的特点（"互文"主要从形式着眼，"互足"侧重从内容、表达着眼）。

五、结　语

综上所述，《诗经》中的重章互足，前人虽已揭明现象，或立为条例，但他们的研究既不全面，也不深入。黄焯先生受前人影响，对此类现象作了更深入的研究，不仅创立了"重章互足"这一术语，而且对此类现象的缘起、分布、类型等各方面作了系统的理论阐述，对重章互足例作了广泛的发举和分析，并运用此说匡正了前人的大量误说，成功解决了一些长期悬而未决的问题。可以说，无论是在理论阐述上，还是在训诂实践上，他的此项研究都大大超越了前人，为我们正确理解《诗》义提供了有益的指导。

---

① 黄焯：《毛诗郑笺平议》，武汉大学出版社2008年版，第40页。
② 黄焯：《诗疏平议》，武汉大学出版社2013年版，第69页。

当然，作为一项开创性的研究，黄先生的重章互足研究也不可避免地存在一些疏失，如所划分出的重章互足的第三类，属于同章上下句互足，并不涉及重章，再如说解术语的不尽统一，对个别重章互足例的认定还有待商榷，等等。但是，与他的成绩相比，这些不过是大醇小疵，无伤大雅。

（作者单位：武汉大学文学院）

《孟子》词语考证四则

□　杨柳岸

【摘要】"夫志至焉，气次焉"的"至"是"到达"义，"次"是"停留"义。因为"焉"是"于此"，且只有当"至"表"到达"义，"次"表"停留"义时，其后才能接介宾结构。"非恶其声而然也"的"声"并非赵岐所谓"名声"义，这里指"孺子"的哭声。当时语言中，"声"表"名声"义必须与"闻""名"等词组成同义词短语。"仁不可为众也"是"人多势众，在'仁'面前简直不值一提"的意思，当时语言中许多"N不可为N"的句子可以证明这一点。"共为子职而已矣"的"共"当读作"供"，因为该句含有"共……职"结构，是现代汉语"供职"一词的来源。
【关键词】孟子；至焉；名声；不可为；共职

杨树达先生总结归纳高邮王氏读书法，其中重要的一点是"审句例"①。其例证为王引之引用王念孙之说对《诗经·邶风·终风》"终风且暴"的解释。② 王念孙释"终"为"既"。他从《诗经》"终温且惠""终窭且贫""终和且平""终善且有"中归纳出"终~且~"的格式，在这一格式中，"终"类似"既"的意义。这种方法也即"考察分布"③。语言是发展变化的，考察分布必须注意语言的时代性。以下四例考证秉承的就是这两种理念。

一、"夫志至焉，气次焉"

　　告子曰："不得于言，勿求于心；不得于心，勿求于气。"不得于心，勿求于气，可；不得于言，勿求于心，不可。夫志，气之帅也；气，体之充也。夫志至焉，气次焉；故曰："持其志，无暴其气。"（《孟子·公孙丑上》第二章）

---

① 杨树达：《积微居小学述林全编》，上海古籍出版社 2007 年版，第 616~620 页。
② 王引之：《经义述闻》，江苏古籍出版社 2000 年版，第 122~123 页。
③ 杨逢彬：《论语新注新译》，北京大学出版社 2016 年版，《导言》第 18~20 页；《孟子新注新译》，北京大学出版社 2017 年版，《导言》第 10~20 页。

"夫志至焉，气次焉"两句，东汉赵岐和清人毛奇龄有不同说法。

赵岐说："'志'为至要之本，'气'为其次。"赵岐以"首要""其次"义解释"至"和"次"，译为现代汉语即"'志'是首要的，'气'是次要的"。清人焦循《孟子正义》说："赵氏以'至'为'至极'，'次'为《说文》'不前'之义，谓'次于志'也。毛氏奇龄《逸讲笺》云：'此"次"字……言"舍止"也。'若然，则'至'为'来至'之'至'；志之所至，气即随之而止，正与赵氏下注'志向义随'之意合。"① 按焦循的意思，"夫志至焉，气次焉"应该译为"'志'到了哪里，'气'也跟着停留在哪里"。

我们认为，焦、毛之说可从，原因如下：

首先，"焉"相当于"于此"。《孟子》时代的语言中，"至于（於）PO"（PO指处所宾语）"次于（於）PO"极多，其中的"至"都是"到达"义，"次"都是"临时驻扎""停留"义。② 例如："大叔又收贰以为己邑，至于廪延。"（《左传·隐公元年》）"赐我先君履，东至于海，西至于河，南至于穆陵，北至于无棣。"（《左传·僖公四年》）"夫子至于是邦也，必闻其政。"（《论语·学而》）"至于"也可以表时间延续，如"自十月不雨至于五月，不曰旱，不为灾也"（《左传·僖公三年》）。"至于"还虚化出"一直到""扩展到""甚至于""以至于"的意义③，这里仅举1例：《诗》曰：'刑于寡妻，至于兄弟，以御于家邦。'"以上是"至于"（至於）的例子，以下是"次于"（次於）的例子："三年春，曲沃武公伐翼，次于陉庭。"（《左传·桓公三年》）"冬，公次于滑，将会郑伯，谋纪故也。"（《左传·庄公三年》）"夏六月，齐师、宋师次于郎。"（《左传·庄公十年》）"秦伯使公子縶如师，师退，次于郇。"（《国语·晋语四》）

其次，虽然"次焉"周秦文献仅见于《孟子》1例，但"至焉"多见，且其中的"至"都是"到达"的意思。例如："疾不可为也。在肓之上，膏之下，攻之不可，达之不及，药不至焉，不可为也。"（《左传·成公十年》）"秦、晋为成，将会于令狐。晋侯先至焉，秦伯不肯涉河，次于王城。"（《左传·成公十一年》）"季子将入，遇子羔将出，曰：'门已闭矣。'季子曰：吾姑至焉。'子羔曰：'弗及，不践其难。'"（《左传·哀公十五年》）"回也，其心三月不违仁，其余则日月至焉而已矣。"（《论语·雍也》）"王无罪岁，斯天下之民至焉。"（《孟子·梁惠王上》）"苟中心图民，智虽弗及，必将至焉。"（《国语·鲁语上》）其中《左传·成公十一年》一例很有说服力，"晋侯先至焉"（晋侯先至于此），秦伯便"次于王城"（临时驻扎在王城）。因此可以推断，在"夫志至焉，气次焉"这两句中，"至焉"如果是"到了这里"，"次焉"的"次"只能表"临时驻扎""停留"义。

再次，表示"到达了极点""极点"的"至"，其例句如："至矣哉！直而不倨，曲而不屈……德至矣哉！大矣！如天之无不帱也！如地之无不载也！"（《左传·襄公二十九

---

① 焦循：《孟子正义》，中华书局1987年版，第196~197页。

② 王力等：《王力古汉语字典》，中华书局2000年版，第1020、535页。

③ 详见《再论〈论语〉"至于犬马皆能有养"》一文。杨逢彬、孙鹏程：《再论〈论语〉"至于犬马皆能有养"》，《陕西师范大学学报》2018年第6期。

年》）表示"次序在后的""差一等的"的"次"①，则既可以出现在体词的位置上，也可以出现在谓词的位置上。前者如："多见而识之，知之次也。"（《论语·述而》）"曰：'敢问其次。'曰：'宗族称孝焉，乡党称弟焉。'曰：'敢问其次。'曰：'言必信，行必果，硁硁然小人哉！抑亦可以为次矣。'"（《论语·子路》）后者如："生而知之者上也，学而知之者次也；困而学之，又其次也。"（《论语·季氏》）"故善战者服上刑，连诸侯者次之，辟草莱、任土地者次之。"（《孟子·离娄上》）"次国地方七十里。"（《孟子·万章下》）"民为贵，社稷次之，君为轻。"（《孟子·尽心下》）然而，表示"到达了极点""极点"的"至"，以及表示"次序在后的""差一等的"的"次"，其后从不出现"焉"（以及"于""自"等介词），知赵岐之说不可从。

以上三点，足以证明"夫志至焉，气次焉"的"至"和"次"不是赵岐所谓"至极""不前"（即不是首要，不是第一）的意思，而是焦循所表达的"到达"和"停留"的意思。

二、"非恶其声而然也"

所以谓人皆有不忍人之心者，今人乍见孺子将入于井，皆有怵惕恻隐之心——非所以内交于孺子之父母也，非所以要誉于乡党朋友也，非恶其声而然也。（《公孙丑上》第六章）

"非恶其声而然也"，赵岐注："非恶有不仁之声名。"杨伯峻《孟子译注》译为"也不是厌恶那小孩的哭声而如此的"②。白平《杨伯峻〈孟子译注〉商榷》认同赵注，以为杨伯峻先生为误译。③ 杨逢彬先生《孟子新注新译》也从赵注。④ 我们认为，赵注恐误。

首先，我们看周秦时代"声"表"名声"意义的例子："故声闻过情，君子耻之。"（《孟子·离娄下》）"是故战胜而不报，取地而不反，兵胜于外，福生于内，用力甚少而名声章明，种亦不如蠡也。"（《国语·越语下》）"心和而出，且为声为名，为妖为孽。"（《庄子·内篇·人间世》）"枝于仁者，擢德塞性以收名声。"（《庄子·外篇·骈拇》）"故此数子者，事业不同，名声异号，其于伤性以身为殉，一也。"（《庄子·外篇·骈拇》）"子非夫博学以拟圣，於于以盖众，独弦哀歌以卖名声于天下者乎？"（《庄子·外篇·天地》）通过以上例证可以归纳，"声"表"名声"义必须和"闻""名"等词组成同义词短语。只有《人间世》一例似乎例外，但"为声为名"依然可以视为一种特殊的同义词短语。

其次，"非恶其声而然也"的"其"是代词，意为"……的"，它常常指代前面已经出现过的某一名词或代词。此类例证极多，我们仅举"其声"连文的："彼何人斯？胡逝

---

① 王力等：《王力古汉语字典》，中华书局 2000 年版，第 1020、535 页。

② 杨伯峻：《孟子译注》，中华书局 1960 年版，第 80 页。

③ 白平：《杨伯峻〈孟子译注〉商榷》，北岳文艺出版社 2013 年版，第 77 页。

④ 杨逢彬：《孟子新注新译》，北京大学出版社 2018 年版，第 100 页。

我陈？我闻其声，不见其身。"（《诗经·小雅·何人斯》）这里"其声"指"何人"之声。"伯石始生，子容之母走谒诸姑，曰：'长叔姒生男。'姑视之，及堂，闻其声而还。"（《左传·昭公二十八年》）这里"其声"指"伯石"之声。"君子之于禽兽也，见其生，不忍见其死；闻其声，不忍食其肉。"（《孟子·梁惠王上》）这里"其声"指"禽兽"之声。"守者曰：'此非吾君也，何其声之似我君也？'"（《孟子·尽心下》）这里"其声"指"此"说话的声音。"昧明，王乃秉枹，亲就鸣钟鼓、丁宁、錞于，振铎，勇怯尽应，三军皆哗扣以振旅，其声动天地。"（《国语·吴语》）这里"其声"指"钟鼓""丁宁""錞于"和"铎"鸣响发出的声音。因此，本章的"其声"，当然是"孺子"发出的声音，即哭声。

但为什么赵岐会认为"非恶其声而然也"的"声"是名声义呢？我们认为，是因为到了东汉，当时语言中的"声"表名声义时已经可以单独出现，无需与"闻""名"等短语组成同义词短语。例如："此人皆身至王侯将相，声闻邻国，及罪至罔加，不能引决自财。"（《汉书·司马迁传》）这里虽然"声""闻"相连，但"声闻邻国"是"声闻于邻国"，即名声为邻国所闻知的意思。"声"在这句中单用表名声义。赵岐大概是用他那时语言的语感来理解《孟子》的"非恶其声而然"吧。

三、"仁不可为众也"

> 《诗》云："商之孙子，其丽不亿。上帝既命，侯于周服。"……孔子曰："仁不可为众也。夫国君好仁，天下无敌。"（《孟子·离娄上》第七章）

"仁不可为众也"，颇不好懂。赵岐注："孔子云：'行仁者，天下之众不能当也。'"朱熹注："孔子因读此诗，而言有仁者则虽有十万之众，不能当之。"[1] 杨伯峻先生注："仁不可为众也：此句只能以意会，不便于逐字译出。《诗·文王》毛传也说过：'盛德不可为众也。'郑玄笺则说：'言众之不如德也。'赵岐和朱熹似俱未得其解。"[2]

我们认为，这句话直译就是"（面临）仁德，不能够形成人多势众"。意译则是"人多势众，在'仁'面前简直不值一提"。当时语言中许多"N 不可为 N"的句子可以证明这一点。

《左传·昭公十三年》："君若早自图也，可以无辱。众怒如水火焉，不可为谋。""不可为谋"承前省略了"众怒"，意谓谋略面临"众怒"简直不值一提，因为它如同水火，将焚烧、淹没一切触犯它的东西。

《墨子·天志上》："夫天，不可为林谷幽门无人——明必见之。"面临上苍，"林谷幽门无人"的隐藏简直不值一提，因为上苍之明辨一定能够洞若观火。其中"无人"似为谓词性结构而非体词性结构，但它与"林谷""幽门"并列，已经名物化了。王念孙说："余谓'门'当读为'闲'，言天监甚明，虽林谷幽闲无人之处，天必见之也。""林谷幽

---

[1] 朱熹：《四书章句集注》，中华书局 1983 年版，第 279 页。
[2] 杨伯峻：《孟子译注》，中华书局 1960 年版，第 169 页。

闲无人之处"，也是体词性的。①

《墨子·明鬼下》："故鬼神之明，不可为幽闲广泽、山林深谷——鬼神之明必知之。鬼神之罚，不可为富贵众强、勇力强武、坚甲利兵——鬼神之罚必胜之。""幽闲广泽、山林深谷"面对"鬼神之明"简直不值一提，因为"鬼神之明必知之"。同样，"富贵众强、勇力强武、坚甲利兵"面对"鬼神之罚"简直不值一提，因为"鬼神之罚必胜之"。

《吕氏春秋·孟秋季·禁塞》："此七君者，大为无道不义，所残杀无罪之民者，不可为万数。""万数"在"所残杀无罪之民"（的人数）面前简直不值一提，即"所残杀无罪之民"远远不止"万数"。

由上可知，赵注、朱注、郑笺皆得其大意。惟朱熹解"商之孙子，其丽不亿"时说，"言商之孙子众多，其数不但十万而已"，有误；杨逢彬《孟子新注新译》已考证"不+数词（+单位名词）"所表达的都是没有达到这一数目的意思②。如："天子之地方千里；不千里，不足以待诸侯。诸侯之地方百里；不百里，不足以守宗庙之典籍。"（《孟子·告子下》）故而朱熹所谓"孔子因读此诗，而言有仁者则虽有十万之众，不能当之"，是有问题的。孟子实则是说"商之孙子"虽少，但仁德不惧势众；若"国君好仁"，则"天下无敌"。

四、"共为子职而已矣"

> 夫公明高以孝子之心，为不若是恝：我竭力耕田，共为子职而已矣，父母之不我爱，于我何哉？（《孟子·万章上》第一章）

"共为子职而已矣"的"共"，存在不同解读。赵岐注："我共人子之事，而父母不爱，于我之身，独有何罪哉？"③ 朱熹注："共，平声。"④ 杨伯峻先生说："当读为'恭'。"⑤ 按，这句的"共"可能的读法有三：读为"共同"的"共"，为去声；读为"供给"的"供"，或读为"恭敬"的"恭"，为阴平。朱注"平声"，可见他已排除了"共同"的"共"。

我们以为，"共"当读作"供"。因为，"共为子职而已矣"是属于含有"共……职""共职"这种结构的句子，这一结构中的"共"都读作"供"；这也是现代汉语仍保留的"供职"一词的来源。例如：

"黄人恃诸侯之睦于齐也，不共楚职。"（《左传·僖公十二年》）沈玉成《左传译文》（简称沈译）："不向楚国进贡。"

"小适大有五恶：说其罪戾，请其不足，行其政事，共某职贡，从其时命。"（《左

① 王念孙：《读书杂志》，台湾世界书局1988年版，第585页。
② 杨逢彬：《孟子新注新译》，北京大学出版社2018年版，第208~209页。
③ 焦循：《孟子正义》，中华书局1987年版，第611页。
④ 朱熹：《四书章句集注》，中华书局1983年版，第302页。
⑤ 杨伯峻：《孟子译注》，中华书局1960年版，第208页。

传·襄公二十八年》）沈译："供给它供品。"

"小国共职，敢不荐守？"（《左传·昭公四年》）沈译："小国以奉事大国作为职责，岂敢不进献所该做的？"

"诸侯服享，二世共职。"（《左传·昭公二十六年》）沈译："两代谨守自己的职分。"

"敝邑居大国之间，共其职贡。"（《左传·昭公三十年》）沈译："供应它所需的贡品。"

"自武父以南，及圃田之北竟，取于有阎之土，以共王职。"（《左传·定公四年》）沈译："以执行王室任命的职务。"①

"不腆先君之币器，敢告滞积，以纾执事；以救弊邑，使能共职。"（《国语·鲁语上》）

汉代及以后，"共……职"结构已不见，只剩下"共职"了：

"处伊尹，周公之位，摄政擅权，而背宗室，不与共职，是以天下不信，卒至于灭亡。"（《汉书·楚元王传》）"今皇帝未受兹福，乃有不能共职之疾。"（《汉书·韦贤传》）"衡知行临，百官共职，万众会聚。"（《汉书·王尊传》）"单于恭顺，名王稽颡，部曲服事供职，同于编户。"（《三国志·魏书十五》）"表拜狼为邑侯，种落三千余户皆安土供职。"（《三国志·蜀书十三》）

"共为子职而已矣"的"共"为什么不能读作"恭"？因为若将这一句的"共"读作"恭"，则"恭为子职"的"恭"只能是作状语修饰"为"，而"恭"（共）在当时的语言中不能作状语。我们在《孟子》及《孟子》同时代的典籍如《左传》《国语》《论语》等书中，考察了数百例"共"（读作"恭"）和"恭"，没有发现用作状语的用例。

杨伯峻先生之所以理解"共为子职而已矣"的"共"为"恭"，是由于在读先秦两汉魏晋文献及唐宋八大家散文所形成的泛时的语感中，"恭"（共）作状语是没有问题的。东汉以后，"恭"也可作状语了："今朕恭承天地，托于公侯之上，明不能烛，德不能绥，灾异并臻，连年不息。"（《汉书·元帝纪》）"小子岂敢苟洁区区之儒志，而距弘通之大制，故遂息意而恭承诏命焉。"（《抱朴子·附录》）"上亲郊庙，册文皆曰'恭荐岁事'。"（《梦溪笔谈·故事一》）

"共同"的"共"常作状语，如："唯是桃弧、棘矢，以共御王事。"（《左传·昭公十二年》）"凡我父兄昆弟及国子姓，有能助寡人谋而退吴者，吾与之共知越国之政。"（《国语·越语上》）②将"共为子职"的"共"理解为作状语修饰"为子职"似乎也无问题。我们之所以倾向于读此句的"共"为"供"，一是因为朱熹注"平声"，排除了如字读为"共同"的"共"。二是，因为汉代"共……职"已在当时语言中不出现而为时人所不解，故而赵岐特意予以解释，他用"共人子之事"解"共为子职"，这说明"为子职"是体词性结构，"为子职"即"为子之职"，也即"为子之事"。"共……职"结构中的"……"也是体词性的，故而赵注为我们的解释提供了有力的旁证。更为重要的是，这一句中既有"共"也有"职"，说它不是含有"共……职"结构的句子，显然理由不

① 沈玉成：《左传译文》，中华书局1981年版，第85、350、398、496、509、522页。
② 杨逢彬：《论语新注新译》，北京大学出版社2016年版，第102~103页。

充分。

因此，"共为子职而已矣"，参照以上例句，应该译为"尽到作为儿子的职责就可以了"。退一步说，即便如字读为"共同"的"共"是可以接受的，但显然读作"恭"却是应该排除的。

（作者单位：湖南大学岳麓书院）

《晋书》"陶母故事" 考辨

□　岳上铧

【摘要】东晋名臣陶侃之母湛氏是中国历史上著名的贤母，其形象主要仰赖《世说新语》与唐修《晋书》中的记载衍义而成的"剪发待宾"与"封鲊教子"两个故事。但《晋书》所载"截发延宾"故事有颇多疑点，应为后人加工而成。所载"封鲊教子"故事则并非出自陶母，系因袭他人事迹而来。这两个"问题故事"被作为史实写入正史，原因及作用如下：其一，《晋书》编撰仓促，史官未对"陶母故事"做细致考辨，甚至全文照抄了唐前晋史；其二，唐代史官重观念甚于重事实，湛氏贤母形象的塑造与确立符合唐修《晋书》"诠次旧闻，裁成义类，俾夫湮落之诰，咸使发明"，以鉴后世的修史原则；其三，陶母故事与陶侃的行为和选择有相应的内在逻辑关联，其在史传的叙事方面具有一定的价值与意义。

【关键词】陶母故事；贤母形象；史实失真；道德彰表；叙事功能

一、问题的提出

东晋名臣陶侃之母湛氏是中国历史上著名的"贤母"①，母子二人在《晋书》中皆有传记，同部史书为母子立传的现象在中国史学史上并不多见。陶母的事迹在后世颇有影响力，由唐至清的文人笔下多次以陶母故事为典，尤其是在先太夫人悼念诗文中出镜率很高。此外，元代的秦简夫将其中的"截发延宾"故事敷衍成了杂剧《剪发待宾》，明代无名氏所著《运甓记》传奇中则完整改编了《晋书》中的陶母故事②，将陶母树立为了

---

① 陶侃（259—334年），本鄱阳人，后徙庐江寻阳。家贫，出身低微，据陈寅恪考证为溪族人。东晋时历任江夏太守、武昌太守、荆州刺史、广州刺史、江州刺史等职，后平定苏峻之乱有功，总督荆、江、雍、梁、交、广、益、宁八州军事，拜大将军，可剑履上殿、入朝不趋、赞拜不名，显赫一时。

② 郭英德《明清传奇综录》中称《运甓记》"《远山堂曲品》著录，未题撰者。《传奇汇考标目》增补本题'吾邱瑞'作，不知何据，恐为误录"。郭氏将其归入无名氏作品，此从郭说。见氏著：《明清传奇综录》，河北教育出版社1997年版，第505页。

"母教"的典范，使其在民间亦有相当的影响，她也得以与孟母（孟子之母）、欧母（欧阳修之母）、岳母（岳飞之母）并称为"四大贤母"。

唐前的多家私修《晋书》及刘义庆《世说新语》都记载了陶母的事迹，唐太宗诏命房玄龄等所修《晋书》即主要参考了上述文献①，其中所载"陶母故事"亦源出于此。唐修《晋书》中记载的"陶母故事"主要有两个，即"截发延宾"和"封鲊教子"。这两个故事是湛氏"贤母"形象得以确立的主要依据，史官将其选入正史，乃确信二事为信史，但以今时之眼光度之，其中颇多可疑之处。笔者拟以唐修《晋书》中所记陶母事迹为对象，探究如下三个问题：第一，陶母故事从何而来？第二，它们是否可信？第三，它们为何会被写入正史？

二、截发延宾：违情悖理的贤母故事

"截发延宾"故事是后世传播最为广泛的陶母故事。唐前记载此事的有王隐《晋书》、孙盛《晋阳秋》、臧荣绪《晋书》及刘义庆《世说新语》。唐修《晋书》中"截发延宾"的故事便是根据这几部书所载而录入。上述几家晋史现虽已亡佚，但关于此事的记载尚可见于《世说新语》刘孝标注、《北堂书钞》、《太平御览》等书，清代汤球《九家旧晋书辑本》中有所辑录。从这几部私修晋史到唐修《晋书》，"截发延宾"的记载细节有所出入，故事主线的差异却并不大。但通过比对可知，唐修《晋书》中的《陶侃传》与《陶母传》却分别引用了不同的故事来源。

王隐《晋书》中"截发延宾"之事记为：

> 陶侃为吏，鄱阳孝廉与亲友过侃宿，时大雪无草，侃母湛撤床杂蒋，手剉给客牛马，截发以供客，闻者叹曰："非此母不生此子也！"②

孙盛《晋阳秋》记为：

> 侃少为寻阳吏，鄱阳孝廉范逵尝过侃宿，时大雪，侃家无草，湛撤所卧荐剉给。阴截发，卖以供调。逵闻之叹息。③

这两则记载表述较为接近，应是出于同源。而臧荣绪《晋书》中的记载是：

> 范逵尝过侃，时仓卒无以待宾，其母乃截发，得双髲，以易酒肴，乐饮极欢，虽

---

① 由《晋书》及隋、唐《经籍志》可知，隋前各家所修《晋书》共有二十三种。房玄龄等修《晋书》时，可考的尚有十九种，现已全部亡佚。详见金毓黻：《中国史学史》，河北教育出版社 2000 年版，第 87~89 页。

② 汤球：《九家旧晋书辑本·王隐晋书》，《丛书集成初编》本，商务印书馆 1936 年版，第 313 页。

③ 余嘉锡：《世说新语笺疏》刘孝标注引《晋阳秋》，中华书局 2007 年版，第 811 页。

仆从亦过所望。①

这段文字可见于虞世南《北堂书钞》，以之比对唐修《晋书·陶侃传》中的记载：

> 侃早孤贫，为县吏。鄱阳孝廉范逵尝过侃，时仓卒无以待宾，其母乃截发，得双髲，以易酒肴，乐饮极欢，虽仆从亦过所望。②

可知《陶侃传》中"截发延宾"之事系全部照抄臧荣绪《晋书》。再看《陶母传》中的记载：

> 鄱阳孝廉范逵寓宿于侃，时大雪，湛氏乃彻所卧新荐，自锉给其马，又密截发卖与邻人，供肴馔。逵闻之，叹息曰："非此母不生此子！"③

可见这段文字与王隐和孙盛的记述近似，由目前所见文献可以推定应是出于此二人所修之史。《世说新语》中的记载除上述情节之外，尚有"侃室如悬磬"、"逵马仆甚多"、陶母"斫诸屋柱，悉割半为薪"等细节④，唐修《晋书》皆弃之不用，可见房玄龄等人在修史时对于故事的细节亦有所择取。由上所述，大致可厘清唐修《晋书》"截发延宾"故事的来源。

那么，《晋书》所载这个故事是否可信？纵观上述关于此事的记载，文字虽有出入，但各种文献均有一个共同的表述，即陶母"截发"，使得这个故事出现了一个无法解释的逻辑矛盾，即截发所易是否足以待宾？这个疑点在清代便有多人提出，如戚学标说：

> 传称陶侃母湛氏剪发留宾事，此不经之甚也！……今母无故而剪发，子之心安乎？子之友之心安乎？且发为直几何哉？一范逵之不足待，至谓仆从亦过所望，何其诞也！⑤

他从陶母长发的价值不足以待客，以及母亲剪发买酒来款待儿子的朋友有悖常理这两个方面质疑了故事的可信度。当然，也有人尝试为此事寻求合理解释，比如焦袁熹就说：

> 史称陶侃母湛氏，发委地下为二髲，卖得数斛米，设精食待客，仆从俱无乏。湛发虽极丰美，而二髲何以得易米如此之多也，一斛今十斗也？吾意尔时妇女竞尚修饰，务于华侈，不惜重费买之，故髲价贵且易售邪，不然则恐传闻之辞不能无少

---

① 汤球：《九家旧晋书辑本·臧荣绪晋书》，《丛书集成初编》本，商务印书馆 1936 年版，第 123 页。

② 《晋书》卷六十六《陶侃传》，中华书局 1974 年版，第 1768 页。

③ 《晋书》卷九十六《列女传》，中华书局 1974 年版，第 2512 页。

④ 见余嘉锡：《世说新语笺疏》，中华书局 2007 年版，第 811 页。

⑤ 戚学标：《陶母论》，《鹤泉文钞》卷上，清嘉庆五年刻本，第 10 页 a。

过矣。①

　　焦氏虽言"史称",所引文字却是出自《世说新语》,其表述虽与《晋书》不同,但其理相通。焦袁熹就认为除非当时的假发特别值钱且易于售卖,否则这个剪发易酒肴的故事就有些夸大其词了。相比而言,褚人获的解读大概更接近于实情,他说:

　　　　陶侃母截发事,古今艳称。本传云:"截发得双髲以易酒肴,乐饮极欢,虽仆从亦过所望。"夫双髲之值几何? 能堪如许供设乎,理之所不可信。此殆陶氏家状美辞,传者据以为实,遂成千古佳话耳。②

　　褚氏认为这个故事不合情理,怀疑是陶家人刻意美化陶母,而修史之人在选择材料时也不辨真伪,于是就传为了千古佳话。从上述三段材料可见人们对于"截发延宾"之事真实性的怀疑主要集中于"截发所易是否足以待宾"这个问题上,这的确是此事一个无法回避的硬伤。笔者认为,陶母待宾可能确有其事,但"截发"之事,不足为信。实情应正如褚人获所言,是陶氏家状美辞。此事大概出于陶侃属僚或亲朋所撰行状、墓志,或是《陶侃别传》《陶侃故事》等书,继而被私修晋史的史官以之为据写入史书,唐修《晋书》时又以臧氏《晋书》为蓝本,以其他史官记载为参考,因此得以窜入正史。

　　如果说《世说新语》作为一部被后人视为"志人小说"的作品,有一些文学性的想象描写固然情有可原,而作为正史的《晋书》出现如此不合情理之处就难免为后人所诟病了。之所以出现这种情况,在笔者看来原因有二。

　　其一,唐修《晋书》的编者选择及核查材料不甚严谨。此部《晋书》从贞观二十年(646 年)开始修撰,于贞观二十二年(648 年)成书,仅仅历时两年多便已修撰完成,其编写过程之仓促可想而知。这部书"以臧荣绪《晋书》为主,参考诸家"③,很多内容甚至是直接照抄,出现历史事件考辨不严的情况也就不难理解了。此外从唐人修史的原则上来看,些许的逻辑偏差也不是史官着重考虑的方面,他们往往是重观念甚于重史实。

　　其二,陶母"截发延宾"是儒家道德观统领下史官采撷的产物,这个故事在其真实与否之外,尚有更为重要的价值意义。唐修《晋书》十分注重树立道德典范,有学者就认为"唐太宗重修晋史有着鲜明的目的,即欲通过以史为鉴来教育主政者规范施政,同时利用各种伦理纲常的封建说教来纯化人们的思想,以便达到治世的目的。而《晋书》的修撰者也一味地迎合唐太宗的这种思想,最终使得《晋书》出现了这样一个缺点:'好采诡谬碎事,以广异闻;又所评论,竟为绮艳,不求笃实。'"④ 这也是"截发延宾"史实失真却仍被选入正史的一个重要原因。唐修《晋书》重视"孝道"⑤,延承了唐高祖

---

① 焦袁熹:《此木轩杂著》卷二,清嘉庆九年刻本,第 9 页 a。
② 褚人获:《坚瓠集》余集卷二,清康熙刻本,第 36 页 b。
③ 《旧唐书》卷六十六《房玄龄传》,中华书局 1975 年版,第 2463 页。
④ 王小军:《〈从晋书·制曰〉探唐太宗重修晋史的原因》,《兰台世界》2009 年 6 月下半月,第 62 页。
⑤ 参看《晋书出版说明》,《晋书》,中华书局 1974 年版,第 3 页。

"弘长名教，敦励风俗，宜加褒显，以劝将来"的孝道观①。而"母贤"与"子孝"是一对十分完美的书写对象，对树立"母教观"与"子孝观"颇有裨益。《陶母传》中隐去了"截发延宾"之后陶侃追送范逵百里以求入仕的情节，只以一句"侃竟以功名显"做结，言外之意似乎陶侃功名得显全赖陶母教育，如此便将陶侃的功名与陶母的家教直接关联，记录这样的故事对后世很有榜样意义。《陶侃传》中的"冒雪迎医"和"饮酒定限"两个故事也都从侧面反映了陶侃的家教与孝道观念。

此外，在笔者看来，这个史实失真的故事写入《晋书》，从叙事上讲另有其价值与意义。

首先，陶母"截发延宾"这个故事内部虽然有一定的逻辑漏洞，但却是修史者在陈述陶侃之所以会被范逵推荐给庐江太守张夔的一个重要的因果环节，可以清晰阐述陶侃何以寒门出身而能逐步跻身豪贵，前因后果十分完整，这个故事从叙事上来看是他的仕途起点。

其次，这个故事同时也是陶侃的价值起点。结合《陶侃传》中陶侃本人克己自律、待人接物的作为，可以看出陶母对他言传身教的影响非常重要。"截发延宾"之事若从正面来看，体现了"有朋自远方来"的儒家道德观，符合其后陶侃贬抑老庄，推崇儒学的思想观念。另一方面，陶母行为的功利性目的亦十分明显，又符合陶侃贫贱出身以及魏晋时期个人意识抬头的社会环境。《陶侃传》《世说新语》都提到了陶家款待范逵之后陶侃追送范逵百余里之事，《陶侃传》中他自言"困于无津"，《世说新语》中范逵对他说"路已远，君宜还"，"侃犹不返"，直到范逵向陶侃保证"至洛阳当相为美谈"，"侃乃返"。根据《陶侃传》的记载，此后他就被张夔招为督邮，领枞阳令。或可说陶母的"截发延宾"是一次十分成功的策划，正如明人孙承宗所评价的"只因一饭知贤母，双发为儿换督邮"②。结合陶侃后续的行为，不难发现他自身也有着一些明显的功利性选择。比如江州刺史华轶对陶侃及其侄辈陶臻有举荐提携之恩，但最终出于形势的考量，陶侃背弃了华轶③。虽说陶侃在没有风险的情况下对范逵、张夔、刘弘等人的子辈也是一餐咸报，可以将之解读为"待人以诚"，但其背弃华轶也绝对是出于时势判断后的功利性考量，其中难说没有陶母价值观对他的影响。《陶母传》中范逵曾言"非此母不生此子"之语，正是表明"截发延宾"故事与陶侃后来的个人性格及人生选择有其内在的逻辑关联。

值得注意的是，这个故事到了宋代，出现了一个全新版本。余嘉锡《世说新语笺疏》中说道：

> 宋诗纪事五引诗律武库云："晋陶侃少时，家贫，有友人见访，无以致诚。其邻人颇贤，谓侃曰：'子门有长者车，何不延之，以论当世事？'侃曰：'贫不能备酒醴。'邻人密于墙头度以浊酒只鸡，遂成终日之乐。本朝王冀公钦若过其庙题诗云：'九重天阙梦掉臂，黄鸡白酒邻舍恩。'用此事也。"嘉锡案：此不知出何书，疑即因

① 《旧唐书》卷一八八《孝友传》，中华书局1975年版，第4919~4920页。
② 孙承宗：《读陶士行传》，《高阳集》诗卷之九，清初刻嘉庆补修本，第13页b。
③ 《晋书》卷六十六《陶侃传》，中华书局1974年版，第1769页。

陶母事而傅会。姑识于此，容俟再考。①

此故事中隐去了陶母而着重突出了邻人对陶侃的帮助，余嘉锡怀疑是根据陶母"截发延宾"的故事穿凿附会而成。《诗律武库》所载此条不知引自何处，但这个故事的源头早于陶母剪发故事的可能性不大，因为就笔者所见文献而言，宋前并未见到相似陈述，亦未见诗文中有引用此典。《诗律武库》旧本题为宋吕祖谦编，但学界多有认为此书系书商伪托之作。② 可即便真是吕祖谦所编，"邻人相助"也是最早在宋代才看到的故事。其他记载此故事的几部书籍也都是成书于宋代或之后。比如宋祝穆所撰《古今事文类聚》中的"邻墙得酒"条记载：

> 陶侃家贫，有友人过侃，侃无以致诚。其邻人谓侃曰："子门有长者轩车，何不延之，论当世事。"侃曰："贫不能备礼耳。"邻人密于墙头送以浊醪只鸡，遂成终日之欢。③

与祝穆同时代的谢维新所编撰的《古今合璧事类备要》中的"得酒从邻"条④，其内容与《古今事文类聚》中的"邻墙得酒"条几乎一字不差。此外，元代阴时夫辑、阴中夫注的《韵府群玉》中的"浊醪过墙"条亦收录了这个故事，只不过叙述较为简略。相互比对上述几个"邻人相助"故事，可以断定这几个故事应出于同源，因为它们在语言表述上重合度极高。关于这个故事出于何处，这几部书皆无说明，它应该是衍生于唐修《晋书》的《陶母传》，传中有一个细节便是"密截发卖与邻人，供肴馔"。至于后人为何要隐去陶母，塑造一个助人为乐的邻人形象，原因已不得而知，或是为了营造邻里相助的社会风尚，或是不满于陶母截发故事的悖于常理，其动机难以查考。

综上所述，可以推见"陶母待宾"或有其事，但"截发以易酒肴"的情节应为后人编撰。纵观各种文献，此事在陶侃口中未曾提及⑤，应系经他人之口而流布后世，在流传过程中被增删改动。唐修《晋书》的编撰者将之写入其中时并未做大的改动，笔者认为史官所看重的：一是故事中所塑造的贤母形象，颇觉对后世的母教有所裨益。实情也确实如史官所望，从后人的频繁引用此事便可见一斑；二是陶母截发故事与陶侃事迹存在着一定的逻辑关联，既有助于行文叙事，又可解释陶侃的某些行为动机。这个故事从正面来看，体现了待人以诚的道德标准，因此后来"侃命张夔子隐为参军，范逵子晞为湘东太守，辟刘弘曾孙安为掾属，表论梅陶，凡微时所荷，一餐咸报"⑥。从反面来看，"剪发待宾"故事又体现了陶母追求功利的一面，如前所述，陶侃由于元帝的加封而背弃了对

① 余嘉锡：《世说新语笺疏》，中华书局 2007 年版，第 812 页。

② 参见贾兵：《〈诗律武库〉非吕祖谦编纂考》，《中国文学研究》2018 年第 1 期，第 71~83 页。

③ 祝穆：《古今事文类聚》续集卷七，清《文渊阁四库全书》本，第 13 页 a。

④ 见谢维新：《古今合璧事类备要》别集卷十二，清《文渊阁四库全书》本，第 2 页 b。

⑤ 陶侃亲口言及陶母的仅有"饮酒定限"一事。见《晋书》卷六十六《陶侃传》，中华书局 1974 年版，第 1778 页。及余嘉锡：《世说新语笺疏》刘孝标注引《陶侃别传》，中华书局 2007 年版，第 813 页。

⑥ 《晋书》卷六十六《陶侃传》，中华书局 1974 年版，第 1776 页。

己有恩的华轶。无论是报恩或是背弃，都可体现出陶侃选择与陶母行为的逻辑关联。从上述两点来看，陶母"截发延宾"的故事其实具有一定的功能性价值，即叙事功能与道德彰表功能，因而此事得以记入正史。

三、封鲊教子：张冠李戴的贤母故事

《世说新语》与唐修《晋书》中都载有陶母"封鲊教子"故事，唐前其他文献中未见记载，其直接来源应为《世说新语》。唐修《晋书》中此事记为：

> 侃少为寻阳县吏，尝监鱼梁，以一坩鲊遗母。湛氏封鲊及书，责侃曰："尔为吏，以官物遗我，非惟不能益吾，乃以增吾忧矣。"①

《世说新语》中的叙述与《晋书》相比，除了语言略有出入，所有细节——包括陶母返书责备陶侃的话语——都十分接近，因此可以断定《晋书》所载应采之于《世说新语》。

这本是反映湛氏贤母形象绝好的一个故事，十分符合《陶侃别传》中对陶母"贤明有法训"② 的评价，但十分遗憾的是，这个故事系后人故意以张冠李戴的手法建构湛氏贤母形象的产物。

刘孝标在《世说新语》"封鲊"故事的注语中提到，"吴司徒孟宗为雷池监，以鳝饷母，母不受。非侃也"。说明早在"陶母封鲊"之前就已经有一个"孟母封鲊"的故事流传了。孟宗是三国时期著名的孝子，有"哭竹生笋""屋漏泣母""冒死奔丧"等故事流传于世，并因"哭竹生笋"一事而位列"二十四孝"。他的母亲郭氏亦是"贤母"的典范，除了有"还鲊于子"的故事之外，还有"广被招贤"的故事被后世引为美谈。孟宗母子同样是"贤母"与"孝子"对写的典型案例，他们的事迹在庾信的诗歌中便已多次出现，唐代李瀚所编的儿童启蒙读本《蒙求》中亦有"孟宗寄鲊"之说。那么"陶母封鲊"之事是否如刘孝标所怀疑的系"后人因孟假为此说"呢？

根据程炎震的考证可知：

> 孟宗事见《孝子传》，《御览》六十五"雷水部"引之。《类聚》七十二引《列女后传》曰："吴光禄勋孟宗为监鱼池司马。罢职，道作两器鲊以归奉母。母怒之曰：'吾老，为母戒言，唯听饮彼水，何吾言之不从也？'宗曰：'于道作之，非池鱼也。'母曰：'汝为主鱼吏，而获鲊以归，岂可家至户告耶？'乃还鲊于宗。宗伏，谢罪，遂沉鲊于江。"③

余嘉锡补充道：

---

① 《晋书》卷九十六《列女传》，中华书局 1974 年版，第 2512 页。
② 余嘉锡：《世说新语笺疏》，中华书局 2007 年版，第 813 页。
③ 余嘉锡：《世说新语笺疏》，中华书局 2007 年版，第 813 页。

《三国志·孙皓传》："建衡三年，司空孟仁卒。"注引《吴录》曰："仁字恭武，江夏人也。本名宗，避皓字易焉。除为盐池司马。自能结网，手以捕鱼，作鲊寄母。母因以还之曰：'汝为鱼官，而以鲊寄我，非远嫌也。'""盐"疑当作"监"，以形近致误。①

从上述两条材料可见，"陶母封鲊"的故事与之相似度很高，极有可能是一个因袭另一个而来。或许有人会提出疑问，此事也有可能并非故事的因袭，而是行为的效仿。由于孟母年代早于陶母，所以陶母效仿孟母"封鲊"而教子也有可能。笔者认为可能性不大，一是若是行为效仿，字里行间往往会提及，但陶母故事中却未有任何蛛丝马迹。二是陶母封鲊故事与孟母封鲊故事的语言表述及叙述逻辑极其接近，所以更像是故事的因袭而非行为的学习。

在这两个故事孰为先后的问题上，笔者认为当先有"孟母封鲊"故事，"陶母封鲊"系因袭而来，原因如下：

其一，孟宗为吴国末期人，年代略早于陶侃②，可为一证。

其二，《吴录》记载："（孟宗）迁吴令，时皆不得将家之官，每得时物，来以寄母，常不先食。"③ 言明孟宗每得时令之食，必定先寄给母亲。宋高似孙《纬略》引干宝《晋纪》亦载有此条。④ 这条与孟宗"鱼鲊寄母"之事有着紧密的行为逻辑关联。

其三，《孟宗别传》记载："宗事母至孝，母亦能训之以礼，宗为雷池监，奉鱼于母，母还其所，遂绝不复食鱼。后宗典知粮谷，乃表陈曰：'臣昔为雷池监，母三年不食鱼，臣者典粮谷，臣母不可以三年不食米，臣是以死守之。'"⑤ 其中提及孟宗曾上表自陈，其母因子为监鱼官而三年不食鱼以避嫌。

其四，前述《艺文类聚》卷七十二记录了"孟母封鲊"故事，此事引自《列女后传》，其著者或为王愆期，王愆期之父王接曾撰有《列女后传》，选入七十二人，此书后来亡佚，王愆期便继承乃父遗志重集《列女后传》。⑥ 王愆期与陶侃同时代，陶侃上表逊位之后，"以后事付右司马王愆期"⑦，可知他与陶侃甚为熟稔，若《艺文类聚》所引《列女后传》为王愆期所撰，为何"封鲊"之事归于孟母而非陶母？另外《艺文类聚》所引《列女后传》的撰者也有可能是皇甫谧，皇甫谧著有《列女传》六卷。《艺文类聚》卷三十五曾引用其《列女传》，并称之为《列女后传》，因此《艺文类聚》卷七十二所引《列女后传》也有可能是指皇甫谧所著之书。皇甫谧亦与陶侃同时，据《晋书·皇甫谧

① 余嘉锡：《世说新语笺疏》，中华书局 2007 年版，第 813 页。

② 据《三国志·孙皓传》孟宗卒于吴建衡三年（271 年），据《晋书·成帝纪》陶侃卒于东晋咸和九年（334 年），《陶侃传》载其享年 76 岁，知其生于吴永安二年（259 年），陶侃 13 岁时孟宗卒。

③ 陈寿：《三国志》卷四十八，中华书局 1974 年版，第 1169 页。

④ 见高似孙《纬略》卷六，清刻守山阁刻本，第 8 页 b。

⑤ 《太平御览》卷一一三《人事部五十四》引《孟宗别传》，四部丛刊三编景宋本，第 8 页 a。

⑥ 《晋书》卷五十一《王接传》，中华书局 1974 年版，第 1436 页。

⑦ 《晋书》卷六十六《陶侃传》，中华书局 1974 年版，第 1777 页。

传》记载陶侃对皇甫谧"礼之甚厚","侃每造之,着素士服,望门辄下而进"。① 可见二人同样十分熟悉。相同的问题,若《艺文类聚》所引《列女后传》为皇甫谧所撰,为何"封鲊"之事归于孟母而非陶母?无论《艺文类聚》所引《列女后传》是出于王愆期还是皇甫谧,其中将"封鲊"故事归为孟母而非陶母,可能性只有两个,或是撰者实事求是、秉笔直书,或是撰写《列女后传》时"陶母封鲊"的故事尚未生成。但无论是哪个原因,最终结果全都指向"孟母封鲊"故事在先的事实。

从上述几点来看,"封鲊"一事的所有权无疑应归于孟母而非陶母。因此"陶母封鲊"的故事是因袭"孟母封鲊"而来,以之突出湛氏贤母形象。那么随之就会产生另外一个问题,为何偏偏就选中了"孟母封鲊"这个故事呢?笔者将以问题驱动,从陶侃事迹的记载以及孟家与陶家有无交集这两方面入手,以求觅得因由。

问题一:陶侃事迹中是否有与"鲊"相关的其他记载?据《北堂书钞》引《陶侃故事》云:"苏峻平后,侃上成帝鲝十斛。"② 《白氏六帖》亦引《陶侃故事》有此记载,但是脱落了"平后侃"三字,应以《北堂书钞》所引为准。"鲝"即"鲊",说明陶侃曾在平定苏峻之后送给成帝十斛鲊鱼。此外陶侃亦曾多次给成帝上贡器物,如螺杯、水精碗、漆复簏等物,均载于《太平御览》所引《陶侃故事》中。从文献记录与行为逻辑来推断,"陶侃献鲊"应是确有其事。从献鲊于成帝到献鲊于陶母的叙事对象转移于是便有了逻辑关联。

问题二:陶侃事迹中是否有关于捕鱼的记载?《世说新语》注引刘义庆《幽明录》云:"陶公在寻阳西南一塞取鱼,自谓其池曰鹤门。"③ 刘敬叔《异苑》云:"钓矶山者,陶侃尝钓于此。"④ 《晋书·陶侃传》也提到"侃少时渔于雷泽"⑤。多人多次提到陶侃捕鱼一事,其长于捕鱼应该不是空穴来风,陈寅恪先生便断言陶侃"本出于业渔之贱户"⑥。张勃《吴录》说孟宗"自能结网,手以捕鱼",在这一点上,二人十分相似,因此故事的移植也便显得颇合情理。

问题三:孟陶二人或后人有无交集?孟宗与陶侃年代相差未远,且孟宗为江夏人,陶侃则历任武昌太守、荆州刺史,管辖江夏、武昌,坐镇于沌口。无论从时间上还是空间上,两人或两个家族都有产生交集的可能,而这种交集又在一定程度上产生了故事借鉴移植的可能。从地域交集上讲,现今湖北鄂州有一处地名叫做"鲊洲",当地县志便说此名与孟、陶二母"封鲊"故事有关。据清光绪年间所修《武昌县志》记载:"鲝洲在县西六十里,木门对岸。一作鲊洲。相传以吴司空孟宗母封鲝事得名。一云晋大司马陶侃事母,疑莫能决也。"⑦ 一个地名出现两个传说,分不清孰是孰非,但为何会如此?县志撰者也

① 《晋书》卷五十一《皇甫谧传》,中华书局 1974 年版,第 1418 页。

② 《北堂书钞》卷一四六《酒食部五》,清光绪十四年万卷堂刻本,第 9 页 b。

③ 余嘉锡:《世说新语笺疏》,中华书局 2007 年版,第 813 页。

④ 刘敬叔:《异苑》,《古小说丛刊》本,中华书局 1996 年版,第 2 页。

⑤ 《晋书》卷六十六《陶侃传》,中华书局 1974 年版,第 1779 页。

⑥ 陈寅恪:《魏书司马叡传江东民族条释证及推论》,《金明馆丛稿初编》,三联书店 2001 年版,第 91 页。

⑦ 钟铜山修,何逢时纂:《武昌县志》卷九,清光绪十一年刊本,第 31 页 a。

提出了个人的猜想，"盖孟居近县，陶尝作镇兹土，故传者两属之"①。也就是说两人都与此地发生过交集，二人又都有"封鲊"故事流传于世，传者也分不清此地究竟因谁而得名，因而命名权便分属了两人。"鲊洲"的署名问题不在本文的讨论范围内，引上述材料只是为了说明孟陶二人以及二母封鲊的故事在一定的地域空间内是有交集的。

那么二人或是两个家族在历史上是否有所交集？前人有没有相关记述呢？二人的直接交集并未见到，其中原因也很简单。孟宗过世时陶侃年仅十三岁，并且孟宗为吴国司空，陶侃为"业渔之贱民"，年岁及身份皆相差较大，未曾谋面也很正常。那么二人的晚辈有无交往呢？答案是肯定的。据《晋书·孟嘉传》记载："孟嘉字万年，江夏鄳人，吴司空宗曾孙也。"② 孟宗的曾孙叫做孟嘉，那么孟嘉与陶侃又是什么关系呢？孟嘉为陶渊明外祖，陶渊明为其所写传记《晋故征西大将军长史孟府君传》中言及："君讳嘉，字万年，江夏鄂人也。曾祖父宗，以孝行称，仕吴司空。……娶大司马长沙桓公陶侃第十女。"③可见二人的后辈不仅有所交集，更是结了姻亲——陶侃的女儿嫁给了孟宗的曾孙。唐前所见记载"陶母封鲊"故事、且今时可见的是《世说新语》，其故事采撷于何处不得而知，但与"截发延宾"故事的来源相似，极有可能是出自后人甚至是陶家后人所编著的《陶侃别传》《陶侃故事》等诸如此类之书。由于孟陶两家生活区域有所重合，且关系如此亲密，加之陶侃本人有"献鲊"的行为，孟陶二人又皆有捕鱼的经历，就近移植"孟母封鲊"故事从道理上和道德上也就都可顺理成章了。

厘清"陶母封鲊"因袭"孟母封鲊"的事实及其原由，便可明了"陶母封鲊"故事同样是经过了后人的加工、建构，其目的与"截发延宾"故事的书写相同，皆是为了凸显湛氏的贤母形象。在笔者看来，这个故事被写进《晋书·陶母传》，其作用有二：其一，从叙事上来讲，"封鲊教子"故事可与陶侃的一些行为产生直接关联。比如《晋书·陶侃传》曾言"有馈赠者，（侃）皆问其所由。若力作所致，虽微必喜，慰赐叁倍；若非理得之，则切厉诃辱，还其所馈"④。这则记载主要是为了突出陶侃的官德，其所作所为与"封鲊教子"传递的主旨十分相似，具有"母教"的延承性。其二，"封鲊教子"故事完善了陶母的道德形象，使其得以与历史上的其他贤母相比亦无愧色。据前文已述可知，单看"截发延宾"故事并不足以体现对陶母个人道德的旌表，说她待客以诚固可成立，但却较为苍白无力，亦很难不让人联想到其背后的功利性目的。而《陶母传》的编撰者在"截发延宾"之前，先讲述了一个"陶母封鲊"的道德故事，它与"截发延宾"故事最大的不同在于，约束权力的官德故事明显具有更为广泛的认同感，如此便使得陶母形象较为正面。读者结合《陶母传》再反观《陶侃传》时，对于陶母形象的观感便有了道德起点，一个人若有道德底线，一定程度上的功利追求似乎也无可厚非。

四、结　语

通过上述对"截发延宾"和"陶母封鲊"两个故事的梳理与考证，可知"截发延

① 钟铜山修，何逢时纂：《武昌县志》卷九，清光绪十一年刊本，第31页b。
② 《晋书》卷九十八《孟嘉传》，中华书局1974年版，第2580页。
③ 逯钦立校注：《陶渊明集》，中华书局1979年版，第169页。
④ 《晋书》卷六十六《陶侃传》，中华书局1974年版，第1774页。

宾"故事出自不同史籍。《陶侃传》中的记述照抄于臧荣绪《晋书》，《陶母传》中的记载来自王隐《晋书》与孙盛《晋阳秋》。"陶母待宾"故事应实有其事，但"截发"之事为虚构。而"陶母封鲊"故事来源于《世说新语》，唐修《晋书》将之采入其中，但未辨明此故事是因袭"孟母封鲊"故事而来，并非原创。由于房玄龄等史官选编这两个故事时未做考辨，导致了史实失真。但结合《晋书》"诠次旧闻，裁成义类，俾夫湮落之诰，咸使发明"的修史原则①，在这种史实失真的背后，史官想借这两个故事传递出怎样的历史价值观是需要着重思考的问题。

自古修史的目的简而言之无外乎"求真"与"致用"，唐修《晋书》虽说出现不少史实失真现象，但其修史以"致用"的思想却贯穿始终，相比于"陶母故事"的细节真相，编撰者更关切的是它能传递出怎样的价值观念？是否能从历史的尘埃中绍绎出足以有资于治道、可昭于后世的价值观念？陶母故事首先对于家庭教育极有借鉴意义，反映出重要的"生子当养而有教"思想，并且从中可见父母对于子女的"身教"作用，其影响之巨甚至会至其终身。《陶侃传》由其母而至其子的叙事逻辑正是说明了这一点。此外若从正面来理解"截发延宾"故事，陶母"待人以诚"的做法可说是"有朋自远方来"之儒家道德观的体现，其写入正史，亦有助于对魏晋南北朝时期个人意识抬头，儒家道德被逐渐边缘化的现象进行反正，契合唐初修史的总体原则。至于其中所反映出的功利性，并非史官要正面彰表之行为。其次，陶母故事中的"封鲊"之事则彰显了官德的重要。虽言陶侃身为鱼梁监所献之鲊未必是官物，但陶母的行为则警戒了掌权之人应尽量避免瓜田李下之嫌，这种洁身自好的为官之道颇具警示意义，无论将其置于何时何地均是一种普适的权力观。陶母故事背后所透露出的这些观念在某种程度上符合史官所要倡导、标榜的价值观，因此其得以被写入正史。

吴怀祺在《中国史学思想史》中说道："隋唐时期史学思想的历史借鉴思想把对历史盛衰的总结，提高到一新的水平。"② 诚然，这种总结历史、反思历史以为世用的思想是唐代修史最为显著的指导思想。但在这种史观的统罩下，历史事件有时仅仅只被视为一个载体。参看陶侃的传记，便会发现其中选入了颇多的神异故事，这些故事确实荒诞不经，符合后人对唐修《晋书》"好采诡谬碎事，以广异闻"的评价，但其背后所折射出的观念却值得关注，那就是门阀制度下寒门之子似乎始终无法摆脱的贫贱宿命。结合陶侃身后陶家迅速陨落的事实，其家族的命运在陶侃接二连三的神异故事中似乎早已有所昭示。将今人看来明显违情悖理的故事视为信史或许是修撰者时代认知的缺陷，但今人在批判古人愚昧的同时，或许更应注意的是这些故事背后所凸显出的史官对于个体、对于道德、对于历史所秉持的价值判断。而对于"陶母故事"史实失真现象的审视，笔者认为亦当如此。

（作者单位：平顶山学院、武汉大学文学院）

---

① 李世民：《修晋书诏》，《晋书》，中华书局1974年版，第3306页。

② 吴怀祺：《中国史学思想史·隋唐卷》题记，黄山书社2004年版，第1页。

明志雅斋本《续墨客挥犀》的递藏与传抄*

□ 余来明 周 荣

【摘要】《续墨客挥犀》是一本采集汇编而成的宋代笔记小说。全书十卷，明代以前鲜见流传，迄今所存十三种抄校本均为明清时期所抄，其中抄校者不乏惠栋、阮元、王国维、王韬、张元济等一流学者。自明正德四年该书由志雅斋抄录以来，明清两代屡被藏抄，有人曾据志雅斋本再行抄录，其中部分所抄之本又成为后世抄录的源本。本文由考察《续墨客挥犀》的作者、文献来源入手，对志雅斋抄本的递藏与传抄情况进行系统梳理，以厘清其传承脉络。

【关键词】《续墨客挥犀》；志雅斋本；递藏；传抄

《续墨客挥犀》（简称《续墨》）是一部宋代笔记小说，从名称来看，应该为署名彭乘所撰《墨客挥犀》的续书。全书内容驳杂，涉及佚闻、风俗、文学、异事等诸多方面，共分 10 卷 190 则，其中卷一 24 条、卷二 13 条、卷三 10 条、卷四 24 条、卷五 26 条、卷六 25 条、卷七 28 条、卷八 28 条、卷九 8 条、卷十 4 条。今存该书版本共有十三种，分别为：志雅斋本、叶树廉藏抄本、红豆山房本、嫏嬛仙馆本、《宛委别藏》本、茹古精舍本、八千卷楼本、《罻园丛书》本、铁琴铜剑楼本、王国维校跋本、《殷礼在斯堂丛书》本、云自在龛本、静嘉堂本。① 其中除《殷礼在斯堂丛书》本为铅印本外，其余均为抄本。该书另有国家图书馆所藏五卷残抄本，卷末有翁同龢跋文。此外，《续墨》中的少量

---

* 本文为国家社科基金重点项目"《钟惺全集》整理与研究"（18AZW015）阶段性成果。

① 据《中国古籍总目》记载，浙江图书馆藏有十三卷本《续墨》，笔者通过目验及查考文献，确定该书实系伪书。浙图藏本著录为"清初抄本"，今存 7 册 12 卷，缺首卷，半页 10 行，行 20 字，无格，无目录，亦无序跋，版心标页码，每卷分上下，体例与其他诸本相差甚大。仔细加以辨读，就会发现，该本内容全部来自南宋孙奕的《履斋示儿编》。孙奕字季昭，号履斋，庐陵人，有学术笔记《履斋示儿编》二十三卷。浙图藏本不仅将孙奕原书名称改换，于每卷卷首题"续墨客挥犀第几上/下"及"庐陵宋彭乘"，还改动分卷体例，将原书前 20 卷两两合并为 10 卷，后 3 卷分别作为拾遗上、中、下卷，由此撮成"《续墨客挥犀》十卷拾遗三卷"，而文本内容、卷次顺序、篇目顺序则全部照抄原书，无明显改变。如此"粗暴"改动，或是书贾出于射利所为。

篇目，还被节录保存在《说郛》《古今说海》等书当中。①

在明代正德四年志雅斋抄录《续墨》之前，《续墨》未见版本传世。在宋代仅陈振孙《直斋书录解题》曾见记载："《墨客挥犀》十卷、续十卷。不知名氏。"②该书在当时关注者较少，而在明清时期却颇具生命力，不仅见于众多私人藏书目录，还被诸多藏书家和学者广泛收藏和传抄，得以流传至今。本文由考察《续墨》的作者及其文献来源入手，详考其递藏源流及在明清两代的传抄情况。

一、《续墨客挥犀》的作者及文献来源

《续墨》的作者，自陈振孙称"不知名氏"，马端临《文献通考》、钱谦益《绛云楼书目》等从之。因明代以后多认为《墨客挥犀》为宋人彭乘所撰，故而也常将《续墨》归于其名下。同时，也有学者质疑该书乃书坊赝作。张文虎（1808—1885）《复朱述之大令书》云：

> 来教以《续墨客挥犀》，多掇拾他书，疑非真本。今检全文，出《梦溪笔谈》者二十八条，出《冷斋夜话》者二十条，出《遁斋闲览》者十三条。……谓为赝作，诚是，而鄙意犹有疑焉……然则不特续编非真本，即前编亦赝作也……其为伪撰无可疑者。是书著录于《书录解题》，盖当时坊估托名以射利耳。③

张氏因为《续墨》及前编中的部分篇目，或拾掇他书，或前后重复，显得驳杂，而认为是商贾托名"赝作"。明人陆粲（1494—1551）的看法虽是针对《墨客挥犀》，但从文本结撰方式来说，《续墨》显然也与此同类："其（即《墨客挥犀》）文直抄取诸家小说，若《笔谈》、《冷斋夜话》之属，凑合而成，亦颇杂以旧书所记，如解书谦、魏舒、张华等事皆是，盖坊间浅妄者伪撰以射利，非彭氏本书也。"④因集录各书内容以成一书而被定为伪作，陆、张的判断略显武断。事实上，这样的著述方式在中国古代并不鲜见。

王国维在批校《续墨》时首次将张氏此文附于卷末，结合对书中篇目来源的批注和统计，进一步分析说：

> 此书真伪，张啸山（文虎）《舒艺室杂著》甲上《复朱述之大令书》论之颇详

① 宋人曾慥编《类说》节录《墨客挥犀》52则，其中《春日即事诗》《梵志诗》《宋迪山水画》《江神元祐迁客之鬼》《雪诗》《蟇融》《左手举筷》《荐福寺碑》《秋霖赋》《鬼掣足》《梦兄弟同在翰林》《张绶真赞》《问即不知用则不错》《猫拱手曰不敢》《张天觉作书》《读相鹤经不熟》《平生恨五事》等17则与今本《续墨》中所收内容相似。出现这一情形，可能有两方面的原因：第一，《类说》编收《墨客挥犀》时，误将前后两编作为同一本书，故收录时包含了今本《续墨》的内容；第二，因两书为采集汇编而成，编录时有所重复，宋本《墨客挥犀》原有这些条目，而今本《墨客挥犀》有脱漏，而仅见于《续墨》之中。

② 陈振孙：《直斋书录解题》，上海古籍出版社1987年版，第331页。

③ 张文虎：《舒艺室杂著》甲编卷上，清光绪刻覆瓿集本。

④ 陆粲：《陆子余集》卷七，清《文渊阁四库全书》本。

细，故具录如右。然维窃谓此书本非为伪作。陈氏《书录解题》云："《墨客挥犀》十卷，不知姓氏。"其题为彭乘，自商氏《稗海》始。案：乘字利建，益州华阳人，《宋史》有传，卒于仁宗时。今前后二编所纪事，均及绍圣以后，则商氏题为乘撰者，非也。彭几之名，亦见《宋史·乐志》云云："徽宗时，进士彭几进乐书，礼部员外郎吴时善其说，乞召几至乐府，朝廷从之。"前编卷六所谓"叔渊材好谈兵晓大乐"者，得此可证。此条当是惠洪所记。而汲古刻惠洪《冷斋夜话》，凡记渊材事者，其目均作刘渊材，则又误也。此书要系汴宋末选人采集诸书为之，知其非彭乘所作，则自不必疑其伪矣。张氏又云此书出《梦溪笔谈》者二十八条，出《冷斋夜话》者三十条。今细检之，出《笔谈》者凡四十九条，出《夜话》者十七条，并志于此。①

王氏之说有三点值得注意：第一，他认为该书作者非彭乘或彭渊材，故宋时传本不撰人姓名，彭乘之名自明人始题，而张氏误信明人，既然原书本身未题作者，并无托名对象，"托名伪造"之说难以成立；第二，他进一步指出该书为采集汇编成书，系"采集诸书为之"，而非有意作假的"伪书"；第三，他通过检校，精确统计该书的文献来源，以正张氏之误。王国维跋文中的观点得到了余嘉锡的赞同。余氏在《四库提要辩证》申明说："《提要》不知其全书皆由采辑而成，而徒疑其中之数条同于《冷斋夜话》，盖偶然翻阅，未之细检也。张氏能考其出处，而遂诋为伪书，亦非。惟王氏为得之。"②

王国维提出《续墨》为"汴宋末选人采集诸书为之"，对于解决该书作者及文本性质具有重要意义。其实，阮元、王韬、缪荃孙等也注意到此书特殊的文本性质，在抄校的过程中往往参校《续墨》的来源文献。而前人由于不清楚《续墨》的文本性质，导致误判，四库馆臣就怀疑有其他书混入原书："疑原本残阙，后人又有所窜入。"③ 张文虎等人则直接斥为"伪书"。类似性质的文本在宋代并不罕见，如宋初官修笔记小说总集《太平广记》采录汉至宋初各类笔记小说500余种，王谠编《唐语林》收唐人笔记小说50种，孔平仲辑撰的《续世说》材料取自《南史》《北史》《旧唐书》《旧五代史》及前代笔记小说，李垕编撰的《南北史续世说》材料均取自《南史》和《北史》。从文本来源看，《续墨》是一部采集汇编而成的宋代笔记小说，主要依据的文献有《梦溪笔谈》《倦游杂录》《遁斋闲览》《冷斋夜话》等四种，据孔凡礼考证："《续墨客挥犀》出自《梦溪笔谈》者四十九则，《倦游杂录》者二十七则，《遁斋闲览》者三十三则，《冷斋夜话》者十九则，《孔氏谈苑》与《诗史》各一则。剩下六十则的作者，有待深入考察。"④

很长一段时间内，《续墨》未与其前编同时流传，《稗海》《四库全书》就因文献佚失仅刊前编。对前编而言，续书的出现本身就具有文献补遗的意义。阮元将此书抄入《宛委别藏》时，从补《四库》之阙的角度出发，认为"卷中所载轶事、遗闻以及诗话文

① 王国维校跋本《续墨》卷末。
② 余嘉锡：《四库提要辩证》，云南人民出版社2004年版，第913页。
③ 永瑢等：《四库全书总目》，中华书局2016年版，第1196页。
④ 赵令畤撰，彭□辑撰，孔凡礼点校：《侯鲭录 墨客挥犀 续墨客挥犀》，中华书局2002年版，第409页。

评，征引颇为详恰，足补前编之所未备，其所议论多推重苏、黄，亦与前集相同，合之以为完书"①。《墨客挥犀》与《续墨》在内容和思想上具有一致性，正续互补，建构了更为丰富、多面的宋代士人图像。而从文献学角度来看，通过与来源文献比勘，《续墨》作为汇编著作，表现出以下特征：第一，收集广泛，不标来源；第二，将原书顺序打乱，且多书混合编辑；第三，重新拟定标题；第四，文本内容完整，文字往往优于原书。类似情形，一方面反映了宋人对笔记小说的创作热情和辑录汇书的风气；同时，也展示了宋人的小说阅读结构和知识来源，让后人能窥见当时人笔记小说的"书架"概况；最后，它为读者提供便利，一册在手就能了解诸书，可广见闻，供参证。

《续墨》内容虽然大多出自他书，但部分文字却胜出今所见各书。因为《续墨》依据文献为宋代原刊本或接近原刊本的刊本，而某些文献的宋代原刊本和较早本都已亡佚，流传下来的晚出本错讹较多。从此意义上来说，《续墨》具有一定的校勘价值。以《冷斋夜话》为例，该书宋代刊行的六卷本、十卷本皆不传，所存通行本为毛氏《津逮秘书》本和明刻《稗海》本。上海古籍出版社 2012 年整理本即以毛氏本为底本，参校《稗海》《学津讨源》等本，并参考《诗话总龟》《苕溪渔隐丛话》相应条目；中华书局 1988 年整理本也以毛氏本为底本，参考《诗话总龟》《苕溪渔隐丛话》相应条目。而与《续墨》相比，毛氏本有讹误或删减。如，《续墨》卷二《渡观江风作》云："予谓观江神必元祐迁客之鬼"，毛氏本《冷斋夜话》作"予观江神必元祐迁客之鬼"，少一"谓"字。《续墨》卷九《贵其真》云："然其正直明白之心，照映千古"，毛氏本《冷斋夜话》作"然其正直明白，照映千古"，少"之心"二字。《续墨》卷四《与可诗精绝》云："与可无此句，此句与可拾得耳"，毛氏本《冷斋夜话》"与可无此句，与可拾得耳"少后"此句"二字。《续墨》卷四《诗记一时事实》一条云："欧阳公夷陵《黄牛庙》诗曰：'石马系祠门。'东坡《钱塘》诗曰：'我爱南屏金鲫鱼。'二诗皆无以异童稚学为诗语者，然皆记一时之事。欧阳公尝梦至一神祠，祠前有石马缺左耳，及谪夷陵，过黄牛庙，所见如梦中。西湖南屏山兴教寺池有鲫鱼十余尾，皆金色，道人斋余，争倚槛投饼饵为戏。东坡习西湖久，故写于诗词耳。"毛氏本《冷斋夜话》则云："欧阳公《黄牛庙》诗曰：'石马系祠门。'东坡《钱塘》诗曰：'我识南屏金鲫鱼。'二句皆似童稚语，然一时之事。欧阳尝梦至一神祠，祠有石马缺左耳，及谪夷陵，过黄牛庙，所见如梦。西湖南屏山兴教寺池有鲫鱼十余尾，皆金色，道人斋余，争倚槛投饼饵为戏。东坡习西湖久，故寓于诗词耳。"文字删减颇多。

对散佚已久的源文献而言，《续墨》更是具有辑佚价值。这类著作部分内容通过《续墨》保存，如当中引录的《倦游杂录》《遁斋闲览》等。以《倦游杂录》为例，该书原为八卷，张师正撰。师正（1016—1086 年）字不疑，北宋襄国人，学问精深，亦善诗文，"不疑晚学益深，经史沿革，讲摩纵横，文章诗歌，举笔则就"②。另撰有《括异志》《怪集》等书。其所著《倦游杂录》在当时影响颇大，绍兴初江少虞辑《宋朝事实类苑》，引自该书近百则，明初《永乐大典》亦引录该书，之后逐渐散佚。《类说》《绀珠集》《说郛》《宋朝事实类苑》多引用此书，今人也多据这些著作进行辑佚。但《类说》等书节录

---

① 阮元著，傅以礼编：《四库未收书目提要》，商务印书馆 1955 年版，第 61 页。

② 文莹撰，郑世刚、杨立扬点校：《玉壶清话》，中华书局 1984 年版，第 54 页。

过甚，删削严重，常常文意不全，可读与可信度不高，并非最佳选择。《续墨》引《倦游杂录》多达 27 条，未作删改，文字可靠，更接近原貌，当为《倦游杂录》辑佚的可靠来源。以目前《倦游杂录》的辑佚情况来看，《续墨》尚未引起重视。上海古籍出版社出版的《倦游杂录》，大量引用《类说》《说郛》等书，所引篇目多为节录，而其中部分条目的完整内容则见于《续墨》。又如《全宋笔记》本《倦游杂录》所采用《类说》中的《范文正公蚊诗》①《梦手捧天》两则，《续墨》所载内容更为完整。

此外，《续墨》还有不少篇目未见于他书记载，虽均不知出处，却至为可贵，也有赖《续墨》而得以存世，如《赵龙图善为诗句》《望阙而逝》《为游谒士所扰》等，颇具价值。

二、志雅斋本《续墨客挥犀》的递藏源流

志雅斋本《续墨》现藏国家图书馆，抄于明正德四年（1509 年），抄者不详。该抄本每半页 9 行，每行多为 18 字，无格，版心有"挥犀续几"字样，分为上下册。卷末有题语三行，云："正德己巳岁夏日，旧刻本摹于志雅斋傍，二本共七十八页。"由此题语可知，《续墨》原有旧刻本，又因此本凡涉宋帝皆空格，宋讳亦有阙笔，知其乃是据宋本抄录，惜宋刻本今已不见。志雅斋本出现前，元末明初陶宗仪所编《说郛》②曾收录《续墨》内容，知元代时《续墨》曾有刻本或抄本流传。

志雅斋本《续墨》除卷一、卷三外，其余各卷均有浮签贴于书眉，共计二十处，分布于其中十六篇，对二十三处明显错讹进行了修改，如卷二《胥吏魁桀狡狯》："尔若自行，其善……今粥女子要若千钱……"校签云："其善改甚善，若千改若干"；卷六《丰城老人生子》："乃翁已及者稀年"，校签云："者稀年改古稀年"；卷八《使士卒劳力制其骄惰》："远妻奴怀土之恋"，校签云："妻奴改妻孥"。校签所改均准确恰当。从多方面来看，志雅斋本质量颇高：首先，摹自宋刻本，产生时间早，接近原貌；其次，无阙卷，未删削，内容完整；再次，错讹较少，又有校签修正，内容精审；最后，抄写清晰，书法优美，颇为精善。

作为影宋明抄本，志雅斋本《续墨》在后世不仅被广泛传抄，同时有着丰富的递藏源流，受到众多藏书大家与著名学者的青睐。今存该本藏章迭钤，共计十八枚印鉴，主要钤于上、下册的卷首与卷末。依据这些印章，及明清书志文献，大致可见其递藏源流。按时间先后略考如下：

（一）沈与文

志雅斋本卷末有沈与文"野竹家"藏书印一枚。与文，字辨之，生卒年不详，自号姑余山人，江苏吴县（今苏州）人，明嘉靖年间著名刻书家、藏书家。据叶德辉《书林清话》载："明人刻书之精品……吴郡沈辨之野竹斋……沈辨之，名与文，明嘉靖间人，

---

① 此条实出自《冷斋夜话》卷五，并非《倦游杂录》。
② 涵芬楼本《说郛》卷二十四为《续墨》，存 19 则。

藏书家多误以为元刻，又沈刻书亦有繁露堂名……"① 沈与文不仅刻书精良，藏书也颇丰，其藏书室名"野竹斋"，黄丕烈《士礼居藏书题跋记》载："吴中杉渎桥嘉靖时有沈与文，颇蓄书，其刊刻《诗外传》，有'野竹斋'字样。"② 沈氏藏书印有"野竹家""野竹斋""吴郡沈文""姑余山人"等。从书中印鉴时间先后来看，沈氏或为此本最早的收藏者。

（二）叶树廉

志雅斋本所见叶氏印鉴较多：上册正文首页有"叶树廉印""石君""朴学斋""金庭玉邬人家"四枚，下册正文首页有"叶树廉印""石君""朴学斋"三枚。树廉（1619—1685 年），又名万，字石君，号潜夫，别署鹤汀、清远堂主人、南阳毂道人，为明末清初著名藏书家。其藏书楼有朴学斋、归来草堂、怀峰山房等，藏书印另有"南阳毂道人""归来草堂"等多枚。志雅斋本叶氏印章之多，足见他对此本的重视与喜爱。此本从沈氏到叶氏所经时间较久，其间或许流入其他藏书家或商贾之手，但从此本上看却无迹可寻。

（三）孙庆增

志雅斋本有孙庆增"孙从添印""庆增氏"印鉴两枚，均钤于正文首页。庆增（1692—1767 年），字从添，号石芝，江苏常熟人，清乾隆著名藏书家，藏书室名为"上山堂"，另有藏书印"得者宝之""海阳孙氏藏书印"等。孙氏对叶树廉藏书颇为赞赏，他在《藏书纪要》中说："余见叶石君钞本，校对精严，可称尽美。惜乎古今收藏书籍之人，不校者多，校者甚少，惟叶石君所藏书籍，皆手笔校正。临宋本、印宋本，俱借善本改正。博古好学，称为第一。叶氏之书，至今为宝，如古同嗜者赏识焉。"③ 叶树廉藏书在他去世后大多为孙氏所得，此书亦为孙氏所收。

（四）张金吾

张金吾（1787—1829 年），字慎旃，别字月霄，江苏常熟人，藏书多达八万卷，著有《爱日精庐藏书志》。此本虽未发现张金吾藏书印，但此书确为张氏收藏，其《爱日精庐藏书志》有明确记载：

> 《续墨客挥犀》十卷，旧抄本，叶石君藏书。元彭乘撰。《直斋书录解题》云："《墨客挥犀》十卷、续十卷，不知名氏。"《述古堂书目》云："彭乘《续墨客挥犀》十卷。"伏读《钦定四库全书总目》云："《墨客挥犀》商濬刻入《稗海》，题彭乘姓名，盖以书中自称名为据。而止有十卷，则已佚其续集矣。"此本系明人旧抄，亦稀

---

① 叶德辉：《书林清话》，上海古籍出版社 2008 年版，第 90 页。
② 黄丕烈著，潘祖荫辑，周少川点校：《士礼居藏书题跋记》，书目文献出版社 1989 年版，第 153 页。
③ 祁承爜、孙庆曾：《澹生堂藏书约 藏书纪要》，古典文献出版社 1957 年版，第 41 页。

觏之书也。后有题识云："正德己巳岁夏日，旧刻本摹于志雅斋。"①

所记版本情况，与今所见志雅斋本完全一致，则此本应亦曾为张氏所藏。

（五）马瀛

马瀛（约 1765—1830 年），字二槎，浙江海宁人，其藏书斋号"汉晋"，多藏珍本图书。张金吾晚年负债，藏书被家族晚辈张承焕相继购去，余则流散于各藏家，此本亦未能幸免。据蒋光煦《东湖丛记》记载：

> 宋彭乘《墨客挥犀》十卷，四库已著录。其《续墨客挥犀》十卷，则仪征阮文达公经进也，世少传本，《古今说海》中刻者不及其半。余所见张金霄金吾藏本，后归马二槎瀛，有叶石君珍藏印。②

又查马氏《吟香仙馆书目》，其子部小说家类载："《续墨客挥犀》十卷，宋彭乘撰。抄本，二本。"③ 可见，志雅斋本亦曾为马氏所藏。

（六）铁琴铜剑楼

志雅斋本上、下册正文首、尾页各钤有"铁琴铜剑楼"印章一枚。铁琴铜剑楼由常熟瞿绍基建于乾隆末年，为清代著名藏书楼。瞿氏历代藏书，谨守家学，积累颇丰，另有藏书印"古里瞿氏""瞿氏秘籍"等。除书中印鉴外，《铁琴铜剑楼藏书目录》亦记载了志雅斋本的收录情况：

> 《续墨客挥犀》十卷，旧抄本。宋彭乘撰。《直斋书录》载《墨客挥犀》本有续集亦十卷，后来传本绝稀，各家书目皆谓已佚，此叶石君藏书，卷末有题记云："正德己巳岁夏日，以旧刻本摹于志雅斋。"卷首有叶树廉印、石君、孙从添印、庆增氏、金庭玉邬人家诸朱记。④

由此可知，志雅斋本为瞿氏收藏，当属无疑，之后又经瞿氏后人捐入北京图书馆，至今保存于国家图书馆。

从明正德年间抄写以来，志雅斋本递藏有序，历经 500 余年，其间虽有不可知的情况，大体情形仍可考见，但也有藏书家对此本的流传和递藏误记和误判的情况。大致有以下两种情形。

其一为傅增湘对志雅斋本的误记。据莫友芝记载："叶石君旧藏抄本。《述古堂书目》有此书。四库提要谓其已佚。《爱日精庐志》云：此明人旧抄，后有题识云：正德己巳夏

① 张金吾撰，柳向春整理：《爱日精庐藏书志》，上海古籍出版社 2014 年版，第 435~436 页。
② 蒋光煦：《东湖丛记》卷六，清光绪九年缪氏刻《云自在龛丛书》本。
③ 马瀛撰，潘景郑校订：《吟香仙馆书目》，古典文学出版社 1958 年版，第 43 页。
④ 瞿镛编纂：《铁琴铜剑楼藏书目录》，上海古籍出版社 2000 年版，第 342 页。

日，旧刻本摹于志雅斋。"① 莫氏所描述之本当为今国图所藏志雅斋本，傅氏对此条订补曰："明正德四年己巳志雅斋写本，十行二十字。目后有正德己巳夏日旧刊本摹于志雅斋跋语五行。每卷分上下。王子展藏，即爱日精庐旧藏本。"② 傅氏所记的"志雅斋写本"情况有两处与今存本不同：一是对版本的描述与今所见本不符，检《爱日精庐藏书志》仅记志雅斋一本，即今国图所藏志雅斋本，此本 10 卷，半页 9 行，行 18 字，卷不分上下，书后识语三行，与傅氏所记情况不同。二是志雅斋本是否曾被王子展所藏，据《缘督庐日记》记载："廿七日驱车造子展斋，长谈藏书及碑版甚富，登楼以精本见示……宋彭乘《续墨客挥犀》，金盈之《醉翁谈录》，皆旧抄本……"③ 叶昌炽并未提及王藏即志雅斋本。鉴于傅氏对志雅斋本误记的情况，在缺乏印鉴等直接证据和其他文字记载的情况下，很难确定志雅斋本曾经王子展收藏。由此可见，傅氏所描述之本并非今国图所藏志雅斋本，或为傅氏误记，将其他版本误判为志雅斋本。

其二则是翁同龢对自藏本的误判。翁氏本仅有前五卷，现存国家图书馆，半页 9 行，行 18 字，白口，单鱼尾，左右双边，版心标有"挥犀续"及页码，有目录。封面题"续墨客挥犀残本""松禅所藏"。卷首有批注一行："此影宋钞，观真字缺笔可见，松禅。"卷首目录页有藏书印："毛氏图史子孙永保之""海虞毛晋子晋图书记""爱日精庐藏书""秘册""均州秘箧""北京图书馆藏"。正文卷首有"常熟翁同龢藏本"和"翁斌孙印"印记，卷末左下有印鉴："翁同龢印""松禅真印""北京图书馆藏"。此本先后被毛晋、张金吾、翁同龢、翁斌孙所藏，后归北京图书馆。卷末有翁同龢辛丑年（1901 年）跋云：

> 此册有毛氏汲古阁、张氏爱日精庐印记。按张氏藏书志云："《四库》著录有《墨客挥犀》十卷，而续集未收，此明人抄本，后题正德己巳岁夏日以旧刻本摹于志雅斋云云。"光绪辛丑二月，余从书贾得此，仅前五卷，后五卷已佚，并明人题记亦亡之矣。正德迄今垂四百年，旧钞难观宝，此以当威凤一毛。是月二十三日松禅居士同龢记于西山墓庐。

翁氏据卷首有张金吾"爱日精庐藏书"和"秘册"印记，又据《爱日精庐藏书志》关于《续墨》的记载，判断此本为明正德四年的志雅斋本。然而并非有张金吾印鉴的版本就一定是其藏书志著录的志雅斋本。查《爱日精庐藏书志》可知，《续墨》著录版本为"旧抄本，叶石君藏书"本④，而翁氏所藏本卷首并无"石君"印记，可知二者并非同一本。检残本内容，可知其源出志雅斋本，或为毛氏汲古阁所抄。张金吾可能同时藏有志雅斋本及翁氏所言汲古阁抄本，因他编藏书志并非所有藏书一例照收，而是按照一定"标

———————

① 莫友芝撰，傅增湘订补，傅熹年整理：《藏园订补郘亭知见传本书目》，中华书局 2009 年版，第 835 页。

② 莫友芝撰，傅增湘订补，傅熹年整理：《藏园订补郘亭知见传本书目》，中华书局 2009 年版，第 835 页。

③ 叶昌炽：《缘督庐日记抄》，广陵书社 2018 年版，第 7757~7756 页。

④ 张金吾撰，柳向春整理：《爱日精庐藏书志》，上海古籍出版社 2014 年版，第 435 页。

准"择优编选①，因而最终并未著录翁氏所言汲古阁本。

三、志雅斋本《续墨客挥犀》在明清两代的传抄

作为目前可考的最早抄本，志雅斋本在后世迭经流藏，实为其他诸本之祖本，处于核心位置。叶树廉曾据志雅斋本再行抄录，即"叶树廉抄本"，该本又自成一系，成为后世诸多版本的源头，与志雅斋本形成两支传抄源流。下文将分两支源流对各本作详细考察，诸本源流简图如下②：

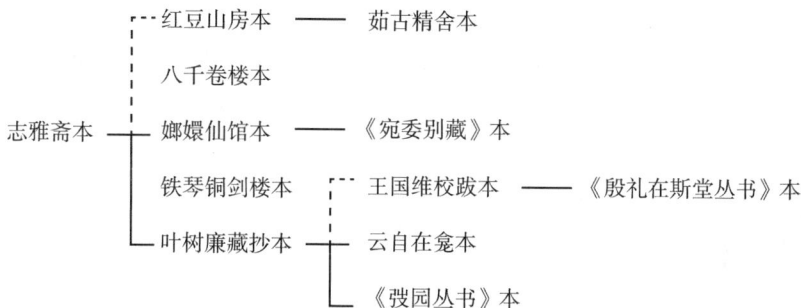

```
                ┌─ 红豆山房本 ──── 茹古精舍本
                │
                │  八千卷楼本
                │
 志雅斋本 ──────┤  娜嬛仙馆本 ──── 《宛委别藏》本
                │
                │  铁琴铜剑楼本 ┌─ 王国维校跋本 ──── 《殷礼在斯堂丛书》本
                │              ╎
                └─ 叶树廉藏抄本 ┼─ 云自在龛本
                                │
                                └─ 《㛙园丛书》本
```

（一）源自志雅斋本的抄本

1. 红豆山房本

每半页9行，行18字，白口，单鱼尾，版心标页码，无格，卷首阙15行178字。卷首页有"惠栋之印""字曰定宇""红豆山房所收善本""湘舟过眼"等印，知其曾被惠栋红豆山房和顾沅艺海楼所藏。又据《藏园订补郘亭知见传本书目》云："丁氏持静斋，藏惠红豆抄本在涵芬楼。"③知其又曾为丁日昌持静斋收藏。由印章可知，惠栋为该本最早藏者。惠栋（1697—1758年），字定宇，号松崖，江苏吴县人，惠氏一门三世藏书，其藏书之所为红豆书屋，他"自幼笃志向学，家多藏书，日夜讲诵，自经、史、诸子、百家杂说，道释二藏，靡不津逮……雅爱典籍，得一善本，倾囊弗惜。或借读手抄，校勘精审，于古书之真伪，一了然若辨黑白"④。可见，惠氏有藏书和校书之习。红豆山房本有

---

① 关于《爱日精庐藏书志》收书"标准"，可参考张金吾《序》："金吾年二十始有志储藏……继又择传本较稀及宋、元、明初刊暨传写文澜阁本另为一编，凡万二千卷，非有裨学问、藉资考镜者不与焉。若有明及时贤著述，时代既近，搜罗较易，故亦从略。其前此逸在名山、为世所不见者，则间附数言，以识流别，名之曰《爱日精庐藏书志》。"见于（清）张金吾撰，柳向春整理：《爱日精庐藏书志》，上海古籍出版社2014年版，第15页。

② 实线：能确定为直接传抄关系；虚线：没有直接证据表明二者间存在传抄关系，但从内容上来看存在密切的渊源关系。

③ 莫友芝撰，傅增湘订补，傅熹年整理：《藏园订补郘亭知见传本书目》，中华书局2009年版，第835页。

④ 钱大昕撰，吕友仁校点：《潜研堂集》，上海古籍出版社2009年版，第698页。

9 处字词校正痕迹，张元济认为系惠氏所为。

红豆山房本《续墨》卷末附有孙毓修民国五年（1916 年）题跋，介绍大致情形说：

> 续录在明世虽有传锓，只存数条，十卷之旧亡佚已久。涵芬楼藏旧抄本，每页十
> 八行，每行十八字，事涉宋帝皆空格，宋讳亦有阙笔，盖尤是从宋本写出者，迭为惠
> 氏红豆山房、顾氏艺海楼所藏，允称秘笈……首叶阙去数行，安得宋本复出，俾成完
> 帙哉？

笔者经过比勘发现，此本与志雅斋本渊源颇深：一方面，二本间所见异文，均为抄写
时的形讹、音讹和异体字；另一方面，通过比照红豆山房本与出现于此前的叶树廉抄本、
翁同龢原藏汲古阁五卷残本，可知红豆山房本与二本之间并无直接的渊源关系。在没有发
现其他抄本或刊本的情况下，可以认为红豆山房本也是由志雅斋本抄录而来。而因为抄写
时产生的讹误较少，加上名家的校勘与收藏，红豆山房本在后世备受重视，1916 年商务
印书馆及《涵芬楼秘笈》均据其影印。

2. 茹古精舍本

此本今藏于上海图书馆。每半页 9 行，行 18 字，蓝口，左右双边，单鱼尾。卷首有
"秘册""圣清宗室盛昱伯羲之印""蒋维基印""子垕"藏书印，每卷末有"蒋氏茹古精
舍钞本"印，卷首另有"三原图书馆"字样。

此本所抄底本为红豆山房本。卷末有题跋一行："壬子阳历十月廿三日，据惠定宇校
正钞本校，元济。"又此本卷首阙 15 行 178 字，所缺内容及版式与红豆山房本完全一致。
此外，还因袭了部分红豆山房本所独有的讹误，如卷四《中书有生老病死苦之说》，茹古
精舍、红豆山房二本均作"若足疾"，其他诸本作"苦足疾"，此处说富丞相苦于足病，
而非"若"；卷六《武成县旋风》，茹古精舍、红豆山房二本均作"大水尽拔"，其他诸
本作"大木尽拔"，此处形容旋风之大拔倒树木，而非"大水"。类似例子达十余处。由
此可知茹古精舍本与红豆山房本之间的渊源关系。同时，此本校改依据亦为红豆山房本。
书中有多处校改痕迹：天头用黑笔改、文中用朱笔改，结合跋文可知，此为张元济据红豆
山房本校书之迹。细检校改处，所改依据为红豆山房本，如卷四《睹貌辄相憎恶》，诸本
作"惟促装将出"，唯有红豆山房本作"惧促装将出"，张元济从而改之；卷八《古人纯
质》，诸本作"吴字不显"或"其字不显"，唯有红豆山房本作"异字不显"，张氏亦从
而改之。

此本递藏源流颇具传奇色彩。最初由蒋维基抄于茹古精舍。维基，字子垕，清代藏书
家，与其弟均喜藏书："道、咸之间，西吴藏书家数蒋氏。书箴先生尊人子垕先生与季父
季卿先生，以兄弟相师友，专攻小学，兼精雠校，大江以南，精椠名钞，麇走其门。子垕
先生藏书之居曰俪籝馆，曰茹古精舍，季卿先生之居曰求是斋，皆有声吴、越间。"① 蒋
氏兄弟藏书后因战乱丧失大半，此书亦归他人所有，曾为傅增湘所藏："清蒋维基茹古精

---

① 王国维著，谢维扬、房鑫亮主编：《传书堂藏善本书志》，《王国维全集》第九卷，浙江教育出
版社、广东教育出版社 2009 年版，第 1 页。

舍影写宋刊本，九行十八字。末有'蒋氏茹古精舍钞本'朱印。盛昱遗书，余藏。"① 蒋氏后人蒋汝藻重新蓄书，致力搜求先人遗籍，并请王国维撰写藏书志。几经波折，此书重归蒋氏家族，王氏为其所撰《传书堂藏善本书志》云："《续墨客挥犀》十卷，钞本。此先大父旧藏，散失后得之张菊生侍郎。有先大父名字印及圣清宗室盛昱伯羲之印。"② 茹古精舍本《续墨》由蒋氏抄自红豆山房本，流落之后，曾被盛昱、傅增湘、张元济等收藏，张氏于1912年据红豆山房本加以校正，后归蒋汝藻所有，最终为上海图书馆所藏。

3. 嫏嬛仙馆本

此本影抄自志雅斋本，今藏于首都图书馆。在诸本中，此本最接近志雅斋本。全书除不分上下册及少量字词据志雅斋本校签修改外，内容、版式、题语等与志雅斋本完全一致。卷首钤有"嫏嬛仙馆""旧山楼书画记""吴""非昔过眼""晓铃藏书"等印，卷末有"常熟赵氏旧山楼经籍记"印，知其曾为阮元、张宗建、吴晓铃等收藏，后由吴氏捐入首都图书馆。嫏嬛仙馆为阮元藏书楼，由印鉴可知，阮氏当为该本最早收藏者。书中有7处朱笔校改痕迹，分布于卷二《胥吏魁桀狡狯》、卷四《中书有生老病死苦之说》、卷五《持不杀戒》、卷八《古人纯质》、卷九《能官》、卷十《能辨盗》等篇目，校正内容均与志雅斋校签意见相同，当是据校签所改。

4. 《宛委别藏》本

阮元（1764—1849年）所编。每半页9行，行18字，白口，无鱼尾，版心标页码及书名，左右双边。《四库全书》编修时未见《续墨》，《四库全书总目》云："今本（指《墨客挥犀》）为商浚刻《稗海》者。……而止有十卷，则已佚其续集矣。"③ 阮元为补《四库全书》之阙，汇编《宛委别藏》，《续墨》也在其列。因该书要进呈朝廷，故曾作删改，如卷七《呼麻胡以怖小儿》，改"胡人"为"北人"，末句又将"胡"字挖去；《教军士为讶鼓》一篇，改"虏"为"敌"；《冯太傅尝书一绝》一篇将"胡儿"挖去。

《宛委别藏》本所据当为阮元收藏的嫏嬛仙馆本，其源头亦为志雅斋本，而与之存在意同而字不同的情形。凡有改动处，与志雅斋本互有优长，当是抄写时参考了其他文献。这一情形，与《宛委别藏》编纂理念有关。为追求高标准与高质量，阮元与鲍廷博、何元锡等反复校勘审定《宛委别藏》所收书目，"丙寅丁卯间，兄（指阮元）奉讳家居，次第校写，共得六十种。每种皆仿《四库》书式，加以《提要》一篇"④。缘于此，《宛委别藏》所收《续墨》与志雅斋本间出现大量异文也就不足为奇。细检二本的异文可知，《宛委别藏》校改的部分文字，主要依据《类苑》《类说》《古今说海》《梦溪笔谈》等所收相同内容，如《石曼卿善豪饮》《吉贝布》《渡观江风作》《献秋霖赋》《奉人当如此》《钱文有应元宝运四字》等。还有部分文字未见出处，则或因参校文献未传，或为凭己意

① 莫友芝撰，傅增湘订补，傅熹年整理：《藏园订补郘亭知见传本书目》，中华书局2009年版，第835页。
② 王国维：《传书堂藏善本书志（不分卷）》，影印本，国家图书馆出版社，第四册。
③ 永瑢等：《四库全书总目》，中华书局2016年版，第1195页。
④ 阮亨：《瀛舟笔谈》卷十一，清嘉庆十六年刊本。

修改。要之，《宛委别藏》本来自志雅斋本，但经过广泛征校源出文献，与志雅斋本又有不同。该本抄写精良，讹误较少，校改有据，《续修四库全书》据其影印。

5. 八千卷楼本

该本原为杭州丁氏藏书，今藏于南京图书馆。书有丁丙（1832—1899年）跋，一册。每半页12行，行18字，四周单边，版心标卷数，双鱼尾，白口，不分上下册。此本避讳"淳"字，将其改为"湻"，或抄于同治以后。卷中有"八千卷楼珍藏善本""江苏第一图书馆善本书之印记""八千卷楼藏书之记""□山周辅借观"等印。书中少量错字有涂改痕迹，并于天头标改字。卷末所附跋文，内容与《拏经室外集》中"《续墨客挥犀》提要"一致，字迹与正文相同，当为抄书人所写。卷首题语是对卷末跋文的简写，字迹潦草，与正文书法不同，内容与丁丙《善本书室藏书志》所记完全相同，或为丁丙所题，而非抄者所书。①《善本书室藏书志》记此书为"旧抄本"②，按此说法，则丁氏仅为收藏者，而非抄写者。但《八千卷楼书目》又云："《续墨客挥犀》十卷，宋彭乘撰，抄本。"③ 丁氏往往为抬高藏书版本质量，将自己抄写之本亦著录为"旧抄本"，如《默庵安先生文集》解题云："自胜国以来，绝少传本。余从邹生借得季氏藏本，录为一册，谬误孔多，姑阙其疑而存之。"④ 但丁氏却将其著录为"旧抄本"。而丁氏所藏《续墨》究竟是前代抄写还是丁丙所抄，则不得而知。

通过校勘可知，此本源头也是志雅斋本。需要指出的是，书中少量异文仅此本独有，如卷一《望阙而逝去》，仅此本作"寿百余岁，数寒暑"；卷三《蠮融》，仅此本作"遂成无敌"。又有部分异文与《宛委别藏》本某些特有"痕迹"一致，如卷一《石曼卿善豪饮》，两本均作"延年曼卿闻之，因不敢饮"，其他诸本皆作"延年闻之，不敢饮"；卷六《武成县旋风》，两本均作"武城县"，其他诸本皆作"武成县"；卷九《好佛》，两本均作"深伏其言"，其他诸本皆作"深服其言"；等等。此本被丁丙作为善本珍藏，之后丁氏家族经商失败，八千卷楼的大部分藏书即被两江总督端方购去，并以此组建江南图书馆（今南京图书馆），《续墨》即为其中之一。

6. 铁琴铜剑楼本

志雅斋本曾被瞿氏铁琴铜剑楼收藏，其第四代主人瞿启甲（1873—1940年）据其抄写一本，现藏于国家图书馆。该本每半页9行，行18字，白口，单鱼尾，左右双边，版心有卷数、页码和"挥犀续"字样。抄书格纸有"海虞瞿氏铁琴铜剑楼影钞本"和"臣瞿启甲呈进"字样，卷首及卷末有"京师图书馆"印鉴。

铁琴铜剑楼本《续墨》为瞿启甲进呈清廷之书，所抄底本即志雅斋本。清光绪三十

① 丁丙常于书中题写文字作为《善本书室藏书志》的初稿，这些文字内容多袭用书中已有题跋，字迹较为潦草。参见石祥博士学位论文《杭州丁氏八千卷楼书事新考》（复旦大学，2006年）。
② 丁丙著，周膺、吴晶主编：《善本书室藏书志》，《杭州丁氏家族史料》第四卷，当代中国出版社2016年版，第332页。
③ 丁立中编：《八千卷楼书目》（中），影印本，国家图书馆出版社2009年版，第212页。
④ 丁丙著，周膺、吴晶主编：《善本书室藏书志》，《杭州丁氏家族史料》第四卷，当代中国出版社2016年版，第515页。

四年（1908 年）年底、宣统元年（1909 年）年初，张之洞、端方有鉴于皕宋楼藏书外输，派缪荃孙强征铁琴铜剑楼藏书，使归入京师图书馆。据张鸿《常熟瞿君墓志铭》载："清季端方开府两江，假枢府意，讽献书阙下，饵君以京卿，君不之动。长洲叶昌炽劝影抄百种以进，其事情始寝。"① 作为应对，瞿启甲遂计划影抄旧刊一百种以塞其意。1911 年 5 月，缪荃孙将 50 种瞿氏献书带回京城，其中抄本 37 种，元明清刊本 13 种，《续墨》为其中之一。虽是搪塞朝廷之作，但铁琴铜剑楼本抄写工整，颇忠于原书。

（二）以叶树廉抄本为底本的抄校本

1. 叶树廉抄本

此本现藏于北京大学图书馆。每半页 9 行，行 18 字，无格，版心有"续挥犀卷几"字样，分为上下册，未见序跋。该本藏书印鉴甚丰，有叶树廉印："石君""叶树廉印""朴学斋""金庭玉邬人家"，孙庆增印："庆增氏""孙从添印"，胡惠孚印："当湖小重山馆湖氏篆江珍藏"，王韬印："弢园王氏真赏""臣王韬印""紫诠""南武王瀚珍藏""蘅华馆藏书""长洲王韬""淞北倦民"，汪兆铨及其家族藏书印："番禺汪氏藏书""汪兆铨观""兆铨读过""经德堂汪氏所藏经籍碑版图书"，盛景璿印："濠堂所得善本""澹逋丙辰所得"，李盛铎印："李盛铎印""木犀轩藏书""木斋""德化李氏凡将阁珍藏"，李滂印："李滂""少微"，以及"北京大学藏"印鉴。该本经清人递相收藏，最终由李盛铎之子李滂售于北京大学图书馆。

因该书有王韬批注，《木犀轩收藏旧本书目》云："《续墨客挥犀》十卷，宋彭乘撰。影写朴学斋抄本。王韬手拔，胡篆江藏书。"② 从实际情况来看，此本当是经过王韬批校，而其抄录则是叶树廉朴学斋所为。叶树廉曾藏有志雅斋本，遂据以抄录而成此本。与志雅斋本相比，叶树廉抄本有以下几点不同：

（1）目录：志雅斋本无目录；叶树廉抄本多有目录。

（2）标题：卷四篇目，志雅斋本作《中书有生老病死苦之说》，叶树廉抄本作《中书有生病老死苦之说》。卷十篇目，志雅斋本作《能辨盗》；叶树廉抄本作《能辟盗》。

（3）异文差异：

卷一《王彭言有所自》，志雅斋本：古非不知以牛耕；叶树廉抄本：古非不知以耕牛。

卷二《渡观江风作》，志雅斋本：公箧中畜奇物；叶树廉抄本：父箧中畜奇物。

卷二《至言之祖》，志雅斋本：《史记》为纪传之祖；叶树廉抄本：《史纪》为记传之祖。

卷六《鳄鱼图》，志雅斋本无脱文；叶树廉抄本脱去"一二土人设钩于犬豕之身

---

① 仲伟行等编：《铁琴铜剑楼研究文献集》，上海古籍出版社 1997 年版，第 26 页。

② 李盛铎著，林夕主编：《木犀轩收藏旧本书目》，《中国著名藏书家书目汇刊·近代卷》第十九册，商务印书馆 2005 年版，第 201 页。

筏而流之水中鳄” 18 字。

卷六《状甚丑》，志雅斋本无脱文；叶树廉抄本脱去“_童孺争_” 3 字。

卷八《虎啸风生》，志雅斋本：绵亘有至数十百里者；叶树廉抄本：亘绵有至数十百里者。

卷八《杀徐氏族》，志雅斋本：齐丘尝有一小儿病；叶树廉抄本：齐丘尝有小儿病。

卷八《鲵鱼》，志雅斋本：如遇虫毒，器必暴裂；叶树廉抄本：如有虫毒，器必暴裂。

卷九《能官》，志雅斋本：亢授命；叶树廉抄本：亢受命。

卷十《狄天使能战》，志雅斋本：全军径趋；叶树廉抄本：全军经趋。

由上可知，二本间存在的差异，基本上为抄写讹误或臆改，在版本上并无根本不同。在传抄过程中，有的抄者未见志雅斋本，而是据叶树廉抄本再抄。叶树廉抄本的抄写讹误，被其传抄本大量沿袭，使得它们的文字质量整体上不如直接源自志雅斋本的诸本精善。

叶树廉抄本《续墨》有王韬批校痕迹，《北京大学图书馆藏李氏书目》云：“《续墨客挥犀》十卷，清抄本（王韬校并跋），二册。”① 今存未见跋文。批校则分为校正文中字词和批写篇目出处，主要依据为《续墨》的来源文献，如卷四《鳗井》“般”字旁批注“磐”，“割”字旁批注“刿”，篇末批注“出沈括《梦溪笔谈》卷廿”；卷五《语言卒易》文末批注“出魏泰《东轩笔录》卷七”；卷五《金龟金牌》“上坊”二字旁注“尚坊”，“墓”字旁批注“基”，“家”字与“一”字之间补一“有”字，卷末批注“出沈括《笔谈》卷二十”。

2.《弢园丛书》本

王韬批校叶树廉抄本《续墨》后，又曾据其抄入《弢园丛书》。《弢园丛书》所收《续墨》位于丛书第 4 册，每半页 9 行，行 21 字，无格。王韬（1828—1897 年），江苏长洲人，初名利宾，字兰卿，后易名瀚，字懒今。1862 年远赴香港，更名韬，字仲弢，一字紫诠，自号弢园老民、天南遁叟等。《弢园丛书》辑于 1862 年王韬改名之后。此本避讳“淳”字，应抄于清同、光时期。

王韬曾收藏叶树廉《续墨》，《弢园藏书目》小说家类有著录。②《弢园丛书》本据其抄录，但并非原本照抄，而是有所改动，主要包括：第一，删除了底本目录，以使其与整套丛书汇编的体例一致。第二，根据批注叶树廉抄本的校改意见修改文本，如卷二《乐毅论皆摹本》“本朝人高绅学士家”句，王韬批注的叶树廉抄本于“人”字旁批“入”，“自尝见后十余年”句，于“子尝见”三字旁批“三字衍”；卷六《奸人杀其夫》“公令厉官集邻里”句，王韬批注的叶树廉抄本于“厉”字旁批“属”，“收付所司鞫问”句，

———————————————

① 北京大学图书馆编：《北京大学图书馆藏李氏书目》（中），北京大学图书馆 1956 年版，第 140 页。

② 王韬：《弢园藏书目》，国家图书馆藏稿本。

于"鞠"字旁批"鞠"。王韬在将《续墨》编入《弢园丛书》时，均据以做了修改。

3. 王国维校跋本

此本现藏于国家图书馆。每半页 9 行，行 18 字，无格，版心有"续挥犀卷几"字样。卷首右下及卷末左下有"北京图书馆藏"印鉴。书中有王氏批注近百条，可分为篇中修改、篇末批注和卷末附文三种形式，不同的批注形式有不同的功用。篇中修改一部分是王氏对文中明显错误进行直接纠正，如卷六《丰城老人生子》中"东坡"讹为"东城"，王氏改之；还有一部分是王氏据《续墨》来源书和小说丛刊进行校改，如卷二《渡观江风作》据《冷斋夜话》将"验""夜"二字调整，卷四《笛声发于林》据《遁斋闲览》在"书""庆"二字间补一"靖"字，卷四《韩范二公客》据《冷斋夜话》在"盛"与"欧"之间补一"行"字。凡此种种，王氏篇中修改计 10 余条。篇末批注是注明《续墨》部分篇目的文献来源，如卷一《石曼卿善豪饮》，王氏于篇末批注："《梦溪笔谈》卷九"；卷三《胡蔓》篇末批注："《冷斋夜话》卷六"；卷九《奇物》篇末批注："此条前半与《遁斋闲览》小有异同，二条均见《笔谈》卷廿一"。此类批注为王氏批校重点，多达 82 条。卷末附有张文虎《复朱述之大令书》一篇及 1910 年王氏手书跋文两则。

因为卷末有王国维宣统年间跋文，故国家图书馆将此书著录为"宣统本"。事实上，此书抄写时间可能更早，因其与北大藏叶树廉抄本高度相似，而未吸收王韬批校意见，可能王氏校录时尚未有批注。因此书源出叶树廉抄本，故继承了该本的部分讹误，同时又因抄写粗糙而出现新的讹误，如卷一《王弼言有所自》中"驱驭"讹为"驱驳""未耨"讹为"来耨"，卷四《诗记一时事实》中"钱塘"讹为"钱糖"，卷四《梦以手扶天》中"固知"讹为"国知"。沿袭底本讹误，加上抄写时出现新的讹误，导致此本文字质量不高。

4.《殷礼在斯堂丛书》本

该本为东方学会铅印本。每半页 16 行，行 24 字，黑口，单鱼尾，四周单边，版心标卷数（"墨几"）。卷末录王国维跋文，另有罗振玉戊辰（1928 年）八月记两条，其中之一云："此书近人据惠氏红豆书屋钞本刊入涵芬楼丛书，与此本同源，均自宋刊影写，惟彼本首叶残百余字，此本则完好无阙，故再刊之。"所谓"自宋刊影写"，实为臆测。

此本所据为王国维校跋本，理由有三：第一，沿袭了王国维校跋本独有的特征，如卷一《王弼言有所自》仅王氏本将"驱驭"讹为"驱驳"，《香山寺猴》仅王氏本作"恶之"，卷六《家贫苦学》仅王氏本将"赵璧"讹作"赵壁"，这些都被此本继承。第二，吸收了王国维批校的成果：将王氏校跋本《续墨》的跋文内容简录于卷末；王氏将误并为一篇的《愿为夫人子以报》和《燕巢户内朝向》两则分开，并且批注"此下当别为一条"，此本亦从王氏观点将两篇分开。第三，王国维曾在书信中与罗振玉讨论《续墨》，并嘱托罗氏刊印此书。[1] 此本依据王国维批注对底本有少量校改，对其讹误也大量因袭，

---

① 王国维在 1916 年 2 月 25 日给罗振玉的信中写道："附印之书，此间有《续墨客挥犀》可以复印……"见《王国维全集·书信》，吴泽主编，中华书局 1984 年版，第 58 页。

非为佳本。台湾新文丰出版公司的《丛书集成新编》《丛书集成续编》均据此本影印。

5. 云自在龛本

藏于台湾"中研院"傅斯年图书馆。每半页 9 行，行 20 字，无格，版心标"续墨客挥犀卷几"。卷首题跋出自阮元《揅经室外集》中"《续墨客挥犀》提要"。书中有"云自在龛""曾经艺风勘读""东方文化事业总委员会所藏图书印""傅斯年图书馆""史语所收藏珍本图书记"等印鉴。"云自在龛"为缪荃孙室名，知此书曾经缪氏勘读。又查缪氏 1912 年日记云："二日庚午，阴……借菊生《续墨客挥犀》，校四卷。"① "九日丁丑，阴，小雨……还《墨客挥犀续》于菊生。"② 菊生为张元济号，知缪氏曾从张元济处借该书（张氏曾校茹古精舍本）进行校勘。

此书批注分目录批注和正文批注。目录部分，主要在篇目之下标注来源，如在卷十《能辟盗》题目之下注"出沈括《笔谈》"，此类批注共计 67 条。正文部分既有对篇目来源的批注，也有对字词语句的校正，部分对明显讹误进行直接改正，有的则据小说丛书和来源书目进行校正，如《母子妻三人并卒》《妖异未必尽为祸》等篇目的校改参考《古今说海》，《好草圣不工》《酖指溪作诗》等篇目参考《冷斋夜话》，《石曼卿善豪饮》等篇目参考《梦溪笔谈》。书中大量批注内容与叶树廉抄本批注完全相同，因是据该本抄录时有所参考。

以上诸本之外，日本静嘉堂文库藏旧抄本，未详是何人所抄。《静嘉堂秘籍志》云："《续墨客挥犀》，旧抄，一本。"③ 此志所载书籍来自陆心源（1838—1894 年）藏书，陆氏《皕宋楼藏书志》云：

> 《续墨客挥犀》十卷，旧抄本，叶石君旧藏。宋彭乘撰。张氏金吾曰："《直斋书录解题》云：'《墨客挥犀》十卷，不知名氏。'《述古堂书目》云：'彭乘《续墨客挥犀》十卷。'伏读《钦定四库全书总目》云：'《墨客挥犀》商浚刻入《稗海》题彭乘姓名，盖以书中自称名为据，而止有十卷，则已佚其续集矣。'此本系明人旧抄，亦希觏之书也。后有题识云：'正德己巳岁夏日，旧刻本摹于志雅斋。'"④

此段文字乃是据张金吾《爱日精庐藏书志》所载《续墨》提要抄录，在未能目验全本的情况下，无从判断静嘉堂文库所藏旧抄本的实际情况。

四、余　　论

《续墨》作为一本宋人笔记小说，名不见经传，却被广泛传抄与收藏，颇受明清至民

---

① 缪荃孙：《艺风老人日记》，北京大学出版社 1986 年版，第 2536 页。
② 缪荃孙：《艺风老人日记》，北京大学出版社 1986 年版，第 2538 页。
③ ［日］河田罴撰，杜泽逊等点校：《静嘉堂秘籍志》，上海古籍出版社 2016 年版，第 1129~1130页。
④ 陆心源：《皕宋楼藏书志 皕宋楼藏书续志》，影印本，中华书局 1990 年版，第 704 页。

国藏书家重视，张金吾称志雅斋本为"希觏之书"①；瞿启甲曾将此书影抄进呈清廷，而他择书的标准就是"罕见本"②；丁日昌认为红豆山房本"甚精善"③。同时还被诸多丛书收入，如《宛委别藏》《涵芬楼秘笈》《殷礼在斯堂丛书》等，孙毓修将此书编入《涵芬楼秘笈》，曾称："亟为影印，使七百年久晦之书复显于世也！"④

上文对《续墨》递藏与传抄情况的考辨，除了具有版本学、书籍史方面的意义外，还意在提醒研究者，一本在宋代少有影响的著作，在明清两代受到诸多学者的关注，自有其独特之处，也值得后人作深入细致的研究。然而由于未厘清《续墨》的版本情况，今人在整理该书时没有做到精选精校。如 2002 年中华书局《唐宋史料笔记丛刊》本以《殷礼在斯堂丛书》本为底本整理，整理者认为该本"较精"，其说法值得商榷。《殷礼在斯堂丛书》本出现时间较晚，又讹误颇多，实难称"善本"。而由于底本选择失误，中华书局本"校勘记"中大量出现"据正德本（即志雅斋本）改"或"据《宛委别藏》本改"的情况，其原因在于底本自身错误较多，而不得不据他本修正。这样不仅增加了整理工序，更严重影响了整理本的质量。本文对《续墨》递藏与传抄情况的考辨，可以为完善《续墨》版本的整理提供参考。

（作者单位：武汉大学中国传统文化研究中心）

---

① 张金吾撰，柳向春整理：《爱日精庐藏书志》，上海古籍出版社 2014 年版，第 436 页。

② 仲伟行等编：《铁琴铜剑楼研究文献集》，上海古籍出版社 1997 年版，第 27 页。

③ 丁日昌著，张燕婴点校：《持静斋书目 持静斋藏书纪要》，中华书局 2012 年版，第 607 页。

④ 见《涵芬楼秘笈》本《续墨》书末，孙毓修跋文。

明吏部尚书郑继之墓志释文校考*

□ 邱进春

【摘要】 新出土的明代郑继之墓志具有重要的学术价值。有学者对其进行了辨读和校释，极大地方便了读者。但其辨读和校释存在较多的错误，一是对拓文中的个别文字辨认有误，二是断句不当，导致难以读通，影响了该墓志的文献价值。本文对其中较为严重的错误进行考辨，尽可能准确地辨识、点断拓文。

【关键词】 郑继之墓志；明代；考辨

郑继之，湖北襄阳人，明嘉靖四十四年乙丑科进士，万历间官至吏部尚书，在明末政坛有较大的影响，《明史》有传①，主要记其任大理寺卿时议朝鲜驻兵、任吏部尚书时党同伐异之事。在明代别集中，尚未见其墓志类的传记文字。2010 年，襄阳出土了郑继之夫妇的墓志，铭文比较清晰，内容详实，足以补《明史》本传之疏略，引起了学界的重视。2012 年范文强发表《湖北襄阳发现明太子太保吏部尚书郑继之夫妇墓志铭》（简称范文）一文，公布了该墓志拓片、释文，附录吕夫人墓志释文②，学术价值极高。2014 年何山发表《明郑继之墓志释文校补》（简称何文）一文，对范的释文进行了考校与点断③，较多精当之处。不过细读之下，我们发现，范文、何文对拓文个别字的辨识有误，何文的点断也存在一定的不足，致使多处无法读通，严重影响了我们对该墓志的参考利用。

以下依何文的标号，对其中较为严重的问题逐一辨析，若该处牵涉前后文，则附在其下一并讨论。小问题则不一一出考。最后对该墓志释文重新加以标点。

何 1. 余与古雍郑公有梓里谊，同宦吴蜀，历晋秉铨，亦称先后，襟契之雅不殊

---

* 本文为国家社科基金滚动资助项目"中国历代登科总录"（03BZS008）子课题"明登科总录"阶段性成果。

① 张廷玉等：《明史·郑继之传》，中华书局 1974 年版，第 5924 页。

② 范文强：《湖北襄阳发现明太子太保吏部尚书郑继之夫妇墓志铭》，《江汉考古》2012 年第 3 期，第 54~58 页。

③ 何山：《明郑继之墓志释文校补》，《湖北文理学院学报》2014 年第 1 期，第 23~26 页。

按，范文作"宧"，何文辨作"宣"，释为"同时贤明于吴、蜀两地"。该字形拓文似"宧"似"宣"，但根据情理和行文惯例推测，当作"宧"。夸赞郑公贤明是可以的，但夸赞自己贤明，显然不合情理。"同宧"一词常见于典籍，有"同在某地为官"之意，如明代胡直撰《南富王氏续修族谱序》："今惟弼与余又同宧西川，荷丽泽有加焉。"① 郑继之曾任宁国知府、四川兵备副使，宁国府即吴地；墓志作者周嘉谟曾任四川副使，吴地任职或指其任南京户部尚书，故称"同宧吴蜀"。两人又先后官至吏部尚书，即所谓"历晋秉铨"。

何2. 接趔然者公归里

按，何文认为"趔"当作"翅"，字形辨析恰当；认为"然"当作"至"，则似有误。碑文"然"字较为清晰，不应认作"至"。且文句断作"接翅至者公归里"，不通。

此处"接翅"意同"接翼"，鸟儿翅膀相接，比喻关系亲密，当属上，"襟契之雅，不殊接翅"。"襟契"意指好友情谊，上下语义正合。"然者"有转折义，领起下文，言郑继之归乡后，见周嘉谟起色不佳，为其担忧。

何3. 余于辛酉余日过雍一晤

按，何文辨"余"为"除"，甚确，然释"除日"为"黄道吉日"则不妥。这里"除日"指年末最后一天，即除夕那一天。辛酉为天启元年（1621年），当年十二月癸酉初六日，周嘉谟在吏部尚书任上辞归②，故两人会面，当在除夕之日。

何5. 遂恪承而志之

按，何文认为范文"恪"字为误辨，当作"务"。然据拓文，字形作"恪"无误，"恪"有恭敬之意，不必曲解。

前文"而余固素所□□者"一语，"者"前二字不清，范文未释，何文推断为"关垂"，于文义稍有不妥。细辨拓文，当为"服膺"二字，意为佩服，指周嘉谟平时就很佩服郑继之。

何6. 以小旗从襄宪王封于襄

按，何文认为范文"小"字误，当作"系"，解释为"系属"。据拓文，"小"字形清晰，并非"系"字。"小旗"是明代军事机构卫所下属低级军官，《明史·职官志五》："所，千户所，正千户一人……所辖百户所凡十，共百户十人……总旗二十人，小旗百

---

① 胡直：《衡庐精舍藏稿》卷八，清《文渊阁四库全书》本。
② 《明熹宗实录》卷一七，天启元年十二月戊辰朔，"癸酉，吏部尚书周嘉谟陛辞"。

人。"① 据拓文，郑继之先人为合肥人，在正统初年，郑贵以小旗身份，随军护卫襄宪王到襄阳，占籍襄阳仪卫司。《嘉靖四十四年进士登科录》载："郑继之，贯湖广襄阳仪卫司。旗籍"②，与此相吻合。

何 8. 惟试忧食气

按，何文此处对文字辨析很是精当，"忧"当作"优"，"气"当作"饩"，然将其"食饩"的原因归为郑父教授学生、有名理学，则稍欠妥当。所谓"试优食饩"，指郑继之考试优等，成为廪膳生员，可以获得禄米。明代府县学生分为廪膳生员、增广生员和附学生员三等，"食廪者谓之廪膳生员"③，"食廪"即"食饩"。明顾起元撰《彭翼予先生七十序》："彭为望族，先生之负才也，磊落而英多，起家博士弟子，试高等，食饩，去而游成均。"④ 考试优等，才有机会成为廪膳生员。

何 12. 分校之后得人为盛治成

按，何文认为"为"当作"而"，失于武断，拓文"为"字清晰。且此处前后句点断有误，何文作"分校之后得人而盛治成，擢户部主政，舟次九江"。"得人而盛治成"一语不通。

前文说郑继之兴办学校，人文大启，这句当断成"分校之后，得人为盛"，意思是正式考试后该县录取了很多人，这是古籍中常见的说法。"治成"接下句，指郑继之把余干县治理得很好，故升任户部主事。"舟次九江"属下，是郑继之"大父告殂"的时间。

故此句当断为："分校之后，得人为盛。治成，擢户部主政。舟次九江，大父告殂"。

何 13. 充积蠹一，扫复监督，徐庚改收，本色便民

按，此处前后数句问题最为突出。"充"字拓文作"兑"，范文误释"充"字；何文又臆改"蠹一"为"器皿"，"收"为"牧"，前后文断为"服阕，补江西监，充积器皿，扫复监督，徐庚改牧，本色便民。夫公方归仕"，标点严重失误，导致文义不通。

"江西监"不词，范文理解为"江西道监察御史"，不符合当时官称习惯。实际为"江西监兑"，"监兑"属漕运事务，由户部主事担任。见《明史·食货志》："攒运则有御史、郎中，押运则有参政，监兑、理刑、管洪、管厂、管闸、管泉、监仓则有主事，清江、卫河有提举。"⑤ 可证漕运监兑、监仓都是户部主事的差使。明张学颜《万历会计

① 张廷玉等：《明史·职官志五》，中华书局 1974 年版，第 1873~1874 页。
② 天一阁博物院编《天一阁藏明代科举录选刊·登科录》之《嘉靖四十四年进士登科录》，宁波出版社 2006 年版，第 77 页。
③ 张廷玉等：《明史·选举志一》，中华书局 1974 年版，第 1687 页。
④ 顾起元《雪堂随笔》，明天启七年刻本，第 49 页。
⑤ 张廷玉等：《明史·食货志三·漕运》，中华书局 1974 年版，第 1922 页。

录》对此类差遣有更为准确的记录："题差一年一代：……苏松监兑主事一员○江西监兑主事一员○湖广监兑主事一员。"① 胡克诚对此有较为系统的研究②，可以参考。

"庾"指储存水路转运粮食的仓库，"徐庾"即设在徐州的粮仓，"监督徐庾"就是监徐州仓。明张学颜《万历会计录》亦载："题差三年一代：……○德州仓主事一员○临清仓主事一员○徐州仓主事一员○天津仓主事一员。"③ 郑继之以户部主事任江西监兑之后，改监督徐州粮仓。清刘庠《（同治）徐州府志》："郑继之，湖广襄阳人，万历初为户部分司主事。"④ 可证郑继之是以户部主事管徐州粮仓的。

"本色"是赋税的一种，"于是谓米麦为本色，而诸折纳税粮者，谓之折色"⑤。"夫"字当属上，"民夫"指转运税粮的百姓。此句是说郑继之在徐州改变收税方式，只收本色，方便了百姓。

综上，此数句当断为"服阙，补江西监兑，积蠹一扫。复监督徐庾，改收本色，便民夫"。

何14. 夫公方□仕，数载而德政□洽，筹划□明生平，公辅之勋已□□于此

按，此处拓文多处模糊不清，何文进行了考辨，多数精当，唯"通洽"一词稍显不足，点断也不够准确。

"通洽"一般指做学问，拓文字形似"渝"，"沦洽"则常见于称赞施政惠民，如明张邦纪撰《观察南亭边公予告归里序》："公曾两任毗陵，实余父母之邦也。深仁厚泽，沦洽士民。"⑥"德政沦洽"的用例也有，如明朱燮元撰《议留升任将领疏》："周都阃清廉博爱，德政沦洽人心；硕抱宏猷，功业昭著西土。"⑦

故此句当补校为："公方归仕数载，而德政沦洽，筹划播明，生平公辅之勋，已耀兴于此"。

何15. 公失正不阿，务在抑强杜□，养士安民，正僚属以同□

按，两处阙文何文辨"倅""道"甚确，然"失正不阿"不可解，"失"字拓文中间一竖有明显加粗，似有改动，推测本为"矢"字，"矢，直也"（《广雅》）。"矢正不阿"即正直不枉法。

下文何文标点作："至不杀名士以从，时不庇墨属以彰。何宁人士，至今刻戴，祀颂不衰"，语义不通。"何"拓文实为"阿"，范、何皆失考。当断为"至不杀名士以从时，

① 张学颜：《万历会计录》卷三十三《本部职官》，明万历刻本，第22页。
② 胡克诚：《明代漕运监兑官制研究》，《古代文明》2016年第2期，第67~77页。
③ 张学颜：《万历会计录》卷三十三《本部职官》，明万历刻本，第22页。
④ 刘庠：《（同治）徐州府志》卷二十一下《宦绩传·明·郑继之传》，清同治十三年刻本，第4页。
⑤ 张廷玉等：《明史·食货志二·赋役》，中华书局1974年版，第1895页。
⑥ 张邦纪：《张文忠公遗集》卷四《观察南亭边公予告归里序》，明崇祯十七年刻本，第20页。
⑦ 朱燮元：《督蜀疏草》卷九《议留升任将领疏》，清康熙五十九年朱人龙刻本，第57页。

不庇墨属以彰阿。宁人士至今刻戴，祀颂不衰"。指郑继之任宁国知府的作为，不杀名士以顺应民意，也不包庇贪官徇私枉法，宁国当地人士对郑感恩戴德，设祠颂扬。

何18. 公以亲老子幼之归

按，此处何文辨"之"为"乞"，正确，但所涉上下文的标点有误，何文："公以亲老子幼乞归，侍养后太母，下世哀毁，终礼摔服。竟不赴部当路，钦公特起江西副宪，再拜大参。"其中"侍养后太母""竟不赴部当路"数语皆为不通。

当作"无何，而公配朱夫人讣至，公以亲老子幼乞归侍养。后太母下世，哀毁终礼。摔服，竟不赴部。当路钦公，特起江西副宪"。

郑继之妻子亡故，家中老母无人供养，请求回家侍奉赡养老母。后来母亲去世，郑继之依礼守孝。"摔服"意同"服阕"，守孝期满，脱下丧服。郑继之守孝期满之后，本当去吏部报到，但他没去。"当路"即当道，执政大臣，"钦公"意为钦佩郑公。执政大臣认为郑是孝心醇厚，淡泊名利，所以不出来做官。

何19. 其间理党抑感其树，筑城垣，收横□，丰功懿铄，其格天而动物□

按，此处拓文缺泐严重，范文、何文所释难通。何文认为"树"应作"澍"，"其间理党抑感其澍"一语，尤为费解。拓文模糊不清，字形难以辨清，不过从语义上推测，此当言郑继之在江西副使、参政任上的作为，因资料不足，待考。

何20. 复拜南太仆大理卿，旋政大理卿……四大党遂，致九年不迁

按，此处何文考"政"为"改"，甚是；然辨"党"为"当"则不确，"黨"与"當"形似，范文可取。

何文断为："会以严斥，四大当遂，致九年不迁，而公意坦如也"。前二句语义不通。当作"会以严斥四大党，遂致九年不迁，而公意坦如也"。万历中党争激烈，东林党和秦、齐、楚、浙等六大党派，利用京察的机会罢斥对方①，郑继之明哲保身，担任大理寺卿九年。

接下何文校释为："妖书之变，龙芷？沈公，明龙郭公皆籍公力得全楚。赫狱未决，公直排廷议，拟减大辟，允称上旨，而公之望愈隆且重矣"。

按，"龙"字下拓文泐甚，何文推断为"芷"，实当作"江"，"龙江"是沈公（沈鲤）的号。"赫狱"不可解，"赫"字拓文形似"某"，为避讳字，"楚某狱"当指楚藩王华奎身份真伪一案，史书亦称"楚狱"，事见《明史·楚昭王桢传附》②。万历中"妖书之变"，沈鲤（号龙江）、郭正域（号明龙）均受到牵连，事见《明史》卷二百十七《沈鲤传》、卷二百二十六《郭正域传》。"得全楚"不通，当断为"得全。楚（接下）"，

① 参见任昉：《明末的党争与"三案"》，《文史知识》1994年第1期，第18~25页。
② 张廷玉等：《明史·诸王列传一》，中华书局1974年版，第3572~3573页。

前句言郑继之保全沈公和郭公，后句言郑继之妥善处理楚狱，其审理结果符合皇帝的意图。

故此数句当点断为："妖书之变，龙江沈公、明龙郭公皆籍公力得全。楚某狱未决，公直排廷议，拟减大辟，允称上旨，而公之望愈隆且重矣"。

何24. 先疏十数……所抒□乞……故上皆荷传……□传归里焉

按，何文此句校补为："其小心寅畏，爱惜人才，类如此后。先疏十数，上靡匪丹赤，所抒即乞，归疏亦十。故上皆荷传，谕勉留后，情词愈迫，迺获如请，发传归里焉"，多处不通。

"故"字误，字形可辨析为"数"；"发"字亦误，据拓文为"乘"字。此句当断为："其小心寅畏，爱惜人才类如此。后先疏十数上，靡匪丹赤所抒。即乞归，疏亦十数上，皆荷传谕勉留。后情词愈迫，乃获如请，乘传归里焉"。前两句说郑继之在吏部尚书任上，爱惜人才，先后上疏十余封，都是内心忠诚的表达（"靡匪丹赤所抒"）。后两句说郑继之乞求退休，也写了十余封奏疏，皇帝传令留任，后来乞归疏的言词愈加迫切，才获得批准。"乘传归里"指乘坐驿站的车马归乡，这是皇帝对退休大臣的恩赐。

何25. 家居日惟北望，卸戴杜门

按，此处前后何文校释作："公秉铨四载，两」锡（赐）少保，齐予甚隆。家居日惟北望，御戴杜门，静摄已耳"。范文释"齐"当误，何文失察，拓文作"齎"，简化作"赍"，有赏赐、赠给之义，"赍予甚隆"指皇帝对郑继之的赏赐很多。后一句当断为："家居，日惟北望御戴，杜门静摄已耳"。

何27. 公□历中外五十余年

按，何文考阙文作"亲"字，误，拓文字形作"敭"，是"扬"的异体字。"扬历"指历官，是明代传记文体中常见词，如前文所引《观察南亭边公予告归里序》中有"以名进士起家，扬历南北畿三十余载"之语[1]。

下文"猗欤体哉，易簀先日。忽呼都事，及诸孙媳，罗拜膝下，谕以永守家法，无忝先人，两语语」毕，正襟而逝"数句标点稍有不当处。"易簀先日"当属下，"易簀"是临终的别称，用《礼记·檀弓上》曾子易簀的典故。且"体"字当作"休"，"猗欤休哉"是古代表示赞扬的客套话。故本句当作"猗欤休哉！易簀先日，忽呼都事及诸孙媳，罗拜膝下，谕以'永守家法，无忝先人'两语，语毕，正襟而逝"。

此外，（1）范文、何文释"闷省报"，不通。"闷"拓文实为"阅"，周嘉谟是通过阅读省报，得知郑继之去世的消息。（2）"俱朴聘林氏出"不通。"聘"指订婚，尚未过门，不可能生这么多孩子。"聘"拓文实际为"媵"，即妾，范文误释，何文未察。郑继

① 张邦纪：《张文烈公遗集》卷四《观察南亭边公予告归里序》，明崇祯十七年刻本，第19页。

之的四个孙子都是抱朴所生，抱朴正房为王氏，林氏是小妾。范文所附吕氏墓志载作"朴媵林氏出"，可证。

其余标点疏误，限于篇幅，不一一赘举。以下笔者对墓志重加点断，范文、何文所误释文字径作改正，存疑者则以□代替，以免误导读者。

明光禄大夫太子太保吏部尚书郑公墓志铭

余与古雍郑公有梓里谊，同宦吴蜀，历晋秉铨，亦称先后，襟契之雅，不殊接翅。然者公归里，余于辛酉除日过雍一晤，已为公抱桑榆忧。越两载，阅省报，知公已下世。其子都事持状而征志于余。余不禁惨悸，因掩泣叹曰："伟哉，郑公之行也。"朝有清议，乡有公评。即征若嗣行略，而余固素所服膺者，敢以不文辞？遂恪承而志之。

公讳继之，字伯孝，别号鸣岘。其先合肥人。正统初，始祖讳贵者，以小旗从襄宪王封于襄，乃占籍仪卫司，因家焉。高大父讳镛，曾大父讳玺，俱隐德不仕。大父讳时中，领岁荐，缘公贵，三世累封皆如其官。大母陈太恭人，今赠一品夫人，以贞淑闻，感贵兆生公。

龀时颖敏绝伦，十七补郡诸生。时大父设绛训徒，蜚声理学，公独得其渊源。甘贫下，惟试优食饩。辛酉以《诗》举于乡，乙丑成进士，授余干令，捐赎绝蝇，清讼均徭，与余民以休息。且简士慕艺，而人文大启，分校之后，得人为盛。治成，擢户部主政。舟次九江，大父告殂，公哀毁几绝，物志俱殚。一官俸薪，仅瞻大事，则公之廉可知已。服阕，补江西监兑，积蠹一扫。复监督徐庚，改收本色，便民夫。公方归仕数载，而德政沦洽，筹划播明，生平公辅之勋，已耀兴于此。未几，擢守宁国。属权相专柄，公矢正不阿，务在抑强杜俸，养士安民，正僚属以同道。其治宣州之绩，不逊渤海颖川之美。至不杀名士以从时，不庇墨属以彰阿。宁人士至今刻戴，祀颂不衰。缘忤宁权要，故有备兵威茂之转。然廉察激乱，武弁约以无事为功，其靖边州也，犹其靖宣州也。

无何，而公配朱夫人讣至，公以亲老子幼乞归侍养。后太母下世，哀毁终礼。摔服，竟不赴部。当路钦公，特起江西副宪，再拜大参。其间理□□感其澍，筑城垣，攻横□，丰功懿铄，其格天而动物者也。寻擢太仆、太常少卿，继晋右通政，复拜南太仆、大理卿，旋改大理卿。刑狱明允，天下称平。会以严斥四大党，遂致九年不迁，而公意坦如也。公性推诚爱物，不稍纬繣。妖书之变，龙江沈公、明龙郭公皆籍公力得全。楚某狱未决，公直排廷议，拟减大辟，允称上旨，而公之望愈隆且重矣。三考，始拜南司徒，改南冢宰，寻改大冢宰，凡四辞始赴，时年已八十，自矢以身殉国。利害是非，皆所不避。惟秉公抑俸，以进贤、退不肖为己任，故甄别精核，疏滞拔幽，诸大老名贤，蝉联鸳鹭。京外两察，持慎谨汰，合众论以完大典。公尝曰："宁漏勿错。"其小心寅畏，爱惜人才，类如此。后先疏十数上，靡匪丹赤所抒。即乞归，疏亦十数上，皆荷传谕勉留。后情词愈迫，乃获如请，乘传归里焉。公秉铨四载，两锡少保，赉予甚隆。

家居，日惟北望御戴，杜门静摄已耳。公生平简淡俭质，无所嗜好。大父遗书而外，仅图书数笥而已。公著有《四书集说》《毛诗讲义》等书，故理脉精明，典章熟谙，所在讦谋远猷，媲美迨哲，虽家学之渊源有自，而亦深造之所得无穷也。大都至孝征于奉祀，纪忠见于累官，天伦允植，节义亶敷，宁直恤族，联戚信友，教子之为，兢兢已也。公扬历中外五十余年，伟绩在宗社，典刑在家国。葬祭之荣，永光壤土。狝欤休哉！易箦先日，忽呼都事及诸孙媳，罗拜膝下，谕以"永守家法，无忝先人"两语。语毕，正襟而逝，时天启癸亥十月十九日酉时也，距其生嘉靖乙未十二月初四日戌时，得年八十有九。

元配胡氏，处士琛女。继李氏，知县大晓女；朱氏，知县胡相女。俱累赠一品夫人。侧室吕氏、鲁氏。子三：长抱一，朱出，娶王氏，举人民皋女；继田氏，诸生萱女。仲抱朴，娶王氏，教谕社宁女。俱先公卒。季抱素，即都事也，娶龙氏，贡生图女。朴、素俱吕出。女一，鲁出，适诸生沈得仁。孙四：仪韩，娶王氏，给事中维周女；仪范，娶吴氏，诸生国忠女；仪富，聘汪氏，诸生绍汤女；仪欧，聘孙氏，诸生世俊女。俱朴媵林氏出。孙女九：朴出五，长适应袭陈世显，次适应袭陈文纪，次适黄道方，次未聘，次聘朱；素出四，长适欧阳征泰，知府照子，次聘应袭鲁世延，次聘康尔寿，次未聘。曾孙一宪，仪韩出。都事卜以辛之年十二月十一日巳时负壬抱丙，葬于凤凰山之原。是为志，而敬附之以铭。

铭曰：楚有名郡，维曰襄阳。地灵毓秀，公实全昌。韵宇沉静，精具伟良。宪彼西土，式是南方。天乡太宰，均此家邦。太和元气，日耀月光。功成身退，迹悔声彰。浦轮行召，箕尾条襄。永言耆旧，格举仪章。其生也荣，其死也芳。世德家祚，於昭无疆。铭兹幽室，刚彼奕常。

赐进士第、光禄大夫、太子太保、吏部尚书、南京户部尚书景陵乡侍弟周嘉谟顿首拜撰。

赐进士第、资善大夫、户部尚书、前户部左侍郎、通政司通政使司①同郡乡侍教生陈大道篆。

赐进士及第、翰林院编修、文林郎江夏门生贺逢圣书。

天启三年岁在癸亥十有二月十一日，不肖男抱素泣血稽颡刻石。

(作者单位：江西师范大学文学院)

---

① 按，拓文"通政司通政使司"中最后一个"司"字当为衍文，"通政司"全称叫"通政使司"，"通政使"是其长官。

鄂南古瑶文化的形成与"垒石"遗存

□ 刘进清 赵 峻

【摘要】鄂南通城药姑山古瑶文化的形成与"三苗"有着历史的渊源，元明时期瑶族先民逼迫往南迁徙，主要原因就是战争与官府税赋，现今药姑山还留有瑶族先民大量的"垒石遗存"，具有很高的历史价值和文化价值。
【关键词】鄂南；古瑶文化；"垒石"遗存

对瑶族千家峒问题的关注一直是瑶学最热门的研究课题之一，鄂南通城药姑山尽管在2014年就被国家相关部门及专家认定为"瑶族先民早期千家峒"，是我国瑶族最早的发源地之一，但相关的研究成果却不多。目前主要成果有鄢维新先生的《通城古瑶文化概述》一文，收录于长江出版社2015年出版的《古瑶文化遗存实录》，文章以全景式的方式介绍了通城古瑶文化的形成原因及古瑶文化的遗存现状，具有概述的性质；另外，杨衍秋的《幕阜山瑶民文化研究》，万默、胡明霞的《三苗探源》，易三根的《瑶族"调盘王"与楚地"淫祀"别解》等三篇文章从田野调查的角度对古瑶文化的形成与特征进行了一般性整理介绍，相关研究还需要作进一步的理论探讨。因此，对鄂南药姑山古瑶文化的关注与研究，有必要对古瑶文化形成的渊源与"垒石文化"遗存进行重新考察与审视。

一、鄂南古瑶文化与"三苗"的渊源

很多学者认为，今天的苗族、瑶族与"三苗"有历史的渊源关系，鄂南古瑶文化的形成与"三苗"有不可分割的联系。"三苗"是传说中的黄帝至尧、舜、禹时代的一个古老民族，蚩尤也是这一时代的著名部落首领，这个势力强大的部落主要活动在黄河下游与长江中下游流域一带，他与华夏族的炎黄二位部落首领都是同时代人。当时，活动在陕甘地区黄土高原上的炎帝部落和黄帝部落，在今河北、山东一带与蚩尤部落发生了激烈的战争，以炎帝失败而告终。后蚩尤又与东下的黄帝部落城下结盟，蚩尤曾俯首黄帝，后又分道决裂，在涿鹿一带发生了激战，由于炎黄二帝联手作战，最终蚩尤战败。蚩尤部落被炎黄部落击败后，在夏商周时期分化出三苗部落。现学术界普遍认为，历史上苗瑶同源，蚩指苗族先民部落，尤为瑶族先民部落。《尚书》中早就有对"三苗"的相关记载，《尚书·舜典》云："流共工于幽州，放驩兜于崇山，窜三苗于三危，殛鲧于羽山，四罪而天下咸服。"[1]《吕氏春秋》则有关于"苗民"的说法，如《吕氏春秋·召类篇》谓"尧战于丹水之浦，以服南蛮；舜却苗民更易其俗"[2]。《墨子·兼爱下》引《禹誓》曰："济济有众，咸听朕言。非惟小子，敢行称乱。蠢兹有苗，用天之罚。若予即率尔群封诸群，以征有苗。"[3]

因战争与生存空间等原因，"三苗"开始了漫长的迁徙。距今 4000 多年以前，在"三苗"部落漫长的迁徙过程中，与以尧、舜、禹为首领的北方部落为了争夺地盘进行了长期无数次的战争，最后以禹征三苗而告终。三苗战败后，逐渐式微，作为一个族群实际已经瓦解，"三苗""有苗""苗民"等称呼消失不见。除有一部分三苗部落成员被臣服外，另一部分遗裔仍继续南迁繁衍。据史书记载，三苗部落最初的活动区域在中原南部，到尧帝时期，"三苗在江淮、荆州"，后"三苗"逐渐向西南（贵州、云南、广西）迁徙，也有部分向南方及东南方向迁徙，郭璞在注《山海经·海外南经》中指出："昔尧以天下让舜，三苗之君非之，帝杀之，有苗之民，叛入南海，为三苗国"[4]。

根据文献记载，鄂南药姑山所在的鄂南地区，古代是"三苗"的疆域。《战国策·魏策一》载吴起说："昔者三苗之居，左彭蠡之波，右有洞庭之水，文山在其南，而衡山在其北。"[5]"彭蠡"在今之江西鄱阳湖，"洞庭"即今之湖南洞庭湖。《史记·吴起列传》里说："昔三苗氏，左洞庭（今湖南洞庭湖），右彭蠡（今江西鄱阳湖），德义不修，禹灭之。"[6] 据《史记·五帝本纪》正义解释："以天子在北，故洞庭在西为左，彭蠡在东为右。"[7] 元黄镇成《尚书通考》记载："三苗之国，左洞庭，右彭蠡，今江州、鄂州、岳州三苗之地也。"[8] 鄂南正是古鄂州的一部分，当时的龙窖山属巴陵，又在洞庭湖的东岸，是"三苗国"的中心地带。

周时，当时的龙窖山属于古荆州，从春秋战国时期迁徙到幕阜山脉的荆蛮就在这一区域活动——"蛮"是中原华夏集团对南方民族、部落的泛称。秦汉时，龙窖山属长沙郡，当时长沙郡的盘瓠蛮、长沙蛮、武陵蛮都非常活跃。在先秦时期，在荆蛮活动的区域内楚人势力不断壮大，建立了楚国，部分荆蛮逐渐融为楚民，另一部分则继续向西向南迁徙，形成了后来在长沙一带活动的长沙武陵蛮和零陵蛮——在今湘江、资江、沅江流域和洞庭

① 孔颖达：《尚书正义》卷三，《十三经注疏》，中华书局 1980 年版，第 128 页。
② 《吕氏春秋》，中华书局 2007 年版，第 36 页。
③ 《墨子》卷四，《景印文渊阁四库全书》第 848 册，台湾"商务印书馆"1985 年版，第 52 页。
④ 郭璞注：《山海经》卷六，《景印文渊阁四库全书》第 1042 册，台湾"商务印书馆"1985 年版，第 54 页。
⑤ 高诱注：《战国策》卷二十二，《景印文渊阁四库全书》第 406 册，台湾"商务印书馆"1984 年版，第 388 页。
⑥ 《史记·吴起列传》，《景印文渊阁四库全书》第 244 册，台湾"商务印书馆"1984 年版，第 367 页。
⑦ 《史记·五帝本纪》，三联书店 2012 年版，第 3 页。
⑧ 蒋廷锡：《尚书地理今释》，《景印文渊阁四库全书》第 68 册，台湾"商务印书馆"1983 年版，第 220 页。

湖流域一带居住的少数民族。据记载，长沙武陵蛮与瑶族的关系最为密切。到三国时，龙窖山又属吴，时有瑶族先民由人君长降吴。两晋时，龙窖山属湘州，境内有瑶族先民湘州蛮。南北朝至隋唐，龙窖山属长沙郡，境内有瑶族先民莫徭。在唐代杜甫的诗中就有洞庭湖畔"莫徭"的称谓，而通城离古洞庭仅 100 余公里。在唐末元和年间，湖湘一带出现了独立的少数民族——徭。唐朝宰相李吉甫在《元和郡县图志》书中写道："谭州，春秋时黔中地，楚中南境……自汉至晋并属荆州，怀帝（晋）分荆湘中诸郡置湘州，南以五岭为界，北以洞庭湖为界。汉晋以来亦为重镇。今按其俗，杂有夷人名徭。"在宋代，龙窖山已是古瑶民主要居住地之一。宋人范致明在《岳阳风土记·临湘篇》中写道："龙窖山在县（临湘）东南，接鄂州崇阳县雷家洞，石门洞，山极深远，其间居民谓之鸟乡，语言侏离，以耕畲为业，非市盐茶不入城，市邑无贡赋，盖山徭人也。"[1] "瑶本盘瓠之种，产于湖广溪峒间，即古长沙、黔中、五溪之蛮是也。其后，生息繁衍，南接二广，在引巴蜀，绵亘数千里。椎髻跣足，衣斑斓布褐，各自以远近为伍。刀耕火种，食尽一山，即移一山。"[2] 瑶族著名的《十二姓瑶人游天下》唱道：瑶人出世武昌府，龙窖山上好种田。通城在明代隶属武昌府管辖，而关于瑶族的记载却在隋唐时期，所以通城不仅是目前被证实的瑶族分布最北的一个区域，也是瑶族最早的居住地。

历史上的龙窖山如今已更名为药姑山，因明朝李时珍常到此山来采药，清代又传有李氏三姐妹采药成仙的故事，故改名为药姑山。药姑山位于今湖北省通城县西北方向，总面积约 200 平方千米，主峰海拔有 1260 多米，属于幕阜山脉，蜿蜒的山脉就像一条自然高耸的城墙，横贯湘鄂赣三省五县，坐镇江南。药姑山由 11 座山峰、10 道秀岭、7 个山尖组成，这里山高林密，地势险峻，水柴丰盈，是古瑶民栖身的理想千家峒。至今药姑山仍有瑶族后裔存在，他们仍保持着对瑶族文化的信仰，祭祀盘王，跳瑶族拍打舞，流传有瑶族的历史故事；在药姑山还发掘出不少古瑶的历史文物，包括生活遗址、器具等。

二、鄂南古瑶民往南迁徙的原因

根据我国相关文献记载的瑶族从北往南、从东往西的迁徙史，证实鄂南药姑山是瑶族最早的居住地，在元明时期迁往湖南。经过考证，药姑山的瑶族先民被迫离开林密物盛的药姑山而选择更为艰难的往南迁徙，主要原因就是战争与官府税赋。

自古以来瑶民"历政不宾服"，历代封建统治阶级一直把瑶族当作"化外之民"看待，在瑶族世袭相传的口训中就有"先有瑶、后有朝"的说法，汉族先王发给他们的"护身符"——"评皇券牒"，也写有"准令王瑶子孙所居青山冲岭、田园荒坡、刀耕火种山源水口田地"，"离田三尺，戽水一丈"[3]，瑶族先民们在药姑山自耕自种，无需贡税。但在明朝建立后，朱元璋进行人口普查，土地丈量，均平赋役。当时鄂南药姑山一带除了瑶茶被列为贡品外，还承担赋役人均近一石粮，这对于一直以自给自足的山地经济为

---

① 范致明：《岳阳风土记》，《景印文渊阁四库全书》第 589 册，台湾"商务印书馆"1984 年版，第 124 页。

② 冯金陵主编：《古瑶文化遗存实录》，长江出版社 2016 年版，第 20 页。

③ 冯金陵主编：《古瑶文化遗存实录》，长江出版社 2016 年版，第 20 页。

主、不缴纳贡赋的瑶族先民来说,自然承受不了,过重的税赋必然会逼迫他们与官府进行抗争,但"均平赋役"的赋役政策使得瑶民同其他族群一样,必须承担赋役,如有瑶民抗赋,必遭官府更为严厉的打击与重罚。根据《明史》记载,自洪武五年至洪武三十一年,"征蛮"与"讨蛮"事件就有三十三起。最后,瑶民因无法抵抗,被逼迫南迁而寻找新的"千家峒","入山唯恐不深,入林唯恐不密"。

通城民间吴廉家里珍藏有《吴氏宗谱》,该宗谱上记载有通城吴姓庚陂门这一脉系的祖公吴六二和吴六六,受南宋皇帝之命,从湖南平江赶赴湖北通城平息瑶袭事件。根据《吴氏宗谱》中记载,南宋杨幺起义洗劫两湖时,诱使长宝、衡阳、永州、郴州四地的瑶民来帮助。等到吴彪等跟随岳飞平定杨幺叛乱,以上瑶民流窜到湖北、湖南岳阳山谷之间。同时,又有逃避徭役的汉人,也逃匿其中,时而出来劫掠。当地官府认为瑶民平日慑服于吴六二,所以奏请皇帝让吴六二世袭千长这一职官。由此,吴六二由湖南迁徙到通城,担任钤辖职官。待吴六二去世后,因为他的儿子庸下懦怯,吴六六因袭千长之职,继续治理苗徭,继续担任钤辖职官。让能力强的苗徭及汉人担任隘长,隘长任命其所管辖的苗徭中那些能服众的人为洞长……汉民战胜瑶民后,强迫山瑶每年贡赋:每苗瑶丁米二升。从南宋至明清时期,十六石米贡赋是古时征瑶时所遗留,一直未变。[①]《吴氏宗谱》的记载与同治时期《通城县志》记载的时间不谋而合,是古瑶在通城一带活动的有力证据。

《湖北通史》也有记载,建武二十三年(47年)瑶族首领带领瑶民反抗东汉统治,东汉王朝命刘尚将军率兵讨伐,但因轻敌而讨伐失败。建武二十四年,瑶民攻打临沅,东汉王朝派李嵩、马成率兵攻打瑶民,却久攻不能克。于是老将马援主动请行挂帅,率领马武、耿舒等将,从郡调集4万余人马紧急赶赴驰援曾停驻下隽。[②] 这与清朝同治时期《通城县志》记载的"马援征蛮兵屯下隽洪上等处"史实相符。《岳阳市军事志》也有记载:"建武二十五年,新息侯马援率四万人征讨五溪蛮,屯军下隽,筑巴丘阁(在今岳阳楼一带)。"[③] 历史上的下隽县,在今长江以南、洞庭湖以东的区域,汉高祖六年开始设置,辖巴陵、今鄂南通城县及崇阳县的部分区域,隶属长沙国。下隽县所辖区域的通城县城至药姑山只有40里地,当年马援率兵4万停驻下隽,显然是为了进入药姑山"讨蛮"。

西晋义阳(今河南新野地区)的张昌,因好武善战,年轻时曾为河南平氏县吏。据《辞海》记载,义阳蛮族张昌在西晋太安二年(303年)起义,被陶侃平息后进入通城县(下隽)山中,并于次年被害身亡。[④]《湖北通史》也有记载,张昌是出身于蛮族的县吏。南蛮长史陶侃打败张昌起义军,张昌逃至下隽山,次年永兴元年秋被俘处死。[⑤]《通城县志》的《战事》对此历史亦有记载,张昌于晋惠帝太安二年在安陆石岩山聚众起义,起义一路高歌猛进,夺取了荆、江、涂、扬、豫五州。刘弘将军奉晋惠帝之命前往讨伐,在竟陵将张昌打败,张昌及残余起义军逃至下隽。同年8月,刘弘命陶侃对张昌及残余部队

---

① 通城《吴氏宗谱》(民间收藏)。

② 章开沅、张正明、罗福慧主编:《湖北通史》,华中师范大学出版社1999年版。

③ 通城县志编委会:《通城县志》,湖北科学出版社2015年版。

④ 夏征农主编:《辞海》,上海辞书出版社1999年版。

⑤ 章开沅、张正明、罗福慧主编:《湖北通史》,华中师范大学出版社1999年版。

继续追击，张昌于清水塘彻底战败被杀。① 清朝乾隆年间的《崇阳县志》对此起义也有记载："摩旗峰，西五十五里，龙窖山支，相传有红花太子结磊山上，被困而死，其墓曰红花坛。"② 张昌作为义军首领，当年近四万的兵力可谓威震四方，在战败之前他的义军队伍已在药姑山居住达一年之久，战败后一部分士兵成了当地居民，脱离战争后隐姓埋名的部分瑶民与当地汉人的生活习俗已自然地杂糅在一起了。

另外，药姑山耕地贫瘠与逐年的减少也是药姑山古瑶民南迁的另一个重要原因。从历史上看，瑶族是个迁徙频繁的山地游耕民族，刀耕火种的山地游耕农业对自然资源的破坏很大，地力耗尽，收成也越来越难以满足人口增加的需求，"食尽一山，则移一山"也决定了他们每到一个地方只能住三年五载，然后迁徙到另一个山地垦荒耕种。另外，自然灾害与疾病的侵袭也是药姑山古瑶先民迁徙的原因之一，瑶族是个以自然崇拜为主的民族，凡村落疾病流行或发生自然灾害，瑶民会认为是神灵显灵，因果报应，需将村落迁徙。

从相关史料的记载来看，鄂南药姑山古瑶民居的形成在东汉以前，特别是到了西晋时期张昌统领的近四万大军，由于战败有部分义军躲过战祸而留在此地，使得药姑山一带的人口增加不少。药姑山约200平方千米的深山密林，有一夫当关万夫莫开的天然屏障，丰富的食物资源与药物资源完全可以满足古瑶民们自耕而食、自织而衣的世外桃源生活，药姑山是古瑶民栖身的理想家园——千家峒。但历代统治者的"平蛮""讨蛮"以及沉重的瑶赋，又逼迫他们南迁。相关文献的记载，大概还原了鄂南药姑山古瑶文化的形成及南迁的历史路径。

三、鄂南古瑶文化的"垒石"遗存

药姑山留有大量的各类文化遗产，其中瑶族石屋、石井、石坟、石祭祀台、石神庙、石门、石街、石桥等瑶族先民的生活遗迹和原始石群文化遗址，形成了非常独特族群记忆的"垒石文化"。笔者曾随相关专家及当地文化工作者，多次赴药姑山进行实地考察，据不完全统计，药姑山目前有垒石屋场近两百个，石水渠二十多公里长，被石头垒成的道路长四十多公里，石井一千三百多个。这些"垒石遗存"散见于药姑山及周边地区。

（一）石屋

石屋及其变迁显示瑶族是一个居住在山上的民族，在海拔800米以上的山顶和山腰星罗密布地分布着瑶族大大小小的村落。有史籍记载，瑶族"居室不善平地，维利高山"，"依山而庐"。古代瑶族先民，由于社会生产力低下，主要以洞穴为居所。《后汉书·南蛮西南夷列传》记载，瑶族先民盘瓠负高辛氏之女，"走入南山，止石室中"③。瑶民利用天然的岩洞作为栖息之所，但是能作为居住的岩洞毕竟有限，瑶民们便寻找一些岩缝再进行处理、改造。据统计在药姑山一带有15个石屋村落，其中12个在湖南临湘，2个在湖北崇阳，1个在湖北通城。石屋一般都分布在海拔600米以上的山顶或山腰，如徐家屋场

---

① 通城县志编委会：《通城县志》，湖北科学出版社2015年版。
② 崇阳县志编委会：《崇阳县志》，武汉大学出版社1991年版。
③ 玉时阶：《瑶族文化变迁》，民族出版社2005年版，第49页。

是石屋村落最多的地方，有 5 间石屋；石屋也有建在原始森林之中的，如有 10 间屋的畲家山乌鸦尖。石屋的构建非常古老而原始，它们的大小和结构基本上都是一致的，一般墙高 1.5~1.7 米，墙宽 0.5~0.6 米，面积一般约 10 平方米。墙体由石片堆砌，无窗，石片都是天然形成，无后天打磨，而且石片之间不进行灌浆堵塞，屋顶由石片或瓦片进行覆盖。这些石屋虽然简陋，但毕竟是瑶民们赖以生存的栖息之所，可以在一定程度上避风挡雨，躲避野兽的袭击，但对于大雪封山、山洪暴发等重大地质灾害，瑶民们便措手无策，于是开始了向山下迁居。据传"有一年冰雪封山四十九天，相邻屋场间瑶民相望但不能相聚，都被冰雪困在家中无法出门，有的人家火种熄了，没办法生火，就拿生红薯充饥……"① 瑶民们纷纷离开石屋子从山腰搬到冲槽，在山脚下的平坦溪旁居住，建起了可供人居住的吊脚楼——瑶民就地取材在几棵树上建起可供人居住的小木屋。石圹寨原本有 48 座吊脚楼，在抗战时期被日军炸毁，现在虽然都只剩下残迹，但仍可见吊脚楼的墙角还是用石块堆砌，墙体改用竹枝与树枝构成。有些专家认为，瑶族的吊脚楼是在江汉浒的窝棚式建筑的基础上发展起来的，这说明鄂南药姑山是瑶民进入湖南之前的聚居地，而且也说明了鄂南药姑山的瑶民与江汉之浒的沮漳蛮、沔中蛮、山蛮、左人一脉相承。在药姑山一带还发现了土墙屋基，这种土墙是由河沙、黄沙和石灰混合而成，这说明瑶民的居住条件进一步得到了改善。随着历史的变迁和经济社会的发展，瑶民的居处历经了石屋到吊脚楼，再到土墙屋的发展过程。

（二）石神庙、石神台与石坟

石神庙是瑶民们用来祭祀的场所，而这些庙也都是用石片垒砌而成的。这些石神庙建在远离石屋荒野的大树底下，建造类似于石屋，庙口朝向东北方向。目前鄂南药姑山还残存有数十个石神庙，主要有乌鸦山尖石屋群中央石堆上的石神庙，牛形颈废弃石屋边的小石庙，艾家坦石屋旁边的小石庙，徐家屋石屋群前面的小石庙，易家屋场的石神庙等。

石神台被瑶民们用来祭祀刻有狗头图案的图腾。专家在大风垮发掘出一块重量达三百多斤的石神台，该石神台是至今为止发现最为完整的石神台。这座石神台长 0.73 米，宽 0.35 米，高 0.59 米，台面刻有狗头图案，四周刻着虎爪图案。狗作为瑶民的图腾，跟瑶民居住在大山，靠狩猎为生分不开。因为狩猎离不开狗，狗为了保护瑶民经常与野兽搏斗，瑶民对狗非常崇拜。

另外，在龙窖山深山丛林中还发现了用小石块垒成的十六座石坟，这些坟墓非常原始而简陋，坟上无任何标记，这是瑶族部落最原始的石葬方式，也是当时瑶民们现实生活的写照。

鄂南药姑山一带发现的石神庙、石神台是瑶民祖先们用来祭祀的场所与器具，这是瑶族历史发展的真实写照，符合人类宗教发展的规律。著名的人类学家爱德华·泰勒在《原始文化》一书中说："许多部落将森林作为神圣崇拜的地方，是最为神圣的处所，唯一的庙宇。"②

---

① 冯金陵主编：《古瑶文化遗存实录》，长江出版社 2016 年版，第 145 页。
② 冯金陵主编：《古瑶文化遗存实录》，长江出版社 2016 年版，第 20 页。

（三）石桥、石门与石梯等

按《千家峒故事》和瑶族古籍，药姑山"千家峒沿河有十二个埠头"之说。在药姑山朱楼坡村，有一条长度大约为 1500 米的石街，石街用 4~5 米长的石块铺成，石街沿山溪而建，在山溪的两旁有用石块堆砌的约 10 米高的围墙，在石街周边有残存的民居屋，相传此处在宋朝时期是繁华的集市中心，异常热闹。在药姑山的入口处龙源河的河边小径上有一扇总石门，石门不高，只有 1 米左右，宽度也很窄，只够一人侧身通过。另外在村寨的入口处也建有石门，石门入口处砌有石阶。在小溪边也砌有石阶，方便居民下到溪边洗菜、洗衣。据调查统计：龙窖山现已发现带有石门残垣的村寨有朱楼坡、畲家山、漆坡、胡巴坑、竹铺沟、古圹、黄花山、梅池（以上在湖南境内）、殷家冲、李家门、桃花坡（以上在湖北境内）等十余处。除此之外，在药姑山还留下了大量的石梯、石桥、石井等古瑶垒石文化遗存。

药姑山的瑶民们采集石头砌屋、造街、砌石门、砌石梯等。这些垒石遗存传承了瑶族文化的精髓，而这些瑶文化与通城当地的吴楚文化融为一体，形成了鄂南药姑山独有的垒石文化。

综上所述，鄂南通城药姑山古瑶文化的形成与"三苗"有着历史渊源，元明时期药姑山的瑶族先民被迫向南迁徙，主要原因就是战争与官府税赋，瑶族先民们在药姑山大量的"垒石遗存"，是古老的瑶文化与吴楚文化相融合的独特文化样本。

鄂南药姑山作为瑶族的发源地，创造了悠久灿烂的古瑶文化，具有极高的历史与文化价值。对鄂南古瑶文化的进一步挖掘与保护还需进一步加强，这既是对古瑶文化的延续与传承，也是加快当地文化经济发展的重要途径。

（作者单位：武汉大学艺术学院、湖北科技学院音乐学院）

制度与思想

论朱元璋佛教管理的思想体系与制度建构

□ 龚 贤 高 林

【摘要】朱元璋佛教管理思想的发展，大致以洪武十四年六月礼部提出设置僧司衙门方案为界，分为两个阶段：第一阶段，他对佛教的管理总体上比较宽松，采取了一系列有利于佛教发展的政策措施；第二阶段，他加强对佛教管理的制度建设，设立各级僧司衙门，划分僧伽组织，规范各类僧人行为，完善度牒制度，强化僧籍管理等。朱元璋佛教管理思想的发展不仅与明初佛教的发展密切关联，也适应并体现了其专制权力的发展，还受到部分大臣、僧人的影响。

【关键词】朱元璋；佛教；管理

明太祖朱元璋与佛教关系密切，青年时曾出家为僧，即位后亦颇礼待佛教。其佛教管理思想有一个发展演变的过程，大致以洪武十四年（1381 年）六月礼部提出设置僧司衙门方案为界，分为两个阶段。

一、以提倡、促进为主的佛教管理（1368—1381 年）

洪武十四年六月礼部提出设置僧司衙门方案之前，朱元璋对佛教的管理，采取了一系列提倡、促进的措施，有利于佛教的进一步发展。

一是设立善世院，并高其品秩。洪武元年（1368 年）正月，朱元璋开善世院，秩视从二品，授僧觉原慧昙演梵善世利国崇教大禅师，"住持大天界寺，统诸山释教事"①。善世院设有统领、副统领、赞教、纪化等属官，负责甄选名刹住持，斥退不才者、冒充者。但是，朱元璋并未制定与善世院相配套的制度。洪武四年（1371 年）十二月他又下令"革僧道善世、玄教二院"②。直到洪武十五年（1382 年）正式建起僧官机构之前，并未建立健全的僧官管理机制，对僧伽事务的管理也顾及不多。盖缘于大明初创，朱元璋将

---

① 释明河：《补续高僧传》卷十四《觉原昙禅师传》。
② 《明太祖实录》卷七十。

其主要精力花在巩固政权和发展经济方面。善世院高品秩设立，主要体现了他对佛教的尊奉。

二是召请一些名僧到京讲论佛法。这段时期，朱元璋不时召请各地名僧来南京讲论佛法，汉传佛教各宗派名僧几乎齐集南京①，他对到京名僧颇为礼敬。东溟慧日"朱颜白眉，班居前列"，朱元璋"亲问升济沉冥之道"，"但以白眉呼之而不名"②；季潭宗泐"时见临幸，日有赐膳，尝和其诗，称为泐翁"③。据《大明高僧传》记载，朱元璋还屡召名僧入禁中，如祖你、慧日、大同等高僧都曾被召入，或赐宴，或备顾问。洪武三年（1370年），他特别召请了16位法师，馆于金陵大天界寺详论鬼神之事，诸法师援据经论，论析甚详。其间被称为明代"国初第一禅师"的楚石梵琦，预知时日，因缘示灭，使朱元璋及大学士宋濂等大为嗟叹（至仁《楚石和尚行状》）。④

三是多次举办弘佛法会，编集刊刻佛教经藏。明初，朱元璋"悯念四海兵争，将卒民庶多殁于非命，精爽无依"，认为"非佛世尊不足以度之"，故于洪武元年秋九月、洪武二年春三月，两度诏请江南名僧十余人，于蒋山禅寺举办隆重的超度法会，并率群臣向佛菩萨顶礼膜拜（宋濂《佛日普照慧辩禅师塔铭》）。⑤ 洪武五年（1372年）正月，朱元璋在蒋山太平兴国寺举办广荐法会，他"服皮弁，搢玉圭，上殿面大雄氏，行拜献礼者三"⑥。洪武五年（1372年），他"命四方名德沙门先点校藏经"⑦，开始组织力量点校、刻印藏经，到洪武三十一年（1398年），编成共收录佛典一千六百余部七千多卷的"洪武南藏"。他还亲著成《集注金刚经》，并多次下诏命天下僧人讲习《心经》《金刚经》《楞伽经》等佛教经典，对明代禅宗的发展起到了重要作用。

四是普给度牒，允许僧人自由传教。据《明太祖实录》，洪武五年十二月，"给僧道度牒：时天下僧尼、道士、女冠，凡五万七千二百余人，皆给度牒，以防伪滥。礼部言前代度牒之给，皆计名鬻钱以资国用，号免丁钱。诏罢之，着为令"⑧。同时放宽僧人的活动范围，着礼部通知："一切南北僧道，不论头陀人等、有道善人，但有愿归三宝，或受五戒、十戒、持戒、习学经典，明心见性……不率山林、城郭、乡落、村中，恁他结坛上座，拘集僧俗人等，日则讲经说教，化度一方，夜则取静修心。"⑨

五是封授、赏赐西藏地区上层僧人。西藏地区自唐代以来盛行藏传佛教，藏僧上层掌握了地方重要的行政权力。为了实现边疆稳定安宁，洪武初年，朱元璋遣使招谕藏区僧人，并封授、赏赐上层僧人。《明史》云："因其俗尚，用僧徒化导为善，乃遣使广行招谕。又遣陕西行省员外郎许允德使其地，令举元故官赴京授职。于是乌斯藏摄帝师喃加巴藏卜先遣使朝贡。（洪武）五年十二月至京。帝喜，赐红绮禅衣及鞋帽钱物。明年二月躬

① 何孝荣：《明代南京寺院研究》，中国社会科学出版社 2000 年版，第 190~223 页。
② 释如惺：《大明高僧传》卷三《杭州上天竺寺沙门释慧日传》。
③ 喻谦：《新续高僧传四集》卷二《明临安净慈寺沙门释宗泐传》。
④ 蕅益：《西斋净土诗》附录《楚石和尚行状》。
⑤ 蕅益：《西斋净土诗》附录《佛日普照慧辩禅师塔铭》。
⑥ 释明河：《补续高僧传》卷十四《泐季泐传》。
⑦ 轮汇编：《释鉴稽古略续集》，《大正藏》第 49 册，第 925 页上。
⑧ 《明太祖实录》卷七十七。
⑨ 幻轮汇编：《释鉴稽古略续集》，《大正藏》第 49 册，第 929 页上。

自入朝，上所举故官六十人。帝悉授以职，改摄帝师为炽盛佛宝国师，仍锡玉印及彩币表里各二十。玉人制印成，帝际玉未美，令更制，其崇敬如此。暨辞还，命河州卫遣官赍敕偕行，招谕诸番之未附者。冬，元帝师之后锁南坚巴藏卜、元国公哥列思监藏巴藏卜并遣使乞玉印。廷臣言已尝给赐，不宜复予，乃以文绮赐之。（洪武）七年夏，佛宝国师遣其徒来贡。秋，元帝师八思巴之后公哥监藏巴藏卜及乌斯藏僧答力麻八剌遣使来朝，请封号。诏授帝师后人为圆智妙觉弘教大国师，乌斯藏僧为灌顶国师，并赐玉印。佛宝国师复遣其徒来贡，上所举土官五十八人，亦皆授职。"① 上述措施，对藏传佛教的发展作出了重要贡献。

六是派遣僧人出使，任用僧人为官。明初，朱元璋任用汉地高僧为朝廷使者入藏区宣谕。洪武三年（1370 年）六月，他派遣南京天界寺住持慧昙、名僧克新出使西藏，首开以僧为使先例："命僧克新等三人往西域招谕吐蕃。仍命图其所过山川地形以归"②。《续补高僧传》亦云："庚戌夏，奉使西域。辛亥秋，至省合剌国，布宣天子威德，其国王喜甚。"（《觉原昙禅师传》）③ 可惜，慧昙在西域坐化。洪武十一年（1378 年）十二月，在慧昙未能完成西行任务的情况下，朱元璋又派遣天界寺住持宗泐率团再度出使。④ 对于宗泐奉诏出使西域，元末明初著名学者徐一夔云："佛有遗书在西域中印土，有旨命公往取，既衔命而西。出没无人之境，往返数万里，五年而还，艰难险阻备尝之矣。"⑤ 洪武十四年十二月，宗泐还自西域，"俄力思军民元帅府、巴者万户府遣使随宗泐来朝，表贡方物"⑥。宗泐回国的第二年，朱元璋任命他为右善世，成为僧录司地位最高的僧官。洪武四年（1371 年）十月，他还遣僧祖阐、克勤等八人出使日本。⑦

这段时期朱元璋对佛教的管理总体上比较宽松，采取了一系列有利于佛教发展的政策措施，佛教也很好地发挥了巩固、维护朱明王朝统治的作用。但是，一旦佛教的发展超越了朱元璋所设定的界限，他必然有所限制。这在洪武十四年六月之前也不例外：其一是对已出家僧人进行登记，核对僧籍。洪武五年（1372 年），"命僧道录司造周知册，颁行天下寺观。凡遇僧道到处，即与对册，其父母籍，告度月日，如册不同即为伪僧"⑧。其二是限制过多的人出家，对新出家（请给度牒）者进行考试。据《明太祖实录》记载，洪武六年十二月，"并僧道寺观禁女子不得为尼。时上以释老二教近代崇尚太过，徒众日盛，安坐而食，蠹财耗民，莫甚于此。乃令府州县止存大寺观一所，并其徒而处之，择有戒行者领其事。若请给度牒，必考试，精通经典者方许。又以民家多女子为尼姑，女冠自今年四十以上者听，未及者不许。着为令"⑨。其三是合并、撤汰部分寺庙。洪武五年七

① 张廷玉等：《明史·西域三》。
② 《明太祖实录》卷五十三。
③ 释明河：《补续高僧传》卷十四《觉原昙禅师传》。
④ 《明太祖实录》卷一二一。
⑤ 徐一夔：《全室外集·续集序》，清《文渊阁四库全书》本。
⑥ 《明太祖实录》卷一四〇。另据《明太祖实录》卷九十六记载，洪武八年（1375 年）正月，朱元璋"诏置俄力思军民元帅府、帕木竹巴万户府、乌思藏笼答千户所，设官一十三人"。
⑦ 《明太祖实录》卷六十七。
⑧ 幻轮汇编：《释鉴稽古略续集》，《大正藏》第 49 册，第 925 页中。
⑨ 《明太祖实录》卷八十六。

月，他下令南京天禧寺、能仁寺两处"应有旧日常住田土""寺家物件"都入蒋山寺永远为业，"收的钱粮"等项听从蒋山寺支用，僧人都并入蒋山寺。① 洪武六年（1373 年）十二月，在全国范围内推行归并，下令"府、州、县止存大寺、观一所，并其徒而处之，择有戒行者领其事"②。其四是力图统一佛教思想。洪武十年（1377 年）冬，朱元璋诏令宗泐、如玘笺注《心经》《金刚经》《楞伽经》，制赞佛乐章，并颁行全国。③ 希望藉此来统一佛教思想。应该说，这些措施也在一定意义上维护了正常的佛教活动。

二、以制度建设强化佛教管理（1381 年之后）

洪武十四年（1381 年）六月二十四日，礼部认为："释道二教流传已久，历代以来皆设官以领之。天下寺观僧道数多，未有总属。爰稽宋制，设置僧道衙门以掌其事，务在恪守戒律以明教法。"④ 于是提出了设置僧录司等各级僧司衙门的方案，得到朱元璋的批准，对佛教的管理亦藉此得到强化。

第一，加强制度建设，设僧录司等各级僧司衙门，严格寺院住持考选。据《释鉴稽古略续集》记载："在京设僧录司道录司，掌管天下僧道，精选通经典戒行端洁者铨之。其在外布政府州县，各设僧纲、僧正、僧会、道纪等，司衙门分掌其事。僧录司掌天下僧教事，善世二员，正六品，左善世、右善世。阐教二员，从六品，左阐教、右阐教。讲经二员，正八品，左讲经、右讲经。觉义二员，从八品，左觉义、右觉义……各府僧纲司掌本府僧教事都纲一员，从九品；副都纲一员……各州僧正司，僧正一员；道正司，道正一员，各掌本州僧道事。各县僧会司僧会一员，道会司道会一员，各掌本县僧道事……僧道录司衙门，全依宋制，官不支俸，吏与皂隶合用人数，并以僧道及佃仆人等为之。僧道录司体统，与钦天监相同出入，许依合用本品伞盖，遇官高者即敛之。"各级僧道司的职责包括登记、报告各地寺、僧；地方僧司举保、僧录司考试寺院住持，考试中式具申礼部奏闻；本管僧道司负责将未有度牒僧道具名申解僧纲司、道纪司，转申僧录司、道录司考试，将能通经典者具申礼部，奏闻出给度牒；在京在外僧道衙门负责管束本管僧道，务要恪守戒律，阐扬教法，如有违犯清规戒律及自相争讼者，须加究治，有司不许干预。"如犯奸盗非为，但与军民相涉，在京申礼部酌审情，重者送问，在外即听有司断理。"⑤ 洪武十四年十二月革除了善世院。⑥ 上述制度于洪武十五年基本建立，标志着朱元璋对佛教管理的加强。

在寺院住持考选方面，洪武元年设立善世院负责选任各寺院住持。洪武十五年四月规定："凡各寺观住持有缺，从僧道官举有戒行、通经典者，送僧录道录司考中，具申礼部奏闻方许。"⑦《释鉴稽古略续集》亦云："各处寺观住持，从本处僧道衙门举保，有戒行

① 幻轮汇编：《释鉴稽古略续集》，《大正藏》第 49 册，第 931 页下。
② 《明太祖实录》卷八十六。
③ 幻轮汇编：《释鉴稽古略续集》，《大正藏》第 49 册，第 928 页下。
④ 幻轮汇编：《释鉴稽古略续集》，《大正藏》第 49 册，第 931 页上。
⑤ 幻轮汇编：《释鉴稽古略续集》，《大正藏》第 49 册，第 931 页上～931 页下。
⑥ 《明太祖实录》卷一八八。
⑦ 《明太祖实录》卷一四四。

老成、谙通经典者，申送本管衙门，转申僧录司、道录司，考试中式具申礼部奏闻。"① 对住持的考选，有效防止了部分不称职、不合格者尸位素餐。朱元璋甚至还对僧人进行考试。洪武二十八年（1395 年），他命僧录司"设上、中、下三科考试天下沙门"②。

第二，划分僧伽组织，将僧人分为禅、讲、教三类，规范各类僧人行为，严禁僧俗杂混。中国古代佛教寺院按功能分类非明代独有。《元史》云："夫天下寺院之领于内外宣政院，曰禅，曰教，曰律，则固各守其业。"③ 基于明初佛教的发展状况和民间显密法事盛行的现实，朱元璋关于佛教禅、讲、教的划分，功能化倾向更强，且这种划分与开设僧衙门及任命僧官员同步进行。洪武十五年（1382 年）五月，朱元璋谕礼部："佛寺之设，历代分为三等，曰禅，曰讲，曰教。其禅不立文字，必见性者方是本宗；讲者务明诸经旨义；教者演佛利济之法，消一切现造之业，涤死者宿作之愆，以训世人。"④ 禅者即指禅宗一类；讲者是指注重研讨、宣讲佛教义理的天台、华严诸宗；教者专指诵念真言密咒，演行瑜伽显密法事仪式，从事祈福弥灾、追荐亡灵等法事的僧人。僧人亦由此归为禅僧、讲僧和教僧三类。同时，对僧人的行为进行规定："凡京城内外大小应付寺院僧，许入能仁寺会住看经，作一切佛事。若不由此，另起名色私作佛事者，就仰能仁寺官问罪。若远方云游看经抄化及百姓自愿用者，不拘是限。"⑤ 此项规定试行一年后，洪武十六年（1383 年）五月，正式出台了设道场作法事的规定："僧录司官于奉天门钦奉圣旨。旨曰：'即今，瑜伽显密法事仪式及诸真言密咒，尽行考较稳当，可为一定成规行于天下诸山寺院，永远遵守。为孝子顺孙慎终追远之道，人民州里之间祈禳伸情之用。凭僧录司行文书与诸山住持，并各处僧官知会，俱各差僧赴京，于内府关领法事仪式，回还学习后三年，凡持瑜伽教僧，赴京试验之时，若于今定成规仪式通者，方许为僧。若不省解，读念且生，须容周岁再试。若善于记诵，无度牒者，试后就当官给与。如不能者，发为民。"⑥ 为保证僧众专心修习，洪武十九年（1386 年），朱元璋"敕天下寺院有田粮者设砧基道人，一应差役不许僧应"⑦，砧基道人负责寺院差税事宜和联系僧俗，目的是为了杜绝僧俗混杂。但是，僧众仍"多与俗混淆，尤不如俗者甚多"⑧。于是，洪武二十四年（1391 年）七月，朱元璋颁布《申明佛教榜册》，这是明初佛教的重要事件。"榜册"所列条目，包括当时佛教存在的问题及朱元璋采取的具体管理措施。如对禅、讲、瑜伽的规定："禅者禅，讲者讲，瑜伽者瑜伽。各承宗派，集众为寺。有妻室愿还俗者听。愿弃离者听……清规以安禅，其禅者务遵本宗公案，观心目形以证善果；讲者务遵释迦四十九秋妙音之演，以导愚昧；若瑜伽者，亦于见佛刹处，率众熟演显密之教，应供是方足孝子顺孙报祖父母劬劳之恩。"⑨ 又如"显密之教轨范科仪"："务遵洪武十六年颁降格式。其所演唱

---

① 幻轮汇编：《释鉴稽古略续集》，《大正藏》第 49 册，第 931 页中。
② 幻轮汇编：《释鉴稽古略续集》，《大正藏》第 49 册，第 938 页下。
③ 宋濂等：《元史》卷二〇二《释老传》。
④ 幻轮汇编：《释鉴稽古略续集》，《大正藏》第 49 册，第 932 页上。
⑤ 幻轮汇编：《释鉴稽古略续集》，《大正藏》第 49 册，第 932 页上。
⑥ 幻轮汇编：《释鉴稽古略续集》，《大正藏》第 49 册，第 932 页下~933 页上。
⑦ 幻轮汇编：《释鉴稽古略续集》，《大正藏》第 49 册，第 934 页下。
⑧ 幻轮汇编：《释鉴稽古略续集》，《大正藏》第 49 册，第 936 页上。
⑨ 幻轮汇编：《释鉴稽古略续集》，《大正藏》第 49 册，第 936 页上~936 页中。

者，除内外部，真言难以字译，仍依西域之语……俗僧愚士，妄为百端讹舛规矩，贻笑智人，鬼神不达。此令一出，务谨遵，毋增减为词讹舛紊乱，敢有违者，罪及首僧及习者。"① 《申明佛教榜册》甚至还规定了僧人参与民间法事的工酬、道场诵经工酬等。② 这些规定都极为具体详细。

洪武十五年（1382 年）十一月，朱元璋又对禅、讲、教三类僧人规定了着装款式、颜色："定天下僧道服色。凡僧有三，曰禅，曰讲，曰教，禅僧，茶褐常服，青条玉色袈裟；讲僧，玉色常服，深红条浅红袈裟；教僧，皂常服，黑条浅红袈裟。僧官皆如之。惟僧录司官袈裟缘纹及环皆饰以金。道士常服青，法服、朝衣皆用赤色。道官亦如之。惟道录司官法服、朝衣缘纹饰金。"③ 三类僧人从着装上就可以直接区分，也更有利于管理。

第三，完善度牒制度，强化僧籍管理。洪武前期，朱元璋虽然规定僧人度牒需通过考试，但并未严格执行。如洪武五年（1372 年）十二月，"给僧道度牒。时天下僧尼、道士、女冠，凡五万七千二百余人，皆给度牒，以防伪滥"④。至洪武六年八月，"度天下僧尼道士凡九万六千三百二十八人"⑤。僧道人数迅速增加。自洪武十五年开僧道衙门至洪武十七年，已给天下僧道度牒者"二万九百五十四人"，且"今来者益多，其实假此以避有司差役"，于是礼部尚书赵瑁奏请"三年一次出给度牒，且严加考试，庶革其弊"，得到朱元璋批准。⑥ 这样，三年一度及相关考试给牒的制度遂推行到全国。寺院主持亦须经过考选，前以述及。又对给度牒者在年龄上作出规定。洪武六年（1373 年），朱元璋就"以民家多女子为尼姑、女冠"，下令"自今年四十以上者，听；未及者不许。着为令"。⑦ 洪武二十年（1387 年）进一步规定："诏民年二十以上者，不许落发为僧；年二十以下来请度牒者，俱令于在京诸寺试事三年，考其廉洁无过者始度为僧。"⑧ 洪武二十七年（1394 年）又规定："不许收民儿童为僧，违者并儿童父母皆坐以罪。年二十以上愿为僧者，亦须父母具告有司，奏闻方许。三年后赴京考试，通经典者始给度牒；不通者杖为民。"⑨ 这些措施，在一定程度上防止了太多的劳动人口获得僧道度牒。

在僧籍管理上，明代规定各处僧录司负责核对勘检僧籍。洪武二十五年（1392 年）十二月，朱元璋下令："僧录司造知周册，颁于天下僧寺。时京师百福寺隐囚徒，逋卒往往易名姓为僧，游食四方，无以验其真伪。于是命造周知文册，自在京及在外府州县寺院僧名以次编之，其年甲、姓名、字行，及始为僧年月与所授度牒字号，俱载于僧名之下。既成，颁示天下僧寺。凡游方行脚至者，以册验之，其不同者，许获送有司，械至京，治重罪。容隐者罪如之。"⑩ "有容隐奸诈等人朦胧入册的，事发时，连那首僧都不饶他性

① 幻轮汇编：《释鉴稽古略续集》，《大正藏》第 49 册，第 936 页中。
② 葛寅亮：《金陵梵刹志》卷二，天津人民出版社 2007 年版，第 61 页。
③ 《明太祖实录》卷一五〇。
④ 《明太祖实录》卷七十七。
⑤ 《明太祖实录》卷八十四。
⑥ 《明太祖实录》卷一六七。
⑦ 《明太祖实录》卷八十五。
⑧ 《明太祖实录》卷一八四。
⑨ 《明太祖实录》卷二三一。
⑩ 《明太祖实录》卷二二三。

命。各处僧人，都要于原出家处明白供报俗家户口，入籍，不许再在挂搭出入籍。待造册成了，方许游方挂搭。"① 同年又将对佛教的各项规定制为《清教录》，令各处僧司"依本刊板印造"，并散发给各下属寺院僧人。② 严格僧籍管理，防止冒滥，不仅有利于佛教良性发展，也有利于社会稳定。

第四，继续合并寺院，也修建新的寺院。洪武前期就已执行的这一政策，在本时期得到继续推行。洪武二十四年（1391年）六月，朱元璋下令："自今天下僧道，凡各府州县寺观虽多，但存其宽大可容众者一所，并而居之。毋杂处于外，与民相混。"③ 但由于此令过于严苛，难以实施。因此，该年七月改令僧人"务要三十人以上聚成一寺，二十人以下者听令归并成寺。其原非寺额，创立庵堂寺院名色进行革去"④。

修建新的寺院。洪武后期，朱元璋先后下令在南京建立了以灵谷寺、天界寺、天禧寺、能仁寺、鸡鸣寺等五大寺。对五大寺及名刹栖霞寺"共赐有赡僧田近五百顷，芦洲亦几其半，计斗受租，秋五之、七之，而夏三之"⑤。可见，寺院田地亦担负国家的夏税秋粮。洪武十六年（1383年）八月，还建成凤阳大龙兴寺，该寺有"佛殿、法堂、僧舍之属，凡三百八十一间"⑥。洪武三十一年（1398年）二月，下令僧录司于"江东驿、江淮驿两处盖两座接待寺，着南北游方僧道往来便当"⑦。

第五，加强寺产管理，保护寺院产业和清修环境。经历元末明初长期军阀混战，事实造成寺院土地所有制崩溃的现实，朱元璋并未下令恢复寺院对散失土地的所有权，而是承认在现实占有的基础上保障寺院常住土地拥有权。如洪武十五年（1382年）三月下令："天下僧、道的田土，法不许买。僧穷寺穷，常住田土，法不许卖。如有似此之人，籍没家产。"⑧ 洪武二十七年（1394年）正月，朱元璋敕礼部榜示佛教"所避所趋条例"，其中关于寺院田地规定"钦赐田地，税粮全免。常住田地，虽有税粮，仍免杂派，僧人不许充当差役"⑨。寺院的常住田地须要缴纳税粮。

保护寺院产业及清修环境。朱元璋意识到洪武二十四年（1391年）下令归并寺院操之过急，次年五月又下令校正："各处差去清理佛教僧多，又不停当。恁僧录司好生省会与他，若要将寺宇完全有僧去处拆毁了的，着他改正了。体察出来不饶"⑩。洪武二十七年（1394年）正月榜示的"所避所趋条例"规定，归并寺院须"听僧拆改，并入大寺"，"如所在官司有将寺没官，及改充别用者，即以赃论"⑪。寺院田地不许俗人购买，"如有似此之人，籍没家产"。洪武十九年（1386年）八月下令："出榜与寺家张挂，禁治诸色

---

① 葛寅亮：《金陵梵刹志》卷二，天津人民出版社 2007 年版，第 64~65 页。
② 幻轮汇编：《释鉴稽古略续集》，《大正藏》第 49 册，第 937 页下。
③ 《明太祖实录》卷二〇九。
④ 葛寅亮：《金陵梵刹志》卷二，天津人民出版社 2007 年版，第 62~63 页。
⑤ 葛寅亮：《金陵梵刹志》卷二，天津人民出版社 2007 年版，第 315 页。
⑥ 《明太祖实录》卷一五六。
⑦ 葛寅亮：《金陵梵刹志》卷二，天津人民出版社 2007 年版，第 71 页。
⑧ 葛寅亮：《金陵梵刹志》卷二，天津人民出版社 2007 年版，第 52 页。
⑨ 葛寅亮：《金陵梵刹志》卷二，天津人民出版社 2007 年版，第 67 页。
⑩ 葛寅亮：《金陵梵刹志》卷二，天津人民出版社 2007 年版，第 64 页。
⑪ 葛寅亮：《金陵梵刹志》卷二，天津人民出版社 2007 年版，第 67 页。

人等毋得轻慢佛教，骂詈僧人，非礼搅扰。违者，本处官司约束。"礼部"遵出给榜文，颁行天下各寺，张挂禁约"①。

第六，继续征召名僧，重用藏僧。洪武后期，朱元璋仍然不断征召名僧来南京寺院住坐，祈福讲法。洪武十五年（1382年）八月，"高皇后崩，太祖选高僧侍诸王，为诵经荐福"②，并"择名僧辅诸王"③，体现了对名僧们的高度信用。他在"所避所趋条例"中鼓励僧人游方问道，"若欲游方问道，所在云水者亲赍路费，循道而行、住无定止者听"，对这些游方僧人，"民有善德之家，一见如此，礼而斋之者受，施财者纳之"；而"禅、讲二宗只守常住"，"不许散居，及入市村"。④ 也给禅僧提供讲禅所需的场所。他于洪武三十年（1397年）下令："凡有寺院处所，俱建禅堂，安禅集众。"⑤

重用青海藏僧。西宁名僧三剌曾"为书招降罕东诸部"，助明军平定青海，"又建佛刹于碾白南川"，并"来朝贡马"。⑥ 洪武二十六年（1393年）三月，朱元璋"立西宁僧纲司，以三剌为都纲司。又立河州番、汉二僧纲司，并以番僧为之，纪以符契"，赐三剌所建寺名为"瞿昙寺"，使得西域僧人争建佛寺，"番僧来者日众"。⑦《明太祖实录》记云："河州卫汉僧纲司，以故元国师魏失剌监藏为都纲；河州卫番僧纲司，以僧月监藏为都纲。盖西番崇尚浮屠，故立之，俾主其教，以绥来远人。复赐以符曰：'自古帝王致治，无间远迩，设官以理庶务，稽诸典礼，复有僧官以掌其教者，非徒为僧荣也，欲其率修善道，阴助王化。'"⑧

另外，朱元璋还适时下令供给寺院所需的米、麦、香、烛、器用等，保障寺院正常的生活和法事的进行。

三、朱元璋佛教管理思想变迁原因

朱元璋佛教管理思想，不仅与他个人独特的人生经历及其地位有密切关系，也与明代初期复杂的社会背景紧密关联：他曾经的为僧经历，使得他对佛教有着特殊的情感，并认为佛教具有"阴助王化"的社会功能，这是他保护和提倡佛教最重要的原因。当然，前代的佛教管理经验也为他的佛教管理提供了借鉴。但是，以洪武十四年（1381年）六月礼部提出设置僧司衙门方案为界，朱元璋的佛教管理思想有所发展，之前保护提倡居多，之后他强化了对佛教的管理，多有整顿、限制。究其原因：

首先，朱元璋佛教管理思想的发展与明初佛教的发展密切关联。元末群雄并起，长达十七八年的军阀混战重创佛教，许多寺院在战火中或毁或坏，僧人或逃或亡，"江淮南北

---

① 葛寅亮：《金陵梵刹志》卷二，天津人民出版社 2007 年版，第 56~57 页。
② 张廷玉等：《明史·姚广孝传》。
③ 幻轮汇编：《释鉴稽古略续集》，《大正藏》第 49 册，第 932 页下。
④ 葛寅亮：《金陵梵刹志》卷二，天津人民出版社 2007 年版，第 67 页。
⑤ 幻轮汇编：《释鉴稽古略续集》，《大正藏》第 49 册，第 939 页上。
⑥ 张廷玉等：《明史·西域二西番诸卫传》。
⑦ 张廷玉等：《明史·西域二西番诸卫传》。
⑧ 《明太祖实录》卷二二六。

所谓名蓝望刹,多化为煨烬之区,狐兔之迹交道,过其下者无不为之太息"①。因此,明初朱元璋注重对佛教保护、提倡,使得佛教在短期得到恢复,也有利于巩固新生的明帝国。洪武后期,佛教在迅速发展的过程中出现了一些问题,这是朱元璋加强佛教管理的直接原因:一是佛教势力发展过快,僧人数量迅速上升。洪武五年十二月,明政府给僧、道发给度牒,时"僧尼、道士、女冠,凡五万七千二百余人,皆给度牒"②,至洪武六年八月,"礼部奏度天下僧尼、道士,凡九万六千三百二十八人"③。从洪武十四年设立僧、道二司至洪武十七年,天下僧道又增加了"二万九百五十四人",且"来者益多"。④ 二是部分僧人不守戒律,这在洪武年间不是个例。洪武五年(1372 年)三月,朱元璋下诏云:"僧道之教,以清净无为为本,往往斋荐之际,男女溷杂,饮酒食肉自恣","令有司严加禁约"。⑤ 洪武二十四年(1391 年)颁布的《申明佛教榜册》中又云:"今天下之僧多与俗混淆,尤不如俗者甚多,是等其教而败其行。"⑥ 洪武二十五年八月朱元璋下诏还云:"各处僧道,多有假托化缘,骗人钱钞的。"⑦ 明代王淑英《资治策疏》亦云:"况二氏(佛教、道教)之教,本以清净无为为宗,而后世为其徒者……往往食肉饮酒,华衣美食肆欲营利,无异于污民。是则于其本教既忍违之,况可律之以圣人之教乎。"⑧ 三是部分寺院有"隐逃军、逃囚"的现象⑨,成为案犯藏身之所。这不仅对明王朝的统治造成威胁,也不利于维护社会稳定,还影响了佛教的良性发展。

其次,朱元璋佛教管理思想的发展适应并体现了其专制权力的发展。明初承袭元制,在中央设立中书省,由左右丞相总理六部事务。对佛教的管理,设立品秩较高的善世院,管理氛围也较宽松。但是,由于宰相权力过大,妨碍朱元璋对国家权力的独断专制。于是洪武十三年(1380 年),他废除了丞相制,以六部分理天下政务,六部互不统属,从而在制度上将君权和相权集于一身,保证了他个人对整个国家权力的宰制。与此相适应,洪武十五年四月,朱元璋下令从中央到地方设立各级僧司衙门,对佛教、僧人从制度上强化了管理。

最后,朱元璋的佛教管理思想的发展还受到部分名臣、名僧的影响。洪武初年,被誉为"开国文臣之首"的宋濂是朱元璋最信任的大臣之一。宋濂"学佛氏之道,亦自号无相居士","尝三阅大藏,暇则习禅观",深悟佛教义理,信奉笃诚。朱元璋常赞佛教"幽赞王纲","时廷臣独景濂能深契上旨,每召对,辄与究论佛经奥义","(洪武)十年以学士承旨致仕归,明年来朝。先是,景濂在太祖前称《楞伽》为达摩氏印心之经,太祖读而善之,至是召见,与论诸识生住灭义,乃诏天下僧并读《楞伽经》"。⑩ 在明初高僧

① 宋濂:《句容奉圣寺兴造碑铭》。
② 《明太祖实录》卷七十七。
③ 《明太祖实录》卷八十四。
④ 《明太祖实录》卷一六七。
⑤ 《明太祖实录》卷七十三。
⑥ 幻轮汇编:《释鉴稽古略续集》,《大正藏》第 49 册,第 936 页上。
⑦ 葛寅亮:《金陵梵刹志》卷二,天津人民出版社 2007 年版,第 64 页。
⑧ 陈子龙等辑:《明经世文编》卷十二。
⑨ 葛寅亮:《金陵梵刹志》卷二,天津人民出版社 2007 年版,第 64 页。
⑩ 彭际清:《居士传》卷三十七《宋景濂传》。

中，慧昙深得朱元璋信任。慧昙"每设广荐法会"，"升座举宣法要"，朱元璋"车驾亲帅群臣幸临"。尝有"章逢之士，以释氏为世蠹，请灭除之"，慧昙向朱元璋辩解说："孔子以佛为西方圣人，以此知真儒不必非释，非释必非真儒也。"朱元璋"亦以佛教阴翊王度，却不听"①。高僧中，还有宗泐、慧日等也促进了朱元璋对佛教的倡导。洪武后期，随着程朱理学作为明王朝统治思想地位的确立，部分大臣反对全国上下崇佛信僧的呼声日涨。如上文列举的李仕鲁、陈汶辉。其后，甚被朱元璋爱重的中书庶吉士解缙上言："僧道之壮者，宜黜之使复人伦；经咒之妄者，悉火之以杜诳惑。断瑜珈之教，禁符式之科。"朱元璋"嘉其识正"②。而此时期能促进朱元璋倡导佛教的名臣、名僧们，有的去世，有的不再被信任。其中，慧昙于洪武三年"奉使西域"，次年逝于省合剌国（今斯里兰卡）。宋濂于洪武十四年去世。宗泐于洪武十五年为右善世，不久因胡惟庸案牵连，"着做散僧，执役建寺"③，不再受到充分的信任。这也是朱元璋加强佛教管理的一个因素。

（作者单位：江西财经大学人文学院、云南富源大河第二中学）

---

① 释明河：《补续高僧传》卷十四《觉原昙禅师传》。
② 杨士奇：《东里文集》卷十七《前朝列大夫交阯布政司右参议解公墓碣铭》，中华书局 1998 年版，第 254 页。
③ 释明河：《补续高僧传》卷十四《泐季泐传》。

《无量寿经》早期译本"自然"观念与中国本土思想的关系*

□ 刘恭煌

【摘要】《无量寿经》早期译本①大量使用"自然"一词,用于描述净土世界之物事,其中以妙物自然和神通自然两类最具特色。译者以本土的气化论和"无为自然"思想结构为基础,与佛教的四大说、缘起观、无常观、无我(/性空)论、神通思想、心色观念等进行类比、取舍、缀合、再解释等,从而形成亦佛亦道、非佛非道的新思想,为"自然"观念注入了新内涵。妙物自然和神通自然,虽然被后世译者弃用,但早期译者调和融会佛教与中国本土思想的部分成果得以保留,成为中国佛教的特色。另一方面,《无量寿经》早期译本的这一创新,启发了本土神仙异能思想的发展,妙物自然和神通自然为道教所沿用。

【关键词】《无量寿经》;支谶;支谦;自然;关系

　　《无量寿经》早期译本的"自然",其来源、语义和思想丰富多样且深具特色,笔者曾撰文加以探讨。② 本文则将在此基础上,选择本经最具特色的两类——妙物自然和神通自然,进一步讨论其与本土"自然"观念的异同与关系。目前学界对《无量寿经》早期译本"自然"的研究已有一些,其中以末木文美士的《〈大阿弥陀经〉における"自然"》和森三树三郎的《無量寿経の漢吴魏三訳に見える"自然"の語について》两篇

---

　　* 本文系教育部人文社会科学研究青年基金项目"东汉三国大乘佛经的翻译与佛教中国化研究"(19YJC730006)阶段性成果。

　　① 本文中的"早期译本"指旧题东汉支娄迦谶译《佛说无量清净平等觉经》四卷(《大正藏》第12册,No. 361,简称《平等觉经》)、旧题孙吴支谦译《佛说阿弥陀三耶三佛萨楼佛檀过度人道经》二卷(《大正藏》第12册,No. 362,简称《大阿弥陀经》)和旧题曹魏康僧铠译《佛说无量寿经》二卷(《大正藏》第12册,No. 360,即魏译本)。关于《大阿弥陀经》和《平等觉经》,本文采用那体慧(Nattier)的观点,认为前者为支谦所译,后者为支谶所译。(Jan Nattier. *A Guide to the Earliest Chinese Buddhist Translations*. Tokyo:International Research Institute for Advanced Buddhology, Soka University, 2008, pp. 86-87, 139.)《佛说无量寿经》方面,则取辛岛静志的观点,定为五世纪上半页所译出。([日]辛嶋静志:《〈大阿弥陀经〉訳注(一)》,《仏教大学総合研究所紀要》,通号6,1999年版,第135页。)

　　② 《〈无量寿经〉早期译本"自然"一词来源、语义和思想辨析》,待刊。

论文最为重要。① 但以上研究，对净土世界妙物自然和神通自然之思想内涵及其中国本土思想关系的探讨，涉及不多。本文将以《无量寿经》早期译本的"自然"为中心，深入分析其所蕴含的来自佛教和中国本土的思想内涵，探讨早期译者调和融会二者的方式方法及其对佛教中国化及道教发展的影响。

一、妙 物 自 然

"自然"作形容词，以"自然＋名词"和"名词＋自然"两种形式修饰净土之物，是《无量寿经》早期译本"自然"代表性用法之一，诸如"自然（万种）之物""自然七宝""自然之衣""自然百味饮食""自然伎乐""自然妙声""自然流泉浴池""自然乱（/德）风""自然华香""自然杂缯幡彩""自然灯火""所居舍宅，被服饮食，都皆自然"等例子，随处可见。这类"自然"大多不能于现存梵文本中找到对应处，但少数对应于 anela（清净的）、karṇasukha（悦耳的）、hṛdayaṃgama（动人心扉的）、premaṇīya（令人喜爱的）、valgumanojña（美妙迷人的）、asecanaka（百听不厌的）、apratikūla（顺耳的）等词语的例子，表明其并非译者凭空增译，实有所本。这些"自然"主要用以形容净土之物的殊胜美妙，可称之为妙物自然。"殊胜美妙"虽非中国本土"自然"原有之义，但可经由净土之物的特殊性引申而来。净土之物特殊之处有二，一是相状极美，非人间之物可比，更非凡人之力可造作而成；二是无待作为而能自动合乎人意。胜于人为和无需人为是对本土无为自然观念的延续和发展，由此，《无量寿经》早期译本"自然"形成了自身独具特色的意义。②

但"自然"是中国本土，尤其是道家思想的核心概念，有其特殊的思想内涵和深厚的文化背景。作为万物共性的"自然"，是以气化论为思想基础的。而大乘佛教对物的理解，也有其特殊理论，如四大说、缘起观、无常观、无我（/性空）论等。《无量寿经》早期译本借用"自然"一词，必然面临如何调和两种思想的问题。大体上，早期译者试图以气化论为基础，融会二者为一体，从而形成了亦佛亦道、非佛非道的特殊思想，妙物自然也就显得别具一格。

迟至战国中期，中国本土思想就已将气作为解释万物生成的基础。③ 虽然各家于细微处有差别，但共同之处更多。综括而言，本土气化论的核心观点是：气为万物之本；气之聚散决定物之生灭；气之性质与运动决定万物之性理。气化论是本土自然观的重要内涵，《无量寿经》早期译本的妙物自然，明显受此影响，但又具有佛教特色，是二者融合的产物。

首先，在构成要素上，《无量寿经》早期译本以特殊之气解释净土之物的殊胜美妙。气为万物构成要素的观念，很早就渗透到汉译佛经中，如康僧会译《六度集经》曰："元

---

① 《宗教研究》，通号 243，1980 年版，第 25～48 页；《仏教文化論攷：坪井俊映博士頌寿記念》，仏教大学，1984 年版，第 781～799（R）页。

② 详见笔者论文《〈无量寿经〉早期译本"自然"一词来源、语义和思想辨析》，待刊。

③ ［日］小野泽精一、福永光司、山井涌编，李庆译：《气的思想》，上海人民出版社 2014 年版，第 72 页。

气强者为地，软者为水，暖者为火，动者为风，四者和焉识神生焉"，这可能是最早将佛教的四大解释为四种气的例子。[①] 这里，四大说被包含在气化论中，从而融会二者为一体。之所以如此，是因为四大说是从属性的角度将构成色法的基础要素分为坚、湿、暖、动四种，而没有明确指出其材质。[②] 对比本土思想，四大有似阴阳五行，而气作为材质，正可 "填补" 佛教之不足。

《无量寿经》早期译本同样接受气化论，但由于净土之物尤为殊胜，非寻常之物可比，所以使用了 "精" 字来解释其构成。诸如 "众自然饮食中精味" "众华香中精" "众宝中精味" "众风中精" 等语，前两个译本中尤为常见。这些 "精" 字，及前后相关语句，很难在现存梵文本中找到对应的梵文来源，很可能是译本根据自身的理解增译的。《管子·内业》云："精也者，气之精者也。" 精也是气，是气之精华。《无量寿经》早期译本之所以选用 "精" 字来称谓净土妙物，可能还因为其能随人意变化，符合 "一物能变曰精"（《管子·心术下》）的标准。然而，本土思想中，精气能变是因其自身具有生命力甚至人格意志，能主动发生变化。[③] 但在佛教思想中，色法并不具有生命力，更不用说人格意志。净土之物虽然殊胜美妙，但其一切变化，是受净土众生之意念所控制而发生的，是神通使然，非本性自然。因此，以精气作为净土之物的构成要素，在解释了其殊胜之原因的同时，也增加了不符合佛教思想的内容。

其次，在变化动因上，以气之生化解释净土之物的生灭。早期译本大量使用 "化" 字词组，如 "自然化生" "自然生" "自然化成" "自然化去" "自然去" "自化去" 等。虽然 "自然生" 和 "自然去" 未见 "化" 字，但结合文意可知，应为 "自然化生/去" 之简化形式。这些词语，除部分可以对应于梵文 *aupapāduka*（佛教四生之一的化生），是特殊概念外，其他要么不知梵语来源，要么译自一般的梵语动词或分词，如 *saṃchanna*（覆盖）、*āhṛta*（获得）、*prādurbhavati*（显现、出现）等词语都曾被译为 "自然化生"，*antardhīyate*（被隐藏、被掩盖）则曾被译为 "自然去"。在使用对象和语意上，这些词语也远远超出 *aupapāduka* 的范围。[④] 实际上，这些 "化" 字词组，是多种思想相结合的产物。

第一，佛教四生之一的 *aupapāduka* 与本土气化论相结合。*Aupapāduka* 有两个突出特点：一是不知来源而生起；二是瞬间完成。本土气化论中，气与物之间的相互转换，是无形无象与有形有象之间的剧烈变化，有似 "无" 生 "有" "有" 还 "无"，这与 *aupapāduka* 相似，是两者结合的基础。同时，*aupapāduka* 在佛教只用于描述某些众生的生起形式，不用于非生命物，也不用于描述众生之死亡形式。《无量寿经》早期译本则将 "化" 用于一切事物之生起和消失，这应是受本土气化论影响而来的。另外，气化论所描述的事物生化，大多是逐渐实现的。《无量寿经》早期译本的 "化"，则是瞬间完成的，

———————————————

① 康僧会译：《六度集经》卷八，《大正藏》第 3 册，No.152，第 51 页中。

② 其实在印度思想中，"色" 已经表示材质了，不必再为色法提供材质。但在佛教与中国思想类比中，色法对应于物，而物以气为材质，故色法也应以气为材质。

③ 金白铉指出，《管子》中的精气是一种 "有机性的生命力"，能使人获得聪明智慧（《从 "神明" 与 "气化" 概念看庄子与〈管子〉》，《管子学刊》2017 年第 4 期，第 36~40 页）。

④ 详见笔者论文《〈无量寿经〉早期译本 "自然" 一词来源、语义和思想辨析》，待刊。

这应来自 *aupapāduka*。可见，"化"字之义，是译者经过对佛教 *aupapāduka* 与本土气化论的对比、取舍、缀合等方式而形成的。

第二，这些"化"还融会了佛教神通思想。净土妙物之"化"，虽然也含有气化论的成分，但其最重要的特征是能随众生心意而动，其本质是神通，可称之为"神通气化"。至先秦两汉，中国本土气化论，尤其是以庄子、王充为代表的道家气化论，神异色彩比较淡，属于自然主义的气化论，可称之为"自然气化"。神通与自然存在矛盾。《无量寿经》早期译本为"化"注入神通思想，也就为本土气化论向神异方面发展提供了参考，有助于本土神仙异能思想的发展。

再次，在事物本质上，以恒常互动之气化类比和论证净土之物的缘起无我（/性空）。本土气化论与佛教缘起观存在较大相似处，一是中国思想的道物二分与佛教的有为法无为法二分，比较对应；二是中国思想认为万化流迁唯道不变，与佛教的有为法刹那无常、无为法常住不变，也比较相似；三是气化论下的万物是普遍联系、相依相待的关系，缘起观也认为诸法互为因缘、相互成就；四是气化论以气之聚散解释物之生灭的理论，与缘起观以因缘离合解释诸法成坏的认识相似。由此相似性，早期译者将气化论引入佛经，并不会格格不入。① 而缘起观由诸法的无常、相依而推导出无我（/性空）的结论，在气化论中理论上也是可能的。

实际上，早期汉译佛经中使用的"化"字，已经内含诸法无我（/性空）之义。如支谶译《般行般若经》曰："譬如幻师于旷大处化作二大城，作化人满其中，悉断化人头。于须菩提意云何，宁有所中伤死者无？"② 这里"化"现的大城、人和断头，都是幻象，非真实之物。佛经中常以幻化为喻，表达诸法空无所有之义。化即幻，幻即化，幻化即空，这在《道行般若经》和《大明度经》中表现得非常明显。同为支谶和支谦所译的《大阿弥陀经》和《平等觉经》所用"化"字，即使没有直接言明如幻性空之义，理论上也不会排斥此义。

而且，支谶和支谦为了突出此义，有时会在"化"字前面加上"合会"或"共"字，而《佛说无量寿经》则使用"合成"一词来表达。"合会""共"和"合成"，首先表示净土之物是由不同的众物之"精"聚集、组合而成的。但更重要的是，译者试图以此表达缘起无我之意。佛教缘起观的论证，重要方式之一是将事物分解为不同的部分，通过部分非整体之"我"，部分之组合亦非恒常不变之"我"，来证明诸法皆无我（/性空），皆依待因缘而生。早期译经常用"合会""离散"等来表达因缘的作用方式，如三国时期译经《佛说老母经》曰："佛问老母言：是火本从何所来，灭去至何所？老母报佛言：因缘合会便得火，因缘离散火即灭。佛言：诸法亦如是。因缘合会乃成，因缘离散即灭。诸法亦无所从来，去亦无所至。"③ 因缘离合与气之聚散极为相似，虽然本土气化论并无万物无我（/性空）的观念，但通过此种类比，也可得此推论。

---

① 两者的区别主要有两点，一是在道物关系上，气化论认为二者是生与所生的关系，佛教的无为法则是对有为法的超越，但不是后者的来源或依据；二是气化论所理解的气或道，是符合"我"或"自性"的定义的，而缘起观则认为即使是无为法，也是无我的。

② 《大正藏》第 8 册，No. 224，第 427 页下。

③ 《大正藏》第 14 册，No. 561，第 913 页上。

　　综上，《无量寿经》早期译本以特殊之气解释净土之物的殊胜美妙，以气之生化解释净土之物的生灭，以恒常互动之气化类比和论证净土之物的缘起无我（/性空）。以本土气化论为基础，将之与佛教四大说、神通思想、缘起观、无常观、无我（/性空）论等多种思想，调和融会为一体。净土之物就成为集气本、神异、无我（/性空）等多种性质于一身的奇妙之物，这些特性都被统一称为"自然"。随着翻译水平的提高，后世译者有意减少了妙物自然的使用，如《无量寿经》的唐宋两译本中，这种用法已完全消失。但这并不代表早期译本中调和融会佛教与中国思想的成果也随之消失了。实际上，上述成果一直影响着中国思想的发展。从佛教方面看，气化论实实在在地融入了中国佛教，成为中国人理解佛教诸法缘起的重要方式。比如以气为本与四大为种的结合，恒常气化与无常生灭的类比，气之聚散与因缘离合的对照等，一直深入人心，这是佛教中国化的重要表现。①从道家道教方面看，神通性质的妙物自然，在道经中得到较好的延续，如"自然之衣""自然饮食""衣食自然""自然之米""自然天厨"等相似例子多次出现，说明这一创新式理解启发了道教，并得到后者的认可。

二、神　通　自　然

　　如前所述，极乐净土之物具有神通性质，能无待净土众生作为，自动合乎其心意。但这层含义在妙物自然中并未直接表露，直接揭示此义的是与众生心念相联系的"自然+动词"的用法，这类"自然"可以称之为神通自然。②虽然《无量寿经》早期译本应是将"自然+动词"短语用于神通现象的首创者，但为"自然"概念注入神通内涵，具有本土思想本身以及佛道类比两方面的思想基础。本土思想方面，迟至汉代，无论儒、道，都存在从神明、神仙的角度解释"自然"的观点。如《汉书·刘辅传》曰："臣闻天之所与必先赐以符瑞，天之所违必先降以灾变，此神明之征应，自然之占验也。"这是典型的天人感应观，此"自然"与"神明"对举，可相互为释。更为相似的例子见于《老子道德经河上公章句·猒耻》："使吾无有身体，得道自然，轻举升云，出入无间，与道通神，当有何患？"没有肉身、腾云驾雾、畅行无碍等都是神仙才有的神通，河上公将之明确为习自然之道者可以获得的能力。佛道类比方面，早期译经者将佛陀的教法和目标类比为本土，尤其是道家道教的道，求法有成者可转生为天神、佛国众生乃至佛陀，有似于求道者成为各种神仙；天神、佛国众生、佛陀等具有各种神通，也与神仙"与道通神"或"得道自然"所获得的神异能力相似。所以，将"自然"用于神通现象，是早期译者经过慎重考虑的"合理"选择。

　　然而，困难依然不小，原因主要有二：第一，神仙思想与道家关系紧密，但后者的

---

　　①　明代高僧紫柏真可就将气的思想融入佛教思想中，曾言："四大是一气之变，一气是四大之复。"又说："我之有我，根于五蕴，若离五蕴，我本无我。且彼聚而成我耶？散而成我耶？聚而成我，聚必有散，我岂真我？散而成我，我则有五。聚散求之，我终无我，是谓我空。"（《紫柏尊者全集》卷9，藏经书院：《卍续藏经》第126册，台湾新文丰出版公司1994年版，第0798页下、0789页下）气化论影响之深远由此可见一斑。

　　②　由于极乐净土是依靠阿弥陀佛的宏大誓愿和无量功德而成立的，所以净土世界的妙物自然和神通自然，在来源上都是愿力自然。

"无为自然"理念，却一定程度上限制了前者，尤其是神仙异能的发展，进而不利于接纳佛教神通思想。第二，佛教神佛观和中国神仙观是各自独立的体系，神通和异能各自的理论基础也不相同，要将两者纳入"自然"观念，如何调和融会是一大难题。《无量寿经》早期译本主要通过对道家"无为自然"思想结构进行全新诠释，加上类比、取舍、缀合等手段，来解决这两个难题。

首先，《无量寿经》早期译本以气化论为神通中的超常现象提供理论依据。神通现象必然表现为不合常理的变化，这种变化何以可能，需要一定的理论依据，才能让人信服。气作为无形无象的神秘之物，不仅可以为异常的自然现象提供解释，而且，反过来，还促使古人据此构想超越现实的神异现象，庄子就是这方面的大师。如《庄子·大宗师》曰："浸假而化予之左臂以为鸡，予因以求时夜；浸假而化予之右臂以为弹，予因以求鸮炙；浸假而化予之尻以为轮，以神为马，予因以乘之，岂更驾哉!"化臂为鸡、弹，化尻为轮，化神为马，庄子赋予"造物者"阴阳之气的能力已远远超出自然现象的范围，为神仙异能思想提供了绝妙的启发。① 前文已述，《无量寿经》早期译本以特殊之气——精，来解释极乐净土之物的殊胜美妙，也就同时以之作为解释神通现象的理论依据。就这点而言，佛教神通思想本土化了。

其次，《无量寿经》早期译本以"身无为而心无我有为"解释本土的"无为"，以接纳净土神通超常的作用方式，同时避免与道家"无为自然"理念相冲突。"无为"是先秦两汉诸子百家共同使用的重要概念，其中儒道两家比较有代表性。道家理解的"无为"，可以概括为反干涉和去智故两大主张。② 反干涉是对他者的行为作出限制；去智故则对自身的理性、目的、动机等加以规范。无论是反干涉还是去智故，首先是从合理性的角度对"为"提出要求，从而限制不合理的作为。进而，若能做到这两种"无为"，万物之"自然"就可以实现。因而，就万物"自然"之实现而言，干涉和智故都是不必要的，在此意义上，道家的"无为"也有"无需作为"之义。儒家也有类似的思想，其"君无为臣有为"式和"萧规曹随"式无为而治与道家相同，只是其"德化"式无为而治与道家去智故的理念正好相悖。③ 但无论如何，儒道两家的思路是一致的，即特定的"为"是不合理且不必要的，应加以限制。

《无量寿经》早期译本为接纳净土神通超常的作用方式——完全无需身体行为，仅凭心念生起即可引发，对"无为"进行新的诠释，将身与心的作用判然分开，完全否定身体行为在神通中的必要性，同时极大地提高心的作用。将这种"无为"神通引入中国，启发了本土神仙思想提升神仙异能作用方式的超常性。后世道书中各种"应念而至""随心所欲""应念即有，息念即无"的表述，表明其受到以《无量寿经》为代表的早期译经的影响。

如果说《无量寿经》早期译本"于身无为"的新诠释，与道家"无为"观念仍基本

---

① 但这还不是神仙异能，因为"造物者"是气而非神，且气之造作非有意而为，而是无心之化。

② 叶树勋：《早期道家"自然"观念的两种形态》，《哲学研究》2017 年第 8 期，第 18~28，128 页。

③ 王海成：《儒家"无为而治"思想的理论特质和当代意义》，《学术交流》2016 年第 3 期，第 27~31 页。

一致，那么"于心有为"则可能与之相违了。一般而言，超乎寻常的变化现象应由能动者，如人或神主动引发，才会被视为神通，否则只是机械必然、随机偶然或其他原因造成的。神通的主观能动性要求，与道家"无为"去智故的主张正相矛盾，而这是神仙思想与道家思想结合过程中必然面临的困难。先秦两汉本土神仙思想，基本未能超越"无为自然"理念中去智故主张的约束，因而道家文献中的神人、真人、至人等，虽已显露出神异能力，但其神异程度，仍远不及佛教神通。比如《庄子·逍遥游》中描绘的藐姑射山神人，能通过凝神"使物不疵疠而年谷熟"。"神凝"是精神活动，凭此而能促进谷物生长，具有神异性。然而，郭象注曰："夫体神居灵而穷理极妙者……遗身而自得，虽淡然而不待，坐忘行忘，忘而为之，故行若曳枯木，止若聚死灰，是以云其神凝也。"① 然则，所谓凝神，从积极角度说，是聚集精神于道，从消极角度说，则是遗身忘我。遗身忘我是要去除一切后天人为，包括理智、欲望、意志等。这样的神人、真人、至人，不应也不会主动地"命召万物"，只会"自然应之如影响"（《老子道德经河上公章句·养德》），所以常被形容为形如槁木，心如死灰。这样一来，凝神与谷物成熟之间就未必具有神异性质的因果关系。如郭象注曰："其神凝，则不凝者自得矣"，这是典型的道家思路，即道无为故万物自然，圣人无为故百姓自然。② 在这种思想结构中，"无为"是"自然"的前提条件，但不是直接动因，直接动因虽未明确指出，但一般指气的自发运动，从而凝神物化就很难被视为神通。先秦两汉道家文献中的神异现象大多与此相似，反映出"无为自然"理念中去智故主张的约束力之大。③

除了凝神，道家还有"心斋""坐忘""一志""执一"等修行方式，都是成就真人、神人、至人等所需要的。这些方法不仅形式上与佛教的禅定相似，在效果上二者也都可以产生超凡能力，因而早期译者将两者进行类比。但佛教对心念作用持肯定态度，因而在神通现象中，心是直接发动者。《无量寿经》早期译本"随意所欲""应念即至""随心恣意""随意""意欲……即/则……"等词语、句式随处可见，这些语词都有明确的梵文对应处，并非译者所加，反映了佛教原有的神通认识。伴随心念而起的，是诸如水流"自然"升降、音乐"自然"听闻、宅舍"自然"大小、饮食"自然"来去等世间不可能发生的异常现象，心念与异象之间——对应的因果关系直接明了。《无量寿经》早期译本以这样的方式，明确地为"自然"概念注入了神通思想，但同时加剧了与道家"无为自然"的价值理念的矛盾。

早期译者也认识到了这一点，所以在强调净土众生能够随心所欲享受自然妙物的同时，指出其心并不在意这些享受，更不以此为目的。诸菩萨、阿罗汉"于其国土所有万物，无我所心、无染着心，去来进止情无所系，随意自在无所适莫"④。这种调和，一方面肯定心念的直接作用，另一方面又认为在更深的精神层面，净土众生无我无执，无我而

---

① 郭象注，成玄英疏，曹础基、黄兰发点校：《南华真经注疏》，中华书局1998年版，第13页。

② 王中江：《道与事物的自然：老子"道法自然"实义考论》，《哲学研究》2010年第8期，第37~47、127页。

③ "使物不疵疠而年谷熟"中的"使"字透露出积极主动意味，《管子·内业》"执一不失，能君万物"的"君"字亦然，为从神仙思想角度进行诠解提供了切入点，但仍然可以作非神异性的解释。

④ 康僧铠译：《佛说无量寿经》卷二，《大正藏》第12册，No.360，第273页下。

有为，两相配合，既为神通现象提供了直接动因，又避免了堕入享乐主义的非议。佛教调和二者的方法，远比先秦两汉道家单方面限制心念作用的做法圆融高明，因而也为后世道教所吸收。后世道书叙述神通时，"应念""随心""随意"等词语被采用，表明其认可了佛教以心念作为神通直接动因的方式，同时，又融合佛道价值观为一体，建立"无作无欲，无意无念，无想无爱，无执无得，无虚无实，无灭无生"的神仙形象①，以期不违背去智故的道家传统。

再次，《无量寿经》早期译本以本土的以心役物类比佛教的以心役色来调和两家神通原理。然而，佛教与中国本土思想在心、物/色本质及二者关系问题上存在重大分歧。佛教对心色关系的认识，主要可以概括为心色分离、色从于心两点。心色分离指心法与色法具有不同的来源和本质，二者并非必须结合在一起。佛教对"法"的分析，无论是从人身上分出的色、受、想、行、识"五蕴"，还是从作为世界共同要素角度分出的地、水、火、风、空、识"六大"都反映出将色法与心法相互分离的认识。将二者相分离，是因为在印度文化中，色与心是来源不同、本质有异的事物。世界虽然由色法和心法共同构成，但二者的结合不是必须的，佛教对世界结构和类型的划分中，"无色界"的存在正反映了这一认识。因此，殊源、异质、相分，是佛教心色二元论的基本观念。

色从于心则意指，虽然二者殊源、异质、相分，但并非平等并列的关系，而是色法低于心法的等级关系，甚至是色法从属于心法的从属关系。色法低于心法，这是佛教所有派别的共识，但更重要的是，佛教还有比较强的认为色法从属于心法的倾向。作为佛教基础理论的业感缘起，对心的作用就比对色更加重视，如"五支"缘起以"爱"为首，九支和十支缘起则以"识"为首，十二支缘起则以"无明"为首。"爱""识"和"无明"都是心之异名或特殊状态，以之为首，就是以心为整个业报轮回因果链条的起始和动因。虽然佛教也认为地、水、火、风"四大"各有其性，能作为色法的能生、依止、持、住、增长"五种因"。② 但从世间的构成、等级和成因来看，"四大"作为色法之因，在世间居于次要地位。甚至，神通之力"能令四大体性互相转变"。③ 而到了大乘瑜伽行派，更明确主张三界唯心，万法唯识，色法就完全沦为心法的附属了。

佛教神通就建立在这种心色观念基础之上，因而心的作用极受重视。佛教表达神通的梵文词语，最重要的是 abhijñā，是由前缀 abhi 加词根 √jñā 组成的阴性名词，作动词时有感知、理解、承认、同意、记忆等意思，佛教则用作"超常或超自然的智能"。④ 因此，在佛教观念中，神通的本质是智慧，智慧是心的认知，神通自然也属于心之功能。神通与认知的密切关系，《无量寿经》中也有所体现，文中有数处对神通现象的叙述，强调了感知的作用。比如：

———————————

① 《灵宝无量度人上品妙经》卷二十《碧落空歌品》，《道藏》第 1 册，文物出版社、上海书店、天津古籍出版社 1994 年版，第 131 页中。

② ［印］婆薮盘豆造，（南朝梁）真谛译：《阿毗达磨俱舍释论》卷五，《大正藏》第 29 册，No. 1559，第 195 页下。

③ 释印顺：《摄大乘论讲记》卷二，《印顺法师佛学著作全集》，中华书局 2009 年版，第 274 页。

④ Sir Monier Monier-Williams. *A Sanskrit-English Dictionary*：*Etymologically and Philologically Arranged with Special Reference to Cognate Indo-European Languages.* Oxford：Clarendon Press，1899，p. 62；郭良鋆：《佛教神通观》，《南亚研究》1994 年第 2 期，第 17~22 页。

梵文本: *te yādṛśāni cīvarāṇy ākāṃkṣanti nānāvarṇāny anekasatasahasravarṇāni teṣāṃ tādṛśair eva cīvararatnaiḥ sarvaṃ tad buddhakṣetraṃ parisphuṭaṃ bhavati | prāvṛtam eva cātmānaṃ saṃjānanti | te yathārūpāṇy ābharaṇāny ākāṃkṣanti, ... yad idam ābharaṇavṛ ṣāvasaktais tais cābharaṇair alaṃkṛtam ātmānaṃ saṃjānanti |* ①

魏译本: 无量寿国其诸天人，衣服、饮食、华香、璎珞、诸盖幢幡、微妙音声，所居舍宅、宫殿、楼阁，称其形色、高下、大小，或一宝、二宝，乃至无量众宝，随意所欲，应念即至。②

梵文本意思是净土众生想要怎样的衣服、装饰品，他们就能感知自己穿着那样的衣服，装饰着那样的装饰品。魏译本译为 "随意所欲，应念即至"。梵汉本的差别比较大，因为一般而言，这类神通现象应通过 "念起—物生—感知" 三步而实现，梵文本简化为 "念起—感知" 两步，"物生" 被省略了，汉译本则简化为 "念起—物生"，省去了 "感知"。虽然这类例子不多，但仍反映出重要问题。梵文本作这种简化，原因可能有三，一是相信在净土神通中念起与物生之间的必然性和瞬间性；二是净土之物为微妙色法，不会如粗重色法一样显现出来；三是净土之物以 "感知" 的方式起 "食" 之作用。

梵文本: *na khalu punar ānanda sukhāvatyāṃ lokadhātau sattvā audārikaṃ kavaḍ īkārāhāram āharanti | api tu khalu punar yathārūpam evāharam ākāṃkṣanti tathārūpam āhṛtam eva saṃjānanti prīṇitakāyās ca bhavanti prīṇitagātrāḥ | na teṣāṃ bhūyaḥ kāye prakṣepa hkaraṇīyaḥ |* ③

魏译本: 虽有此食实无食者，但见色、闻香，意以为食，自然饱足，身心柔软，无所味着。④

梵文本的意思是净土众生不食用粗糙的饮食，他们想要什么样的饮食，就能感知到获得那样的饮食，且食物不必进入身体，即可身心欢喜。佛教将众生维持生命的方式，分为段、触、思、识四种，即 "四食"。⑤ 但佛教所理解的饮食是有特殊意义的，平常所言的以口啖饮，入腹消化之饮食，只有段食中的一部分，其他诸如见色、闻香、涂洗，以及一切精神层面的有漏行为，都是 "饮食"，因为 "能资诸有，是其食义"。⑥ 极乐净土之饮食，无需经过入口咀嚼消化等阶段就能达到饮食之功效。然则，其不是通过转换物质能量来维持生命，而是通过 "感知" 的方式满足精神需求来 "长养诸根大种"。⑦ 魏译本的 "见色闻香，意以为食"，虽然可能是增译，但大体符合梵文本义。总之，净土之饮食，

---

① Kotatsu Fujita. *The Larger and Smaller Sukhāvatīvyūha Sūtras.* Kyoto：Hozokan, 2011, p. 43.

② 康僧铠译：《佛说无量寿经》卷一，《大正藏》第 12 册，No. 360，第 272 页上。

③ Kotatsu Fujita. *The Larger and Smaller Sukhāvatīvyūha Sūtras*, p. 42.

④ 康僧铠译：《佛说无量寿经》卷一，《大正藏》第 12 册，No. 360，第 271 页下。

⑤ "四食" 之内涵，各家有所不同，体系较为完备的是说一切有部和唯识两家。

⑥ ［印］世亲造, 玄奘译：《阿毗达磨俱舍论》卷十，《大正藏》第 29 册，No. 1558，第 55 页上。

⑦ ［印］弥勒菩萨说, 玄奘译：《瑜伽师地论》卷九十四，《大正藏》第 30 册，No. 1579，第 838 页下。

能应念而至，又是微细之物，微妙难知，且仅凭精神上的感知即可起到"食"之效果。因此，省略"物生"这一阶段，有其合理性。

然而，这种省略，使净土神通带有很强的主观色彩，容易被误解全然是在心上发生的现象，即幻想或幻觉，因而各汉译本不省略"物生"阶段，反而有时省略对"感知"的描述，这是力图将神通现象表述为客观事实。中国译者努力将神通客观化，是因为本土思想对心、物本质及二者关系的认识与佛教不同。本土思想以气化论为解释万物的基本理论，精神与物质皆以气为本，二者同源同质。当然，心与物所禀之气不同，一般而言，前者由气之阳者、清者、精者所化，拥有能动的生命力乃至人格意志；后者由气之阴者、浊者、粗者所成，遵从机械的必然法则而存在。因此，心与物有高低之分，前者能控制役使后者，就此而言，本土神仙异能的以心役物，与佛教神通的以心役色，形式上颇为相似，这是两者类比的基础。

然而，本土思想的心物同源终究与佛教的心色异质存在较大分别，早期译者既受本土气化论影响，又要保留佛教思想，对如何处理二者关系，处于两难境地。如前所述，东汉三国译者以气解释佛教的地、水、火、风"四大"，这是在色法的层面接纳了气化论，但同时，对于精神，有些译者有意将之与气分别开来，如康僧会，其《阴持入经注》曰："有识之灵，及草木之栽，与元气相含，升降废兴终而复始，轮转三界无有穷极，故曰种也。"[1] 其所译《六度集经》则云："魂灵与元气相合，终而复始，轮转无际。"[2] 这明显采纳了佛教心色异质的观点，因为本土思想虽然也有心物之分，但那是同为一气前提下的分别，而在上述例子中，则魂灵已不属于气。支谶和支谦则与之不同，支谶在《大阿弥陀经》中使用了"魂神精识"，支谦则在《平等觉经》中使用了"魂神命精"，在其他译经中大量使用"精神"一词，这表明其接受了本土精气思想，以精气解释心。康僧会有意将心与气分别开来，更接近佛教的心色异质观念；支谶和支谦以精气解心，则是中国本土的心物同源思想。由此再看《无量寿经》早期译本，支谶和支谦应是试图在本土气化论思想框架内理解净土神通中的心物关系的。然则，净土众生的以心役物，是基于心与物同为精气所化，故可同类相感的感应原理，而非佛教本身色从于心的从属理论。

佛教神通与本土神仙异能如此迥然不同的理论基础，必然导致对物/色的地位评价不同。在佛教神通中，色法完全处于从属地位，就此而言，神通的发生是"于物（色法）无待"的。但在本土神仙异能思想中，物虽然因所禀之气不如心，故受到心的控制，但物本身亦有其先天、内在、必然之性理，可以无待于心而独立自存，亦非心可以任意左右。神仙对物的操控，至少在先秦两汉时期神仙思想中，仍表现为对气之运动原理的运用，而非逆之而行。因此，本土神仙异能，是"于物有待"的。两相对比，佛教神通完全否定了物自身的独立地位和价值，本土神仙异能则仍有一定保留。故此，虽然《无量寿经》早期译本以"自然"描述净土众生之神通，但其精神价值完全与道家"无为自然"理念相悖。后世译者取消了神通自然的用法，价值理念上的差异应该也是原因之一。而在道教中，这一用法被继承下来，原因之一，是其与本土思想比较一致，故可以大胆沿用。

综此，《无量寿经》早期译本，在气化论的基础上，对道家"无为自然"思想结构进

① 安世高译，康僧会注：《阴持入经注》卷一，《大正藏》第 33 册，No. 1694，第 10 页上。
② 康僧会译：《六度集经》卷八，《大正藏》第 3 册，No. 152，第 51 页下。

行新的诠释，以融合佛教神通和中国神仙异能思想。经此诠释，"无为"主要被定义为身之无需作为；而心之作用则分为两个层面，在浅层的念头层面，是起心动念的"有为"，而在深层的动机层面，则又是无我无执的"无为"。而"自然"之物，在佛教神通中，不再是出于物自身内在本性的，具有独立地位的能动者，而只是以符合众生心念为目的的被动者，甚至其本身就只是心法的产物。《无量寿经》早期译本以本土的"以心役物"类比佛教的"以心役色"，通过心物同源同质异性的理论，使物居于一个低于心，但仍有一定程度独立性的地位，从而既为净土神通提供了理论基础，又不至于完全背离道家"无为自然"的理念。简言之，《无量寿经》早期译本的神通自然，是以气为本，于身无为，于心无我而有为，于物有待的。这是调和佛教与中国本土思想的产物，为本土神仙异能思想突破道家"无为自然"理念的束缚提供了重要参考，也为本土人士理解和接纳佛教神通提供了方便。但这种调和，本土思想的影响更大，因而比较容易为本土人士接纳，道教就是最好的例子。佛教为避免"自然"概念引起的误读，逐渐放弃了神通自然的用法。

《无量寿经》早期译本大量使用"自然"一词，用于描述净土世界之物事，其中以妙物自然和神通自然两类最具特色。译者以本土的气化论和"无为自然"思想结构为基础，与佛教的四大说、缘起观、无常观、无我（/性空）论、神通思想、心色观念等进行类比、取舍、缀合、再解释等，从而形成亦佛亦道、非佛非道的新思想，为"自然"观念注入了新内涵。

随着译经水平的提高，以及佛道斗争等因素的影响，佛经中"自然"一词的使用大为减少，作为《无量寿经》早期译本特色的妙物自然和神通自然，也逐渐被后世译者弃用。但早期译者调和融会佛教与中国本土思想的成果却延续下来，成为中国佛教解释色法的构成要素、成坏因由、存在状态，乃至论证无我性空的特色方式。另一方面，由于妙物自然和神通自然深具中国思想特征而又有所创新，因而启发了本土神仙思想。尤其是其对"无为自然"的全新诠释，为调和神仙思想与道家"无为自然"理念之间的矛盾提供了参考。作为神仙思想与道家结合产物的道教，吸纳了《无量寿经》早期译本中的妙物自然和神通自然用法，成为中国神仙思想的特色。

（作者单位：中山大学哲学系）

清代道诗视野下的黄宽及《自然堂遗诗》研究[*]

□ 钟志辉

【摘要】 黄宽为清初岭南道士诗人，他的生平经历与诗歌创作较大程度地反映了清代道士诗歌基本特点。黄氏爱好诗歌，与地方诗坛保持较多的互动，授艺切磋，促进其诗歌创作与艺术的提高。风格上表现出明显的宗唐倾向，题材多为咏写山居环境，善于炼句与造境，诗风随创作场合、题材变化而变化。内容上少阐述道教义理，修道生活对其诗歌影响主要体现在意象、词汇、典故以及构思等方面。以上数点，同时可视为清代道诗的共同点。

【关键词】 清代；道士诗人；黄宽；宗唐诗学；地方诗坛

清代道教诗史隶属于道教文学研究范畴，目前学术界对中国古代道教诗歌的研究已经比较充分，但都集中在清以前，对于清代道诗既缺乏整体观照，个案研究也相对较少。事实上，从目前流存的道诗总集与别集所反映的情况来看，清代道士创作都有值得重视之处，需要深入研究。因为篇幅所限，本文以黄宽及其《自然堂遗诗》为主要研究对象，将其放置到清代道士诗史的背景下，去探讨黄氏创作所展现的一般特点。

黄宽是清初岭南道士。清代岭南文学虽然颇为兴盛，但道士创作则相对寥寥，黄宽《自然堂遗诗》是目前可考见的唯一保存相对完整的清代岭南宗教诗集，对于探讨地方宗教文学而言，弥足珍贵。进一步来讲，清代道士创作的渊薮在江浙地区，无论是诗集流传，还是总集收录，该地区的道士诗歌都是首屈一指的。然而，黄宽诗歌表现出来的基本面向，与江浙地区道士诗歌有很多共通性。从这个角度来说，研究黄宽及其创作，可以透视清代道诗的一般情况。基于此，下文将从其生平交游、创作兴趣、诗学倾向等几个方面展开论述，希望能从个案进窥整体风貌。

---

* 本文为国家社科基金重大项目"中国宗教文学史"（15ZDB069）阶段性成果。

一、生 平 考 述

黄宽，字鹤堂，广东番禺人，生卒年不详，大致生活于顺治、康熙年间。少年出家为道，后得岭南三大家之一的陈恭尹与惠州知府王瑛赏识，被亲送至罗浮山，"入住冲虚观"（汪后来《自然堂诗序》①）。

黄宽是何时入住此观的呢？解决这个问题，需要考察王瑛仕宦岭南的时间。王瑛，又作煐，字子千，紫诠为其号。据其在罗浮山建子曰亭并撰《子曰亭记》云"岁之己巳，余承命出守惠阳"②，知为康熙二十八年（1689 年）出任惠州知府。离任时间为康熙三十六年春末③（1697 年），随后履职川南道台，黄宽有《送惠阳王使君之任川南》临别赠言"罗浮别后应多赋，还向山人一寄声"，嘱托对方寄诗。自称"山人"，说明王瑛离任时，黄氏尚在罗浮山。由此推知他应当是在康熙二十八年（或稍后）到三十六年居住罗浮山修道。

冲虚观，原为葛洪所创都虚庵，唐代置祠堂，宋代立观，明末毁于盗掠④，在康熙二十六年冬至二十七年仲夏，广州提督许贞、惠州知府吕应奎、博罗县令陶敬等人主持重修，在此之前观中道士"皆散处村落"⑤。黄宽是在重修后入住的。据尹志华先生考证，全真道龙门派道士杜阳栋于康熙二十九年（1690 年）云游至罗浮山，三十七年任冲虚观主持。龙门道士入主罗浮山，引起了山中原有道士的不满，因为罗浮山"本南宗道宇，自明以前北宗全真无居此山者"⑥。在原住道士不满的情况下，杜氏依然能够出任主持，可能是得到了政府支持。事实上，道观主持可由地方官员委任，例如康熙五十五年，曾一贯主持冲虚观就是由地方大吏指定⑦。在杜氏之前，主持冲虚观者史无记载。汪序称黄宽由王瑛亲送到罗浮"入住冲虚观"，所谓的"入住"是主持之意还是仅为入观修道之意，尚且需要足够的史料才能确定。不过汪后来在叙述黄氏入住冲虚观之后，紧接着就说他"既而退居穗城之西"。一般而言，"退居"都有退位、退职之意，与晋升相对，那么这似乎说明黄氏曾在冲虚观担任过一定职务。考虑到送他入住的是罗浮山所在州的知府，并参考康熙五十五年该观主持由政府委任的例子，那么黄宽有可能曾主持冲虚观，或者担任一

---

① 本文所引黄宽诗歌以及汪后来序（简称"汪序"）、黎湛枝序，均以《自然堂遗诗》（民国十五年黄文藻刻本，上海图书馆藏）为准，不再详注。

② 宋广业纂辑：《罗浮山志会编》卷十二，龚鹏程、陈廖安主编：《中华续道藏初辑》第 5 册，台湾新文丰出版公司 1999 年版。

③ 见《陈恭尹年谱》，陈鸿荆等笺：《陈恭尹诗笺校》，广东人民出版社 2015 年版，第 1229 页。潘建国认为王氏离任惠州是在康熙三十五年秋（《清初岭南诗人龚章与〈澹宁堂集〉》，《典籍与文化》2008 年第 3 期）。

④ 参考尹志华：《清代全真道历史新探》，香港中文大学出版社 2014 年版，第 118 页。

⑤ 潘耒：《游罗浮记》，《罗浮山志会编》卷十二。

⑥ 陈教友：《浮山志》，《藏外道书》第 32 册，巴蜀书社 1992 年版，第 592 页。参考尹志华：《清代全真道历史新探》，香港中文大学出版社 2014 年版，第 118 页。

⑦ 尹志华：《清代全真道历史新探》，香港中文大学出版社 2014 年版，第 118 页。

定职位，因此会有"退居"之说①。

有关于《自然堂诗》的流传情况，结合汪后来与黎湛枝序，它刊刻于乾隆己巳（1749年），时黄氏已谢世。随后二百年间，历经兵燹，板片散失，卷帙也荡然无存。黄氏裔孙植生搜访多年，偶然在故里访得抄本，于是不惜重金购买，未及校勘而溘然长逝。黄植生子黄文藻继承父志，于民国十五年（1926年）在京城重校刊行，题作"自然堂遗诗"，以区别于原书。该集收录汪后来所作原序，黎湛枝新序及黄文藻跋，分三卷，卷一为五言律诗，卷二为七言律诗，卷三为五言、七言绝句。

本文在研究黄宽的生平经历时，深感于材料不足，有诸多细节无法深究，不得不辅以其他间接材料，以及零星出现于他人文集中的信息。在这种情况下不可避免要加以推测。这也是研究清代多数道士诗人生平的共同问题。他们虽然在不同程度上保持着与外界的交往，部分道士诗人甚至在当时产生过重要的政治社会影响，如娄近垣、刘一明以及高仁峒等高道，但是多数人的活动空间往往局限于道观所在的道府。他们的行为，无论是私人性还是公共性的，主要集中在以诗为主体或媒介的场合，甚少道士诗人能参与具有更为深远广泛影响的政治、社会事件，因而留名青史的可能性很小。目前来看，研究清代道士诗人的生平，依靠的史料主要是个人文集收录的序跋、诗文，与总集如张谦《道家诗纪》、阮元《两浙辑轩录》、徐世昌《晚晴簃诗汇》，相关地方志、宫观志，此外还有与之有交游的文人别集等。

二、与地方诗坛的互动

明清时期岭南文人多结社作诗，顺康间又为有清一代南粤结社风气最盛的阶段，其核心人物是有岭南三大家之称的屈大均、陈恭尹、梁佩兰。黄宽入住罗浮之前，已得陈恭尹的赏识，文集保存两首与陈氏有关的诗，《雨后登白鹤峰偕陈元孝先生》《拟筑别业先柬陈元孝先生》，元孝为陈恭尹字。因为陈恭尹的推挹，黄宽退居广州时享受一定的声誉。据汪序，广州城西流行结社风气，但诗社成员学诗漫无所归，"咸质于鹤堂"，听到后者一番鞭辟入里的评论后（详后），"同人皆服其论"。他参与当地诗社名为双桥社，曾一度停摆，重开后他还专门写诗志之：

> 飞觞授简昔曾过，胜事于人未易多。三月有花仍寂寞，一春无酒渐消磨。谁云大雅今能作，莫负芳时好放歌。笑我自从吟咏少，新须赢得近如何。（《重开双桥社》其二）

---

① 此处需要注意的是黄宽的身份。从汪后来的序来看，他"少访道于崆峒，名标青简"，"崆峒"非实指崆峒山，而是用《庄子·在宥》黄帝问道广成子于崆峒的典故，指代他修道经历，"青简"可指道教神仙名录，此处指黄氏名列道籍。因为他入道却不喜服金聚气、辟谷餐霞，汪后来才特别标出这一点，以突出其沉迷作诗的"不务正业"。在他去世后，《自然堂诗集》由黄氏"嗣君"于乾隆己巳年（1749年）刊刻，"嗣君"可能是指黄氏亲生子，若如果取这个意思，那么黄氏在退居广州期间已然成为散居道士，这是允许娶妻生子的。但"嗣君"亦有可能是过继领养之子，在《自然堂诗》中黄氏从未提及家室，因此令人怀疑，无法定论。徐世昌《晚晴簃诗汇》就将黄宽诗列入道士类目，故本文把黄宽纳入清代道士诗歌的讨论范围。

作者在停社时感受到强烈寂寞与无聊，所以才会把诗社"飞觞授简"的活动称作"胜事"。结尾反用唐人卢延让《苦吟》诗句"吟安一个字，捻断数根须"，自嘲多时不作诗，胡须新长，表达重开诗社的欣喜，意含幽默。除了诗社活动，他时常与友人集会作诗，《首春罿堂偶集》《鸣谦堂雅集听友人弹琴》《夏日偕诸子集荔圃同咏新藕赠梦花主人》等就是集会产物。甚至参与范围更广的地方创作。康熙戊戌年（1718 年），广东商人沈琦开粤台古迹八咏诗社于白燕堂，以浮邱井、陆贾祠、虞翻苑、望气楼、沉香浦、荔枝湾、素馨田、抗风轩为题，"体皆七律，预书笺致于城乡吟侣，匝月间共收三千余卷"①。在《自然堂遗诗》卷二赫然收录同题之诗，均为七律，黄宽对参与地方诗坛的热忱可见一斑。

黄宽日常生活比较单调，诗歌是他走出封闭世界的重要手段，自述"每为诗心忆友生"（《夏日假闲堂分赋》卷二），诗心萌动激发他社交的意愿。痴迷与执着诗艺，自然会"好句有时得"（《寄友人》），而得的佳句不愿秘不示人，送别朋友时说自己会"好将得意句，书寄楚江鱼"（《送家少屏之洞庭》）。寄赠诗句往往包含切磋商讨的意图，如"遥怜高阁外，赋就问谁工"，由该诗题目"甡园观剧后雨集柬曹蔡言"可知黄宽与朋友集会，因曹氏的缺席而感无人可请教诗作精工与否，透露了强烈的切磋研讨意识。当他与朋友聚会作诗时，诗兴往往被充分激发，"松枝历乱瀑声寒，吟共宵深兴未阑……社事不妨长约此，城东咫尺即仙坛"（《中秋月偕诸子于白云绝顶坐月》）。共吟诗歌到深宵仍然意犹未尽，甚而建言长约社事于广州白云山顶峰。

黄宽与岭南诸多名士交往，除了前面提到的王瑛、陈恭尹外，比较重要者还有以下几位。

（1）龚汉五，或即龚章，字含五，含、汉音近而混。龚章为惠州人，康熙十二年进士，初授庶吉士，转翰林院检讨，康熙二十六年（丁卯，1687 年）主持江南科举，因牵涉丁卯乡试案被革职返乡，于是杜门著述。闲暇常游览罗浮山，与朋友唱和。卒于康熙三十四年，享年五十九。他是岭南著名书法家，尤工草书，为岭南"竹本派"书家中成就最高者，有《澹宁堂集》。② 黄宽入住冲虚观时间与龚氏履历相合，且同在惠州，龚氏又与王瑛交情尤笃，因此黄宽与之有交往，当在情理之中。龚氏去世后，黄宽作挽诗自道"廿载交情犹恨晚"（《挽龚汉五》卷二），说明两人交情匪浅。

（2）汪后来（1674—?），原名湄，字白岸，号鹿冈，原籍安徽歙县，因其父做官移居广东。工诗，有《鹿冈集》，主要成就在于绘画，为安徽新安画派的代表，促进了该画派在岭南地区的传播。③

（3）潘子登，名鼎珪，晋江人，著作有《安南纪游》，为陈恭尹《独漉堂集》作序。④

（4）黄同石，黄宽集中有《答家仝石舟中望罗浮见寄》，"家仝石"即其人，同姓称

① 罗元焕：《粤台征雅录》"陈石樵先生"条，丛书集成初编本，第 4 页。
② 参考潘建国：《清初岭南诗人龚章与〈澹宁堂集〉》，《典籍与文化》2008 年第 3 期。
③ 朱万章：《"新安画派"的余绪——清代汪后来绘画研究》，《荣宝斋》2014 年第 7 期。
④ 陈鸿荆等笺：《陈恭尹诗笺校》，广东人民出版社 2015 年版，第 488 页。

家。名璞，同石为其字，广东顺德人，著有诗文集《战古堂集》，另有传奇《天上有》及《风流债》。①

道士修道生活比较单调，活动空间相对有限，性情也比较平淡，对于诗歌而言，有天然的助益也有天然的弊端。助益在于当他们面对山川烟霞、动植器物时，能够凝神静虑，澄怀观道。创作成就虽有高低，但是对兴象、意境、意韵的追求与营造，则容易成为共同目标。然而隐居形成相对封闭的环境，往往伴随着不可避免的弊端与缺陷，就是诗歌题材、主题与思想容易流于单一贫乏，缺少广阔深厚的社会、历史内容。黄氏诗集中大量咏物诗，虽然能体现其营造意境与寄托情意的努力，但是宗教生活天然的特点在很大程度上限制其施展腾挪，因而缺乏更为壮大的情思与意境。在这个时候，以文会友的生活方式为其诗风的突破提供了可能。以诗为媒介联系社会，能扩展他的生活范围，尤其是与名家的交往，对于促进他诗歌题材、艺术等多方面变化，是有积极意义的。这种现象在清代道诗中是较为普遍存在的。下举数例为证：盛京道士苗君稷，曾得到著名诗僧释函可的指点，同时还与流放当地的贰臣如吴达、陈之遴、张天植等人交往唱和。他从不善于作诗到被人称为"横行何、李间"，直比明代何景明与李梦阳，显然与得到诸多名家，尤其是释函可的亲炙有莫大关系②。

江宁道士朱福田，为清朝重要的道士诗人，游学对象包括姚鼐、孙星衍、齐学裘、汤贻汾、刘开、郭麐等。朱福田经常与当地名流交游唱和。尤其是姚鼐，是朱氏的老师，对其诗歌影响至为关键。

吴山道士施远恩，唱和交游对象包括郑板桥、厉鹗、杭世骏、吴颖芳等名流。

江宁隐仙庵道士王至淳，有《清凉山房诗概》，因为袁枚与姚鼐亲炙，"声名尤是籍甚"③。

三、"唯攻诗歌"

笔者收集清代道士留存的相对完整的诗集有十数种，此外张谦纂辑道诗总集《道教诗纪》（稿本）所收录诗作的作者，以浙西为中心的道士有100多人④，实际数量自然远超过这个数目。综合来看，清代道诗规模相对比较大。造成这种现象的主要原因有以下几个。第一，明清之际的遗民入道，如傅山、朱耷、黄周星、李延昰、苗君稷等，促进了清代道士诗坛的兴盛。随着清廷统治进入稳定时期，又有不少世家子弟或者曾经业儒求仕者加入其中⑤，如贺炳、杨通幽、陆微、吉潮、张临、袁守中等⑥。根据《道家诗纪》各道士小传，还可以发现很多道士多才多艺，书画兼善，经史子集均有涉猎。从总体上来看，

① 黄胜江：《清中叶文人曲家剧作稽考四题》，《文艺评论》2013年第10期。

② 参考刘刚、李德山：《有关苗君稷几个基本问题的考证》，《西安电子科技大学学报》（社会科学版）2013年第6期。

③ 《清凉山房诗概》秦耀曾序，道光二十二年刻本，首都图书馆藏。

④ 参考罗争鸣：《张谦及其稿本〈道家诗纪〉再探》，《学术论坛》2013年第8期。

⑤ 参考吴亚魁：《江南全真道教》，上海古籍出版社2012年版，第342~349页。

⑥ 参考张谦：《道家诗纪》清朝部分的道士小传，《上海图书馆未刊稿》第60册，复旦大学出版社2008年版。

他们的学识素养是比较高的。这就为他们的创作奠定了必要基础。第二，道教南、北宗都不乏作诗之传统。修道的场所又多在山林之中，隐居清幽、孤独的环境有助于激发诗情，内心的情欲也多借周围自然山水得以消遣。因此，道士尤喜吟咏山林花石，这与山居习静是紧密相关的。此外，如前论，他们与世俗文人的结社唱和，成一时风气。因此，我们会发现不少道士对作诗表现出极大的热情，甚至接近痴迷①，黄宽就是典型。

黄宽好作诗歌，汪序称其"唯攻诗歌，寝食三唐无懈日"。他在诗作中频繁表达自己对作诗的喜好，"榻外烟霞窗外景，几回吟咏到宵分"（《招鹤》其二），"渴想餐霞犹未得，日长高咏破无聊"（《荔影》），辟谷餐霞、得道升仙的梦想没有实现，只有借助吟咏以消遣无聊。他自诩是"方外狂吟客"（《喜晤吴尔贵》），"渴病真何似，茂陵成苦吟"（《友人许惠山泉不至诗以速之》），"所思持赠意，吟苦晚风前"（《雨中柬邻翁乞菊》），"山水有余梦，离别成苦吟"（《赎琴》），苦吟成为生活习惯。作诗日久也就不可避免产生强烈的期许，《冬至后偕诸子泛舟东郊观射》云"几度书云寄早梅，诗心翻被壮心催……文坛十载思投笔，深愧长杨作赋才"。《长杨赋》是扬雄为谏止汉成帝荒于田猎而作，诗人在此处只取其射猎之意，表达其作诗多年，面对射猎活动却没有扬雄之文笔，深感惭愧，于是萌生投笔之意，足见其以诗自任的自我期待。

除了参加诗社活动外，黄宽还大量描写自己修道环境、衣食起居。《瓷缾》《烂屐》《琴囊》《帘月》《秋村》《秋帘》《秋井》《秋渚》《秋笛》《葺亭》《补桥》《编笼》《砌石》《梳竹》《移菊》《灌菜》等，均来自日常琐碎平凡的见闻感受，说明他的诗兴无处不在。在这些作品中，诗人表达隔离尘世、悠然忘机之情，"悠然尘搩外，何者不忘机"（《秋渚》）；感受自足意趣，如《砌石》："大璞不终弃，他山岂外求。引泉声到耳，高卧即岩邱。"身边大石含玉其中，自然不必外求他山；砌石引流，泉水流淌的声音让作者感受到高卧岩邱的乐趣。在清静的环境中澄怀观道，进而领悟道无所不在之理，"从来消长理，一勺亦乾坤"（《放池》），微小如一勺之水也蕴含着自然消长的道理。《刈蕉》以割刈蕉叶为缘起抒发感想，主旨集中在结尾两句"覆鹿何为者，无端论是非"，化用《列子·周穆王篇》"蕉鹿梦"的典故，对世人强分是非的质疑，演述的是《庄子》齐物思想，说明日常生活与悟道修道原可相得益彰。

好吟诗而生活圈子比较狭窄，不可避免导致诗歌题材、主题、境界堕于贫乏、重复与狭小。当他从琐碎的日常跳脱出去，面向更为广阔的天地自然与更为深厚的历史人文时，诗歌风貌就会发生较大的变化。集中收录这类作品，多是咏写岭南胜景、历史、人事，如《游白云登郑仙岩》《越台》《厓门》《台关》《镇海楼晚眺》《立秋日登江楼望海珠》等，作者在诗中凭吊史迹，缅怀古人，情思壮大而感慨深沉。佳作如《厓门》：

> 潇潇风雨暗厓门，厓畔于今庙貌存。海底有天应是宋，人间无地不归元。丰碑泪没孤臣泪，明月凄凄白鸟魂。战气消沉潮上下，悠悠往事未堪论。

厓门位于广东新会县，关系到宋代存亡的崖山海战便发生于此。黄宽在风雨潇潇中登临厓门，追思凭吊，诗中感慨宋灭元胜的历史巨变，与陆秀夫等忠义孤臣无力回天、负帝

---

① 具体可参考《道教诗纪》清朝部分的道士小传与《道家诗纪》收录《小瀛洲诗话》相关评语。

投海的悲壮事迹。最后以战气消沉、潮流涌动的崖山景观，映衬悠远往事的沉重，强化不堪论说的情感。风格沉郁雄浑，迥然区别于同集其他俊丽清新的咏物写景诗。值得注意的是，陈恭尹有《厓门谒三忠祠》，在词汇、情感与主题方面，均与此诗较为相似①，可见彼此诗学的互动与汲取。《端州》一诗，首联、颔联咏写端州（今广东肇庆市）清丽雄伟的山川景色，颈联分别从仙与史两方面突出其人文意蕴，尾联"回首荒芜行殿北，淡烟衰柳咽蝉鸣"，感慨晚明永历帝朱由榔流亡至肇庆所建行宫的衰败，抒发明朝灭亡的历史沧桑感，诗风沉郁悲凉。

四、修道经历对诗歌的影响

道士诗人与世俗诗人的重要差别之一在于前者皈依道门的身份，这种身份对奉道者产生了一系列从思想观念到行为言论的规戒与束约，研究经旨、创新教义、习静清修、布道传教、劝世教民、斋醮祈请等环节与实践，往往会反映在文学上，从而区别于世俗诗人。清代道士的修道实践表现在诗歌中，涉及上述多个方面，同时因个人职位、经历与性情不同而有所差别。明清之际隐身道门者，如李延昰，今存《放鹇亭稿》收录《乐府变》《崇祯宫词》《九峰作》三组诗，均为叙述晚明破灭之史事，风格沉郁。② 同为遗民入道的黄周星，《九峰先生集》③ 也充满了家国之痛与黍离之悲，以及烟霞仙趣。苗君稷因明末为清兵掳掠至盛京，不得已于当地入道，《焦冥集》随处可见孤独、乡愁与焦虑主题。高道如傅金铨，诗集《赤水吟》阐述其内丹思想，风格隐晦迷离；同时因善画，《自题所画》④ 为题画诗集，诗作能补画之不足，自铸意境。高仁峒为北京白云观方丈，《云水集》⑤ 多为阐述道义、布道传教之作，风格隐晦。以上诗人反映清代道诗的面向，对于研究宗教实践对文学创作的影响固然非常重要，然而就整体情况来说，这类创作分量比较小。因为支撑起清代道士文坛的主力既非遗民也非高道大德，而是普通的修道者。他们多生长于承平之时，诗作少家国之思，且非痴迷炼丹求仙、养生延命者，因而不热衷于以隐晦神秘的方式作诗论道。道教实践对于其人与诗的影响，主要在于澄怀静虑，使之以平和的心态观照自然万物，体会山林烟霞之趣，甚者能从中体道悟道。道教词汇、意象、典故常常作为点缀与烘托出现在诗作中，渲染神秘与浪漫的气息。这一点，在黄宽的作品中体现得非常明显。

黄宽年少时即入道，入住冲虚观多年，这对他的心态和创作具有关键的影响。如前所论，他保持着较为频繁的社会交往，但这种交往主要限于诗歌唱和，他的作品中基本看不到俗世文人常有的名利欲望、爱恨喜怒，诗人心态是比较冲淡平和、优游从容的，这是修道者的本色流露。汪序指出黄氏诗歌，"既少凄怨之音，亦无寒涩之习"。凄怨在历代文人诗中为常见之情感，与其功名利禄的追求颇有关联。对于黄氏来说，长期修道生活抑制

---

① 陈鸿荆等笺：《陈恭尹诗笺校》，广东人民出版社 2015 年版，第 64 页。
② 清宣统三年（1911 年）华云阁铅印本。
③ 谢孝明校点：《黄周星集》，岳麓书社 2013 年版。
④ 傅金铨：《证道秘书：道教济一子傅金铨内丹修炼典籍》，宗教文化出版社 2014 年版。
⑤ 盖菲：《高仁峒及其思想研究》附录，厦门大学硕士学位论文，第 61～108 页。

了人性中躁动的情欲，而后归于淡泊平静，反映在作品中就少激烈的情感，多冲淡平和之音。这在前举以幽居生活为中心的诗歌中可见一斑，兹不复论。

黄宽很少在诗中阐述仙道思想，这与其"不泥于服金聚气，辟谷餐霞"的志趣有关。然而道家崇尚自然的文学观念对其创作却有根本性的影响，以"自然"题名诗集，诗作"随其性情之所发露，而无一毫假借"（汪序），就是明证。道教的思想、意象、典故往往作为背景、氛围出现在诗中，经过点染装饰，发挥想象，进而铺设情境、营造意境。如描写金盘荔枝（茶花的一种）"几日通鹑火，还丹细可论"（《盘荔》），想象其红艳外貌如同鹑火炼丹；形容楼高为"渺莫通银汉，谁乘八月槎"（《扶摇楼》），借用仙家笔下常用的乘八月浮槎上云汉的典故。"犹带烟霞迹，缑山昨寄归"（《鹤翎》）是形容鹤的羽毛，从修道成仙的地方（缑氏山）寄归，因而赋予烟霞仙气。这些都是思想观念长期浸润于道教后的自然流露。当道教意象与特定题材结合起来时，就能营造充满仙气的意境，如《抱月阁》：

> 天风吹不尽，散落步虚声。遥海杯中泻，神山槛外横。鹏为六月息，鹤应九皋鸣。一试飞仙术，随君到赤城。

由风吹楼阁，联想到神仙凌空步行，颔联转换视角，想象从空中俯视人寰，看到海水如同杯中泻出、神山横卧于槛外的场景，再衔以鹏飞万里、鹤鸣九皋的意象，最后抒发作者欲试飞仙之术、随月到仙境的愿望。诗中充满仙道意象，营造了神秘浪漫的气息。汪后来提到自己读黄氏诗歌的感受，"杳杳冥冥，如闻奏青词于碧落，见阓金榜于瑶京"，这与诗中充盈仙道意蕴有很大关系。

修道经历对其创作影响的另一个表现体现在，他主动于自然山水中探求仙意。《竹实》描写诗人隐居溪畔之竹，其子实称为竹米。首联先交代诗人隐居周围的百尺竹竿所结缀的子实，颔联从形与香两方面展开描写。颈联虚写，"客至何劳供玉粒，风来端不为箫声"，"玉粒"指仙药，代指竹实，传说为凤凰所食之物，以此为铺垫，后文便顺势引出萧史与弄玉吹箫引凤的典故，突出竹实的吸引力。诗中使用充满仙趣的词汇与典故，寓仙蕴于隐居环境。在尾联则由竹返己，"人间烟火殊多事，须信成仙旧有名"，表达自己避离人间、修道求仙的信念。

五、宗唐诗学与峻丽诗风

宗唐、宗宋之争，绵延于明清数百年诗史，聚讼纷纭。宗唐并非以整个唐诗为皈依，其实多集中在初盛唐，尤以盛唐为大宗。这个阶段的诗人偏重抒情写景，共同体现对气象、意境、神韵的追求。宋诗则多议论，重理趣，贵用事。当然唐宋诗之别只能大致而言，两者又有诸多相似之处。处身于这种文化背景，清代道士诗人的创作也难以独善，具体宗尚又会因师承、兴趣与创作场合、题材不同而有所差异，殊难一概而论。张谦《道家诗纪》收录清代道诗，以清虚、淡雅为主，风格多偏向于唐诗。内部亦有论道传道之作，与傅金铨《赤水吟》、高仁峒《云水集》风格相类，实际上是传承北宋张伯端《悟真篇》一脉而来，以时代而论，可归为宗宋一派。其中也有明确的学宋诗者，如周望、张谦评价其诗为"入宋人之室"①。然而,就笔者收集的十多种较为完整的诗集来看,清代道士宗唐倾向是占据主流的。从内在的意识来讲,他们未必都有清晰的流派宗尚,不过我们却可以从其外在经历,即宗教实践,为这种现象找到合理的解释。修道习静陶冶出平和性情,缺少士大夫常见的仕途、世事遭遇,因而诗歌不尚议论批判,情感少激烈发越。他们拥有一定的学识,儒释道都有涉猎,但他们与士大夫不同,不以学业为重,故作诗不好掉书袋,风格平易流畅。山居周围的草木山川常是他们吟咏寄托的对象,这为他们学习唐诗,尤其是山水诗,提供了天然的便利。从地理文学的角度来讲,江浙地区古为吴越之地,六朝到盛唐一脉相承的诗风,正是孕育于此地。而清朝江浙又独多道士诗人,在如此明媚秀丽的景观中产生的诗歌自然不可避免带上唐诗清新流丽的特点。回到本文主人公黄宽,他虽然身处岭南,但是汪序称他"寝食三唐无懈日",不容商议地断定其诗风趣尚,无论是知识结构、理论表达、诗学氛围,或者是创作构思、风格,宗唐的倾向都是非常明显的。

集中收录数首咏楼诗,所涉及地域遍及湖北、江苏、河南以及陕西。部分作品是在黄宽访道云游途中所作,如《黄鹤楼》称"我亦登临聊寄兴",说明他曾云游至武昌。部分作品当来自读书感想,如《白玉楼》,"死是怜才尽可惊,绯衣曾说玉楼成"。白玉楼非实物,此处用唐人李贺的典故。据传李贺死后,绯衣人召李贺为天帝所筑白玉楼作记。②《花萼楼》咏唐玄宗与兄弟友爱之事。燕子楼为唐代贞元年间节度使张建封为爱妾关盼盼所筑,因白居易与中书舍人张仲素唱和而闻名,黄氏《燕子楼》有"此心岂待舍人猜,小阁低徊尽可哀",就是因此而发。筹边楼是李德裕为预防吐蕃入侵而造。说明他的知识结构多来自唐代典籍。同时,诗歌上宗唐的倾向,使得他必然多阅读、模仿唐人诗歌,《登大庾岭谒文献张公祠》为凭吊张九龄之作,诗中有"试哦诗句犹能忆",他能记忆张九龄的诗歌,可视作他熟稔唐诗的表现。

黄宽曾与岭南诗人论述粤地诗风:

> 粤中风雅,大非昔比,以虚诞为高古,以缓漫为冲淡,以诡怪为新奇,以错出为独善,以庸熟为稳约,以浅率为平淡。而不知古人之诗,气象氤氲,由深于体势;意度磅礴,由深于作用;用律不滞,由深于声对;用事不直,由深于义类。故直而不率,典而不泥,高远而不离,飞动而不浮,一字一句以至全篇。若气不贯通,意不融洽,便凑泊非诗矣。

这段话并无新意,完全是袭引唐代皎然《诗式》③,述而不作,略作调整而已,然而他借用皎然的论述,用意在于针砭当地今非昔比的诗风,分析似是而非的习气,树立理想的正宗与典范,这种典范就是唐音。诗论中所言统摄在气象氤氲、意度磅礴、声律流畅特

---

① 《道家诗纪》卷三十七,《上海图书馆未刊稿》第 60 册,复旦大学出版社 2008 年版,第 177 页。

② 见李商隐:《李贺小传》,刘学锴、余恕成:《李商隐文编年校注》,中华书局 2014 年版,第 2265 页。

③ 李壮鹰:《诗式校注》卷一,人民文学出版社 2003 年版。

点下的高古、冲淡、新奇、稳约、平淡等风格，正是唐诗区别于宋诗的一般特征。然而，即便当时岭南诗风走向了与唐音正宗相对的变体，但是这种变体的发生，仍然是在步趋正宗典范时误入歧途的产物。因此，粤中诗人的诗学取向是宗唐而非宗宋。这一点，清代的诗论家多执同论。杨继昌《国朝诗话》指出"岭南诗追逐唐音，体尚苍凉，情多感慨"①，苍凉只是唐音的一个面向，不能完全概括唐代或者岭南诗风，但是他总结岭南宗唐的风气则殊为可信。韩海《郭苾亭诗集序》则从渊源上叙述岭南诗学，"吾粤诗多以唐为宗，宋以下概束之高阁。远自南园五先生开其源，近则屈、梁、陈三大家树之帜，粤人士从之，翕然如水之赴壑"②。明朝孙蕡、王佐、赵介、李德、黄哲五人开启岭南诗坛的宗唐风气，并由明末清初的三大家发扬光大，影响至广。就陈恭尹而言，王士禛认为其诗清迥绝俗，佳作"得唐人三昧"③，与韩说前后为继，可互相印证。黄氏既然与陈恭尹交游，同时身处这种诗学氛围，自然不可避免沾染时风，而他对唐诗的熟稔与领悟，也促发他对岭南诗坛宗尚偏误的反省。他引皎然诗论，其实是建立在对当地宗唐倾向有深刻认识的基础上，否则以气象、意境论宋诗及其效仿者，无疑是对牛弹琴。当地人"以缓漫为冲淡"等偏颇，只是学力悟性未臻妙境的常态。因而听到他这一番论述后，"同人皆服其论"（汪序）。

就实践而言，黄宽诗歌少议论，用词以平易为主，注重炼句与造境。炼句表现于山水诗中，往往于二三联安排佳句，如：

> 野云凝草阁，残月出孤村。（《宿东谷山居》）
> 霜树红侵驿，江花白到船。（《送潘子登先生返里》）
> 驿路花光遍，湖船月上初。（《送家少屏之洞庭》）
> 瀑布飞空浮翠色，松花落砌暗香堆。（《游白云登郑仙岩》）
> 月印苔痕瘦，风迟鹤梦闲。（《缺题》）

其风格源自王、孟与杜甫，佳句的形成离不开人工雕琢，雕琢过分则易显生硬枯瘦，但作者能把握好尺度，因而炼句颇为自然流丽而有韵致。

善于造境是其宗唐的又一个表现。作者往往集中提炼单纯的物象、场景，在其中施展想象，寄托情意，进而营造浑融玲珑的意境。五言律诗善于描写清幽之境，如《扫叶》：

> 亦足供幽课，闲阶扫叶时。夕阳翻乱影，饥鸟啄深枝。煮石思留客，题诗欲寄谁。心空人境外，明月下迟迟。

---

① 转引自陈鸿荆等笺：《陈恭尹诗笺校》附录《诸家评论》，广东人民出版社 2015 年版，第 1280 页。

② 转引自陈鸿荆等笺：《陈恭尹诗笺校》附录《诸家评论》，广东人民出版社 2015 年版，第 1281 页。

③ 转引自陈鸿荆等笺：《陈恭尹诗笺校》附录《诸家评论》，广东人民出版社 2015 年版，第 1278 页。

描绘闲扫落叶时，观察到夕照斑驳、饥鸟啄枝的场景，烘托作者幽居的清净与孤独，这些情景触发他思留客，欲寄诗的情思，由景到情递相照应首句"幽"与"闲"，并最后拢归到明月迟迟、人心空静的意境当中。"煮石"出自韦应物《寄全椒山中道士》"归来煮白石"，暗示诗人道者的身份，也说明其诗学渊源有自。唐代的五律主要有两种风格，清新与豪放。黄氏多以五律刻画幽居环境，咏物写景，兼及少量赠答，风格以清新流丽为主。相对而言，他的七律成就更高，尤其是在广阔深厚的历史人文环境中所作诗，风格在清丽基础上又有变化，添加壮大与深沉的特点。深沉见于咏史诗，已如前述。壮大融合清丽而成峻丽之风貌，多见于山水诗，如"雄图销尽见江山，飞阁层层杳霭间"（《镇海楼晚眺》）；"势借虹霓添缥缈，影争空色为分明"（《蜃楼》）；"鸟飞极浦沉残获，帆带斜阳出远林"（《岳阳楼》）；"澄江倚剑横秋水，破袖凌霄挹晚风"（《仲宣楼》）；"海泛红波临砌急，山流清影隔城迟"（《登丹霞台望郑仙岩》）；"地结群峰连北斗，天围高峡出城东"（《端州》）等，气势壮大而境界开阔。

综上，对于诗歌的热爱，与地方诗坛的互动，促进黄宽诗歌创作与诗艺的提高，诗歌表现出明显的以唐诗为宗的倾向，善于炼句，讲究造境，并有明确的理论表述。诗歌风格随着创作环境的变化而呈现不同的面貌。作为道士，其诗作很少论道，修道经历对其影响主要表现在诗歌意象、词汇与典故的择取上，一些诗歌的旨趣与情调也可以反映出道教对其创作构思的影响。以上虽然是从黄宽《自然堂遗诗》归纳而来，实际上也代表了清代道士诗歌创作的一般特点。

（作者单位：武汉大学文学院）

"涵咏性情，游戏神通"：晚明释氏诗人雪浪洪恩探论*

□　李舜臣　张子川

【摘要】雪浪洪恩是晚明贤首宗巨匠，禀赋辩才，一门风雅，能诗者极众。然其个性卓异，颇招物议，西人利玛窦《中国札记》称其为"渎神的神秘主义者"，沈德符《万历野获编》更载其诸种"劣行"。若以俗世眼光评论，其"异行"当然有悖僧律，败坏风俗；但若以法眼观之，则扫荡支离，不拘轨则。雪浪洪恩不以诗文为小道、外学，而因其"涵咏性情，游戏神通"，亦目之为"普贤行门"。雪浪之诗，亦禅亦诗，既有其佛法、心性之细微体悟，亦有对世态、万象之知性观照，甚至不避绮语，此亦为其言"即世相而明常住"之体现。

【关键词】雪浪洪恩；释氏诗人；僧诗；亦禅亦诗

晚明"佛教中兴"之景象，荒木见悟、圣严法师、江灿腾等佛学研究者的相关撰述皆予以了极清晰的描述。① 所谓"中兴"，要之，无外乎如下数端：其一，高僧辈出，龙象蹴踏；其二，佛教经典，重予阐释，义学大兴；其三，佛教诸宗，趣向融合，皆存复兴之象。而其"中兴"之缘由，亦有三点：万历初期，整肃纲纪，清理嘉、隆弊象，遏制道教，佛教则彼消我涨，此其一也。心学左派，更趣佛禅，士林禅悦之风劲盛，丛林应运而复生，此其二也。世人信仰宗教，或因神圣经典，或拜服圣人，晚明丛林中兴，莲池、憨山、紫柏诸高僧之苦心提持，功不可没。此其三也。

晚明复兴之诸宗中，尤以贤首宗之"中兴"，值得关注。钱谦益尝云："（雪浪）三十年，如摩尼圆照，一雨普润，贤首一宗，为得法弟，得继席者以百计，秉法而转教者以千

* 本文为国家社科基金项目"历代释家别集叙录"（14BZW085）、全国高校古籍整理委员会直接资助项目《元明清释家别集提要》（教古字［2014］097 号）、江西省社科规划重点项目"明代释家别集提要"、江西省高校人文社科重点研究基地招标项目"禅学与诗学"阶段性成果。

① 最具代表性的著述是：荒木见悟著，廖肇亨译：《明末清初的思想与佛教》，上海古籍出版社 2010 年版；圣严法师：《明末中国佛教之研究》，台湾学生书局 1988 年版，宗教文化出版社 2006 年再版；江灿腾：《晚明佛教丛林改革与佛学净辩之研究》，台湾新文丰出版公司 1990 年版，《晚明佛教改革史》，广西师范大学出版社 2006 年版。

计，南北法席之盛，近代所未有也。"① 程嘉燧亦云："百年以来，号东南大法幢，莫盛于雪浪恩大师。"② 雪浪恩公，即雪浪洪恩，乃晚明弘扬此宗之巨匠。雪浪之后，嗣法弟子亦肆弘其志。牧斋又云："贤首之宗，弘于雪浪，其后为巢、雨，为苍、汰，皆于吴中次补说法，瓶锡所至，在花山、中峰，两山云岚相接，梵呗相闻，四公法门冢嫡，如两鼻孔同出一气，但有左右耳。"③ "巢"指巢松慧浸，"雨"指一雨通润，"苍"指苍雪读彻，"汰"指汰如明河，此四人皆为雪浪洪恩之弟子或再传弟子。雪浪洪恩一系，不仅皆禀赋辩才，且一门风雅，能诗者极众。除此雪浪与"巢、雨、苍、汰"外，雪山法杲，更被王穉登称为"近代诗僧领袖"④；湛怀钦佩则与雪浪洪恩、憨山德清并称为"长干三诗僧"⑤。廖肇亨先生曾对雪浪洪恩作了初步的研究，从文化史、诗歌史的角度探讨了雪浪洪恩于晚明丛林诗歌之意义。⑥ 然雪浪洪恩卓异个性以及独特的诗文创作，仍有进一步发覆之必要。

一、"怪得肉眼不识"：雪浪洪恩的品行之再检讨

洪恩（1645—1607 年），字三怀（一作"三淮""三槐"），号雪浪，俗姓黄，上元（今南京）人。家本富室，然素有出世之志。年十二，听无极守愚法师演法华大法，遂出家为沙弥。⑦ 十八岁即淹通佛法，声名大著；无极迁化后，荷担祖道，为人天耳目，法席遍及吴越大地，三十余载演华严法界圆融无碍之旨，闻者无不心志移夺，"东南法席，未有盛于此者"。其生平行履，概见于虞山钱谦益《华山雪浪大师塔铭》⑧；其弘传祖道，提持僧俗之事迹，则具见于憨山德清《雪浪法师恩公中兴道法传》⑨。

雪浪洪恩与憨山德清同出于无极法师门下，两人"比肩握手，如连珠珏玉，见者以为无著、天亲"⑩。万历二十三年，憨山德清以南方软暖，为砥砺心志，决计北上参访名宿。雪浪洪恩苦留之，不可。翌年，雪浪北上，觅憨山于冰雪堆中，誓生共死。憨山罹难谪迁岭南，改革丛林；而雪浪则固守江南，矢志弘法，论者誉为无极门下"一车两轮"。

① 钱谦益：《列朝诗集小传·闰集》卷三，上海古籍出版社 2008 年版，第 703 页。
② 程嘉燧：《重新建造真际庵疏》，《程嘉燧全集》，上海古籍出版社 2015 年版，第 527 页。
③ 钱谦益：《汰如法师塔铭》，《钱牧斋全集》第 3 册，上海古籍出版社 2003 年版，第 1577 页。
④ 朱彝尊：《静居志诗话》卷二十三，人民文学出版社 1990 年版，第 750 页。
⑤ 钱谦益：《列朝诗集小传·闰集》卷三，上海古籍出版社 2008 年版，第 711 页。
⑥ 参见廖肇亨《从"清凉圣境"到"金陵怀古"——由尚诗风习侧探晚明清初华严学南方系之精神图景》，《中国文哲研究集刊》2010 年第 37 期；《雪浪洪恩初探——兼题东京内阁文库所藏〈谷响录〉》，《汉学研究》1996 年第 2 期。
⑦ 钱谦益：《华山雪浪大师塔铭》作"师年十三……为小沙弥，顾然具大人相"。按，年十三或误，当为年十二。雪浪《九月过祖堂六十自寿》有"十二为僧耳顺来"句。
⑧ 钱谦益：《华山雪浪大师塔铭》，《钱牧斋全集》第 3 册，上海古籍出版社 2003 年版，第 1571~1574 页。
⑨ 德清：《雪浪法师恩公中兴道法传》，《憨山德清梦游集》卷三十，莆田广化寺佛经流通处影印光绪五年刻本。
⑩ 钱谦益：《华山雪浪大师塔铭》，《钱牧斋全集》第 3 册，上海古籍出版社 2003 年版，第 1572 页。

然而，今人所知雪浪洪恩者，多为西人利玛窦所著《中国札记》中的"雪浪洪恩"。万历二十七年（1598年），利玛窦在南京和雪浪洪恩交锋、辩论。利玛窦在书中将雪浪描述成一个"渎神的神秘主义者""偶像崇拜者"，辩论时"带着一副轻蔑的腔调"，"傲慢地咧嘴一笑"，最后"宴会结束以后，只有那位僧人不肯承认失败，尽管所有的人都一致认为他失败了"。① 《利玛窦中国札记》在时下中国的影响，远甚于雪浪洪恩的《雪浪集》《心经说》等著述，故雪浪洪恩此种傲慢无理的影像，深植人心。不仅如此，晚明影响甚著的野史——沈德符《万历野获编》，亦有一段与雪浪洪恩相关的文字：

> （雪浪）性佻达，不拘细行，友人辈挈之游狎邪，初不峻拒，或曲宴观剧，亦欣然往就。时有寇四儿名文华者，负坊曲盛名，每具伊蒲之馔，邀之屏阁，或时一赴，时议哗然，遂有摩登伽鸠摩罗什之谤。实不至此。江夏郭明龙为南祭酒，极憎之，至书檄驱逐，历叙其淫诸状，几不可闻。或云雪浪曾背诽郭诗，为其同侪缁徒所谮，以致郭切齿。未知然否？雪浪自此汗漫江湖。曾至吴越间，士女如狂，受戒礼拜者，摩肩接踵，城郭为之罢市。雪浪有侍者数人，皆韶年丽质，被服纨绮，即祖衣亦必红紫，几同烟粉之饰。予曾疑之，以问冯开之祭酒："比丘举动如此，果于禅律有碍否？"冯笑曰："正如吾辈蓄十数婢妾，他日何害生西方登正觉耶！"其爱护之如此，然郭即代冯为司成者，亦最相善。②

沈德符虽有"实不至此""未知然否"云云，但世人似乎更容易记住的是雪浪洪恩游狎邪、曲宴观剧、汩溺声色、为当道所逐等种种"劣行"。今人之所以宁愿相信这样记载，部分是出于一种猎奇心理，部分则是因为雪浪的诸种"劣行"颇符契晚明风气。

利玛窦是雪浪之论敌，为宣传耶稣教而力排佛教，在他的撰述中，晚明僧人几无好印象。例如他描述紫柏大师"奸诈狡猾"，极力贬低其人格。③ 而憨山德清、钱牧斋，一为雪浪的法弟，一为其白衣弟子，在撰写碑传时，亦难免不带上"过滤镜"。例如，牧斋的《塔铭》，除描述其"高颡朗目，方颐大口，肌理如玉"之外貌，所载其行履事迹主要有如下数端：一是"上五台"觅憨山德清事，以见出雪浪与憨山手足情深。二是嘉靖四十七年，报恩寺毁于雷火，雪浪苦心经营，以至"呕血数升"。三是极力渲染讲法的情形："及师（雪浪）出世，照遮双显，总别交光，摩尼四现，一雨普沾。学者耳目互错，心志一夺，如法雷之破蛰，如东风之泮冻，说法三十年，黑白日以万计。"四是评述其僧品。牧斋虽亦提及雪浪"鲜衣美食，取次供养"，但用了更多笔墨叙写："已而饭惟羹豆，卧则匡床，舍茶则担水出没，饭僧则斧薪执具"，特别是丁未（万历三十五年，1607年，此

---

① 利玛窦撰，何高济等译：《利玛窦中国札记》，中华书局1983年版，第368页。
② 沈德符：《万历野获编》卷二十七《雪浪被逐》，中华书局1997年版，第692~693页。
③ 《利玛窦中国札记》载："这个达观是个相当有学问的人，奸诈狡猾，熟悉所有的宗教派别，视情况需要而充当各派的辩护人。……他死后，他的名字成了那些枉自吹嘘不怕肉体受苦的人的代号；但是他忘记了自己的吹嘘，当他挨打时他也像其他凡人一样地呼叫。官员有令，他的尸体不得收葬。他们怀疑他只是装死，他可能施展了这样那样的诡计逃脱。"

年雪浪圆寂）他携李长蘅访雪浪事："瞻向之余，心骨清莹，始悔向者知师浅也。"① 牧斋笔下的"雪浪"，与利玛窦、沈德符的描述，显然大异其趣。

然则，雪浪洪恩究竟是一名怎样的僧人？我们认为，无论是钱谦益、憨山德清，还是沈德符、利玛窦，所描述的都有事实依据，只是采取的立场不同。譬如观人面相，视角不一，所得印象亦大不相同。对于雪浪的"印象"，钱谦益《跋雪浪师书黄庭后》中说得更为清晰：

> 余少习雪浪师，见其御鲜衣，食美食，谭诗顾曲，徙倚竟日，窃疑其失衲子本色。丁未，访师于望亭，结茅饭僧，补衣脱粟，萧散枯淡，了非旧观。居无何而示寂去矣。师临行，弟子环绕念佛，师忽张目曰："我不是这个家数，无烦尔尔。"嗟乎！师之本色如此，岂余向者号嗃儿童之见，所能相其仿佛也哉！读师所书《黄庭经》，当知与五千四十八卷一切法宝等同无异。②

牧斋这段叙述，一方面突出雪浪晚年的"悔过自新"，另一方面也说明对他的此种"异行"，绝非是"号嗃儿童"所能"理解"。显然，牧斋并没有否认雪浪违背僧人戒律的事实。又，姚旅《露书》卷九也记载："余尝见雪浪、蕴璞，经僧也。雪浪多妖童，客至，童即出门看，盖随车从之多寡，以为款供之等第。蕴璞在永庆寺讲，朋辈拜之，辄称禁足。余尝早至，觅之不得，云答某部郎拜，恐妨经讲，每早行也。"③ 同样描述了雪浪蓄"妖童"、倨傲无礼等劣行。再如"曲宴观剧"一事，雪浪有《承屠长卿虞长孺诸公招集净慈寺说般若后看〈昙花记〉赋诗》，所记即他与屠隆等人观演《昙花记》之事。屠隆的《佛法金汤录》更记载了他问雪浪观《昙花记》之感。

沈德符《万历野获编》中所载江夏郭明龙驱逐雪浪事，钱谦益《塔铭》和憨山德清《法道传》中均只字未提，盖有意回护。但钱谦益《列朝诗集》却记载说：

> 江夏郭文毅公为南祭酒，僧徒僭公于郭公，伪为公批抹郭公诗集，衔袖以示之。郭公大怒，逐公，仅而得免。先是憨大师在长安，郭公以诗就正，大师信笔评定，多所是正，郭公心弗善也。已而闻雪浪嗤点之语，顿足曰："何物二老秃，皆有意挪揄我！"其怒益不可解。憨公为余言如此。④

牧斋最后特别说明"憨公为余言"，盖强调此则文献的真实性。今读雪浪《九月过祖堂六十自寿》《自警》诸诗，中有"孤峰绝侣欠圆融，入水拖泥又污躬""赤眚人言灾，聊以谢尘务"句，似乎都暗示了他曾遭遇到灾难。

---

① 钱谦益：《华山雪浪大师塔铭》，《钱牧斋全集》第 3 册，上海古籍出版社 2003 年版，第 1571~1574 页。

② 钱谦益：《跋雪浪师书黄庭后》，《钱牧斋全集》第 3 册，上海古籍出版社 2003 年版，第 1800 页。

③ 姚旅：《露书》卷九，福建人民出版社 2008 年版，第 204 页。

④ 钱谦益：《列朝诗集小传·闰集》卷三，上海古籍出版社 2008 年版，第 704 页。

雪浪在晚明的确堪称卓异之僧，究竟是魔是道，抑或亦魔亦道？评价往往在一念之间耳。梅鼎祚在写给雪浪一封书信中尝谓："往记寿吾师五十，今又一旬矣。师腊高道高，魔亦以高，自是恒理。"① 若以俗世眼光评论，他的种种"异行"当然是有悖僧律，败坏风俗；但若以法眼观之，则未可如是观。憨山德清《雪浪法师恩公中兴法道传》云：

> （雪浪）天性坦夷，不修城府，不避讥嫌，以适意为乐。来去翛然，如逸鹤凌空，脱略拘忌，达观禅师颇有嗛于公。予曰："师固不知雪浪，吾观其因地，听唯识而发心，向藏塔而剪发，此再来人窥基后身也。"达师首肯曰："吾今不敢易视此公也。"②

"以适意为乐""逸鹤凌空""脱略拘忌"，实际就是他不守僧律的另一种表达。憨山德清在晚明享有极高的声望，性格刚强，绝无曲谀阿世之态。因此，同样是刚烈无比的紫柏大师闻其言，改变了对雪浪洪恩原初的印象。晚明另一高僧蕅益智旭对雪浪洪恩更有精辟之论："扫荡支离，不拘轨则，潇洒风流，露疵缩德。分明是玄奘再来，怪得肉眼不识。"③ 一语道出了"肉眼凡胎"和"法眼高道"对雪浪洪恩得出的泾渭分明的评价。然而，雪浪洪恩自身似乎并不在意这些评价，曾为他撰塔铭的邹迪光说："不知师者，以为狂也、燦也、我慢也、多习气以道其生徒也，而师不知也。知师者以为真实也，解脱也，朗畅也，自然而然，无所矫揉也，而师亦不知也。"④ 雪浪既没有陷入永无休止的斗诤之中，亦很少自矜于别人的称赏。知我罪我，是我非我，雪浪洪恩依旧是雪浪洪恩，大地山河依旧是大地山河，这或许才是真正解脱得道者应具有的境界。

二、"诗为普贤行门"：雪浪洪恩之诗学观

雪浪对于诗歌之倾注，在晚明文献中也常有记载。钱谦益《塔铭》中也称："谭诗顾曲，徙倚竟日"，又称"博综外典，旁及唐诗、晋字，帷灯画被，日夜不置，丹黄纷披，几案尽黑"⑤。沈德符也说他"敏慧能诗，博通梵夹"，"风流文藻，辨博自喜，有支郎畜马剪崔之风"⑥。今检其《雪浪集》《雪浪续集》，他尝与山人文士、法中诸子结有焦

---

① 梅鼎祚：《鹿裘石室集》卷六十一《答雪浪恩公》，明天启三年玄白堂刻本。

② 德清：《憨山德清梦游集》卷三十《雪浪法师恩公中兴道法传》，莆田广化寺佛经流通处影印光绪五年刻本。

③ 智旭：《灵峰宗论》卷九之三《雪浪大师赞》，《蕅益大师全集》第 16 册，巴蜀书社 2014 年版，第 228 页。

④ 邹迪光：《华山雪浪大师塔铭》，收入刘名芳《宝华山志》，《中国佛寺丛刊》第 1 辑，第 41 册，台湾明文书局 1980 年版，第 255 页。参见廖肇亨：《中边·诗禅·梦戏：明末清初佛教文化论述的呈现与开展》，第 212 页。

⑤ 钱谦益：《华山雪浪大师塔铭》，《钱牧斋全集》第 3 册，上海古籍出版社 2003 年版，第 1572 页。

⑥ 沈德符：《万历野获编》卷二十七《雪浪被逐》，中华书局 1997 年版，第 692~693 页。

山诗社①、长干诗社，赠答宴游、拈题分韵，亦是日常修行弘法之余事。

但是，雪浪绝非耽溺于诗歌而废菩提道者。憨山德清《雪浪法师恩公中兴法道传》云："公尚未习世俗文字，予偶作《山居赋》一首，公粘于壁。公侄博士黄生见之，羡曰：'阿叔有愧此公多矣。'公曰：'是雕虫技耳，何足齿哉？'公年二十一，佛法淹贯，自是励志，始习世间书，子史百氏，古辞赋诗歌，靡不搜索，游戏染翰，意在笔先，三吴名士，切磨殆遍，所出声诗，无不脍炙人口，尺牍只字，得为珍秘。"② 雪浪对世俗文字原本颇为轻视，视之为"雕虫小技"，但二十岁始励志习焉。其缘由，廖肇亨先生以为"除了兴趣以外，恐亦有不愿亚于憨山德清之意存焉"③。笔者以为，其中原委也许是雪浪"淹贯佛法"后，对世俗文字有更深入之体悟，此正如参禅经历了"见山是山""见山不是山""见山只是山"三阶段后，已"得个休歇处"。在雪浪眼里，世谛文字，同样也经历了"文字是文字""文字不是文字""文字只是文字"的三个阶段。雪浪此种学诗的因缘，自不同于那些以儒士身份而出家的诗僧，这使他的诗歌，能尽脱文人积习，以法眼观照世界。

雪浪有一篇《跋悦公四十自祝偈》，集中体现了他对诗歌艺术的看法。其云：

> 前辈衲僧亦有韵语，殆非有意，只欲涵咏性情，游戏神通耳。或意幽而语直，此虽不华而理常自足。读之，间有警悟，非徒然耶？自予幼时失足雕虫，后渐与二三兄弟，相期为丽藻摹仿之词，备采前代。要之，未闻道时，以斯差排习气，抑伏雄心也。而今而后，则举世赭衣髡首之徒，无论美恶，一皆若狂才，入空门便尔高谭翰墨，以至竭其精思，废其寝食，相向以工，相夸以艳，禅那经律，薄而不为。纵使若江淹之拟古，藏真之传神，何异玉雕楮叶，棘尖猕猴，工则工矣，亦奚以为？是则宗风因之一变。淫荒酒乱，易可知非，失真迷性，莫甚于此！以之而参禅，则何禅而不明，用斯而学道，则何道之不成耶？初意违亲离俗，希证圣真，今反以有尽之形躯，随无涯之思虑，终身役役，不亦悲夫！有其甚者，竞名规利，用之以为终南快捷方式，奔驰权势，因之以作进身良媒，以至丧身败德，焚和乱俗，莫不滥觞于斯矣。④

雪浪自称"予幼时失足雕虫"，似与憨山德清的记载稍有出入，但这并非此篇跋文的关键。雪浪在这段文字中，指出了近世丛林中出现的"高谭翰墨"而"失真迷性"的不良风气，更对那些以诗"竞名规利""进身良媒"之徒，予以了严厉的批评，以为他们不仅"丧身败德"，甚至"焚和乱俗"。显然，雪浪的此种批评是有针对性的。钟惺就描述

---

① 雪浪洪恩《雪浪集》卷下《焦山诗社题辞》："万历癸巳之冬，吾门二三子与李氏三兄弟……不甘雅道偏师，欲夺词坛赤帜。是以入林海国结社焦丘，效支许之新盟，刘雷之旧好。"

② 德清：《憨山德清梦游集》卷三十《雪浪法师恩公中兴道法传》，莆田广化寺佛经流通处影印光绪五年刻本。

③ 廖肇亨：《雪浪洪恩初探——兼题东京内阁文库所藏〈谷响录〉》，《汉学研究》1996 年第 2 期。

④ 洪恩：《雪浪集》卷下《跋悦公四十自祝偈》，《四库全书存目丛书》集部第 190 册，齐鲁书社 1996 年版，第 705~706 页。

到当时金陵吴越间"僧之为诗者，得操其权，以要取士大夫"①。难能可贵者是，雪浪对此种窳败之风，深感自责："返躬自省，罪魁元恶，或不能辞！"联系到钱谦益所说："万历中，江南开士，多博通诗翰者，亦公（按：指雪浪）与憨大师为导师也。"② 可见，雪浪洪恩对于晚明江南丛林诗歌走向的确起到了十分重要的影响。

自万历十三年（1585 年）始，雪浪逐步改变了其对待诗歌的态度：

> 由是于万历己酉之秋，请佛证盟，矢心自誓，忏悔前愆，将旧习笔砚谢绝，改过自新，端心圣道。今犹迫于应酬，勉强或似隔日虐临，间一为之，如夹冰之鱼，遇朝阳而濡沫，似压石之草，逢春分即萌，所以干阔奏乐，饮光按节，以明习气难除耳。因从丁亥而与悦公谋曰：还淳返本，移风易俗之计，莫善前茅，誓以无上菩提为指南。因与之谐行，自汉襄郢苑，潜迹牛山，怆心练行，默契于中，遂觉山河大地，一切唯心，语默行藏，莫非同道，同结三期。至戊子暮春，以予萱堂在暮，世相难乖，因曰贞不绝俗，隐不违亲，斯世间之高士，而我入道沙门，当以即世相而明常住耶？遂自归丧梓，犹止草庵。而悦公即以其年届临四十初度，说偈自祝，共得若干首，正以餐风味道，有得于中，发扬于外，可谓以丽藻之词，寓西来之意。虽无心于工，自然合作，言言字字，如鲛目泪流，蚌肠珠剖，映夺今昔矣。③

"己酉"当为"乙酉"之误，即万历十三年，雪浪时年四十岁，逐渐意识到诗歌文字对潜心向道所带来的负面影响，遂改过自新，"端心向道"。但因为方内外之应酬，仍难以根除此种习气。万历十五年（1587 年），又与曜鹤宽悦潜迹牛头山一年，"怆心练行"，颇契佛法大意。但因其父母年老，遂又出世，始终难以脱离世谛文字。雪浪此篇跋文，流露出比较明显的忏悔意识，忏悔他在诗歌上所犯之"文字业障"。

但是，雪浪亦非一味地否定世俗文字，他说"前辈衲僧"之"韵语"："殆非有意，只欲涵咏性情，游戏神通耳。或意幽而语直，此虽不华而理常自足。"诗歌若是能"涵咏性情，游戏神通"，则是一种理想的境地，它不仅有助于心性之修养，还能有更特殊的作用。雪浪弟子石头如愚尝记载：

> ……只因初参学，特遇雪浪和尚，和尚见余可教，教余业此（笔者按：指诗）。余便请益曰："诗僧与禅祖，孰愈？"曰："禅愈。"曰："何不作禅师而作诗僧耶？"曰："若为名作诗，岂招显苦，亦造未来三恶道因，但当今信佛法者少，尚词赋者多，而能为此，亦可先以欲钩率，后令人佛慧。普贤万行，可为方便门者，利人之一端也。"曰："诗胡可为普贤行门哉？"曰："天下有四姓谓士农工商，惟士多聪明而少智慧。聪明多故善为文章，智慧少故不信佛法。而能投其所好，即不信佛法，亦肯与僧游，游则一香一华，一饮一啄，布施于僧，结喜舍缘，种佛法根于人天道中矣。

① 钟惺：《隐秀轩集》卷十七《善权和尚诗序》，上海古籍出版社 1992 年版，第 252 页。

② 钱谦益：《列朝诗集小传·闰集》卷三，上海古籍出版社 2008 年版，第 704 页。

③ 洪恩：《雪浪集》卷下《跋悦公四十自祝偈》，《四库全书存目丛书》集部第 190 册，齐鲁书社 1996 年版，第 706 页。

倘获一个半个有气息者，回头转脑向佛法处熏习，种无上因，未可知也。是而名虽诗僧，其实禅祖，有何歉焉？"余受命礼谢，谛思既作普贤行门，不可草草，遂专心六经子史，出入百家九流，及小说丛谈，期欲涉猎尽而造语。①

雪浪洪恩既了然于丛林之风向，对世俗社会亦洞如观火，他敏锐地意识到佛法昌盛与否绝离不开士人阶层的参与，所以他倡导门人作诗，其目的是以诗为交游的手段，从而牵引、诱导世人学佛。此一方便法门固非雪浪洪恩首创，但在晚明的历史情境下，是有特殊的意义的，其直接的结果就是晚明贤首宗僧侣大多能游戏翰墨，激扬文字。

三、"亦诗亦禅"：雪浪洪恩的诗歌创作

雪浪洪恩的诗集，有《雪浪集》和《续雪浪集》。《雪浪集》，今存万历释通岸刻本，《四库全书存目丛书》据此本影印。是集分上、下两卷，上卷为诗，下卷为文。《禅门逸书续编》第二册亦收有《雪浪集》，是据日本旧抄本影印的，但仅收有诗，未收文。比照万历本与日本抄本，知抄本之底本应是刻本之卷上，只是前序散佚三页，且漫漶不清，不易认读。此外，《禅门逸书续编》第二册还收入了《续雪浪集》，所据底本是万历四十六年（1618年）吴门管觉仙刊本，前有沈灝撰于万历四十三年（1615年）序，后有其弟子管觉仙"后语"。管觉仙曰："此《续集》不甚夥，乃余检拾所积，残珠剩璧，实堪珍密。非珍文字，盖珍法也。缅予侍师三十余年，刿心剖腹，久饫法乳，今日不得复亲而获师遗言，当作难遭想，即寿诸梨枣，以供世之同志者披览之余，知有天花散几席矣。"② 是集未分卷，分五古、七古、五律、七律、五绝、六绝、七绝，厘为七部分。既题为"续雪浪集"，则是集当后刻于《雪浪集》，应是雪浪圆寂之后，由管觉仙掇拾佚稿而成，内中所收《闰九月几日宿风穴庵值予六十初度过浮山二首》《九月过祖堂六十自寿》《丙午九日过致李初度喜同诸法侣》等诗，皆是雪浪晚年之作，为前集所无，故颇为珍贵。但是，仔细勘校二集，重出者达二十余首，言"续集"，则似乎并不妥帖，抑或管觉仙在编辑时未能仔细勘校而致欤？晚明萧士玮曾撰有一篇《雪浪集序》，见《春浮园集》（清光绪刻本）文集卷上，未为《雪浪集》所收，因此，晚明可能还曾刊刻过另一种《雪浪集》。

《四库全书总目》评雪浪洪恩诗曰："朱彝尊《明诗综》载其诗二首，然未离世法之僧，不能语带烟霞也。"③ 此种评价明显偏于草率，这原是馆臣对待僧诗的一贯态度，不必深究。沈灝《雪浪续集序》云："今日读雪浪恩公诗，诗耶禅耶，非诗非禅，亦诗亦禅耶？"④ 此种评语，似乎并不独特，因为在很多僧诗别集的序跋中皆有类似之语。但是，笔者以为沈氏并非一味敷衍、吹捧，而是颇能抓住雪浪诗的特征。雪浪之诗，既有其佛

① 石头如愚：《石头庵集》卷四《冬夜小参三首》其三，《四库全书存目丛书》集部第 191 册，齐鲁书社 1996 年版，第 154 页。

② 管觉仙：《续雪浪集后语》，《续雪浪集》卷末，《禅门逸书续编》第 2 册，汉声出版社 1987 年版，第 44 页。

③ 永瑢等：《四库全书总目提要》卷一八〇"《雪浪集》提要"，中华书局 1981 年版，第 1626 页。

④ 沈灝：《雪浪续集序》，《续雪浪集》卷首，《禅门逸书续编》第 2 册，汉声出版社 1987 年版，第 1 页。

法、心性之细微体悟，亦有对世态、万象之知性观照。此种情感和思虑，雪浪常寄之于自然山水，非关理语、直语，于"诗禅之间"，实难判分。刘文叔则云："读之洒然若遇于大江之上，而白云烟水亦不得结为色相，有诗之道也。故吾观雪浪胸中无以有诗也，而乃其有雪浪之诗。"（《雪浪集序》）雪浪无论是与他人酬答，抑或舟行道途，抑或独处山林，多援景入诗，但又不黏着于色相，而是空诸所有，敞开自己的灵心慧眼。譬如《中秋坐月》云：

> 天上应常满，人间见蔽亏。孤光耿遥夜，清影动凉思。山鸟啼忽断，寒蛩鸣可悲。年年自来往，底意有谁知？①

此诗是中秋对月抒怀，言天上之月本圆满无缺，而以人观之，则盈亏有期。中两联，弥散着僧人特有的悲智之怀。"月"在佛教中，常喻示圆满之自性、佛性，因二者皆朗朗光明，遍照三界。但处尘世之人，受五蕴之扰攘，名利之缠缚，故难以见心明性，此犹如云翳之遮拦，故朗月光华难现大地。这首诗虽主要描写月华、清影、山鸟、寒蛩等景物，但绝不能以寻常眼识观之。不惟此诗，雪浪的大多写景之作，亦复如是。譬如"雨收残暑尽，月出大江空""潮长江天白，霞收海日昏""鸟没沙头影，人分渡口烟。星初垂覆釜，月欲引虚弦""一夜冰霜清万籁，纵余松月带寒烟""瑟瑟萧萧落叶，飕飕飒飒冷风。淅淅沥沥雪霰，弥弥漠漠寒空""石面潮初落，江头月正来""海间霞嶂起，窗里夕阳时""一片清光孤玉笛，千家烟树乱疏钟"等写景之句，若从诗艺角度看，无论炼字、锻意，都堪称上乘；若以法眼衡之，则无不机趣灵动，令人颇生世外之想。

雪浪亦偶援佛语入诗，直接阐释佛理。譬如《坐禅颂》《赞佛颂》《心息相倚偈二首》《劝念佛偈贻云山居士》等偈颂，用佛语、佛教，自是此类诗体的特征。但在一些平常诗体中，雪浪也并不刻意避开佛语、佛典。比如《阻雨柏枧寺》一首："檐溜皆飞瀑，何须柏引泉。能观清净理，未必苦中禅。鸡犬聊同世，鹦花别有天。此中俱不染，火内绽金莲。"再如《重过长干礼塔二首（其二）》云："身为众苦本，名乃实之宾。物有自然理，缘为不遂因。水流终至海，花发始知春。众生与诸佛，一念在当人。"这类诗作，在诗家看来，确实较乏韵味。

盛名之下的雪浪辗转于吴越丛林，开坛竖席，演讲华严圆融大法，山人、文士无不乐与相接，故与人赠答唱和之作，所占篇幅，无虑大半。凡陈仲醇（继儒）、王伯谷（稚登）、董其昌、屠赤水（隆）、徐惟和（熥）、于慎行、湛怀钦义、曜鹤宽悦、一雨通润、巢松慧浸等文士、法侣，皆曾与其往还唱和。雪浪的赠答唱和诗，除表达通常所具有的送别思怀，很少涉及现实社会。像《暮秋游西天目》中"游何殊泛梗，不惜田中枯木，翻开坑下矿，唯理东南财，谁思辽尤警"这样忧患时局的诗歌，在他的诗集中其实是极少见的；甚至像"汉祚衰将乱，蒋山盍往归""萧萧落木无穷思，六代豪华感慨中""万朵芙蓉两镜开，高宗南渡阅兵台。……谁知昭代胡元扫，不许腥膻污绿苔"这样抒写怀古幽思者，亦不常见。雪浪曾有诗云："逢渠休话人间世，值我唯论极乐乡。"此不惟与其

---

① 洪恩：《雪浪集》卷上《中秋坐月》，《四库全书存目丛书》集部第 190 册，齐鲁书社 1996 年版，第 698~699 页。

家兄所言，亦是他交友之准则。因此，他与友朋的赠答诗，多是商榷佛法、砥砺心志、敞亮心性。例如《雪浪山中寄怀竹居融公得三江》，主要是称赞竹居禅师苦心发志、锐利精进的精神。再如《秋日山房答柏府林公余明府马太学见国分得疏字》："白露萧清景，檐云荡四除。那期藜藿径，亦枉大夫车。兴洽谈偏剧，交深礼自疏。尊前俱授简，只讶荐相如。"虽雪浪未涉及他们剧谈的内容，但从前几句的描写和末句"只讶荐相如"看，不像是讨论世俗的问题。再如《续集》中的《同陈仲醇宿平湖舟中看月以陆务观集作枕》云："方舟鸥鹭狎，寒月半轮空。抵足陈居士，支颐陆放翁。清言深永夜，余韵沐高风。不觉催归棹，鸡鸣四五通。"其《九月十四日夜同诸友泛过莲花土作》云："入夜携邻友，舟承明月光。窗开竹树影，池纳芰荷香。一众已修白，六时能自量。三间茅屋下，尽可事空王。"都与尘俗事务无关。

但雪浪又非绝尘之僧，他遭郭正龙所逐之事，尤可见他涉世之深，故四库馆臣说他是"未离世法僧"也。雪浪亦尝自云："世相难乖，因曰贞不绝俗，隐不违亲……我入道沙门，当以即世相而明常住。"可见，他对于世间的贫贱荣辱、亲情友情甚至时局变迁，并非完全默然。但是，对于纷纭繁复之世相，雪浪以为当"即世相而明常住"。所谓"常住"，系指"佛法无生灭变迁之理"。世间色想情识，变幻无常，能入能出，故亦是参悟佛法"常住"之门径。明乎此，雪浪"鲜衣美食""谭诗顾曲"等所谓"劣行"，自然就可获得另一番解读。屠隆曾记载了他与雪浪观演《昙花记》的一段文字，尤其可说明问题：

> 居士与雪浪和尚观梨园，雪浪曰："学佛得知如戏场，了手矣。彼作帝王，知是假帝王不喜。做乞儿，知是假乞儿不愁。分别是假悲，相逢是假欢。锦绣在体，不生爱恋，刀锯在首，不作恐怖。一切皆假，一切皆作。应世如此，便是大菩萨手段。①

如此看戏，即是雪浪所谓"即世相而明常住"。在他的法眼里，世间万象皆如戏中假相，幻变无常，观者当能入能出，方是具大境界之人。

很多人都注意到雪浪的诗歌不避绮语的事实。例如，程文举谓其"词媚理纯"；今人杨遇青谓其"语带绮靡之处颇多，却往往逗露出动人的艺术直觉"。② 其实，雪浪以绮语入诗，除从艺术上考虑外，似更应以"应待世相"的独特观念权衡之。例如其《讲罢经行石上听歌者》云："跏趺石上听秦青，云不流行鸟翼停。觌面莫将声色会，方知元不离斯经。"其《再索歌者》云："一出香喉酒尽青，轻敲檀板不须停。笑他错把无心会，此外何劳更觅经。"这两首七绝皆是写他罢讲之听歌，格调艳丽，但在此绮靡风华中，雪浪却没有汩溺于声色之中，而是能入能出。再如《庐江冶父山中有怀瀛山四兄却寄四首》中的两首：

> 有何烦恼有何忧，丰俭随家七十秋。任尔目他贤不肖，一心只是爱风流。（其一）

———————————————

① 屠隆：《佛法金汤》卷下，《屠隆集》第 6 册，浙江古籍出版社 2012 年版，第 642 页。
② 杨遇青：《论明末清初诸高僧的文学思想与创作》，《东南佛教》2009 年第 3 期。

妻儿得意子孙前，便是人中快活仙。有酒只须拼一醉，是谁欢爱是谁怨。（其三）①

此种诗歌倒是颇应着雪浪"御鲜衣，食美食"的享乐生活，只是在这样的文字下，雪浪所写的并非人生色相，而是藉此以参悟常住之佛法。

雪浪洪恩《九月过祖堂六十自寿四首》，颇饶意味。诗云：

十二为僧耳顺来，一心不愿入莲胎。依经解义终无得，只待优昙遍界开。

孤峰绝侣欠圆融，入水拖泥又污躬。除却二边无所住，应知难得贵中庸。

世间荣辱不关心，应是从前愿力深。天地受形松柏独，岁寒霜雪岂能侵。

从来倔强世间无，注书科文尽铲除。能蔽众星光不现，朗然安住月轮孤。②

第一首"优昙遍界开"，是他作为僧人的终极理想；第二首"难得贵中庸"，则是他一生纠葛于世间、出世间后的人生感悟；第三首"霜雪岂能侵"，比喻他不计荣辱，我自岿然如松柏独立；第四首"安住月轮孤"，则写他孤高傲世的品格，能扫除一切翳障，若一轮孤月，朗照乾坤。雪浪世寿63岁，此四首六十自寿诗，实际是他一生之自评。读雪浪者，焉能忽视此四首诗作？

（作者单位：江西师范大学文学院）

① 洪恩：《庐江冶父山中有怀瀛山四兄却寄四首》，《雪浪续集》，《禅门逸书续编》第2册，汉声出版社1987年版，第39页。
② 洪恩：《九月过祖堂六十自寿》，《雪浪集》，《禅门逸书续编》第2册，汉声出版社1987年版，第37页。

礼 学 研 究

郭店楚简《六德》"为父绝君"句析义*

——兼论《曾子问》二丧相遭的丧服服制

□ 徐 渊

【摘要】郭店楚简《六德》不见于今本传世文献，相似记载见于《礼记·郊特牲》《大戴礼记·本命》《说苑·建本》《仪礼·丧服》等篇，显然属于儒家类文献。该篇尤其和《仪礼》《礼记》类文献关系密切，其中"为父绝君"一句的礼制内涵引起了学界的热烈讨论，不少论者指出，《六德》"为父绝君"句与《礼记·曾子问》相关。《曾子问》虽被提及，但很少有学者对其中具体章节的丧服内涵加以分析，也没有和"为父绝君"句的礼制义涵加以联系。只有将《曾子问》相关章节的丧服意义充分说明，才能解决"绝"字实际内涵聚讼难断的问题。

【关键词】六德；为父绝君；曾子问；礼记；丧服

1993 年 10 月，郭店楚简出土于湖北省荆门市四方乡郭店村郭店墓地一号墓，距离楚故都纪南城约 9 公里。该墓出土竹简 804 支，全部竹简约有 13000 字。1998 年 5 月文物出版社出版了由荆门市博物馆编的《郭店楚墓竹简》一书。郭店楚简被整理为十八组文献以及一些无法缀合分组的残片，它们是《老子》（甲本）、《老子》（乙本）、《老子》（丙本）、《太一生水》《缁衣》《鲁穆公问子思》《穷达以时》《五行》《虞唐之道》《忠信之道》《成之闻之》《尊德义》《性自命出》《六德》《语丛一》《语丛二》《语丛三》《语丛四》。其中，《老子》甲本、乙本、丙本内容均见于今本《老子》之内；《缁衣》与今本《礼记·缁衣》内容大体相当，但分章与章序与今本不同；《穷达以时》内容见于今本《荀子·宥座》《孔子家语·在厄》《韩诗外传》卷七及《说苑》等书；《语丛》分为四组，文句与《说苑·谈丛》《淮南子·说林》相近。《六德》篇不见于今本传世文献，主要内容是讲"六位""六职"和"六德"的关系以及"六位"在"人道"中的重要作用。

---

* 本文为教育部人文社会科学青年基金项目"出土商周礼类文献综合研究"（19YJC770056）阶段性成果。

相似记载见于《礼记·郊特牲》《大戴礼记·本命》《说苑·建本》《仪礼·丧服》①，显然属于儒家类的文献。

一、《六德》"为父绝君"句释读

《六德》中有"为父绝君，不为君绝父""为兄弟绝妻，不为妻绝兄弟"句，涉及具体丧服制度的讨论，与《仪礼·丧服》《礼记·丧小记》等礼仪内容关系密切，学界对此讨论热烈。先将该句逐录如下：

> 为父螼(绝)君，不为君螼(绝)父。为昆弟螼(绝)妻，不为妻螼(绝)昆弟。为宗族丽(杀)朋友，不为朋友丽(杀)宗族。②

整理者认为"螼"即《说文》古文"绝"字"𢇍"之异体。魏启鹏认为此字释为"继"，引《汗简》收古文"继"字作"螼"，并引黄锡全举拍敦 [《商周青铜器铭文暨图像集成》③（以下简称《铭图》）06073，春秋晚期] 铭中文"𦆣"字释为"继"作为证据④。金文中，"螼"字释为"继"的还有叔卣甲、乙 （《铭图》13327、13328，西周中期），其字形作"𦆣"。魏启鹏认为"绝"与"继"字形有异，"绝"字"大抵以刀断丝之形"，此"继"字中间无横线表示断绝之义。从金文来看魏启鹏此说没有理据，金文释为"继"的两个字中间均有横断之形，可见这不是区分"绝"与"继"的标准。又《上海博物馆藏楚竹书（一）》（简称《上博（一）》）中《孔子诗论》中简二十七、简二十九有"继"字形，其中简二十七的辞例为"北风不螼（绝）人之怨，子立不……"《上博（一）》释文已经指出《诗经·邶风·北风》有"北风其凉，雨雪其雱"句⑤，因此《诗论》中的"北风不螼人之怨"只能释为"北风不绝人之怨"。此外，《上博（六）》中《用曰》篇有"继"字，其字形从"糸"从"螼"，与单独使用的"螼（绝）"并不相混。考虑到郭店简与上博简同属楚系文字，时代相距也不是太远，魏启鹏"螼"为"继"字说并不可靠。

"丽"字，裘锡圭按：似与《性自命出》"开(瑟)"为一字，疑当读为"杀"，"减省"义⑥；张光裕认为此字假借为"失"⑦；颜世铉认为此字为"丽"字古文，用为"离"⑧；

---

① 刘钊校释：《郭店楚简校释》，福建人民出版社 2005 年版，第 107 页。

② 荆门市博物馆编：《郭店楚墓竹简》，文物出版社 1998 年版，第 190 页。

③ 吴镇烽编：《商周青铜器铭文暨图像集成》，上海古籍出版社 2012 年版。

④ 魏启鹏：《释〈六德〉"为父继君"——兼答彭林先生》，《中国哲学史》2001 年第 2 期，第 103 页。

⑤ 上海博物馆编：《上海博物馆藏战国楚竹书（一）》，上海古籍出版社 2001 年版，第 157~158 页。

⑥ 荆门市博物馆编：《郭店楚墓竹简》，文物出版社 1998 年版，第 190 页。

⑦ 张光裕：《郭店楚简研究·第一卷·文字编》，台湾艺文印书馆 1999 年版，第 605 页。

⑧ 颜世铉：《郭店楚墓竹简儒家典籍文字考释》，《经学研究论丛》第六辑，台湾学生书局 1999 年版，第 171~187 页。

李零认为此字假借为"疾"①。本文认为，将"丌"读为"杀"，取"减省"之义最为符合简文的礼制义涵，由于后半句不是本文讨论的重点，后文不再对此字加以申述。

二、"为父绝君"与"诸侯绝周"之"绝"

在以上释读的基础上，已经有不少学者对郭店楚简《六德》"为父绝君"句的内涵进行了讨论。多数学者认为本句与丧服礼制有关，刘乐贤在郭店楚简国际学术研讨会上发表《郭店楚简〈六德〉初探》中指出"这段话前、后文都与丧服的礼制有关"，"句中的'绝'、'杀'都是丧服用词，是减杀之意"，提出"当服父丧与服君丧有冲突时，可以将君服做减省，而不是为君丧而减省父丧"。② 同会，魏启鹏提出《六德》中"绝"应释为"继"，并提出相关的丧服学解释："为父服丧时，逢君之丧，则将君之丧放在其次；为君服丧时，逢父之丧，则不能将父服丧置于其后。为昆弟服丧时，逢妻之丧，则将妻之丧放在其次；为妻服丧时，逢昆弟之丧，则不能将为昆弟服丧置于其后。"③ 虽然前文已经指出魏启鹏关于"绝"释为"继"的意见不正确，但魏启鹏首先明确提出了，《六德》中"为父绝君"句所讨论的是"二丧相遭"如何安排丧服的问题。

其后，彭林在《再论郭店简〈六德〉"为父绝君"及相关问题》中，从丧服义理的角度，驳斥了魏启鹏"绝"释为"继"的意见。并将本句中的"绝"与《礼记·大传》中的"绝族无施服"相联系，认为"礼书每每以'绝'字称亲属关系之断裂，并进而论丧服变化"。彭林进而据此讨论"古代丧礼还有一种'绝服'制度"，认为《中庸》的"期之丧，达乎大夫"，郑玄注："天子、诸侯绝之，不为服"是对"'为父绝君'之'绝'字最好的注脚"。因此，彭林认为"为父绝君"句意即"当父丧与君丧同时发生时，应当服父丧而绝君之丧服，不得服君丧而绝父之丧服"④。彭文又根据同样的思路分析了"为昆弟绝妻"的内涵，对"绝"的分析与"为父绝君"句相类。在分析"为宗族杀朋友"，彭林将"杀"与《丧服小记》中的"下杀""上杀""旁杀"相联系，认为《六德》之"杀朋友"与《大传》之"杀同姓"句式相同，其意为"杀止，即在丧服的边界"。⑤ 以上，彭文将"天子绝周，大夫绝缌"的"绝"，与《六德》"为父绝君"相联系，显然是不恰当的，前者说明的是一种经过服术"尊尊"调整之后出现的丧服现象；后者说明的是在二丧相遭之时，尊同亲异的情况下，如何对丧服进行调整变通的原则，将二者混淆起来，则将丧服讨论中两个差异很大的领域混为一谈了。

① 李零：《郭店楚简校读记》，《道家文化研究》第十七辑"郭店楚简"专号，三联书店1999年版，第520页。

② 刘乐贤：《郭店楚简〈六德〉初探》，《郭店楚简国际学术研讨会论文集》，湖北人民出版社2000年版，第386~387页。

③ 魏启鹏：《释〈六德〉"为父继君"——兼答彭林先生》，《中国哲学史》2001年第2期，第104页。

④ 彭林：《再论郭店简〈六德〉"为父绝君"及相关问题》，《中国哲学史》2001年第2期，第98~100页。

⑤ 彭林：《再论郭店简〈六德〉"为父绝君"及相关问题》，《中国哲学史》2001年第2期，第98~100页。

魏启鹏在彭文发表后，发表了《释〈六德〉'为父继君'——兼答彭林先生》一文，文中将其释"绝"为"继"的理由重新申述了一番（之前并没有付诸文字）。魏文最后，举了《礼记·曾子问》中"君薨既殡"章并作说明"在并遭父丧与君丧时，儒家的态度是两相兼顾，权变而取宜，'使恩与义得以交尽而无憾'，如果如彭文所称'应绝君之丧服'，则恩义两伤，大违于礼了"，认为彭文中所举"绝服"之意，是"绝某某之丧服"，即"不能为之服丧"是与简文无关的丧服现象。

魏文对彭文将"为父绝君"与"绝服"相联系的批评是精确的，丧服制度中所谓"绝服"是"按照丧服规定的服叙，不能为之服丧服"的意思，与二丧相遭之时进行权变的情况有很大的差别。然而，由于魏文没能对"绝"与"继"做出正确的分析，故该文也没有对二丧相遭在礼书中其他的例子作进一步的分析讨论，关于二丧相遭的情况下"绝"的具体内涵没有能给出详实的说明。

三、关于"亲亲"与"尊尊"的歧见

魏文发表之后，关于"为父绝君"礼制属性的讨论暂告一段落。对于"为父绝君"的礼义的讨论逐步展开。李存山在 1999 年发表的《读〈忠信之道〉及其他》中已经提及"《六德》篇有云：'为父绝君，不为君绝父'，这是以前未曾发现的先秦儒家文献明确讲父子关系高于君臣关系、反对将君臣关系绝对化的思想"①。前文已经引述过的刘乐贤在《郭店简〈六德〉初探》中举《说苑·修文》及《韩诗外传》中记载的同一件事——"齐宣王问田过，丧君与丧父孰重，田过答父重"之事，来说明"为父绝君"可能是战国时代儒者的一种普遍思想。② 李零在 2002 年发表的《郭店简校读记》中认为："从简文内容看，作者明显强调的是，'亲亲'重于'尊尊'。"③

彭林在魏文发表之后，又发表了《〈六德〉柬释》，该文并未对魏文的批评做出直接回应，而是在该文"天子诸侯及卿大夫士有地者皆得称君"一节，对李存山提出的"这是以前未曾发现的先秦儒家文献明确讲父子关系高于君臣关系"以及"反对将君臣关系绝对化的思想"提出了质疑，认为"若父丧与君丧同时发生，两者丧服规格与时间相同，则服父之丧而不服君之丧……简文所言，不过为古代丧服之通则"④，从而批评李存山之说为谬。文中彭林对"为父绝君"的认识似乎吸收了一部分魏启鹏的意见。

基于彭文的批评，李存山又发表了《"为父绝君"并非古代丧服之"通则"》，李文转引《礼记·曾子问》"大夫士有私丧章"来说明《礼记》中对"有君丧服于身，不敢私服"的规定。又举《曾子问》"父母之丧弗除可乎"章，说明"因为服君丧，致使'终身不除父母之丧'"（按：李文"终身不除父母之丧"用陈澔《礼记集说》之说，

① 李存山：《读〈忠信之道〉及其他》，《中国哲学》第二十辑"郭店楚简研究"专号，辽宁教育出版社 1999 年版，第 269 页。
② 刘乐贤：《郭店楚简〈六德〉初探》，《郭店楚简国际学术研讨会论文集》，第 386~387 页。
③ 李零：《郭店楚简校读记（增订本）》，北京大学出版社 2002 年版，第 138 页。
④ 彭林：《〈六德〉柬释》，《简帛研究二○○一》上册，广西师范大学出版社 2001 年版，第 155 页。

误，不可取信）。由此得出结论："《六德》篇所谓'为父绝君，不为君绝父'并非古代通则"，并进一步认为："'为父绝君'是《六德》篇作者的一种特殊立场"。①

林素英在《郭店"为父绝君"的丧服意义》中对以上两个方面的问题作了回应，首先林文肯定了魏启鹏《释〈六德〉'父为继君'》的结论，即"为父绝君"是"并遭君父二丧时的权衡"，并通过《礼记·曾子问》"君薨既殡"章及"君之丧既引"章，将"为父绝君"分为五种的情况，第一种是"君未殡而臣有父母之丧"，第二种是"君既殡而臣有父母之丧"，第三种是"君启殡而有父母之丧"，第四种是"君既引而臣闻父母之丧"，第五种是"父母之丧既引闻君薨"。通过对以上五种情况的区分，并指出在这五种情况下，同时为人臣、人子者所应当进行的丧祭和服丧规范，林文认为"为父绝君"句"凸显人臣与人子'兼服'君父二丧时，服丧者该如何权衡平衡之问题"②。林文引入《曾子问》五种情况对父丧与君丧相遭进行讨论，大大深化了"为父绝君"句的讨论深度，将该问题推进到了礼学实质性的讨论阶段。

可惜的是，林文由于没有将《礼记·曾子问》"大夫士有私丧章"提出的"有君丧服于身，不敢私服"纳入考虑，从而得出了"从其权衡平衡之道，又可说明'服术'的六大原则终究以'亲亲'为首，却又必须设法兼顾'尊尊大义'的道理"的结论，并进一步认为"'其恩重者其服重，故为父斩衰三年，以恩制者也'是最根本的体制"，林文总结"可知'为父绝君，不为君绝父'的服丧记录，正凸显整体丧服制度本于人情而制礼的事实，不过在人情之外，尚且还必须懂得权衡轻重缓急以兼顾'尊尊大义'"③ 云云。

由上可知，林文认为《六德》"为父绝君"的义理与《仪礼·丧服》的义理是一致的，从而消解了李存山和刘乐贤提出的问题，赞成彭林认为"为父绝君"乃"古代丧服之通则"的意见。同时，林文对《礼记·曾子问》中五种二丧相遭的情况，体现的是"亲亲"高于"尊尊"还是"尊尊"高于"亲亲"的认识，也出现了完全的颠倒。

贾海生在《郭店竹简〈六德〉所言丧服制度》一文中，对《六德》篇"为父绝君"句作了简略评述，基本同意林素英之说，认为"传世所记丧服制度，也反映了亲亲重于尊尊的观念"。并举"《丧服》首章上列斩衰服，下列服制所为之人以父列于天子、君之前""《礼记·大传》'服术有六'亲亲居首，次列尊尊"为证，以此说明丧服制度以亲亲为本。④ 贾文进而指出《礼记·曾子问》中七十子后学所选择的记文并非都倾向于强调亲亲重于尊尊，并举《礼记·曾子问》"大夫士有私丧章"为证，认为《六德》亲亲重于尊尊之义"当是有感而发，目的是为了匡救时弊"。

贾文所列《丧服》及《大传》两个以顺序为例的证据，并不能成立，因此贾文的主要价值在于指出林文所没有纳入考虑的《礼记·曾子问》"大夫士有私丧章"，指出了该

① 李存山：《"为父绝君"并非古代丧服之"通则"》，《中国哲学》第二十五辑"经学今诠四编"专辑，辽宁教育出版社 2004 年版，第 159~171 页。

② 林素英：《郭店"为父绝君"的丧服意义》，《简帛研究二〇〇二、二〇〇三》，广西师范大学出版社 2005 年版，第 78~81 页。

③ 林素英：《郭店"为父绝君"的丧服意义》，《简帛研究二〇〇二、二〇〇三》，广西师范大学出版社 2005 年版，第 82~83 页。

④ 贾海生：《郭店竹简〈六德〉所言丧服制度》，《传统中国研究集刊》（九、十合辑），上海人民出版社 2012 年版，第 136~137 页。

章的内涵在于"尊尊"重于"亲亲",但对林文举《曾子问》其他诸章在五种情况下所反映的丧服倾向应当也是"尊尊"重于"亲亲"即"为君绝父"却没有给出任何说明,这与贾文错误地认同林文《丧服》以"亲亲"为本的观念是联系在一起的。

四、《曾子问》二丧相遭情形下的服制安排

要对以上诸文中发生的种种错误理解做全面的厘清,就不得不对《丧服》的基本原则做出说明,同时对《曾子问》相关诸章作详尽分析,从而对"为父绝君,不为君绝父;为昆弟绝妻,不为妻绝昆弟"的丧服服制得到正确的认识。

林素英在《郭店"为父绝君"的丧服意义》中已经指出,《六德》所论述的丧服变礼是在父亲之丧与国君之丧、妻子之丧与兄弟之丧相遭时才会出现的困境。这是认识"为父绝君,不为君绝父;为昆弟绝妻,不为妻绝昆弟"的大前提。《礼记·曾子问》有几条与此相关的章节,"君薨既殡"章有:

> 曾子问曰:"君薨既殡,而臣有父母之丧,则如之何?"
> 孔子曰:"归居于家。有殷事则之君所,朝夕否。"
> 曰:"君既启,而臣有父母之丧,则如之何?"
> 孔子曰:"归哭而反送君。"
> 曰:"君未殡,而臣有父母之丧,则如之何?"
> 孔子曰:"归殡,反于君所。有殷事则归,朝夕否。大夫,室老行事;士,则子孙行事。大夫内子,有殷事,亦之君所,朝夕否。"

此章论述的是君之丧与父母之丧相遭的三种情况,这三种情况都是在君丧与父母之丧非常接近的情况下产生的,"君未殡""君薨既殡""君既启"三者都是父母之丧后于君丧。"君既启"情形中父母之丧与君丧时间相隔最远,为三至五个月左右;"君未殡"情形中相隔最近,只相差几天;"君薨既殡"则介于前二者之间。另有"君之丧既引"章:

> 曾子问曰:"君之丧既引,闻父母之丧,如之何?"
> 孔子曰:"遂。既封而归,不俟子。"

此章论述的是君之丧与父母之丧相遭的另外一种情况,其中"君之丧既引"的情形与上举一章"君既启"的时间非常接近,但又有所不同。《仪礼·既夕礼》:"请启期,告于宾。"郑玄注:"将葬,当迁柩于祖。有司于是乃请启殡之期于主人,以告宾。"郑注中的"殡"指的是大敛。又有"启之昕,内外不哭"。《既夕礼》所说之"启",是将棺柩从原来"殡"中迁到祖庙的仪节,士有一庙,即祖庙,启殡迁柩于祖庙。第二天举行祖奠,之后有司象征性地请葬期。士丧礼规定在启殡的第二天进行祖奠、第三天进行遣奠,遣奠之后史"读赗释算",最后才是引柩出宫至于墓圹的仪程。《礼记·檀弓下》有:"吊于葬者,必执引,若从柩及圹,执绋。"郑玄注:"示助之以力,车曰引,棺曰绋。从柩,赢者。"孔颖达疏:"凡执引用人,贵贱有数。若其数足,则余人不得遥行,皆散而从柩

也。至圹下棺窆时，则不限人数，皆悉执绋，是助力也。"

由此可知，"君之丧既引"的内涵与《既夕礼》中史"读赗释筭"完毕之后的"商祝执功布以御柩。执披。主人袒。乃行。踊无算。出宫，踊，袭。至于邦门。……至于圹"一节是对应的。士丧礼中"启殡"与"既引"发生在前后三天之中，由于诸侯丧礼的等级更高，仪节也更加繁复，故诸侯"启殡"与"既引"的时间差较士丧礼也可能更大一些。无论如何，"启殡"与"既引"不是在同一天进行的。

有了以上的说明，《曾子问》将君薨先于父母之卒的情况分为了由近及远四种："君未殡""君薨既殡""君既启""君之丧既引"。

"君未殡"的情况下，作为国君臣子的孝子，可以回家先完成父母的小敛大敛之礼，之后返回君的殡宫，参与国君的大敛。林素英指出，这里孝子之所以可以先归家处理父母的殡礼，是因为国君的大敛时间比较长，所谓"士三日而殡，诸侯五日而殡"，本章所述的"有殷事则归，朝夕否"指的是君大敛之后，孝子遇到父母之丧的"殷事"，可以回到家中参与祭祀。

"君薨既殡"的情况下，由于国君已经大敛完毕，嗣君和众臣为国君举行的是朝夕哭和朝夕奠。作为国君臣子的孝子，其父母新丧，则可以马上回家为父母举行大小敛等丧礼重要的仪式。国君丧礼若有"殷事"（郑玄注："殷事，朔月、月半荐新之奠也。"）则要到国君的殡宫参加祭祀，也就是说在孝子的父母之丧大殓完成之前，如果没有遇到国君既殡后的殷祭，孝子就不用参与为国君的居丧。如果父母之丧的大殓已经完成，此时孝子应当回到国君的殡宫参加国君丧礼的朝夕哭及朝夕奠。

"君既启"的情况下，作为国君臣子的孝子可以不参加为国君举行的祖奠以及遣奠，在进行完父母始死丧仪后即当回君之宗庙参加国君的出殡落葬仪式。国君落葬仪式结束后，则可以回家继续为父母举行小敛、大敛的仪节。这体现了国君之丧的落葬要重于父母之丧的大小敛。

"君之丧既引"的情况下，作为国君臣子的孝子应该等到国君的棺柩下到墓圹中，封土完全封上之后，马上回到家中为父母举丧，不用等国君的嗣子一起回来。由于国君落葬后国君嗣子从葬地回宫还有比较复杂的礼仪规程，故孝子不参加这些礼仪而径直为父母奔丧是合乎礼仪和人情的。

以上四种情况都是国君之丧在先而父母之丧在后，接来下我们看下父母之丧在前而国君之丧在后的情况。《曾子问》"父母之丧既引"章：

> 曾子问曰："父母之丧既引，及涂，闻君薨，如之何？"
> 孔子曰："遂。既封，改服而往。"

父母之丧已经开始出祖庙落葬，此时听闻君薨，则要等父母之柩下至墓圹中，封土之后，孝子改服赴君之丧，而不回家为父母举行安魂之虞祭。联系前述"君之丧既引"的情况看，这个环节上国君之丧与父母之丧的权衡轻重相同，估计此时父母之丧的虞祭、卒哭祭同上引"君未殡"的情况一样，由"室老、子孙行事"。

又，《曾子问》"大夫士有私丧"章：

曾子问曰：“大夫、士有私丧，可以除之矣，而有君服焉，其除之也如之何？”孔子曰：“有君丧服于身，不敢私服，又何除焉？于是乎有过时而弗除也。君之丧，服除而后殷祭，礼也。”

由于为国君之丧的服等与父亲之丧的服等相同（要重于为母亲之丧的服等），作为国君臣子的孝子，如果其父母之丧在前，国君之丧在后，则在三年丧丧期之内为国君所服的服等总是重于为父母所服的服等（由于有先后）。根据丧礼的一般性规定，所谓“不敢私服”，是指孝子此时主要根据国君之丧的变除节奏来变除丧服，只有等君丧之大祥结束之后才能为父母举行小祥和大祥的变除祭祀礼。

五、《曾子问》与《六德》“绝服”异同

从以上分析的一系列二丧相遭的情况来看，丧礼的一般原则是兼顾二礼，并且尤重丧礼始死到大殓完毕这段仪节，既殡之后的仪节如果与大殓之前的仪节冲突，总是先照顾始死至大小殓阶段的丧礼仪节。这段时间无论是君丧还是父丧，都是人情最为哀痛的阶段，因此也最为丧礼所重视。由此可知，并不存在因为君之丧而不举行父之丧的情况，也不存在因为父之丧而不参与君之丧的可能。无论是国君丧礼中的重要仪节，还是父亲丧礼中的重要仪节，作为臣子的孝子都是要尽可能按时参加的。

由于君丧的重要性与父丧大致相同，故孝子在重要仪节没有冲突的情况下，一定是两面兼顾的，这是先秦丧礼的精义所在。之前研究文章中讨论关于简文内涵时，对于丧礼礼典中二丧相遭情况下如何变礼的讨论都失之含混，没有具体考虑礼典的实际举行情况。《礼记·杂记下》有：

> 有父之丧，如未没丧而母死，其除父之丧也，服其除服。卒事，反丧服。
> 虽诸父昆弟之丧，如当父母之丧，其除诸父昆弟之丧也，皆服其除丧之服。卒事，反丧服。如三年之丧，则既颖，其练、祥皆同。

以上两条说的是二丧相遭的情况下，即使重服在身也要为先丧的人举行轻服变除之祭祀。祭祀当天，遭丧之人可以暂时换上为先丧之人所服较轻的丧服，待祭祀完成之后，遭丧之人再换上为后丧之人所服较重的丧服。

如果国君之丧在前，“君未殡”的情况下，这段时间内如果恰好遇到父（母）之丧，则完成父母之丧的小敛、大敛等重要仪节后，返回国君的殡宫，继续参加国君的小敛、大敛丧仪。从文义看，作为臣子的孝子可以优先举办父母大小敛的丧仪，待仪式结束之后，再参加国君的大小敛丧仪。林文认为国君的敛期要长于遭丧之人父母的敛期，故二者可以兼顾，此说有一定的道理。① 即便如此，臣子返回君所之后，就不再参加父母之丧殷祭之

---

① 考虑到《曾子问》并没有给出如果父母之丧正处于始死而未殡的阶段，此时若遇到国君新丧，应该如何服丧的内容。故“君未殡”的情形下，虽有“归殡父（母）”明文，但不能作为此章主张“为父绝君”的依据。

外的常祭了，而国君之丧的殷祭常祭均要参加。由此可见，君丧是重于臣丧的，这可以视为"为君绝父"的一种情形。

如果国君之丧在前，"君薨既殡"的情况下，遭丧之人则"归居于家，有殷事，则之君所，朝夕否"。可见他仍要参加国君的殷祭，只是在父母未殡之前不需要参加国君的朝夕常奠。我们推测，一旦父母大敛之后，遭丧之人还是要返回国君的殡宫为国君服丧，参加朝夕哭奠，家中常祭皆由室老子弟代行。待到国君落葬直至三年之丧结束，才在家为父母服丧并补行大小祥祭。"君既启"的情况也大致如此，可以依此类推。

如果父（母）之丧在先，国君之丧在后，父（母）亲之丧的轻服变除祭祀就要延后举行。根据前述，如果国君之丧在父母之丧后，为国君居丧则不能为父母进行大小祥祭祀，也就是说如果为父母之丧的丧服已经比较轻了，而此时孝子正在为国君服丧，就不能为父母换上较轻的丧服举行大小祥祭，只能等待国君之丧完全结束之后才能为父母举行祭祀。从《曾子问》所举"君之丧，服除而后殷祭，礼也"来看，是君丧重于臣丧的。

根据《曾子问》及《杂记》，这些篇目所主张的均为"为君绝父"。所谓的"绝"，取"绝断"之义，特指"不为某某服丧服"，与服叙中的"绝服"确有词义上的共同点，然而所指差别很大。"为君绝父（母）"是指父母大敛、落葬之后直到国君的三年之丧完全结束之前，孝子不能为父母服丧服，不能参加父母之丧的常奠和殷祭，并且不能为父母举行大小祥祭祀，即孔子所谓"有君丧服于身，不敢私服"，"绝"字内涵与丧服规范完全对应，体现的是隆君的"尊尊"之义。《六德》文义正是将其颠倒过来，"为父绝君"大概是指国君大敛、落葬之后直到父母的三年之丧完全结束之前，臣子主要是为父母守丧，而不能参加为国君的居丧，以及其他为国君之丧举行的殷祭、常祭。

林文认为简文的意思是"先遭君丧时，由于国君或者五日而殡五月而葬……因而为人子者不能等待君丧处理完毕始返家哭丧，而需中断为君所服之丧，先行反家哭丧以尽人子之哀"，从而说明"'服术'的六大原则终究以'亲亲'为首"。林文完全忽略了前述《曾子问》"大夫士有私丧"章的内容，错误地将服术中隆杀服等的"亲亲"原则与二丧相遭时的服丧原则联系起来，并且断章取义地认为《六德》所谓"为父绝君，不为君绝父"所对应的就是"君薨既殡"章"君未殡"的这种情况，而没有将其他几种情况纳入考虑，由此得出了《曾子问》的内涵与《六德》所述相同的错误结论。《曾子问》的相关章节，尤其是"大夫士有私丧"等章，与《仪礼·丧服》在义理上都是强调丧服制度"尊尊之义"这一特点的，这是礼学研究者的主流认识。林文虽能指出《六德》此章所论属于"二丧相遭"的情形，却未能正确利用《礼记》的相关材料进行分析。

沈文倬在《汉简〈服传〉考》中曾说明，无论先秦还是两汉礼家，对《丧服》中的一些重要义理往往有着不同的理解①，《曾子问》体现的虽然是"为君绝父"之义，时代略晚一点的《六德》完全有可能主张"为父绝君"，毕竟它们的主张都是对同一个礼典框架中丧礼仪节的损益。即使《六德》"为父绝君"句体现的是不同于《曾子问》二丧相遭的处理原则，也不会对上述的国君丧礼以及父母丧礼产生太大的冲击，所不同的只是孝子居丧时是重君还是重父罢了。这样看来，李存山、刘乐贤、李零对《六德》义理上的推断仍是正确的，只要再加上二丧相遭的具体礼典背景，就能较好地说明《六德》此句

———

① 沈文倬：《宗周礼乐文明考论》，浙江大学出版社2006年版，第218页。

的主旨了。由于礼书记述的相关内容太少，《六德》中"为昆弟绝妻，不为妻绝昆弟"等句，是否与《曾子问》及《仪礼·丧服》的主张不同，没有办法对它们作进一步分析并加以印证了。可以肯定的是，"为昆弟绝妻，不为妻绝昆弟"处理的也是妻丧与昆弟丧相遭而产生的伦理困境以及相应的丧服制服难题。

（作者单位：同济大学中文系）

传说史料与西方理论的叠加：近代"医源于巫"说的形成*

□ 杨 勇

【摘要】近代以来，史学重构，医学史成为专史，医史学者将医的起源上推到巫，"医源于巫"说也成了近代以来关于医学起源最流行的说法。随着医疗史研究的深入，"医源于巫"说及在是说影响下的巫、医关系的三阶段论不断受到挑战。分析"医源于巫"的形成过程与路径不难发现，此说实际上是战国秦汉传说史料与西方早期人类学理论叠加的结果。"医源于巫"说只揭示了巫、医关系中巫者参与疾病治疗的这一层次，这是对一般社会现象的揭示，而不是对医学起源的路径与方式的揭示。学界不断批判"医源于巫"说以及由此说而引申出来的巫、医关系的三阶段论，其深层原因正在于此。事实上，巫、医关系绝非由巫到医的简单线性演进模式，而是有层次性和对象性的，要追溯中国医学的起源，还应抓住方技这条线索。

【关键词】"医源于巫"说；巫、医关系；传说史料；人类学

人类的医疗历程中，巫、医交错互融，形成了一种复杂的社会和文化现象。巫、医关系也是中国医疗史上不可回避的问题。早在战国秦汉中国古史构建的关键时期，时人便对医学的起源提出了几种不同的说法。近代以来，史学重构，医学史成为专史，医史学者将医的起源上推到巫，"医源于巫"说也成了近代以来关于医学起源最流行的说法。在这一认识前提下，医史学界又将中国历史上的巫、医关系划分为巫、医不分，巫、医混合，巫、医分立的三大阶段。

随着医疗史研究的深入，"医源于巫"说及在是说影响下的巫、医关系的三阶段论不断受到挑战，越来越多的学者对此说提出修正、批评甚或否定。这些研究可分为三类：第一类，抛开"医源于巫"说，另辟新说；第二类，否定"医源于巫"说，但仍强调巫的

---

* 本文是国家社科基金重大项目"中国传统礼仪文化通史研究"（18ZDA021）、湖南大学"中央高校基本科研业务费"资助项目阶段性成果。

重要性；第三类，不否认"医源于巫"说，强调巫、医分立后巫的地位与作用。① 总的来说，这些研究都未能触及"医源于巫"说的事实与理论依据，仍有较大的研究空间。"医源于巫"说不仅关乎医的起源，也涉及对医起源后巫、医关系的整体把握与认识。要重新思考中国医学起源以及医史上的巫、医关系，首先要深入剖析"医源于巫"说的事实与理论基础。仔细分析"医源于巫"的形成过程与路径不难发现，此说的形成一方面以战国秦汉时期的传说史料为基础，另一方面又受到了西方早期人类学的强烈影响。换言之，此说是战国秦汉传说史料与西方早期人类学理论的叠加。以下分述之。

一、"医源于巫"说的史料基础

先说医源于巫说的史料基础。早在春秋战国时期，时人便有了追寻医史源头的自觉意识。当时在追述医之起源时有两种做法：第一种将医的起源归结为上古圣人，第二种将医的起源归结为巫者。这两种说法几乎同时流行，但医源于圣人说取得了正统地位，在医家正典《黄帝内经》中便将黄帝、岐伯、俞拊、雷公等人视作医术的创作者。《汉书·艺文志》也说："方技者，皆生生之具，王官之一守也。太古有岐伯、俞拊，中世有扁鹊、秦和，盖论病以及国，原诊以知政。汉兴有仓公。今其技术晻昧，故论其书，以序方技为四种。"② 而《世本》等书又根据神农尝百草之故事，将炎帝神农与本草学相联系，视医学为上古圣君贤相之所创。此说得到了历代医家的认同与赞许，宋明至清的医史著作多采此说，在近代以前一直是医学起源的正统说法。

但在战国秦汉时期，也有关于医学起源的另一条线索，巫者逐渐被塑造为医学之祖。典籍记载了不少巫者与医术之间的故事，巫咸与巫彭即被认为是与医学相关的两个大巫。而这些材料，也往往是近代医史构建过程中医史学者频繁征引的材料。但是近代医史学者对这些材料往往不加辨析，甚至还存在着不同程度的误读。

古者巫、觋对言，女曰巫，男曰觋，但文献中常常巫、觋不分，巫则可通指巫、觋。根据现有的资料，可以将中国最早的巫者追溯到殷商时期，巫咸即是商代最有名的大巫。王国维认为甲骨卜辞中的"咸戊"即为巫咸。③ 巫咸是商代六大名臣之一，传世典籍中

① 范行准：《中国医学史略》，中医古籍出版社 1986 年版，第 1~13 页。甄志亚：《中国医学史》，江西科学技术出版社 1987 年版，第 3~11 页。邱仁宗：《医学巫源说与医学起源问题》，《中华医史杂志》1981 年第 1 期，第 6~10 页。东人达：《"巫医结合"的进步与反动——我国早期医学史及其与哲学的关系》，《中华医史杂志》1981 年第 3 期，第 173~177 页。马伯英：《中国医学文化史》，上海人民出版社 1994 年版，第 138~215 页。严健民：《远古中国医学史》，中医古籍出版社 2006 年版。薛凤奎：《论巫对医的控制》，《中华医史杂志》1984 年第 1 期，第 59~60 页。廖育群：《中国古代咒禁疗法研究》，《自然科学史研究》1993 年第 4 期，第 373~383 页。林富士：《汉代的巫者》，台湾稻乡出版社 1999 年版，第 59~64 页。金仕起：《古代医者的角色——兼论其身份与地位》，李建民主编：《生命与医疗》，中国大百科全书出版社 2005 年版，第 1~35 页。李建民：《疾病与"场所"：传统医学对崇病的一种解释》，林富士主编：《疾病的历史》，台湾联经出版社 2011 年版，第 23~76 页。
② 班固：《汉书》卷三十《艺文志》，中华书局 1962 年版，第 1780 页。
③ 王国维：《古史新证》，清华大学出版社 1994 年版，第 51~52 页。

关于巫咸的记载也较为丰富。《庄子·天运》记载，巫咸祒是一个知晓天运和治国之术的能人。①《列子》又视巫咸为上古之神巫，"有神巫自齐来处于郑，命季咸，知人死生、存亡、祸福、寿夭，以期岁、月、旬、日，如神"②，又为巫咸增添了若干神话色彩以及知人死生的能力。《诅楚文·巫咸文》记载了秦国借巫咸之力以诅咒楚国，巫咸俨然是一位具有神秘力量的巫者。③《史记·封禅书》："伊陟赞巫咸，巫咸之兴自此始。"④ 在司马迁看来，巫咸不但有其人，而且与伊尹同时代。是以，传世文献中巫咸不但是实在的历史人物，而且是一位神通广大的巫者，这也与出土材料中有关巫咸的说法颇为吻合。睡虎地秦简《日书》甲种简 27 曰：

> 五丑不可以巫，啻（帝）以杀巫减（咸）。⑤

言五丑日不可以作巫，因为天帝以丑日诛杀了巫咸，显系神话故事。五丑日不可以行巫术之事，当然是以天帝杀巫咸之神话故事作为叙述背景，这里巫咸似乎是被当做众巫之祖。岳山秦牍《日书》还有关于巫咸死亡之日的另一种说法。⑥ 巫咸在巫中的地位极高，《说文》云："古者，巫咸初作巫"⑦，所谓"初作巫"即是将巫咸等同于群巫之祖，其说当有所本。所以巫咸作为上古之大巫，在战国时期是备受尊崇的巫者。值得注意的是，在这些材料中，巫仅与巫术有关，与医术并无联系。

《山海经》最早将巫者与长生不死及仙药联系在一起，可能是传世文献中巫与医疗发生关系的起点。⑧《山海经》中，巫咸是群巫之祖，操持仙药。《大荒西经》记载有十巫，巫咸为群巫之长。

> 大荒之中，有山名曰丰沮玉门，日月所入。有灵山，巫咸、巫即、巫肦、巫彭、巫姑、巫真、巫礼、巫抵、巫谢、巫罗十巫，从此升降，百药爰在。⑨

众巫在灵山升降，灵山之中百药皆在，所谓的百药当由巫者所属，巫与药物之间已难分离。晋郭璞《山海经·图赞》更明确指出，巫咸统领众巫，采药于灵山之中。"群有十

① 郭庆藩：《庄子集释》卷五《天运》，中华书局 1961 年版，第 499 页。
② 杨伯峻：《列子集释》卷二《黄帝篇》，中华书局 1979 年版，第 70 页。
③ 郭沫若：《诅楚文研究》，收入《郭沫若全集》考古编 9，科学出版社 1982 年版，第 273~341 页。
④ 司马迁：《史记》卷二十八《封禅书》，中华书局 1959 年版，第 1356 页。
⑤ 睡虎地秦墓竹简整理小组：《睡虎地秦墓竹简》，文物出版社 1990 年版，第 186 页。
⑥ 刘国胜：《岳山秦墓木牍》，陈伟主编：《秦简牍合集（叁）》，武汉大学出版社 2014 年版，第 103 页。
⑦ 许慎：《说文解字》，中华书局 1963 年版，第 100 页。
⑧ 《山海经》一书大致可以认为成书于战国至西汉初期，反映的是该时期人们的观念与看法。参见袁珂：《〈山海经〉写作的时地及篇目考》，《中华文史论丛》第 7 辑，上海古籍出版社 1978 年版，第 147~171 页。
⑨ 袁珂：《山海经校注》卷十一《大荒西经》，上海古籍出版社 1980 年版，第 396 页。

巫，巫咸所统；经技是搜，术艺是综；采药灵山，随时登降。"① 《山海经·海内西经》又云："开明东有巫彭、巫抵、巫阳、巫履、巫凡、巫相，夹窫窳之尸，皆操不死之药以距之。"郭璞认为这些巫者皆为神医。袁珂则指出，与其说他们为神医，还不如说他们是神巫，是诸神之佐，"至于采药疗死，特其余技耳"。另据郝懿行考证，巫礼即巫履，巫盼即巫凡，巫谢即巫相。② 那么除去重复者，《山海经》中计有十一巫。他们皆为仙人，能够于群山之中上下往来而无碍，还持有不死之药。需要特别指出的是，这些材料只表明巫者拥有仙药，并未说巫者是医学之祖，郭璞认为巫咸等巫者是神医，实是附会之言，袁珂已驳之。

或因巫咸与神仙道术之关系极为密切，所以马王堆房中书也认为巫咸通晓长生之术。《十问》中王子巧父与彭祖问对一节中有巫成招，巫成招以四时为辅，天地为经，能够与阴阳皆生，是上古得道之士。《汉书·艺文志》房中类则有《务成子阴道》三十六卷，务成子即巫咸，故而认为巫咸深谙房中术的说法在秦汉时期颇为流行。《汉书·艺文志》云：

> 房中者，性情之极，至道之际，是以圣王制外乐以禁内情，而为之节文。传曰："先王之作乐，所以节百事也。"乐而有节，则和平寿考。及迷者弗顾，以生疾而陨性命。③

房中书是讲情性之极的方法与准则，通过乐而有节的手段，达到和平寿考之目的。本质上讲，房中术是一种养生之术，古人认为其与成仙长寿有关。将此术上归于巫咸名下，也与巫咸能神仙不死的传说有关。

由是可知，巫咸的形象在战国秦汉经历了长时段的演变。巫咸由殷商之名臣而变为上古之神巫，将巫咸与巫术相联系，这或与巫咸善于礼神，精通宗教事务相关。至战国及西汉初巫咸的形象进一步放大，《山海经》始将巫咸与不死仙药联系在一起，西汉初年的房中书籍又将之塑造成精通房中术之大巫。至西晋郭璞注解《山海经》时又将巫咸等巫者视作神医。细读之下不难发现，这些材料中的巫咸并不是医学的创始者，巫咸只是被想象为与神仙、房中术及疾病治疗有关的巫者。

秦汉之际，有关巫者发明医术的说法才明确见于记载。战国秦汉史料中另一与医术有关的巫者是巫彭，传说他发明了医术。李零认为，巫咸子巫贤可能就是文献中的巫彭，可能与彭祖为同一人。④ 巫彭被认为是医学之祖。《吕氏春秋·审分览》："巫彭作医，巫咸作筮"⑤；《说文》云："古者，巫彭初作医"⑥；《世本·作篇》："巫彭作医"⑦。这些典籍的说法相当一致，自成一系，明确将医之起源上推到巫彭。

————————

① 郝懿行：《山海经笺疏》，巴蜀书社1985年版，第23页。
② 袁珂：《山海经校注》卷六《海内西经》，上海古籍出版社1980年版，第301~302页。
③ 班固：《汉书》卷三十《艺文志》，中华书局1962年版，第1779页。
④ 李零：《中国方术续考》，东方出版社2001年版，第50~51页。
⑤ 许维遹：《吕氏春秋集释》卷十七《勿躬》，梁运华整理，中华书局2009年版，第451页。
⑥ 许慎：《说文解字》，中华书局1963年版，第313页。
⑦ 宋衷注，秦嘉谟辑：《世本八种·雷学淇校辑本》，中华书局2008年版，第75页。

将巫视作医学之祖与先秦秦汉时期的疾病观有密切联系。时人认为疾病是鬼神作祟所致，治病需通过卜祟、祭祀、祷祠、攻解、禳除等手段，这些均仰赖于巫者的巫术活动。甲骨文显示，商王有疾，王或亲占或通过巫者占验病祟及祭祀祷解之法。《尚书·金縢》武王有疾，周公自祷于神，请求自代。《左传》中也大量记载通过巫者占验致病之鬼神的事例，战国楚地所出卜筮祭祷简中，有关疾病占卜的记录也多有所见，有些简牍中甚至保留了参与疾病占验的巫者的姓名。巫者在沟通神灵，驱除病祟方面的独特功用，使巫与医疗活动发生了联系。

此外，将医术与巫者联系起来，还与上古时期巫者的地位以及时人对巫者的认识有关。上古之时，巫者地位尊崇，睿智神明，并非如周秦以后被视作贱职。《国语·楚语下》：

> 古者民神不杂。民之精爽不携贰者，而又能齐肃衷正，其智能上下比义，其圣能光远宣朗，其明能光照之，其聪能听彻之，如是则明神降之，在男曰觋，在女曰巫。①

能成为巫、觋而事神者，对其品德与才能均有很高要求，并不是一般人能做到的。《论语·子路》："子曰：南人有言曰：'人而无恒者，不可以作巫医。'"② 从巫、医的养成之道来看，对个人的心性品能要求较高，没有一定的素养，难以胜任巫、医之职。在古人心目中，巫是上古时期，知识文化的创造者和传承者，巫又是多种身份及职业的复合体。如巫咸不但是殷商之能臣，又是当时的大巫；周公既是周王之辅翼，还擅长侍奉鬼神。巫与圣人的高度契合性，又加之巫能驱祟治病，在战国秦汉时期圣人创造历史的观念下，逐渐将医术之创作归结于巫者名下。这种将巫者视作医之起源的看法，与医源于圣人的看法有异曲同工之处。

总之，传世典籍中关于巫者形象的描述是经过长时段建构的结果，早期的材料中，巫者与医学并无直接联系，直至秦汉之际，巫者才被塑造为医者之祖。巫被想象为医术的发明者，与当时特定的疾病观和历史观有密切关系。但早期医史学者在追述中国医史起源时都不敢贸然疑古，反而征引上述材料，以论述巫、医之间的关系。因此，上述传世典籍中关于医源于巫的说法，便成了近代以来学者解释巫、医关系的"信史"和"铁证"。但不能忽视的是，以往的学者在使用这些材料时，往往忽略了这些材料所产生的历史背景及其性质，也未对这些材料的真伪加以辨析，甚至存在不少误读之处。

二、近代人类学的强烈影响

进一步增强医源于巫说可信度的是史料中这种"托伪"的说法与西方宗教学、文化人类学关于巫、医关系的说法颇有契合之处。巫术、宗教与科学之关系，是近代西方人类学的重要研究对象，西方文化人类学特别强调巫术与巫者在人类早期社会生活中的地位与

---

① 徐元诰：《国语集解》，王树民、沈长云点校，中华书局2002年版，第512~513页。

② 刘宝楠：《论语正义》卷十六《子路》，高流水点校，中华书局1990年版，第543页。

作用，致力于探讨巫术、宗教与科学的关系。在人类学家的眼中，如果要探寻医学的源头，也势必要进入巫术的园地，因此巫术与医学的关系也是其中的一个主题。西方人类学家通过对非洲、美洲、大洋洲等地的一些原始部落社会组织与社会生活的实地考察与研究，得出了关于巫、医关系的一个基本看法：在人类社会早期，巫、医不分，医学起源于巫术，巫者兼有医者之角色。其中，弗雷泽的观点最具代表性。弗雷泽认为巫术、宗教与科学有一个线性发展的过程，宗教与科学皆源于巫术。关于医与巫之关系，他说："在世界很多地区，国王是古代巫师或巫医一脉相承的继承人。"①

近代，西方人类学的研究成果东传，也深刻地影响到了中国的思想界。中国知识分子主动吸纳了当时西方人类学的理论与方法，应用于中国学问之研究。可以说，西方人类学关于落后地区的巫、医关系的研究，与中国古代文献的记载有若干相通之处，亦即都认为巫、医关系密切，巫者兼具医者之职能。20世纪初期，不少中国学者将这些研究成果与中国传世史料相结合，用以研究巫在中国历史上的地位与作用。这些研究，将巫者的地位提高到前所未有的高度。如刘师培、陈梦家、徐旭生、周策纵等学者都认为巫者在先秦时期曾有着极为重要的作用，上古时期巫者有着极高的社会地位，巫、觋是中国古代知识的源头，也是技艺的创造者和传承者。② 医术自然也掌握在巫者手中，巫者便是最早的医者。

刘师培《古学起原论》云："古代之宗教所由为一切学术之祖也。"③ 中国古代之学派，悉与宗教相关。阴阳、术数、方技皆出于宗教之官。

> 医学、药学，虽禅实用，然古代以医为神术，与巫并言。神仙家言，亦莫不托言黄帝。盖黄帝以不死之说愚其民，亦宗教之支派也。若房中之术，则又因长生之说而生，故其学亦始于容成。后世方技之学，其流派也。④

将医学、药学等实用之术视为神术，与巫者相联系，也将房中、神仙之术追溯到宗教。在《古学出于官守论》中，刘氏也认为，商代和西周时期，学术之权操于祭司之手，巫官最为尊崇，医、卜二官，皆由巫当之。至东周时期，医、卜之官始与巫官分职。⑤ 陈

---

① ［英］詹·乔·弗雷泽：《金枝》，徐育新等译，大众文艺出版社1998年版，第138页。
② 刘师培：《古学起原论》，邬国义等编校：《刘师培史学论著选集》，上海古籍出版社2006年版，第220页。陈梦家：《商代的神话与巫术》，《燕京学报》第20期，1936年版，第535~536页。徐旭生：《中国古史的传说时代》，广西师范大学出版社2003年版。周策纵：《古巫医与六诗考——中国浪漫文学探源》，上海古籍出版社2009年版。稍后的张光直也提出上古帝王同时也有着巫者的角色，他提出上古巫教说。参见张光直：《美术、神话与祭祀》，辽宁教育出版社1991年版，第32~42页。张光直：《人类历史上的巫教的一个初步定义》，《"国立"台湾大学考古人类学刊》第49辑，1993年版，第1~3页。
③ 刘师培：《古学起原论》，邬国义等编校：《刘师培史学论著选集》，上海古籍出版社2006年版，第220页。
④ 刘师培：《古学起原论》，邬国义等编校：《刘师培史学论著选集》，上海古籍出版社2006年版，第218~219页。
⑤ 刘师培：《古学起原论》，邬国义等编校：《刘师培史学论著选集》，上海古籍出版社2006年版，第228~230页。

梦家也是融汇中西之学的典型代表，他关于上古巫、医关系的认识正是以西方人类学的眼光对中国传世史料作出的新解读。他说，上古王者为巫，巫者的职业之一便是医。

> 巫又为医，故医字或从巫，而《周礼·巫马》养疾马而乘之；又《世本》《说文》均谓巫彭始作医；《海内西经》《大荒西经》均以巫咸、巫彭为神医。①

以上所引关于巫者的材料或是关于巫者的神话传说，或是托名之辞，有些是战国时期人们的构想，有些则是属于对材料的误读。这一认识既以传世文献为基础，又深受西方人类学之影响。当时这些具有西学背景的大家，在巫者的地位以及巫、医关系的认识上，基本一致。

这样的认识或其研究理路，不仅只存在学术史以及史学领域，也广泛存在于医学史研究领域。20世纪前期研究中国医史的学者也普遍接受了西方人类学的研究成果，并将之引入医史研究，用以说明医学起源以及巫、医关系。陈邦贤的《中国医学史》是近代史上较早且影响深远的医学史著作。是书曾数易其稿，但关于上古巫、医的研究，却一直保留。在其早期版本中，仍能见到西方人类学的深刻影响，如他将医者的起源与巫者联系起来，认为药学只是一种魔术。他说：

> 据民俗学的研究，医士的起源不过就是破邪的术士，而药学也不过是一种魔术而已！
> 这话是很对的，民间的医术，实在是对付一种特殊仇敌的魔术，那特殊的仇敌就是疾病，近代文明民族的医学，方能渐渐脱离魔术，在原始民族中，殊难分开；但是这种原始的医术，虽是无理可笑，却也是人类无智识心理的表现的一种。②

文中他直接点出，其关于医士起源的看法就来源于民俗学的研究，并对之进行了引申和发挥，原始医术与巫术"殊难分开"，只有文明民族的医学，才能渐渐脱离巫术。他还将中国早期的医学发展状况等同于原始民族的医术，认为中国早期的医术也掌握在巫者手中，当时的医学尚停留在巫医层面。

> 中国医学的演进，始而巫，继而巫和医混合，再进而巫和医分立。以巫术治病，为世界各民族在文化低级时代的普遍现象，古书上关于这种记载很多。③

在这里陈邦贤说得更清楚，中国医学源于巫，巫、医关系经历了巫，巫、医混合与巫、医分立的三阶段。这种由巫到医的线性演进与弗雷泽由巫术到科学的演变模式如出一辙，所谓的"世界各民族在文化低级时代的普遍现象"实是从人类学的角度而言。在这段话的后面，陈邦贤列举了大量传世文献上有关巫医的故事。他所引用的文献包括《说苑》《老子》《庄子》《淮南子》《韩诗外传》《左传》《说文》等，这些材料里有关巫、

---

① 陈梦家：《商代的神话与巫术》，《燕京学报》第20期，1936年，第533~534页。
② 陈邦贤：《中国医学史》，商务印书馆1937年版，第8页。
③ 陈邦贤：《中国医学史》，商务印书馆1937年版，第7页。

医情况的叙述多是将医上溯于巫。特别要注意的是，这些有关巫、医关系的材料，多是传说故事，实是战国秦汉间人的托伪。由此可见，当时治医史者也和其他学者一样，将人类学的理论与中国传世文献的记载相结合，用以论述医学起源与巫、医关系。

可以说，陈邦贤关于巫、医关系的论述是将传说史料与西方人类学理论相结合的典范，其观点既与当时史学界将巫的地位提高到空前高度的认识遥相呼应，又为医史学界论述医学起源提供了新的思路。其研究理路及其观点在医史学界曾产生了深远的影响。甚至到 20 世纪 70 年代，台湾学者刘伯骥在撰写《中国医学史》时对医学起源以及巫、医关系的研究，也大致延续了上述理路。在论述医学起源时，他专辟一节，讲述巫、医关系。他认为，上古之时，人们采用巫祝与药疗治病，巫、医同治也是人类社会早期的普遍法则。

> 然而以原始部落生活之粗陋，欲改善饮食居处以预防自然之伤害者不易，祈卜则常有之。至于治病之巫祝与药疗，乃当时所急需，亦为人类社会自草昧时期起维护其本身健康之共通方法，无论东西民族一也。①

在谈到医学起源时，他特别指出"古代文明中，医学皆肇于巫医"。刘氏旁征博引，将西方早期埃及、希腊的巫、医并存的状况与中国早期的医学相比较，又结合人类学的理论与中国的传世文献，对中国医学的起源与早期医学的发展状况进行了评估，指出中国之医学，亦肇始于巫医，巫医与医药疗病是中国早期医学发展的实际。②

陈邦贤、刘伯骥的研究理路与学术观点，相当具有代表性，影响也非常大，在 20 世纪，其研究方法与观点，一度被视作医史学界的权威看法。可以说，将医的起源追溯到巫，是当时医史学界的普遍看法。这一看法，既有中国传世文献作证据，又有西方早期人类学理论的支撑，成了 20 世纪 50 年代以前关于医学起源最为流行的说法。这些研究，均是用西方人类学的理论来整合托伪的文献记载，不可否认的是，人类学的理论是近代医源于巫说的重要支撑。而深入分析不难发现，传世典籍中的医源于巫之说，实际上是历史建构的结果，而不是历史之实际。在中国近代学术重组的过程中，西方民族学关于巫、医关系的研究成果，为中国学界所吸收，进一步强化了"医源于巫"说。可以说，关于医学起源的"医源于巫"说，实际上是中国传说史料与西方人类学理论的叠加。

三、余　　论

战国秦汉时人将医的起源与巫者相联系有两方面的原因：其一，巫者在时人的医疗活动中发挥着实际作用，时人相信疾病由鬼神所致，巫者能卜祟、驱祟并通过巫术手段治疗疾病，由此而将医之起源附会到巫者身上；其二，与当时的历史观密切相关，时人相信圣人创造历史，通过托伪的办法将医术附会到群巫之祖的巫咸身上，进而又将巫彭塑造为医学之祖。这一过程的最终完成是在秦汉之际。与之相关的传说史料是战国秦汉时期，古史系统构建时所形成的。多与传说、神话故事有关，有的甚至仅仅只是托名，并不能作为论

---

① 刘伯骥：《中国医学史》，台湾华冈出版社 1974 年版，第 1 页。
② 刘伯骥：《中国医学史》，台湾华冈出版社 1974 年版，第 1~5 页。

述医学起源的可靠史料。然而，史学界以及医史学界往往不加辨析地以之作为论述"医源于巫"说的关键证据，显然是不合适的。

我们还应注意到，西方早期人类学的相关材料与理论所揭示的巫、医关系，实际上仍是人类文明发展到一定程度之后所具有的现象，一方面不能以之概括漫长的史前时期医学发展的状况，另一方面还涉及西方人类学理论与中国医学起源模式，以及医学发展实际状况之间的契合度。如东人达曾经尖锐地指出，根据民族学的调查，在一些原始部落，他们并无任何宗教观念，但都有一定的世代相传的卫生习俗。另外在一些巫术盛行的原始部落，也存在着与巫术丝毫无关的卫生习俗，拥有治疗各种疾病的丰富经验，以及并不求助于巫术的草医。[1] 这提醒我们要注意区分医学观念与医学知识。实际上，西方人类学对于巫术、宗教、科学的研究也已经不再停留在传统的巫术—宗教—科学的线性发展观点上了，不少学者已经对弗雷泽的观点做出了修正。如列维·斯特劳斯不认为巫术是一种"前科学"状态，他将科学和巫术看作获取知识的两种平行方式。他指出未开化人的具体思维与开化人的抽象思维不是分属两种等级不同的思维方式，而是人类历史上始终存在的两种互相平行发展而且在未来会交汇的两种思维方式。[2] 中国史学界也早已指出，巫在早期中国的地位并不如早先预估得那样高，并对早期中国巫的地位与作用进行了反思。[3] 但这些研究都未及时地为医疗史研究所吸收。

总的来说，近代以来以战国秦汉时期的传说史料为基础，并得到西方早期人类学理论强化的"医源于巫"说，只是揭示了巫、医关系中巫者参与疾病治疗的这一层次，这是对一般社会现象的揭示，而不是对医学起源的路径与方式的揭示。"医源于巫"说以及由此而引申出来的巫、医关系的三阶段论，之所以不断被学界批评、修正甚至直接否定，其原因就在于此。时至今日，西方的中国医史研究中人类学的取向仍十分鲜明，这对于解释复杂的医疗现象十分必要。但并非所有问题都可以追溯到巫，也并非所有问题都可以完全用巫术或者巫术思维进行解释。在进行医史研究时，既要注意巫在医疗中的作用和影响，也要警惕"泛巫论"的陷阱。中国医史上的巫、医关系绝非由巫到医的简单线性演进模式，而是具有层次性和对象性。[4] 中国古代的医疗是巫术、礼仪与方技共同作用下的联合体，《汉书·艺文志》将方技分为医经、经方、房中、神仙四大类，医经、经方是战国秦汉医学的主流，也是实实在在的医学理论与技术。要追溯中国医学的起源，应当抓住方技这条线索。而三四十年来不断出土的涉医文献，为学界提供了前所未有的机遇。

（作者单位：湖南大学岳麓书院、出土文献与中国古代文明研究协同创新中心）

————————————

[1] 东人达：《"巫医结合"的进步与反动——我国早期医学史及其与哲学的关系》，《中华医史杂志》1981年第3期，第173页。

[2] 列维·斯特劳斯：《野性的思维》，李幼蒸译，商务印书馆1987年版，第308~309页。

[3] 饶宗颐：《历史家对萨满主义应重新作反思与检讨——"巫"的新认识》，《中华文化的过去现在和未来》，中华书局1992年版，第396~412页。

[4] 具体而言，巫、医关系，至少涉及三个不同层面的问题。第一，医学与巫术层面，巫、医的异同。第二，在国家制度层面，巫、医各处于怎样的位置。第三，在疾病诊疗层面，巫、医如何共处。对此，笔者另有专文讨论。

丘濬《家礼仪节》及其礼学贡献[*]

□ 赵克生

【提要】 丘濬《家礼仪节》对朱熹《家礼》进行仪节化处理与浅明表述，标志明代家礼学由"理论诠释"到"实践行礼"的转变。经此改编，家礼更具操演性，使好礼者可举而行之。随着《家礼仪节》的广泛传布，该书浸润、陶冶了一方士庶，一定程度上发挥了移风易俗与消解佛教影响的效果。《家礼仪节》不断被翻刻，版本众多，成为明清时期流行的家礼经典与仪节化家礼的重要母本。

【关键词】 丘濬；家礼；仪节化；礼学贡献

丘濬（1421—1495 年），海南琼山人，明代中期著名的朱子学学者，有《大学衍义补》《朱子学的》《世史正纲》《家礼仪节》等著作传世。丘氏曾任翰林侍讲、国子监祭酒，弘治初入内阁，亦为明代政坛重要人物。

学界关注的丘濬著作，主要集中于《大学衍义补》《朱子学的》，特别是对《大学衍义补》的研究，积累了相当多且深入的研究成果。① 迄今为止，学界对丘濬礼学及《家礼仪节》的研究殊少。② 事实上，丘濬著作中最具影响力、传播范围最广的正是《家礼仪节》。在明清家礼学著作中，《家礼仪节》也罕有匹敌，影响尤大，几成为与朱熹《家

---

* 本文是国家社科基金重大项目"中国传统礼仪文化通史研究"（18ZDA021）阶段性成果。

① 以《大学衍义补》为中心，研究成果包括对丘濬的政治主张、法律思想、经济策略、文化主张、教化思想、军事思想、海洋观念等的介绍与阐释。20 世纪六七十年代有日本学者间野潜龙等人对丘濬政治思想的研究，80 年代有朱鸿林对丘濬经世思想的研究，近年出现的郤军红《丘濬〈大学衍义补〉治民思想研究》（南开大学博士学位论文，2009 年）等博士学位论文亦是对丘濬思想研究的不断深化。

② 笔者仅见梁勇《明代的〈家礼〉研究》（新加坡国立大学博士学位论文，2006 年）中有一节内容分析丘濬在明代社会情势下诠释朱熹《家礼》的策略问题，虽有开创之功，但颇为简略。何淑宜《士人与儒礼：元明时期祖先祭礼之研究》（台湾师范大学博士学位论文，2007 年）第四章第一节"丘濬的祖先祭祀理论"讨论了该书的版本与丘濬对祖先祭祀的主张。其他学者在探究明清家礼时也有涉及丘濬《家礼仪节》，由于论题所限，《家礼仪节》并没有成为关注的主题。如 Patricia B. Ebrey, *Confucianism and Family Rituals in Imperial China：A Social History of Writing About Rites*, Princeton：Princeton University Press, 1991, pp. 173-176.

礼》并行的新经典，明清两代不断翻刻，现存有十余种不同版本。①

本文拟把《家礼仪节》放在明清家礼演进历史中，探讨这一文本的形成、传播与社会影响，分析它的礼学贡献，进而揭示《家礼仪节》在明清家礼学发展史上的重要地位，由一种家礼文本的历史来呈现明清时期家礼学的演进。

一、《家礼仪节》的编纂

探讨丘濬如何根据朱熹《家礼》而编纂《家礼仪节》，不仅具有文献学的意义，更主要的是可以把握贯穿《家礼仪节》、丘濬始终抱持的"以礼经世"的思想。

丘濬一生尊崇朱熹，不仅有《朱子学的》传述朱熹之学术，对于朱熹礼学亦多加表彰。朱熹重今礼甚于古礼，重行礼尤重于考礼；丘濬因俗之宜，强调执礼，秉承朱熹行动礼学的主张。朱熹以为，日用之常礼固不可以一日而不修；丘濬也说："礼之在人家，如菽粟布帛然，不可斯须无之。"具体到《家礼》，丘濬认为"朱子家礼最得崇本敦实之意"②。那么，丘濬又为何要重新编纂《家礼仪节》，而不是原原本本沿用朱熹《家礼》？丘濬《家礼仪节序》曰：

> 濬生遐方，自少有志于礼学，意谓海内文献所在，其于是礼必能家行而人习之也。及出而北仕于中朝，然后知世之行是礼者盖亦鲜焉。询其所以不行之故，咸曰礼文深奥而其事未易以行也。是以不揆愚陋，窃取《文公家礼》本注，约为仪节，而易以浅近之言。使人易晓而可行，将以均诸穷乡浅学之士。③

丘濬亲身感受到朱子家礼在后世行之不广，究其原因，他认为一是朱子《家礼》的礼文深奥，与明代社会有时代隔阂，不便士庶讲习；二是朱子《家礼》中关于如何行礼的"仪节"简略，虽然朱子重行礼，但礼书中解释礼仪规制的文字较多，指导行礼的仪节较少，同样不便士庶讲习。儒礼不行，则让异端有机可乘，因此，丘濬为应对佛、道等宗教的挑战、发挥朱子家礼在化民导俗方面的作用，他在居丧读礼的过程中着手编纂了《家礼仪节》。

如何编纂？丘濬说："窃取《文公家礼》本注，约为仪节，而易以浅近之言。"丘濬用了一个"约"字。约者，择要而节略之意。丘濬把朱子《家礼》的文本与注释的相关文字进行概括、节略，形成"仪节"。可以说，《家礼仪节》对于朱子《家礼》的改编，最重要的就是对其礼目进行仪节化的处理，无仪节者增之，简略者加之。如朱子《家礼》

---

① 王锷：《三礼研究论著提要（增订本）》，甘肃教育出版社 2007 年版，第 462~465 页。另据何淑宜的统计，明清共有 18 种刊本，见《士人与儒礼：元明时期祖先祭礼之研究》，台湾师范大学博士学位论文，2007 年，第 147~148 页。但这些统计都是不完全的，比如现藏于加拿大不列颠哥伦比亚大学的嘉靖三十六年的楚刻本（刘起宗刻本）就没有计入，清代翻刻的版本计入的也很少，显然不全。

② 何乔新：《椒邱文集》卷三十《赠特进左柱国太傅谥文庄丘公墓志铭》，《文渊阁四库全书》第 1249 册，上海古籍出版社 1987 年版，第 457 页。

③ 丘濬：《家礼仪节序》，《海外广东珍本文献丛刊》第一辑第一册，广东人民出版社 2016 年版，第 8~9 页。

卷三《婚礼·婿见妇之父母》讨论"妇家礼婿"之礼时，仅说"妇家礼婿如常仪"。① 而丘濬《家礼仪节》把朱子这句话化为具体的仪节：

> 其日，婿盛服往妇家，至大门外立，侍者先入。**婿至，请出迎**。妇父出大门外迎之。**揖婿，请行**。妇父举手揖婿入，先行，婿从之，从者执赞币随婿。妇父引自东阶，婿自西阶。**各就位**。妇父立于东少北，婿立西少南。**鞠躬、拜兴、拜兴、拜兴、拜兴、平身**。妇父跪而扶之。**举赞币**。从者授婿币，婿以奉妇父受之，以授从者。**见外姑**。妇父合门左扉，立于门内，婿拜于门外。**鞠躬、拜兴、拜兴、拜兴、拜兴、平身**。**奉赞币**。婿以奉妇母，从者受入。(补) **庙见**……②

二者相比，《家礼仪节》从双方站位到行礼步骤，详明有序，又补充《家礼》所未备之婿在妇家的庙见之礼。这表明仪节化之后的家礼更具操演性，可以成为一种行礼指南。

针对朱子《家礼》礼文深奥，《家礼仪节》"易以浅近之言"，用通俗、浅显的语言表述朱子《家礼》"本注"中有关如何行礼的内容，易古从今。如丧服制度为丧礼中的重要内容，词意深古，丘濬以为若使时人明白丧服制度，必须以浅近的语言表述之：

> 愚按，丧服制度，《家礼》备矣，但词意深古，及附注所引用又多繁杂。深于问学者固已了然于心；若夫穷乡浅学之士，泥文者各执己见，任情者妄有作为，卒无定制。窃不揆愚陋，一本《家礼》，而又考古礼经以参定之，易简古之辞以浅近之语，庶几学古者易晓云。③

又如冠礼"戒宾辞"，朱子《家礼》本诸《仪礼》，语意简奥，非后世所宜。丘濬遂变易古文为时语，制定了通俗的"书式"。编写婚礼"醮女辞"时，丘濬甚至以"早晚听你公婆言语"这样的俗语入礼。④

丘濬对朱熹《家礼》进行仪节化处理与浅显明白的表述，成为他编纂《家礼仪节》的主要方法，但不是仅有的方法。通过对《家礼仪节》全篇研读，我们发现丘濬编纂过程中还运用了其他方法或手段：

（1）补，即增补家礼内容。朱熹《家礼》五卷，通礼与冠、婚、丧、祭四礼，附录司马光《居家杂仪》。由于朱熹《家礼》成书较早，后又遗失，朱熹晚年关注的一些家礼内容并没有在《家礼》中得到体现，如拜谒、迎送等礼。这些礼仪虽是曲礼细节，却是乡里、家族的日用常行之礼，亦不可或缺，宋元以降家礼学发展的一个重要任务就是对

---

① 朱熹：《家礼》卷三，朱杰人等主编：《朱子全书》第七册，上海古籍出版社 2010 年版，第901 页。

② 丘濬：《家礼仪节》卷三，《海外广东珍本文献丛刊》第一辑第一册，广东人民出版社 2016 年版，第 216~217 页。按，引文中楷体字内容为原文夹注内容，黑宋体内容为主要仪节。

③ 丘濬：《家礼仪节》卷四，《海外广东珍本文献丛刊》第一辑第一册，广东人民出版社 2016 年版，第 320 页。

④ 分别见丘濬：《家礼仪节》卷二，《海外广东珍本文献丛刊》第一辑第一册，广东人民出版社 2016 年版，第 118、200 页。

《家礼》进行补充、完善。故丘濬《家礼仪节》卷八"家礼杂仪"多有对朱子《家礼》未备礼仪之补充。

在《家礼仪节》其他部分也可散见丘濬对朱子《家礼》的增补。据笔者粗略统计，《家礼仪节》前七卷中，丘濬共补入了25条的内容。首先是补入礼目及仪节，如改葬、返葬、焚黄告祭、祀灶等。丘濬在改编中还特别补入一些他认为有助于行礼的内容。如《家礼仪节·丧礼》"护丧"条下，补入了"立主宾"，专主与宾客为礼；又补"立相礼"条，凡丧事皆听处分。① 家礼礼目众多，特别是丧礼最为繁细委曲，若非素习，仓促之间难以周悉成礼，需熟悉礼仪之人来主持、引导，设相礼、用礼生，都是可行的办法。其次，补入按语。这些按语是丘濬对《家礼》原有注疏的补充，反映丘濬对朱子家礼的理解与择从。如《婚礼·纳彩》"主人具书"条下，丘濬"补按"，以说明舍古礼而用国朝新制，以绢布、鹅酒代替盛服、执雁，使人从简易行。由此可见，补入的按语是辅翼仪节的。

（2）调，即调整家礼某些礼目的次序。《家礼仪节》对于朱子家礼有关礼仪的次序调整通常会标上 移 字，注明从何处移来。卷四《丧礼》"乃易服不食"条下注曰："此本在'司书司货'之下，今移此（'复'后）。"通过"复"而无有回生之可能，这时可确定逝者已逝，家人开始易服不食，更加符合丧礼的逻辑。卷六《虞祭》"始饮酒食肉而复寝"条下注曰："按此条旧在大祥之下，今移此（'禫'后）。按《礼》，中月而禫，禫而饮酒……今拟禫后始饮啖酒食干肉，大祥后虽复寝，至是乃卧床，庶得礼之意。"② 通过类似的次序调整，家礼礼目在流程上更加合理。

（3）改，丘濬对《家礼》的改订不仅表现在"易以浅近之言"，还有对朱子家礼某些内容进行变通、简化，改拟新制，以合时宜，使家礼贴近明代民众的生活实态，礼仪得以施行而不废。试以《丧礼》"奉柩朝于祖"为例：

> 奉柩朝祖，像其人平生出必辞尊者也，固不可废。但今人家多狭隘，难于迁转。今拟奉魂帛以代柩，虽非古礼，盖主于必行犹愈于不行者。若屋宇宽大者自宜如礼。③

丘濬在《家礼仪节》中提出，以魂帛代灵柩，乃是针对平民之家空间狭隘的实际情况，与其窒碍难行，不如因陋就简而易行。

丘濬改订家礼的另一个理由是家礼须与时制（国家礼制）保持一致，故后人说："孔子周代不从夏殷，朱子《家礼》固已据宋而通周之变，明丘琼山所订家礼又据明而通宋之变。"④ 亦即，丘氏改编朱熹《家礼》，其实是孔子"从周微意"，孔子是周人，"从

---

① 丘濬：《家礼仪节》卷四，《海外广东珍本文献丛刊》第一辑第一册，广东人民出版社 2016 年版，第 238 页。

② 丘濬：《家礼仪节》卷六，《海外广东珍本文献丛刊》第一辑第二册，广东人民出版社 2016 年版，第 48 页。

③ 丘濬：《家礼仪节》卷五，《海外广东珍本文献丛刊》第一辑第一册，广东人民出版社 2016 年版，第 399~400 页

④ 黄宜中：《从宜家礼·自序》，曾国荃等：《（光绪）湖南通志》卷二四六《艺文志二》，《续修四库全书》第 667 册，上海古籍出版社 2002 年版，第 608~609 页。

周"就是"从时制"。在"四时祭·献礼"部分,丘濬曾明言,仪节不尽用朱子《家礼》,而采朝廷所颁祭神仪注,"庶几简易可行"①。其他诸如冠服之制、丧服制度等方面,丘濬同样以时制改易了朱子《家礼》原有的相关内容。只有不违时制,家礼的推行才具有正当性,也更容易被民众接受。

综上,丘濬编纂《家礼仪节》运用多种手段,其目的只是行礼:让家礼尽量贴近民众的生活,让家礼尽量覆盖民众的生活,让家礼尽量简易易行而为更多的民众所践行。

二、《家礼仪节》的传播与版本

成化十年(1474年),丘濬丁忧期满,《家礼仪节》也已成书。随后,丘濬携书北上,回京复职。《家礼仪节》遂从海岛逐步走向中原、京师,传播的范围广大、版本众多,影响的读者对象从士大夫开始,渐及黎民百姓。

关于《家礼仪节》的初期传播情况,成化十六年坊刻本的"书坊附记"有简要的说明:

> 《家礼仪节》初刻于广城,多误字。后至京师,重校改正,然未有句读也。窃恐穷乡下邑初学之士卒遇有事,其或读之不能以句,乃命学者正其句读。适福建金宪古冈余君谅及事来朝,谓此书于世有益,持归付建阳书肆,俾其翻刻以广其传云。②

弘治三年(1490年),时任顺德知县的吴廷举也说:"(《家礼仪节》)书凡八卷,初刻在广州,再刻在太学,又刻在福建书坊。"吴氏的话正好印证丘濬"书坊附记"所述的情况,三地皆有刻本,且一开始商业性坊刻就介入《家礼仪节》的传播。弘治初,此书已在士大夫群体中流传,"缙绅士夫时有见者"③。

初期版本无传,后世能见到的最早版本是弘治三年吴廷举刊本。吴廷举,字献臣,苍梧人,丁未进士。弘治二年,知顺德县。上任之后,首兴学校,毁淫祠,饬县治,优老恤孤,重梓《家礼仪节》。吴氏刊本是在初期的某个刊本基础上新刻的,故他说,"二翻故书而新刻之"④。吴氏刊布《家礼仪节》是为了在顺德推广礼教,移风易俗,其实开启了明清时期地方官府推动《家礼仪节》传播的模式。追踵其后者不断,如刘起宗,四川巴县人。嘉靖二十六年刘氏以提学副使的身份推动了《家礼仪节》在湖广的刊刻,这便是楚刻本的出现。差不多同时,四川提学佥事姜宝以礼教士,在蜀中刊刻《家礼仪节》,此

---

① 丘濬:《家礼仪节》卷六,《海外广东珍本文献丛刊》第一辑第二册,广东人民出版社2016年版,第91页。

② 丘濬:《家礼仪节》卷末,《四库全书存目丛书》经部第114册,齐鲁书社1997年版,第635页。

③ 吴廷举:《重刊家礼仪节后序》,哈佛大学汉和图书馆珍藏《文公家礼仪节(8卷)》,嘉靖十八年刊本。

④ 吴廷举:《重刊家礼仪节后序》,哈佛大学汉和图书馆珍藏《文公家礼仪节(8卷)》,嘉靖十八年刊本。

为蜀本。① 万历三十六年（1608 年），常州府推官钱时、南直隶提学杨廷筠重新校订了正德十三年常州府刊本《家礼仪节》："晋陵旧有《家礼仪节》藏本，乃漫漶，遍丐诸本校雠。"② 由钱时捐俸出资刊印的这个版本，习惯上称之为"钱时本"。钱时本《家礼仪节》前面除了钱、杨的序之外，还有督抚周孔教、督理浙直盐课监察御史方大镇等人的序言，校印领衔署名更有周、方、杨、钱及整饬苏松兵备副使、常镇兵备按察使、所属各县县令等人。从形式上看，这个本子充满了官方气息，是典型的官刻本。清康熙四十年，江南巡抚宋荦（1634—1714 年）刊行了紫阳书院校定的丘濬《家礼仪节》，同时附刻吕维祺《四礼约言》和自己曾伯祖宋纁《四礼初稿》。总的来说，以上这些刻本比较精良，保持了丘濬《家礼仪节》原貌，即便有所校订，也是个别文字的改动。

与官刻相伴的是私刻、坊刻，尤其是商业性的坊刻，在明代后期相当发达。坊刻在加速传播的同时，任意窜乱书籍颇为后世诟病。就《家礼仪节》来讲，私刻、坊刻的版本众多，为了商业目标，随意改窜原书的内容、署名，甚至有的既不署"仪节"之名，又把丘濬的名字换成了当时的状元、名宦的名字。这些刻本乍看上去，完全与丘濬《家礼仪节》没有关系，稍作对比，就会发现无一不是对丘濬《家礼仪节》的改头换面。例如，《重刻丘阁老校正朱文公家礼宗》是万历午山熊氏的坊刻本，署"阁老琼山丘氏校正、书林午山熊氏梓行"③。全书分四卷，即卷一为通礼、冠礼；卷二为婚礼、丧礼；卷三为丧礼（成服以下）；卷四为丧礼（虞祭以下）、祭礼；卷首附十幅朱熹履历图。书名虽曰"礼宗"，实际上乃书商熊氏假托丘濬之名，对丘氏《家礼仪节》的改窜，主要是删除或调整了原本的通考、余注等内容，因为是面对大众市场，加上了难字训读。该书在对《家礼仪节》原本改窜中，随意择取，分裂原文，通篇的错漏之处随手可指，包括漏掉了一些仪节的内容。

如果说熊氏改窜还保留了丘濬的署名，让读者能够发现此书与《家礼仪节》的渊源，那么托名罗万化的《家礼通行》就彻底抹除了丘濬的名字，可算是真正的欺世盗名。罗万化（1536—1594 年），字一甫，号康州，会稽人，隆庆二年状元。在书商看来，状元罗万化无疑具有商业价值，因而署"礼部尚书康洲罗万化著、书林继华郑氏梓"。此书乃郑氏书商的粗制滥造，不仅序言不是罗氏手笔，那些低级的错误更不能出自罗氏之手，例如书名在各卷就不一致，卷一列书名为"新刻朱文公先生考正家礼通行"，卷二就变成"新刻仪礼部罗先生考正家礼通行"，卷三又变为"新刻仪礼部罗先生考正家礼约行"——究其内容，基本剽窃《家礼仪节》而稍加注疏、调整。无独有偶，陈仁锡挂名辑订的《重订文公家礼仪节》，只注明朱熹编著，而无丘濬名字，但同样是对丘濬《家礼仪节》的改窜。嘉靖十八年的杨慎本《家礼仪节》八卷只是在丘濬《家礼仪节》各卷末增加了几条"附论"。

以上种种的改窜本中仍有难以改变的内容，那就是丘濬对朱子家礼的仪节化处理，任何一个改窜本，都要特别标识"仪节"。从传播的角度看，坊刻本可视为另类的传播方

---

① 姜宝：《姜凤阿文集》卷七《西川稿上·刻家礼仪节序》，《四库全书存目丛书》集部第 127 册，齐鲁书社 1997 年版，第 555 页。

② 钱时：《家礼仪节序》，万历三十六年刻本，藏日本内阁文库。

③ 该书藏日本东洋文化研究所。

式，任意改窜的文本有违丘氏本意，但它在追逐利润的同时也把《家礼仪节》的精髓广泛传布到社会上。

明代还出现过一些关于《家礼仪节》的节略改编本。不同于书坊出于牟利的改窜，这些改编本是为了普及家礼，根据《家礼仪节》而节略之，简单易行，使之成为黎民百姓行礼的手册。直隶宁国府宁国县儒学署训导事举人王皞，为教民导俗，"于《家礼仪节》中择其大要，并为图数方，而翻刻之，以传示于壹邑，名曰《丧祭礼要》。俾家有此书，人无难晓"①。任教福建惠安的薛有孚曾取朱子家礼，参以丘濬《家礼仪节》，变为四礼图，详尽明白。② 遂昌包万有据丘濬《家礼仪节》而编纂《四礼损益》。③ 琼州教授萧端升取朱熹《家礼》及丘濬《仪节》，酌定四礼，命曰《琼台礼要》。④ 这些情况下，《家礼仪节》其实成为当时人们编撰简明家礼书的一个重要参考。

经过多渠道、多版本、较长时间的传播，《家礼仪节》的普及度进一步提高，从"缙绅士夫时有见者"发展到万历时"丘文庄《家礼仪节》一编，士大夫家多有之"。⑤ 清中期，云南布政使陈弘谋（1696—1771年）又说，琼山邱氏《仪节》"海内通行久矣"⑥。从地域上论，《家礼仪节》从琼山开始向广东、四川、湖广、江西、南直隶、浙江、福建、北京等地区不断扩散，影响了这些地区的民众生活。首先看《家礼仪节》对琼山民众"礼仪化"的影响。明代唐胄《（正德）琼台志》卷七：

> （琼山）民性纯朴，俗敦礼义，尚文公家礼，冠丧祭礼多用之。始自进士吴铸及丘深庵著《家礼仪节》，故家士族益多化之，远及邻邑。

《琼台志》的记述与丘濬向明孝宗奏报的情况是一致的："臣尝以浅近之言节出其要，以为仪注（《家礼仪节》），刻板已行，在臣家乡多有用而行者，遂以成俗。"⑦

再看《家礼仪节》在江西的影响。以冠礼为例，《（嘉靖）南安府志》曰：

> 凡冠——《朱文公家礼》《丘文庄公家礼仪节》甚备。南康士庶、大庾大夫士家

---

① 范镐：《（嘉靖）宁国县志》卷四《叙〈丧祭礼要〉谕诸生》，《天一阁藏明代方志选刊续编》第 36 册，上海书店出版社 2014 年版，第 883 页。

② 张岳《小山类稿》卷十七《题薛氏四礼图后》，《文渊阁四库全书》第 1272 册，上海古籍出版社 1987 年版，第 490 页。

③ 胡寿海等：《（光绪）遂昌县志》卷十《艺文》，《中国方志丛书·华中地方》第 70 号，台湾成文出版社 1970 年版，第 1141~1142 页。

④ 郝玉麟等：《广东通志》卷四十一《名宦志》，《文渊阁四库全书》第 563 册，上海古籍出版社 1987 年版，第 840 页。

⑤ 莫如忠：《崇兰馆集》卷十七《大明集礼·祠堂制度》，《四库全书存目丛书》集部第 104 册，齐鲁书社 1997 年版，第 714 页。

⑥ 鄂尔泰等：《云南通志》卷二十九之十二《重刊四礼序》，《文渊阁四库全书》第 570 册，上海古籍出版社 1987 年版，第 640 页。

⑦ 丘濬：《大学衍义补》卷五十一《家乡之礼上之下》，《文渊阁四库全书》第 712 册，上海古籍出版社 1987 年版，第 613 页。

多习而行，南康行之尤习，上犹近日尚礼士庶家亦间行之。崇义初立于群山中，行者尚少。①

在徽州，乡间儒者汪禔以《文公家礼》及丘氏所著《（家礼）仪节》对抗佛教的影响。② 而在惠州，嘉靖时"士夫执（丧）礼者遵行丘文庄《仪节》，不用鼓乐，俗多行朝夕奠礼；或作佛事，近时尤从简约"。东坡先生所云"钟鼓不分哀乐事"的陋习有所消退。③ 广东香山的黄佐，其家行礼如岁时、朔望谒告、荐献之仪、旁亲附食之位皆遵从《家礼仪节》；其所编《泰泉乡礼》又多取"丘氏《仪节》以通于今者"。④

不难看出，随着丘濬《家礼仪节》的广泛传布，该书浸润、陶冶了一方士庶，一定程度上发挥了移风易俗与消解佛、道影响的效果。

三、《家礼仪节》的礼学贡献

明代众多的家礼书中，没有哪一本具有《家礼仪节》的影响力，这不仅仅因为丘濬在明代士人中享有很高的声誉，他对朱子《家礼》的仪节化及其礼学新主张应和了明朝中后期的时代诉求，《家礼仪节》的礼学贡献是奠定该书地位的关键。

首先，丘氏《家礼仪节》的礼学贡献表现在对朱子《家礼》进行了仪节化、通俗化改编。尽管丘濬的改编仍然保留宋元以来家礼注释的学术传统，大量援引礼经、先儒之说，有余注、有考证，而又以"按语"参以己意。文本中不乏重复注说、两可之说，甚至前后矛盾之处。⑤ 但是，丘濬通过仪节化处理与浅近的表述等方式完成了对他尊崇的朱子《家礼》的改编，这种改编虽然多是形式上的，但对于家礼演进来说，仪节化却是一种创造性的转变，它使"好礼者可举而行"。

要认识《家礼仪节》这种形式转变的意义，需要把该书放在明代家礼学的发展史中加以考察。《家礼仪节》出现之前，明代前期已经出现过一些诠释家礼的著述，代表性的有冯善的《家礼集说》、汤铎的《家礼会通》，二书罗列各家之说，旁征博引，根据时代，折中经典，走的仍是理论诠释，全书主体还是关于家礼的理论探讨，仪节处于次要位置，

① 刘节：《（嘉靖）南安府志》卷十《礼乐志》，《天一阁藏明代方志选刊续编》第50册，上海书店出版社2014年版，第428~429页。

② 张夏：《雒闽源流录》卷七《汪禔》，《四库全书存目丛书》史部第123册，齐鲁书社1997年版，第113页。

③ 杨载鸣等：《（嘉靖）惠州府志》卷五《土俗》，《天一阁藏明代方志选刊》第62册，上海书店出版社1984年版。

④ 黄佐：《庸言》卷五《制礼第五》，《四库全书存目丛书》子部第9册，齐鲁书社1997年版，第580页。黄佐：《泰泉乡礼》卷二《乡约》，《文渊阁四库全书》第142册，上海古籍出版社1987年版，第611页。

⑤ 明人敖英就曾批评丘氏："尝谓丘文庄公《家礼仪节》，见其于《祠堂篇》内既列朱子祭四世之图，又列郑氏祭五世之图。既以神主尚右为尊，又以神主居中为尊。既以祭始祖为非，又以祭始祖为是。参之《会典》，殊觉矛盾，但不知文庄注书之意何如也？"参见黄宗羲：《明文海》卷一七一，《文渊阁四库全书》第1454册，上海古籍出版社1987年版，第772页。

所以简略不全，难以作为行礼的文本。丘濬反其道而行之，突出仪节在全书的核心地位，体现了编纂《家礼仪节》的主要目标。从这个意义上讲，丘濬《家礼仪节》是明代家礼学史的一个界标，标志着明代家礼学由"理论诠释"到"实践行礼"的转变，加速了明代家礼学民间化、通俗化的进程，从而也使明代家礼具有"行动礼学"特征，为"礼下庶人"准备了一个务实性的通俗文本，明代中后期所谓的"执礼风潮"① 遂滥觞于此。

其次，丘濬《家礼仪节》的礼学贡献还表现为它提出了一些家礼新主张、新思想，丰富了明代家礼学的内涵，让家礼更好地融入明代百姓日常生活。

《家礼仪节》对"始祖"的变通性定义可以看作丘濬关于家礼新主张的一个典型。

朱熹《家礼》有"冬至祭始祖"之文。何为始祖？朱子曰："或谓受姓之祖，如蔡氏则蔡叔之类。"② 朱子立足分封受爵而对始祖的定义，引起两个结果：一是他晚年改变了对程颐主张"冬至祭始祖"的认同，认为始祖之祭近禘，士庶行诸侯之礼，是一种僭越行为。士庶至多能祭四代，及于高祖。也就是说，朱子家礼推行的是一种以高祖为宗的小宗祭法。而以始祖为宗的祭祀则属于大宗祭法，它包容的宗支更加广泛，"敬宗收族"的范围更大。明人有论："文公家礼仪节惟四代，不祭始祖，其于合族维宗之义似缺然矣。"③ 二是，朱子强调的"受姓"，通常指"始爵"，"古人所谓始祖，亦但谓始爵及别子耳"。④ 意为祭祀始祖可行于有官爵的世宦大家，却难以通诸平民之家。

面对宋明以来逐渐高涨的"敬宗收族"的社会诉求，改变朱熹原有的始祖定义及其对于始祖祭祀的排斥，明代士人在传统宗法制的基础上，通过变通主义的创新，提出了新宗法。而丘濬对"始祖"的重新定义，牵连而出的就是这种新宗法：

> 《礼经》别子法乃三代封建诸侯之制，与今人家不相合……（今）以始迁及初有封爵者为始祖，准古之别子，又以其继世之长子准古继别之宗，虽非古制，其实则古人之意。⑤

一方面丘濬继承朱子"始爵"的定义，以封爵比拟古之封建，以仕宦的嫡长比拟继别之大宗；另一方面，针对平民无爵者，丘濬提出以"始迁祖"为始祖的办法⑥。如此，则丘濬把始祖定义为"以始迁及初有封爵者为始祖"。这样的变通打破了贵贱等级限制，兼顾了庶民阶层的祭祖要求。故明人说："近世琼山先生乃变通其制，而以始迁及初有封爵者为始祖，以准古之别子，又以始祖之嫡子准古继别之宗，使凡天下士庶者皆得为其

---

① 〔日〕小岛毅著，张文朝译：《明代礼学的特点》，收入林庆彰主编：《明代经学国际研讨会论文集》，台湾"中央研究院"文哲研究所筹备处，1996 年版，第 406 页。

② 程川编：《朱子五经语类》卷七十五《礼十六》，《文渊阁四库全书》第 193 册，上海古籍出版社 1987 年版，第 691 页。

③ 徐霈《四礼议》，《文渊阁四库全书》第 1453 册，上海古籍出版社 1987 年版，第 701 页。

④ 朱熹：《晦庵集》卷四十四《答蔡季通》，《文渊阁四库全书》第 1144 册，上海古籍出版社 1987 年版，第 280 页。

⑤ 丘濬：《家礼仪节》卷一，《海外广东珍本文献丛刊》第一辑第一册，广东人民出版社 2016 年版，第 91 页。

⑥ 丘濬之前，方孝孺曾提出祭祀始迁祖以聚族。惜乎方氏之说在后世并没有什么反响。

制。虽非古，然实得夫沿革之宜而不失夫古人之意，所谓得其意而不胶其迹者也。"① 既然士庶皆可有始祖，祭祀始祖也就士庶皆可为，丘濬因此提出：

> 今拟人家同居止四代者，不行（始祖之祭）亦可。其有合族以居、累世共爨者，生者同居而食，死者异处而祭，恐乖易革合人心于孝享之义，惟宜行立春一祭。②

丘濬对始祖的重新定义、对始祖祭祀的肯定，解决了宋明以来聚讼纷纭的一个礼仪难题，使明人可以远依程子，近据丘氏，有助于推动明代社会祭祖行为的普遍化，特别是庶民宗族的发展。到嘉靖中，明朝从国家礼制层面放开了对士庶始祖祭祀的限制，承认了始祖祭祀的合理性。

《家礼仪节》的新内容还包括：（1）受《郑氏家仪》影响，简略冠礼，为不能备礼者提供行礼仪节，即把原来的"三加"冠服简化为"一加"冠服，使人不惮礼数而行。（2）援以俗仪，成"婿拜礼"。《家礼仪节·婚礼》："《家礼》无婿拜之文，今从俗补之。"③ 又因俗补入祀灶礼，岁暮举行。丘濬因俗为礼，先使俗得以儒礼化、规范化；再因礼导俗，移风易俗，这是丘氏《家礼仪节》贴近社会，从而能影响社会的一个重要原因。（3）《家礼仪节》援引明朝朝廷祭祀之礼，变参神、辞神的再拜之礼为四拜之礼，成为后世常行之礼。清人胡具庆说：

> 古人惟以再拜为重，从无四拜之礼……及丘文庄公修《家礼仪节》，始有参神四拜、辞神四拜之仪，礼虽加隆，实非古也。然近世皆以四拜为全礼，而以再拜为简，此亦古今时世之变，有己加而不可复减者矣。④

此外，丘濬《家礼仪节》成为后世礼学著作的重要参考。清代徐乾学《读礼通考》、秦蕙田《五礼通考》等大型礼书多取于丘氏《家礼仪节》。吴荣光（1773—1843年）辑《吾学录》，在湖南等地刊行，而该书同样"多采《家礼仪节》之说"⑤。这些表明《家礼仪节》的礼学价值或礼学贡献是后世不能忽略的。

四、结　　语

丘濬以"明体达用"的经世之学彪炳于后世，礼学是他的经世之学的一部分，《大学

---

① 汪楫：《樊庵集》卷下《宗法议》，《四库全书存目丛书》集部第 146 册，齐鲁书社 1997 年版，第 352 页。

② 丘濬：《大学衍义补》卷五十二《家乡之礼》，《文渊阁四库全书》第 712 册，上海古籍出版社 1987 年版，第 620 页。

③ 丘濬：《家礼仪节》卷三，《海外广东珍本文献丛刊》第一辑第一册，广东人民出版社 2016 年版，第 207 页。

④ 胡具庆：《庚复日记》，乾隆十一年岁次丙寅初六日，清乾隆钞本。

⑤ 王国栋：《邱文庄公年谱》，《北京图书馆藏珍本年谱丛刊》第 39 册，北京图书馆出版社 1999 年版，第 634 页。

衍义补》中有三十余卷讨论礼乐与国家治理的关系。同样,《家礼仪节》是集中体现、落实丘濬礼学经世思想的著作。职是之故,没有对《家礼仪节》的研究就不会有完整意义上的丘氏学术、思想的研究。

正是由于经世的需要,决定了丘濬对朱熹《家礼》改编必然重视实行实用,从形式和内容两个方面贯彻这种经世、实用的思想,奠定丘濬《家礼仪节》具有行动礼学的特点,它的广泛传播对明代家礼演进产生了革命性影响,并推动明代家礼"庶民化"的进程。这样的进程表现为家礼的普及,礼下平民,从社会的角度看,家礼"庶民化"亦是社会的"礼仪化"。由此,丘濬《家礼仪节》成为明清时期流行的家礼经典与仪节化家礼的重要母本,也是推进明清社会"礼仪化"的重要母本。

(作者单位:海南师范大学文学院)

"生祭文学"研究

□ 古宏韬

【摘要】 自祭文和生祭文是中国传统哀祭文的变体，其祭祀对象是没有死亡而尚在人间的自己或者他人。这两种祭文构成的文学种类，可以合称为"生祭文学"，在以往的文学研究中对之关注极少。生祭文学的义理诉求，可以从两大方面予以揭示：一是个人的生死观念，二是遗民群体的国家情怀。由自祭文可以看出作者的"临终焦虑"和自娱自嘲，而生祭文则更多地透露出作者的遗民情结。在宋元之际、明清之际等改朝换代时期，生祭文学尤为发达。

【关键词】 自祭文；生祭文；生祭文学；生死观；遗民

祭文，本质上是祭祀活动中用于沟通人、神的礼仪文本。魏晋以来，祭文较过去更加注重表达人的情感。《文心雕龙·祝盟》认为："若乃礼之祭祀，事止告飨；而中代祭文，兼赞言行，祭而兼赞，盖引神而作也。"① 哀祭文是祭文体裁中的一大分支，是"兼赞"与缘情思想的体现。

在各种哀祭文中，有一类特殊的祭文，即生祭文，指祭祀没有死亡而尚在人间的活人时所用的祭文。生祭，又可分为两种：一是自己祭祀自己，这种祭文可以称之为"自祭文"；二是祭祀活着的他人，可以称之为狭义的"生祭文"。我们把这两种祭文统称为"生祭文学"。

传统文学研究认为，哀祭文用以向死者传递信息或情感。正如明代文体研究者郎瑛所论："诔辞、哀辞、祭文，亦一类也，皆生者悼惜死者之情，随作者起义而已。"② 一般来说，哀祭文所使用的仪式中，主体与对象即生者对死者之间，只存在着单向互动。但自祭文、生祭文的使用则不然，因为这些文本的对象仍然活着。受祭者可能行将死去，也可能尚未面临死亡，而作者只不过通过营造对死亡的想象，来表达对生命和社会的看法。

对生祭文学，以往学者或偶有提及，但极少关注。不少学者仅将自祭文归入自传文体或墓志铭之类。③ 迄今为止，相关内容讨论最多的是陶渊明的自祭活动和自祭文本，但对

---

① 刘勰著，范文澜注：《文心雕龙注》卷二《祝盟第十》，人民文学出版社 2006 年版，第 177 页。
② 郎瑛：《七修类稿》卷二十九《诗文类·各文之始》，清乾隆耕烟草堂刊本。
③ ［日］川合康三：《中国的自传文学》，中央编译出版社 1999 年版。

整体文学类型的源流少有梳理。① 本文拟对该类祭文源流加以梳理，从而分析和阐释生祭文学的文学特征和思想内涵。

一、自祭文、生祭文及其源流

（一）自祭文及其源流

本文论述的自祭文，是由相对于"他祭"的自祭行为而生的文体。离开现世的鬼神无法祭祀自身，因此需要有人代为执行礼仪，完成献祭程序，这是祭祀的"他祭"性质。而自祭文是违反了这种规律的特殊文本。自祭文的创作主体和祭祀对象都是同一人物（即自我），且前提是自身在写作时仍然健在，这点迥异于对死者的他祭。

何为最早的自祭文本，虽众说纷纭，但尚无定论。综合来看，自祭文的起源大致有以下几类说法：

其一，春秋末期孔子的自悼辞。《史记·孔子世家》记载他死前的叹语，如"太山坏乎，梁柱摧乎，哲人萎乎"，并回顾了一生对上古社会理想的追求。

其二，战国时代屈原的《九章》赋，尤其是《怀沙》《惜往日》等篇常被视为自祭文，其辞颇有自祭自伤的意味。

其三，西汉时期杜钦的自撰墓志铭。根据刘歆《西京杂记》所记，杜钦死前预先自撰墓志铭。记录者认为其首开自祭行为的先河。

其四，西汉时期班婕妤所作《自悼赋》，收录在《汉书·外戚传》中。

其五，东晋时期陶渊明的《自祭文》，最为后世熟知。

前四种文本尚未表现出明确的文体特点，且对祭祀的仪式内容大多没有涉及，缺少作为祭文的基本要素。这些文本或辞章，实际是导致了自伤、自悼行为的滥觞，意在宣泄人生中的不满。而陶渊明的《自祭文》不仅对葬祭内容有所体现，思想也有其独特性。如班婕妤《自悼赋》的主题是感怀自己的身世，并未将生死置于讨论前提；陶氏《自祭文》则关注人的生死状态，预设了死亡的景象。② 因此，陶渊明是士人自祭文真正意义上的首创者。

此外，人们有时视自祭文为"寿藏"的一种。寿藏，就是生前预先为死后之事做准备，包括预作棺材、宫室、墓地和随葬物品等。而在《事类备要·墓地门》中，将陶渊明《自祭文》的"归于宅"列为寿藏的一类。③ 在这里，自祭文又是一种具体的实学。

---

① 自祭文的研究，始于对陶渊明自祭文的关注。文体方面，早期以吉川幸次郎等人的研究为代表；对其思想性的解读，以陈寅恪等人为典型。参考吉川幸次郎著，郑清茂译：《推移的悲哀（上、下）》，台湾《中外文学》1977 年第 6 卷，第 24～54、113～131 页；陈寅恪：《论陶渊明之思想与清谈之关系》，《中国现代学术经典：陈寅恪卷》，河北教育出版社 2002 年版，第 577～602 页。近年自祭文研究较多，典型的可参见蔡瑜：《陶渊明的生死世界》，台湾《清华学报》2008 年第 2 期，第 327～352 页，等等。

② 参考王冠一：《自祭文中的"缘情"风格——从班婕妤到陶渊明》，《文教资料》2008 年第 12 期。

③ 谢维新：《事类备要》前集卷六十七《墓地门》，清《文渊阁四库全书》本。

明代有人认为："古之达人哲士，自祭有文，自述有志，自筑茔室，自树墓楷，曾不以此为讳者，诚知物之始也必有终，气之聚也必有散，亦天道之自然云尔。"① 寿藏与自祭融合，衍生出一种与"天道"逻辑相洽的思想理论。

关于后世的自祭文，《全唐文纪事》引文提到，仅唐代一朝，可以列举的文宗名儒之自祭文就有十余篇。② 至于宋元明清以后，自祭文的书写传统更深入士人阶层中，不胜枚举。在后世的自祭文中，时常能看到对陶渊明的模仿痕迹，不论是文法还是思想旨趣，都受到陶文的范式影响。此外，不仅限于祭文本身，自祭文在文学创作中也有象征意义。例如元代方回感叹老来赴死的诗中，屡用自祭文比拟求死状：

> 乍醉乍醒终郁郁，孰非孰是几纷纷。颠寒踣饿男儿事，已办渊明自祭文。③
> 带索荣公知不美，饮瓢颜子定无闻。渊明肯仰宣明面，早办棺前自祭文。④

至此，自祭文又成了其他文学创作的一种意象。

（二）生祭文及其源流

生祭文，是创作者祭祀自己以外的生者时献上的祭文。生祭文是"他祭"，不等同于自祭文，但两者共通点是取生者为对象，因此生祭文同样可归入生祭文学之列。至今为止，仅有许怀林、稻垣裕史等少数人讨论了王炎午生祭文的一些特点。⑤

较早出现且最负盛名的生祭文，出自宋元之际的遗民王炎午之手。王炎午是南宋末年的太学上舍生，在元军南下时曾任职于丞相文天祥的幕府中。他曾为被元朝俘虏的文天祥作"生祭文"。《生祭文丞相》一文收录在王炎午的文集《吾汶藁》中。在该祭文中，他秉持民族大义催促文天祥即刻赴死，以存气节。在得知文天祥以死报国后，王炎午又写了一篇望祭文。这种"生祭""死祭"的二重书写，在王炎午构建的道德世界里，最终目的都是促成文天祥的死。他用文天祥之死，塑造出一个理想中的前朝领袖形象。

王炎午建立了一种生祭文的"劝死"范式，这不仅体现在义理层面上，还涉及文体的书写方式。生祭文的书写有很多时文、策论的特点。据稻垣裕史研究，王文中有典型的"论头""论项""论腹""论尾"部分，符合一篇宋代科举策论文的格式。他还常使用四六句等加强气势，结合对历史人物事迹的反复引用，将必死之理灌输给读者。他的生祭文实质属于时文与祭文的结合，有明显的时代特征。

生祭文在数量上远少于自祭文。清代梁玉绳称："王炎午有生祭文丞相文，他不多见，近时卢雅雨《出塞集》有生祭。"⑥ 除去一部分民间文学和野史逸话中的生祭文不

---

① 李濂：《嵩渚文集》卷五十一《玉峰子寿藏记》，明嘉靖刻本。

② 陈鸿墀：《全唐文纪事》卷三十四，清同治十二年方功惠广州刻本。

③ 方回：《桐江续集》卷十一《二月十六日夜独酌思归四首》，清《文渊阁四库全书》本。

④ 方回：《桐江续集》卷二十《俳体戏书二首》，清《文渊阁四库全书》本。

⑤ 参考：许怀林：《读〈生祭文丞相文〉》，《宋史研究论丛》第八辑，河北大学出版社 2007 年版，第 426~442 页；[日] 稻垣裕史：《王炎午「生祭文丞相文」とその時代》，大阪大谷大学纪要 49 号，2015 年版，第 89~107 页。

⑥ 梁玉绳：《清白士集》卷十一，钱塘梁氏刊本。

提，生祭文作为一种特殊文体形式，其创作量确实比较稀少。不过这些少量存在的生祭文，仍然对自祭文产生了影响。宋遗民生祭文对于士人领袖、死节榜样的鼓吹，到明末转化为士人群体对自祭文的推崇，人们转而用自我实践来实现生祭的精神。

二、生祭文学的个人生死观念

生祭文学刻意用生者的状态行死祭之事的写作形式，通常体现了创作者对个人生死意义的阐释。要揭示生祭文学的思想史地位，就有必要对其中的生死观念进行剖析。下文主要围绕两方面展开议论：延伸自陶渊明《自祭文》的生死观念与以生祭文学自娱的思想倾向。

1. 自祭文的"临终焦虑"思想

如上文所述，陶渊明自祭文对于生死的态度和思想，是所有自祭文生死观念的原点，因而长久以来受到人们重视。对其生死观的解读存在不同的角度，总体而言可分为两种方向。

一种是在魏晋自然主义思想框架下的解读。人的生死与自然浑然融为一体，对于当时重视玄谈的士人而言是一种理想的状态。陶渊明在自祭文中说，"陶子将辞逆旅之馆，永归于本宅"，将现世视为暂居的旅店，而死后世界才是永恒的归宿。与自祭文相似的，还有《世说新语》的《伤逝》以及一系列游仙诗等，这些文本都反映出魏晋生死观的自然倾向。

另一种是对文法中生死状态转换的解读。陶渊明在自祭文中叙述"余得为人"以来的生命历程，"乐天委分，以至百年"，自称对人生已无留恋。而后又转向亡魂的视角，看到"外姻晨来，良友宵奔，葬之中野，以安其魂"，处于一个超然的立场。巫鸿认为，自祭文生死之间互相转换的双向视线，体现了多维度的思维模式，并在六朝形成崇尚反转的时尚。①

陶渊明的自祭文，给个体解决"临终焦虑"提供了一种路径。人们需要安抚、消解死亡带来的负面影响和恐惧心理，这就是本文称之为"临终焦虑"的思想紧张。川合康三认为，陶渊明的自祭自挽行为源自古代中国人趋利避害的思想观念，是一种"诗谶"传统（在诗文中作出不吉利的预言）的延续。② 对于死亡的预设、想象，正是陶渊明式自祭行为消解"临终焦虑"不可缺少的要素。许多自祭文不仅在文法、语句上模仿陶渊明，在临终的思想趣向上也常以陶文为范式。

然而在后世，一部分人对临终自祭文的认识存在着些许偏差。明人张自烈提道："今人畏死恋生，一临患难，虽义当捐躯，必希苟免，且有奄息将绝，眷眷妻孥田舍，若弗能割者。"指出人们不能旷达于生死，临终仍被世俗之事所束缚。避讳生死的社会风气，也影响到了自祭文的生死观。由此，自祭文中"临终焦虑"的思想产生了变质。例如，明

---

① 参考郑岩、王睿编译：《礼仪中的美术——巫鸿中国古代美术史文编》，三联书店2005年版。
② ［日］川合康三：《生と死のことば》，《死を劇画化する陶淵明》，岩波书店2017年版，第158页。

人黄省曾同时创作《临终自祭文》和《临终自传》，后人收录黄省曾自祭文时，也将其《自祭文》和《自传》同视为自传文体。① 以实录为基本原则的传记书写风格，逐渐渗透到自祭文书写中。一些明代人这样看待临终文书的撰写：

> 愧无寸长，不欲劳他人之笔，所贵以自述而不诬，故撰其碑云尔。（杨循吉《自撰生圹碑》）②

这类言论认为临终文学是为了传达信史、保留正确的生平信息而作，因此必须由自己独立完成。在此，自祭行为的"临终焦虑"变成对个人社会价值是否得以实现的忧虑。宗族传承的压力以及著史事业的普及化，将人生经历的"名"与"实"的矛盾摆在士人面前。人们担忧死后得不到正确的评价，这些现实问题使他们的自祭文旨趣偏离了对生死的探讨。

自祭文"临终焦虑"的悄然转变，代表着魏晋之后自祭文的个人生死观念，由起初超越人间死亡的心态转向对现世价值观的焦虑。

2. 生祭文学中游戏人生的观念

生祭文学中存在着某些特殊的生死思想。一部分生祭文学表现出对现世生活的描述和鼓吹，这不属于临终的思想或义理诉求，而是在变相讴歌人生。

宋代"文字禅"僧人惠洪，其《林间录》所述的狂僧戒道寓言提道：

> 醉里有狂僧号戒道者，依止聚落，无日不醉。然吐词怪奇，世莫能凡圣之。有饮以酒者，使自为祭文，戒应声曰："惟灵生在阎浮，不嗔不妒，爱吃酒子，倒街卧路，直待生兜率陀天，尔时方不吃酒故。何以故？净土之中无酒得沽。"③

文中所述狂僧戒道的自祭文，最引人注目的是僧人对现世酒肉生活的迷恋。戒道在自祭文中，因净土无酒可饮而表露轻蔑之态。惠洪无视佛教的饮酒戒律，不仅收集戒道自祭文等事迹，自己也屡次说出"醉中逃禅亦不恶，况复机锋类旁蕴"④ 等言论，鼓吹纵欲是参禅的一种形式。惠洪式思想强调现世的情趣，以自祭之名行享乐之实。宋代以来佛僧的自祭体现了一种开放的宗教生活观念，生祭文学也走进三教会通背景下的日常生活。明代钱伯韫"去官归，笃志修行，日诵《金刚经》，临终作自祭文及偈"，这种生活状态正融合了儒释两方面的理念。⑤

清代士人乐于用生祭文学作游戏人生的文章。卢见曾为友人蒋萝村创作的一篇生祭

---

① 杜联喆编：《明人自传文钞》，台湾艺文印书馆 1977 年版，第 290 页。
② 《明文海》卷四五四，清《文渊阁四库全书》本。
③ 惠洪著，于亭译注：《林间录》卷二十七《禅林诸名宿》，《禅宗四书》，崇文书局 2004 年版，第 262 页。
④ 惠洪：《石门文字禅》卷三《寄蔡子因》，四部丛刊初编影明径山寺刻本。
⑤ 彭绍升：《居士传》四十八，清乾隆四十年长洲彭氏刻本。

文，是为朋友调侃晚年生活的游戏文本。他在两淮盐运使任上被诬而遭遣边塞，与同戍当地的蒋萝村为友。蒋氏老后害怕无法活着还乡，卢见曾特意写下这篇文章让他放松心态。该文的最后一段为：

> 凡诸幻想，谓死有觉。有觉而死，不改其乐。若本无知，何嫌沙漠。沧桑以来，谁非委蜕。公曰信哉，君言慨慷。君浮我白，我奉君觞。饮既尽兴，食亦充肠。饮食醉饱，是为尚飨。①

这篇祭文是两个生者大谈享受祭品的乐趣：如果人死后保有知觉，就依然有机会享受到人间美味；如果没有知觉，那么死后世界也没有意义，不如在当下满足口腹之欲。文中使用了"尚飨"等只在祭文里出现的语汇，但指的是活人享用现实中的食物，与死亡无关。这种乐观而略带嘲讽的口吻，反映出重视现世生活的思想压倒了对死亡的恐惧。

卢见曾的生祭文，乾隆十一年初版甫定就受到世人关注，并得到了清代文坛名士袁枚的赏识和共鸣。袁枚曾有一段对话：

> 尹文端公一日谓余曰："汝见卢《出塞集》乎？"曰："见矣。"曰："汝最爱何诗？"余未答。公曰："汝且勿言，我猜必是《生祭蒋萝村》文。"余不觉大笑，而首肯者再：喜师弟之印可也。②

在卢氏的众多诗文中，袁枚唯独最欣赏他的生祭文。袁枚作为乾嘉"性灵派"文学的代表者，自己就曾邀请其他士人一起为自己作生祭诗文，自作《自祭文》与挽歌辞，并有姚鼐、洪亮吉、钱大昕、赵翼等名士为其撰写挽歌唱和，体裁主题均不限。可见，生祭文的游戏思想在文坛、学术圈子中广泛存在支持者和理解者。

在袁枚等名士之外，清代社会还有很多生祭文学现象，蔚然成风。如郭麐《灵芬馆诗话》说金陵文人余秋农性情放逸，他晚年"寄自祭文，先有客传，皆洒然性灵语"，其自祭文深受袁枚"性灵说"之影响。③ 清初画家金俊明，"遍乞常所往来者，赋生挽诗，引陶明自祭文为说，其风流雅趣如此"④。此外，小说中也出现了生祭文学，如在《红楼梦》第四十二回中，就有贾宝玉为林黛玉所作的生祭文，属于男女自娱之情趣。

生祭文学中鼓励体验当下人生的游戏文本，其内容不讨论沉重的死亡，而是关注人当下的生存状态。这反映出古人一部分积极乐观的人生心态，以及对传统生死观念的反动、突破。

三、生祭文学与遗民心态

宋元之际、明清之际，中国数次易主，由此形成了遗民群体以及标榜前朝的言说方

---

① 袁枚著，顾学颉校点：《随园诗话》卷三，人民文学出版社1982年版，第68~69页。
② 袁枚著，顾学颉校点：《随园诗话》卷三，人民文学出版社1982年版。
③ 郭麐：《灵芬馆诗话》卷四，清嘉庆二十一年刻二十三年增修本。
④ 冯金伯：《国朝画识》卷三，清道光刻本。

式。死节行为是遗民表示抗争、不合作的手段，以此为契机，生祭文学的应用范围扩大，成为传播遗民群体思想的工具之一。①

宋元之际的王炎午生祭文，奠定了遗民生死观念的格调。王文对文天祥劝死的理路包括：

其一，提出"自死者，义也，死于势"的观点，不可错过自尽的时机。

其二，在传统的忠与孝、公与私的矛盾中，先成就个人涵养以及对家族的孝敬赡养，然后从容赴死，同样可以达到公私、忠孝两全的境界。

其三，将死亡方式按照道德层次划分高下，在选择死法上要慎重斟酌。

生祭文的劝死几乎是为儒家圣贤量身打造的，且其中还隐含有儒学传承的内在理路。如其最后提到了宋代"一节四忠"，即杨万里、欧阳修、杨邦乂、胡铨、周必大。这种由儒学枝叶所产生的相互联系，给文天祥以死明志的理论加上了道统的枷锁。生祭文的劝死暗示着：若不能死节，就将无法与儒家先贤相提并论。

王炎午的生祭文在宋元之际树起了反元的旗帜，并获得了那个时代遗民们的强烈反响。而他并不是当时惟一通过劝死表演来强化遗民意识的人。遗民中的王幼孙、谢翱和谢枋得等人，也在劝死文学的浪潮中借题发挥。② 凭借向死的书写方式，遗民的共同体意识与社会关系网络得以建立。不过另一方面，在宋元朝代更替时，"治生"的压力愈显严峻。清代评论者指出，王炎午其人与人们想象中的清高形象有出入。王士祯说：

> 炎午以生祭文丞相得名，然他文乃似里社饼肆中庆吊卷轴之语。晚以书干姚参政、贯学士，自比于爨下之焦尾，若惟恐其不已知者。志父之墓又必于当世显者是求。③

据其所言，王炎午的其他祭文、文书都有很强的功利性，用于为己谋生或游走于权贵之中。在这些文章中，看不到他生祭文里表达的尖锐道德主张，也没有殉死的意愿。王炎午的情况表明，宋遗民的道德言说与日常生活状态间存在着割裂，现实的压力是他们实践生祭文学中死节思想的一大阻碍。

在明末清初，自我牺牲的现象尤为突出，自祭文与自杀行为层出不穷：

> 陈函辉：兵部侍郎陈函辉，在明朝亡国之际前往云峰寺，"作绝命词八首……又作《自祭文》《埋骨文》"，最后自缢身死。④
>
> 何可纲：武将何可纲所守陵城被清军攻破，他自杀殉难，临死前写下自祭文。⑤
>
> 周卜年：山阴诸生周卜年为殉国同僚祭奠，再写自祭文，并捣碎所戴玉佩，用纸

① 参考李瑄：《明遗民群体心态与文学思想研究》，巴蜀书社2008年版。
② 如王幼孙写有《生祭文丞相信国公文》，收录在清代《吉安府志》卷七十二《艺文下》中。
③ 王士祯：《居易录》卷十二，清《文渊阁四库全书》本。
④ 顾炎武：《圣安本纪》卷六，荆驼逸史本。
⑤ 文秉：《烈皇小识》卷三，清钞明季野史汇编前编本。

包裹，在文中写道：宁为玉碎。随后他投江赴死。①

长沙女子：清军南下之际，一长沙女子在武昌祭长江，"乃操笔作自祭文一首，绝命词十首"，抱着祭文为故国遥哭，并跳入江中自杀。②

以上自祭文与自杀行为仅是冰山一角，但已涉及了从官员、军人到士庶、妇孺的各社会阶层。自祭文在遗民群体中流行，人们借之表达为国家大义赴死的心意。在这些自祭文背后，隐含着宋代以来遗民生祭文的言说路径。张岱的《自为墓志铭》提道："必也寻三外野人，方晓我之衷曲。"③"三外野人"是郑思肖在南宋灭亡后的自称，可见其对明遗民的影响。此外，明朝灭亡时，刘宗周在自尽前曾与门人发生如下对话：

（刘宗周）门人会稽诸生王毓著闻变，即遗书先生云："愿先生早自决，毋为王炎午所吊。"④

刘宗周及其弟子认为，被动地接受劝死就是一种意志不坚定的表现。事实上，这仍然是基于宋人生祭的言说而进行的价值判断，区别只在于选择"被祭"或是"自祭"。

随着清朝统治稳固，生祭文学的短暂高潮逐渐回落。不过，从此后的一些个案来看，自祭文仍是明清之际遗民自我放逐的象征。这里又可分为两种截然不同的状况：

其一，是遗民求死不得而转向"表演"死亡的自祭文及一系列行为。方以智在明亡后求死，却迟迟未能如愿。他被清军逮捕时写下《辛卯梧州自祭文》，自述生命早在甲申之变时随前朝终结，只是为了亲人朋友不得不苟活下去。⑤此外，其友人张自烈也在明亡时自祭，而同样没能死去。方以智后来在《孤史序》中回忆他们二人的境遇，认为他们的生存状态是"以死自存"，即肉体活下去，而心有已死之意。⑥巫鸿指出，明遗民崇尚自我殉道的象征与姿态，这些行为称之为"缓死"，以缺席于历史的"空"来维持对前朝的追忆。⑦

其二，是一部分遗民选择不卑不亢的隐居生活，并有自得其所之意。清代王士祯曾提到祖父王象晋"先为自祭文，饰巾待尽而已"之事。⑧王象晋是新城王氏家族的族长，终顺治之朝专心从事农学，不再接触政治。其子王与胤举家殉国，王象晋为了保全宗族并未跟从，但也不仕于清朝。王象晋九十岁后，用自祭文总结成为遗民的人生，夸耀自己淡

---

① 屈大均：《明四朝成仁录》卷十二，民国景广东丛书本。
② 葛芝：《卧龙山人集》卷十三，清康熙九年自刻本。
③ 张岱：《琅嬛文集》卷五，清光绪三年刻本。
④ 邹漪：《明季遗闻》卷四，台湾文献丛刊本。
⑤ 方以智著，张永义校注：《浮山文集》后编卷一《药地愚者智随笔》，华夏出版社2017年版，第333~334页。
⑥ 方以智著，张永义校注：《浮山文集》后编卷一《药地愚者智随笔》，华夏出版社2017年版，第359~360页。
⑦ 参考巫鸿：《阅读"缺席"：中国艺术史中的三个时刻》，黄专主编：《作为观念的艺术史》，岭南美术出版社2014年版，第26~88页。
⑧ 姜宸英：《湛园集》卷五，清《文渊阁四库全书》本。

泊名利、于心无愧。对于隐逸出世的王象晋等人而言，乱世中对宗族和学术的关心更在国祚之上。

遗民的生祭文思想，经历了道德理想与现实、感性与理性的反复倒转。士人们的这些二律背反的心态，表明生祭文学中的"舍生取义"思想具有多面性，遗民的生死观念也因历史、个人际遇的差别而存在分歧。

四、结　　语

综上，本文提出了一个"生祭文学"的概念，将自祭文、生祭文两类文本归入其中。自祭文属于"自祭"，生祭文则属于"他祭"；而两者都以生者为对象，因此可以统属于"生祭文学"的范畴。尽管生祭文学在诞生之初只是悼祭文学的一种变体，但其思想和历史内涵的独特性，已然不同于一般的悼祭文学。本文试图改变以往对自祭文学文本的孤立讨论，而从陶渊明、王炎午等作者的文化背景出发，着重讨论生祭文学的思想价值。本文认为，生祭文学在个人生死观和遗民思想两方面上具有比较重要的意义：

首先，生祭文学反映了古代社会中士人对个人生死观的表达。陶渊明自祭文以关注人的"临终焦虑"为核心思想，在历史变迁中发生着变化、转折，逐渐转向为现实价值观服务。此外，生祭文学中强调现世生活之美的游戏文章的出现，又是对传统生死观念的另类突破与反动。

其次，生祭文学反映了亡国之时的节义思想，这类思想主要突出表现在宋元之际和明清之际的遗民群体之中。同时，也应注意到个别情境下遗民"舍生取义"思想的多面性。

（作者单位：武汉大学国学院）

文学与诗学

从文图理论看《文心雕龙》的"神用象通"说*

□ 张　然　戚良德

【摘要】已逾百年发展的现代《文心雕龙》研究，各种分析视角繁多，但以文图理论为切入点的研究成果少之又少，当属全新角度。刘勰著名的"神用象通"说，指明了"象"之于文学构思的重要意义。而"象"与"形象""图像"在内涵上的相通性，则让研究者从文学与图像关系角度去探讨《文心雕龙》有了可行性。"神用象通"说将"意象"的生成作为构思的终点，但在古代"微言大义"传统影响下的"象"中所建立的"图像"比之西方又更强调"图像"背后的意义与文本的深层内涵；同时刘勰对筑"象"过程中语音的重视，也因中国独特的平上去入的语音体系。可以说，以文图理论为参照系的《文心雕龙》"神用象通"说在多个方面都显示出重要的民族特色。因此，将"神用象通"说作为分析对象，详解其与文图理论的关系，是一种对《文心雕龙》作当代学术理论阐释的有益尝试。

【关键词】《文心雕龙》；文图理论；神用象通；意象

中国人追求言外之意的思维方式，但文学作品是以传达作者意图为写作目的的。如何才能同时解决"达意"和传递"言外之意"这两个问题？作为中国文论史上最重要的文本，刘勰的《文心雕龙》从文学构思的角度，创造性地提出了"神用象通"说。此说将中国古代哲学重要范畴"象"置入文学理论领域，精准地揭示出文学构思的过程本身就是一个筑"象"的过程，而构思的最终抵达是以"意象"的成功构建为标志。从当今热议的文图理论角度来看，刘勰之所以能同时解决"达意"和传递"言外之意"这两个问题的关键，在于他抓住了"象"对于文学文本的意义。从学理层面讲，"形象和文本，图像和语言可以互相表达和互相言说：图像具有文学功能，而文学具有图像功能"①。"象"虽然不能完全等同于"形象""图像"，但它们之间在内涵上具有很强的相通性。

---

* 本文为国家社科基金重大项目"《文心雕龙》汇释及百年'龙学'学案"（17ZDA253）、山东省社会科学规划研究青年项目"章黄学派与20世纪古典文学研究"（18DZWJ01）阶段性成果。

① 杨向荣、雷云茜：《图文研究的逻辑起点与言说立场——文学与图像关系学理研究的思考》，《文学评论丛刊》（第15卷第1期），南京大学出版社2013年版，第25页。

从以上简述可见，舶来之文图理论是完全可以用来分析本土理论的。他山之石，可以攻玉，目前学界已有不少以文图理论为比较视野的研究成果，如两汉文学与文图理论的比较，古代图像诗与文图理论的比较，六朝山水诗与文图理论的比较等。但以古代文论为比较对象的，却十分罕有。《文心雕龙》作为中国古代文论的扛鼎之作，据最新统计，关于这部书的研究专著已超过 600 种，专题论文近万篇。① 若要让这部巨著可以持续保持其旺盛的生命力，我们认为引用新的视角来观照是十分必要的。以文图理论对《文心雕龙》进行全新解读，可使读者以新的角度重新认知这部"体大思精"的文论著作，从而发现新的价值和意义。

一

《神思》是《文心雕龙》创作论的首篇，集中论述了文学构思的过程。所谓文学构思，无非是一个把作者的无形之精神、意念、情感等，以有形的方式创造出来的过程。刘勰对此一言以蔽之，即"神用象通"。意为将作者无形之"神"，用构思中的有形之"象"来带出。

这种用有形来展现无形的方式，是中国古人对形神问题的一种思考结果。早在先秦时庄子就说："抱神以静，形将自正""神将守形，形乃长生"②；荀子则曰："心者，形之君也，而神明之主也"③。汉代的《淮南子·诠言训》则有"神贵于形""神制则形从，形胜则神穷"④ 等多种表述。更值得注意的是，这种对形神问题在哲学层面的观照，也渐渐进入了绘画领域。如《淮南子·说山训》中有云："画西施之面，美而不可说；规孟贲之目，大而不可畏；君形者亡焉。"⑤《淮南子·说林训》中提出："画者谨毛而失貌"⑥，这两句都是在强调绘画中既要形神兼顾，又要突出神。东晋著名的画家顾恺之在前人实践和理论的基础上，正式提出了绘画理论上的"传神写照"和"以形写神"。他以画作"点睛"为题，提出"传神写照正在阿堵中"⑦。画眼睛本身是个塑形的问题，但顾恺之却将其意义提升至传神的层面，说明眼神最能体现人物的心灵世界。以合理的"形"即图像来表达恰切的"神"，六朝时流行于绘画界的这种形神观，后来被文人学者运用到了文学创作之中，也使得"传神写照"和"以形写神"成为中国古代文学理论中不可缺少的一环。而形神问题在六朝画论方面的延伸也必定影响到了同时期刘勰对艺术创作的思考和阐释。

六朝时形神观能如此鲜明地影响到艺术家的创作，也与那时在哲学领域的一场"形神之辨"的论争有关。这场产生于佛学的支持者和反对者之间的激烈论争，在是有

---

① 戚良德：《21 世纪"龙学"的三大发展》，《上海师范大学学报》（哲学社会科学版）2017 年第 2 期。

② 陈鼓应：《庄子今注今译》，中华书局 1983 年版，第 279 页。

③ 郭丹：《先秦两汉文论全编》，上海远东出版社 2012 年版，第 243 页。

④ 何宁：《淮南子集释》，中华书局 1998 年版，第 1042 页。

⑤ 何宁：《淮南子集释》，中华书局 1998 年版，第 1139 页。

⑥ 何宁：《淮南子集释》，中华书局 1998 年版，第 1194 页。

⑦ 引自张彦远：《历代名画记》卷一《叙画之源流》，浙江人民美术出版社 2011 年版，第 86 页。

形有神，无形无神，还是形亡神存等问题上辩论激烈，甚至惊动了当时的皇帝梁武帝。而那位对刘勰一生都产生了重要影响的著名佛学大师僧祐更是针对反佛者的六大疑问，特意编撰了一本诠释和传播佛教思想，以达到弘教明道之目的的《弘明集》。这本典籍中有着众多对"形神"关系进行分析的论文，全面而深刻地标举着他们"形神非一"的观点。佛教虽然主张神不灭论，但也并非就要废弃或轻视形，佛教对神和形的定位是，神要通过形来显现。我们以佛教雕塑来说明这个问题。佛教为什么要造那么多佛像，佛像对形的描绘和刻画要求精益求精，目的只有一个，为了让佛之神寄寓在其中，意即神佛要借佛像来显灵。这正是"神道无方，触象而寄"①。有了像，神就有了寄寓之处，就能显示出其灵验。谢灵运在《佛影铭》中也说："岂唯象形也笃，故亦传心者极矣。"② 因此，佛教造像往往是既重视神又重视形，从这个角度就能很容易地理解为何有些佛像要镀金，要雕工精细，色彩考究了。慧远曾说："每希想光晷，仿佛容仪，寤寐兴怀，若形心目。……遂命门人，铸而像焉。夫形理虽殊，阶涂有渐；精粗诚异，悟亦有因。是故拟状灵范，启殊津之心；仪形神模，辟百虑之会。"③ 这段话解释了慧远为何对佛像塑造的要求很高，原因就是神触象而寄寓其中。处在这种氛围中的刘勰，在其《神思》篇中提出了"神用象通"的命题，张少康先生认为这正是从佛教雕塑艺术中神触象而寄的思想内涵发展而来，并成为文学创作中作家的"神"借"象"而体现的一种理论性概括。④

可以看出，无论是包含绘画和雕塑的艺术领域还是儒释道的哲学领域，用形来显神已经成为六朝时各艺术领域创作者的通识。在文学领域，六朝文苑的一大特点就是"文贵形似"⑤ "指事造形……最为详切"⑥，重形似使得六朝诗歌呈现出异于之前"诗言志"传统影响下的诗歌面貌。对于这种风尚最正面的影响，牟世金先生明确指出："只有在尚形的文学创作有了充分发展的基础上，才能产生要求君形之神的思想。"⑦ 所以，形对于文学创作具有必要且重要的作用。西方文论家艾布拉姆斯曾说："诗人应当表现的是物质、形式、色彩、明亮、暗淡等一般的视觉特性。"⑧ 而这些"一般的视觉特性"的东西最常见于图像之中，是图像所具备的基本要素，它们共同塑造出鲜明、具体的形象来打动观者，给观者带来形象的直观性和视觉的快感。所以文学和图像之间的关系是很紧密的，不仅西方有贺拉斯曾提出"诗歌就像图画"⑨，在中国古代，类似的说法更是层出不穷。

---

① 严可均校辑：《全上古三代秦汉三国六朝文》，中华书局 1958 年版，第 2130 页。
② 严可均校辑：《全上古三代秦汉三国六朝文》，中华书局 1958 年版，第 2618 页。
③ 严可均校辑：《全上古三代秦汉三国六朝文》，中华书局 1958 年版，第 2402 页。
④ 张少康：《中国文学理论批评史》（上），北京大学出版社 2005 年版，第 177 页。
⑤ 刘勰：《文心雕龙·物色》，戚良德：《文心雕龙校注通译》，上海古籍出版社 2008 年版，第 517 页。
⑥ 钟嵘著，周振甫译注：《诗品译注》，中华书局 1998 年版，第 19 页。
⑦ 牟世金：《雕龙集》，中国社会科学出版社 1983 年版，第 12 页。
⑧ 艾布拉姆斯：《镜与灯：浪漫主义文论及批评传统》，张照进译，北京大学出版社 1989 年版，第 53 页。
⑨ 贺拉斯：《诗艺》，伍蠡甫主编：《西方文艺理论名著选编》（上），北京大学出版社 1998 年版，第 109 页。

如苏轼曾说："诗画本一律，天工与清新"①；孔武仲则强调"文者无形之画，画者有形之文，二者异迹而同趣"②；叶燮通过辨别历来文人品评王维诗画的论断，提出"故画者，天地无声之诗；诗者，天地无色之画"③。

文学和图像的关系之所以紧密的原因，从根本上讲，无论是图像的创作主体还是文学文本的创作主体，他们的创作目的都是对外部世界的反映和解读，而他们的创作手段皆为塑造形象。《说文解字》对"文"的解释即"文，错画也，象交叉"④，《释名》释"文"："文也，会集众线以成锦绣，合集众字以成辞义如文绣然也"⑤。可以说，从古汉语辞源学的角度看文学，它从起源上、根本上与图像是一致的。刘勰在文学起源论中也是从天象、地形之美引向人文之象的，人类最初的文字也无一不受图像的影响。因此，文学创作中对形象的塑造，归根结底还是通过模仿和再现的方式来呈现。无论是图像文本还是文学文本，它们都与现实世界存在相似对应关系，这便是图像与文学的同源性所在，这一关系也意味着文本必然要对现实进行模仿与再现。

因此，对于每一个文学创作者来说，将塑造与图像具有类似作用的"形"或说"形象"，即《文心雕龙》中所说之"神用象通"之"象"这一环节，应该视为文学创作的首要任务。因为，没有了形象的文学是难以想象的，同时，没有了形象的作品又是无法"通神"的。

二

对于筑"象"的过程，刘勰是从解释何谓"神思"开始的。他说："古人云，形在江海之上，心存魏阙之下：神思之谓也。"⑥ 此处，彦和采用比喻的方式，说神思就像人身在江湖但心系朝廷，恰切且形象地说明了神思是一种超越时空的思维活动。比喻本身带有直观性，用这种方式来说明道理，其根本即是一个通过塑造形象来传达作者观念的方法。可见，刘勰无论从创作实践上还是从本质理论上，都已然非常明了塑造形象对文学的重要性。

他继而提出：

> 文之思也，其神远矣。故寂然凝虑，思接千载；悄焉动容，视通万里；吟咏之间，吐纳珠玉之声；眉睫之前，卷舒风云之色；其思理之致乎！故思理为妙，神与物

① 苏轼著，冯应榴辑注，黄任轲、朱怀春校点：《苏轼诗集合注》，上海古籍出版社 2001 年版，第 1436 页。

② 孔武仲：《东坡居士画怪石赋》，《清江三孔集》卷三，王云五主持，四库全书珍本五集，商务图书馆 1935 年。

③ 叶燮：《赤霞楼诗集序》，于民主编：《中国美学史资料选编》，复旦大学出版社 2008 年版，第 496 页。

④ 段玉裁：《〈说文解字〉注》，上海古籍出版社 1981 年版，第 425 页。

⑤ 刘熙：《释名》，中华书局 1985 年版，第 51 页。

⑥ 刘勰：《文心雕龙·神思》，戚良德：《文心雕龙校注通译》，上海古籍出版社 2008 年版，第 321 页。

游。神居胸臆，而志气统其关键；物沿耳目，而辞令管其枢机。枢机方通，则物无隐
貌；关键将塞，则神有遁心。①

在刘勰看来，于寂然间开启的"思"之过程，作者是可以千载而上又万世而下的。
被某一个事物或事件刺激的作者沉沦于"眉睫之前，卷舒风云之色"的"神与物游"的
过程中，并不时拿语言来统筹安排作者内心中澎湃涌动之"思"，并给它一个保持和
定格。

这段话可以从两个角度去考察，首先，文学构思需要运用想象来完成。这种想象可以
让作者的思绪飞越上下千年，跨过万里之遥，而眼前则不时有风云之色。这种风云之色正
是作者构思时，从视觉感官的角度幻化出的各种图像，这种或模糊或鲜明的图像，有色彩
有形状甚至有珠玉般的悦耳声韵，它具象而直观地引导着作者的进一步构思。所谓"神
与物游"，其实质也正在于此，让外界的物像进入作者的思维活动中，用"眼前之竹"的
图景去勾勒"心中之竹"的图像。可以说，想象是一个具有视觉特点的营构心中"图像"
的过程。这个过程充满了对现实世界的模拟和再现。

其次，文学构思需要运用语言才能得以顺利进行。与神思交融的"物"，在想象的过
程中，如果想以鲜明的形象如风云之色般卷舒于作者的眉睫之前，就必须让"物无隐
貌"，而得此"全貌"图像的枢机、关键就是"辞令"即语言。作者要靠语言这种媒介，
把构思中的"物"抓住，逐渐将闪念而出的微弱如火光的模糊之"象"，在语言的帮助下
让微弱的火光愈发明亮，最终成为如在目前的灼灼之"象"（图像），即刘勰所说之"意
象"。陆侃如、牟世金两位先生在《文心雕龙译注》中对"意象"明确解释道："意象：
意中之象，指构思过程中客观事物在作者头脑中构成的形象。"② 所以在整个构思过程中，
语言对作者头脑中最终形成的形象，至关重要。

众所周知，文学是语言的艺术，语言是文学的第一要素。但此共识往往只体现在对于
文学文本的分析上，对构思中语言的作用，提及得比较少。然而当代的研究成果显示，文
学构思也是有言语活动的，只是此时的言语活动是以内部语言的形式悄悄进行的，仅作为
一个附带的过程"黏附"在主要过程之上，可其作用不容忽视：在意绪酝酿过程的某些
点上，是需要语言来聚合的，以帮助作者去把握其构思过程中的那份飘忽不定的"虚"。
从这个角度讲，刘勰的"神思"论，实则提醒了我们文学创作者，构思过程就是从语言
中提炼准确、鲜明的形象化语言的过程。

从上述两个角度分析，构思过程中的思维主体一直都在竭尽所能地给这种飘忽不定的
"虚"之想象以一个塑形的过程，并最终化虚为实。刘勰对此有很精当的表述："夫神思
方运，万涂竞萌；规矩虚位，刻镂无形。"③ 文学构思伊始，各种意念涌上心头，但这多
是虚而不实的。真正成功的文学构思，一定是能够将这些纷繁的思绪化为具体的形象，把

———————————————

① 刘勰：《文心雕龙·神思》，戚良德：《文心雕龙校注通译》，上海古籍出版社 2008 年版，第
321 页。

② 陆侃如、牟世金：《文心雕龙译注》，齐鲁书社 1981 年版，第 85 页。

③ 刘勰：《文心雕龙·神思》，戚良德：《文心雕龙校注通译》，上海古籍出版社 2008 年版，第
323 页。

尚未定型的朦胧的意态尽可能具象化，使其仿佛栩栩如生之图像在眼前。

　　从此分析出发，结合西方文图理论的理路，我们可以看到在中国古代文论语境中的文图理论又有其独特之处。西方对文学与图像关系的考察，常是以"语象"即由形诸纸上的词语、句子等语言构建的形象，来探寻"语象"和"图像"的关系。前文提到构思中已有灼灼如目前的"图像"之参与，依此分析，文学与图像的关系不仅仅肇端于文本，实自文学创作起，图像在作者心中便已随语言的渐次描摹而越来越活跃，并以逐渐明晰的"面目"为进一步的创作助力。这一点也是中国古代文论家所论之"象"在图像上的作用和意义与西方文论家所论之"图像"的差别。具有浓厚的形象化色彩的汉语及华夏文化，给予了中国古典文学创作对形象化思维的注重。但它对图像化的追求，不止于西方文论家所谓的"文本"层面，因为，中国文学及汉语自身在构思及书写阶段就已经是在构造形象、"绘制图像"了。

三

　　在构思的过程中，除了需要物之"形"的积极参与，是否还有其他事物的参与呢？苏珊·朗格认为，艺术所要传达的是一种极其复杂又特殊的内在于心的"东西"，"这些东西在我们的感受中就像森林中的灯光那样变幻不定、互相交叉和重叠，当它们没有互相抵消和掩盖时，便又聚集成一定的形状，但这种形状又在时时地分解着，或是在激烈的冲突中爆发为激情"[1]。显而易见，这些"东西"的核心是情感。刘勰则用非常形象化的话语描述道："登山则情满于山，观海则意溢于海；我才之多少，将与风云而并驱矣！"[2]一个创作过程的开始，作者会感受到客观的外物好像都涌到了自己的眼前，这种状况激发了作者的情感，当作者把这种被激发出的情感再转投进涌入他眼前的景色时，他心中的情感又会跟着他眼前的景色的变换而变换，从而激发出别样的情感。所以，当作者登山时，山景会激发作者"情满于山"，当作者临海时，海景又会激发作者"意溢于海"。对于艺术构思而言，创作主体的情感与客观外物之间的"你来我往"，是这一艺术活动的鲜明特征。由此可见，情感对于艺术构思，对于作家筑"象"，意义重大。

　　这也说明，当舶来的文图理论与中国本土文论进行比较时，我们可以明显地看到本土文论的文学与图像之间的关系是十分中国化的，这样说的原因，即在于本土文论中文学与图像关系的产生，情感因素非常重要，甚至是起决定作用的因素。如果没有情感，作家恐怕无法对眼前之山、目及之海，这些呈现于视觉中的"图像"产生描摹的欲望，而当作家有了描摹欲望，并进入具体构思时，尽管"刻镂无形"是件难事，但强烈的情感与欲望又支撑着作者去尽可能地描摹刻镂这幅"图像"，这时，这幅"图像"是作者心中已然交织进情感的"心象"。最终，通过整个构思过程，作者将这幅"心象"，交融着强烈的情感或说情绪，以文字的形式落于笔端并构成"语象"，呈现给读者那"情满于山"之山"图"，和"意溢于海"之海"景"。

---

　　① 苏珊·朗格：《艺术问题》，滕守尧等译，中国社会科学出版社 1983 年版，第 21~22 页。
　　② 刘勰：《文心雕龙·神思》，戚良德：《文心雕龙校注通译》，上海古籍出版社 2008 年版，第 323 页。

　　因此，在刘勰看来，构思的整个过程即"神与物游"，其关键在于"神用象通，情变所孕"，构思的最终成果即"意象"。它既非纯粹的客观物象，也不再是抽象而单纯的思想感情，而是寄托和表达作者思想感情的生动而形象的内容。需要强调指出的是，刘勰所说的"意象"其内涵要远远大于今天所说的"形象"（包括"语象"）。"形象"一词着眼于造型艺术和小说戏曲等重视虚构的艺术形式，主要是指一种活生生的"形""像"；而刘勰的"意象"是着眼表现感情的诗文，既有客观形象性的含义，又包含意绪、意念、情感、思想等诸多内容。实际上，"意象"是构思过程完成以后的整个成果，它几乎是未来作品的全部内容。所以，"意象"这一概念具有极大的包容性和概括性，是极富中国特点的文论术语。① 从这个角度说，文图理论的研究者在使用这个视角去研究中国古代文论的时候，需要认识到"意象"和"形象""语象"之间存在的差别，这种差别带有极浓厚的中国特色。中国自古崇尚"微言大义"，这决定了中国的文学创作对"形"背后"神"的传达之重视程度，要高于对"形"本身的塑造。或者说，中国古典文学对"言外之意"的追求极大地影响了本土之"意象"与舶来之"形象"和"语象"在内涵上的丰富程度。这种特点体现出中国古代文论对文学与图像关系的观照，有一独特之处——无论由语象转化而出的图像是如何的饱满，在中国古代文论的语境中，文学与图像产生关系的终极目的是帮助读者最大限度地了解作者的真实意图。这决定了中国古代文论语境下的文图理论，自有其不同于西方的特点。中国古代文论语境下对文本中所建立的图像更强调图像背后的意义，强调文本的深层内涵。这就如同中国的写意画之于西方的写实画，在中国艺术的标准中，特别是文学的标准中，图像不是终端，而是中介。文学建构图像，图像最终归之于文学自身。由语象转化而来的图像，其最重要的作用是让稳定性和理性化极强的作为符号存在的文字，在图像的帮助下唤起读者丰富的联想和想象，从而达成文字独特的、深层的表意功能。

　　此外，中国对"形"的描摹和"象"的建构，比之西方还有一个独特之处。对塑造如在目前的能给读者带来"视觉感知"的图像只是文学创作的一个方面，刘勰在《文心雕龙》中认为"象"的来源除了塑造具有即视感的"形"，还要有诉诸听觉的"声"。《神思》开篇即说："吟咏之间，吐纳珠玉之声"，结尾"赞"词又强调"刻镂声律"，可见，意象不仅靠"形"来塑造，也靠"声"来传达。刘勰开创的这一思路，后世学者多有继承，常有将"声"与"形"合并在一起进行论述的，如"是以高情属之天云，英声振之金石，兴象既超，词旨斯妙，臂则风泉激于玄牝、云彩散于层穹，无资意虑，声色自神也"②。中国人独特的平上去入的语音体系，让中国文学的字义和字音同时为模拟和再现这万千的现实世界而起到必不可少的作用。

　　可以说，刘勰对文学构思所强调的是情感的全程介入，"象"之内涵的丰富性，以及不可忽视的"声"的重要作用。这源于他对"文"的基本认知："故立文之道，其理有三：一曰形文，五色是也；二曰声文，五音是也；三曰情文，五性是也。"③ 无论何种

　　① 戚良德：《文论巨典：〈文心雕龙〉与中国文化》，河南大学出版社2003年版，第204~205页。
　　② 陈束：《东桥先生山中集序》，吴文治主编：《明诗话全编》，江苏古籍出版社1997年版，第3746页。
　　③ 刘勰：《文心雕龙·情采》，戚良德：《文心雕龙校注通译》，上海古籍出版社2008年版，第365页。

"文"，都是形、声、情三者皆备的。对于最后的文章成品而言，这三点自是不必多言。即便是构思阶段，这三点亦是样样齐全。因此，我们有理由认为，中国古代文论语境下的文图理论，比之西方，应该有更丰富的内涵。

中国人在思维方式上追求"言外之意"，在图像绘制上讲究"以形传神"，在文学创作上崇尚"神用象通"。文学与图像在哲学层面所具有的共同之处，让文学创作在"达意"的道路上，谋求着与图像相类似的即视感，并通过对"意象"建构，最终不仅"达意"还能达到"言外之意"也就是"传神"。刘勰作为伟大的文论家在文学与图像关系这一问题上，用中国式的话语——"神用象通"回答了如何既能"达意"又能"言不尽意"这一难题。而这一回答也成为我们今天之所以能从文图理论角度去重新认知《文心雕龙》的重要依据之一。当然，除了从"神用象通"说可以对《文心雕龙》与文图理论作比较研究外，我们还可以从图像的绘制与文学的描绘都讲究不可过分藻饰的角度去谈，可以从图像的布局与文章的结构都要注重整体的角度去谈，可以从图像的观赏和文学的欣赏都突出对象的审美特性角度去谈。由此可见，文学与图像在根本上的同源性，让《文心雕龙》有了与文图理论相比较的可能性。同时，刘勰对文学的独到认知，又在《文心雕龙》与文图理论的比较中凸显了其自身的独特性——形、情、声皆含其中的丰富特质。牟世金先生在其《文学艺术民族特色试探》一书中说，"具有三千年悠久历史的中华民族，在文学艺术上有一套自己的民族形式和民族风格。……所谓民族特色，不可能是偶然出现的，它必然有一个漫长的形成和发展过程"[1]。当我们用他山之石——文图理论，来攻本土之玉——《文心雕龙》时，我们既是作了一次有益的以西释中的尝试，同时，也在这番比较中，看到了本民族文论的特色、价值与意义。

而这种认知对于学术界热议了多年的中国古代文论现代转换问题，同样具有积极的作用。李泽厚曾提出"转换性的创造"："旧的东西不必经过彻底打碎，而可以通过各种形式逐渐转换变成新的东西，这个新的东西不一定就是西方世界已经有的或既成的模式。因此，这里的重点是在创造。"同时，"假设你抓住了中国传统的基本精神，就不在乎外在形式的变化"。"实际上，中华民族精神的特点就是能够变化，有一些人害怕西方的东西传来，中国的东西就会丢了。我说不会丢的。重要的是要创造，创造出新形式。"因此，"不是说要与西方对话吗，只有自己创造出新的东西来，不管是哪个方面，你才能够有一个对话的条件，你才能够表现自己的特点。如果和对方是一样的，如何对话？根本一点就是把握中国文化的基本精神"[2]。说到底，本土学者无论用何种西方理论来观照我们自己土生土长的文论，都需要把握我们自己的基本精神，不自满也不自卑，尤其是对于那些古代的文学理论，我们更需要借助当下的理论精粹来让它焕发出新的生机，激发出它的当下之用。

（作者单位：山东青年政治学院、山东大学儒学高等研究院）

① 牟世金：《文学艺术民族特色试探·前言》，齐鲁书社 1980 年版，第 1 页。
② 李泽厚：《谈世纪之交的中西文化和艺术》，《文艺研究》2000 年第 2 期。

论李复言以《续玄怪录》行卷遭斥的深层原因*

□ 陈际斌

【摘要】20 世纪 80 年代以降，学界倾向于否认唐人以传奇行卷，认为李复言以《续玄怪录》行卷遭斥即为反例。事实上，不能简单地以行卷效果否定行卷动机。李复言以传奇行卷失败有着深层原因：第一是宦官忌讳；第二是李党忌讳；第三是讽刺士族，为李景让所不喜；第四是科举背景，坚持以进士取士和以诗赋取士的中坚力量已经消失。
【关键词】李复言；《续玄怪录》；以传奇行卷

以唐传奇"行卷说"始于南宋赵彦卫《云麓漫钞》卷八：

> 唐之举人，先藉当世显人，以姓名达之主司，然后以所业投献；踰（逾）数日又投，谓之"温卷"，如《幽怪录》《传奇》等皆是也。盖此等文备众体，可以见史才、诗笔、议论。至进士则多以诗为贽，今有唐诗数百种行于世者是也。①

20 世纪上半期，经鲁迅、陈寅恪等学者倡导，以唐传奇"行卷说"占据了主流。鲁迅称："文人往往有作，投谒时或用之为行卷。"② 汪辟疆《唐人小说·序》称唐代诗歌、小说起原"并与贡举为倚伏"③，并援引赵说，认为其"去唐匪远，《四库总目》尝推其言有根据，盖不诬也。风会既开，作者弥众"④。陈寅恪撰《韩愈与唐代小说》⑤《长恨

* 本文为国家社科重大课题"中国诗歌叙事传统研究"（15ZDB067）、惠州学院教授博士科研启动项目"唐代文风对唐传奇集的影响"（2018JB044）阶段性成果。

① 赵彦卫撰，傅根清点校：《云麓漫钞》，中华书局 1996 年版，第 135 页。
② 鲁迅：《中国小说史略》，东方出版社 1996 年版，第 45 页。
③ 汪辟疆：《序》，汪辟疆校录：《唐人小说》，上海古籍出版社 1978 年版，第 1 页。
④ 汪辟疆：《序》，汪辟疆校录：《唐人小说》，上海古籍出版社 1978 年版，第 1 页。
⑤ 陈寅恪撰，程会昌译：《韩愈与唐代小说》，《国文月刊》1947 年第 57 期。

歌笺证》①《读莺莺传》② 三文均引赵说。

20世纪后半期，学界开始质疑。吴庚舜《关于唐代传奇繁荣的原因》认为："从唐五代典籍来看，（投献）'所业'仅限于诗文，并不包括传奇。"③ 冯承基《论〈云麓漫钞〉所述传奇与行卷之关系》④ 质疑以传奇"行卷说"。王梦鸥《唐人小说概述》认为：有人过分推测，唐人小说发达的原因是温卷，陈寅恪此说不可信。⑤ 袁维国《唐传奇行卷说质疑》认为以传奇"行卷说"不能成立。⑥ 傅璇琮《唐代科举与文学》认为"事非经济，动涉虚妄"是李复言以《纂异》（与《续玄怪录》）行卷失败的原因，行卷内容必须事关经济。⑦ 傅书影响甚大。于天池《唐代小说的发达与行卷无关涉》认为"唐代行卷一般不用小说"，李复言以《续玄怪录》行卷适得其反。⑧ 李剑国《唐五代志怪传奇叙录》称"'行卷'之说尤无道理"⑨。周绍良《唐传奇笺证》认为从编写年代即知传奇与温卷无涉。⑩ 李润强《唐代举子是用传奇行卷的吗——兼论唐代科举与传奇的关系》认为"唐代举子并不热衷于用传奇行卷，也没有形成风气；传奇行卷的说法是不确当的"⑪。林辰《寻求小说文体自身的演化——兼谈唐传奇的诞生和"行卷"说》⑫、李建华《唐代科举行卷之风与传奇小说》⑬ 均质疑"行卷说"。

用小说行卷有明确记载的仅李复言一人，且被斥。钱易《南部新书》甲卷云：

> 李景让典贡年，有李复言者，纳省卷，有《纂异》一部十卷。榜出曰："事非经济，动涉虚妄，其所纳仰贡院驱使官却还。"复言因此罢举。⑭

《纂异》十卷与《续玄怪录》系同书异称。《新唐书·艺文志》小说家类著录李复言《续玄怪录》五卷，《宋史·艺文志》小说类于牛僧孺《玄怪录》十卷下，有李复言《搜古异录》十卷，与《纂异》名目略同。

不能以行卷效果否定行卷动机，行卷未必都成功。干谒、行卷是为了赢得声名，增加及第把握。但有了声名，并非立即中进士，如孟郊于贞元二年献诗包佶，时包佶以国子祭酒司礼部贡举，但直到贞元十二年方在座主吕渭门下及第。⑮ 虽然见诸文献以唐传奇行卷

---

① 陈寅恪：《元白诗笺证稿》，文学古籍刊行社1955年版，第2页。
② 陈寅恪：《元白诗笺证稿》，文学古籍刊行社1955年版，第109页。
③ 吴庚舜：《关于唐代传奇繁荣的原因》，《文学研究集刊》第一辑，1964年。
④ 《大陆杂志》第三十五卷第八期，1967年。
⑤ 《中国古典小说研究专集》1981年第3期。
⑥ 《唐代文学论丛》1984年第5期。
⑦ 傅璇琮：《唐代科举与文学》，陕西人民出版社2003年版，第256页。
⑧ 《文学遗产》1987年第5期。
⑨ 李剑国：《唐五代志怪传奇叙录》，南开大学出版社1993年版，第10页。
⑩ 周绍良：《唐传奇笺证》，人民文学出版社2000年版，第264、265页。
⑪ 《西北师大》（社会科学报）2001年第3期。
⑫ 《文化学刊》2007年第1期。
⑬ 《玉林师范学院学报》（哲学社会科学）2012年第4期。
⑭ 钱易撰，黄寿成点校：《南部新书》，中华书局2002年版，第9页。
⑮ 傅璇琮主编：《唐五代文学编年史》（中唐卷），辽海出版社1998年版，第414、527页。

者仅李复言一人，但也许有的没有记载。李复言行卷失败，也不能说明其他人就不以此行卷，不然他何以有此举动呢？退一步说，即使主考官李景让厌恶"事非经济，动涉虚妄"① 的传奇小说，也未必能证明其他主考官同他好尚一致。

李复言以传奇行卷被斥有其深层原因，主要是宦官忌讳、朋党忌讳、士族忌讳、科举背景等。

宦官忌讳是原因之一。《续玄怪录》是牛僧孺《玄怪录》之续书，而牛僧孺为宦官所憎恨。因为他是在王叔文集团提挈下被录取为进士的。李钰《故丞相太子少师赠太尉牛公神道碑铭并序》"时韦崖州（执谊）作相，网罗贤隽，知公名，愿与交。公袖文往谒，一见如旧。由是公卿籍甚，名动京师，得上第"②。记载此事的史料不胜枚举。③ 李复言《续玄怪录》中《辛公平上仙》《张质》等篇提及李谅，李谅亦为宦官所不喜。贞元二十一年，李谅为度支盐铁副使王叔文巡官，柳宗元向他推荐李谅做谏官，柳氏《为王户部荐李谅表》中王户部即王叔文。由于牛僧孺、李谅均为永贞集团中人，而"永贞革新"正是王叔文集团针对宦官发起的，"永贞革新"的失败，"二王八司马"的惨剧，特别是"甘露事变"的血雨腥风还历历在目。《续玄怪录·辛公平上仙》影射宦官弑帝④，主考官李景让对此更有顾忌。

朋党忌讳是原因之二。牛僧孺《玄怪录》大抵撰于大和年间，作为将相之尊，《玄怪录》颇为流行。开成五年，李复言以《续玄怪录》行卷，欲以结欢于当政者。李景让是唐文宗开成五年典贡，《旧唐书·李景让传》："（开成）四年，（李景让）入为礼部侍郎。五年，选贡士李蔚。"⑤ 不料此时政局发生了变化，牛僧孺所依靠的文宗先于该年正月病亡，武宗旋即登基，《旧唐书·武宗纪》："（开成）五年正月二日，文宗暴疾……（正月）四日，文宗崩……至是，仇士良立武宗。"⑥《资治通鉴》卷二百四十六亦载，李党得势，牛党失势，"牛僧孺三贬至循州，本传不言，漏略也"⑦。而李复言不知变通，其《续玄怪录》作为牛僧孺《玄怪录》的续书，不知避嫌。复言罢举，亦其宜也。李景让虽有所顾忌而不录李复言，但终因平素"所善苏涤、裴夷直皆为李宗闵、杨嗣复所擢，故景让在会昌时，抑厌不迁"（《新唐书·李景让传》）⑧，李宗闵、杨嗣复等属于牛党，随文宗去世而失势。

士族忌讳是原因之三。山东士族主张以经术取士，看重门阀礼教，反对以辞采取士。开成五年，得势的李德裕党乃山东士族。主考官李景让是并州文水人，"性方毅有

———————————

① 钱易撰，黄寿成点校：《南部新书》，中华书局 2002 年版，第 9 页。

② 董诰等编：《全唐文》，中华书局 1983 年版，第 7406 页。

③ 见杜牧《唐故太子少师奇章郡开国公赠太尉牛公墓志铭（并序）》、《旧唐书·顺宗纪》、《资治通鉴》卷二三六、《登科记考》卷一五、《太平广记》卷一五四。

④ 参陈寅恪《顺宗实录与续玄怪录》一文；卞孝萱《再谈〈续玄怪录〉》《唐代小说与政治》二文。

⑤ 《旧唐书》，中华书局 1975 年版，第 4891 页。

⑥ 《旧唐书》，中华书局 1975 年版，第 583、584 页。

⑦ 钱易撰，黄寿成点校：《南部新书》，中华书局 2002 年版，第 9 页。

⑧ 《新唐书》，中华书局 1975 年版，第 5291 页。

守。……性奖士类，拔孤仄……清素寡欲，门无杂宾"（《新唐书·李景让传》）①。李景让性严毅在很大程度上受其母影响。其母郑氏属于山东士族，乃高门大姓，性严毅，注重家风，教子严格。《资治通鉴》第二百四十八卷云：

> 初，景让母郑氏，性严明，早寡，家贫，居于东都。诸子皆幼，母自教之。宅后古墙因雨隤陷，得钱盈船，奴婢喜，走告母；母往，焚香祝之曰："吾闻无劳而获，身之灾也。……此不敢取！"遽命掩而筑之。三子景让、景温、景庄，皆举进士及第。景让官达，发已斑白，小有过，不免捶楚。②

可见主考官李景让受其母亲影响。而且李景让"性方毅有守"，而主考官纳卷往往被视为轻薄③，即便是以诗文行卷。而李复言以文体地位低下的传奇行卷，更为李景让所不能接受。可见碰见李景让这样的主司，李复言行卷之举是触了霉头。

传奇中不乏讽刺高门大姓之作，博陵崔氏、范阳卢氏、太原王氏、荥阳郑氏、陇西李氏为唐代五大望族，这些望族女性在传奇中受到讽刺，特别是士族最为看重的男女之大节方面。传奇中高门望族之女主人公或为妓女，或始乱终弃，或多次改嫁，或为婚外恋。《游仙窟》中博陵崔姓十娘、太原王姓五嫂④均为妓女。《莺莺传》之崔姓莺莺实为妓女："于喧哗之下，或勉为语笑。"⑤即透露消息，如果莺莺是妓女，则其母郑氏当为老鸨。《柳毅传》之龙女托名卢氏，"有女卢氏，范阳人也"⑥，毅曰："吁！今日君卢氏也。"⑦范阳卢氏为当时望族，而改嫁于柳毅。《李章武》中王姓子妇与李章武之恋情是在婚姻之外。《霍小玉传》之霍小玉在霍王死后，"遣居于外，易姓为郑氏"⑧，郑氏为五大望族之一。霍小玉实为妓女，"妾本倡家，自知非匹"⑨。虽然这些女主人公实际地位低下，但是她们托姓高门，作者主观用意难知，但客观上是对高门望族的讽刺。《李娃》更是将"妇人操烈之品格"与"倡荡之姬"联系在一起。李娃身为妓女，但李姓为望族，且被"封汧国夫人。有四子，皆为大官；其卑者犹为太原尹。弟兄姻媾皆甲门，内外隆盛，莫与之京"⑩。

既然主考官李景让之李姓和其母之郑姓都是望族，而传奇中不乏攻击士族之作，故李复言以《续玄怪录》行卷会引起反感。

---

① 《新唐书》，中华书局 1975 年版，第 5290、5291 页。
② 司马光：《资治通鉴》，中华书局 2009 年版，第 3081 页。
③ 《旧唐书·白居易传》云："居易幼聪慧绝人，襟怀宏放。年十五六时，袖文一编，投著作郎吴人顾况。况能文，而性浮薄，后进文章无可意者。览居易文，不觉迎门礼遇，曰：'吾谓斯文遂绝，复得吾子矣。'"可见主司接纳纳卷被视为浮薄。
④ 汪辟疆校录：《唐人小说》，上海古籍出版社 1978 年版，第 19、21、22 页。
⑤ 李昉等编：《太平广记》，中华书局 1961 年版，第 4015 页。
⑥ 李昉等编：《太平广记》，中华书局 1961 年版，第 3415 页。
⑦ 李昉等编：《太平广记》，中华书局 1961 年版，第 3416 页。
⑧ 李昉等编：《太平广记》，中华书局 1961 年版，第 4006 页.
⑨ 李昉等编：《太平广记》，中华书局 1961 年版，第 4007 页。
⑩ 李昉等编：《太平广记》，中华书局 1961 年版，第 3991 页。

科举背景是原因之四。李复言行卷之前反对以进士取士和以诗赋取士的呼声很高。据《旧唐书》，早在宝应二年，杨绾即上疏条奏贡举之弊，主张恢复汉代察举制，"道举"与"明经、进士并停"①。此论影响极大："给事中李廙、给事中李栖筠、尚书左丞贾至、京兆尹兼御史大夫严武所奏议状与绾同。"② "宰臣等奏以举人旧业已成，难于速改，其今岁举人，望且许应旧举，来岁奉诏，仍敕礼部即具条例奏闻。代宗以废进士科问翰林学士，对曰：'进士行来已久，遽废之，恐失人业。'乃诏孝廉与旧举兼行。"③ 据《资治通鉴》，太和七年秋七月，"李德裕请依杨绾议，进士试论议，不试诗赋"；八月，下制："进士停试诗赋。"八年十月庚寅，李宗闵为中书侍郎、同平章事，李德裕罢相，"贡院奏进士复试诗赋，从之"。④《旧唐书·郑覃传》载，开成之初，郑覃奏罢进士科。而文宗认为："轻薄敦厚，色色有之，未必独在进士。此科置已二百年，亦不可遽改。"⑤ 可见文宗赞成以进士取士，而开成五年正月辛巳，文宗病逝，坚持以进士取士和以诗赋取士的中坚力量已经消失。标榜"史才、诗笔、议论"的以传奇行卷的行为必受影响，李复言以《续玄怪录》行卷必遭失败。

但研究者不能以偏概全，主考官李景让的喜好不能代表所有主考官的喜好，况且这发生在政坛权力交接之际。李复言以传奇行卷之前，文坛名家都喜好传奇，韩愈创作《毛颖传》《石鼎联句诗序》，白居易创作《记异》，元稹创作《莺莺传》等，顾况还作《戴氏广异记序》，韩愈、皇甫湜等人喜好提携后进如牛僧孺等，顾况喜为白居易延誉，当代名流之喜好无不影响着后辈，李复言创作《续玄怪录》亦是受牛僧孺《玄怪录》影响。只因党争缘故，权力易主，不能以主司李景让之斥责，而推断之前之后的其他主司、名流亦是如此态度。

即便李复言行卷失败后，李德裕也并非一概排斥传奇，韦绚《戎幕闲谈》记录了李德裕充满传奇色彩的怪异之谈，李德裕门徒卢肇撰《逸史》、崔龟从撰《宣州昭亭山梓华君神祠记》、温畬撰《续定命录》，李德裕只排斥那些讽刺士族的传奇而已。不能将李景让"事非经济，动涉虚妄"之语作为定例，认为所有的传奇都受到主考官的排斥。分析要放在一定的历史条件下，才能得出正确的或近似正确的结论。

（作者单位：惠州学院文学与传媒学院）

---

① 《旧唐书》，中华书局 1975 年版，第 3431 页。
② 《旧唐书》，中华书局 1975 年版，第 3432 页。
③ 《旧唐书》，中华书局 1975 年版，第 3434 页。
④ 司马光：《资治通鉴》，中华书局 2009 年版，第 3028、3033 页。
⑤ 《旧唐书》，中华书局 1975 年版，第 4491 页。

论金元时期耶律楚材家族的尴尬处境及文学表达*

□ 和 谈

【摘要】耶律楚材家族在金元之际，有多人位居高官，表面看似荣耀，但这不过是朝廷优抚利用、以夷制夷、显示皇恩浩荡的手段而已，他们在政治的夹缝中处处受到排挤，身处尴尬境地。这些情况，或隐或显地表现在他们的诗文作品中。耶律履、耶律楚材、耶律铸分别代表金朝、金元交替之际、蒙元三个时期的契丹文士，在诗文中或表达进退失据的惆怅与失意，或言说仕与隐的矛盾，或抒发借酒浇愁、超然物外的情怀。透过这些诗文作品，可以深化我们对于金元时期契丹士人生存处境的了解，也使我们能更全面地把握契丹文学的风貌。

【关键词】契丹文学；家族文学；耶律履；耶律楚材；耶律铸

正面人物的史传大多充满了辉煌，治史者也往往据以阐发论证。但事实却未必如传记和碑志所载，在文字的风光与荣耀背后，或许充满了凄婉的隐曲与不为人所知的屈辱。对于金元时期的耶律楚材家族，史传记载：第一代耶律履先后官拜参知政事、尚书右丞，第二代耶律楚材为中书令，第三代耶律铸曾三任中书左丞相，第四代耶律希亮晚年为翰林学士承旨，耶律希亮之弟耶律希逸官至参知政事、征东行省左丞，官秩均在正三品以上，其余家族成员，亦得品官，封妻荫子，不可谓不荣耀。

但细读史传，并结合他们的诗文集来看，可以发现耶律楚材家族在金元时期的处境较为尴尬，并非备受宠信。诗文作品往往是作家内心感情的真实表露，即便使用修辞手法，即便有难言之隐，读者细细体会，也能感受其喜怒哀乐，读出弦外之音。因此，通过结合史传记载和个人的文学作品，可以探求历史的真实之处，从而达到知人论世、读懂弄通作品的目的。

一

耶律氏皇室贵族在辽亡之后即进入没落期。所谓没落，一是地位的降低，由贵族变为

* 本文系国家社科基金一般项目"契丹文学史"（14BZW161）阶段性成果。

平民或奴仆，由俯视变为仰视，地位自然下降，生存状况、田舍财产也相应发生变化；二是文化心理的失落，由国族变为附庸，优越感骤然消失，卑下心理尚未完全形成，俯首帖耳听命于原本看不起的新主子，毕竟不是一件很容易的事情。女真本来受契丹统治，且灭辽过程中与契丹人经历了无数次殊死搏杀，立国之后，报复心态必然存在，虽不是置之死地而后快，但总不会平等与契丹人相处。故而金代统治者虽然也任用契丹人为官，但终究不能放心使用，主官大多是女真人，契丹人多数只能做副职，做正职者极少——毫无疑问，大权一定会牢牢掌握在女真人手中。从民族心理方面进行分析，女真人与契丹人内心深处隔着一层，始终也不会融为一家。以耶律楚材家族为例来看，耶律履的养父耶律德元在金官至兴平军节度使，是地方军政长官，可谓得朝廷重用与信任，但那也只是金廷优抚、利用、怀柔的手段，正所谓“以夷制夷”，用此契丹人讨伐和治理彼契丹人，同时显示皇恩浩荡，令契丹臣民感恩戴德，从而效忠金廷。《金史》云：“海陵时，契丹人尤被信任。”① 此种信任，实为对贵族上层的相对信任，对底层百姓依然盘剥并防范。当然，这种情形并未延续多久，海陵南伐时，民怨沸腾，起义者此起彼伏，其中尤以契丹人为多。正隆至大定间，“契丹部族大抵皆叛”②，女真与契丹的关系极度紧张，由矛盾冲突再度升级至战争状态。对此，佟宝山先生甚至认为“整个有金时代，要求复国，时刻想往重振大契丹的信念仍然是每个契丹人的心态”③。此语虽然有值得商榷处，但可以肯定，至少部分辽室贵族会有这种心态，例如《金史·萧裕传》载：“海陵猜忍嗜杀，裕恐及祸，遂与前真定尹萧冯家奴、前御史中丞萧招折、博州同知遥设、裕女夫遏剌补谋立亡辽豫王延禧之孙。”④ 世宗虽号“小尧舜”，但对大定间契丹人之变乱，仍然无计可施，有“契丹岂肯与我一心也哉”⑤ 的感叹。金章宗明昌二年（1191 年），下诏禁止使用契丹文字，这对于契丹士人来说，其痛苦恐怕近似于灭族。

耶律履正当金世宗、章宗盛世之时，他学识渊博，精通汉字、契丹大小字、女真字，通《周易》、历算、书绘，可谓博学多才，从史传记载来看，他对于金廷忠心耿耿。但即便如此，他依然长期沉沦下僚，郁郁不得志，直到五十一岁时还做着翰林修撰（从六品）这样的小官，由此可见契丹人的处境与运势。元好问感叹：“公于是时汨没文字间者余二十年”⑥，即指此事。耶律履在《次韵仲贾勉酒》一诗中曰：

> 中年刻意学刓方，世故时来鲠肺肠。醉悟禅逃人未觉，心安贫病士之常。
> 能无知命穷《周易》，便肯行歌拟楚狂。着脚直须平旷处，糟丘极目是吾乡。⑦

---

① 《金史》，中华书局 1975 年版，第 1965 页。

② 《金史》，中华书局 1975 年版，第 2021 页。

③ 佟宝山：《论金元时代契丹人的民族心态》，《辽宁工程技术大学学报》（社会科学版）2002 年第 2 期，第 62~63 页。

④ 《金史》，中华书局 1975 年版，第 2791 页。

⑤ 《金史》，中华书局 1975 年版，第 1965 页。

⑥ 元好问著，狄宝心校注：《元好问文编年校注》，中华书局 2012 年版，第 693 页。

⑦ 杨镰主编：《全元诗》（第四册），中华书局 2013 年版，第 147 页。该诗见于《永乐大典》卷一万二千四十三“酒”字韵，页二十一上，注明此诗引自“耶律铸《文献公集》”。按，耶律履谥文献，《文献公集》乃耶律履的集子，此诗为耶律履所作，具体考辨详见和谈、董芳芳：《耶律履作品存佚情况考辨》，《兰台世界》2015 年 12 月上旬刊，第 87 页。

不肯随波逐流，故"世故时来鲠肺肠"，忠而不为所用，故欲"行歌拟楚狂"，虽然究于《周易》而知命之穷达，但心中依然抑郁不平，谈吐之间，不觉溢于言表。类似的感情在《史院从事日感怀》一诗中亦有所表露：

> 不学知章乞鉴湖，不随老阮醉黄垆。试从麟阁诸贤问，肯屑兰台小史无。
> 一战得侯输妄尉，长身奉粟愧侏儒。禁城钟定灯花落，坐拊尘编惜壮图。①

既无军功以报国家，亦不能讽谏以正君主，虽言愧疚，实乃牢骚之语。大好时光空耗于"尘编"中，而辅佐君主治理国家之"壮图"不得实现，甚为可惜。然而可惋惜者太多，谁都难以把握，遇与不遇、用与不用都与个人机遇有关，这都为上层统治者一手掌握。士子文人得遇明君则飞黄腾达，就有机会一展宏图，尽平生所学，不得遇则沉沦下僚，亦无可如何，正是"春风无限潇湘意，欲采蘋花不自由"②。

耶律履曾作《奉诏写生五十幅》，从题目看，似乎很是得意，奉皇帝旨意写生作画，宠信有加。诗中有句云："不似凌云书榜日，圣朝宽大许商量。"③ 说其绘画时间并无限制，甚至可以允许"商量"。事实是否如此？查元好问为耶律履所作《神道碑》，曰："二十年，诏提控衍庆宫，画功臣像，以稽程降应奉。"④ "应奉"，即"应奉翰林文字"，官秩从七品。⑤《金史》本传文字与此大体相同，惟"稽程"改为"过期"。此时耶律履已年届五十岁，因为作画衍期，受到处分，官职降至从七品。由此可见，"圣朝"并不"宽大"，亦不"许商量"，耶律履在女真统治者眼中，不过是一个画工、文士而已，浮沉升降，皆可随意调动。

耶律履与其三个儿子在金为官，尽职尽责，耶律善才甚至在被蒙古国索理北归时投护城河自杀，以示对金统治者之忠，但女真人骨子里并不信任契丹人。元好问称耶律履在金"为通儒"⑥，可知耶律履精通儒家经典。耶律履谏阻章宗读《春秋》之事⑦，则说明耶律履亦通《左氏春秋》之学。令人奇怪的是，耶律履晚年生耶律楚材时，正在朝廷做尚书右丞，却"私谓所亲曰：'吾年六十而得此子，吾家千里驹也，他日必成伟器，且当为异国用。'因取《左氏》之'楚虽有材，晋实用之'以为名字"⑧。身居相位而有此异心，可见其为官并不如意。有一件事可以说明这种情况，此事不见于《金史》本传，但见于《食货志》：

> 章宗大定二十九年十一月，上封事者言，乞放二税户为良。省臣欲取公牒可凭者

———————————————

① 薛瑞兆、郭志明等：《全金诗》（第一册），南开大学出版社 1995 年版，第 491 页。
② 柳宗元著，王国安笺释：《柳宗元诗笺释》，上海古籍出版社 1993 年版，第 371 页。
③ 薛瑞兆：《〈永乐大典〉金诗拾遗》，《古籍整理研究学刊》2006 年第 5 期，第 37 页。
④ 元好问著，狄宝心校注：《元好问文编年校注》，中华书局 2012 年版，第 698 页。
⑤《金史》，中华书局 1975 年版，第 1246 页。
⑥ 元好问著，狄宝心校注：《元好问文编年校注》，中华书局 2012 年版，第 692 页。
⑦《金史》，中华书局 1975 年版，第 2100 页。
⑧ 详见宋子贞：《中书令耶律公神道碑》，苏天爵：《元文类》，《景印文渊阁四库全书》第 1367 册，台湾"商务印书馆"1986 年版。

为准，参知政事移剌履谓："凭验真伪难明，凡契丹奴婢今后所生者悉为良，见有者则不得典卖，如此则三十年后奴皆为良，而民且不病焉。"上以履言未当，令再议。①

移剌履即耶律履，是契丹人音译的不同写法。耶律履为契丹奴婢请命，主张凡他们所生孩子一律改为良人，三十年后社会积弊全部清除，这完全出于公心，表面看是站在契丹人立场上，但对于金朝社会稳定来说，是谋长久之策，但金章宗"以履言未当"，直接否定了他的建议。所以耶律履在《和德秀道济咏李仲茂自得斋诗韵二首（其一）》中自嘲："我为物囿劳机算"②，在看破世俗之后，"愿策驽顽袭后尘"③，对李仲茂的隐居表达出羡慕之情。

有金一朝，契丹人叛乱此起彼伏，故女真人对契丹人虽亦进用，但疑忌、排挤、阻挠之举亦间有之。许多契丹人也不甘心始终被女真人奴役，这正是成吉思汗对耶律楚材所说"辽与金为世仇"④ 的关键点。耶律楚材家族为辽皇室后裔，在金代的处境十分尴尬，虽然耶律履后来被连续超擢，"识者犹以不能亟用，为世宗惜之"⑤，其实这只是金廷笼络人心的手段而已。

在朝中除了受到女真人的压制之外，耶律履还为其他官吏所排挤。世宗欲加罪纂修《海陵实录》的御史大夫张景仁，耶律履为其辩护，提及往日张景仁诬蔑、排挤自己的一件事以说明自己为其辩护乃出于公心，述其事略曰："臣以小字为史掾，景仁以汉文为史官。予夺之际，意多不相叶。且谓臣藏匿《辽史》。秩满，移文选部，使不得调。此私隙也。今对上问，公言也。臣不敢以私害公。"⑥ 可见契丹人在金为官，受到左右夹攻，处境实在艰难。

耶律履熟读儒家经典，深受儒家安贫乐道思想的影响，对此十分清醒，他以陶渊明等古代隐士为榜样，对"骨相癯儒真可人，飘然野鹤出清晨"⑦ 的隐士赞美有加。山林是自由精神的栖息地，归隐山林田园，脱去尘俗的羁绊，虽然生活清贫，但精神富足，德操高洁，所以耶律履诗云："乐贫况味初无间，种德功夫谅有邻。"⑧ 虽居陋室，虽处僻地，惟吾德馨，"文章日益宁为意，富贵浮云非所求"⑨。元好问评价耶律履"为通儒，为良史，为名卿材大夫"（元好问《故金尚书右丞耶律公神道碑》）⑩，但他"问学不图攀月桂，孤高那与比霜筠"⑪，其后虽被金章宗屡次超擢，官拜参知政事、尚书右丞，但他

① 《金史》，中华书局 1975 年版，第 1035 页。
② 薛瑞兆：《〈永乐大典〉金诗拾遗》，《古籍整理研究学刊》2006 年第 5 期，第 37 页。
③ 薛瑞兆：《〈永乐大典〉金诗拾遗》，《古籍整理研究学刊》2006 年第 5 期，第 37 页。
④ 耶律楚材：《湛然居士文集》，谢方点校，中华书局 1986 年版，第 324 页。
⑤ 元好问著，狄宝心校注：《元好问文编年校注》，中华书局 2012 年版，第 693 页。
⑥ 元好问著，狄宝心校注：《元好问文编年校注》，中华书局 2012 年版，第 705 页。
⑦ 薛瑞兆：《〈永乐大典〉金诗拾遗》，《古籍整理研究学刊》2006 年第 5 期，第 37 页。
⑧ 薛瑞兆：《〈永乐大典〉金诗拾遗》，《古籍整理研究学刊》2006 年第 5 期，第 37 页。
⑨ 薛瑞兆：《〈永乐大典〉金诗拾遗》，《古籍整理研究学刊》2006 年第 5 期，第 37 页。
⑩ 元好问著，狄宝心校注：《元好问文编年校注》，中华书局 2012 年版，第 692 页。
⑪ 薛瑞兆：《〈永乐大典〉金诗拾遗》，《古籍整理研究学刊》2006 年第 5 期，第 37 页。

"才入政府，即乞罢"①，则是由于进退失据。贪恋功名不如全身而退。

在耶律履生平中，有一件极为巧合的事：金章宗明昌二年四月下诏罢契丹字，耶律履于此年六月去世，或许耶律履之死是因身体疾病而致，但也有可能与章宗全面取消契丹字有很大关联。如果两者发生关联，这恐怕就是后来身为中都左右司员外郎的耶律楚材受到成吉思汗征召，决意舍弃慈母、爱妻、幼子，不远万里赴蒙古大营，全心全意为蒙古人服务的一个主要原因。

二

凡朝廷用人之际，往往求贤若渴，凡有一技之长者，不问其家世，不计其瑕疵，故经世治国之才与鸡鸣狗盗之徒，皆得进而用之。但坐稳天下之后，既有闲暇，则生疑忌，前生后世，新账旧账，此时或全部被揭发出来。所谓"蜚鸟尽，良弓藏；狡兔死，走狗烹"② 是也。详读历代史书，此等事例比比皆是。降而复叛者，岂尽朝三暮四之人哉！

耶律楚材通过三年"冒寒暑、无昼夜"③ 的参禅，大概早已看透了俗世百态，故其虽然应成吉思汗之召，但头脑始终十分清醒，绝无妄言妄行。蒙元肇始，风云际会，偏重杀伐征战、攻城略地，耶律楚材作为一介儒生术士，自然不能有大的作为。虽然乐得清闲，但功业不遂、壮志难酬，这种失落一直萦绕心中。从其现存诗作来看，诸如"一圣龙飞敢择君，嗟予潦倒尚无闻"（《和景贤十首》其三）④、"君方沦落羞看我，我亦飘零懒问君"（《槐安席上和张梅韵》）⑤、"牢落十年扈御营，瑶琴忘尽水仙声"（《用李德恒韵寄景贤》）⑥ 等，均表达出这种困顿蹭蹬不得志的心态。而"风云未会我何往，天地大否途难通""有意攀龙不得上，徒劳牙角拔犀象"（《用前韵感事二首》）⑦ 等诗句，则反映出前路渺茫、不知何去何从的苦闷。《再用韵自叹行藏》集中表达了这种思想：

> 箕裘家世忝先君，惭愧飘萧两鬓尘。自古山河归圣主，从今廊庙弃愚臣。
> 常思卧隐云乡外，肯效行吟泽国滨。驿使不来人已老，江南谁寄一枝春。⑧

据王国维先生所撰年谱，该诗作于 1227 年，此时成吉思汗刚刚去世，窝阔台尚未登基。在群龙无首、杀伐征战之际，耶律楚材作为一名儒士，手无兵权士卒，不受重视，自然感慨万千。

在耶律楚材说服察合台和拖雷，拥立窝阔台继承汗位之后，逐渐受到重用。耶律楚材的政治抱负终于可以有机会实现，而其治理才能也得到了窝阔台和诸多下属的认可。"条

---

① 元好问著，狄宝心校注：《元好问文编年校注》，中华书局 2012 年版，第 693 页。
② 《史记》，中华书局 1982 年版，第 1746 页。
③ 耶律楚材：《湛然居士文集》，谢方点校，中华书局 1986 年版，序一。
④ 耶律楚材：《湛然居士文集》，谢方点校，中华书局 1986 年版，第 53 页。
⑤ 耶律楚材：《湛然居士文集》，谢方点校，中华书局 1986 年版，第 31 页。
⑥ 耶律楚材：《湛然居士文集》，谢方点校，中华书局 1986 年版，第 29 页。
⑦ 耶律楚材：《湛然居士文集》，谢方点校，中华书局 1986 年版，第 27 页。
⑧ 耶律楚材：《湛然居士文集》，谢方点校，中华书局 1986 年版，第 59 页。

便宜一十八事颁天下"①，"奏立燕京等十路征收课税使，凡长贰悉用士人，如陈时可、赵昉等皆宽厚长者，极天下之选"②，在这些措施施行之后，成效显著。刘晓认为，"在为蒙古统治者敛财的才能显现出来后，耶律楚材开始日益受到窝阔台汗的宠信"③，但"由于受到来自蒙古守旧势力与西域回回势力的夹攻，他的改革措施在贯彻实施中受到了巨大阻力"④。契丹人在元朝时所处的地位虽然比金代总体上要好一些，但依然不能与蒙古人和色目人分庭抗礼。如刘晓所言，"蒙古统治者从其草原游牧社会的落后意识出发，把能否掠夺到更多的人力财物，作为自己的首要任务，当耶律楚材在一定程度上满足了他们的需求时，蒙古统治者就对他信任有加，而当有人（像奥都剌合蛮）能够为蒙古统治者掠夺到更多的物质财富时，蒙古统治者自然就要转移他们的信任对象"⑤。这也是耶律楚材虽然一度官至中书省最高长官，但在窝阔台汗后期仍然被疏远的主要原因。

对于这种疏离，耶律楚材早有觉察，并通过与朋友唱和的诗歌表现出来。如"名遂宜思退，机危乃自戕"（《再和世荣二十韵寄薛玄之》）⑥、"直须勇退中书事，未肯荣贪留国侯"（《又和仲文二首》其二）⑦ 等即是，但"闾山旧隐天涯远，梦里思归梦亦难"（《和薛伯通韵》）⑧，走为政之路，向上很难，一直位居高位更难，要想回头却是难之又难，做到最后，以至于做梦隐居都成为难之事了，可见耶律楚材心态之矛盾复杂。

蒙古统治者对于耶律楚材仅仅是疏离，还不至于到加害的地步，但同朝官吏的谗言、诋毁与排挤则不仅令人防不胜防，而且可能置人于死地。如《中书令耶律公神道碑》载回鹘人阿散迷阿失诬告耶律楚材私用官银一千锭，元太宗"召阿散迷阿失诘之，遂服其诬"⑨。另有一人，名咸得不，"以旧怨，尤疾之，谮于宗王曰：'耶律中书令率用亲旧，必有二心，宜奏杀之。'宗王遣使以闻，帝察其诬，责使者，罢遣之"⑩。若不是元太宗十分了解耶律楚材之人品，他可能真会听信奸佞谗言，而耶律楚材也将身处极其危险的境地。生前如此，死后亦不得安宁，"有谮楚材者，言其在相位日久，天下贡赋，半入其家。后命近臣麻里扎覆视之，唯琴阮十余，及古今书画、金石、遗文数千卷"⑪。耶律楚材如此忠心耿耿，为相之时，"为伴食所沮，曾不得行其道之万一"（耶律铸《拜书尊大人领省瓮山原茔域寝园之壁并序》）⑫，确实是很可惜的。

赵其钧先生在《透视元代文人精神文化·引言》中说："元代文人在文化的冲突、变

① 《元史》，中华书局 1976 年版，第 3457 页。
② 《元史》，中华书局 1976 年版，第 3458 页。
③ 刘晓：《耶律楚材评传》，南京大学出版社 2001 年版，第 374 页。
④ 刘晓：《耶律楚材评传》，南京大学出版社 2001 年版，第 377 页。
⑤ 刘晓：《耶律楚材评传》，南京大学出版社 2001 年版，第 377 页。
⑥ 耶律楚材：《湛然居士文集》，谢方点校，中华书局 1986 年版，第 263 页。
⑦ 耶律楚材：《湛然居士文集》，谢方点校，中华书局 1986 年版，第 264 页。
⑧ 耶律楚材：《湛然居士文集》，谢方点校，中华书局 1986 年版，第 6 页。
⑨ 宋子贞：《中书令耶律公神道碑》，苏天爵：《元文类》，《景印文渊阁四库全书》第 1367 册，台湾"商务印书馆" 1986 年版。
⑩ 《元史》，中华书局 1976 年版，第 3458 页。
⑪ 《元史》，中华书局 1976 年版，第 3464 页。
⑫ 杨镰：《全元诗》（第四册），中华书局 2013 年版，第 140 页。

异中失去了原有的身份、地位与归属，如何在心灵的巨痛、震荡之余，重新选择人生，在另一番事业与价值追求中，找到另一种归属感，从而获得精神寄托、思想表达、情感交流、男女情爱、山水欣赏、文化娱乐、文艺创作等等，由此也必然表现出他们的生活心态、审美观念，这也就是元代文人在痛苦而艰难的'文化适应'过程中所形成的极具特色的精神文化。"① 这一结论虽然主要是针对汉人知识分子而言，但对于一直奉儒守官的耶律楚材而言，又何尝没有这种"痛苦而艰难的文化适应"？

耶律楚材主张"以儒治国"，济世泽民的理想始终萦绕其心，念念不忘，故其旨归，是儒家入世思想。同时，他又强调"以佛治心"，曾跟万松行秀参禅三年，看破世事荣枯浮沉，对陶渊明深表认同，不时流露出归隐之心。所以他一面高唱"泽民致主本予志""泽民济世学英雄"②，另一方面又有壮志难酬的牢骚，"流落遐荒淹岁月，赢得飘萧双鬓雪"③。于是要"收拾琴书归去来"④。这种矛盾的思想经常出现在他的诗作中，"此身未退心先退"⑤，正是当时他内心的真实写照。他还有《和裴子法韵》一诗，诗前有序文，对裴子法斥陶渊明不能出世安邦进行反驳，云："君子道消，小人道长之时，渊明见机而作，挂印绶而归，结社同志，安林泉之乐，较之躁进苟容于小人之侧者，何啻九牛毛耶？"⑥ 既是对陶渊明归隐的赞同与理解，又可以作为他在仕隐之间徘徊的最好注脚。

仕与隐，大约是文人内心天平的两端，摇摆不定，总难一直平衡，故耶律楚材诗云："岂止渊明慕松菊，晋室高贤十八九。"⑦ 只是较少有人下定决心弃官归隐罢了。

三

大凡人得意之时，意气风发，满腔热情，要成就一番大事业，一心要"了却君王天下事，赢得生前身后名"⑧。受到挫折或被贬之时，则后悔当初入仕的选择，羡慕"侣鱼虾而友麋鹿""白发渔樵江渚上，惯看秋月春风"⑨ 的自由生活。晋有陶渊明不为五斗米折腰，归隐田园；李白人生理想难以实现，则曰："人生在世不称意，明朝散发弄扁舟。"⑩ 耶律楚材家族虽是契丹人，但感情上与汉人并无本质区别，所谓"情同此情""理同此理"，在仕与隐的问题上，都会出现徘徊与矛盾。

这种情况到了耶律铸时，就变得更为复杂。耶律铸在乃马真氏当政时嗣领中书省事，在定宗贵由汗时比较受宠信，定宗死后失烈门与蒙哥争夺汗位，耶律铸原属于失烈门一

---

① 赵其钧：《透视元代文人精神文化》，安徽大学出版社 2011 年版，第 2 页。
② 耶律楚材：《湛然居士文集》，谢方点校，中华书局 1986 年版，第 27 页。
③ 耶律楚材：《湛然居士文集》，谢方点校，中华书局 1986 年版，第 27 页。
④ 耶律楚材：《湛然居士文集》，谢方点校，中华书局 1986 年版，第 26 页。
⑤ 耶律楚材：《湛然居士文集》，谢方点校，中华书局 1986 年版，第 30 页。
⑥ 耶律楚材：《湛然居士文集》，谢方点校，中华书局 1986 年版，第 9 页。
⑦ 耶律楚材：《湛然居士文集》，谢方点校，中华书局 1986 年版，第 9 页。
⑧ 辛弃疾著，邓广铭笺注：《稼轩词编年笺注》，上海古籍出版社 2018 年版，第 264 页。
⑨ 罗贯中：《三国演义》，人民文学出版社 1973 年版，第 1 页。
⑩ 李白著，瞿蜕园、朱金城校注：《李白集校注》，上海古籍出版社 2016 年版，第 1274 页。

派，故差点在这次斗争中丢掉性命，幸亏忽必烈出手相救，才得以保全。① 所以宪宗蒙哥汗去世之后，阿里不哥与忽必烈争汗位，耶律铸毅然抛妻别子，只身一人投奔忽必烈。忽必烈即位后曾三次任命耶律铸为中书左丞相。从官职上来看，可谓位高权重，是忽必烈最为信任和倚重的官员，从耶律铸的诗文来看，他对忽必烈忠心耿耿，以身家性命相许。对于这种感恩之情，耶律铸有《前结袜子》和《后结袜子》诗，在序言中明确用李白《结袜子辞》的含义，"言感恩之重，而以命相许也"②。其后为蒙元南征北战，东征西讨，出谋划策，屡献奇功。在征南宋时，耶律铸为平章军国重事，掌握军机枢要，地位仅次于伯颜，且其《双溪醉隐集》中有《南征奏捷》《南征捷》《拔武昌》《战芜湖》《下江东》《定三吴》《克临安》《江南平》等诗，说明耶律铸参与了灭宋的诸多战役。但这些功绩，不见史籍文献有丝毫记载，从《元史·世祖本纪》及《耶律铸传》来看，许多重大事情亦不见耶律铸之身影，这似乎不合常理。对于这个问题，白寿彝主编的《中国通史》中有一段话，对其处境有较为精到的评述，可看作一种较好的解释：

> 作为先朝旧臣，耶律铸在忽必烈即位后屡罢屡起，是当时政局多变在他身上的一种反映。他继承其父"以儒治国"的家教，无疑是倾向推行汉法的。但他与汉法派主流人物似乎只有同盟的关系。即使在台上，他也位高而权不重，这又与他不在意于积极用世有关，他后来宁可醉酒赋诗以自娱自乐。③

其实，如上文所述，耶律铸并非"不在意于积极用世"，从其所作部分乐府诗及《赠御史》《天香台赋》《大尾羊赋》等诗文可知，他胸怀天下，忧国忧民，意欲有所作为，只是左右均受排挤，"醉酒赋诗"亦是无可奈何之举。究其原因，正如李强先生所言，耶律铸仕途的起伏，"肇始于其父亲在世时与色目人的斗争"④。从其《双溪醉隐集》中现存的诗文来看，是他经历了太多的政治斗争，看透了政局变幻，正如他在《寄高仲杰》诗中所谓"一枕功名梦，半年风雨床"⑤，伴随功名而来的是风雨和是非。

功名是身外之物，今日得之，可能明日失之，但政治上的恩怨却不会随着官职的辞去或罢免而消失，在位之时人皆敬畏，罢免或被贬谪之时就会有人落井下石，痛下杀手。耶律铸在《拟西昆体后阁》中云："功名是何物，只合付儿童。"⑥ 对于这些道理，稍读一些史书就可以看透，更何况是身处其间、沉浮数十年的耶律铸，所以他的退隐决心更强。耶律铸最后罢相，其中一条被弹劾的理由就是"不纳职印"⑦，可见他对官场确实已经厌倦，即便宰相之职，对于他来说都不重要了。

---

① 陈得芝：《耶律铸生平中被掩盖的一段经历》，《蒙元史研究丛稿》，人民出版社 2004 年版，第 464~467 页。

② 杨镰：《全元诗》（第四册），中华书局 2013 年版，第 14 页。

③ 白寿彝总主编：《中国通史》（第八卷），上海人民出版社 1997 年版，第 120 页。

④ 李强：《成吉思汗的黄金家族》，金城出版社 2010 年版，第 44 页。

⑤ 杨镰：《全元诗》（第四册），中华书局 2013 年版，第 34 页。

⑥ 杨镰：《全元诗》（第四册），中华书局 2013 年版，第 40 页。

⑦ 《元史》，中华书局 1976 年版，第 3465 页。

太过于清醒者往往最痛苦，所谓"举世皆浊我独清，众人皆醉我独醒"①，无人能领会其登临之意、长啸之歌，这种失落与惆怅，才是人生的大寂寞。与其清醒，不如大醉，耶律铸在《独醉园赋》中大呼："浇我胸中之块磊，涤我渴心之尘埃。"② 饮酒之后，忘怀得失，忘却现实的痛苦，如阮籍，如刘伶，岂是真正为饮酒而饮酒者？耶律铸晚年深受老庄思想影响，自号独醉道者，作《独醉道者赋》《独醉园赋》《独醉亭赋》《独醉园三台赋》，看淡得失荣辱，"毁之不怒，誉之不喜"（《独醉园赋》)③，其《独醉道者赋》云："曾不知出荣辱之境，曾不知入是非之域"④，决意不再关心世事，惟以饮酒为乐，独自享受这种孤独与落寞。当然，暂时的麻醉与忘却，终究不能抚平被疏远与贬谪的哀痛。耶律铸被罢相、徙居山后不久即病逝，可见其并不能完全释然。

耶律楚材家族后人在元朝的地位渐渐下降，而从其种族等级来看，介于色目人和汉人之间，其处境与当时众多的汉人儒士有相似之处。陈高华等人在《元代文化史》中说："蒙古统治者在政治上重吏轻儒，又有一套民族等级制度，士人特别是南方士人仕途不畅，很难施展'用世'的抱负。"⑤ 耶律楚材家族虽属契丹人，但由于长期汉化，已经成为一个"奉儒守官"的家族，在金元易代之际，交融于女真、蒙古、色目、汉等族群中，既想求得当权者的赏识，又要连结同道的支持，还要维护自身的利益，生存难度确实很大——契丹人最终在元末融合于各民族之中，这大约要算其中的一个原因。

家族演变是时代发展的缩影。消长盈亏，荣枯无常，物极必反，盛极必衰。且不说改朝换代带来的革故鼎新，就是一朝天子一朝臣的更迭动荡，亦足以使为公卿者转瞬锒铛入狱，更有夷灭九族、家族消亡者。"是非成败转头空"⑥，从耶律楚材家族逐渐走向没落的情况来看，荣耀显贵只是表面，无奈落寞才是更为真实的状态。从耶律履、耶律楚材和耶律铸祖孙三人的诗文中，可以看到契丹文士在历史洪流中的无奈与顺从，也可以深刻感受到金元历史发展对契丹文学的影响。耶律楚材家族的文学创作，因其独特的情感经历，给中国文学带来了新的审美内容，使中国文学更加丰富多彩，值得我们特别关注和深入研究。

（作者单位：新疆大学文学院）

---

① 洪兴祖：《楚辞补注》，黄灵庚点校，上海古籍出版社 2015 年版，第 287 页。
② 李修生：《全元文》（第 4 册），江苏古籍出版社 1998 年版，第 24 页。
③ 李修生：《全元文》（第 4 册），江苏古籍出版社 1998 年版，第 25 页。
④ 李修生：《全元文》（第 4 册），江苏古籍出版社 1998 年版，第 24 页。
⑤ 陈高华、张帆、刘晓：《元代文化史》，广东教育出版社 2009 年版，第 343 页。
⑥ 罗贯中：《三国演义》，人民文学出版社 1973 年版，第 1 页。

"只是一篇文字"：金圣叹《水浒传》评点的小说结构理论

□ 戴 峰

【摘要】 金圣叹《水浒传》评点所蕴含的小说结构理论深刻精辟，且自成系统。在宏观上，他重视小说结构的整一性，并赋以精严的内涵，强调小说首尾的呼应和前后的照应。在具体的章法、文法上，他既推崇情节的奇绝性和因果性，总体上具有以奇为美的倾向，也强调情节的曲折性和节奏感，关注读者的审美反应。其结构理论具有极强的创造性，许多观点与当代结构主义叙事学理论颇为相近，启发了后来者的无限文心。

【关键词】 金圣叹；《水浒传》；评点；结构；情节

在中国古代小说理论发展史上，金圣叹是一位有开拓之功的人物。他对《水浒传》的删改和评点尽管引来了后人无数的争议，但其中所包含的小说叙事理论却极为深刻精辟，得到了学者们普遍的肯定和赞誉。晚清学人邱炜萲认为金圣叹是中国文学史上真正创立了小说理论体系的第一人："前乎圣叹者，不能压其才；后乎圣叹者，不能掩其美。批小说之文原不自圣叹创，批小说之派却又自圣叹开也。"[1] 这一论点基本已成为当下学界的共识，如谭帆即认为："在明末清初的小说评点中，金圣叹影响至大，他的评点使万历年间的小说评点黯然失色，又在他的影响下，小说评点名作迭生并推向高潮。"[2] 金圣叹的小说叙事理论体系包罗极广，其中的人物塑造理论和结构理论最为引人注目[3]，不仅充分化用了传统文学批评的理论资源，卓然自立，而且很多思路与当代的叙事学理论遥相呼应，值得我们进行深入研究。

---

[1] 邱炜萲：《菽园赘谈·金圣叹批小说说》，陈平原主编：《二十世纪中国小说理论资料·第一卷》，北京大学出版社 1989 年版，第 19 页。

[2] 谭帆：《中国小说评点研究》，华东师范大学出版社 2001 年版，第 27 页。

[3] 这方面代表性的观点是朱东润先生所指出的："圣叹批评《西厢》《水浒》，其长处在于认识主角之人格，了解全书之结构。"见朱东润：《中国文学批评史大纲》，上海古籍出版社 2001 年版，第 330 页。该书初版于 1944 年。

一

瑞士学者皮亚杰指出，"结构"包括了三个特征：整体性、转换性、自身调整性。其中，整体性是一切结构主义的中心问题。① 这是当代叙事学理论的一个基石。而金圣叹在评论《水浒传》的结构时，对整体性的重视也是非常突出的。金圣叹认为，像施耐庵这样的才子，在动笔创作长篇故事时，头脑中一定会有一个先在结构来统摄各种材料。他说："《水浒传》不是轻易下笔。只看宋江出名，直在第十七回，便知他胸中已算过百十来遍。"② 所谓"胸中已算过百十来遍"，是指小说的作者具有明晰的全局观念，能够将纷繁的头绪巧妙地整合起来。在他看来，真正的才子就像高明的裁缝一样，任何的裁剪都不离"全衣"的构想，即："又才之为言，裁也。有全锦在手，无全锦在目；无全衣在目，有全衣在心。"③ 这可以看作金圣叹结构理论的一个总纲。

在金圣叹的理论体系中，"有全衣在心"或曰整体性并不是一个空泛的概念，其所指是相当明确的，对此，金圣叹拈出"精严"二字来概括《水浒传》在这方面的特点。他说："夫固以为《水浒》之文精严，读之即得读一切书之法。""何谓之精严？字有字法，句有句法，章有章法，部有部法是也。"④ 就是指一切文字、章节的安排均应妥帖自然，服从于整部小说的构思，并体现出作者的锦心绣肠。如果我们联系金圣叹对《三国演义》和《西游记》的批评之论，就更能理解"精严"的涵义了。他认为"《三国》人物事体说话太多了，笔下拖不动，捱不转"。"《西游》又太无脚地了，只是逐段捏捏撮撮，譬如大年夜放烟火，一阵一阵过，中间全没贯串，便使人读之，处处可住。"（《读第五才子书法》）尽管这样的批评对《三国演义》和《西游记》而言有失偏颇，但并非没有道理。而且，我们从中也能明确地发现金氏的思路：作为长篇小说，乃至一切才子书，谋篇布局和组织安排至关重要，如果过于拘泥于史实或者如流水账式地简单捏合，这两种结构模式都远不能称为精严。所以，精严就是要求结构具有整一性和有机性。正是在这个意义上，金圣叹明确表达了其对《水浒传》结构的赞赏："《水浒传》七十回，只用一目俱下，便知其二千余纸，只是一篇文字。中间许多事体，便是文字起承转合之法。若是拖长看去，却都不见。"（《读第五才子书法》）

显然，"《水浒传》七十回"竟给人以"只是一篇文字"之感，其关键的原因就是"精严"，或者说，是因为小说的整体结构具有紧凑严谨、浑然一体的特点。而且，值得注意的是，金圣叹在其晚年对《西厢记》的评点中，也提出了与此非常相似的论点。他说："一部《西厢记》，只是一章。""若是章，便应有若干句；若是句，便应有若干字。今《西厢记》不是一章，只是一句，故并无若干句；乃至不是一句，只是一字，故并无

---

① ［瑞士］皮亚杰：《结构主义》，倪连生、王琳译，商务印书馆1984年版，第1~5页。

② 金圣叹：《读第五才子书法》，《金圣叹全集》（三），陆林辑校整理，凤凰出版社2016年版，第29页。

③ 金圣叹：《水浒传序一》，《金圣叹全集》（三），陆林辑校整理，凤凰出版社2016年版，第15~16页。

④ 金圣叹：《水浒传序三》，《金圣叹全集》（三），陆林辑校整理，凤凰出版社2016年版，第22、21页。以下此书均随文夹注。

若干字。《西厢记》其实只是一字。"① 这里所言的"并无若干句""并无若干字"云云，意指作品中没有拉杂无关的字句，所有的文字、段落都是作品的有机组成部分，从而使整部作品的结构显得非常清晰完整。所以，"只是一章""只是一字"的说法虽然看似比"只是一篇文字"更为激进，但其中的蕴涵是完全一致的。由此可见，金圣叹对叙事作品结构整体性的重视是一以贯之的，而且他还赋予了整体性以精严的内涵，在理论上具有独创性。

《水浒传》结构完整和精严的表现是多方面的，其中尤为金圣叹所看重的，是整篇小说在开头、中间、结尾等部分的呼应与映照。在这方面，金圣叹有很多为人所乐道的论述。比如，他多次提醒读者，《水浒传》中有关"石碣""石碣村"的描写无不具有明显的结构意义："三个'石碣'字，是一部《水浒传》大段落。"（《读第五才子书法》）"一部大书七十回，以石碣起，以石碣止，奇绝。"②（楔子夹评）"《水浒》之始也，始于石碣；《水浒》之终也，终于石碣。石碣之为一定之数，固也。"（第十四回回评）"此书始于石碣，终于石碣，然所以始之终之者，必以中间石碣为提纲，此撞筹之旨也。"（第十四回夹评）"始之以石碣，终之以石碣者，是此书大开阖。"（第七十回回评）事实上，在《水浒传》众多的版本中，第一回里镇锁一百单八个魔君的本是"石碑"，但金圣叹却有意将其改为"石碣"，其目的就是为了与第七十回中天降石碣的叙述相呼应。而第十四回中石碣村小聚义的描写，既能映照开篇出现的石碣，又能牵引出后文一百零八人大聚义的故事。这样，三个"石碣"就充分体现了故事框架的完整统一，也体现了作者匠心的巧妙。所以，"有全衣在心"之论绝非虚言。正是在这个意义上，金圣叹认为《水浒传》英雄排座次之后的章节是有损于小说结构的整一性的，从文法上来看是不够精严的，故而是可以删去的。因此他在第七十回回评中假借"古本"的名义指出："一部大书七十回，可谓大铺排；此一回，可谓大结束。读之正如千里群龙，一齐入海，更无丝毫未了之憾。笑杀罗贯中横添狗尾，徒见其丑也。"可见，金圣叹对《水浒传》的删改并非随意而为，而是有其小说结构理论作为支撑的。

在金圣叹看来，《水浒传》结构的完整绝不仅限于"三个石碣"的贯穿，小说中一些关键章节或段落的描写也具有突显作品结构的意义。金批《水浒传》第三十九回是"梁山泊好汉劫法场，白龙庙英雄小聚义"，当行文至张顺、晁盖、戴宗等几路人马在白龙庙聚义时，金圣叹在夹评中指出："忽然一束，其笔如椽。此一段，为一部书之腰。"③ 这里的"为一部书之腰"，立论非常精辟，因为就全书的叙事脉络而言，白龙庙小聚义是宋江正式上梁山的开始，也是各路好汉汇聚融合之始，而二十九人的"小聚义"所对应的自然是后文一百零八人的"大聚义"。同时，就全文的篇幅而言，这一回又大致处在全部七十回书的中间。所以，"为一部书之腰"的断语显然是站在全书结构的角度而论的，可

---

① 金圣叹：《读第六才子书〈西厢记〉法》，《金圣叹全集》（二），陆林辑校整理，凤凰出版社2016年版，第860页。

② 金圣叹：《金圣叹全集》（三），陆林辑校整理，凤凰出版社2016年版，第51页。以下此书均随文夹注。

③ 金圣叹：《金圣叹全集》（四），陆林辑校整理，凤凰出版社2016年版，第730页。以下此书均随文夹注。

谓慧眼如炬。而同样引人称赞的是，在第六十一回中，有关卢俊义起解的描写与此前林冲起解的写法有诸多重复之处，在《水浒传》中，像这种犯而不避的做法是很少见的，但金圣叹认为书中之所以如此，乃是因为卢俊义、林冲二人在整部小说的结构中占有独特的地位，此处看似雷同的写法中其实包含着作者独到的匠心。他说："最先上梁山者，林武师也；最后上梁山者，卢员外也。林武师，是董超、薛霸之所押解也；卢员外，又是董超、薛霸之所押解也。其押解之文，乃至于不换一字者，非耐庵有江郎才尽之日，盖特特为此，以锁一书之两头也。"这样的分析，能从貌似寻常的地方发掘前后精妙的关联，其论述的着眼点，显然是在结构的整体性上。

二

在《水浒传》的评点中，金圣叹除了极为重视小说结构的整体性之外，其用力更多的地方，也是金氏小说结构理论中最有创见的部分，是从"文法""笔法""章法"等角度对小说情节艺术所作的诸多阐释。借用杨义先生的观点，前者属于"结构之道"，后者属于"结构之技"，二者之间是相辅相成的关系："结构之道用以笼罩全文，结构之技用以疏通文理，二者的功能是具有统摄和具现之别的。但二者的表现形态虽然时或有隐、显之分，却非绝对如此，它们之间不乏隐中有显、显中有隐的交叉或交融，有时则处在隐、显之间。"①

在叙事学理论中，情节又称为叙述性结构，具有非常突出的作用和地位，"它是故事结构中的主干，人物、环境的支撑点"②。在叙事性文学作品中，情节的安排，即能否巧妙、有机地将事件、段落乃至章节串联起来，是决定其艺术成就高下的关键之一。对于《水浒传》情节特征的解读，金圣叹最突出的倾向是以"奇"为美。他说："不读《水浒》，不知天下之奇。"（第二十五回回评）因此，在其评点中，各种包含"奇"字的词汇和短语反复出现，几乎到了俯拾即是的地步，如"奇观""奇绝""奇拗""奇险""奇笔""奇文""奇妙不可言""奇恣笔法""文势离奇屈曲""节节生奇""有妙必臻，无奇不出""变骇紧为疏奇""兴奇作怪，出妙入神"，等等，这些批语大多与小说情节的推进或过渡密切相关。

我们且以第八回为例，这一回主要描写了三件事情：鲁智深大闹野猪林、林冲棒打洪教头、林冲发配沧州牢城，故事情节的发展大体是按照时间顺序来进行的，但其叙述的奇巧却深得金圣叹的赞许。如"大闹野猪林"一节，鲁智深突然出现时，先是"雷鸣也似"的一声吼，接着是"飞"出一条禅杖，再是"跳"出一个胖大和尚来，文法非常细致，金圣叹赞之为"恣意弄奇，妙绝怪绝"。再如，董超、薛霸两个公人并不认识鲁智深，当他们小心地去打探"师父"的身份时，却没有得到明确的回答。之后他们私下里猜测"师父"很可能是大相国寺的鲁智深，但仍然无法确认，内心着急却无可奈何。直至林冲在与鲁智深分手时随口说出倒拔垂杨柳一事，答案才最终揭晓。对此，金圣叹在夹批中反复强调"笔力奇拗之极""文情奇绝""真是奇情恣笔"。此外，关于这一回中三件事情

① 杨义：《中国叙事学》，人民出版社1997年版，第51页。
② 胡亚敏：《叙事学》，华中师范大学出版社2004年版，第119页。

的连缀之法，金圣叹也非常敏锐地指明了其中的关节，他说："此一回中，又于正文之外，旁作余文，则于银子三致意焉。"这是指文中三次有意无意地写到了"十两银子"：先是董超、薛霸收受了陆虞侯送来的十两银子，答应谋害林冲的性命；中间他们二人又接受了柴进送给的十两银子，为林冲解除枷锁；回末又有林冲送给牢城管营十两银子，免除了杀威棒之灾。这"十两银子"看似闲笔，很容易被读者略过，但其实有勾连全文的妙用。这种草蛇灰线的写法，自然也是"奇拗之极"的表现。在整部《水浒传》中，类似的奇绝之处，可谓不胜枚举。

金圣叹认为，《水浒传》的叙述性结构之所以呈现出尚奇的鲜明特点，关键的一点，是小说作者有"欲成绝世奇文"的明确追求："若文人之事，固当不止叙事而已，必且心以为经，手以为纬，蹉躇变化，务撰而成绝世奇文焉。……古之君子，受命载笔，为一代纪事，而犹出其珠玉锦绣之心，自成一篇绝世奇文，岂有稗官之家，无事可纪，不过欲成绝世奇文，以自娱乐，而必张定是张，李定是李，毫无纵横曲直，经营惨淡之志者哉？则读稗官，其又何不读宋子京《新唐书》也？"（第二十八回回评）显然，这里的"蹉躇变化""纵横曲直""经营惨淡"，等等，几乎都是针对小说的结构和情节而言的。而且，此处将稗官之作与《新唐书》进行对比，也透漏出了金圣叹的一个基本文学观点，即小说可以而且应该比史书更好看，更富文采，因为小说的创作更为自由，小说家的"珠玉锦绣之心"和"经营惨淡之志"可以有更大的施展空间。在《读第五才子书法》中，金圣叹还将《水浒传》与《史记》对比："某尝道《水浒》胜似《史记》，人都不肯信。殊不知某却不是乱说。其实《史记》是以文运事，《水浒》是因文生事。以文运事，是先有事生成如此如此，却要算计出一篇文字来。虽是史公高才，也毕竟是吃苦事。因文生事即不然，只是顺着笔性去，削高补低都由我。"这同样是在强调，情节的奇绝是一部优秀小说的题中应有之义。

当然，需要注意的是，在金圣叹的理论视域中，对小说作者而言，不论是主观上的"欲成绝世奇文"，还是客观上的"削高补低都由我"，都不意味着其在行文时要一味地逞奇眩异，刻意地追求情节的奇幻化。相反，金圣叹非常重视情节之间的合理性和逻辑性，为此，他一方面提出了"写极骇人之事，却尽用极尽人之笔"（第二十二回回评）的观点；另一方面，还借用佛经中的用语，提出了"因缘生法"的叙事原则。关于前一点，已广为人知，故此处不展开。关于后者，他说："因缘生法，一切具足。……耐庵作《水浒》一传，直以因缘生法为其文字总持，是深达因缘也。"（第五十五回回评）在佛教的理论中，"因"指原因，"缘"指关系，"法"指一切事物及现象，所谓"因缘生法"，就是指所有事物和现象的形成都是有各种原因和关系的。而金圣叹借用这一概念，并认为它是《水浒传》之"文字总持"，主要是为了强调小说的情节之间均应具有内在的逻辑联系和因果关系。这一认识与福斯特的小说观竟然十分契合，即："情节是小说的逻辑面。它需要有神秘感，但神秘的东西必须在以后加以澄清。读者可以在扑朔迷离的天地中进行摸索，而小说家却不能。他必须驾驭自己的作品。在这儿投下一线光亮，从那儿又留下一丝阴影。他还要不断自问，用什么办法才能使情节取得最好的效果？他事前应心中有数，要置身于小说之上，动笔之前，要始终考虑到因果关系。"①

---

① ［英］爱·摩·福斯特：《小说面面观》，苏炳文译，花城出版社 1984 年版，第 84 页。

在《读第五才子书法》中，金圣叹归纳了很多《水浒传》中"非它书所曾有"的"文法"，这些结构之技共有 15 条，包括：倒插法、夹叙法、草蛇灰线法、大落墨法、绵针刺泥法、背面铺粉法、弄引法、獭尾法、正犯法、略犯法、极不省法、极省法、欲合故纵法、横云断山法、鸾胶续弦法。这些归纳均具有很强的理论性，而且几乎都与情节的因果性有关。试以最后一条为例："有鸾胶续弦法：如燕青往梁山泊报信，路遇杨雄、石秀，彼此须互不相识，且由梁山泊到大名府，彼此既同取小径，又岂有止一小径之理？看他顺手借如意子打鹊求卦，先斗出巧来，然后用一拳打倒石秀，逗出姓名来等是也。都是刻苦算得出来。"这里所指的是第六十一回"放冷箭燕青救主，劫法场石秀跳楼"中后半段的情节，故事有两条线索：一是燕青准备投奔梁山泊，请兵营救卢俊义；二是杨雄、石秀奉命下山打探卢俊义的消息。作者为了使这两条线索自然地联结起来，遂设计了一段插曲：燕青没有盘缠，射鹊充饥，追鹊翻过山冈，遇到两个汉子，抢夺其包袱，在打斗过程中方才弄清彼此的身份。于是，故事的情节顺利地转换到了石秀劫法场以及下一回的宋江攻打大名府。如此作法完全称得上是"因缘生法，一切具足"。

三

在金圣叹的结构论中，与重视情节的奇绝性相并行的，是其对于情节曲折性的看重。金圣叹认为，一部叙事作品最难以让人容忍的，是情节的呆板平庸，他将这类作法一概概之为"印板文字"。而一部优秀的小说或戏曲之作，其情节则应具备曲折错落、摇曳多姿的特点。在《水浒传》第八回的总评中，金圣叹将文章比作云霞、山川等，强调其舒卷、迤逦之美，他说："今夫文章之为物也，岂不异哉！如在天而为云霞，何其起于肤寸，渐舒渐卷，倏忽万变，烂然为章也；在地而为山川，何其迤逦而入，千转百合，争流竞秀，窅冥无际也。"而在《西厢记》的评点中，他更是鲜明地指出："文章之妙，无过曲折，诚得百曲千曲万曲、百折千折万折之文，我纵心寻其起尽，以自容与其间，斯真天下之至乐也。"[①] 这一观点当然也适用于《水浒传》。

在《水浒传》的评点中，金圣叹虽没有对"曲折"进行集中的论述，但他却用"跌顿""夭矫""屈曲""骇紧""错落"等词汇从不同角度诠释了"曲折"的内涵。我们不妨还是以第八回为例，文中有林冲与洪教头比试武艺的情节。林冲因为初来乍到，故反复犹豫和推辞，洪教头则步步紧逼，而柴进又有心看看二位教头的本事，故不断加以鼓励，中间还插入了喝酒、开枷等环节，叙述颇为曲折好看。因此，金圣叹在回评中指出："又如洪教头要使棒，反是柴大官人说且吃酒。此一顿，已是令人心痒之极。乃武师又于四五合时，跳出圈子，忽然叫住。曰除枷也，乃柴进又于重提棒时，又忽然叫住。凡作三番跌顿，直使读者眼光一闪一闪，直极奇极恣之笔也。"在夹评中还说："极力摇曳，使读者心痒无挠处。"前后两次提到令人"心痒"，显然是抓住了曲折之美的关键。

与此相似的是第四十一回"还道村受三卷天书，宋公明遇九天玄女"，这一回主要写宋江被官军搜捕，正当形势危急之时，突遇九天玄女，最终转危为安，情节可谓一波三

---

① 金圣叹：《贯华堂第六才子书西厢记·〈赖简〉总评》，《金圣叹全集》（二），陆林辑校整理，凤凰出版社 2016 年版，第 1013 页。

折。金圣叹在回评中有数段批语专论情节曲折之妙："今看他写得一起一落，又一起又一落，再一起再一落，遂令宋江自在厨中，读者本在书外，却不知何故一时便若打并一片心魂，共受若干惊吓者。灯昏窗响，壁动鬼出，笔墨之事，能令侬正一齐震动，真奇绝也。""上文神厨来捉一段，可谓风雨如磐，虫鬼骇逼矣。忽然一转，却作花明草媚，团香削玉之文。如此笔墨，真乃有妙必臻，无奇不出矣。"在这里，他同样是从读者感受的角度来立论的。这表明，金圣叹明确认识到，情节的曲折、起落不仅是为所叙述的内容服务的，也是读者进行艺术审美的一种内在需求。

与上节所述的"因缘生法"相似，在金圣叹看来，情节的曲折固然能突显"文章之妙"，但如何曲折为文却没有一定之规，只要能适应于小说整体的结构安排，骇紧、疏奇、整丽、错落等，无一不可。所以，他不断强调"一丘一壑""一水一沙"的价值："看他一路无数小文字，都复有一丘一壑之妙，不似他书，一望平原而已。"（第四十三回回评）"文章家有过枝接叶处，每每不得不与前后大篇一样出色。然其叙事洁净，用笔明雅，亦殊未可忽也。譬诸游山者，游过一山，又问一山，当斯之时，不无借径于小桥曲岸，浅水平沙。然而前山未远，魂魄方收，后山又来，耳目又费，则虽中间少有不称，然政不致遂败人意。又况其一桥一岸，一水一沙，乃殊非七十回后一望荒屯绝徼之比。想复晚凉新浴，豆花棚下，摇蕉扇，说曲折，兴复不浅也。"（第三十二回回评）

以上数例基本上是从时间顺序的角度来分析何为曲折的。但是，若从现代叙事学的角度来看，情节的曲折性大体属于小说节奏的范畴。那么，与此相关的，就不仅仅是叙述时间而已，还应关乎叙述的速度和力度。而这两点在《水浒传》评点中也基本都有涉及。

先举一个与叙述速度相关的例子，如第五十四回，主要描写梁山泊大破呼延灼的连环马一事，其中有梁山泊兵分五队与官军进行车轮战的情节，金圣叹对此有很多赞许之词，他说："前一段写纺车军五队，一队胜如一队，固矣。又须看他写到第四队，忽然阵上飞出三口刀，既而一变，变作两口刀，两条鞭，既而又一变，变作三条鞭。越变越奇，越奇越骇，越骇越乐，洵文章之盛观矣。"在夹批中他还特意指出："又是一番看战，真乃十倍精彩。文章声势，一段胜似一段，使人叹绝。"这里的"越变越奇""一段胜似一段"等，显然是指叙事速度的加强。不过，在金圣叹看来，理想的叙述速度并不是单纯地指越来越骇紧，而是应在曲折中显出"节次"，即所谓"有节次，有间架，有方法，有波折，不慌不忙，不疏不密，不缺不漏，不一片，不烦琐"（第九回回评）。

再看一个与叙述力度相关的内容，小说第三十七回，主要写宋江在揭阳镇遭遇重重厄运，险些丧命，金圣叹在回评中说："此篇节节生奇，层层追险。节节生奇，奇不尽不止；层层追险，险不绝必追。真令读者到此，心路都休，目光尽灭，有死之心，无生之望也。如投宿店不得，是第一追；寻着村庄，却正是冤家家里，是第二追；掇壁逃走，乃是大江截住，是第三追；沿江奔去，又值横港，是第四追；甫下船，追者亦已到，是第五追；岸上人又认得梢公，是第六追，舩板下摸出刀来，是最后一追，第七追也。一篇真是脱一虎机，踏一虎机，令人一头读，一头吓，不惟读亦读不及，虽吓亦吓不及也。"显然，所谓"节节生奇，层层追险"，是指随着情节的推进，节奏的力度越来越强，读者的担心也越来越大，竟至于"有死之心，无生之望"。这种能引起读者强烈审美反应的内在机理，或许可以用福斯特的这一观点来解释："节奏在小说中的作用是：它不像图像那样永远摆着让人观看，而是通过起伏不定的美感令读者心中充满惊奇、新颖和希望。"①

综上所述，金圣叹在《水浒传》评点中所蕴含的小说结构理论不仅自成系统，而且颇见深度。在宏观上，他非常重视小说结构的整一性，并赋以精严的内涵，高度重视小说首尾的呼应和前后的照应。在具体的章法、文法上，既推崇情节的奇绝性和因果性，总体上具有以奇为美的倾向，也强调情节的曲折性和节奏感，关注读者的审美反应。其结构理论具有极强的创造性，许多观点与当代结构主义叙事学理论颇为相近，启发了后来者的无限眼界，无限文心。但我们同时也要认识到，"他（金圣叹）的主要贡献在于他对构成小说精密文理的具体叙述技巧所作的深入研读和精辟的文学分析"②。金圣叹的结构论主要受益于传统的文论，理论的归纳基本不超出感悟和描述的层次，在思维的严密性和抽象性上仍有欠缺，而这给与我们的启示也是无限的。

（作者单位：湖北第二师范学院文学院）

---

① ［英］爱·摩·福斯特：《小说面面观》，苏炳文译，花城出版社1984年版，第148页。
② ［美］浦安迪：《明代小说四大奇书》，沈亨寿译，三联书店2006年版，第294页。

论明清之际遗民的章回小说创作

□　杜近都

【摘要】明清之际的特殊局势直接催生了遗民的章回小说创作。应时、应事而作的遗民章回小说是遗民小说家的自我表达，强烈的主体精神使得作品中开始出现作者自我形象的投射，即使是小说续书也比较重视内容和结构上的创新。部分遗民小说家所具有的历史意识使其作品具有较高的"真实性"，所引用的原始文献和记录的丰富细节对相关历史研究具有一定的参考价值。遗民小说家创作上的谨慎导致了其表达上的隐晦，读者应对小说中的"空白"之处多加留意。
【关键词】明清之际；遗民章回小说；主体精神；历史意识

明清之际的遗民章回小说并不是章回小说自身发展的必然产物，而是受朝代更迭的复杂政治局势刺激出现的，其反映时代现实较其他小说更具时效性和真实性。面对一场进行时的历史悲剧，或迷茫或坚定的清初遗民既不能洒脱地笑看风云，也不愿空发牢骚。文学虽然不是遗民反抗现实的最有力武器，却可以在彻底失败后补偿性地实现自我价值。

清代之前的历朝遗民几乎没有接触过章回小说这一文体，而清末民初则是"新小说"趋于主流的时代，清代遗民的文学创作复归至诗词，所以遗民章回小说几乎只在清初"开花结果"，并在一定意义上获得了与传统诗文同等的表达权力。它的存在丰富了中国古典小说的题材和话语，也提升了小说的文学地位。

较早编创的清初遗民章回小说是晚明时事小说的延续，历史书写的真实性备受作者重视。朝代更迭后，遗民的自我表达受到较大限制，普遍的惧祸心理也使得遗民开始了"自我审查"，创作上的谨慎与限制导致了表达上的隐晦和作品内容的"不完整"。

一、强烈的主体精神

较多明遗民并不认同内容空疏而无用于世的文学创作。顾炎武不无偏见地认为"君子之为学，以明道也，以救世也。徒以诗文而已，所谓'雕虫篆刻'，亦何益哉！"[①] 所

---

① 顾炎武：《与人书二十五》，《顾亭林诗文集》，中华书局1983年版，第98页。

以他呼吁文章应有为而作："凡文之不关于六经之指、当世之务者，一切不为。"① 时人也认为被视作文人是对自己的贬低，正如黄宗羲所记："近见修志，有无名子之子孙，以其父祖入于文苑，勃然不悦，必欲入之儒林而止。"②

传统诗文尚且如此，一直被文人所轻视的小说在遗民眼中自然地位更为低下，这或许就是遗民创作小说大多不署真名的一大原因。与当时更为流行的才子佳人小说、世情小说相比，遗民章回小说基本上都有较明确的创作目的和较严肃的创作态度。除却编写仓促的《剿闯小说》和明显仿写的《后水浒传》，现存遗民章回小说基本都可归入文人小说的范畴。作者普遍注重小说的独创性，创作时着力于对社会生活的描写和包括情感、思想、才学在内的个人怀抱的抒发。

小说虽然长期被视为"小道"，但白话小说常被赋予教化百姓、改良风气的社会作用，小说家也常标榜自己的作品具有"醒世""劝人"的阅读效果。清初遗民创作记述时事的通俗小说更具宣传、鼓动的目的，"劝世"有其特殊时代内涵，即作者希望世人知晓时事而生除贼报国之志，比如《剿闯小说》可"用以激发忠义，惩创叛逆"③。

不过战乱时的平民应该难有机会接触和阅读小说，而有拳拳报国之心的遗民们也不会在天下未定时就全身心投入小说创作，因此大部分遗民小说出现较晚，与所描写的历史事件有一定的时间差。然而时代还是在他们的小说创作中留下印迹，小说题材集中于两宋之际、建文逊国、明末清初等，作者本人的形象也或隐或现地开始出现在小说中。

《女仙外史》中具有经天纬地之才的吕律可视为作者吕熊在小说中的自我投射。小说第十三回，吕律批评宋儒解经致使《周易》和《诗经》大义不显，而吕律则著有《诗经六义》，这恰恰就是吕熊的著作之一。作者在小说中"出场"使个人表达更为直接、充分。

"帝王师"一般的吕律寄托了吕熊一生的抱负与才学，具体包括制度思考、战阵对垒、诗词唱和、学术研究等。不过他的"自我展示"较为克制并基本上融入小说情节，尤其突出实学才能。在唐赛儿拜吕律为军师后，她便忙于游历、交友和救灾，与朱棣的军事斗争则以吕律为核心人物。吕熊对吕律的人物塑造以《三国志演义》中的诸葛亮形象为模仿对象，吕律继承了其鞠躬尽瘁、足智多谋的特点，并在第七十四回与武侯在梦中相会，二人不仅形象、才能相似，而且所抱的复国志向也是一致的。

主体精神的介入使遗民小说家重视自己作品的独特文学价值，较为典型的是《女仙外史》的题材类型和结构安排。《女仙外史》较早打破题材界限而融合多种类型题材，虽然这种尝试并不成熟，但足以体现吕熊的艺术创新精神。

《女仙外史》取材自建文逊国，叙事方面使用"编年体"结构，很多出场人物也实有其人。然而历史现实与吕熊的主观意愿之间存在难以调和的矛盾，他只能在叙述基本史实之余对历史进行大幅度的"改写"，并加入大量虚构乃至荒诞的情节。这使吕熊不得不借鉴英雄传奇与神魔小说的创作手法。小说主角唐赛儿和吕律均非常人，唐赛儿是小说开篇预叙的天界下凡女仙，吕律则是小说结尾补叙的世外得道羽士。神异的出身带来非比寻常

① 顾炎武：《与人书三》，《顾亭林诗文集》，中华书局1983年版，第91页。
② 黄宗羲：《论文管见》，《黄宗羲全集》第2册，浙江古籍出版社2005年版，第670页。
③ 懒道人：《剿闯小说》，上海古籍出版社1994年版，第11页。

的本领与才能，而且吕熊通过对明代"奇书"经典情节的模仿不断加强他们的神异性。三顾茅庐、舌战群儒、水淹七军、火烧赤壁、火烧藤甲军、武松打虎、九天玄女授天书、车迟国斗法、蟠桃会等均被吕熊有意仿写，部分情节达到了"犯中见避"的艺术效果，比如八阵图与天书在原著中并无细致描述，而吕熊则详尽描写了八阵图运用时的变化莫测以及唐赛儿修炼天书的全过程。

可这一尝试导致全书题材混杂，类型难以归类。永乐夺位、建文逊国的情节基本符合历史演义小说的标准；唐赛儿从家庭走向社会的个人成长史近似世情小说；唐赛儿起兵以及殉难忠臣的后代齐聚其下的部分明显带有英雄传奇的影子；男女情欲的描写或许借鉴了艳情小说的内容①；忠臣后代通婚的情节是才子佳人小说的翻版；两军临阵斗宝以及唐赛儿等仙道斩妖除魔又受神魔小说的影响。吕熊几乎将此前的小说题材全部融入一部小说之中，而他寄托个人才华、学问的创作目的与手法实是日后才学小说的先声，只是个人才学的展示虽然可以收获相知者的赞赏，却难以在更广大的读者群中产生共鸣。

小说结构方面，吕熊精心安排了一个明暗双线结构，并将其设置于作者创造的仙话结构之中，这在一定程度上突破了以"四大奇书"为代表的单线叙事结构。明线是唐赛儿出生、学仙、勤王、飞升，暗线是建文帝失败、出逃、游历、回宫。两条线索既平行展开，又相互交叉，并以唐赛儿三次寻访建文帝为双线交汇的主要结点。在嫦娥与天狼星结怨（天界）—解怨（人间）—证果的结构之中，双线叙事又互为因果，唐赛儿诞生是为了解救建文帝"注定"的失败，他的失败直接引发了她的勤王义举，而唐赛儿的起兵确保他可以四处游历并回宫养老。

吕熊的主观意图是重写历史，但反对永乐篡位的武装力量并不强大，因此作者只好"调来"了唐赛儿，并使她成为能预测未来以及掌握生死大权的女仙。可是吕熊只可改写历史经过以定建文正统，却受困于真实性要求而无法改变历史的最终结局。明朝的帝位只能由永乐一系继承，建文最终复位无果，作者于此只得使用"天数"解释矛盾。永乐称帝是命中注定，所以他在作战时虽多次身处险境却有神力护佑。唐赛儿虽拥有改写历史的能力却"不可以"战胜天意，她如棋子一般完成所谓"数"的运行。当义军已至北平城下而胜利在望时，朱棣一旦身死，"数"也就尽了，义军的合法性荡然无存，勤王大业就此失败。吕熊随即安排唐赛儿成仙，吕律继续修炼以及忠臣后代隐居的结局。可是义军起兵的目的，即建文复位并未成功。为了改写历史经过，吕熊不得不搬出高于人力的"仙魔"，同时又受困于历史结果的不可更改性，他只得限制"仙魔"能力的发挥。这使小说结局显得颇为仓促、生硬，是全书整体结构和情节安排所导致的一大缺憾。

由此也可看出吕熊个人思想中的局限，即命定论。小说中的所有人数及其行为都被"天数"操控，他们的一切个人努力都改变不了注定的命运。小说人物甚至完全没有试图改变命运的尝试，当一切行为成为既定程序的一部分时，作者赋予义军人物的高尚品德和家国大义实际上被消解，造成了作者创作目的与客观艺术效果之间的偏差。

即便是"借他人酒杯，浇自己块垒"的小说续书，以陈忱为代表的遗民小说家也尽量突出自己的作品与原著的区别。《水浒后传》十分注重人物、情节与《水浒传》相衔接，原著中一些出场极少的人物也在《水浒后传》中重新登场并能推动情节发展，比如

---

① 通过刘廷玑的《品题》可知他曾建议吕熊将原作中的这类"淫秽语"进行删改。

郓哥、唐牛儿等,并补叙王进、扈成等原著中"下落不明"的人物。小说对一干梁山英雄进行了不同程度的改造,比如燕青就从原著中的"忠仆"转变为"忠臣"。一些原著中着墨不多的好汉在陈忱笔下有了更多的发挥空间,比如乐和在原著中的形象与性格较为模糊,陈忱则抓住他聪明伶俐的特点加以发挥。顾大嫂这一女性英雄也在陈忱笔下显现出原著所没有的女性特征与性别意识。这些英雄人物的形象与行为普遍趋于"文雅化",并被增添上更浓重、纯正的忠君爱国色彩。

《水浒后传》始于阮小七重回梁山泊,结于众人海外团圆,从对于往昔的怀旧感伤到对于未来的憧憬希望,前后对比鲜明,既包含了作者的现实关怀,也蕴含了未来期待。陈忱先写三股势力的集结,再写英雄重聚,实际安排了三条叙事线索,每一条线索又承袭了原著的"珠串式"结构,由一个人物引出其他人物,这能较为全面地描写每位好汉所处的现实困境,由此能使每位英雄的重新入伙尽量合情合理而避免了原著的牵强凑数。小说描写梁山好汉重聚,自然少不了一番复仇与杀戮。可是陈忱却反而使其相对"文明",李应一伙杀四贼一段本是小说叙事的一大高潮,却因宋太祖勿加刑戮于大臣的祖训而"只"用了鸩酒。若是原著有此情节,这一段国仇家恨得报的文字应会更具血腥味。

二、明确的历史意识

我国官方修一代国史起源于汉明帝时,国史的编修在一定程度上是朝代更替的重要标志。明清之际,重史传统与现实困境使得私人修"明史"成为一时风气,黄宗羲就说:"余观当世,不论何人,皆好言作史。"① 对于明遗民,修史既是易代之后可供选择的一种生存状态,为明朝存史也成为遗民报效君国的一种方式,其中还暗含有与清廷对立而争夺修史权力的意味,黄宗羲就肯定私人修史的必要性:"国史既亡,则野史即国史也。"②

清廷定鼎之后,为前朝修史便成为一项极具象征性的重要文化工程,它象征着新朝统治的合法性。不过清修《明史》的一些史实记载也势必遭到隐瞒、删改甚至歪曲,尤其是在涉及后金政权和清朝的晚明史部分,因此明遗民著史颇有一份留存信史的责任感。

遗民小说家也非常重视小说与"当代史"之间的关系。作者创作时尽量做到于史有征,甚至部分情节就是作者耳闻目睹所得,因此部分遗民小说多有补证史书的文献价值。不过章回小说具有"合法"的虚构权力,其内容不能等同于真实可信的史料。本节主要通过对小说材料来源的梳理以厘清部分清初遗民章回小说和相关史籍之间的关系。

《剿闯小说》十卷,一卷一回,作者署名"西吴懒道人"。这是清初章回小说中较早创作并刊刻的一部作品,据姚廷遴《历年记》所载:"京师之变,未及两月,即有卖《剿闯小说》一部,备言京师失陷"③,由此可知此书创作颇具时效性。该书谈及《国变录》《泣鼎传》等明季典籍,这说明作者应对其有所参考。《国变录》,吴邦策撰,一卷,分七目,记李自成军入北京,以及明朝官僚向其投降的事迹。《泣鼎传》应是《明季实录》卷

---

① 黄宗羲:《谈孺木墓表》,《黄宗羲全集》第 10 册,浙江古籍出版社 2005 年版,第 269 页。
② 黄宗羲:《弘光实录钞》,《黄宗羲全集》第 2 册,浙江古籍出版社 2005 年版,第 1 页。
③ 转引自李梦生:《中国禁毁小说百话》,上海古籍出版社 2004 年版,第 160 页。

二所载的"泣鼎传真录"。以小说谈及《泣鼎传》的内容与《明季实录》所载对比，可知小说记叙崇祯自尽地点为"梅山"而非广为人知的"煤山"，而这"一字之差"与《泣鼎传》所记完全相同。此外，小说第七回谈及魏学濂上疏、时敏受伪职、大顺改明官制等事分别见于《新进士南归口述实录》《从逆诸臣考》以及《贼臣改六部政府考》三篇文献，而它们全部可见于《明季实录》。因此《泣鼎传》就是《明季实录》一书所收录的《泣鼎传真录》，并且作者应见过该书所收录的其他文献。

《明季实录》，四卷，顾炎武收集文章并加以剪裁排比而成此书，《泣鼎传真录》现依此书而传。《明季实录》一书作于何时难考，该书所记史实的时间下限是弘光元年，霍伟婧的硕士学位论文《〈明季实录〉研究》根据顾炎武明亡之后参与抗清活动判断该书作于顺治五年至十四年。以《剿闯小说》的内容推断，小说作者并未完整浏览过《明季实录》。《明季实录》卷一收录的《长安道上誊出闯贼谋逆作伪罪状以醒民正讹复仇说》一文已载"李岩"，不过事迹不详，并称李岩又称李牟。可是李牟为李岩的弟弟，《剿闯小说》就明言二人为兄弟关系。由此可见，《剿闯小说》与《明季实录》并无直接援引关系，《泣鼎传真录》应该在当时曾以单行本传播。另据赵维国《清初剿闯小说采摭史籍考述》一文所考，该小说还采用了《号天泣血书》《甲申纪事》两书的部分内容。笔者将《剿闯小说》与冯梦龙所编《甲申纪事》对比，认为前者收录的《金坛合邑诸生讨降贼诸臣檄》和《请诛逆臣疏》均摘录自后者。此外，今存佚名《中兴实录》一书所记与《剿闯小说》的很多内容相近，比如《生员卢泾材奏本》一文均被两书收录，而且文字差别较少，但两书问世时间孰先孰后难考，因此《剿闯小说》是否也参考了《中兴实录》待考。

《剿闯小说》在明季典籍中成书较早，因此该书具有一定的史料价值，不可因其通俗小说的文体性质而忽视。郭沫若、顾城等前辈学者已考证了计六奇《明季北略》对于该书部分内容的引用。此外，彭孙贻《平寇志》卷十一叙述王孙蕙、阎尔梅事迹部分所载的王孙蕙的言谈与小说相关部分完全相同，而此言未见他书有载。道光年间抱阳生编著的《甲申朝事小记》对此小说摘录颇多，至少包括《周钟为闯贼撰登极诏》《吴三桂讨闯贼檄》《江南诸生讨逆臣始末》《龚仲震哭崇祯诗》《宫娥叹》等。因此笔者认为，《平寇志》《甲申朝事小记》两书均参考此书而成。

《剿闯小说》还详尽罗列了殉国诸臣的姓名和事迹、大顺政权所改官署名、受大顺官职的明朝官员名单以及受大顺夹刑的明朝官员公侯等名单。对时人的诗、赋、文、书也收录颇多，于此有记录时闻、史料的文献价值。比如《张家玉陈情书附记》《张家玉荐人才书附记》均可见于《明季北略》卷二十二，可备校对之用。周钟为明朝官员中劝进李自成登基的代表人物，但其劝进文较少记载，小说收录有《周钟为闯贼撰登极诏》一文，《国榷》有文字内容相同的记载，不过《国榷》记其为李自成部队的檄文，并未署此文作者。小说还收录了一些他书未载的文献，包括《龚云起上钱谦益书》和钱谦益的复书、《梁溪讨逆揭》以及一篇署名陆振飞的疏，这四篇文献均赖此小说以存。

《海角遗编》，又名《七峰遗编》，六十回，作者为"七峰樵道人"。序言记录作者的创作目的是"后之考国史者不过曰某月破常熟、某月定福山，一其间人事反复、祸乱相寻，急能悉数而论列之哉，故虽事或无关国计，妙人或不系重轻一者，皆具载之，以仿佛于野史稗官之遗意云尔"①。由此可见，"七峰樵道人"担心国史记叙简略，其间的人事细节将不为后人所知，所以试图通过小说详细记述常熟抗清事迹。

前人对这部小说的记载与评价也基于其史料价值，清人庞树柏认为："小说足以补稗乘之阙者……然文不雅驯，见者辄俳优视之。惟《海角遗编》一书，差强人意。"② 李天根编写于乾隆年间的《爝火录》卷十一、十二提及严栻起兵的经过，应参考了《海角遗编》。赵翼《瓯北诗话》卷九记载的严栻倡义守城和黄蜚领军围吐国宝也引自该书。《海角遗编》记录的常熟地区抗清事迹及丰富的细节可以作为补充清史、地方史的重要材料。

以《海角遗编》所记述的义阳王为例，书中并未介绍他的姓名等基本情况。据《明史》"诸王世系"所载，义阳王一系源于朱元璋四子周定王朱橚，其长子周宪王朱有炖无子，故庶四子朱有爌进封周简王，周简王庶十子朱子坣是初代义阳康靖王，其后共历义阳荣安王朱同鏉、义阳恭端王朱安汝、义阳庄僖王朱睦鏷、义阳王朱勤熿，《明史》所列仅止于此。另查钱海岳《南明史》，该书诸王世系表所列截至末代义阳王朱朝埻，卷二十七另有传记，朱朝埻应该就是小说中所写的义阳王。据《南明史》所记，朱朝埻不知何年袭位，他组织的义军号称有二十万之多，最终随郑成功北伐时舟覆而薨。小说所记的诸多细节可为补充，而且《南明史》记载的义阳王的活动地区和军队人数均与小说所载相同，可惜钱海岳先生著史时未著明材料出处，不知是否参考了《海角遗编》。

三、创作谨慎与表达隐晦

遗民们的历史思考因为易代的特殊契机而更为深刻，但其思想、文字的传播尤其公开刊刻则需要更多的"审查"。这不仅是自我创作时的小心谨慎，也是刻印出版时的内容删减，甚至是可能涉及自身安全的"文字狱"。当时士人对于文字和言论所可能带来的灾祸甚为担心。吴伟业就感叹于"今每申一纸，怛焉心悸，若将为时世之所指摘，往往辍翰弗为"③。

作者本人的小心翼翼以及创作时的种种限制，导致了清初遗民的著述尤其是文学创作多隐晦含蓄，甚至形成"隐语"的特殊表达。余英时就认为："以隐语传心曲，其风莫盛于明末清初。盖易代极多可歌可泣之事，胜国遗民既不忍隐没其实，又不敢直道其事……然清初遗民之隐语方式，因人因事而异。"与非遗民作者相比，清初遗民的谨慎创作是不得已为之的权宜之计。

时风所及，清初遗民小说家不得不选择更为安全的创作方法。叙述时事时对当局多有避讳、多用曲笔，记叙传奇则关注前朝遗事，避免直接反映时政。两部水浒续书还假托为前人遗作，这虽然可能是书坊为了小说畅销而虚假宣传，同时也可视为作者为避祸而采取的障眼法。不过即使如此，部分清初遗民小说还是被清廷官方查禁。

在清朝的官方意识形态中，包括小说、戏曲在内的通俗文学是坏人心术的糟粕。清朝

---

① 七峰樵道人：《海角遗编》，上海古籍出版社1994年版，第1页。
② 转引自蒋瑞藻：《小说考证》，浙江古籍出版社2016年版，第328页。
③ 吴伟业：《宋尚木抱真堂诗序》，《吴梅村全集》第二十八卷，上海古籍出版社1990年版，第675页。

历代帝王多次颁布查禁小说的诏令，涉及参与小说创作、刊刻、售卖和阅读的个人、集体以及书坊。书籍的公开传播须由官方"把关"，而传播范围较广并可能触及政治忌讳的遗民小说自然也就位于"禁书"之列了。在清朝官方组织的几次大规模查禁小说的活动中，均可见遗民章回小说的身影。乾隆四十三年（1778 年），江宁布政使所刊《违碍书籍目录》包括《剿闯小说》《樵史通俗演义》。道光二十四年（1844 年），浙江巡抚设局查禁小说《女仙外史》。同治七年（1868 年），丁日昌查禁的小说中包括《续金瓶梅》《女仙外史》。

《剿闯小说》刊刻较早，而且刊刻地在当时尚为南明政权控制，因此所写内容无所顾忌。《海角遗编》虽然在有清一代一直以抄本形式传播，但却有一个"百姓重享太平之福"① 的突兀结局，这与小说整体的政治倾向较为矛盾，应是作者有意为之的"补救"。

遗民小说家在易代前期尚敢于直接描写时事，但随着清廷的文化高压和对于汉族士人的笼络政策的逐步出台，他们所选择的题材明显回避了现实生活，而倾向于在已有小说名著或前朝史实的基础上"借题发挥"。通俗小说的公开传播意味着作者和书坊所承担的潜在政治风险更大，因此遗民小说家的表达相较于同时代的遗民诗人、词人更为谨慎。今人应多加注意作者的"难言之隐"，并在文字、情节的"留白"处留心。

《续金瓶梅》第六十二回改写了出自《搜神后记》的"丁令威"故事，为它续了一个南北朝时乌桓占据辽东，一只仙鹤留念不去的结局。丁令威的人格象征是鹤，而在同一回中，丁野鹤自称紫阳道人，紫阳道人又是丁耀亢的别号，再联系丁耀亢与丁令威同姓的暗合。因此这则"新"故事中的丁令威就是作者的自况。丁耀亢穿插进一个"异族"入侵、死伤惨重的故事背景，这可视作他对清初时局的暗喻。仙鹤不去是因为目睹家乡惨状而悲戚，这象征着作者纠结的心理状态，也隐含有仙鹤终究可以回归仙界，而作者却难觅避世之所的感伤情绪。

《女仙外史》为建文帝安排了晚年回宫养老善终的结局，还采用了"天下大师墓"为建文帝陵的传言，并附屈大均的感怀诗。屈大均此诗表现了自己的亡国之悲，吕熊于此有引为同调之意。小说末回明言明亡之际，皇家血脉无存，但庆幸的是建文一脉延续至今。尚存的明皇室成员或后代是动摇清朝统治的潜在威胁，而对于反清志士则是号召旗帜，吕熊或隐有此意。对于史书中记述的建文事件，吕熊深为不满："遂并帝之年号而尽削之，帝之逊国以后事迹而尽灭之。高皇崩于三十一年，乃称至三十五年，下接永乐年号，若未并无此一建文帝者。"② 因此小说使用建文年号纪年，书中的明史似乎没有永乐帝一般。吕熊特别重视对年号的审慎选择，小说论及三国史的书写体例时，便赞赏了习凿齿、朱熹以蜀汉为正统的政治立场。小说中实则存在永乐与建文两个年号，而吕熊使用建文年号以显正统尚在，隐然有使用南明年号并奉为正朔的用意。

遗民小说的隐晦表达并不意味着研究者可以进行随意猜想，而应避免过度索隐。晚清至民国时，因为研究者的主题先行和强制阐释而导致了文本"误读"。一时之间，不少清朝早期的小说都被认为具有"反清复明"的思想内涵，其中不乏《聊斋志异》《红楼梦》等名著，尤以蔡元培的《石头记索隐》为代表，其观点与方法的影响时至今日仍然不可

---

① 七峰樵道人：《海角遗编》，上海古籍出版社 1994 年版，第 189 页。
② 吕熊：《女仙外史》，上海古籍出版社 1991 年版，第 1069~1070 页。

谓不大。

　　这种研究方法与思维是需要研究者警惕的，不过适度的索隐在文学研究中仍有一定价值，毕竟索隐并不是完全弃实证于不顾，而考证也需要大胆的假设。在相关材料缺乏的现状下，研究者可能也会不自觉地在猜想的道路上多走几步。可是在目前已知的遗民小说中，虽然也存在叙述史实和描写人物方面的矛盾和缺位，但作品的主要思想和创作意旨还是较为明确的。对于清初遗民小说的研究，学者应秉持着"有一份材料说一份话"的实证精神，以现有文献和文本为研究基础，对因材料缺失而不能解决的问题应姑且存疑，从而避免"猜笨谜"式的弊病。

（作者单位：武汉大学文学院）

明清以来经济与社会

清代前期地方财政支出规模与结构研究[*]

——以江苏为例

□　龚　浩　王文素

【摘要】本文通过对赋役全书和地方志等资料的整理，以江苏为例，对清代前期地方财政支出规模和结构进行了量化估计与研究。并认为：其一，虽然（雍正）《大清会典》与（乾隆）《大清会典则例》中记载的"起运-存留"比重约为"六比四"，但地方"存留"中大部分支出是驿站经费，如果剔除掉驿站经费在地方"存留"中的比例，地方存留银则不足全部收入的10%。其二，在一成不到的地方"存留"支出中，又以满足地方官吏薪俸为最主要的经费支出，在教育、社会保障、基本建设等其他方面则支出甚少。地方财政是"吃饭财政"模式，财政支出旨在维系国家机关的运转和维持国家政权的稳定，难以促进地方社会的建设与发展。其三，地方财政的支出规模和结构极其稳定。地方财力不足、财政支出结构上的"吃饭财政"形态以及地方财政支出规模与结构具有稳定性，构成了清代地方财政的三大特点。

【关键词】清代；地方；财政

　　清代财政支出研究一直是清代财政研究的重要领域。汤象龙、彭泽益、陈锋、倪玉平等学者对清代前期国家整体财政支出的规模、结构以及变化趋势已进行了深入研究。[①] 除了对国家整体财政支出的研究以外，地方财政支出也是研究的重要内容。清代地方财政支出经费的来源主要是存留银。陈支平认为：清初各省存留银占总赋税额的10%至20%，乾隆年间各省存留银占总赋税额的21%左右。[②] 陈锋认为：根据（乾隆）《大清会典》记

---

　　* 本文为国家社会科学基金重大项目"清代财政转型与国家治理能力研究"（15ZDB037）阶段性成果。

　　① 汤象龙：《鸦片战争前夕中国的财政制度》，《财经科学》1957 年第 1 期；彭泽益：《清代财政管理体制与收支结构》，《中国社会科学院研究生院学报》1990 年第 2 期；陈锋：《清代财政支出政策与支出结构的变动》，《江汉论坛》2000 年第 5 期；倪玉平：《清朝嘉道财政与社会》，商务印书馆 2013 年版。

　　② 陈支平：《清代赋役制度演变新探》，厦门大学出版社 1988 年版，第 85 页。

载，全国存留银约占全部收入的 21.62%。[1] 各省留支驿站、祭祀、官俸役食等各项银两600 万两，其中既包括地方官员与胥吏的俸役银，也包括地方公共经费支出。[2] 魏光奇认为清代州县财政存在两个特点：地方财政支出的项目与开支标准既繁琐又死板；地方财政支出总额较少。[3] 岁有生对地方政府的衙门、祭祀以及治河经费进行了估计。除了对国家法定的财政收支行为的分析，他还考虑到了地方政府在法定财政收支行为之外的收支行为。[4]

目前关于清代财政支出的研究有两个特点：其一，对全国财政支出规模和结构的研究成果较多，对具体地方的财政支出研究较少；其二，在对地方财政支出的研究又集中于对具体财政支出行为的研究，如对河工、社会保障等经费的研究，但很少对地方财政支出结构进行系统分析。本文以江苏为例，对清代前期地方财政支出规模及其财政支出结构进行量化估计，对中央与地方"起运-存留"结构的调整进行研究，并阐述地方财政支出结构的特点。

一、财政支出规模辨析："起运-存留"比例中的"虚"与"实"

在清代，地方政府分两步安排财政支出：其一，划分"起运"与"存留"；其二，支出存留银。"起运"指的是：州县政府要根据中央的规定将部分所得赋税上解布政使司，继而在中央的统筹下由布政使司或解送中央、或协济他处、或留贮地方。"存留"指的是：州县政府将除起运以外的其余部分存留在地方、并由地方政府管理的财力，用于地方政府的各项财政支出。且看清代前期江苏不同时期的"起运-存留"结构（见表1）：

表1 　　　　　　　清代前期各时期江苏"起运-存留"表 　　　　　（单位：两[5]）

时期	总额	起运		存留		资料来源
		数额	占比	数额	占比	
雍正二年	4010779	2564728	64.0%	1446051	36.0%	（雍正）《大清会典》卷三十二
乾隆十八年	3371334					（乾隆）《大清会典》卷十
乾隆	3144529	1898991	60.4%	1245538	39.6%	（乾隆）《大清会典则例》卷三十六
嘉庆	2760492	2551597	92.4%	208895	7.6%	（嘉庆）《大清会典事例》卷一百四十二、卷一百四十三

① 陈锋：《清代中央财政与地方财政的调整》，《历史研究》1997 年第 5 期。
② 陈锋：《清代财政支出政策与支出结构的变动》，《江汉论坛》2000 年第 5 期。
③ 魏光奇：《清代州县财政探析（上）》《清代州县财政探析（下）》，《首都师范大学学报》（社会科学版）2000 年第 6 期、7 期。
④ 岁有生：《清代衙门经费》，《安徽史学》2009 年第 5 期；《清代州县的祭祀经费》，《中国社会经济史研究》2009 年第 3 期；岁有生：《清代州县的治河经费》，《贵州社会科学》2011 年第 8 期。
⑤ 四舍五入，数量保持整数，百分比数在小数点后保留一位。下文同。

在（雍正）《大清会典》中，江苏赋税总额的记载高于后面两个时期。雍正与乾隆两朝共削减江苏赋税 65 万两，这使得赋税总额从雍正二年的 401 万两下降到 336 万两。这与（乾隆）《大清会典》记载的"乾隆十八年江苏赋税总额 337 万两"相符。①

（乾隆）《大清会典》记载江苏赋税额为 337 万两，（乾隆）《大清会典则例》中记载江苏赋税总额为 314 万两，二者相差了 23 万两。笔者以为（乾隆）《大清会典》所载的数据与江苏实际的赋税总量相符，可在"江苏赋税完欠册"中得到证实。"江苏省赋税完欠册"记载乾隆元年江苏赋税 338 万两。②（乾隆）《大清会典则例》所载数额或是当年江苏受到了较大的自然灾害，中央政府对赋税进行了减免所造成的结果。

（嘉庆）《大清会典事例》中记载的江苏赋税额明显低于（乾隆）《大清会典则例》中的数额，这是因为二者在统计上口径不一。（嘉庆）《大清会典事例》中所记载的江苏赋税额并未包含漕项银。漕项银是用于办理漕运的经费，江苏每年的漕项银在 73 万两左右③，如果给（嘉庆）《大清会典事例》中加上漕项银，则与雍正、乾隆时期的赋税总额大致相当。

再看各个时期"起运-存留"结构的变化。雍正和乾隆时期，江苏起运分别占了总收入的 64% 和 60.4%，嘉庆时期的起运占了 92.4%。前两者基本一致，而与嘉庆时期的相差较大。由于《大清会典》《大清会典则例》以及《大清会典事例》中并没有写明"起运"和"存留"的细目，因此有必要从当时江苏地区的府县志中的财政支出记载的内容出发探寻地方财政"起运-存留"的真实比重与地方财政支出的真实结构。

根据现有的资料，笔者首先对江苏 41 个州县（无锡县与金匮县合并一起计算，故表中为 40 个州县）进行了统计与研究，所选区县涵盖了江苏的大部分地区④；其次，选取的时间为乾隆朝、嘉庆朝、道光前期，经过康熙"滋生人丁永不加赋"以及雍正"摊丁入地"两次改革，清代赋税开始形成定额⑤；再次，对于江苏而言，在雍正、乾隆先后降低江苏 65 万两赋税后，江苏赋税总量与"起运-存留"比例长期保持稳定；最后，此时的江苏尚未受到大规模战争的影响，地方财政支出结构未发生结构性变化。从地方志中可以看出当时江苏各州县的起运-存留比情况（见表 2）：

---

① （乾隆）《大清会典》卷十。

② 江苏赋税完欠册，现藏于中国社会科学院经济研究所。

③ （乾隆）《江南通志》记载：嘉庆五年，江苏所属苏州、松江、常州、镇江以及太仓五府州的漕项银为 619616 两，江安道所属实征漕项银 263063 两。江安道包括江苏省江宁府、徐州府、淮安府、扬州府、海州、通州四府二州以及安徽省全省。如果减去安徽所辖州府漕项银 151107 两 [此处安徽省漕项银数据为光绪年间数据，参见（光绪）《重修安徽通志》卷七十七]，则江苏所属江宁、淮安、扬州、徐州以及海州、通州等六府州等漕项银为 111956 两。如此估算，江苏通省实征漕项银在 73 万两左右。

④ 江苏下辖府 8、直隶州 3、直隶厅 1 合计 12 个府级行政单位，府级行政单位以下下辖散州 3、散厅 4、县 60 合计 67 个县级行政单位。《清文献通考》卷二七五，清《文渊阁四库全书》本。

⑤ 何平：《论清代赋役制度的定额化特点》，《北京社会科学》1997 年第 2 期。

表2   清代前期江苏分县起运、存留分配表   （单位：两）

府	州县	总额	存留		起运		时间
			数量	比重	数量	比重	
江宁府	上元	59971	13105	21.9%	46866	78.2%	乾隆四十年
	江宁	41031	5830	14.2%	35201	85.8%	
	句容	67819	8053	11.9%	59766	88.1%	
	溧水	59183	2262	3.8%	56922	96.2%	
	江浦	25836	8786	34.0%	17051	66.0%	
	六合	32971	3245	9.8%	29726	90.2%	
	高淳	45690	1730	3.8%	43960	96.2%	
苏州	昆山	58075	2264	3.9%	55811	96.1%	乾隆三年
	新阳	57872	2116	3.7%	55756	96.3%	
	吴江	65162	9135	14.0%	56027	86.0%	
	震泽	71051	2302	3.2%	68749	96.8%	
松江	华亭	57955	2725	4.7%	55230	95.3%	嘉庆十五年
	奉贤	57132	2162	3.8%	54970	96.2%	
	娄县	60474	2033	3.4%	58441	96.6%	
	金山	41711	1615	3.9%	40096	96.1%	
	上海	77772	2024	2.6%	75748	97.4%	
	南汇	59155	1771	3.0%	57384	97.0%	
	青浦	79923	1664	2.1%	78259	97.9%	
	川沙	9312	582	6.3%	8730	93.8%	
常州	武进	80045	10129	12.7%	69917	87.4%	乾隆年间
	无锡金匮	66419	9585	14.4%	56834	85.6%	嘉庆年间
	江阴	100137	2994	3.0%	97143	97.0%	乾隆年间
	靖江	37762	1854	4.9%	35908	95.1%	道光十年
镇江	丹徒	81289	4877	6.0%	76412	94.0%	乾隆四十四年
扬州	江都	29126	9344	32.1%	19782	67.9%	乾隆年间
	宝应	20502	1730	8.4%	18772	91.6%	嘉庆十四年
	高邮	35334	12742	36.1%	22592	63.9%	乾隆二十六年
	泰州	35202	3221	9.2%	31981	90.9%	乾隆四十年

府	州县	总额	存留		起运		时间
			数量	比重	数量	比重	
淮安	山阳	41853	10719	25.6%	31134	74.4%	乾隆十年
	清河	16315	9624	59.0%	6691	41.0%	道光九年
	桃源	24198	8911	36.8%	15287	63.2%	雍正、乾隆时期
徐州	铜山	53429	17434	32.6%	35995	67.4%	道光年间
	萧县	31945	1270	4.0%	30675	96.0%	乾隆四十年
	邳州	33411	6839	20.5%	26572	79.5%	乾隆年间
太仓	嘉定	95125	1993	2.1%	93132	97.9%	乾隆二年
	宝山	86954	1907	2.2%	85047	97.8%	乾隆年间
通州	如皋	23521	2083	8.9%	21438	91.1%	乾隆三年
海州	海州	40576	1560	3.8%	39017	96.2%	乾隆四十年
	沐阳	42005	1085	2.6%	40920	97.4%	
	赣榆	29123	1143	3.9%	27980	96.1%	
平均		50809	4864	12.1%	45945	87.9%	

资料来源：（嘉庆）《重刊江宁府志》卷十四；（乾隆）《昆山新阳合志》卷七；（乾隆）《吴江县志》卷十五；（嘉庆）《松江府志》卷二十五；（乾隆）《武进县志》卷三；（光绪）《江阴县志》卷四；（嘉庆）《无锡金匮县志》卷八；（光绪）《靖江县志》卷十六；（嘉庆）《丹徒县志》卷十；（乾隆）《江都县志》卷六；（道光）《重修宝应县志》卷八；（嘉庆）《高邮州志》卷三；（道光）《泰州志》卷九；（乾隆）《山阳县志》卷八；（咸丰）《清河县志》卷七、卷八；（乾隆）《重修桃源县志》卷三；（道光）《铜山县志》卷四；（嘉庆）《萧县志》卷五；（乾隆）《邳州志》卷四；（乾隆）《嘉定县志》卷三；（乾隆）《宝山县志》卷五；（嘉庆）《如皋县志》卷四；（嘉庆）《海州直隶州志》卷十五。以下诸表资料来源与此同。

表2中江苏各州县存留所占比重各有不同。最高者如清河县，存留占了全部收入的59%；最少者如青浦县，存留仅占全部收入的2.1%。整体来看：26个州县的存留比重在10%以下，5个州县的存留比重在10%至20%之间，3个州县的存留比重在20%至30%之间，6个州县的存留比重在30%以上。

从存留的绝对量而言：多者如铜山县存留银17434两，少者如川沙厅存留银582两。二者相比，铜山县存留银约为川沙厅存留银的30倍。一般而言，存留量较多的州县，其政务比较繁重支出项目较多，存留量较少的州县的政务较少且支出项目也少。平均赋税收入为50809两，其中平均存留4864两，占全部收入比重的12%。

可以说无论是从"起运-存留"比，还是从存留起运量来看，江苏各地区情况差别很大。造成了各地情况不同的原因：一方面是由于各地政务与支出项目不同、赋税总额大小不同；另外一个重要因素为该地是否设有驿站。

清朝在全国各地设立驿站、急递铺，形成了以驿、站、塘、台、所、铺等多种形式组成的驿站体系。驿站雇有驿夫、设有驿马，以供舁舆抬扛、递送文书、饲养马匹等。驿站支出浩繁，"每岁驿站费用约银三百万两，出款亦可谓巨也"①。清代邮驿经费支出体系较为复杂，大致分为两个来源：其一，在地方存留银中支出；其二在驿站经费内支出。驿丞的支出一般在地方存留银中安排，水手和急递铺铺兵的工食则往往多在地方存留银中安排。但驿夫"每名日给银二三分，以至七八分不等，于驿站钱粮内开销"，驿站每年的维修费用亦在驿站经费内开销。在各地地方志记载中，部分地方将驿站经费作为地方存留银的一部分，也有部分州县将驿站经费单独列出以示区别。

由于驿站经费支出巨大，放在存留项下会影响到对地方财政支出结构的分析。对此，笔者以为：虽然在邮驿经费中一部分属于地方存留银下的支出，但绝大多数还是属于驿站经费项下的开支，分析地方财政支出结构时有必要将这部分驿站经费剔除出去，仅将原本属于地方存留银部分的邮驿经费保留，这样更有利于分析地方财政支出结构。以江宁府上元县为例：

上元县存留折色银 13105 两，其中：薪俸经费 2512 两（19.2%），办公经费银 62 两（0.5%）、邮驿经费 9702 两（74.0%）、文教经费 690 两（5.1%）、社会保障经费 129 两（1.0%）、工程经费 10 两（0.1%）。②

邮驿经费合计 10098 两中，其中驿站经费 9702 两，铺兵工食银 396 两。在地方志记载中，驿站经费单独开列，但铺兵工食银则属于薪俸经费项。可以看出，单独列出的驿站经费 9702 两，占全部存留银的比重高达 74%。巨额的驿站经费严重影响了对地方财政支出结构的分析，因此有必要剔除这些影响因素。对此，本文的做法是将凡是单独列出的驿站经费划归在地方财政之外，而将原本属于地方存留银下的驿站人员的工食银开支继续保留在地方财政之内。因为单列的驿站经费由中央政府严格规定，故此种划分也符合当时的财政关系。据此列表如下（见表3）：

表 3 　　　　　消除驿站经费影响后的清代前期江苏分县起运、存留分配表　　　（单位：两）

府	州县	总额	存留		起运	
			数量	比重	数量	比重
江宁府	上元	59971	3403	5.7%	56568	94.3%
	江宁	41031	2485	6.1%	38546	93.9%
	句容	67819	3285	4.8%	64534	95.2%
	溧水	59183	2262	3.8%	56922	96.2%
	江浦	25836	1966	7.6%	23871	92.4%

① 郑观英：《盛世危言三编》卷十四，清光绪二十三年刻本。
② （嘉庆）《江宁府志》卷十四。

府	州县	总额	存留		起运	
			数量	比重	数量	比重
江宁府	六合	32971	1501	4.6%	31470	95.5%
	高淳	45690	1730	3.8%	43960	96.2%
苏州	昆山	58075	2264	3.9%	55811	96.1%
	新阳	57872	2116	3.7%	55756	96.3%
	吴江	65162	2649	4.1%	62513	95.9%
	震泽	71051	2302	3.2%	68749	96.8%
松江	华亭	57955	2662	4.6%	55293	95.4%
	奉贤	57132	2162	3.8%	54970	96.2%
	娄县	60474	1970	3.3%	58504	96.7%
	金山	41711	1615	3.9%	40096	96.1%
	上海	77772	2024	2.6%	75748	97.4%
	南汇	59155	1771	3.0%	57384	97.0%
	青浦	79923	1664	2.1%	78259	97.9%
	川沙	9312	582	6.3%	8730	93.8%
常州	武进	80045	3643	4.6%	76402	95.5%
	无锡金匮	66419	3099	4.7%	63320	95.3%
	江阴	100137	2994	3.0%	97143	97.0%
	靖江	37762	1854	4.9%	35908	95.1%
镇江	丹徒	81289	4877	6.0%	76412	94.0%
扬州	江都	29126	2584	8.9%	26542	91.1%
	宝应	20502	1730	8.4%	18772	91.6%
	高邮	35334	2840	8.0%	32494	92.0%
	泰州	35202	3221	9.2%	31981	90.9%
淮安	山阳	41853	2927	7.0%	38926	93.0%
	清河	16315	1434	8.8%	14881	91.2%
	桃源	24198	900	3.7%	23298	96.3%
徐州	铜山	53429	3097	5.8%	50333	94.2%
	萧县	31945	1270	4.0%	30675	96.0%
	邳州	33411	1742	5.2%	31669	94.8%

府	州县	总额	存留		起运	
			数量	比重	数量	比重
太仓	嘉定	95125	1993	2.1%	93132	97.9%
	宝山	86954	1907	2.2%	85047	97.8%
通州	如皋	23521	2019	8.6%	21502	91.4%
海州	海州	40576	1560	3.8%	39017	96.2%
	沭阳	42005	1085	2.6%	40920	97.4%
	赣榆	29123	1143	3.9%	27980	96.1%
平均		50809	2211	4.9%	48598	95.1%

在剔除掉驿站经费的影响之后，江苏地方财政起运与存留比例的变化如下：

第一，在所统计的 40 个州县中，存留占全部收入的比重都在 10% 以下，存留占全部收入 5% 以下的州县多达 30 个。就平均数值来看，州县平均赋税总收入为 50809 两，其中平均存留额为 2210.9 两（未剔除驿站费用之前为 4861 两），占全部收入的 5%（未剔除驿站费用之前为 9.7%），平均起运额为 47805 两，占全部收入的 95%（未剔除驿站费用之前为 90.1%）。从这一点可以看出，当时中央政府占有了绝大多数比重的财政收入，地方政府仅能获得很少部分的财政收入。

第二，从江宁府、松江府、海州直隶州的存留数量来看，一府之中，以首县（府衙门所在地）的存留数量最高，如江宁府的上元、江宁二县，松江府的华亭、娄县，以及海州直隶州的海州。

第二，从赋税最多的十个州县和最少的十个州县的对比中可以看到，赋税总量较大的州县可以存留更多的赋税收入，但其存留比重却多处于平均值以下，反而赋税总量较少的州县虽然存留量不高，但存留比重却在平均值以上，且显著高于前者。出现这种现象的主要原因是赋税总量较大的州县往往农业经济发达、人口密度较大、经济发展较高且行政事务繁忙，地方政府支出较大，因此其存留较多。而赋税总量较小的州县则支出较小，因此存留银也较少。由于前者虽然存留银多但赋税总额基数大，而后者即便存留银少但赋税总额基础更小，因此才会出现这种现象。

第三，将江苏分为两部分，一部分为南部的苏州府、松江府、常州府、镇江府以及太仓州，另外一部分为北部的江宁府、扬州府、淮安府、徐州府以及海州、通州二州。可以看到南部地区的平均赋税为 65438 两，平均存留为 2329 两，存留占全部收入的 3.8%，起运占了全部收入的 96.2%；北部地区的平均赋税为 37573 两，平均存留为 2070 两，存留占全部收入的 5.8%，起运占全部收入的 94.2%。可以说南部地区赋税量比北部地区高，但存留比例却低于北部地区，这恰恰印证了第二点中的论断。

第四，由此反观（嘉庆）《大清会典事例》中记载的江苏"起运-存留"情况，按《大清会典事例》记载：江苏赋税收入 276 万两，其中起运 255 万两，占全部收入的 92.4%，存留 21 万两，占全部收入的 7.6%。诚如上文所估计，此处并未包含漕项银 70 万两。漕项银都是属于起运部分，如果给赋税总额和起运各加上 70 万漕项银，那么起运银变为 325 万两,占了全部收入 94%(赋税总收入为 346 万两),而存留银为 21 万两,占了全部收入的 6%。而这一数据与"剔除掉驿站经费"影响后的江苏"起运-存留"比重(95:5)相一致。这既可以解释(嘉庆)《大清会典事例》所记载"起运-存留"结构的合理性,也说明本文的估计是一个较为可靠的数据分析。

二、地方财政支出结构分析

在清代,地方存留银构成了地方财政收入并作为地方财政支出的来源。地方财政支出主要包括薪俸经费、办公经费、邮驿经费、文教经费、社会保障经费以及工程经费六项:薪俸经费主要包括给付地方官吏的薪俸开支;办公经费主要用于地方公务开支,其中包括官员置办公务用品、地方官员朝觐盘缠、接待上司视察等各项开支;邮驿经费主要包括支付地方驿站驿员、驿马、驿船及其相关的维护费用;文教经费主要包括文教类人员的薪俸、地方举办祭祀活动、府县两学教育开支等;社会保障经费主要为抚恤地方孤贫老幼的支出;工程经费主要包括修理河道以及负责疏浚河道的导河夫薪俸、修理衙门与监狱等支出。清代前期江苏各州县存留银支出情况参见表4。

表4　　　　　　　　　**清代前期江苏分县存留银支出结构表**　　　　　(单位:两)

府	州县	存留总额	薪俸经费		办公经费		文教经费		社保经费		邮驿经费		工程经费	
			数额	比重	数额	比重	数额	比重	数额	比重	数额	比重	数额	比重
江宁	上元	13105	2116	16.2%	62	0.5%	690	5.3%	129	1.0%	10098	77.1%	10	0.1%
	江宁	5830	1259	21.6%	55	1.0%	668	11.5%	103	1.8%	3739	64.1%	5	0.1%
	句容	8053	2179	27.1%	34	0.4%	463	5.8%	81	1.0%	5292	65.7%	5	0.1%
	溧水	2262	895	39.6%	232	10.3%	423	18.7%	111	4.9%	596	26.4%	5	0.2%
	江浦	8786	1166	13.3%	8	0.1%	343	3.9%	16	0.2%	7249	82.5%	5	0.1%
	六合	3245	882	27.2%	7	0.2%	392	12.1%	41	1.3%	1918	59.1%	5	0.2%
	高淳	1730	1034	59.8%	11	0.6%	382	22.1%	32	1.9%	266	15.4%	5	0.3%
苏州	昆山	2264	1331	58.8%	236	10.4%	339	15.0%	95	4.2%	263	11.6%	0	0.0%
	新阳	2116	1147	54.2%	240	11.3%	361	17.1%	100	4.7%	268	12.7%	0	0.0%
	吴江	9135	1804	19.8%	348	3.8%	351	3.8%	75	0.8%	6551	71.7%	5	0.1%
	震泽	2302	1211	52.6%	285	12.4%	364	15.8%	75	3.2%	364	15.8%	5	0.2%
松江	华亭	2725	1862	68.3%	41	1.5%	321	11.8%	87	3.2%	409	15.0%	5	0.2%
	奉贤	2162	1397	64.6%	19	0.9%	505	23.4%	86	4.0%	150	7.0%	5	0.2%
	娄县	2033	1393	68.5%	34	1.7%	213	10.5%	87	4.3%	301	14.8%	5	0.2%
	金山	1615	1053	65.2%	21	1.3%	244	15.1%	86	5.3%	206	12.8%	5	0.3%
	上海	2024	1494	73.8%	41	2.0%	272	13.4%	41	2.0%	172	8.5%	5	0.2%

府	州县	存留总额	薪俸经费		办公经费		文教经费		社保经费		邮驿经费		工程经费	
			数额	比重	数额	比重	数额	比重	数额	比重	数额	比重	数额	比重
松江	南汇	1771	1356	76.6%	40	2.3%	264	14.9%	41	2.3%	65	3.7%	5	0.3%
	青浦	1664	895	53.8%	58	3.5%	413	24.8%	56	3.4%	237	14.2%	5	0.3%
	川沙	582	547	94.0%	0	0.0%	0	0.0%	21	3.5%	14	2.5%	0	0.0%
常州	武进	10129	1683	16.6%	77	0.8%	523	5.2%	449	4.4%	7388	72.9%	10	0.1%
	无锡	9585	1436	15.0%	42	0.4%	337	3.5%	304	3.2%	7461	77.8%	5	0.1%
	江阴	2994	1522	50.8%	77	2.6%	619	20.7%	415	13.9%	313	10.4%	48	1.6%
	靖江	1854	1058	57.1%	20	1.1%	604	32.6%	103	5.6%	65	3.5%	4	0.2%
镇江	丹徒	4877	3312	67.9%	167	3.4%	726	14.9%	129	2.7%	443	9.1%	101	2.1%
扬州	江都	9344	1418	15.2%	55	0.6%	588	6.3%	80	0.9%	7199	77.0%	5	0.1%
	宝应	1730	1029	59.5%	4	0.3%	296	17.1%	132	7.6%	261	15.1%	8	0.5%
	高邮	12742	1434	11.3%	0	0.0%	441	3.5%	357	2.8%	10506	82.5%	5	0.0%
	泰州	3221	1674	52.0%	6	0.2%	277	8.6%	524	16.3%	731	22.7%	10	0.3%
淮安	山阳	10719	1399	13.1%	44	0.4%	587	5.5%	462	4.3%	8214	76.6%	13	0.1%
	清河	9624	786	8.2%	0	0.0%	308	3.2%	8	0.1%	8493	88.3%	29	0.3%
	桃源	8911	570	6.4%	3	0.0%	144	1.6%	5	0.1%	8187	91.9%	3	0.0%
徐州	铜山	17434	2179	12.5%	3	0.0%	415	2.4%	64	0.4%	14769	84.7%	4	0.0%
	萧县	1270	745	58.7%	0	0.0%	249	19.6%	137	10.8%	131	10.4%	8	0.6%
	邳州	6839	1300	19.0%	11	0.2%	320	4.7%	8	0.1%	5197	76.0%	3	0.0%
太仓	嘉定	1993	1221	61.3%	249	12.5%	286	14.4%	40	2.0%	194	9.8%	2	0.1%
	宝山	1907	1154	60.5%	246	12.9%	343	18.0%	60	3.1%	104	5.5%	0	0.0%
通州	如皋	2083	863	41.4%	15	0.7%	408	19.6%	407	19.6%	386	18.5%	5	0.2%
海州	海州	1560	1099	70.4%	19	1.2%	354	22.7%	25	1.6%	58	3.7%	5	0.3%
	沐阳	1085	699	64.4%	3	0.3%	302	27.9%	8	0.8%	68	6.3%	5	0.5%
	赣榆	1143	639	55.9%	10	0.9%	404	35.3%	0	0.0%	85	7.5%	5	0.4%
平均		4863	1306	44.2%	73	2.7%	388	13.3%	127	3.8%	2960	35.8%	9	0.3%

表4是未剔除中央规定的驿站经费之前地方财政支出结构，江苏40个州县平均存留银为4863.2两。其中：薪俸经费1306两（44.2%）、邮驿经费2960两（35.8%）、文教经费388两（13.3%）、社保经费127两（3.8%）、办公经费73两（2.7%）、工程经费9.02两（0.3%）。可以看出，在地方财政支出结构中，以薪俸经费为最多，其次是邮驿经费与文教经费，然后是社保经费与办公经费，工程经费占比最少。同起运存留比例一样，表4依旧受到了驿站经费的影响，以至于难以揭示真实的地方财政支出结构情况。消

除驿站经费影响后的江苏各州县存留银支出情况参见表5。

表5　　消除驿站经费影响后的清代前期江苏分县存留银支出结构表　　（单位：两）

府	州县	存留总额	薪俸经费		办公经费		文教经费		社保经费		邮驿经费		工程经费	
			数额	比重	数额	比重	数额	比重	数额	比重	数额	比重	数额	比重
江宁	上元	3403	2116	62.2%	62	1.8%	690	20.3%	129	3.8%	396	11.6%	10	0.3%
	江宁	2485	1259	50.7%	55	2.2%	668	26.9%	103	4.2%	395	15.9%	5	0.2%
	句容	3285	2179	66.3%	34	1.0%	463	14.1%	81	2.5%	524	16.0%	5	0.2%
	溧水	2262	895	39.6%	232	10.3%	423	18.7%	111	4.9%	596	26.4%	5	0.2%
	江浦	1966	1166	59.3%	8	0.4%	343	17.5%	16	0.8%	429	21.8%	5	0.3%
	六合	1501	882	58.8%	7	0.5%	392	26.1%	41	2.8%	174	11.6%	5	0.3%
	高淳	1730	1034	59.8%	11	0.6%	382	22.1%	32	1.9%	266	15.4%	5	0.3%
苏州	昆山	2264	1331	58.8%	236	10.4%	339	15.0%	95	4.2%	263	11.6%	0	0.0%
	新阳	2116	1147	54.2%	240	11.3%	361	17.1%	100	4.7%	268	12.7%	0	0.0%
	吴江	2649	1804	68.1%	348	13.1%	351	13.3%	75	2.8%	65	2.5%	5	0.2%
	震泽	2302	1211	52.6%	285	12.4%	364	15.8%	75	3.2%	364	15.8%	5	0.2%
松江	华亭	2662	1862	70.0%	41	1.6%	321	12.1%	87	3.3%	346	13.0%	5	0.2%
	奉贤	2162	1397	64.6%	19	0.9%	505	23.4%	86	4.0%	150	7.0%	5	0.2%
	娄县	1970	1393	70.7%	34	1.7%	213	10.8%	87	4.4%	238	12.1%	5	0.3%
	金山	1615	1053	65.2%	21	1.3%	244	15.1%	86	5.3%	206	12.8%	5	0.3%
	上海	2024	1494	73.8%	41	2.0%	272	13.4%	41	2.0%	172	8.5%	5	0.2%
	南汇	1771	1356	76.6%	40	2.3%	264	14.9%	41	2.3%	65	3.7%	5	0.3%
	青浦	1664	895	53.8%	58	3.5%	413	24.8%	56	3.4%	237	14.2%	5	0.3%
	川沙	582	547	94.0%	0	0.0%	0	0.0%	21	3.5%	14	2.5%	0	0.0%
常州	武进	3643	1683	46.2%	77	2.1%	523	14.3%	449	12.3%	903	24.8%	10	0.3%
	无锡	3099	1436	46.3%	42	1.4%	337	10.9%	304	9.8%	975	31.5%	5	0.2%
	江阴	2994	1522	50.8%	77	2.6%	619	20.7%	415	13.9%	313	10.4%	48	1.6%
	靖江	1854	1058	57.1%	20	1.1%	604	32.6%	103	5.6%	65	3.5%	4	0.2%
镇江	丹徒	4877	3312	67.9%	167	3.4%	726	14.9%	129	2.7%	443	9.1%	101	2.1%
扬州	江都	2584	1418	54.9%	55	2.1%	588	22.8%	80	3.1%	439	17.0%	5	0.2%
	宝应	1730	1029	59.5%	4	0.3%	296	17.1%	132	7.6%	261	15.1%	8	0.5%
	高邮	2840	1434	50.5%	0	0.0%	441	15.5%	357	12.6%	604	21.3%	5	0.2%
	泰州	3221	1674	52.0%	6	0.2%	277	8.6%	524	16.3%	731	22.7%	10	0.3%

府	州县	存留总额	薪俸经费		办公经费		文教经费		社保经费		邮驿经费		工程经费	
			数额	比重	数额	比重	数额	比重	数额	比重	数额	比重	数额	比重
淮安	山阳	2927	1399	47.8%	44	1.5%	587	20.1%	462	15.8%	422	14.4%	13	0.5%
	清河	1434	786	54.8%	0	0.0%	308	21.4%	8	0.5%	303	21.2%	29	2.0%
	桃源	900	570	63.3%	3	0.4%	144	16.0%	5	0.5%	176	19.6%	3	0.3%
徐州	铜山	3097	2179	70.4%	3	0.1%	415	13.4%	64	2.1%	432	13.9%	4	0.1%
	萧县	1270	745	58.7%	0	0.0%	249	19.6%	137	10.8%	131	10.4%	8	0.6%
	邳州	1742	1300	74.6%	11	0.6%	320	18.4%	8	0.5%	100	5.7%	3	0.2%
太仓	嘉定	1993	1221	61.3%	249	12.5%	286	14.4%	40	2.0%	194	9.8%	2	0.1%
	宝山	1907	1154	60.5%	246	12.9%	343	18.0%	60	3.1%	104	5.5%	0	0.0%
通州	如皋	2019	863	42.7%	15	0.7%	408	20.2%	407	20.2%	322	15.9%	5	0.3%
海州	海州	1560	1099	70.4%	19	1.2%	354	22.7%	25	1.6%	58	3.7%	5	0.3%
	沐阳	1085	699	64.4%	3	0.3%	302	27.9%	8	0.8%	68	6.3%	5	0.5%
	赣榆	1143	639	55.9%	10	0.9%	404	35.3%	0	0.0%	85	7.5%	5	0.4%
平均		2211	1306	60.1%	73	3.2%	388	18.1%	127	5.1%	307	13.1%	9	0.4%

从表5中可以看出在剔除驿站经费之后，薪俸经费、文教经费、社保经费、办公经费以及工程经费的比例都有所上涨。其中薪俸经费所占比重上升到了60.1%，占了地方财政支出的绝大部分比重，其办公、文教、社保、工程经费所占比重亦有所增加，其中文教经费占了18.1%，社保经费占了12.1%。

薪俸经费包括官员的薪俸银和胥吏的工食银，前者按照官员品级大小给予。后者按照职务给予一定的工食银，大抵而言每年或是6两、或是7.2两、或是10.8两不等。江苏40个州县的平均薪俸支出银1306两，占了全部财政支出的60.1%。其中：薪俸支出占比在川沙县最高（94%），在溧水县最低（39.6%）。35个州县的薪俸经费占了财政支出一半以上，可以说绝大部分州县地方财政支出是以薪俸经费为主。

办公经费包括征收赋税时的纸张银、地方官员的心红纸张银、科场的席舍银以及颁布时宪历等行政支出，各类支出各县不一，所占比重较少。江苏40个州县的平均办公经费支出为73两，占了全部财政支出的3.2%，但最高占比也不过13.1%。南部的办公经费平均为123两，而北部仅仅27两。这是因为南部部分州县设有水陆各营船械银一项。

文教经费包括文教类人员的薪俸、地方祭祀活动经费以及教学事务支出，地方设有府学、县学、卫学等官办学宫，学宫中教授、教谕有俸银，斋夫、膳夫、门子则有役银，廪膳生员亦有工食银。政府要为每年的坛祠祭祀、文庙祭祀、乡饮酒礼等提供经费，并给参加科举考试的生员提供盘缠，为朔望讲书、习仪拜牌等文化活动提供必要的经费。各州县文化教育方面的支出基本相同。文教经费规模仅次于薪俸经费规模，平均余额399两，占全部财政支出的18.1%。南部与北部的文教经费平均支出分别为372两、402两，大致相等。

社保经费为地方存留的恤孤贫银，各州县根据设定的孤贫人数，大抵而言，凡是一府的首县之地，人口较多，额数较多。人口较少的地方，额数也较少。每名给予一定额度的救济银，各县补助的标准不一，有多至四五两的，也有一两不到的。如江都县每名给银 1 两。吴江县，每名给银 0.67 两。赣榆、海州、沭阳三县，每名给银 4.15 两，这主要是因为这几个州县没有恤孤贫粮。就全省来看，平均支出社保经费 127 两，占地方财政支出的 5.1%，同时南部（124 两）与北部（130 两）差异不大。

邮驿经费：在将固定驿站经费剔除之后，现存的邮驿经费只包括驿丞、铺兵、水手等邮驿工作人员的工食银与办公经费，其平均值从 2960 两下降到了 307 两，占地方财政支出比重从 35.8%下降到了 13.1%，虽然比重有所下降，但其在地方财政支出中依旧占了较大的比重。其中南部平均支出为 283 两，北部平均支出为 329 两，二者相差不大。

工程经费：地方额定工程经费主要是修理监仓银，一般而言，每个州县额定为 5 两。此外部分设有管理河道的闸夫，如丹徒设有移设、横越二闸闸官俸银 31.5 两，皂吏二名工食银 12 两。闸夫 12 名工食银 52 两。工程经费在所有地方财政支出中占比最小。

考察江苏财政支出的结构：地方财政主要承担地方官员与吏役的薪俸经费；其次承担地方文教经费与邮驿经费。以上三者占了地方财政支出的九成以上。在文教经费与邮驿经费支出中，负责文教与邮驿事务的官员与吏役的支出又占了绝大部分比重，直接用于文教事务的财政支出少之又少。在六项开支中，除社会保障经费与文教中部分礼仪开支经费外，直接用于地方公共事务的经费比重微乎其微。此外，南部地区与北部地区的经费开支规模基本相等。可以说：在整个江苏，国家财政支出的结构旨在维持国家统治，在地方财政支出结构中看不到大规模的直接促进地方公共建设的经费开支。

在"存留"银中的地方财政支出以外，中央会对地方部分河工以及社会保障活动提供经费支出。如康熙二十四年（1685 年），按察使于成龙疏浚黄河入海口，共需银 2782370 两，其经费"敕部先拨一半，以便乘时攒工，余容臣陆续请拨，限三年告竣"[1]。再如雍正八年（1730 年），吴江县与震泽县修建南北塘，中央先后拨付帑银 25302 两用于工程建设。[2] 但是这些支出并非经常性支出项目。

三、地方财政支出的"减"与"增"

在清代前期地方财政支出并非一成不变，中央先后对"起运-存留"比例以及存留银的支出结构进行了调整，这种调整背后主要是基于中央财力不足或者中央财力充沛引起的中央对地方存留银的削减与增加。在清朝建国之初，军需浩繁而国用不足。因此，中央先后于顺治九年（1652 年）与顺治十三年（1656 年）在全国范围内大规模削减地方的存留银。所裁减折主要包括："各州县修宅家伙银两应裁；州县备各上司朔望行香纸烛银两应裁；在外各衙门书吏人役，每月给工食银五钱余，应裁；各州县民壮五十名、应裁二十名；知府并各州县灯夫各四名同知、通判推官、灯夫各二名、各州县轿夫四名岁支工食银

① （嘉庆）《扬州府志》卷十。
② （同治）《苏州府志》卷十一。

两应裁。"且以松江府为例,来看清初顺治年间的江苏存留银裁减情况:

> 松江府:自织造府至督粮道快手工食银共2147.3两。内裁各役工食银607.2两,又裁蔬菜油烛案衣家伙柴薪银242.7两,实给银1297.4两;自知府俸之金山儒学共5115.4两,内裁扣工食银536.4两,裁薪廪修宅家伙桌围伞扇并裁汰管粮同知俸银薪工食等项共银1161.7两,实给银3417.2两;自知县至儒学,共银7867.9两,除娄县义米抵给银1396.3两,实编6471.5两。顺治九年裁扣修宅家伙并工食银1011.2两,顺治十二年裁新银油烛桌围伞扇等666.7两。除娄县顾氏义米抵解银285两,实编解银1392.8两,实给银6189.9两,内除义米1111.2两,实存银5078.7两;自抚院到协济共银19058两,内除娄县外铺铺夫工食4两自义米支给,实给19054两,内裁除5228两,实际13826两。

在《松江府顺治十四年赋役全书》中原编存留地方折色银为41044.6两(另外加白粮运银8256.4两),在经过顺治年间的历次裁减后,合计裁减存留银9453.9两,仅存23334.3两,裁减额度为原额的23%。在《镇江府顺治十四年赋役全书》中原编存留折色银为52816.8两,在经过顺治年间的历次裁减后,合计裁减存留银9211.5两,仅存43605.3两,裁减额度为原额的17.4%。[1]

裁减的内容主要包括:其一,将各衙门所属大部分胥吏的工食银降低至6两。其二,缩减原有编列给地方官员用以办公与生活的支出银。如松江府裁减了知府的修宅家伙银50两、伞扇银20两、各县秋粮总书纸张银100两。其三,降低府县各儒学考卷银、学院考试生童供给银、学院考试武生供给银、学院岁科考行赏各学生员花红笔墨等银。其四,对地方修理衙门等工程经费进行缩减,如松江府将修理本府正佐首领并教官衙门银、修理各县衙门、修理察院分司公馆各衙门银分别裁减了36两、32两、56.7两。其五,降低上级官员按临州县时的经费,如松江府对裁减了各县供应往来人员银85两、置办上司卷箱扛架等银17两。

中央政府不断裁减地方存留银,使得地方财政日趋困难,地方政府的日常政务也因财政的困难而难以正常运作。这引发了地方政府私派赋税,增加了百姓的负担,还给地方吏治腐败提供了借口。于是,中央政府决定将"康熙七年裁减的存留银"规复,并于康熙九年照旧数存留。自康熙十二年三藩叛乱,军费开支激增,中央政府不得不又一次裁减驿站官俸工食及存留各项钱粮[2],时任江苏布政使的慕天颜就曾上书言道:"康熙十四年(1675年)以来,存留钱粮尽裁充饷"[3]。

随着三藩之乱的平定,国家政权日趋稳定,军费支出锐减,中央财政逐渐富裕,中央政府陆续对先前或裁或减的地方存留银进行了规复。如康熙二十年(1681年),中央下令将先前于顺治十三年(1656年)裁减的存留银进行了规复,以元和县为例,其中包括"每伍年奉工部题准派征饯行会试举人每名酒席盘缠银30两,新中式举人每名坊仪银

---

① 《松江府顺治十四年赋役全书》《镇江府顺治十四年赋役全书》,藏于国家图书馆。
② 勒德洪:《平定三逆方略》卷三十六,清《文渊阁四库全书》本。
③ 慕天颜:《题为苏松浮粮难完疏》,《苏松历代财赋考》,清康熙刻本。

155.2 两，花红旗匾牌坊酒席及各上司行贺通在此内。新中进士每名行贺酒席牌坊等银共124 两，新中武进士每名坊仪银 51 两。旧科武举人会试每名路费 24 两，新科武举人同。府州县宴待应试生员每名盘缠银 3 两、舟金 0.5 两、卷资 3 钱、宴待花红酒席 0.28 两，共 4 两"①。康熙二十四年六月，中央下令：原编地方廪膳银 190227 两，顺治十三年（1656 年）因中央财政困难，下令裁减三分之二，今准其规复三分之一。②

　　除了因为中央财力多寡引起的中央对地方存留银支出的调整以外，地方在遭受自然灾害之后，中央政府在进行赋税蠲免时也会对地方财政支出进行调整，凡被灾之地或全免、或免半、或免十分之三，以被灾之轻重定蠲数之多寡。中央蠲免政策会削减地方整体地赋税量，但对于"起运-存留"的比例以及支出结构并不会产生太大的影响，如乾隆四十年海州：原额折色银 40576 两，本年除荒蠲免后合计征银 11274 两。原额存留折色银 1559.5两，占全部收入的 3.8%。其中薪俸经费 1098.5 两（70.4%）、办公经费 19 两（1.2%）、文教经费 354.2 两（22.7%）、社会保障经费（1.6%）、邮驿经费 57.9 两（3.7%）、工程经费 5 两（0.3%）。在除荒蠲免后，存留折色银 444.5 两，占全部收入的 3.9%。其中薪俸经费 271.4 两（61.1%）、办公经费 4.7（1.1%）、文教经费 144.2 两（32.7%）、社会保障经费 6.2 两（1.4%）、邮驿经费 13.7 两（3.1%）、工程经费 1.2 两（0.3%）。

　　清初中央与地方关于起运与存留划分比例的变动与当时的国家政治经济形势密切相关，在中央财政支出远远超过了财政收入时，中央政府不得不通过裁减地方存留银两来筹措资金。在国家稳定、兵祸消弭后，中央势必要对起运与存留划分比例进行调整，通过在一定程度上增加地方存留银来保障地方财力，维持地方政府的正常运作以及保障地方政府职能的履行。随着清王朝统治的逐渐稳定，中央与地方关于"起运"与"存留"的调整也逐渐趋于稳定，同时地方财政支出结构也不再发生较大幅度的变化。

四、结　论

　　本文的研究，只是尝试以江苏为例对清代前期地方财政支出规模、支出结构进行分析，未涉及全国其他省份史料的研究。但就江苏支出规模和结构来看，大抵可以得到如下结论：

　　其一，地方财政支出经费来自存留银，如果仅就"起运-存留"比例来看，江苏存留银占全部收入的三成至四成。但通过对存留银结构进行分析可以发现：地方政府实际用于地方事务的存留银比重相当少。如果将驿站经费排除在地方财政支出之外，则各州县实际存留银都在 10% 以下。从财政收入规模上考察，中央政府可支配收入占 90% 以上，地方政府可支配收入不足 10%，证明清代前期是典型的中央集权型财政体制。因此，研究清代地方财政中的"起运-存留"结构时，只有剔除掉驿站经费的影响后才能发现"实"的"起运-存留"结构，而不是《大清会典》中所记载的"虚"的"起运-存留"结构。

　　其二，继而再对不足 10% 的地方存留银支出结构进行分析，可以发现：在地方财政支出结构中，各地都是薪俸经费占了绝大部分比重。即便是在其他类型的经费开支中，也

---

① （乾隆）《元和县志》卷十二。
② 蒋良骐：《东华录》卷十三，清乾隆刻本。

以负责这些事务的官吏的工食银为主。即：清代前期江苏地方财政完全是"吃饭财政"，只是供养了一批"吃皇粮"的人，来维持国家机构的运转。财政支出的目的，只是维持国家统治的稳定——地方政府存在的价值，而无财力履行推动地方社会和经济发展的职能。

其三，从清代前期江苏财政支出规模和支出结构的长期变化趋势来看，"起运-存留"分配结构与地方财政支出结构比较稳定。清代前期，地方财政收入主要来源于地丁田赋，收入来源单一，在社会生产并未发生较大发展前这种稳定也必然会长期保持。地方财政存留的增减变化与中央财力是否充沛密切相关，中央与地方在财力分配上存在此消彼长的关系。随着战争的停止和国家的日渐稳定，地方财政支出规模和支出结构也长期保持了稳定，这也为中央对地方进行有效管理和监督提供了条件。

总之，清代前期江苏地方财政只是当时全国财政状况的一个缩影，虽然本文列出的财政三个重要特点（地方财力不足；地方财政是"吃饭财政"；"起运-存留"结构与地方财政支出结构具有很强的稳定性），或许并不一定完全适用于所有地区，但确实代表着清代相当多地区财政的特征。

（作者单位：中国社会科学院经济研究所、中央财经大学财政税务学院）

清中叶襄郧潞私的侵销与应对策略

□　王汉东　杨国安

【摘要】清代盐政为国家食盐专卖制度，但在各盐区边界，民间食盐又遵循着市场最优的原则，而私盐侵销。清嘉庆初年，地处鄂、豫、陕三省边界的襄、郧二府，深受白莲教匪的滋扰。自河东盐课归地丁后，民运民销，盐价大减，潞私经汉水，唐、白河，丹水等水路大肆侵销襄郧淮盐区。几番博弈后，两淮盐政做出了疏引接济的调整之法，仍照旧章强销淮盐，以固藩篱，保障盐课。由此可知，清代私盐的应对策略僵化保守，将市场配置资源的原则屈居于国家财政治理之下，难以在国家专卖体制与市场运行的机制中寻找恰当的出路。

【关键词】两淮盐政；私盐；潞私；襄阳；郧阳；国家与市场

　　目前，学界对于清代两淮盐业研究已有丰硕的成果，研究内容主要集中在清中后期的盐政与私盐，侧重于两淮票盐改革与"川盐济楚"的研究。① "川盐济楚"实则是川私在太平军起义后，基于市场运行的机制，在食盐专卖制度下的私盐合法化的过程。② 然对于在两淮盐区辖内的湖北私盐而言，川私侵销最为泛滥，后因"川盐济楚"合法行盐，以致研究蔚然大观，紧随其后的是侵销襄、郧二府的潞私，学界少有关注。本文在概述两淮盐区内湖北邻私的基础上，对清中叶潞私侵销襄郧的概况、路线进行梳理，并述评两淮盐政的应对策略，分析潞私侵销襄郧二府形成的逻辑，通过潞私侵销襄郧的个案推动清代私盐及两淮盐政运作的研究，加深对清代国家与市场的理解。

---

　　① 如陈锋：《清代盐政与盐税》，中州古籍出版社 1988 年版；方裕瑾：《论道光十二年淮北票盐之制的实行》，《盐业史研究》1990 年第 3 期；张小也：《清代私盐问题研究》，社会科学文献出版社 2001年版；黄国信：《从"川盐济楚"到"淮川分界"——中国近代盐政史的一个侧面》，《中山大学学报》（社会科学版）2001 年第 2 期；倪玉平：《博弈与均衡：清代两淮盐政改革》，福建人民出版社 2006 年版；洪均：《从川盐济楚到川淮争岸——以咸同年间湖北盐政为中心》，《求索》2012 年第 10 期等。
　　② 参见黄国信：《国家与市场：明清食盐贸易研究》，中华书局 2019 年版。

一、清代两淮盐区内的湖北邻私

有清一代，两淮引盐行销江苏、安徽、江西、湖北、湖南、河南六省，引地最广，故赋课亦甲于全国。① 即言之，在全国十一盐区中，两淮盐区无论从销引数额，抑或所缴纳的盐税，均居于第一，举足轻重。若以湖北法定盐销区而言，除去战乱因素等引起的盐销区变动外，如"川盐济楚"时期，两淮盐行武昌府、汉阳府、安陆府、襄阳府、郧阳府、德安府、黄州府、荆州府、宜昌府、荆门州②，四川盐行施南府及宜昌府属鹤峰州、长乐县③。即湖北十一府州所属各州县，除施南府六县，宜昌府属之鹤峰、长乐二州县例食川盐外，其余均系行销淮南引盐地界。④

但在官盐之外，私盐贩卖现象随处可见，屡禁不止，严重影响官盐的运销与课税，如巡盐御史李赞元所述："今天下之户口食官盐者无多，而食私盐者十之六七，能尽绝私盐之途而归于官，则赋用不加而自足矣。"⑤ 所谓私盐者，一是盐在场未经纳税就流入销地，无论从形式上还是实质上，这都是私盐；二是所谓官盐越境，就是官盐未在法定的盐区内销售，而运销于法定的盐区之外，成为私盐，也就是清人常说的邻私。⑥ 邻私出现于销盐引岸的交界之处，因为是邻区之盐违例越界兴贩，故曰"邻私"。⑦ 对于两淮盐区而言，邻私是影响最大的、最严重的私盐形式，"私盐之由场灶出者，常十之三四；由邻入者，常十之五六"⑧，实为两淮盐区深受邻私之害的写照。两淮盐区的私盐主要有："灌安、襄、荆、郧者，潞私也；灌宜昌者，川私也；灌宝、永者，粤西私也；灌吉、建者，粤东与闽私也；灌归、陈者，芦私也。灌饶州、宁国者，浙私也。"⑨ 对于清代两淮盐区内的湖北省而言，宜昌、襄阳、郧阳等府与川、豫、陕边界接壤，是两淮盐区的重要门户，深受邻区川私、潞私的侵灌。湖北境内私盐的首害虽是川私，但潞私侵销襄郧不容小觑。除川私、潞私外，芦私、淮北私盐等亦侵销湖北。

嘉道年间，两淮盐区被邻私侵灌而积重难返、弊端横生。该时期两淮盐区盐课不断加增，浮费开销过大，运商成本过高，盐商追求利润等诸多盐政弊病致官盐壅滞。⑩ 值得注意的是，盐商利用运销食盐的便利身份，为牟取利润，夹带私盐贩卖，乃至武装贩卖而成

① （民国）《清盐法志》卷一一○《两淮十一·运销门》，民国九年铅印本，第1页。

② （光绪）《大清会典事例》卷二二三《户部·盐法·两淮》，第1页。

③ （光绪）《大清会典事例》卷二二八《户部·盐法·四川》，第1页。

④ （光绪）《两淮盐法志》卷一一○《征榷门·裁减陆厘》，清光绪三十一年刻本，第5页。

⑤ 平汉英辑：《国朝名世宏文》卷四《户集》，《四库未收书辑刊》第一辑第22册，北京出版社2000年版，第593页。

⑥ 参见张小也：《清代私盐问题研究》，社会科学文献出版社2001年版，第64页。

⑦ 陈锋：《清代盐政与盐税》，武汉大学出版社2013年版，第243页。

⑧ 李澄辑：《淮鹾备要》卷四，《稀见明清经济史料丛刊》第一辑第9册，国家图书出版社2009年版，第275页。

⑨ 包世臣：《中衢一勺》卷三《庚辰杂著五》，清光绪安吴四种本，第5页。

⑩ 参见倪玉平：《清朝嘉道时期的两淮盐政与盐税》，《盐业史研究》2016年第4期。

盐枭，也与缉私官吏、兵弁"合作"贩卖私盐。①

二、潞盐与潞私侵销襄郧的路线

据《河东盐法备览》载："河东盐池，一名解池。池以解名，名以地也。运治建于池北之路村，虽居安邑之西，境属在解州，而统于河东道，故盐曰解盐，又曰河东盐。"②"路村"亦作"潞村"，则河东盐亦曰潞盐。潞盐行销除山西省大部外，亦行陕西西安府、凤翔府、邠州、乾州、商州、同州府、兴安府；河南河南府、陕州、南阳府、汝州，许州之襄城一县，以山西巡抚兼管盐政。③ 而陕之商州、兴安，豫之南阳与鄂省郧阳、襄阳毗邻接壤，又汉水，唐、白河，丹水等水系河流纵横交错于三省边界，则潞私侵灌襄郧与川私、粤私侵灌湖广不同，后二者边区均直接与湖广接壤，而潞盐所在的晋省，并不与湖北省交界。因此，潞私需要经原盐销区辖内的陕、豫二省抵达襄郧二府，主要通过水路，有三条路线，便捷且运输成本低廉：

一是汉水直达路线。潞私自汉水上游陕西兴安府平利县，沿汉水顺流而下，经白河县入郧阳，抵至老河口、谷城等，分途贩卖私盐，侵灌襄郧。④

二是唐、白河—汉水路线。潞私分别自河南南阳府南阳县、邓州、新野县，裕州、唐县及赊旗店，沿白河、唐河至襄阳两河口，顺唐白河而下，出樊城，绕宋家埠而下，直达汉水，浸灌襄郧及下游安陆、荆门等。此路线为潞私经豫省入楚的必经之路。因此，湖广历任督抚缉私襄阳时，均在唐、白河交汇处的两河口设立卡座，缉获私盐。即"河南新野县之白河与唐县之唐河，皆为潞私顺流而下之路。是以向于襄阳之两河口地方设立卡座，以堵唐、白两河来船"⑤。

三是丹水—汉水路线。潞私自山西解州至陕西商州，顺丹水而下，经龙驹寨，过荆子关，南下运输至南阳府内乡县李官桥，进入襄阳上游老河口。⑥ 从潞私侵灌襄郧的唐白河—汉水、丹水—汉水两条路线看，河南南阳府是潞私的重要输出地，究其缘由，则"襄阳府各属与豫省南阳各处犬牙相错，豫省行销潞盐较之淮盐价值贵贱悬殊，侵灌本易。而豫省奸商又复逼近楚境，广开子店，甚至包运到楚转卖"⑦。

由潞私侵销的路线可知，在湖北襄阳、郧阳、安陆、荆门、德安等府州县中，潞私侵销泛滥最严重的区域为襄阳府，正如时人多次指明："襄阳一带为潞私侵灌最盛之区。"⑧

---

① 参见（民国）《盐法通志》卷十二《经界二》，民国四年铅印本，第3~4页。

② 蒋兆奎编：《河东盐法备览》卷二《运治门》，清乾隆五十五年刻本，第2、3页。

③ （光绪）《大清会典事例》卷二二四《户部·盐法·河东》，第1页。

④ 参见《奏报筹办豫省堵缉私盐情形事》，嘉庆二十三年三月十二日，朱批奏折，中国第一历史档案馆藏，档号04-01-35-0496-034。

⑤ 林则徐：《林文忠公政书·湖广奏稿》卷二《襄阳一带缉私事宜折》，清光绪十一年刻本，第9页。

⑥ 参见中国第一历史档案馆编：《嘉庆道光两朝上谕档》第23册，广西师范大学出版社2000年版，第85页。

⑦ 陶澍：《陶文毅公全集》卷十八《奏疏·会同两湖督抚筹议楚省盐务折子》，清道光刻本，第2页。

⑧ 沈葆桢：《淮商遵完川鄂饷银恳立限收复楚岸疏》，葛士濬辑：《皇朝经世文续编》卷四十四《户政二十二·盐课三》，清光绪二十八年石印本，第10页。

面对潞私侵销，盐务官、地方官以缉私为首务。一方面，缉私是减少私盐数量最有效的办法；另一方面，缉私关乎地方官员考成，如地方官一年内拿获大伙私贩一次者纪录一次，三次者加级一次，五次者不论俸满即升，兼辖官亦议叙。① 地方官在潞私侵灌襄郧的必经之路，如均州小江口、光化老河口、襄阳两河口等要隘，设卡添巡，专派弁兵驻扎巡缉。但设卡缉私并不能从根本上解决潞私侵销，正如时任两淮盐政佶山所奏："襄郡现虽设巡堵缉，而晋省潞盐仍前侵越，是以销数缺额较多。"②

三、两淮盐政的应对策略与措施

嘉庆十年，针对襄郧二府潞私的侵销、淮纲的滞销，两淮盐政，楚、豫、晋三省督抚最早提出的应对策略是给予潞私票引，使其合法化，乃至调整淮、潞盐区边界，但屡次遭到户部驳回，背后的根源则是守住作为淮盐区门户的襄郧地域，有利于保障淮盐全区不受潞私侵蚀，维持两淮的盐课与国家的财政收入。诚如办理盐务的吏部侍郎、钦差托津所言：

> 襄郧两府为淮引通纲门户，竟自撤藩篱，听其浸灌，势必至得寸进尺，日久蔓延。在目前不过侵越两府，久且渐及下游，于淮纲全局大有关系，是必须设法调剂，使官盐行及两府足以敌私，庶藩篱既固，不致逐层透越。③

与此同时，托津认识到襄郧作为通纲门户的重要性，必须立足淮纲大局，设法整治。而所设之法为疏引敌私。所谓疏引敌私，乃减价敌私之法，总以减平盐价，使官盐贱于私盐，则私盐不禁而自止。托津认为减价敌私之法，可仿照江西建昌府闽私侵销案，以淮商通纲派出公费帮贴减价敌私，稳固藩篱。钦差托津于嘉庆十年十一月奏称：

> 查江西建昌一府例食淮盐，因闽私侵越。经前盐政全德奏令淮商通纲派出公费，帮贴减价敌私，以为保固藩篱之计。今襄郧为淮纲门户，亦应请照建昌之例，于襄阳、郧阳两府分筹殷实商人，就彼设店运售，核计每年额销引数若干，分别减售，责令淮纲众商设法出赀津贴，合通纲之力，帮销两郡之盐，当属众擎易举，而官盐既贱，私贩自消，小民既无食贵之虞，商人亦不至有疲乏之累，于淮纲全局实有裨益。④

此法即以淮纲为大局出发，用淮纲众商的收益盈余出赀，津贴襄郧两府减价的损失，

---

① （嘉庆）《两淮盐法志》卷三十九《律令三·考成》，清同治九年重刊本，第20页。
② 《两淮盐政佶山奏报委员查明湖北襄阳郧阳二府仍受晋省潞私侵越折》，嘉庆十年八月二十六日，朱批奏折，台湾"中央研究院"近代史研究所藏，档号486-001。
③ 《钦差侍郎托津等奏报查办襄阳盐犯情形并酌筹襄郧两府疏引敌私折》，嘉庆十年十一月二十六日，朱批奏折，台湾"中央研究院"近代史研究所藏，档号486-010。
④ 《钦差侍郎托津等奏报查办襄阳盐犯情形并酌筹襄郧两府疏引敌私折》，嘉庆十年十一月二十六日，朱批奏折，台湾"中央研究院"近代史研究所藏，档号486-010。

实则使淮纲众商共同承担襄郧两地淮引成本高昂的成本，而非原先由襄郧盐商独自承担，哀多益寡，风险大为降低，而两淮盐引整体畅销，无须融销，对淮纲全局与襄郧地区，均有裨益，是为良法。因此，江西建昌府以该法解决了闽私侵销淮区的问题。前于嘉庆八年，两淮盐政佶山曾签派商人庄玉兴赴襄立店运盐往售，其意亦欲通商便民，但该商一人行运，独力难支，易致疲乏，无法减价敌私。十二月初三日，嘉庆皇帝谕旨两淮盐政佶山："托津所奏似尚可行。着佶山将湖北襄郧两府盐务，是否可照江西建昌一府，令淮商通纲公帮减价敌私之处，据实具奏。"①

十二月十三日，两淮盐政佶山在认真调查，核算取证后，据实否定了钦差托津仿照江西建昌的方案，即淮商通纲派出公费帮贴减价敌私的措施在襄郧不可实施，究其缘由：一则襄郧二府额定淮引36000余引是江西建昌7000余引的五倍余，那么襄郧所缴纳的盐课远高于建昌，难度系数增大。二则襄郧例食质佳色白的梁盐，并且淮盐运销成本高，官盐盐价与此随之增高。但郧阳潞私卖价低至每斤20文，则官价需低于20文。原本高昂的官价应降低至20文以下，每斤缺额由众商津贴，共计20余万两，远超众商的承受范围。三则纵使官盐减价敌私，而潞私为无课之盐，仍可再次减价出售，与官盐减价竞赛，而众商已力难公贴20余万两，遑论轮番减价。②

至嘉庆十一年，时任湖广总督全保、两淮盐政额勒布联名上奏，对襄阳府、郧阳府潞私侵销采取不同的策略，分而治之：

> 河东池盐、口盐招商复运，私贩断绝，正应趁此机会，赶运官盐，以资接济。臣等酌议，请按襄郧额行二万九千余引之数，合计子盐一百余万包，广招水贩，仍照旧例全数运往，以期民食充裕，毋庸改议章程。其自汉口运至襄阳运脚辛工，饬令商人自行通融津贴，不准加入卖价，俾官盐平减，更易销售。③

> 至于郧阳府属避处万山，滩高水险，怪石浅阻，官盐难到，民间不能淡食其中，肩挑步运，零贩私盐，沿门货卖，就近兑换布匹、烟药、木耳、菽粟，民久称便。况自邪匪蹂躏之后，用兵多年，妖氛甫靖，元气未复，其中穷民借此养活者，亦复不少。只于要隘设卡盘查，不许驴骡驼运，船装筏载，侵越平地，毋庸更改旧章。④

两淮盐政额勒布等认为，嘉庆十一年河东盐由"课归地丁"再改纲盐商运，征课纳税，民众不能自由贩卖潞盐，而私贩断绝。趁此机会，盐务官应广招水贩，重新疏额引，销淮盐，恢复襄阳的淮盐市场。同时，汉商不可将运费成本加入襄阳盐价，应与湖北官价持平，以便于销售。此为淮商接济襄阳之法。郧阳府与襄阳府淮盐运销的情况大为不同，

————————————————

① 中国第一历史档案馆编：《嘉庆道光两朝上谕档》第 10 册，广西师范大学出版社 2000 年版，第 758 页。

② 参见《奏报委员赴楚密访潞私并襄郧引盐未能仿照建昌办理事》，嘉庆十年十二月十三日，朱批奏折，中国第一历史档案馆藏，档号 04-01-35-0486-012。

③ 《湖广总督全保等奏报会议赶运淮商接济湖北襄阳郧阳二府民食折》，嘉庆十一年十月三日，朱批奏折，台湾"中央研究院"近代史研究所藏，档号 487-029。

④ 《两淮盐政额勒布奏报饬汉商运盐接济襄阳府并郧阳府民食私盐折》，嘉庆十一年十二月十四日，朱批奏折，台湾"中央研究院"近代史研究所藏，档号 487-048。

其淮引虽仅有 6480 引，但常年滞销，不能足额，需要襄阳府的融销。本地土贩往来襄樊就便，零星带装，在于城市发卖。其山僻乡村，鸟道崎岖，则听民肩挑步担，零贩私盐，沿门交易米谷，民无淡食，年久相安。基于此种情况，两淮盐政额勒布将郧阳府定位为保护淮盐不受潞私侵灌的藩篱，放弃了对郧阳府的疏引接济，也放弃了招徕运商在此设法办运，由民间自行肩挑步担食盐，法定不得超过十斤。同时，郧阳府规定该处淮盐不许转相货卖，至开私贩之端，并于要隘设卡堵缉。实际上，在保障襄郧二府淮引额销的前提下，默认了郧阳府的潞私侵销，潞私贩卖可见一斑。两淮盐政额勒布等关于潞私侵销襄、郧的应对策略均得到了中央政府的批准与实施。但襄郧二府的疏引接济之策，也只能说是重新恢复淮盐的销售，没有取得良好的成效。至道光年间，潞私侵销襄郧没有好转，反而进一步恶化，浸灌至汉水下游安陆等府，如林则徐堵缉潞私时指出："楚省邻私来路最广，襄阳、郧阳、安陆等府，潞私处处可通。"①

四、嘉庆年间襄阳、郧阳府潞私侵销的形成逻辑

据《敕修两淮盐法志》载："淮南纲盐行湖广省十五府一州，计 774137 引。襄阳府七州县额行 29800 引，郧阳府六县额行 6480 引。"② 襄郧二府运销额定淮引寥寥无多，位居湖广下游，不足总额的 5%。但嘉庆年间，襄郧二府淮盐滞销，缺额甚多，影响盐课的收入。襄郧二府淮盐滞销的原因，显然是由于潞私的侵灌，民间尽食潞私而不食淮盐。另一方面，潞私大肆侵灌襄郧发生在嘉庆年间，并非仅仅由襄郧地处三省边界，与潞引地界犬牙交错，为楚境门户等地理环境因素而致，其背后有更深层次的形成逻辑。

其一，川楚陕白莲教起义。嘉庆初年，无论是白莲教传播，还是教匪起义，襄郧一带均是核心区。长达九年的白莲教起义，使得楚境边陲狼藉，商路阻断。襄郧运商实力受损，畏缩襄足不前，而淮盐长期不能到达，难以销售，有绌无盈。如"嘉庆三年，川匪阑入湖广境内扰及数郡，各处水贩襄足不前，以致夏季行销之引未能足额"③。嘉庆元年以后，征剿邪匪，襄郧二府淮盐不到已逾多年，销售短绌，但百姓需要食盐。随之，陕甘督臣松筠又曾出示晓谕，不许兵役搁阻，虽属一时权宜，而河东私贩自此出入，无人过问。④ 嘉庆十年，正值白莲教起义被镇压后，中央政府便在襄郧二府重疏淮引，以敌潞私。因此，白莲教起义打破了淮盐运销襄郧的原生态，给予了潞私侵灌襄郧的契机。

其二，河东盐"课归地丁"。清代河东盐法几经变革，乾隆五十七年，改河东盐课归地丁。此举一方面使得盐不完课，成本甚轻，而盐价大减，民食贱盐⑤；另一方面，口、池盐弛禁，听商民自由贩运。潞盐盐价大减与商民贩运，特别是盐价远低于淮盐，使得襄

---

① 林则徐：《林文忠公政书·湖广奏稿》卷一《设法疏销淮引片》，清光绪十一年刻本，第 2 页。

② 雍正《敕修两淮盐法志》卷八《引目》，清雍正刻本，第 25~26 页。

③ 《奏报湖南湖北行销引盐数目并禁革浮费事》，嘉庆四年正月二十日，朱批奏折，中国第一历史档案馆藏，档号 04-01-35-0482-007。

④ 《湖广总督全保等奏报会议赶运淮商接济湖北襄阳郧阳二府民食折》，嘉庆十一年十月三日，朱批奏折，台湾"中央研究院"近代史研究所藏，档号 487-029。

⑤ 参见陈锋：《清代盐政与盐税》，中州古籍出版社 1988 年版，第 309~317 页；张小也：《清代私盐问题研究》，社会科学文献出版社 2001 年版，第 262~264 页。

郧民食弃贵就贱，潞私侵越，亦如时任山西巡抚伯麟指明："自从课归地丁以后，听民自销，而口盐水运地界无人稽察，日久亦俱废弛，由是口盐越界行销，而池盐转不能畅行于晋省，遂致私越豫楚。"① 道光年间，湖广总督林则徐在襄郧缉私时，更加透彻地指出潞私侵灌的缘由：

> 自嘉庆二十五年，由晋省奏准改为商运民销，该处商人将潞盐运至豫省陕州所属之会兴镇，分厂存贮，听民人随时购买，不拘引数，均许转运行销，而潞盐课款甚轻，价值本贱。若仅在豫省售卖，获利无多。一经灌入楚境，与重课之淮盐相形，则人莫不舍贵而食贱。②

两淮盐课每年二百余万两，几近全国盐课一半，因而淮盐官价远高于其他邻区。所以，潞盐在豫省并没有过高的盈利空间，却在淮盐区有广大的市场，获得高额利润，而晋商争相运销。同时，潞私价格低贱，襄郧百姓争相购买，潞私大肆侵灌。因此，河东盐"课归地丁"后潞盐减价，使潞私有了新的襄郧盐销市场，与白莲教起义，形成潞私侵销襄郧地区的社会环境与市场需求，二者恰如时任两淮盐政额勒布所奏：山西河东池盐课归地丁后，听民自运，散漫难稽。接值征剿邪匪，兵差络绎，水贩畏惧，裹足不前，私盐因而充斥。③

其三，湖广淮盐一例通融行销制度。康熙四十九年，覆准湖南长沙、岳州等八府与湖北武昌、汉阳等八府均食淮盐，一例通融行销，无分疆界。④ 所谓一例通销，则是湖广引盐惟集汉口，各凭本地水商分运各州县销售纲盐。盐引无分南北，一例通销，缉私办课，两有裨益。⑤ 淮引不分疆界，任凭水商通融销售，听其自由分运至各州县，商运商销。而盐引不直接分配到具体的州县，因此湖广淮盐地界的盐法考成，与其他盐区不同，无论是地方官、盐务官还是盐商，均无须以州县地域范围来进行考核。⑥ 地方官员基于没有考成的压力，则会放松对潞私的查缉；盐商基于自由运销，则会趋利避害，较少运盐至无利可图的襄郧贩卖，而襄郧二府的淮盐销售有名无实。

其四，襄郧运盐成本高昂。汉口居水陆要冲，车船辐辏、列肆蜂屯，为湖北第一巨镇，依湖广一例通销，淮盐率先在此转运，而襄郧至汉口近千里之遥，水路险阻，运盐成本高昂。如郧阳府属淮引难行，淮盐船只逆流挽运，滩高溜急，均系溪河，路远数千，成

---

① 《奏报遵旨会商查禁阿拉善口盐事宜事》，嘉庆八年八月二十三日，朱批奏折，中国第一历史档案馆藏，档号 04-01-35-0484-017。

② 林则徐：《林文忠公政书·湖广奏稿》卷二《襄阳一带缉私事宜折》，清光绪十一年刻本，第 9 页。

③ 《两淮盐政额勒布奏报饬汉商运盐接济襄阳府并郧阳府民食私盐折》，嘉庆十一年十二月十四日，朱批奏折，台湾"中央研究院"近代史研究所藏，档号 487-048。

④ （光绪）《两淮盐法志》卷十《王制门·功令下》，清光绪三十一年刻本，第 4 页。

⑤ （光绪）《两淮盐法志》卷四十《转运门·引目上》，清光绪三十一年刻本，第 16 页；卷四十三《转运门·引界上》，清光绪三十一年刻本，第 3 页。

⑥ 黄国信：《市场如何形成：从清代食盐走私的经验事实出发》，北京师范大学出版社 2018 年版，第 126 页。

本过重，赔累甚多。①

其五，汉口盐商违例高抬盐价。淮盐在汉口经营贩卖，汉口岸商时有违例抬价、私增平色。嘉庆十年，汉岸盐商程启大、鲍容楷等于淮商配运梁、安二种盐斤至汉口时，将梁盐分出真梁、上梁、上白梁、白梁四等名目，借称成色、本工不一，意为高下，私将价值加增，蒙混影射，所卖梁盐每包自三钱二三分及三钱四五分不等，安盐卖价亦在三钱以上，并复增平加色，每包索价几至四钱，以致行户、水贩辗转售卖，递有加增。② 乾隆五十三年，定湖广盐价为每包二钱八分九厘，作为限制，其梁盐一包售价不得过三钱一分五厘五毫。③ 时任两江总督铁保在核实抬价确数时亦认定："嘉庆九、十两年，程启大、鲍容楷等共销盐 302102 引，按引核计每引实多卖银 0.165 两。④ 显然，汉口盐商程启大、鲍容楷等私改淮盐平色，将质佳色白的梁盐蒙混成四等，每包盐价私增一钱之余，而行户、水贩辗转售卖，递有加增，则实际每包盐价远超原定官价。淮盐愈加昂贵，民间图贱食私，潞私因而侵灌，淮盐转致滞销。

其六，歇家私贩，缉私不力。潞私侵销襄郧的终端是盐商私贩的盐行或店铺，而在襄郧一带则有歇家，由歇家暗售潞私。当然，在商业流通领域，歇家的经营方式往往集客店、经纪人、贮存贸易、兑换甚至、借贷于一身⑤，而郧阳歇家亦如是，且与官府串通谋私，无法查办缉私。嘉庆十年，托津查办襄郧潞私侵越案，缉私的重要事宜是查拿开设私盐歇店的董义昌等，但终究无功而返，不了了之。此后两淮盐政佶山奏：董义昌开设郧阳府西关门外，薛义和、王万顺、余万和开设郧阳府城内。此系歇家招牌字号，并非人名。所有奸贩运到潞私，皆在各该店停歇转发，是名为客寓，实系盐行。又郧西县设张义和、刘昌泰、刘万顺等店，其停歇转发，亦与郧阳府情形相同。惟是此等奸徒敢于郡城内外设店安歇私贩，必与官府县衙门声气相通，方能容其开设。现值查拿之际，奸徒必有风闻，非迁移店址，即改易字号。⑥ 郧阳府密拿严缉，并无董义昌等踪迹，而平日在襄郧卖盐淮商商伙亦不知有董义昌私店，实则隐匿逃窜。⑦

综合视之，清中叶潞私侵销襄郧的形成，主要基于在淮、潞盐区边界襄郧的食盐运销中，市场发挥了资源配置的基础作用。潞私盐价低于淮盐，民间食盐者舍贵求廉、弃淮食潞，淮引滞销而潞私侵灌。但潞私与淮盐的盐价差是囿于清代国家盐政、财政制度的设

---

① 《奏报访查郧阳府属淮引难行缘由事》，嘉庆十一年四月十四日，录副奏折，中国第一历史档案馆藏，档号 03-1775-028。

② 《奏报审拟湖北汉口岸商高抬盐价病民一案事》，嘉庆十年九月十二日，朱批奏折，中国第一历史档案馆藏，档号 04-01-35-0486-003。

③ 参见（光绪）《两淮盐法志》卷九十九《征榷门·成本上》，清光绪三十一年刻本，第 26 页；（光绪）《湖南通志》卷五十六《食货志二·盐法》，第 20 页。

④ 《奏报复查楚商高抬盐价确数事》，嘉庆十一年正月初十日，朱批奏折，中国第一历史档案馆藏，档号 04-01-35-0486-022。

⑤ 胡铁球：《明清歇家研究》，上海古籍出版社 2015 年版，第 5 页。

⑥ 《奏报委员赴楚密访潞私并襄郧引盐未能仿照建昌办理事》，嘉庆十年十二月十三日，朱批奏折，中国第一历史档案馆藏，档号 04-01-35-0486-012。

⑦ 参见《钦差侍郎托津等奏报查办襄阳盐犯情形并酌筹襄郧两府疏引敌私折》，嘉庆十年十一月二十六日，朱批奏折，台湾"中央研究院"近代史研究所藏，档号 486-010。

计。清代食盐专卖，各盐区盐价不同。两淮盐课居全国之首，淮盐价格高于其他盐区。同时，淮盐在汉口一例通销，盐引不分疆界，无须分配至指定州县，使地方官无考成压力，缉私懈怠；襄郧距汉口路途遥远，滩高险阻，运销淮盐成本高昂，使自由运销的汉商或望而却步、难输淮盐，或追逐商业利润而抬高盐价。白莲教起义的社会大动荡使淮盐商路阻绝，河东盐赋归地的盐政改革使潞私盐价大跌，二者极大地促使潞私浸灌襄郧食盐市场，在襄郧形成稳定的供求关系，乃至主导食盐市场。潞私侵销襄郧与国家食盐专卖制度背道而驰，两淮盐政、湖广督抚等希冀用市场配置资源的原则解决襄郧食盐问题。但中央政府为保障淮盐盐课与国家财政收入，不会更改淮、潞盐区边界，也难有淮盐减价敌私的办法。因此，清中央政府等对潞私侵销襄郧的应对策略与措施，既僵化保守又被动无奈，不能处理好国家盐课收入与市场运行的内在矛盾，无法形成一种长远之计，更不能从根本上解决潞私侵销的问题，注定结果以失败告终。可知，在清代食盐专卖制度中，私盐的应对策略是盐课最优，市场的运行往往屈居在国家财政治理之下，难以发挥在盐业运销配置中的基础作用。

（作者单位：武汉大学历史学院、中国传统文化研究中心）

清代茶叶贸易视野下的中英关系

——以贸易博弈为中心的考察

□ 刘礼堂 陈 韬

【摘要】有清一代，中英两国曾围绕茶叶商品进出口贸易展开激烈博弈，这种博弈的态势在垄断贸易时期、自由贸易繁荣时期和贸易衰落时期三个阶段都有不同的表现，也对两国关系产生了不同的影响。本文通过梳理中英两国在清朝时期的贸易博弈过程，一方面对双方的贸易政策和博弈手段进行分析，总结各自的得失；另一方面考察贸易博弈对中英关系的影响，探讨国际贸易与外交之间的联系。

【关键词】清代；茶叶贸易；中英关系；贸易博弈

休谟在 1752 年出版的《政治论丛》中收录了《论贸易的猜忌》一文，首次提出了"贸易猜忌"的概念。20 世纪八九十年代，该概念又被剑桥学派的伊斯特凡·洪特阐发为贸易猜忌理论，为在政治学视角下解读国际贸易竞争问题提供了有效的理论工具。然而，随着现代学科的发展和研究领域的细化，政治学与经济学分道扬镳，当今学界对国际贸易问题的探讨往往忽视政治外交因素，在国际关系的研究中也鲜见出于贸易角度的考虑。这就导致目前将国际贸易与外交关系结合起来进行讨论的研究成果较少，形成了一定的学术盲区。

推及历史学领域，能够从政治经济学角度考察中外贸易交往史的研究成果就少之又少了。具体到清朝时期中英茶叶贸易问题，尽管学界的探讨已经较为深入，但其讨论方向或偏重于经济交往，或在政治经济学的运用上囿于"殖民""掠夺"等传统话语，很少有研究者将中英作为对等的贸易博弈双方来考察。

基于此，本文试图梳理清朝时期中英茶叶贸易的发展历程，并以贸易博弈为切入点，采用政治学与经济学相结合的分析方法，考察茶叶贸易对中英关系的影响以及双方在博弈过程中的得失。根据中英茶叶贸易发展的阶段性特点，本文将研究对象划分为以下三个时期：茶叶贸易垄断时期、茶叶自由贸易繁荣时期、茶叶贸易衰落时期，并对这三个时期分别讨论，以探明发展趋势。

休谟在《论贸易的猜忌》中抨击了国家间的贸易猜忌现象，并对各国通过发展自由贸易互惠互利、共同繁荣的前景作出了展望。在如今全球范围内保护主义抬头、国际贸易体制受到"贸易战"冲击的时代背景下，回顾大宗商品的国际贸易史，总结贸易政策得失，吸取历史上的经验与教训，不仅是一种学术上的探索，也尤有现实意义。

一、茶叶贸易垄断时期

中英茶叶贸易始于 17 世纪，早在 1637 年已有英国人在广州购买茶叶①，但当时从荷兰或印尼购入仍是主流渠道②。18 世纪，中英茶叶直接贸易迅速发展，贸易规模扩大③，到 17 世纪末英国东印度公司取得了华茶出口贸易垄断权，中英茶叶贸易进入了鸦片战争前的高峰期。1834 年东印度公司垄断权被取消前，中英茶叶贸易已经达到每年 3000 万磅的规模，成为该公司的主营业务。④

从事中英茶叶贸易的英方势力主要是东印度公司，中方势力则是行商。行商产生于"以官制商，以商制夷"的"天朝体制"，因此除商人身份外，他们还负责管理外贸事务，是中英茶叶贸易中的重要角色。⑤ 无论是东印度公司还是行商，在本国内都属于垄断势力，因此鸦片战争前可称为中英茶叶贸易垄断时期。

（一）此阶段的茶叶贸易

这一阶段的茶叶贸易呈现出极端失衡的状态，体现在以下几个方面：

一是英国市场对中国茶叶的强烈需求。受葡萄牙与荷兰的影响，17 世纪末饮茶风尚在英国宫廷和贵族间流传开来。⑥ 饮茶在社会上的流行是在 18 世纪 20 年代以后，当时饮茶用具成为英国中产阶级家庭财产的组成部分，下层社会也开始将茶叶当作日常饮料。⑦最晚到 18 世纪下半叶，茶叶作为一种大众消费品已经渗透到英国各阶层。而当时的中国仍是茶叶唯一产地，饮茶风尚的流行使得英国对中国茶的需求异常强烈。

二是英国商品未能成功打开中国市场。如格林堡所说："英国对茶叶的要求虽然已经增长，可是中国酬答这种要求的愿望却没有跟着发展起来。事实是中国向来没有打算同欧洲人接触，但是却拥有吸引它们的货物。"⑧ 自然经济形态导致中国社会缺乏消费英国工业品的需求，于是茶叶成了中英贸易中最重要的商品，有学者据此将"丝绸之路"改称"茶叶之路"⑨，中英茶叶贸易呈现一边倒的不平衡态势。

---

① 邹瑚：《英国早期的饮茶史料——英国人饮茶始于何时?》，《农业考古》1992 年第 2 期。

② 庄国土：《十八世纪中国与西欧的茶叶贸易》，《中国社会经济史研究》1992 年第 3 期。

③ 1664 年输入英国的茶叶仅为 2 磅 2 盎司，1783 年则增加到 5857822 磅，数据详见［英］格林堡：《鸦片战争前中英通商史》，康成译，商务印书馆 1961 年版，第 2 页。

④ ［英］格林堡：《鸦片战争前中英通商史》，康成译，商务印书馆 1961 年版，第 2~4 页。

⑤ 曹英：《近代中外贸易冲突及中国应对举措研究》，湖南师范大学出版社 2013 年版，第 77 页。

⑥ 刘章才：《十八世纪英国关于饮茶的争论》，《世界历史》2015 年第 1 期。

⑦ 刘章才：《十八世纪中英茶叶贸易及其对英国社会的影响》，首都师范大学博士学位论文，2008 年，第 53~57 页。

⑧ ［英］格林堡：《鸦片战争前中英通商史》，康成译，商务印书馆 1961 年版，第 4 页。

⑨ 庄国土：《从丝绸之路到茶叶之路》，《海交史研究》1996 年第 1 期。

三是英国货币体系难以消化中英茶叶贸易带来的巨大逆差。英国市场对中国茶叶的强烈需求和中国市场对英国工业制成品的排斥，造成了中英贸易间的巨额逆差。仅以 1730 年为例，英国东印度公司派往广州的四艘货船进口华茶货值超过 37 万两白银，在全部货物贸易额中所占比例高达 79.8%；与此同时，英船带到中国的货物（铅、长厄尔绒）仅值 1.37 万两，其余皆为银元。① 随着茶叶贸易额的不断增长，中英贸易逆差也居高不下，茶叶贸易成了 18 世纪白银流入中国的主要途径。②

白银的流失迫使英国寻找能够维系中英茶叶贸易的支付手段，鸦片正是在这一背景下登上中英贸易舞台的。而鸦片的出现虽然很快逆转了中英贸易的不对称局面，使白银开始回流③，但却严重损害了中英关系，引发了中国的禁烟行动。

（二）此阶段茶叶贸易对中英关系的影响

垄断时期，中英茶叶贸易对两国关系产生了深刻的影响。

一方面，茶叶贸易的不平衡使英国处于被动地位，因此该时期中英关系也呈现出英弱中强的局面。对于英国的贸易诉求，清政府认为"大乖仰体天朝加惠远人抚育四夷之道"，"岂能曲徇所请"④，尽管这种傲慢态度受到后人的一再批评，但在当时看来不失为一种现实主义策略。从喀塞卡特到马戛尔尼再到阿美士德，英国屡次派遣使团来华，这种外交行为本身就暗含着软弱性；而东印度公司和一些英使的态度也足以为这种软弱提供明证，如"一些谨慎的东印度公司董事们……深怕使节因过早地为他们的困难申诉或要求更多的利益会引起中国方面的惊骇，以致中国政府完全禁绝对外贸易"⑤。外交上的英弱中强，根源在于英国社会对茶叶的需求已经到了依赖的地步，"突然停止这种大量的消耗品而又无其他代替品，将会在广大人民当中发生很大困难"⑥，而中国也确如乾隆帝所说"不藉外夷货物以通有无"。英国人认为他们在中国政府面前"低三下四"，除了"屈辱和不体面"以外，"什么也没有得到"。⑦

另一方面，日益强大的英国不可能永远容忍茶叶垄断贸易下的中英关系，这导致东印度公司最终突破国际贸易底线向中国输出鸦片，进而引发了中英鸦片战争。茶叶贸易与鸦

---

① 据［美］马士《东印度公司对华贸易编年史：1635—1834（第一、二卷）》（区宗华译，中山大学出版社 1991 年版，第 199~200 页）计算；船员的私人贸易数额较小，未被计入。另，1730 年英船来华携带的 58 万两银元（其中购买货物花费 46 万两）包括碑柱银元、墨西哥银元、窦吉吞银元、法国皇冠银元四种，显然系多方拼凑而来，侧面证明了英国在茶叶贸易支付上的困境。

② 庄国土：《十八世纪中国与西欧的茶叶贸易》，《中国社会经济史研究》1992 年第 3 期。该文作者估算，整个 18 世纪从西欧国家输入中国的白银多达 1.2 亿~1.3 亿两，绝大部分用于购茶。

③ ［英］格林堡：《鸦片战争前中英通商史》，康成译，商务印书馆 1961 年版，第 7~8 页。

④ ［法］佩雷菲特：《停滞的帝国：两个世界的撞击》，王国卿等译，三联书店 2013 年版，第 261 页。

⑤ ［英］斯当东：《英使谒见乾隆纪实》，叶笃义译，上海书店出版社 2005 年版，第 13 页。

⑥ ［英］斯当东：《英使谒见乾隆纪实》，叶笃义译，上海书店出版社 2005 年版，第 10 页。

⑦ 汪敬虞：《十九世纪西方资本主义对中国的经济侵略》，人民出版社 1983 年版，第 51 页。

片战争的这种因果关系，学界研究已较完备①，这里不再赘述。

（三）英国的贸易政策失误

如上所述，该时期英国在中英茶叶贸易中处于弱势地位，因此不得不靠违禁品来维系贸易，乃至最终使用战争手段解决贸易问题。英国后来的军事胜利不能掩盖它在这一阶段的贸易失策，这种失策主要表现在两个方面。

一是在进口商品可替代性较差的情况下，贸然通过减税压低进口商品价格，扩大贸易规模。英国压低茶价是在欧华茶叶贸易的大背景下发生的，18 世纪 20 年代以后，随着荷兰东印度公司、哈布斯堡王朝奥斯坦公司等竞争对手的崛起，英国东印度公司的茶叶面临严峻的价格战；同时，激烈竞争也导致欧洲买方市场的形成，茶叶价格进一步下跌。② 这种情况愈演愈烈，到 1784 年，英国终于将茶叶关税从 100% 以上减少到 12.5%，于是次年茶叶贸易量迅速超过了 1500 万磅③，此后的 50 年内，由东印度公司输入英国的茶叶量增加到了 1784 年的 4 倍④。

除了国际竞争外，维护国内资本利益也是英国扩大茶叶贸易规模的原因。对于茶叶的流行原因，格林堡认为 "茶叶是唯一能够成为普遍消费品而又不与本国制造品竞争的一种合用的货物"⑤。能够成为普遍消费品意味着能够适应工业化兴起后的消费模式；而不与本国制造品竞争又不至于损害工厂主阶层的利益。有学者指出，茶叶在英国的流行固然是一种社会文化现象，但也受到价格因素的影响⑥，廉价茶叶的输入刺激了茶叶消费，为商人带来了巨额利润。

二是未积极寻找替代产品。尽管 18 世纪 80 年代就有人试图在印度培育中国茶树苗，但当时茶树主要是作为观赏植物被引进；1788 年自然学家班克斯倡导大规模种植茶树，又因损害东印度公司的茶叶专卖利益而作罢。⑦ 总体来说，当时英国人并不重视茶叶种植技术，直接购买茶叶的诉求则大得多。⑧ 英国积极谋求茶叶替代品始于 19 世纪 30 年代，

---

① 详见仲伟民：《茶叶与鸦片：十九世纪经济全球化中的中国》，三联书店 2010 年版，第 158 页；庄国土：《茶叶、白银和鸦片：1750—1840 年中西贸易结构》，《中国经济史研究》1995 年第 3 期；徐晓望：《鸦片战争前后中英茶叶贸易的口岸之争》，《福建论坛》（人文社会科学版）2015 年第 8 期；成林萍：《从茶叶贸易探第一次鸦片战争的缘起》，《马克思主义学刊》2016 年第 2 期。

② 详见庄国土：《十八世纪中国与西欧的茶叶贸易》，《中国社会经济史研究》1992 年第 3 期。

③ ［英］格林堡：《鸦片战争前中英通商史》，康成译，商务印书馆 1961 年版，第 2~3 页。

④ 严中平等编：《中国近代经济史统计资料选辑》，科学出版社 2016 年版，第 9~15 页。

⑤ ［英］格林堡：《鸦片战争前中英通商史》，康成译，商务印书馆 1961 年版，第 2 页。

⑥ 仲伟民：《茶叶与鸦片：十九世纪经济全球化中的中国》，三联书店 2010 年版，第 44 页。

⑦ ［美］威廉·乌克斯：《茶叶全书》，依佳、刘涛、姜海蒂译，东方出版社 2011 年版，第 153~154 页。

⑧ 比如 1685 年英国东印度公司董事会写信给一位总督，称应重视对华茶叶贸易。详见庄国土：《十八世纪中国与西欧的茶叶贸易》，《中国社会经济史研究》1992 年第 3 期。再如 1787 年英国政府给第一次遣华使臣喀塞卡特（Lt. Col. Cathcart，途中病故，未到中国）的指令中提到茶叶："在这项贸易中，我们所得到的，除其他货物外，为两千万磅的一种中国植物。"同时，英国人希望中国皇帝能够划给他们一处固定的贸易地点，并要求 "靠近上等华茶的出产地"。详见姚贤镐编：《中国近代对外贸易史资料：1840—1895》第一册，科学出版社 2016 年版，第 149 页。

此时中英茶叶贸易经过一百多年的发展，大量白银早已流入中国。总而言之，一方面盲目扩大贸易规模，另一方面对替代产品的研发重视不足，这样的贸易策略导致英国在中英茶叶贸易中陷入了困境。

（四）中国的贸易体制问题

尽管中国暂时占据主动，但这一阶段的贸易方式也暴露出了中国贸易体制的严重问题；而这些问题没能得到有效的解决，导致 19 世纪下半叶中国在茶叶贸易中逐渐走向弱势。问题集中在三个方面。

一是对茶叶贸易重视程度不够，没有意识到茶叶贸易对增加财政收入和"驭边"的重要意义。正常的贸易往来多是双赢，如英国人所说，"中英贸易对于两国均有利益"①。但清政府却没有把茶叶贸易当作一项有利可图的事业，因此在关税征收上极为敷衍，鸦片战争前粤海关征收茶税，出口细土茶每百斤税二钱，粗土茶每百斤税一钱②，税率极低。

相比财政考虑，古人很早就认识到了茶叶贸易的"驭边"作用。古代中国对外茶叶贸易多与马匹贸易相结合，称为"茶马互市"，这种贸易模式盛行于唐、宋、明，至清逐渐衰落。茶马贸易不仅对于获取战马、保障国防安全有重要意义，也是中原王朝控制邻近异族的重要手段，所谓"禁之而使彼有所畏，酬之而使彼有所慕"③。但由于能够轻易获得西北地区的马匹资源，清廷对茶马贸易的依赖性较小，重视程度较低；加之政府刻意消弭族群边界，民间贸易得到发展，也冲击了官方垄断的茶马贸易。④ 于是从康熙朝起，管理茶马贸易的机构逐渐被裁撤⑤，这导致相关人才和管理经验缺乏，当海上茶叶贸易兴起时，官僚系统也就难以作出应对。因此，中国在垄断时期的茶叶贸易优势仅仅停留在经贸层面，未能转化为相应的国家利益。

二是制度建设滞后，沟通渠道壅塞。尽管关税早在 1684 年就已有之⑥，但清政府在鸦片战争前始终未能建立起完善的外贸和关税管理体系。而作为关贸管理机构，江、浙、闽、粤四大海关上受地方督抚节制，下受行商欺瞒，比如粤海关监督分别在 1782 年和 1830 年奏报行商的进出口货物交税迟滞问题⑦，说明几十年间都无法解决这一弊政。在开展贸易的过程中，英国人显然也注意到了这些弊端，所以积极谋求"在北京设立公司或政府方面的一位欧洲人驻外使节"，但这一提议却"为地方当局全体及他们在北京的关

① 见 1787 年英国政府给第一次遣华使臣喀塞卡特的指令。姚贤镐编：《中国近代对外贸易史资料：1840—1895》第一册，科学出版社 2016 年版，第 149 页。
② 姚贤镐编：《中国近代对外贸易史资料：1840—1895》第一册，科学出版社 2016 年版，第 202 页。相比之下，粤海关对出口丝绸每百斤税一两至五两四钱不等，远高于茶叶关税。
③ 陈祖槼、朱自振编：《中国茶叶历史资料选辑》，农业出版社 1981 年版，第 556 页。
④ 李三谋：《明清茶马互市探析》，《农业考古》1997 年第 4 期。
⑤ 清高宗敕撰：《清朝文献通考》卷八十二，浙江古籍出版社 1988 年影印本，第 5604 页。
⑥ 姚贤镐编：《中国近代对外贸易史资料：1840—1895》第一册，科学出版社 2016 年版，第 6 页。该年的谕旨称："福建、广东新设关差，止将海上出入船载贸易货物，其海口内桥津地方贸易船车等物，停其抽分；并将各关征税则例，给发监督，酌量增减定例。"
⑦ 姚贤镐编：《中国近代对外贸易史资料：1840—1895》第一册，科学出版社 2016 年版，第 203~205 页。

系人所憎恶"①，未能实现。

三是中央政府对地方政府和外贸机构约束力低下，导致腐败大量滋生。东印度公司资料中有大量描述，如"该官员不愿失去任何勒索钱财的机会，下令将该船的买办和两名通事扣押""由于受贿而偏袒当时在广州的美国船只"②，等等；中国官方史料亦然，如"雍正之初，又议增收规礼银两，乃于七年合词控于大府，得稍稍裁减。未几官吏又增出口之税"③。中央政府的漠视、制度与沟通渠道的缺乏又加剧了这种腐败。由于英商深受海关贪腐之害，因此战争胜利后专门在条约中提出要求，杜绝中国海关的"左右勒索，额外苛求"④。

二、茶叶自由贸易的繁荣时期

（一）战争前后茶叶贸易的变化

鸦片战争前后中英茶叶贸易经历了深刻变化，表现为以下两点。

一是贸易规模扩大。1868 年英国华茶进口比 1838 年增加约 100 万担⑤；1835 年华茶出口总量为 26 万担，1871 年增长到 175 万担，1880 年为 200 万担⑥。当然，在此期间中英茶叶贸易也有波折，比如受战争影响，1834 年至 1840 年间华茶输英规模曾从 3200 多万磅缩减到 2200 多万磅⑦；但在 40 年代开埠之后，中英茶叶贸易又迅速恢复并达到新高，1845 年超过 5000 万磅，1853 年超过 6000 万磅⑧。

贸易量不断增长的同时，中英仍互为最大茶叶交易方，中国茶叶与英国市场的联系更加紧密。在华茶出口结构中，输英茶叶占据最大份额，以广州出口华茶为例，1844—1858 年间，输英茶叶占出口茶叶总量的 60%～80%。⑨ 而在英国进口方面，华茶进口数量也远

---

① 详见 1816 年秘密商务委员会致特使阿美士德勋爵函。[美] 马士：《东印度公司对华贸易编年史（1635—1834 年）》第三卷，区宗华译，中山大学出版社 1991 年版，第 287 页。

② [美] 马士：《东印度公司对华贸易编年史（1635—1834 年）》第三卷，区宗华译，中山大学出版社 1991 年版，第 183、282 页。

③ 姚贤镐编：《中国近代对外贸易史资料：1840—1895》第一册，科学出版社 2016 年版，第 142～143 页。

④ 曹英：《近代中外贸易冲突及中国应对举措研究》，湖南师范大学出版社 2013 年版，第 79 页。

⑤ 仲伟民：《茶叶与鸦片：十九世纪经济全球化中的中国》，三联书店 2010 年版，第 60 页。

⑥ 姚贤镐编：《中国近代对外贸易史资料：1840—1895》第三册，科学出版社 2016 年版，第 1462 页。

⑦ 姚贤镐编：《中国近代对外贸易史资料：1840—1895》第一册，科学出版社 2016 年版，第 282～284 页。

⑧ 《马克思恩格斯论中国》，人民出版社 1997 年版，第 4 页。

⑨ 据姚贤镐编《中国近代对外贸易史资料：1840—1895》第一册（科学出版社 2016 年版，第 527 页）计算。资料中 1843 年和 1849—1860 年的广州出口茶叶总量数据"近似而不完整"，有些年份甚至按照输英茶叶来估算出口茶叶总量。其他一些统计来源如彭泽益编《中国近代手工业史资料（1840—1949）》第一卷（三联书店 1957 年版，第 490 页）显示，1849—1860 年，广州出口华茶总量直接就是广州输英茶叶量。数据虽不全备，但由此可见中英茶叶贸易在华茶出口结构中的地位。

远高于印度、锡兰茶，例如 1865 年华茶占据英国茶叶市场 97% 的份额，到 1970 年时虽已下降，但所占比例仍然高达 89%。① 此外，鸦片战争后中英茶叶贸易也开始深入中国内地。据统计，当时上海著名的 22 家茶行，英商有 18 家；福州洋行 12 家，英商 9 家，另与德国合办 1 家；作为内陆腹地和俄势力范围的汉口也设立了 3 家英商洋行。② 中英双方在茶叶贸易中的紧密关系可见一斑。

二是茶叶贸易自由化，东印度公司和广州十三行贸易垄断权的废除是其显著标志。1834 年东印度公司对华贸易垄断权被废除的原因是多方面的，既有英国国内自由贸易商人的推动，也有国外竞争尤其是美国商人竞争的影响。③ 英国自由贸易商人（"港脚商人"）是东印度公司垄断权废止的最大受益者，他们在 19 世纪 30 年代就已经占据了英商自华输出贸易总值近 40% 的份额④，由此成为能够与东印度公司抗衡的力量。随着垄断的结束，自由贸易规模扩大，大量散商开始涌入中国，英国在华行号从 1833 年的 66 家增加到了 1837 年的 156 家⑤，因此这一变化被称为是"自由商人的胜利"⑥。

行商垄断权的废除则是在鸦片战争之后。尽管此前已有一些英国散商绕过行商直接与中国茶商交易，但属于走私，受到政府的限制和打击。而行商制度在当时的中国具有经济上的合理性⑦，并且服务于政府外交政策⑧，因此其最终废除是借由《南京条约》"凡有英商等赴各该口贸易者，勿论与何商交易，均听其便"⑨ 的强制条款。随着中英两大垄断势力先后败落，茶叶进入自由贸易时代。

19 世纪 30—70 年代是中英茶叶贸易史上一个重大转折的时代。尽管这一时期的中英茶叶贸易表面上延续了前一阶段的特征，双方的贸易规模甚至在战后进一步扩大，但由垄断贸易转向自由贸易，深层次的贸易机制已经发生变化。这些变化包括茶叶贸易口岸的由一变多、茶叶产地的增加、政策限制的解绑以及关税的下降，它们在贸易博弈中形成，深刻影响了当时的中英关系，并导致了此后半个多世纪里中英茶叶贸易的逐渐衰落。

（二）此阶段的茶叶贸易博弈

中英直接博弈主要表现在英商居留设栈、开放贸易口岸、贸易许可与关税政策等方面。

———————————

① 姚贤镐编：《中国近代对外贸易史资料：1840—1895》第二册，科学出版社 2016 年版，第 1194 页。

② 王加生：《中英茶叶贸易史话》，《茶叶》1983 年第 3 期。

③ 详见徐方平：《东印度公司对华贸易垄断权废止的原因和影响》，《湖北大学学报》（哲学社会科学版）1997 年第 2 期；兰日旭：《英国东印度公司从事华茶出口贸易发展的阶段与特点》，《农业考古》2006 年第 2 期。

④ 严中平等编：《中国近代经济史统计资料选辑》，科学出版社 2016 年版，第 8 页。

⑤ ［英］格林堡：《鸦片战争前中英通商史》，康成译，商务印书馆 1961 年版，第 170 页。

⑥ ［英］格林堡：《鸦片战争前中英通商史》，康成译，商务印书馆 1961 年版，第 161 页。

⑦ 王明前：《鸦片战争前后中国外贸体制演变研究（1820—1850 年）》，《福建论坛》（人文社会科学版）2013 年第 10 期。

⑧ 曹英：《近代中外贸易冲突及中国应对举措研究》，湖南师范大学出版社 2013 年版，第 205 页。

⑨ 陈帼培主编：《中外旧约章大全·第 1 分卷》，中国海关出版社 2004 年版，第 71 页。

（1）英商在贸易口岸居留、设栈等问题自五口通商便困扰清政府，直到 20 世纪初仍时有发生。最初的口岸居留问题是由《南京条约》中英文本中的"城市"概念差异引起的，主要表现为英商及领事是否能够进城。① 此后，进城、居留、设栈一再引起英人与地方政府和士绅百姓的冲突，进而造成外交事件乃至成为战争导火索。英商居留设栈问题严重损害了这一时期的中英关系，并且因其与天朝体制的结构性冲突，一直未能妥善解决。

（2）开放贸易口岸的博弈在鸦片战争之前就已经存在，马戛尔尼等英国使节来华时就曾多次要求开放更多的通商口岸。可以说，这一时期关于是否开放更多贸易口岸的博弈其实是上一阶段的延伸，只不过英国此时得遂所愿，在博弈中使中国陆续开放了福州、上海等地。

（3）相对上述两个问题，贸易许可与关税政策的博弈是核心内容。

贸易许可方面，由于行商废除，清政府原有的贸易许可制度被打破，于是在两广总督徐广缙推动下，1850 年茶栈和茶叶贸易执照制度建立起来。② 与同期的生丝和肉桂贸易执照制度一样，茶叶贸易执照制度一经推出便激起英国的强烈反弹，从 1850 年起，港督文翰多次就此事与徐广缙、叶名琛等人磋商；但与生丝贸易执照制度的流产和肉桂贸易执照制度的迅速取消不同，中国地方政府在茶叶贸易执照制度上并未退让，这场博弈直到第二次鸦片战争后方才结束。③ 这反映出中国在中英茶叶贸易中仍握有一定的主动权。

关税方面，五口通商初期中英博弈中有合作，《五口通商章程》《五口通商附粘善后条款》都规定了英国领事有严查走私和担保英商完纳关税的职责。④ 这是因为走私会"迅速削弱和摧毁一切合法贸易的现有基础"⑤，双方在遏制非法贸易上存在共同利益。但总体来说，30—70 年代的中英关税博弈大于合作。首先是由于缉私努力的失败，1851 年英国废除了领事担保关税的制度，1858 年中英《天津条约》则确立了洋人帮办税务的制度，中国关税主权被侵害。其次，在厘金与子口税的冲突上，由于厘金成为英国在中国内地开展贸易的障碍⑥，《天津条约》提出了子口税制度，并且在此后"原用于对子口税设防的藩篱——拆除，子口税制度日渐扩展"⑦，中国在税制上的博弈也逐渐走向失败。

（三）英国为扭转茶叶贸易局面所作的努力

从上文所述贸易博弈可以看出，与上一阶段的被动不同，英国在 19 世纪 30—70 年代的贸易博弈较为成功。这主要得益于以下几点。

一是扩大商品来源。作为扩大商品来源的重要手段，开辟通商口岸因《南京条约》

———————————

① 曹英：《近代中外贸易冲突及中国应对举措研究》，湖南师范大学出版社 2013 年版，第 7～11 页。

② 姚贤镐编：《中国近代对外贸易史资料：1840—1895》第一册，科学出版社 2016 年版，第 538 页。

③ 曹英：《近代中外贸易冲突及中国应对举措研究》，湖南师范大学出版社 2013 年版，第 212～220 页。

④ 陈帼培主编：《中外旧约章大全·第 1 分卷》，中国海关出版社 2004 年版，第 81、89 页。

⑤ ［英］莱特：《中国关税沿革史》，姚曾廙译，三联书店 1958 年版，第 30 页。

⑥ ［英］莱特：《中国关税沿革史》，姚曾廙译，三联书店 1958 年版，第 42 页。

⑦ 戴一峰：《论晚清的子口税与厘金》，《中国社会经济史研究》1993 年第 4 期。

得以实现。有学者指出，英国要求中国开放口岸，一方面是为了降低茶叶运输成本；另一方面也是为了打破行商垄断，降低茶叶价格。① 多口岸开放后，清政府和行商已经无法像以前那样控制茶叶贸易，议价权渐渐转移到英国手中。

在印度试种茶树是英国扩大商品来源的另一项举措。这一具有"出口替代"性质的行为完全由英国政府和印度殖民当局主导，1834 年时任印度总督班庭克专门成立了一个"茶业委员会"来推动这项工作②。尽管在印度种茶并非中英茶叶贸易中的直接博弈行为，但其目的和结果都与中英茶叶贸易紧密相关。1837 年英国在印度制成了一些茶叶样品，并于次年送往伦敦；到 1839 年印度生产出了 32 磅茶叶。③ 此后印度茶缓慢起步，1865 年在英国茶叶消费中只占 3% 的份额，1875 年则上升到 16%。④

二是积极通过外交手段解除茶叶贸易的政策限制，这些政策限制集中表现为贸易许可和关税问题。仅就茶叶贸易执照制度来说，港督文翰在 1850 年 7 月至 1852 年 1 月间四次致函徐广缙⑤，展开了密集的谈判，尽管最终结果并不理想，但足见其积极态度，这与清政府过于重视居留权等问题形成对比。

三是主动下调茶叶关税，刺激贸易发展。从 1853 年到 1865 年，英国政府曾多次降低茶叶进口税，使得华茶进口大幅增长。⑥ 实施减税政策的直接原因是为了满足英国国内市场对茶叶的巨大需求，但其长远影响不容忽视。与上一阶段的减税不同，由于商品来源的扩大，该时期的低关税刺激了华茶出口量的过度增长，华茶价格被逐渐压低，市场主动权转移到英国一方。正如 1866 年左宗棠等人指出的那样："每年春间新茶初到省垣，洋商昂价收买，以广招徕。迨茶船拥至，则价值顿减，茶商往往亏折资本……故闽茶必专恃洋商，而洋商不专恃闽茶。"⑦

当然，英国在这一阶段所推行的贸易政策绝非完美，如 1834 年东印度公司对华贸易垄断权的废除就过于激进，引发了恶性竞争。垄断的结束表面上看使中英茶叶贸易规模迅速增长，"在公司垄断权废止后第一个季度运到英国的茶叶比前一季度多百分之四十"，"凡是看到整箱茶叶的商人和船主立刻把注意力转向中国"⑧；然而事实上这一举措也带来了长达数年的贸易混乱，散商在中国哄抢"自由茶叶"，加上中间商对市场的操控，导致茶叶贸易规模在 1834 年后出现了萎缩，英国人甚至发出了"几乎盼望公司垄断权的恢复"的感慨⑨。不过自由贸易的趋势不会改变，这一问题最终随着战后中国行商制度的废

---

① 徐晓望：《鸦片战争前后中英茶叶贸易的口岸之争》，《福建论坛》（人文社会科学版）2015 年第 8 期。

② ［美］威廉·乌克斯：《茶叶全书》，侬佳、刘涛、姜海蒂译，东方出版社 2011 年版，第 157 页。

③ ［美］威廉·乌克斯：《茶叶全书》，侬佳、刘涛、姜海蒂译，东方出版社 2011 年版，第 164~170 页。

④ 姚贤镐编：《中国近代对外贸易史资料：1840—1895》第二册，科学出版社 2016 年版，第 1194 页。

⑤ 曹英：《近代中外贸易冲突及中国应对举措研究》，湖南师范大学出版社 2013 年版，第 215~218 页。

⑥ 仲伟民：《茶叶与鸦片：十九世纪经济全球化中的中国》，三联书店 2010 年版，第 60 页。

⑦ 姚贤镐编：《中国近代对外贸易史资料：1840—1895》第二册，科学出版社 2016 年版，第 973 页。

⑧ ［英］格林堡：《鸦片战争前中英通商史》，康成译，商务印书馆 1961 年版，第 171 页。

⑨ ［英］格林堡：《鸦片战争前中英通商史》，康成译，商务印书馆 1961 年版，第 171~175 页。

除而得以解决。

客观地说，尽管以军事手段作为辅助，但英国在 19 世纪 30—70 年代为贸易博弈所作出的种种努力，总体上是卓有成效的。然而清政府没有正视其贸易体制缺陷，反而在外商居留、设栈等问题上反复纠缠，导致贸易博弈局面反转，为中英茶叶贸易的衰落埋下了伏笔。

（四）茶叶贸易博弈下的中英关系

在这一时期，茶叶贸易依然是中英贸易的重点，也是影响中英关系的重要因素。与上一阶段相比，19 世纪 30—70 年代茶叶贸易博弈之下的中英关系呈现出以下几个新特点。

一是中强英弱的外交模式得到改变。鸦片战争中方失败，导致英方在中英关系中表现得越来越强势，英方希望在中英关系中占据主导权，并且在大多数领域都得偿所愿；但由于茶叶贸易的不平衡局面尚未被扭转，中国仍是英国最大的茶叶供应者，加上"天朝体制"的根深蒂固，英国在中英关系上也无法完全忽视中国的诉求。

二是中英之间的官方交涉增多，贸易摩擦更加表面化。在进行贸易博弈的过程中，英方港督、领事，与中方两广督抚以及上海道等地方官员频繁交涉，这在鸦片战争以前是较为罕见的场景。以双方官员的直接交涉为标志，中英之间的茶叶贸易摩擦比鸦片战争前更加表面化，清政府固守的华夷大防也有所松动。

三是茶叶贸易在中英关系中仍居于中心地位，但影响力有所下降。鸦片战争前，茶叶是中英贸易最大宗的商品，茶叶贸易是中英交往的最大议题。即便是"鸦片战争"，战后谈判"约内绝不提烟土一字"[1]；而对于双方贸易问题，在《南京条约》等一系列条约中却有诸多规定，《五口通商章程》在商定海关验货方式时还专门将茶叶作为代表性商品提出[2]。不过，尽管茶叶贸易在鸦片战争及其后的二三十年里依然十分重要，但由于《南京条约》引入了通商口岸和领事居留等问题，中英之间的外交议题日渐增多，茶叶贸易的中心地位开始动摇。

三、茶叶贸易衰落时期

19 世纪 70 年代至清末，中英茶叶贸易在总体上呈现不断衰落的趋势。汪敬虞将 19 世纪 70 年代以后称为"中国对外贸易市场的进一步开放和买办商业剥削网的初步形成"时期[3]，这种划分是非常精准的。在这样的大背景下，19 世纪 70 年代以后的中英茶叶贸易也发生了重大变化，华茶对英出口出现衰减趋势，直至被印度茶和锡兰茶取代。[4]

---

① 夏燮：《中西纪事》影印版，文海出版社 1967 年版，第 91 页。

② 陈帼培主编：《中外旧约章大全·第 1 分卷》，中国海关出版社 2004 年版，第 80 页。

③ 汪敬虞：《十九世纪西方资本主义对中国的经济侵略》，人民出版社 1983 年版，第 98 页。

④ 关于中国茶叶对外出口开始衰落的时间点，学界主流观点是划定在 19 世纪 80 年代，尤其持 1886 年论的学者较多，详见陈宗懋主编：《中国茶经》，上海文化出版社 1992 年版，第 39 页；陶德臣：《简论华茶贸易衰落的原因》，《镇江师专学报》（社会科学版）1994 年第 1 期。但实际上 19 世纪 80 年代华茶出口贸易整体上的繁荣局面与俄国茶叶市场的扩大有关，仅就中英茶叶贸易来说，70 年代中期是其由盛而衰的转折点，详见林齐模：《近代中国茶叶国际贸易的衰减——以对英国出口为中心》，《历史研究》2003 年第 6 期。

（一）该阶段茶叶贸易的衰落趋势

中英茶叶贸易的衰落主要体现在以下几个方面。

一是从英国茶叶消费市场来看，随着印茶比例上升，华茶比重迅速下降。1880 年印茶、华茶所占英国市场比例还是 28% 和 72%，1886 年已演变为 41% 和 59%①；到 1889 年二者攻守易势，中国不再是英国茶叶市场最大供应方②。而从贸易金额来看，华茶的衰落就更为明显：华茶单价低于印茶，19 世纪七八十年代单价比始终维持在 1∶1.3 左右，因此到 1887 年，尽管华茶输英数量仍超过印茶输英数量，但其 460 万英镑的总价已经低于印茶的 496 万英镑。③

二是从华茶出口的国别比重来看，英国也从中国茶叶最大买家的位置上逐渐跌落：1868 年，70.26% 的中国出口茶叶输送到了英国；1894 年，这一比例下降到 15.88%，分别低于美国的 20.79% 和俄国的 43.01%；1913 年甚至下降到了 6.03%。④

三是从中国商品出口结构来看，1871 年至 1873 年间，茶叶仍然是中国出口的最大宗货物，占出口总值的 52.7%；1901 年至 1903 年间却下降到 11.3%，在丝绸之下。⑤

中英茶叶贸易的衰落是以中国出口贸易的整体衰落为背景的。1871—1873 年，中国对英国贸易出超 2000 万元；1881—1883 年，出超 500 万元；1891—1893 年，入超 2700 万元，此后直到 20 世纪上半叶中国对英国的贸易都处于入超状态。⑥ 从出超到入超的贸易状态不仅存在于中英贸易之间，也存在于中美、中日、中俄（苏）贸易之间，1871 年至 1873 年中国进出口贸易共出超 400 万元，十年后变为入超 1800 万元，此后入超不断扩大。⑦

（二）英国的茶叶贸易博弈策略

由于印度茶叶（因其从生产到贸易再到消费完全掌握在英国人手中，因此可以被视为英国国产茶叶；不仅历史现实如此，在当时的英国人观念中也是如此⑧）的崛起，英国开始拥有在茶叶贸易博弈中获胜的利器。英国具体实施的贸易博弈策略主要有以下几点。

① 姚贤镐编：《中国近代对外贸易史资料：1840—1895》第二册，科学出版社 2016 年版，第 1194 页。
② 林齐模：《近代中国茶叶国际贸易的衰减——以对英国出口为中心》，《历史研究》2003 年第 6 期。
③ 陈慈玉：《近代中国茶业之发展》，中国人民大学出版社 2013 年版，第 238~239 页。
④ 上海社会科学院经济研究所编：《上海对外贸易》，上海社会科学院出版社 1989 年版，第 51、248 页。
⑤ 严中平等编：《中国近代经济史统计资料选辑》，科学出版社 2016 年版，第 76 页。
⑥ 严中平等编：《中国近代经济史统计资料选辑》，科学出版社 2016 年版，第 66 页。
⑦ 严中平等编：《中国近代经济史统计资料选辑》，科学出版社 2016 年版，第 64 页。
⑧ 当时的英国人完全将印度茶视为"国货"，这从 1838 年阿萨姆茶叶第一次运入英国时的情形就可以看出："阿萨姆专员詹科斯于 5 月 6 日开始装运时，就感到非常自豪"；运到伦敦后，茶叶经过激烈的拍卖竞价，最终以每磅 34 先令的高价卖出，买主皮丁上尉"不惜花费巨大的代价购买阿萨姆茶，无非是一种爱国精神的驱使"。详见［美］威廉·乌克斯：《茶叶全书》，依佳、刘涛、姜海蒂译，东方出版社 2011 年版，第 169~170 页。

一是推动茶叶生产技术升级。19 世纪七八十年代，揉捻机、干燥机等制茶工具的出现和改良，使得茶业生产效率大大提高，生产成本显著下降①，印度茶叶因而在国际市场上具有了较强的竞争力。有学者指出，茶叶生产具有高度商业化的特点，但中国的茶叶生产仍是一家一户为主，这是其在 19 世纪贸易竞争中败于印度、锡兰茶的重要原因。②

二是实行"国产保护"的贸易政策。印度和锡兰茶叶试制成功后，英国对其减免税赋，对华茶则提高关税。③ 英国的茶叶贸易保护政策并不限于关税手段，19 世纪八九十年代，"许多伦敦茶商承认他们现在已不经售华茶，伦敦杂货店里已买不到华茶。假若买主指名要买华茶，他们就把自称为华茶的茶叶卖给他，实际上根本不是华茶"④。这已是商业欺诈行为，但在尚无规则约束的当时，诸如此类的贸易保护主义手段被肆无忌惮地使用，有效打击了华茶对英国的出口。

三是发动舆论宣传，贬低中国茶叶。英国不仅赴美为印茶制作广告，还过度夸耀印茶，反过来贬低华茶营养价值低、含有鞣酸，损害肠胃。⑤ 但实际上印茶咖啡因含量更高，远不及华茶健康，但舆论宣传的效果却使华茶在英国消费市场的占有量越来越小。

（三）中国对茶叶贸易政策的反思

如前文所述，在上一阶段清政府对暴露出来的贸易问题未能及时反思，更没有推动贸易体制的变革，导致逐渐丧失了主动权。19 世纪 70 年代以后，清政府终于认识到这一问题，并作出了种种努力，形成了 19 世纪末挽救华茶的热潮。如左宗棠曾在同治年间多次向中央奏报英商赴茶叶产地购茶等事项⑥，张之洞更是多次出台政策推动对外茶叶贸易的发展，这与五口通商初期地方督抚疏于奏报的情形迥然相异。清政府对茶叶贸易政策的反思主要集中在以下几个方面。

一是反思商品质量问题。刘坤一认为，华茶对外贸易之所以出现颓势，其原因就在于"采制不精，商情致伪"⑦。这也是当时挽救华茶人士的共识，于是便有人从采摘、拣筛、堆焙、装箱四个环节分析了采制茶叶的弊病，主张去除这四种弊病以整顿茶业。⑧

二是反思贸易秩序问题。张之洞曾指出，"茶市之坏，正因小贩过多，开庄抢售之故"，致使中国茶商因恶性竞争而丧失贸易主动权，"洋商渐知其弊，于是买茶率多挑剔，

① ［美］威廉·乌克斯：《茶叶全书》，依佳、刘涛、姜海蒂译，东方出版社 2011 年版，第 184~188 页。

② 仲伟民：《茶叶与鸦片：十九世纪经济全球化中的中国》，三联书店 2010 年版，第 162 页。

③ 陶德臣：《简论华茶贸易衰落的原因》，《镇江师专学报》（社会科学版）1994 年第 1 期。

④ 姚贤镐编：《中国近代对外贸易史资料：1840—1895》第二册，科学出版社 2016 年版，第 1193 页。

⑤ 陶德臣：《简论华茶贸易衰落的原因》，《镇江师专学报》（社会科学版）1994 年第 1 期。

⑥ 姚贤镐编：《中国近代对外贸易史资料：1840—1895》第二册，科学出版社 2016 年版，第 969~973 页。

⑦ 《苏松太关道蔡咨上海商务局总办严施整顿茶务移文（蔡钧）》，《强学报·时务报》，中华书局 1991 年版，第 3129~3130 页。

⑧ 《振兴茶业刍言》，《申报》第 46 册，上海书店 1984 年版，第 637 页。

故抑其价"。① 针对这一问题，曾有人倡议设立专门的茶政管理机构，来避免茶叶贸易中的弊端，整顿茶叶贸易秩序。②

三是反思关税问题。晚清时期，不合理的关税制度已经严重削弱了华茶的竞争力。1880 年以后，由于印度、日本等茶叶产地的兴起，茶叶生产扩大，茶价在世界范围内呈现降低趋势；但与此同时中国政府的茶税并不减少，关税初订之时每担茶可值 50 两，茶税为每担 2.5 两，19 世纪 80 年代后期每担茶价格降至 10 两，茶税却仍为 2.5 两，税率高达 25%。时人也意识到这一问题，比如崔国因就曾指出"各国之例，出口货物，本国向不收税，则成本较轻。以较中国，则价为贱，故皆舍中国而趋印度、日本。中国出口之茶遂减于昔，而种茶之地渐就荒芜矣"③。但由于清政府对茶厘的依赖，这一积弊始终难以消除。④

四是反思贸易宣传问题。相对而言，中国在这方面觉悟较晚。1906 年，《商务官报》将广告归结为印度茶叶挤占华茶市场份额的三大原因之一⑤，在这种意识的推动下，中国茶商终于开始关注文书广告和茶叶包装等问题。

从上述几点可以看出，这一阶段中国人对茶叶贸易政策的反思与英国采取的几项博弈策略几乎针锋相对，说明中国已经正确认识到茶叶贸易暴露出来的弊病。然而与早已行动并开始收获贸易博弈成果的英国相比，中国实际上错失了 19 世纪 30—70 年代这一扭转茶叶贸易局势的最佳时机；另外，贸易体制的种种弊端导致挽救华茶措施难以真正施行，正如有学者指出的，在当时的大环境下，"各种挽救华茶的设想，并不都带来制度创新，也不一定能够付诸实践"，很多措施即便实行也都是浅尝辄止。⑥ 因此，自 19 世纪 70 年代直至清朝灭亡，中英茶叶贸易的衰落终究未能避免。

（四）茶叶贸易衰落对中英关系的影响

茶叶贸易的衰落导致其在 19 世纪 70 年代以后的中英关系中已经不再占据中心地位，这一时期的中英关系史料中，直接涉及茶叶贸易纠纷的很少，远不及前一阶段。1881 年福州海关称"中国恐怕要变成一个次等的产茶国家了"⑦；1887 年英国人也指出："茶叶虽然迅速地倾入市场，但销售得很慢。买主以市场主人的安闲态度对待着茶市"⑧。这反映出英国官方和商人在获取茶叶方面已经不再抱有依赖中国的心态，其对中英茶叶贸易的

① 姚贤镐编：《中国近代对外贸易史资料：1840—1895》第二册，科学出版社 2016 年版，第 976 页。

② 《议覆刘中书陈员外条陈茶政疏》，于宝轩编辑：《皇朝蓄艾文编》卷三十，台湾学生书局 1965 年版，第 2458 页。

③ 崔国因：《出使美日秘国日记》，岳麓书社 2016 年版，第 102 页。

④ 陈慈玉：《近代中国茶业之发展》，中国人民大学出版社 2013 年版，第 260~263 页。

⑤ 详见《商务官报》，光绪三十二年第 29 期，台湾"故宫博物院"1982 年影印版。

⑥ 详见朱从兵：《设想与努力：1890 年代挽救华茶之制度建构》，《中国农史》2009 年第 1 期。

⑦ 姚贤镐编：《中国近代对外贸易史资料：1840—1895》第二册，科学出版社 2016 年版，第 1192 页。

⑧ 姚贤镐编：《中国近代对外贸易史资料：1840—1895》第二册，科学出版社 2016 年版，第 975 页。

冷淡态度势必影响到中英关系。

在上一阶段，即中英茶叶贸易较为繁荣的时期里，"1860 年英法侵华战争之后，直到 1876 年，对中国的压力暂时停止了"①，中英关系出现了一个平稳期，甚至一度（1868—1869 年）出现了修约的可能。然而 1876 年英国又提出一系列要求，逼迫中国签订了《烟台条约》，导致这一条约签订的导火线是马嘉理事件，但一些教案的发生早至 1868 年②，却并未引起如此严重的后果，可见教案不过是借口；同时，与两次鸦片战争后签订的不平等条约不同，《烟台条约》是在英国未动用武力的情况下签订的，说明此时英中的外交实力、国际话语权差距比战争时期更加明显。此外，在 1874 年日本侵略台湾的过程中，英国的外交活动也偏袒日本，不惜损害中国利益。③ 可见 19 世纪 70 年代以后，中国的外交地位已经大不如前。发生这样的变化，其原因固然复杂多样，但中英茶叶贸易的由盛转衰与外交关系的转冷表现出如此的同步，不能否认其中存在一定的关联。

四、结　　语

回顾清朝二百多年间的中英茶叶贸易博弈与中英关系，我们可以总结出以下几点结论。

第一，贸易博弈与国家间的外交关系密切相关，贸易平衡的打破往往会引发外交关系的变动。如前所述，鸦片战争爆发的根源很大程度上是中英茶叶贸易的极端不平衡，当英国在贸易政策上一再失误、茶叶贸易难以为继时，走私违禁品乃至发动战争就不可避免；同样，19 世纪 70 年代，随着中英茶叶贸易的衰落，第二次鸦片战争后短暂的"友好"局面也就无法维持，双方再次发生外交冲突，签订了不平等条约。

第二，大宗商品贸易的控制权与国际话语权息息相关。17 世纪中叶至 19 世纪 30 年代，由于茶叶贸易的不平衡，英国在外交关系上处于有求于中国的状态，因此屡次派遣使节来华；五口通商初期，尽管英国已经取得军事上的胜利，但由于茶叶贸易的局势未发生根本变化，英国在对华关系上尤其是在涉及茶叶贸易的问题上难以占据上风；到了 19 世纪 70 年代以后，随着印茶崛起和华茶衰落，尽管中英贸易总体规模扩大，但由于中国以茶叶和丝绸为代表的手工业产品不再为英国所需，中英经贸关系出现了逆转，这一阶段英国即使不借助军事力量也足以逼迫中国签订不平等条约，在国际话语权上进一步实现了对中国的压制。

第三，成功的贸易博弈需要前瞻性的政策指引。表面上，从东印度公司对华贸易垄断权的被废除，到鸦片战争后中国通商口岸的开放，英国在茶叶贸易博弈中的胜利似乎源于自由贸易者的推动；但实际上，无论是进行贸易谈判、调整关税，还是在印度培植茶叶，都是英国的官方行为，是国家力量介入的结果。而从中国方面来看，中央政府对地方政府

---

① ［英］季南：《英国对华外交》，许步曾译，商务印书馆 1984 年版，第 7 页。

② 关于 1868 年教案，详见高鸿志：《近代中英关系史》，四川人民出版社 2001 年版，第 220~222 页。

③ 《1874 年日本侵占台湾和英国的外交活动》，王绳祖：《中英关系史论丛》，人民出版社 1981 年版，第 40~64 页。

和茶叶商人过于微弱的约束力始终是其在贸易博弈中的弱点；而这样的弱点又造成了政府具有前瞻性的政策难以战胜茶商的盲目和短视，晚清时期茶叶质量下降和贸易秩序混乱等问题即是这一弱点的后果。

第四，国际贸易的顺利开展离不开强大的军事保障。当常规的贸易博弈手段无法化解贸易冲突时，在国际关系的"丛林法则"下，强国往往会诉诸军事手段，鸦片战争便是如此。因此，一个国家想要保护自己在国际贸易中获得的利益，就必须具备足够的军事力量，否则就只能如19世纪中叶的清政府那样，赢了"贸易战"，却输掉了真正的战争。

（作者单位：武汉大学历史学院、文学院）

民国时期青年会募捐义演考析*

□ 郭常英　贾萌萌

【摘要】青年会是以基督教为本源的社会团体，19世纪传入中国，其后快速从沿海发展到内地并逐步壮大。在民国时期灾荒与战乱相交织的严酷社会生态中，青年会以"社会服务"为旗帜，积极投入赈灾救难活动，以义演募捐服务于慈善事业。因此，在义演筹款助赈、义演救助战区难民、义演筹资助学济贫等活动中，多有青年会的身影。这是一支特殊的青年力量，也是不容忽视的社会角色。青年会以剧目演出、游艺会、音乐会等形式筹款募捐，彰显其德化教育、服务社会以及慈善关怀等办会主旨，义演的组织与成效，部分反映了青年会组织活动的某些特点，在社会变革中扮演了一定的角色，对青年会自身的发展以及近代中国城市文化和慈善文化发展产生了影响。

【关键词】民国时期；青年会；募捐义演

清末兴起的慈善义演，到民国时期有了较大程度的发展，这一时期，青年会作为一个富有生机的青年团体，参与了多种类型的募捐义演活动。与动荡不安的社会生活相交织，青年会投入救济难民、扶助难童等社会工作，组织募捐筹款并充当重要角色。募捐义演非同一般性的慈善筹款，在此类活动中，青年会显示其较强的组织能力和工作才干，可谓引人注目。目前，学界有关青年会的研究虽已出版有几部专著和一些论文成果，然均未涉及青年会在慈善救助中的义演问题，较多以该组织参与抗日救亡、体育事业以及推动音乐传播①为研究视角。笔者曾发文指出，义演是以娱乐表演为外在表现的社会活动②，也是中国"社会-政治"变迁的产物，有不同社会角色参与其中，多类型的演艺活动和都市民众

---

* 本文系国家社会科学基金重大项目"中国近代慈善义演珍稀文献整理与研究"（17ZDA203）、国家社会科学基金一般项目"中国近代慈善义演研究"（15BZS092）阶段性成果。

① 郑利群：《博爱与成效的平衡：民国中期广州基督教青年会救济事业特点》，《暨南学报》（哲学社会科学版）2014年第4期；杨靖筠：《北京基督教青年会与女青年会》，《北京联合大学学报》2002年第3期；左芙蓉：《基督教与近现代北京社会》，巴蜀书社2009年版；陶亚飞主编：《宗教慈善与中国社会公益》，上海大学出版社2012年版，等等。

② 郭常英：《慈善义演与近代中国研究》，《中国社会科学报》，2018年12月25日，第5版。

的广泛参与，促成一种城市文化现象。① 青年会参与的新型筹款活动具有不容忽略的内涵，值得深入挖掘与探讨。

一、赈灾救难：义演义赛助募贫困

自民国初年始，国内各地兵祸蔓延、工商停滞，社会民众贫困至极，与此同时，自然灾害此起彼伏、连年频发。学界前期研究显示了当时灾情之状，自"元年至民国二十六年这一段历史时期中，单说各种较大的灾害，就有 77 次之多。计水灾 24 次；旱灾 14 次；地震 10 次；蝗灾 9 次；风灾 6 次；疫灾 6 次；雹灾 4 次；歉饥 2 次；霜雪之灾 2 次。甚至各种灾害，大都是同时并发"②。后期各地灾情依然此起彼伏普遍存在。有关不同时期各地灾民的生活状况文献记载有很多，在灾情极为严重时，民间甚至盛传饥饿的灾民"连树皮都吃完了，骡马都下了汤锅，小儿小女到处卖，女孩子还有人贩子出两三块钱买，男孩子卖不了，竟自杀了吃活人肉……"③ 灾荒造成的贫困与灾害，实为惨不忍睹。在灾难困境下，灾区难民急待救助，各地基督教青年会以其青年社团的组织优势，参与了诸多赈灾活动，其中筹备募捐义演，赈灾救难的事例非常显著。

最早所见青年会的义演活动是在 20 世纪初年，到了 20 世纪 20 年代，募捐义演活动已较为普遍。1921 年，直鲁豫一带发生了大面积严重水灾，造成灾区民不聊生的局面。此时，北洋政府也在采取一些措施，如为"筹备赈济，发行赈灾公债 400 万元，募集办法，除划一部分由中外各机关购募外，其余债额由财政部同内务部酌量各省情形，分别摊派"④。但灾害之重，加上政府的荒政能力不足，救灾的覆盖面十分有限。而民间自救活动此时成为作用明显的助赈活动，在它们之中，义演筹款以其娱乐性和彰显功德之效应，受到了都市富裕阶层的追捧，一些社会组织纷纷效仿，采用此举救灾，不少募捐义演活动中活跃着青年会的身影。

较早在东北地区，严重的水灾得到大连基督教青年会的高度关注。1921 年 4 月 14 日至 16 日，当地青年会组织筹款义演，募款所得用以灾区赈济。此次演出的剧目有新剧《哀鸿泪》《闺门法律》和《青天传》等⑤，其中最受关注的是《哀鸿泪》一剧，描述了在军阀混战情况下灾民的悲惨生活状况。大连《泰东日报》对现场助募发文做专题介绍："《哀》剧系演灾民惨状，易子而食，折骸为薪，令人不忍目睹。座客有为之下泪者，有为之泣不可抑者，足见戏剧感化人也深矣！是时座客倾囊相助者指不胜数。"⑥ 此类折射现实灾情的剧目使观众感同身受，更易激发人们对灾民的怜悯和同情，有助于筹款取得成效。这样的宣传教育也在一定范围向人们传播了慈善理念。

1929 年，西北地区遭受严重的旱灾，受灾"区域之广，难民之多，实亘古所未见，

---

① 郭常英：《慈善义演：晚清以来社会史研究的新视角》，《清史研究》2018 年第 4 期，第 131 页。

② 邓拓：《中国救荒史》，武汉大学出版社 2012 年版，第 32 页。

③ 《上海新舞台为灾民之呼吁》，《晨报》，1920 年 10 月 1 日，第 6 版。

④ 刘志英：《近代上海华商证券市场研究》，学林出版社 2004 年版，第 146 页。

⑤ 王胜利主编：《大连文史资料戏剧专辑》，大连海事大学出版社 1992 年版，第 42 页。

⑥ 王胜利主编：《大连文史资料戏剧专辑》，大连海事大学出版社 1992 年版，第 42 页。

竟至人率相食，可谓极世间之惨事"①。当年地处西南的昆明也发生了较为严重的火灾，且在国内形成较大影响。针对如此社会灾害，引发广州基督教青年会的莫大同情，就此发起赈灾筹款游艺大会。此次义演带动了广州各界的参与，特别是捐款者中还有一些显要机构和人物。捐款机构有教育厅、电政管理局、警察第二区分署、第六十三师部、中央银行、太古洋行等；个人捐款者如，财政局局长、公用局局长、卫生局局长等。游艺会筹款效果良好，善款"所得银 1465.2 元，全部用于赈济……分别汇交西北与云南赈济"②。本次游艺会的举办，充分显示了广州青年会对义演活动的周密组织与该会的社会公信力。在义演活动之后，该会还在《广州青年》发布了义演募捐情况，将筹募资金数额、使用情况及资金去向对社会公开。内容包括：筹款数额、币面种类、支出费用、捐款者姓名、捐款具体数目，还有中间资金的变化细节等③，反映出广州青年会对义演活动组织相当周全，非常精密，可见青年会对募捐筹款义演活动的良好运作和重视程度，也具有较为完善的制度保障。

1930 年，辽西地区遭到严重水灾。据报载，灾情"惨重异常，浩劫空前，向所未有，孑黎遍野，荡析流离，沟壑余生，兼虞冻馁"④，甚至"沦泽国者六七百里，死者数万人，毁室数万间"⑤。灾情传至国内各地，一些慈善机构纷纷举办赈灾活动，同样也影响了青年会，一些地区的青年会纷纷发起赈灾募捐义演。当年 9 月，一场青年会赈灾游艺会在辽宁省城沈阳举行，游艺会"由零零音乐团、新剧团担任表演，私人方面，辽垣著名舞星陈莲惠女士亦出台表演"，"六、七日两晚，均售票至七百余张"。有报纸记载，前往观赏的民众十分踊跃，青年会此次筹款成绩颇佳。义演活动之后，青年会将筹款所得资金全部用于赈济水灾难民。⑥ 天津青年会也为此次水灾开展筹款救助活动。义赛也是青年会的义演募捐方式。当年 11 月，天津青年会组织了一场赈灾筹款篮球赛，由体育科会员与当地黑白篮球队对阵。此次赈灾筹款义赛，到场观者"楼上（楼）下约三百余人。楼上门票二角，楼下四角"，这场义赛筹款全部收入"为五十一元六角"。⑦ 虽然款额有限，但可见募捐义演的筹款形式有了发展，通过义赛，吸引了更为广泛的民众对于社会灾难的关心，对于慈善活动的投入，一些新的赈灾形式也成为青年会实施"德育"宣教的重要途径。

1933 年黄河流域发生水灾，造成了陕西、山西、河南以及豫、冀交界处接连决口数十处，此次"黄灾"的灾区波及陕、晋、豫、冀、鲁、苏等 6 省 60 余县。据当时不完全统计，豫、鲁、冀三省灾民多达 300 余万人。⑧ 由于水灾奇重，哀黎遍野，灾民急待赈济。此时全国各界纷纷组织赈灾救济活动，其中募捐义演形式可谓遍及各地，青年会也热情参与其中。如北平女青年会与北平妇女社会服务促进会、妇女救国十人团联合一起，于

① 《华洋义振会陕甘豫振务消息》，《申报》（上海版），1929 年 9 月 5 日，第 14 版。
② 《为西北及云南筹赈报告》，《广州青年》1929 年第 16 卷第 30 号，第 108 页。
③ 《为西北及云南筹赈报告》，《广州青年》1929 年第 16 卷第 30 号，，第 125~126 页。
④ 《辽宁各界通电乞赈》，《大公报》（天津版），1930 年 9 月 22 日，第 4 版。
⑤ 《赈务委员会劝募各省灾赈启事》，《申报》（上海版），1930 年 9 月 25 日，第 2 版。
⑥ 《辽宁省城举行筹赈游艺会》，《大公报》（天津版），1930 年 9 月 11 日，第 5 版。
⑦ 《辽赈篮球赛》，《大公报》（天津版），1930 年 11 月 23 日，第 8 版。
⑧ 李文海等：《近代中国灾荒纪年续编》，湖南教育出版社 1993 年版，第 375 页。

1934 年 1 月 12 日发起举办筹款义演。这场大规模的游艺会很受当时社会名流的关注，不少"交际界名人"到场并参加表演。有报纸记载当时情况，"中西名媛唱歌跳舞等项，而尤以儿童所表演之二十五年来结婚仪式之变迁一项，为独出心裁"，还当场"出售彩票，每元一张，于游艺会后，即当众开彩"。① 此次游艺会号召力之大，在于青年会与北平数个妇女团体的联合，由此调动了更多的社会力量，激活了更多的积极因素，显示出妇女在社会救济活动中的能量和作用。天津青年会此期也举办了颇具声色的救灾筹款游艺会。1934 年 1 月 13 日，游艺会在东马路青年会所举行，约"津市大鼓名手刘宝全及荣剑尘、张寿臣、吉评三等演唱各种游艺"，游艺会还有让人"神往的大戏"，约"名票刘叔度、徐觉民、纪书元……售出款项，悉数汇往灾区"。另外，此次义演各项会务费用开支由青年会捐助，不动用票款。② 有艺界知名人士到场参与表演活动，无疑扩大了义演筹款的号召力和成效。其时，在一般情况下，义演筹款的资金是来自"商演"之上的费用，即义演收费高于日常演出，其中仍需支付所有相关劳务人员的酬金，剩余收入为助赈资金。而在这次义演中，所有会务支出由青年会支付，筹资全部用来赈济灾区。可见，青年会既是此次义演活动的组织者，也是投入资金的捐助者。

1935 年夏，长江及黄河中下游地区遭遇大面积水灾，尤以鄂、湘、赣、皖和鲁、豫、冀、苏 8 省最为严重。据不完全统计，"此 8 省被灾县数达 241 个，被灾面积 139100 平方公里，灾民人数 21982500，财产损失 776019000 元"③。"为唤起同胞，共图救援"，上海青年会沪西公社特组织电影义映募捐，"特假座劳勃生路沪西公社表演精彩新剧四天，将所得票价，全数拨助各省水灾（票价分二角、一角两种）"，同样因为各界对灾民的同情，"代销座券非常努力"④。当时，上海体育活动较为活跃，因而体育赛事成为上海青年会救灾募捐的一种主要方式，"青年会鉴于各省灾情惨重，特邀请出席全运之第一流男女排球选手，举行排球赈灾慈善赛。已定今晚八时在四川路该会健身房揭幕，门票分一元、半元两种"，"举行慈善赛……该会颇煞费心机。各赛员均散处四方，经委员凌希陶氏，多方努力，终日奔走，方蒙各方允予参加"⑤。同时，上海青年会国术班，还积极与上海市国术馆、精武体育会、体育场国术班、柔拳社、中华体育会、中华武术会、武当太极拳社、螳螂拳社、尚德武术会等社会团体形成联合组织，共同举行游艺大会。⑥

1943 年，华北地区遭遇大旱且灾情严重，一时间"饿殍载道，惨况空前"。社会各界对此灾情纷纷伸出援手，想方设法助华北灾民渡难关，上海青年会也积极投入赈济灾民的行列。从当年 6 月 26 日起至 6 月 28 日止，上海青年会与《申报》馆联合，以"《申报》杯"华北赈灾篮球赛为名，举行体育表演活动。每晚八点开始，在八仙桥青年会健身房

① 《筹赈黄灾》，《大公报》（天津版），1933 年 12 月 26 日，第 4 版。
② 《青年会为黄灾筹赈》，《益世报》（天津版），1934 年 1 月 5 日，第 5 版。
③ 李文海、林敦奎、程歗、宫明：《近代中国灾荒纪年续编（1919—1949）》，湖南教育出版社 1933 年版，第 440 页。
④ 《沪西公社、艺轮影片公司演剧赈灾》，《申报》（上海版），1935 年 8 月 28 日，本埠增刊，第 3 版。
⑤ 《青年会主办男女排球赈灾赛》，《申报》（上海版），1935 年 8 月 31 日，第 14 版。
⑥ 《全市国术界发起赈灾游艺会》，《申报》（上海版），1935 年 8 月 29 日，第 12 版。

举行。① 赈灾篮球赛，得到了各界热心人士认可，"认销座券异常踊跃"，筹款效果非常显著：篮球赛三天，门票收入"一万一千三百元"。② 比赛之后，青年会将所得捐款送交上海赈灾急赈会，全部用于赈济华北的灾民。几乎与此同期，还有上海青年会少年部举办的义演筹款也在进行，据《申报》记载："鉴于华北旱灾严重，定于七月三日，假座贵州路北京路口湖社大礼堂举行平剧义演一天。"③ "上海青年会少年部新青团契平剧义演一万零三百五十元一角"，收入除演出开支外，全部捐入当地急赈会，由急赈会实施赈济。④

有关青年会组织和参与义演赈灾的事例非常多，且遍及国内各地。从上述不同区域的义演筹款活动来看，青年会在多重水旱灾害面前和严酷的社会生态中，能充分利用群体优势和自身良好的活动场所，精心组织活动，注重公信意识，加强与其他团体合作，收到良好募捐效果，为社会慈善与公益事业付出了辛劳，作出了贡献。

二、募粮募药：义演救助战乱难民

民国年间各地战事频繁不断。北京政府时期，此起彼伏的军阀混战从无歇息，战祸从南到北连绵而起，各地遍遭战乱侵扰，民众为之备受煎熬。1928 年北伐战争胜利，结束了此前军阀混战、南北纷争的局面，但 1931 年即发生了九一八事变日本侵华开始，直到 1945 年抗日战争结束，长达 14 年的战争状态。在此期间，各地战事起伏不断，侵略者铁蹄所到之处，黎民百姓苦难深重。其间，青年会积极投入抗战洪流，成立了战时军人服务部，组织开展一系列救亡活动。1945 年抗日战争胜利，国内战争又持续到 1949 年，青年会又继续组织参与救济灾民难民的募捐义演活动。面对战乱期间的救难扶困，青年会的募捐义演呈现出另一服务指向。

在不同时期的战争灾害中，均可见到青年会义演筹款的足迹。民国初年，青年会的义演活动已经出现了令人注目的情景。1918 年，汉口基督教青年会"排就文明新剧"，为赈济湖南的战争难民和苦难灾民进行演剧筹款。此次义演在当时很有影响，因此天津《大公报》也载文对其大为赞赏，称该会"虽系培养人材机关，凡对于地方公益、人民痛苦，无不尽心补救、竭力经营"。当年 6 月，青年会在其会所举办义演筹款活动，"售卖男女两等入场券，任人入会参观，所有售券之资悉充湖南赈款之用"⑤。

北伐战争期间，很多社会团体通过募捐义演活动为北伐军提供物资支援。青年会也积极支援前线，参与义演募捐筹备军饷。1927 年 6 月 18 日，青年会竞志团为筹募北伐军饷举行游艺会。首先，通过报纸对游艺会大造声势、着力宣传，争取各界协力赞助。其次，会员在募捐游艺会上演出精彩节目，其中有"兄妹相声""名人演说"及警世新剧《人面兽心》等。最后，将义演所收之款，除去应有的开支部分"悉助北伐军饷"。⑥

---

① 《"申报杯"篮球义赛荣誉座认募踊跃》，《申报》（上海版），1943 年 6 月 24 日，第 4 版。
② 《"申报杯"义赛赈款成绩》，《申报》（上海版），1943 年 7 月 4 日，第 3 版。
③ 《新青团契平剧义演》，《申报》（上海版），1943 年 6 月 29 日，第 4 版。
④ 《华北急赈捐款征信录》，《申报》（上海版），1943 年 7 月 18 日，第 4 版。
⑤ 《湖北青年会演剧筹赈》，《大公报》（天津版），1918 年 6 月 19 日，第 7 版。
⑥ 《青年会竞志团筹募北伐军饷游艺会》，《申报》（上海版），1927 年 6 月 14 日，第 1 版。

1928 年，天津地区仍处于"军阀肆虐、哀鸿遍野"的灾难之中，《大公报》描述当时的情景为："灾民布满津门，嗷嗷待哺，悲苦之状，惨不忍睹。"天津青年会为赈济灾民，与慈善团体相配合，根据救灾需要，筹备举办专场赈灾筹款游艺大会，所得资金"尽数交红卍字会及各慈善救济团体代为施赈"①。以义演方式筹款，援助军阀混战下的难民，这成了当时青年会的一项主要组织活动。

1931 年 9 月 18 日，日本关东军蓄意制造事端，侵略中国，九一八事变爆发，中国抗日战争也拉开了序幕。此时，武汉青年会的救亡活动非常活跃。为筹募资金支援抗日将士，该会组织了多次抗日募捐义演活动。1932 年 2 月 3 日，武汉青年会"平剧部"为东北将士举行了颇具声势的募捐义演。此次活动以演剧为主，由会员李少斋、廖茂林、王云章等联袂演出《法门寺》；还有熊余美、丁元白合演《贺后骂殿》，李云峰主演《上天台》，王攀云、王韵轩、黄少秋合演压轴大戏《大英节烈》等。② 以这种表现英雄气概和英勇精神的剧目作为义演筹款节目，不仅表现了中国人民不畏强暴、保家卫国的决心和意志，向民众进行了抗战宣传，同时也为东北抗日将士筹集了援战资金、提供了经济帮助。

1932 年 1 月 28 日，一·二八事变爆发，此为侵华日军蓄意制造的事端，淞沪抗战由此开始。当时，驻守在上海的十九路军奋起抵抗，将士们的英勇义举振奋了国人，各界人士纷纷支援淞沪抗战。广州青年会应对时事，为淞沪抗战开展了一系列社会服务，其中较为突出的事例，即为利用青年会会所与乔亚公司、联华影业制片公司以及明珠戏院等联合组织的画片义映。此次义映连续多天，终以放映四日所筹得的资金"3500 多元，汇往沪上粤军"③。义映在当时也是一种颇受观者欢迎的娱乐方式，影画以新奇、吸引人的视觉娱乐，带给观众一项新感受。新式娱乐参与义演筹款活动，对观赏者具有较强的冲击和震撼，有助于筹募资金的实际收效。继此义映筹款之后，广州青年会又于 3 月 4 日下午 7 时举办一场筹款游艺会，意在筹集资金，用以慰劳十九路军将士及救济战地同胞。此次游艺活动的内容非常丰富，既有民间"锣鼓、大戏"，还"敦请各名优到场助庆"，同时又"有儿童剧《高丽童子》"等。这个儿童剧，由广州市立儿童游乐园管理员罗淑贞女士执导，在民间具有良好的口碑。④ 青年会以民众喜爱的剧目和娱乐表演组织游艺会，既为淞沪之战筹募资金，也在民间扩大了抗日宣传的影响。

1932 年 11 月 14 日、15 日，又有北平女青年会举办筹款游艺会，此次筹募游艺会一共筹集了 3078 元，青年会以其中的大部分（2500 元）接济前线义勇军，余下全部作为冬赈施衣款，用于救济北平当地的苦难贫民。⑤ 通过举办游艺所筹募的资金，青年会支援了抗战前线，也宣传了抗战。而将大部分资金用于支持抗日将士，说明在日军侵华的危急形势下，挽救民族危亡的局势显得更为迫切。

① 《筹备中之赈灾游艺大会》，《大公报》（天津版），1928 年 6 月 24 日，第 7 版。
② 《老汉口基督教青年会的抗战义演》，《福音时报》，2015 年 8 月 18 日，http：//www. gospeltimes. cn/index. php/portal/article/index/id/29735，访问日期：2019 年 3 月 26 日。
③ 《博爱与成效的平衡：民国中期广州基督教青年会救济事业特点》，《暨南学报》（哲学社会科学版）2014 年第 4 期，第 158 页。
④ 《举行游艺会筹款慰劳十九路军将士及救济战地难民》，《中华基督教女青年会·会务鸟瞰》第 2~3 期合刊，1932 年，第 32~33 页。
⑤ 左芙蓉：《基督教与近现代北京社会》，巴蜀书社 2009 年版，第 135 页。

抗日战争时期，上海租界曾因其特殊的地位而免遭战乱侵扰，也因此成为重要的战时避难所。沦陷区不少民众为躲避战火，纷纷逃至租界，也因此造成租界难民数量持续增加的状况。同时，也由于资金紧张，难民的基本生活得不到保障，急需赈济。1939 年 2 月 21 日，上海女青年会为筹募难民救济经费，在宁波同乡会举行了一场筹款游艺会。据记载，此次游艺会活动的门票只能在同学之间推销，不许向外推销或门市出售。① 这种情况说明，青年学生是此次义演募捐活动的主体，她们依靠自身力量募集资金、救助难民。

在抗战过程中，前线将士为保家卫国英勇作战，战场负伤难以避免。对于前线医药缺乏情况，香港青年会给予高度关注。1939 年 3 月，青年会健身团以独特的方式举行筹募义演，义演大会为器械运动，以表演运动项目为主，如"双杠、木马、跳箱、斗牛、单车绝技、健身操、叠罗汉、舞火球"等，会上也有人们喜爱和熟悉的歌咏节目。② 可见义演活动日益丰富，新颖别致的各项表演，也自然能引人关注。因此义演成效甚佳，门券收入"共得一百卅四元六角"③。义演所筹善款全部用于购买药品，由省港青年会随军服务团带到前方供战士使用。

近代中国社会颇为动荡，战争几乎贯穿于整个民国时期，导致战争、难民等问题十分突出。青年会在此阶段发挥了积极作用，开展了一系列的难民救助、军人服务、学生救济等活动，通过募捐义演的形式抚慰战争给人们带来的痛苦，其"社会服务"的功能体现得较为显著。从青年会所组织的募捐义演的结果来看，义演收到了良好的成效，一方面可以为战乱受难者筹募资金，另一方面也可以展现自身的社会责任感，获得社会和民众的认可。

三、扶助贫弱：义演筹款助学济贫

灾害频仍、战乱肆虐是民国时期最为显著的社会生态特点，民众的贫困与社会发展的需求问题突出，也形成了巨大的矛盾冲突。自清末近代教育起步之后，新式教育开始逐步发展。民国之后，政府也注重对新式教育的政策支持和资金扶持，新式学校也日渐增多。但是，显而易见的战乱与自然灾害使政府面临日益严重的财政困难，教育发展面临困境，使得推动教育发展只能成为美好愿望。除了少数由政府主办的学校能得到正常财政拨款之外，大多数地方学校、私立学校都要依靠自身力量来筹募发展经费，甚至是维持生存。在灾荒、战争频繁发生的复杂社会环境之下，许多学校经费困难、无以支撑，需要社会力量的救助。同时，政府在解决贫民的生活困苦问题上，也明显力不从心。在政府无力，民众普遍贫弱的情况下，社会力量参与社会问题的解决就显得特别重要。在此情势之下，青年会伸出援手参与慈善活动、社会救济和助学扶贫活动，发挥出积极的社会作用。

青年会的"社会服务"工作较早投入了社会救助。青年会各项组织活动逐步适应于社会需要，在自然灾害和战争动乱的状态下，救助贫弱困苦活动更为频繁，组织义演募捐

---

① 《上海公共租界工部局总办处关于上海难民救济协会等为救济难民申请举办振灾义演事来往函》，1939 年，上海市档案馆藏，档号：U1-4-2168。

② 《青年会健身团下月中举行义演》，《申报》（香港版），1939 年 1 月 24 日，第 7 版。

③ 《器械表演得款百余》，《申报》（香港版），1939 年 3 月 2 日，第 7 版。

成为其从事社会救助的一个重要方式。

青年会关心社会贫弱儿童接受教育问题，经常通过募捐义演为学校教育提供资助。如1927年12月，天津青年会"新剧团"发起组织筹款义演活动，为南华小学募集基金。"新剧团"演出剧目为"哀情警世新剧《诱婚》"，剧情是"描写婚姻问题之种种黑幕"①，鞭笞社会现实中的不良现象。由于故事情节贴近生活，人物刻画生动形象，成了青年会"新剧团"颇受观众欢迎的佳作，因此吸引了社会各界人士前往观看，南华小学由此获得办学资金。学校青年会的筹款义演活动也较为多见，1927年12月14日，天津汇文中学校附属青年会为创办平民学校，组织了筹款演剧募捐活动，准备演出的是两场"新剧，一为《姊妹易嫁》，一为《善恶报》"。义演消息通过报纸宣传得到广泛传播，演出时到场观演者甚众，且因"剧中情节饶有兴趣，扮演员亦皆佳妙"，演剧筹募资金也卓有成效，此次活动募得捐款二百余元。②

天津女青年会为帮扶平民学校，也积极举办筹款游艺大会，1934年6月16日"晚七时半，假海大道伦敦会礼堂举办"。演出节目有"钢琴独奏、单人舞、歌诗、舞蹈（桃李争春），提琴独奏，土风舞，却尔斯登舞……"同时还演出了新剧《兰芝与仲卿》及《往那里去》等。由这些记载可见，此次游艺大会组织工作极为充分，演出内容非常丰富，节目不仅有西式歌舞音乐，还有中国新编剧目。据报纸文章介绍，游艺会的演员、导演除有本会会员之外，也聘请了外界友人一起参与。其中《往那里去》为话剧短剧，内容表现劳工的困苦生活、反映社会现实问题，能够启发观众思考社会问题，因而是有社会意义的剧目，同时也有益于筹募资金、帮助平民学校。③

上海青年会浦东分会劳工小学，是一所为普及工人子弟义务教育而创办的教育机构。在办学经费困难无以为继的情况下，青年会于1936年1月12日在四川路青年会礼堂举行了筹款游艺大会，向社会各界募集办学资金。此次游艺会除该校"幼稚生表演"之外，还邀请了"上海歌剧社全体男女团员及歌星周璇、徐健、罗莺等士女"进行歌舞表演，从参演人物和演出节目可见，此次游艺会的规格相当可观。与此同时，还有"滑稽、国际技术团话剧"等节目，为得到更为普及的效果，此次演出内容精彩且收费不高，"券资所得，概充该校经费"。④

青年会除了通过义演筹款的形式为学校筹募运行资金之外，也采取义演方式为受战争影响的贫困学生筹募救济基金。如1944年3月，贵阳女青年会举办电影义映活动，放映"教育名片《孤儿乐园》"，并"将全部所得，用来救济贵阳各大学院校、战区清寒学生"。⑤《孤儿乐园》是以美国一位神父经营的孤儿乐园作为真实故事原型而编创的电影，主要是描述这位神父如何为那些孤苦无靠的孩子们奋斗的历史。⑥可见在义映筹款同时，还体现出基督教的宣教意图。同年4月14日，贵阳女青年会举办了义演活动，再次为帮

① 《青年会新剧团为南华小学筹款》，《大公报》（天津版），1927年12月9日，第7版。

② 《汇文中学演剧筹款》，《大公报》（天津版），1927年12月14日，第6版。

③ 《女青年会平校筹款游艺会》，《大公报》（天津版），1934年6月15日，第13版。

④ 《上海青年会浦东劳工小学游艺会》，《申报》（上海版），1936年1月12日，第15版。

⑤ 贵阳市地方编纂委员会编：《贵阳通史·中》，贵州人民出版社2011年版，第464页。

⑥ 《〈孤儿乐园〉观感》，《申报》（上海版），1939年3月18日，第15版。

助学校贫困学生筹募助学基金。此次募集是"在民教馆举行中美盟友联欢女子篮球赛"，以球技比赛作为义演筹资手段，赛后将全部收入"作为学生救济基金"。①

民国时期国内有众多民众长期处于贫困状态，形成较大的社会弱势群体，需要社会的关注与救济。为此，青年会曾通过举办多种募捐义演，展开对贫困者的救助活动。如，云南青年会 1926 年的冬赈游艺会，时间安排在正月初三至初五三日，连续举行游艺会五次，筹款专为赈济贫民过节。按照计划，游艺会售票在春节之前进行。对于施救对象，要根据本市教会、警署及其他慈善团体所调查的"穷人名籍单"，并交放赈部派员再"进行分途调查"，"择最贫者，按户发给米粮"，嘱受助者节前"腊月二十八九两日""到会领米"。助赈游艺会采取男女分场的方式举行，日场，招待女宾；夜场，招待男宾。从公布内容看，节目十分丰富，其中既有新剧《山河泪》《刺马记》《西太后》，还有中西音乐、跳舞，甚至表演火球、火棒、魔术、杂技等。② 虽然云南处于少数民族居多的边疆地区，但是青年会的游艺活动并不比一些中心城市的娱乐节目逊色，火球、火棒等表演更显示其内容的多彩和独特。

1933 年 12 月，天津青年会少年部为救济河东、河北、南关等地的贫儿，举行了较大规模的募捐游艺会，游艺项目较为繁杂，既有吹笙、口琴、国乐、琵琶、提琴、歌舞等音乐节目，还有相声、笑林及火棒杂耍，同时，还表演话剧《压迫》与《瞎了一双眼》等。此次演出的票价分作两种，前排四角、后排两角，演出筹资目标为"一百八十元，扫数购物，分送贫儿云"③。

1935 年 12 月，由上海青年会少年部主办的第一届少年杯乒乓锦标赛举办，报纸记载："自本月一日开始以来，分十组单循环预赛，战况甚为紧张。其中球艺超群之小将极多，故竞争非常激烈……十五日（星期日）下午七时起，在四川路青年会健身房举行决赛。届时并请出席远东运动会乒乓名将及全沪男、女乒乓冠、亚军参加表演……该会为捐募本市苦儿同乐大会经费。"④ 同期还有上海青年会互助社的游艺大会。青年会互助社在当地具有一定影响，关注义务教育，为筹募义校和筹备圣诞节苦儿会经费，"特定于本月二十一日晚七时，在四川路会所大礼堂，举行游艺大会，有学生各项表演"⑤。这是青年会将体育赛事作为募捐义演，筹款救助学校教育的典型事例。

1937 年，北京市内因失业贫民过多，啼饥号寒，北京青年会特开展冬赈募捐运动，以救济市内失业贫民。与国内其他城市青年会相比，北京青年会创办时间较晚。1913 年10 月，北京青年会成立大会隆重举办，当时既有袁世凯大总统的"题赠"，还由熊希龄总理亲致"开幕演词"。在开幕词中，熊希龄指出青年会的特点："青年会本为海外宗教慈善家所创办，宗旨原义培养青年之道德学识"，并"祝其日渐推广、普及于我全国所属地方，使众生群趋于善"。⑥ 北京具有政治与文化中心的优势，因而青年会集聚了较多的才

① 贵阳市地方编纂委员会编：《贵阳通史·中》，贵州人民出版社 2011 年版，第 464 页。
② 《冬赈游艺会之筹备》，《云南基督教青年会会刊》1926 年 1 月，第 1 页。
③ 《青年会为贫民儿募捐游艺会》，天津《大公报》，1933 年 12 月 15 日，第 13 版。
④ 《上海青年会乒乓赛少年杯锦标定期决赛》，《申报》（上海版），1935 年 12 月 11 日，第 13 版。
⑤ 《青年会互助社将开游艺大会》，《申报》（上海版），1935 年 12 月 15 日，第 12 版。
⑥ 《熊总理希龄十月九日开幕演词》，《大同报》附件 1913 年第 19 卷第 36 期，第 36~37 页。

艺人士。1937 年的冬赈募捐运动，调动了各类人才，可见到"游艺募捐会""口琴演奏会""国剧表演会""体育表演及化装溜冰""昆曲表演"等齐上阵，会员也"一致努力，鼎力帮忙，有一元即可救一人不致冻死，并盼广为宣传"。① 此次冬赈募捐运动，采用多种艺术表现相结合的方式举办，此前此类情况非常罕见。

1940 年，南京青年会通过举办慈善音乐会筹募资金，以救助贫弱饥寒之民众。此次慈善音乐会所募集资金，"以百分之八十作赈米之用，百分之二十作冬赈医药费用"②。此次音乐会将所筹善款全部用于帮助社会上的贫弱者，使一批民众免受饥饿之苦、缺医少药之苦，同时对于贫弱者的救济也有利于社会稳定。下面表 1 所列，皆为各地青年会救助贫困及赈济难民所参与或举行的筹款义演活动。

表 1　　　　　　　　**1936—1940 年各地青年会部分筹款助赈义演活动**③

地　　址	演出时间	表演人员	名　　目	募款用途
上海八仙桥礼堂	1936 年 12 月 4 日、5 日	工部局女子中学	历史名剧	筹募苦儿同乐所经费
北平青年会	1937 年 1 月 23 日晚	会员昆曲社	冬赈公演会	救济本市贫困同胞
汉口青年会	1937 年	青年会音乐歌咏团	圣诞音乐大会	筹款救济贫寒孤苦
成都青年会	1938 年	各小学及热血剧团	寒衣募捐表演	
北平青年会	1939 年	学艺会	西乐、国剧、昆曲等	冬赈、水灾募捐
宁波青年会	1939 年 12 月 8 日、9 日、10 日	票友	平剧劝募大会	700 元全部救济难胞灾孤
上海青年会	1940 年 12 月 27 日	联合基督教圣乐团	合唱《第四弥撒曲》	捐款救济内地难民
南京金陵大学	1940 年 12 月 10 日、11 日		冬赈音乐会筹 1149 元	80%赈米，20%赈医

义演是一种"寓善于乐"的募款方式，有利于吸引和打动观众，激发人们的仁爱之心，动员民众资助办学、济贫救困。举办募捐义演需要有效的方式和良好的组织，还需要缜密的策划。此外，好的演出效果和动员效果需要较好的才艺能力，而青年会并非艺人团体，需要借助会外力量参与，为此各地青年会开动脑筋，除调动自身会员的积极性之外，

---

① 《进行中之冬赈募捐运动》，《北京青年》1937 年第 29 卷第 2 期，第 2~3 页。
② 《全国青年会军人服务部工作》，《同工》1940 年第 189 期，第 75 页。
③ 此表据《同工》总第 156 期、160 期、179 期、186 期（1937—1941 年）汇总各地活动资料进行整理，因原始记载详略不同，故表内显示与实际情况有一定出入。

还与其他团体或个人进行合作，使不少青年学生成为义演活动的主力，既促进青年学生在助学义演之时发挥才艺能力，也助其成长成才。青年会具有较为广泛的会员网络，在开设各类分部中也有一批具有特殊才艺的热心人，他们在义演活动之时热情参演，在义演筹款之时积极宣传鼓动，提高了义演活动的成效，青年会通过义演活动的开展，其积极、正面的社会形象进一步得以显现，社会影响也不断增强。

四、青年会参与募捐义演缘由分析

近代慈善义演在清末的兴起，有其特殊的时代背景。民国时期灾荒战乱叠加、时局动荡不宁，又是这一时期显著的社会生态特征。由于特殊的时代背景，近代慈善事业被打上了救亡图存的时代烙印，风起云涌的社会运动和扑面而来的西方慈善文化，在一定程度上形成影响，中国传统慈善开始了新的尝试、探索和发展。义演作为有效的募捐手段，给近代慈善事业注入了新鲜血液，开始从传统向近代转变。义演即是中国慈善文化与西方慈善文化影响的结合体，正是在中西文化碰撞的过程中，西方公益慈善理念和中国传统慈善文化开始融合，逐渐向本土化演变。众多本土慈善机构，积极参与各种慈善救助活动，广泛服务于社会和民众，开始了具有近代意义的慈善事业。青年会募捐义演有其自身的缘由。

（一）思想缘由

以基督宗教为本源的青年会创建于1844年，英国商人乔治·威廉斯创建该会的出发点，在于改善当时因繁忙劳顿而缺少生活朝气的青年生活状态。随着时间的推移，青年会逐渐发展为以"德、智、体、群"四育为主旨的社会服务机构。基督教青年会创立于英国，之后在美国得到了蓬勃发展，19世纪80年代以北美各学校青年会为基础，出现了"学生志愿海外传教运动"。由此开始，不少受到鼓动的青年学生走上了海外传教之路，中国为其海外传教的重点，青年会北美协会是最主要的宣传和实践机构。① 青年会传入中国之后，陆续在上海、天津等沿海城市和各区域中心城市建立起城市青年会和学校青年会，"德、智、体、群"的主张成为吸引青年会众的思想武器。

按照青年会的解释，"德育"，是用基督教的道德观念培养青年、宣传基督教；"智育"，是向青年人传播和介绍新科学、新知识；"体育"，是提倡青年锻炼身体、参加运动、增强体质；"群育"，是要培养青年人的社会组织能力和对外社交能力。青年会以"非以役人，乃役于人"为会训，这一会训源自《圣经》，即如耶稣所说："你们中间谁愿为大，就必作你们的佣人，谁愿为首，就必作你们的仆人；正如人生来不是要受人的服事，乃是要服事人；并且要舍命，作多人赎价。"② 这里意在提醒青年人要"服务于人"，而非"受人服务"。如果从生活态度来看待此语，这可谓是一种积极的引导。

青年会将青年群体作为联络对象，以"德、智、体、群"为行动纲领开展多样的社

---

① 赵晓阳：《基督教青年会在中国：本土和现代的探索》，社会科学文献出版社2008年版，第143页。

② 《马太福音》，转自列夫·托尔斯泰：《托尔斯泰的智慧箴言·春之卷》，梁祥美译，新世界出版社2017年版，第26页。

会活动，而慈善义演，则是以娱乐表演为外在表现的积极向善的社会文化活动。这一点恰好与青年会的主旨与道德规范相契合，并与其会训所引导的思想基准相一致。青年会组织慈善音乐会、筹款游艺会，以及义赛、义映等，既可娱乐身心，同时通过募捐赈灾救贫、服务社会来承担社会责任、体现社会价值，也由此在中国近代扮演了较为显要的社会角色。

以基督教为本源的青年会，若要在中国生存发展，就必须与中国的现实社会相适应，因此在社会服务方面开展了多方面的工作。青年会与一般教会又有不同之处：它不设教堂，也不直接传教，是通过社会服务等活动进行潜移默化的基督教宣传，由此培养青年人的宗教品德。① 有不少青年人通过参加了青年会的社会服务活动加深了对基督教的了解，由此成为基督徒。组织募捐义演也是青年会开展社会服务的一部分，通过义演筹款从事救灾助贫社会活动，展示青年会的社会责任感，容易增强民众对青年会的认同与信任，从而宣传基督教；同时青年会所举办的义演活动中，多以基督教圣歌为表演节目，如1943年6月5日，青年会为响应各界急赈会举行音乐会进行筹款，歌唱与《弥赛亚》齐名世界之海顿名歌《创造曲》一大本。② 歌咏传播是基督教宣传方式，《创造曲》作为基督教圣歌出现在青年会的义演活动中，是一种基督文化的传播。由此可见，募捐义演与青年会的宣教活动相契合。

（二）经济缘由

任何社会组织的生存、活动和发展，都依赖经费的支持，青年会同样。青年会组织活动经费的来源由以下几个部分组成。

1. 北美协会资助

在青年会传入中国之初，北美协会给予的经费支持比较充足，但这种支持也是有原则的。对此有学者指出，北美协会"除了支付外籍干事的薪金外，各城市青年会的运行费用皆其自主承担。一直以来，这都是青年会向世界各国家、地区传播的惯例"③。随着青年会的逐步立足、发展并达到一定规模，组织经费要自己承担。但实际上，中国各地青年会修建的会所大楼、支付外籍干事薪金等均为外来经费的支持和援助。以北京为例，青年会建造会所大楼时缺乏建筑资金，即向北美协会申请捐款，也得到了北美协会的积极响应。其建造会所的资金，主要是来自普林斯顿大学和美国商人，其中普林斯顿大学委员会捐献15000美元，费城的巨商万那迈克捐赠60000美元。④ 青年会由美国传入中国，适应了美国海外扩张的需要，正因如此，美国才向中国青年会提供活动经费，这是中国基督教青年会开展工作的重要保证。

---

① 左芙蓉：《基督教与近现代北京社会》，巴蜀书社2009年版，第135页。
② 《姚思源珍藏：20世纪三四十年代北京地区部分音乐会节目单》，首都师范大学博物馆藏。
③ 王小蕾：《全球地域化视域下的天津青年会研究》，中国社会科学出版社2016年版，第99页。
④ 左芙蓉：《社会福音·社会服务与社会改造 北京基督教青年会历史研究 1906—1949》，宗教文化出版社2005年版，第67~68页。

2. 会员缴纳会费

青年会是以会员为基础的社会团体，会员会费是青年会重要活动经费。青年会的组织活动以发动和组织青年为工作重心，也以其颇具活力和感染力的各类组织活动吸引家境殷实的青年会员。因此，青年会每年都要有目标地举行征求会员活动。如上海青年会，于1914年举行了第六次征求会，此次活动分水面飞艇、轻汽飞船、双叶飞艇、单叶飞艇四个分队进行，吸引不少青年入会，总共"添得会员七百八十九人（合之现在之会员共二千三百人），积分六千四百零三，实收银六千四百七十八元"①，这是获得组织经费的重要渠道。上海青年会还以分队的形式征求会员，展开广泛而积极的征求会员大会，既增加会员力量，也增加组织活动经费，可谓一举两得。

3. 资源经营收费

青年会的资源优势有目共睹，在很多城市里，青年会均有优于其他机构的基础资源：会所典雅美观、公用设施齐全。许多资源可用来对外经营：大礼堂、讲堂、体操室、游艺室、食堂、宿舍、淋浴室等。通过经营服务项目，青年会从中获得经济收入。以云南青年会为例，1924年10月1日至1925年9月30日为期一年的经营期，总共收入7808.07元。其中：英文夜校学费2020.62元；寄宿舍房租788.84元；电影票83.76元。这些营业性收入，约占总收入的37%。② 可见，经营服务项目为其经费的重要来源。

4. 募捐筹款

募捐是一种较直接的筹款方式，为保证组织活动经费的运转，青年会也会采用募捐方式筹措资金。如1913年，成都青年会为准备建筑会所而购地，在资金紧张的情况下，特举办"募捐竞争会"募集资金。经过前期准备，在募捐活动举行时到场支持者众，既有都督胡文澜、民政长陈佑犖及各行政长官等地方政要，还有各界的重要人士参与，共约数百人。收效更为可观，其中有"都督及民政长各捐银五千元，第一师师长彭治先捐银四千元"，随之，其他来宾林林总总纷纷捐款，有的捐三千元，有的捐两千元，也有的捐六百元、五百元者，"当日毕会时，共获银三万七千五百余元"。③ 原本以五万元为募捐目标，两周即已超额有余。各界人士慷慨仗义，为青年会建筑会所提供了充足的资金，可见募捐效果明显。义演募捐一般是为赈灾救难、济弱扶贫，是为社会服务，此类活动更能引起社会民众的关注和参与。民国时期青年会的募捐义演很多非常活跃。

（三）社会生态

在晚清"丁戊奇荒"背景下，上海最早出现演剧筹款的助赈方式，新型和高效是义演的特点，也为救灾助贫发挥了积极作用。民国时期灾荒战乱相交织的社会生态，使大量

---

① 《上海青年会征求会之成绩》，《青年》1914年第17卷第2期，第57页。
② 《中华民国十三年十月一号至十四年九月三十号云南基督教青年会收入支出一览表》，《云南基督教青年会会刊》1926年1月，第12页。
③ 《请看成都青年会之募捐》，《青年》1914年第17卷第2期，第57页。

民众陷入苦难危困之中，以募捐义演方式带动富有阶层参与社会救助，在当时既是无奈之举，又是积极之措。

通过义演方式开展社会慈善和公益活动，不仅与青年会自身特点相契合，也促进了青年会与其他社会团体的合作，共同推动义演活动的深入广泛开展。如1928年广东海陆丰发生水灾，广东省筹赈处对灾区发出筹赈倡议，得到了青年会的积极响应，并与其他团体联合组织了募捐游艺大会，募集资金救济灾民。此次游艺会筹赈效率很高，且得到省筹赈处嘉奖，扩大了青年会的影响并为基督教作了宣传。①

严酷的社会生态和民众的困难生活，使青年会十分关注社会慈善事业的发展，并为此做出努力。如湖南长沙雅礼大学青年会，素来重视社会服务工作，每年冬令都会筹募资金补助各慈善机关。② 1916年冬季，"因金融紧迫，筹款维艰，故特于圣诞前二日，扮演新剧，以券资拨作补助慈善机关之用"。由于组织得力，活动效果远超预期，据记载："开演之日，来宾到者八百余人，几至场不能容。共得券资钱四百余串，殊非初计所及料。"③

青年会主要以青年人为组织发展对象，因此特别关注青年人的兴趣，常常举办具有青春追求特点的义演活动，吸引有思想、有知识的青年人参加。如1925年5月，天津青年会举行世界音乐大会，为学生举办夏令会筹款，"所聘请诸音乐大家咸为专门歌诗家。如在平日，非得数元门票，不能瞻慕其风采，而青年会只售票价一二元……"义演节目也颇具特色：有"波尔吉斯钢琴独奏唱歌""日人歌满得霖""苏格兰唱歌""黑人彩衣双舞""俄国歌诗家独唱"等④，均为外国音乐。这场富有各国特色的国际化音乐会，由青年会聘请的多个国家平时难以领略其风采的歌诗家参与演唱，吸引了青年人的兴趣，且此次音乐会以售卖低票价的方式，适宜于青年观众前往观看，有利于青年会筹措资金，也有利于吸引更多青年人入会。

青年会作为宗教性社会服务团体，在民国社会自然灾害频发、战争时有发生的社会背景下，承担社会责任，通过募捐义演开展其社会救助活动，显示出自身严谨、规范、合作与公信力的特点，扩大了青年会的社会影响，也为中国近代慈善文化的发展付出了一定的努力。

五、余　论

青年会是中华基督教青年会的简称，是在基督教青年会北美协会的支持下而建立的一个社会组织，也可以说是基督教的外围组织，因此，基督教是青年会的宗教依托。青年会活动能力强，活动成效好，与基督教会对其有效支持有关。与此同时，青年会在民国时期也得到了一些政要人物的有力支持，上自袁世凯、熊希龄、孙中山、蒋介石、孔祥熙等，下至一些地方政府和军队的各级官员，他们对于青年会的事务给予了有效的帮助。青年会

① 《博爱与成效的平衡：民国中期广州基督教青年会救济事业特点》，《暨南学报》（哲学社会科学版）2014年第4期，第157页。
② 《演剧筹款补助慈善机关（长沙）》，《青年进步》1917年第1期，第6页。
③ 《演剧筹款补助慈善机关（长沙）》，《青年进步》1917年第1期，第6页。
④ 《青年会之音乐大会》，《大公报》（天津版），1925年5月8日，第6版。

不缺经费，靠自身的各项经营能够承担组织的活动经费。参与赈灾救助等社会服务时，也需要筹集资金，而义演筹款的社会救助目的则与其组织主旨所契合，如此，义演成为青年会投入社会服务活动的重要方式，正所谓"寓善于乐"，何乐而不为？

　　总体来看，在青年会所组织的义演活动中，表演节目新颖，较多为体裁多样的新式游艺会，相反通过义务戏、演剧等传统方式筹款则占比较小，这也反映了青年会的特点：由西方传入中国的社会团体，较多通过新式音乐会、游艺会、体育义赛等新型技艺进行组织活动，此类演出能够满足新派观众的心理需求，尤其是迎合青年人对于时尚娱乐的追求，从中可见，寓善于乐和倡行新风的特点颇为明显。作为基督教的外围团体，青年会活动不可避免地会带有传播基督教的成分，通过歌咏传播信仰是基督教从事宣教活动的方式，其募捐义演时的"圣歌"节目是主要表现，在义演中或多或少成为引导青年和普通民众的宗教传播手段。同时不可讳言，青年会通过义演进行社会救助也具有某种程度的推进基督教传播的成分。然而，青年会通过募捐义演进行的社会救济，是其社会服务工作的主要内容，义演活动主观上宣传青年会社会服务意识，客观上激发了青年人的社会责任感，鼓励他们参与社会事务，为社会工作和民众服务承担责任。因而，青年会在社会变革中扮演了一定的角色，对青年会自身的发展以及近代中国城市文化和慈善文化发展产生了影响。

　　（作者单位：河南大学中国近现代社会转型研究中心、近代中国研究所、历史文化学院）

东亚阳明学

著名日本学者岛田虔次的象山论[*]

□　欧阳祯人　刘海成

【提要】 日本著名学者岛田虔次认为，陆象山的"先立乎其大者""心即理"的本质在其理论的主观指向上是"体制的维持"，与朱熹之学一样，"是站在同一立场的霸权的争夺战"，"是更彻底的体制拥护性的，是对体制更彻底的奴隶性的"观点。另一方面，岛田又认为，"无极而太极"之辩其实依然是"性即理"与"心即理"之辩的延伸，其本质是在批判老氏之学的基础之上，进一步完善、加强"心即理"体用不二的哲学结构，打造一个"五居九畴"之中的"皇极"即君君、臣臣、父父、子子固若金汤的社会意识形态；陆王心学和程朱理学一样，都是为了论证和维护皇权的合法性和稳定性。本文认为，全面地看，陆王心学体系之中还包含了非常先进的理论内容，它把人的本质和个体独立价值张扬到了极致；其内在的历史性和时代性的矛盾为我们现代的心学研究留下了巨大理论空间。

【关键词】 岛田虔次；陆象山；心即理；反理性；理论教训

　　早在中江藤树作为日本阳明学鼻祖闻名于江户时代之前，初幕时期的藤原惺窝、林罗山等已经系统地研究并讨论过陆象山的思想，而且有相当的深度。后来，佐藤一斋、大盐中斋也系统研究过陆象山的思想。再后来，高濑五次郎、井上哲次、南本正纪、岛田虔次、冈田武彦、福田殖等，对陆象山都有深入的研究，足见陆象山在日本的影响之大。岛田虔次是战后日本阳明学研究的奠基人，他对陆王心学充满了理论的热情，有似王阳明的顿悟，豁然明觉，醍醐灌顶。① 《朱子学与阳明学》一书出版于 1968 年，由于该书是《阳明学中人的概念与自我意识的展开及其意义》（1943 年）、《中国近代思维的挫折》（1949 年）、《关于中国近世的主观唯心论——"万物一体之仁"的思想》（1958 年）三

　　* 此文为贵州省 2019 年度哲学社会科学规划国学单列重大招标课题"阳明心学对先秦儒家思想的传承与发展"（19GZGX02）阶段性成果。
　　① 岛田虔次的学生狭间直树写道："最初导致岛田先生发奋投身研究儒教，据他自述，是在读完《传习录》之后的激动：'儒家之所以成为我生涯（研究计划）的课题，其来有自。在我大三时因为阅读了明代王阳明的《传习录》深受感动。当时我两星期一次乘坐电车前往大津市，就在京津电车的车中阅读完的那一刹，就像电车驶出蓬阪山隧道时这个世界陡然一片光明那样……'"转引自［日］邓红：《日本阳明学与中国研究》，广西师范大学出版社 2018 年版，第 132 页。

部著作的提升与总结，所以精炼、浓缩，影响极大，传播广远。其中关于朱、陆、王的论述，以历史事实为依据，言简意赅而入木三分、力透纸背，如残阳殷红，滴滴似血，透入骨髓，值得我们高度注意。限于篇幅，笔者在此仅仅谈谈他的象山研究思想，以就教于海内外同仁。

一、心　即　理

岛田虔次认为，朱熹的"性即理"，心统性情，"心＝性＋情"，相对于"心即理"来说，"只不过把性作为理"，是不包括现实中的"情"的，而陆王心学的"'心即理'说是举心全体（其具体的内容就是五伦五常）作为理，能看作'为封建伦理提供一个更直接的根据的东西'"①。所以，在岛田虔次看来，朱熹的"性即理"，只是把"性"作为"理"，高高在上，并没有整全性地把人性全部纳入"理"上面来。而陆象山在维护现行体制上面更进了一步。陆象山的"心即理"，相对于朱熹的"性即理"来讲，有两个根本性的不同，第一个，是"举心全体"以五伦五常全部收入"理"之下，落到了人们生活视听言动的实处。也就是陆象山、王阳明反反复复所说的"孝亲"与"忠君"。第二个，"更直接"，也就是全部的性情世界，全身心投入，看得见，摸得着，直接面对天理，一切为"封建"伦理"尽孝尽忠"。

《陆九渊集·语录上》载曰：

> 吾之学问与诸处异者，只是在我全无杜撰，虽千言万语，只是觉得他底在我不曾添一些。近有议吾者云："除了'先立乎其大者'一句，全无伎俩。"吾闻之曰："诚然。"②

这是陆九渊文集的一个突出的现象，反复多次地提到"先立乎其大者"，这是一个大家都知道的事实。我们翻开《陆九渊集》，一开篇就可以看到，他在《与邵叔谊》一信中援引孟子的"先立乎其大者"一句，且看下文：

> 此天之所以予我者，非由外铄我也。思则得之，得此者也；先立乎其大者，立此者也；积善者，积此者也；积义者，积此者也；知德者，知此者也；进德者，进此者也。同此之谓同德，异此之谓异德。心逸日休，心劳日拙，德伪之辨也。岂唯辨诸其身人之贤否，书之正伪，举将不逃于此矣。自有诸己至于大而化之，其宽裕温柔足以有容，发强刚毅足以有执，斋庄中正足以有敬，文理密察足以有别。增加驯积，水渐木升，固月异而岁不同。然由萌蘖之生而至于枝叶扶疏，由源泉混混而至于放乎四海，岂二物哉？《中庸》曰："诚者物之始终，不诚无物。"又曰："其为物不二。"此之谓也。③

---

① 岛田虔次：《朱子学与阳明学》，蒋国保译，山东人民出版社 2019 年版，第 124 页。
② 《陆九渊集》，中华书局 1980 年版，第 400 页。
③ 《与邵叔谊》，《陆九渊集》，中华书局 1980 年版，第 1 页。

这段文字本身就值得我们认真寻味。陆象山的"得此""立此""积此""知此""进此"的"此"字，指代的都是这个"大者"。在陆象山笔下，这个"大者"就是"心"，就是"天理"，也就是"心即理"。在《与邵叔谊》这封书信的结尾处，象山说："学未知至，自用其私者，乃至于乱原委之伦，颠萌蘖之序，穷年卒岁，靡所底丽，犹焦焦然思以易天下，岂不谬哉？"① 这最后的几句话，彻底地揭示了陆象山的这个"大"，这个"心即理"的真正内涵，就是要保住"天下"，具体地说，就是要保住南宋的政权、君权。这个"天"是不可"易"的，谁想"易"这个"天"，谁就是"自用其私"。在《与张辅之》一信中，陆象山的观点更进一步：

> 学者大病，在师心自用。师心自用，则不能克己，不能听言，虽使羲皇唐虞以来群圣人之言毕闻于耳，毕熟于口，毕记于心，只益其私、增其病耳。为过益大，去道益远。非徒无益，而又害之。……古之所谓曲学诐行者，不必淫邪放僻，显显狼狈，如流俗人不肖子者也。盖皆放古先圣贤言行，依仁义道德之意，如杨、墨乡原之类是也。此等不遇圣贤知道者，则皆自负其有道有德，人亦以为有道有德，岂不甚可畏哉？曾子曰："尊其所闻则高明，行其所知则光大。"尊所闻，行所知，须要本正。其本不正，而尊所闻，行所知，只成得个檐版。自沉溺于曲学诐行，正道之所诋斥，累百世而不赦，岂不甚可畏哉？若与流俗人同过，其过尚小。檐版沉溺之过，其过甚大，真所谓膏肓之病也。②

陆象山的这一段话应该引起我们的高度重视。首先，他批判的人并不是"淫邪放僻，显显狼狈，如流俗人不肖子者"，而是"有道有德"的"曲学诐行者"。陆象山借用了孟子与曾子的话，但是，在陆象山的笔下内容已经暗度陈仓。陆象山的"本正"，就是"心即理"，就是符合天理。其次，陆象山认为，一切特立独行的个人的见解，都是"檐版沉溺之过"，就是病入膏肓。就是杨、墨乡愿，就是哗众取宠。把杨、墨与乡愿结合起来说，并不是孟子的原意，而是陆象山的发明。这些有不同见解的人，不仅是哗众取宠、吸人眼球而扰乱社会安宁的乡愿，而且是无君无父的"杨、墨"。最后，"学者大病，在师心自用。师心自用，则不能克己，不能听言，虽使羲皇唐虞以来群圣人之言毕闻于耳，毕熟于口，毕记于心，只益其私、增其病耳。为过益大，去道益远。非徒无益，而又害之"，这段文字里面，不仅仅反对一切个人的独特见解，而且反对在"本正"以外的一切知识。其中深深地潜伏着非理性、反知识的祸根。

所以，用岛田氏的话来讲，陆象山的"心即理"，"其具体的内容就是五伦五常"。只要先立乎其大者，一切"心逸日休，心劳日拙，德伪之辨"，都不是问题了："举将不逃于此矣"。只要有了这一个"先立乎其大者"，"由萌蘖之生而至于枝叶扶疏，由源泉混混而至于放乎四海，岂二物哉"，由内而外，伸发开去，扩充出去，展现出来的就是枝叶扶疏，放乎四海。所以，在赴任荆门军的前夕，陆象山的心中充满了感激之情。其《荆门

---

① 《与邵叔谊》，《陆九渊集》，中华书局 1980 年版，第 3 页。
② 《与张辅之》，《陆九渊集》，中华书局 1980 年版，第 36 页。

到任谢表》写道："兹盖伏遇皇上陛下，道同尧舜，德配汤文，灼三俊之心，迪九德之行，精微得于亲授，广大蔚乎天成，以搜访储才，以试用责实，肆领凡下，亦被甄收。臣敢不益励素心，庶几尺寸，上裨远略，附近涓尘。"① 这位南宋的皇上"道同尧舜，德配汤文，灼三俊之心，迪九德之行，精微得于亲授，广大蔚乎天成"，虽竭尽全力、鞠躬尽瘁不足以报答皇上的知遇提携之恩。于是乎：

> 学者问："荆门之政何先?" 对曰："必也正人心乎?"②

"正人心"的内容，在陆象山那里，完全是用孟子的思想资源、韩愈的口吻。在《与李省干》的书信中，陆象山写道："此学之不明，千有五百余年矣。异端充塞，圣经榛芜，质美志笃者，尤为可惜!" 在讲述了长长的道统之后，陆象山又说："秦汉以来，学绝道丧，世不复有师。以至于唐，曰师、曰弟子云者，反以为笑。韩退之柳子厚犹为之屡叹。惟本朝理学，远过汉唐，始复有师道。"③ 如果说，在孟子的时代，捍卫儒学的正统尊严，那是学派之间的战斗，但是在经历了盛唐的繁荣之后，到了北宋五子，再来捍卫所谓的道统，就不仅仅是儒家的正统了，在很大的程度上是为了保卫体制的稳定。陆象山"惟本朝理学，远过汉唐，始复有师道"的话，正说明了陆象山与程朱理学的本质关系。按照著名中国哲学史专家蒋国保先生的说法，陆象山、王阳明，都是朱熹思想的"合理的发展"。④

岛田虔次引用了陆象山《与曾宅之》中的话来说明什么是"心即理"：

> 盖心，一心也；理，一理也。至当归一，精义无二。此心此理，实不容有二。故夫子曰："吾道一以贯之。"孟子曰："夫道一而已矣。"⑤

把这一段文字与上面引用的《与邵叔谊》《与张辅之》结合起来读，不用深刻体会，我们就会发现，表面上陆象山用了大量孔子、孟子、《大学》、《中庸》的话，混杂在他的表述之中，实际上并不是《四书》原来的语境、原来的意思。陆象山用了借尸还魂、暗度陈仓的手法来浇自己的块垒。陆象山的目的是，在确立了人之所以为人的"大者"之后，其他的七情六欲就都不可能"夺其大者"了。陆象山自认为，只要人们全身心地集中在"大"上，也就没有"人欲"需要去"灭"了。其实，相对于程朱来讲，这只是手段的不同，没有本质的区别。

关于什么是陆象山的"大者"，岛田虔次有一段文字，说得至为巧妙："朱子学的特征，例如若对照陆象山的学问来说，则显著地带有主知主义的倾向，这是不能否定的。普

---

① 《荆门到任谢表》，《陆九渊集》中华书局 1980 年版，第 225 页。

② 《语录上》，《陆九渊集》中华书局 1980 年版，第 425 页。

③ 《与李省干》，《陆九渊集》，中华书局 1980 年版，第 14 页。

④ 蒋国保：《译者的话》，岛田虔次：《朱子学与阳明学》，蒋国保译，山东人民出版社 2019 年版，第 159 页。

⑤ 《与曾宅之》，《陆九渊集》，中华书局 1980 年版，第 4~5 页。笔者在此引用了《陆九渊集》中的原文，因为岛田虔次《朱子学与阳明学》的引文不是很准确。

通看法，相对于作为陆象山之学特征的德性主义，把朱子的学问视为知识主义，的确恰当。"① 这仿佛是在讨论朱熹与陆象山的区别，实际上，再看了岛田虔次下面的文字，我们的理解就不一样了：

> 朱子学的"性即理"和陆王学的"心即理"的对立、抗争，不用说，这并不是说一方是体制方面的思想，另一方是反体制方面的思想。体制的维持、名教的拥护，这是二者一致高唱的大理想。两者都是一样把"理"的存在作为前提、把"理"的死守作为使命的理想主义。要说那个抗争，简言之，不过是站在同一立场的霸权的争夺战。这样的说法，充分有道理。否，岂止那样，连立这样的说法——非官方的陆王学的方面，是更彻底的体制拥护性的，是对体制更彻底的奴隶性的。②

这是一种振聋发聩的深度挖掘，既有历史事实的依据与环境，也有哲学思想发展的必然逻辑。在岛田氏看来，陆象山的"心即理"中，有着排除五伦五常之外的一切知识的倾向。仔细想来，这是非常恐怖的思想意识。侯外庐、邱汉生、张岂之主编的《宋明理学史》一书指出："陆九渊的'心即理'之'心'，并不是指人心各自具有的感觉、知觉、分析、综合等认识能力及其内容，而是指人心共同具有的伦理道德属性。"③ 只要彻底地拥有了这种"道德属性"，那邪恶的"人欲"，就自然消失，不需要灭了。这种"心即理"在王阳明那里更是推向了极端，认为良知之外，没有任何"穷理"的必要了。王阳明说：

> 夫万事万物之理不外于吾心，而必曰穷天下之理，是殆以吾心之良知为未足，而必外求于天下之广以裨补增益之，是犹析心与理而为二也。夫学、问、思、辨、笃行之功，虽其困勉至于人一己百，而扩充之极，至于尽性知天，亦不过致吾心之良知而已。良知之外，岂复有加于毫末乎？今必曰穷天下之理，而不知反求诸其心，则凡所谓善恶之机，真妄之辨者，舍吾心之良知，亦将何所致其体察乎？④

一切都在我的心中。因此，一切"外求于天下之广以裨补增益之，是犹析心与理而为二也"，这样一来，王阳明把学、问、思、辨、行全部限定在了道德的范围之内。在这样的基础上，任何的"即物穷理"，都是"玩物丧志"。⑤（岛田虔次特别关注王阳明的这个观点）站在王阳明的角度上来讲，他当然有他的理由。王阳明说：

> 大抵学问功夫只要主意头脑是当，若主意头脑专以致良知为事，则凡多闻多见，莫非致良知之功。盖日用之间，见闻酬酢，虽千头万绪，莫非良知之发用流行，除却

① 岛田虔次：《朱子学与阳明学》，蒋国保译，山东人民出版社 2019 年版，第 79 页。
② 岛田虔次：《朱子学与阳明学》，蒋国保译，山东人民出版社 2019 年版，第 124 页。
③ 侯外庐、邱汉生、张岂之主编：《宋明理学史》（上），人民出版社 1987 年版，第 562 页。
④ 《答顾东桥书》，《王阳明全集》，上海古籍出版社 2012 年版，第 40~41 页。
⑤ 《答顾东桥书》，《王阳明全集》，上海古籍出版社 2012 年版，第 39 页。

见闻酬酢，亦无良知可致矣。①

　　王阳明自己立德、立功、立言的成就也证明了他的观点，但并不是每一个人都做得到的。这种反知识的倾向，王阳明自己也是很清楚的。所以他自己说他的这种观点是为了"吃紧救弊而发"，"姑为是说以苟一时之效者也"②。王阳明矫枉过正，从陆象山到王阳明一以贯之，岛田虔次指出："这样的话语，在儒教体制之中，对于士大夫读书人来说，应孕育着恐惧的危险，不久在明代的阳明学派那里现实化。"③ 阳明后学在中国明清两代最后的结果，在很大的程度上，这也不能不说是一个事实。高濑武次郎说："大凡阳明学，犹如含有两种元素，一曰事业性的，一曰枯禅性的。得枯禅性元素的，则足以亡国；得事业性元素的，则可以兴国。然彼我两国之王学者，各得其一，也遗有实例。"④ 导致这样的结果，与陆九渊、王阳明矫枉过正的歧出，是有很大关系的。
　　走笔至此，笔者想起了侯外庐等主编的《宋明理学史》，该书《绪论》在论述周敦颐时这样说道："宋明理学是封建社会后期的统治思想，为强化封建社会后期的统治服务。从政治作用来说，理学是思想史上的浊流。"⑤ 在该书的后记中，邱汉生再次强调：

　　　　我们曾经说过，"从政治作用来说，理学是思想史上的浊流"。有人对此有非议，以为贬低了理学。经过认真衡量，客观事实明确昭示，我们的论断并不过分。我们无意贬低理学，也不愿掩饰理学的消极面。历史学是科学，要凭事实说话，不容许随心所欲的勾勒。⑥

　　"从政治作用来说，理学是思想史上的浊流"，这个观点，在《宋明理学史》中反复出现，而且反复被强调，这就应该引起我们后学的高度注意。尤其是，邱汉生的观点写作于1986年，当时的中国已经相当开放了。这说明了邱汉生观点的深思熟虑和成熟。侯外庐是经历过深沉苦难而又精气神十足的老一辈学者。1985年，侯外庐曾经特别强调过："一定不要让理学复活。"他还说："理学是无人身的理性，本质是反理性之学，它对中国的危害比其他任何哲学大得多，这一点绝对不能调和。"⑦ 依据侯外庐、邱汉生的判断，陆象山与王阳明的心学都属于理学的范围，而且这种"反理性"的倾向超出了陆象山与王阳明自己的预期，在此后的中国历史上确实产生了极其恶劣的影响。当然，这种矫枉过正的理论所产生的结果，是他们自己始料未及的。尤其是，岛田虔次的《朱子学与阳明学》一书，在日本第一次发行的时间是1968年，在中国第一版发行的时间是1986年，日本岛田虔次与侯外庐、邱汉生、张岂之们并无学术上的联系，异地异时而著，而著述的观

---

①　《答欧阳崇一》，《王阳明全集》，上海古籍出版社2012年版，第62页。
②　《答顾东桥书》，《王阳明全集》，上海古籍出版社2012年版，第37页。
③　岛田虔次著：《朱子学与阳明学》，蒋国保译，山东人民出版社2019年版，第83页。
④　高濑武次郎：《日本之阳明学》，第27页。
⑤　侯外庐、邱汉生、张岂之主编：《宋明理学史》（上），人民出版社1997年版，第21页。
⑥　侯外庐、邱汉生、张岂之主编：《宋明理学史》（下），人民出版社1997年版，第1030页。
⑦　见朱学文采访、牟坚整理《韧的追求》。此文为中国社会科学院历史所思想史研究室对侯外庐先生的口头回忆录。

点却是高度的一致，实在令人惊叹。

二、无极而太极之辩

陆象山与朱熹争论的核心问题之一，就是"无极而太极"之辩。众所周知，这是鹅湖之会的主要内容之一。在《陆九渊集》中，彼此交锋的核心观点集中见于《与朱元晦》的两封书信中。岛田虔次抓住了问题的关键。岛田虔次的论断，对我们了解陆象山哲学的本质大有裨益。

《近思录》一开篇，就记载了濂溪先生的相关论述："无极而太极。太极动而生阳，动极而静，静而生阴，静极复动。一动一静，互为其根，分阴分阳，两仪立焉。五行，一阴阳也；阴阳，一太极也；太极本无极也。"① 朱熹注释道："'上天之载，无声无臭'，而实造化之枢纽，品汇之根柢也。"②《近思录》把周敦颐的这段话编辑为该书开篇第一条，可见在理学家看来，周敦颐的这段论述是多么的重要。朱熹的评论，也足见朱熹对这一说法的极力推崇。梭山③、象山兄弟抓住这个问题下手，大概也就是他们所说的"擒龙打凤底手段"。在与朱熹的相关讨论中，象山表达了以下三个方面的意思：第一，《太极图说》与周敦颐过去在《通书》中关于太极的思想不一致，要么这根本不是周敦颐的观点，要么就是周敦颐不成熟的观点。陆象山完全赞同陆梭山批评朱熹极力推崇"无极而太极"的观点。第二，太极之上不能再安置一个无极。《洪范》没有，《周易大传》没有，传承周敦颐的程颢、程颐也没有提及。陆象山曰："夫太极者，实有是理，圣人从而发明之耳，非以空言立论，使后人簸弄于颊舌纸笔之间也。其为万化根本固自素定，其足不足，能不能，岂以人言不言之故耶？"陆象山说的是，"太极"已经是"固自素定"的"万化根本"，完全没有必要在太极之上又来一个"空言立论"的"万化根本"。陆象山的反击十分犀利。第三，陆象山认为，太极的"极"字，就是"中"的意思，就是"天下之大本"，并不是"形"的意思。所以，太极就是"一阴一阳"，"一阴一阳"就是太极。《易大传》有"一阴一阳之谓道"，怎么又在这太极之上，再添加上一个"无极"呢？这是《老子·知其雄章》的思想。陆象山曰："老氏学之不正，是理不明，所蔽在此。兄于此学用力之深，为日之久，曾此之不能辨，何也？"一点情面都没有给朱熹留下。陆象山直言不讳，揭露出了这一判断全出于老子之学的本质：

若谓欲言其无方所，无形状，是前书固言，宜如《诗》言"上天之载"，而于其下赞之曰"无声无臭"可也，岂宜以"无极"字加之太极之上？《系辞》言"神无方矣"，岂可言无神？言"易无体矣"，岂可言无易？老氏以无为天地之始，以有为

---

① 叶采集注，程水龙校注：《近思录集解》，中华书局 2017 年版，第 1~4 页。

② 叶采集注，程水龙校注：《近思录集解》，中华书局 2017 年版，第 1 页。

③ 陆九韶（1128—1205 年），字子美，号梭山居士，是陆九渊的四哥，与弟陆九龄，陆九渊合称"三陆"。曾与朱熹进行《西铭》论战，指出朱熹太极之失："不当于太极上加无极二字。"又曾指出"晦翁（朱熹）《太极图说》与《通书》不类"等等。

　　万物之母，以常无观妙，以常有观窍，直将无字搭在上面，正是老氏之学，岂可讳也?①

　　岛田虔次认为，历史地来看，站在儒家的立场上来说，陆象山的观点是正确的："就是说，周濂溪的《太极图说》的最初五个字，包含某种道家性质的思想；而周濂溪本人是否道家，则作为另外一个问题，这几乎是无可置疑吧。与此相反，朱子的解释，作为《太极图说》本身的解释，不免很强辩。"②

　　为什么陆象山是正确的呢? 岛田写道：

　　　　此理乃宇宙所固有，岂可言无。若以为无，则君不君，臣不臣，父不父，子不子矣。③

　　不得了，表面上是在表扬陆象山，批评朱子，但实际上，笔锋一转，我们发现，一下就抓住了陆王心学的要害了。事实上，岛田虔次的引文并不彻底，揭露得并不到位。全文应该是这样的：

　　　　老氏以无为天地之始，以有为万物之母，以常无观妙，以常有为观窍，直将无字搭在上面，正是老氏之学，岂可讳也? 为其所蔽在此，故其流为任术数，为无忌惮。此理乃宇宙之所固有，岂可言无? 若以为无，则君不君，臣不臣，父不父，子不子矣。杨朱未剧无君，而孟子以为无君，墨翟未剧无父，而孟子以为无父，此其所以为知言也。极亦此理也，中亦此理也，五居九畴之中而曰皇极，其非以其中而命之乎?④

　　陆象山指出，"无极而太极"的问题，就是老氏之学与儒家哲学的殊死斗争的问题。换言之，在"太极"之上加上"无极"，最后的结果，就是全社会上上下下无君无父。陆象山的批评非常严厉。岛田虔次认为从学脉上来说，在这一点上，陆象山肯定是对的。但是，站在南宋的历史时代，我们看到的是另外的一面，也就是，陆象山要追求的是，在南宋的时代，打造个"五居九畴"之中的"皇极"。君君，臣臣，父父，子子，一丝不苟，滴水不漏，固若金汤，才是陆象山的真实意图。这简直就是天网恢恢、天罗地网了。

　　在受到梭山的批评后，朱熹写信给梭山先生进一步解释这个问题，其言曰：

　　　　不言无极，则太极同于一物，而不足为万化根本；不言太极，则无极沦于空寂，而不能为万化根本。⑤

―――――――――――――

①　《与朱元晦》（二），《陆九渊集》，中华书局 1980 年版，第 28 页。
②　岛田虔次：《朱子学与阳明学》，蒋国保译，山东人民出版社 2019 年版，第 84~85 页。
③　岛田虔次：《朱子学与阳明学》，蒋国保译，山东人民出版社 2019 年版，第 84 页。
④　《与朱元晦》（二），《陆九渊集》，中华书局 1980 年版，第 28 页。
⑤　《与朱元晦》，《陆九渊集》，中华书局 1980 年版，第 23 页。

朱熹的意思是，如果不在太极之上使用"无极"的概念，太极就变成了一个形而下的"物"；如果没有"太极"这个概念支撑着"无极"，那么"无极"就成了一片虚空。正是因为有了"无极"，"于是有以灼然实见太极之真体"。① 陆象山批评道："某窃谓尊兄未曾实见太极，若实见太极，上面必不更加'无极'字，下面必不跟着'真体'字。上面加'无极'字，正是叠床上之床，下面着真体字，正是架屋下之屋。"② 其实，象山的这段话只是表面的意思，他真正的意思是在"太极"之上再来一个"无极"，就没有了君臣、父子的政治本体，就成了道家的自然虚空，就没有"心即理"整全性投入"孝悌、忠信"的效果了。

岛田虔次又说，朱熹的话"在无物之前，而未尝不立于有物之后；在阴阳之外，而未尝不行于阴阳之中；贯通全体而无不在，且又无声、臭、影、响之应言"③，引起了陆象山的激烈攻击：

> 至如直以阴阳为形器，而不得为道，此尤不敢闻命。易之为道，一阴一阳而已，先后、始终、动静、晦明、上下、进退、往来、阖辟、盈虚、消长、尊卑、贵贱、表里、隐显、向背、顺逆、存亡、得丧、出入、行藏，何适而非一阴一阳哉？奇偶相寻，变化无穷，故曰："其为道也屡迁，变动不居，周流六虚，上下无常，刚柔相易，不可为典要，唯变所适。"《说卦》曰："观变于阴阳而立卦，发挥于刚柔而生爻，和顺于道德而理于义，穷理尽性以至于命。"又曰："昔者圣人之作《易》也，将以顺性命之理，是以立天之道，曰阴与阳；立地之道，曰柔与刚；立人之道，曰仁与义。"《下系》亦曰："《易》之为书也，广大悉备：有天道焉，有人道焉，有地道焉。兼三才两之，故六。六者非他也，三才之道也。"今顾以阴阳为非道而直谓之形器，其孰为昧于道器之分哉。辩难有要领，言辞有旨归，为辩而失要领，观言而迷旨归，皆不明也。④

陆象山认为，阴阳不是形而下之器，它"奇偶相寻，变化无穷"，本身就是道，就是形而上者。您"以阴阳为非道而直谓之形器，其孰为昧于道器之分哉"。岛田虔次认为："这个阴阳之运动，直接就是形而上的'道'，这一象山的主张，溯本求源，同时又是横渠和明道，大概还是濂溪的主张。"⑤ 也就是说，陆象山的观点，依据中国哲学的传统，传承了从《周易》到北宋五子的一贯立场。岛田虔次认为，道与阴阳，正如理与气一样，是一种"浑然"的概念。总之，陆象山的理论目的，就是要打通现实的"心"与"天理"之间的道路，扫除一切中间环节的障碍。

所以，通过岛田虔次的结论，我们可以看到，关于"无极而太极"之辩的本质，依然是"性即理"与"心即理"之辩的延伸。太极就是本体，就是整全性的人的本体。陆

① 《与朱元晦》，《陆九渊集》，中华书局 1980 年版，第 27 页。
② 《与朱元晦》，《陆九渊集》，中华书局 1980 年版，第 27 页。
③ 岛田虔次：《朱子学与阳明学》，蒋国保译，山东人民出版社 2019 年版，第 85 页。
④ 《与朱元晦》，《陆九渊集》，中华书局 1980 年版，第 29 页。
⑤ 岛田虔次：《朱子学与阳明学》，蒋国保译，山东人民出版社 2019 年版，第 86 页。

象山的意思是阴阳与太极都是道,不能够割裂开来。更不能够在太极之上再加上一个"无极"。这是从孔子"与命与仁"(《论语·子罕》)、"下学而上达"(《论语·宪问》),《礼记·中庸》"鸢飞戾天,鱼跃于渊""造端乎夫妇,及其至也察乎天地","即凡即圣"的理路。所以,《中庸》之"尊德性而道问学,致广大而尽精微,极高明而中庸",应该是陆象山"心即理"的理论借鉴。当然,诚如上面所阐述的一样,岛田虔次认为,在这个问题上,陆象山与孔子、孟子、《大学》、《中庸》有着根本的不同。陆象山是在南宋这个特定的时期,围绕着维护皇权而借尸还魂设计出来的一种新的理论体系。这是不言而喻的。

在岛田虔次看来,陆象山是要彻底维护"君君、臣臣、父父、子子",打造铁桶江山式的"皇极"基础。这与孔子礼之所以为礼的初衷是有根本性的区别的,这是我们必须要特别注意的一个重大问题。陆象山的"心即理"是体制内钳制广大人民思想的特殊手段。陆象山的"心即理",与孟子的"尽其心者,知其性也。知其性,则知天矣。存其心,养其性,所以事天也。殀寿不贰,修身以俟之,所以立命也"(《孟子·尽心上》),"先立乎其大者,则其小者弗能夺也"(《孟子·告子上》)有着根本性的区别。语言的形式似乎相同,但前者讲的是政治的钳制,后者讲的是人性的解放,形同霄壤。

三、余　论

当然,陆象山的理论就像世界上其他哲学思想体系一样,具有巨大的理论张力,言非一端,岛田虔次由于只是历史学专业出身,限于专业的局限,他并没有看到陆象山心学理论的全部。章学诚说:"高明沉潜之殊致,譬则寒暑昼夜,知其意者,交相为功,不知其意,交相为厉也。宋儒有朱、陆,千古不可合之同异,亦千古不可无之同异也。末流无识,争相诟詈,与夫勉为解纷,调停两可,皆多事也。"[①] 岛田虔次是内藤湖南的再传弟子,是以实证出名的日本京都学派思想家,诚非浪得虚名,更不是"荒俚无稽之学究",其论述也不能不说是有根有据,步步为营的。但是,章学诚对陆象山、王阳明在中国遭遇的评述,也不能不说是仗义执言,掷地有声的。千百年来,站在陆、王对立面的学者,往往只是看到了陆象山与王阳明的皮毛,而没有得到他们学问的精髓。这也确实是中国学术界自古以来轻则门户之见,重则沽名钓誉的偏颇。应该引起我们的高度注意而引以为鉴。

但是,即便如此,我们也应该注意,岛田虔次是内藤湖南的再传弟子。相关专家指出:"内藤湖南史学的核心就是历史四分期说。也即以宋代为中国近世的开端,并且还以宋元为近世的前期,明清为后期。后期也就是所谓'近代'。……"所以,岛田虔次"完全就是内藤湖南彰显章学诚的正宗继承"[②]。因此,我们应该看到,本文所展示的岛田虔次关于陆象山的评述远远不是全面的,因为从宏观的角度上说,岛田虔次把陆象山先生定位为"中国近世的开端"的首要人物之一。换言之,陆象山作为南宋时期专制体制已经盛行一千多年的一位学者,思想深处具有巨大的尖锐的矛盾。

因此,武汉大学已故著名哲学家萧萐父也曾指出:"陆九渊是12世纪中国南宋时富

① 章学诚著,叶瑛校注:《文史通义校注》,中华书局1994年版,第262页。
② [日]邓红:《日本阳明学与中国研究》,广西师范大学出版社2018年版,第133~134页。

有贫民意识、独立不苟的思想家。……陆九渊创立的心学，其最主要的理论特点是昂扬人的主体意识，典型的抽象发展了人的自觉能动性。……人应当着力的是：'收拾精神，自作主宰！'就这个意义上凸显人的'本心'（精神）的能动作用，理所当然。所以，有的学者褒称陆九渊为一代'精神哲学大师'，信然。"① 章氏、萧氏的观点足见陆象山的思想自有其千古不易的价值。不论是对陆象山，还是岛田虔次，我们都应该全面地看待。

岛田虔次认为，不论是程朱理学，还是陆王心学，都是为了论证和维护皇权的合法性和稳定性。但是笔者以为，全面地看，陆王心学体系之中还包含了非常先进的理论内容。陆象山"仰首攀南斗，翻身倚北辰，举头天外望，无我这般人""吾心即宇宙，宇宙即吾心""天地万物一体之仁""知行合一""致良知"等，把人之所以为人的本质张扬到了极致。换言之，陆象山的心学理论体系由于基于人民性，基于人之所以为人的个体独立价值，因而具有尖锐的矛盾。正是这种历史的、时代性的矛盾，给我们现代的心学研究，创造了巨大的理论空间。

（作者单位：武汉大学中国传统文化研究中心、国学院）

---

① 萧萐父：《序》，王心田：《陆九渊知军著作研究》，武汉大学出版社 1999 年版，第 1~2 页。

日本儒学家楠本正继论王阳明思想的渊源*

□ 向昊秋

【摘要】 王阳明作为与朱子并峙的宋明理学的高峰，对宋代诸子之学多有继承，对此日本儒学家楠本正继着重阐发了阳明思想的渊源。楠本认为，阳明与程颢浑一的立场一致，吸收了程颢的万物一体思想，并在"心即理"、动静功夫、爱敬孝弟等方面对陆九渊有所继承与发展，继而指出阳明的思想承续明道和象山而来，上可追溯至孟子。同时，阳明虽对杨慈湖不满，但又不免吸收了其思想，阳明的"心之良知是谓圣"一语即来自慈湖的"心之精神是谓圣"。楠本之论，无不体现出他对宋明理学的整体观照和敏锐的问题意识。

【关键词】 楠本正继；王阳明；程颢；陆九渊；杨慈湖

楠本正继（1896—1963 年）是日本著名的儒学研究专家，以朱子学与阳明学比较研究而闻名。其生前出版的唯一专著《宋明时代儒学思想之研究》，以宋、明两代为轴，着重研究北宋五子、朱熹、陆九渊和王阳明的思想，以及这些理学家之间思想的相关性，以探讨宋明理学思想史的流变；打破了"实证主义方法研究中国哲学的风气，在日本开创了以东方精神来研究中国哲学的先河"①。作为九州学派的奠基人，其学术成就和地位颇高。其高足冈田武彦和荒木见悟，皆继承并弘扬楠本正继研究宋明儒学思想的方法及成果②，成为东亚儒学的研究大家。形成于 20 世纪 60 年代，兴旺于世纪之交的九州学派，

---

* 本文为贵州省 2019 年度哲学社会科学规划国学单列重大招标课题"阳明心学对先秦儒家思想的传承与发展"（19GZGX02）阶段性成果

① 李今山：《日本当代儒学家冈田武彦》，《国外社会科学》1987 年第 8 期，第 46 页。

② 由于楠本先生晚年精力所限，其著作《宋明时代儒学思想之研究》对明代中后期儒学发展脉络的论述略微简略，冈田先生的著作《王阳明与明末儒学》弥补了这一缺憾，而荒木先生的著作《佛教与儒教——形成中国思想》以"本来性"与"现实性"的观点探讨儒教与佛教贯穿的中国思想、宋明思想的潮流。

在楠本学和冈田学的旗帜下，影响日本现当代思想史达半个世纪之久。① 另一方面，王阳明作为宋明理学的高峰，对宋代诸子之学多有继承，故阳明学之渊源确需要"入乎其内，出乎其外"的深厚学殖才能有精辟的论述。而楠本先生对宋明理学有很深的造诣，对此有其独到之见解。然而，关于楠本正继的思想，中国学界迄今尚无专门、系统评述。是为此文，以补失就教。

一、继承程颢的"仁者，以天地万物为一体"

宋明理学因周濂溪开端，由二程奠基，阳明对此多有致意，尤其是对明道之学，"宋周、程二子，始复追寻孔、颜之宗，而有'无极而太极'、'定之以仁义，中正而主静'之说"②。楠本对这段学术渊源有清晰的把握与论定，多次用"浑一"一词来形容明道和阳明的思想，可见在楠本看来，两位理学家的思想确有其相通之处。

楠本认为，明道思想的特色之一是"将事情作为全体的、浑一的，相较于注意事情相离、相判、相争的方面，更倾向于注重相合、相和、相亲的方面"③。所谓浑一的立场是从抓住生命性质的方向而来，常常伴随着对于生命的体验，此学注重头脑的提纲挈领，重视合和而非离判的面向。与之相应，楠本亦指出阳明的知行合一论也是建立在浑一的立场之上，"知与行是建立在一之上的生命的根源的存在，所谓知行合一是浑一的、全体的"④，知的功夫与行的功夫建立在一之上，植根于生命的根源存在，由此一出发则知行自然会整合成一体。楠本的这一看法符合阳明的"知行原是两个字说一个工夫，这一个工夫须着此两个字，方说得完全无弊病"⑤ 的意旨，由此楠本评价道："阳明自负为百世以俟圣人而不惑者，这一思想终归是来自建立在浑一的生命之上的知行合一论。"⑥ 无疑，楠本从"浑一"的视角洞察与论述了阳明与明道在为学方向上的一致性。

不仅在浑一的立场上，楠本还指出阳明与明道在万物一体思想上的关系，阳明的万物一体观是对明道"仁者，以天地万物为一体"⑦ 的承续。楠本认为："明道的功夫在于天地之生意本身的自然作用，是真正的自由与自在。明道所谓的体贴（体验）是与天地之生意共同存在的自觉……人自内把捉东西，因体验而回归生命，与生命同在，这就是孟子所谓的深造自得。"⑧ 明道之学表现出人经由体验而知自由，与生命同在，与天地之生意

---

① 钱明：《九州学派：日本现代儒学的地域样本》，《深圳大学学报》（人文社会科学版）2012 年第 4 期，第 46 页。

② 王守仁撰，吴光、钱明等编校：《王阳明全集》，上海古籍出版社 2014 年版，第 273 页。

③ ［日］楠本正继：《宋明时代儒学思想の研究》，广池学园出版部 1964 年版，第 82 页。

④ ［日］楠本正继：《宋明时代儒学思想の研究》，广池学园出版部 1964 年版，第 438 页。

⑤ 王守仁撰，吴光、钱明等编校：《王阳明全集》，上海古籍出版社 2014 年版，第 233 页。

⑥ ［日］楠本正继：《宋明时代儒学思想の研究》，广池学园出版部 1964 年版，第 437 页。

⑦ 程颢、程颐著，王孝鱼点校：《二程集》，中华书局 1981 年版，第 15 页。

⑧ ［日］楠本正继：《宋明时代儒学思想の研究》，广池学园出版部 1964 年版，第 103～105 页。"深造自得"语出《孟子》"君子深造之以道，欲其自得之也。自得之，则居之安；居之安，则资之深；资之深，则取之左右逢其原，故君子欲其自得之也"。参见焦循撰，沈文倬点校：《孟子正义》，中华书局 2015 年版，第 602～603 页。

相通。楠本又以明道"见草知生意，见鱼知自得意"的两件趣事①为例，表明明道的"尊崇生命是出于天之立场，作为流动不息的生命的内涵而存在的人类之心，即被认为是仁"②。造物生意，观万物自得意，可见明道深造自得而尊崇生命。体认天地生意之内在者即是仁，明道之学颇能体现出其对心之本体是仁的体验，"万物之生意最可观……斯所谓仁也"③。基于此，楠本认为："后世之中最能继承发挥如此广大生成伦理的是王阳明晚年所写的《拔本塞源论》。"④ 阳明在此论中称："夫圣人之心，以天地万物为一体……天下之人心，其始亦非有异于圣人也，特其间于有我之私，隔于物欲之蔽……圣人有忧之，是以推其天地万物一体之仁以教天下，使之皆有以克其私，去其蔽，以复其心体之同然。"⑤ 这表明阳明以天地万物为一体之心，即是实现仁道之心。此心此理想是内在于所有人的，只是碍于有我之私，隔于物欲之蔽。若能克其私，去其蔽，复心体之同然，万物一体之仁即可实现。此即是拔本塞源的良知之学，纯粹的为心之学。楠本所论阳明的《拔本塞源论》是对明道广大生成之仁论的推阐发挥，可谓知言。

楠本进一步指出："（阳明的）万物一体观是建立在对《大学》解释的基础之上，而这一观念是直接依据明道而来。"⑥ 如所周知，"天地万物为一体"是王阳明晚年思想发展的重要部分，阳明认为人与天地万物是一体的，明明德是立其天地万物一体之体者，亲民是达其天地万物一体之用者。君臣、夫妇、朋友，以至于山川鬼神、鸟兽草木，所谓"莫不实有以亲之，以达吾一体之仁，然后吾之明德始无不明，而真能以天地万物为一体矣"⑦。故而可称，阳明与明道一样，认为人之所以能与天地万物为一体，是因为仁，"大人之能以天地万物为一体也，非意之也，其心之仁本若是，其与天地万物而为一也"⑧。阳明在明道的基础之上进一步阐发，认为天地万物俱在良知的发用流行之中，"天地万物，俱在我良知的发用流行中，何尝又有一物超于良知之外，能作得障碍？"⑨由此可见，楠本论阳明的万物一体思想源于明道实持之有故。

总括楠本之意，明道和阳明的思想都是浑一的、全体的。明道有物与我为一，浑然天地的气象，而阳明的思想体系中也蕴含着人与天地为一体的面向，与明道的思想有承续性。

二、与陆九渊的思想一脉相承

王阳明的思想源起于何，历来都有争议。但大多认为阳明是对陆九渊心学的继承和发

---

① 两件趣事出自《宋元学案》的记载。"明道书窗前有茂草覆砌，或劝之芟，曰：'不可！欲常见造物生意。'又置盆池畜小鱼数尾，时时观之，或问其故，曰：'欲观万物自得意。'"参见黄宗羲著，全祖望补修，陈金生、梁运华点校：《宋元学案》，中华书局1986年版，第578页。
② ［日］楠本正继：《宋明时代儒学思想の研究》，広池学園出版部1964年版，第93页。
③ 程颢、程颐著，王孝鱼点校：《二程集》，中华书局1981年版，第120页。
④ ［日］楠本正继：《宋明时代儒学思想の研究》，広池学園出版部1964年版，第93页。
⑤ 王守仁撰，吴光、钱明等编校：《王阳明全集》，上海古籍出版社2014年版，第61页。
⑥ ［日］楠本正继：《宋明时代儒学思想の研究》，広池学園出版部1964年版，第428页。
⑦ 王守仁撰，吴光、钱明等编校：《王阳明全集》，上海古籍出版社2014年版，第1067页。
⑧ 王守仁撰，吴光、钱明等编校：《王阳明全集》，上海古籍出版社2014年版，第1066页。
⑨ 王守仁撰，吴光、钱明等编校：《王阳明全集》，上海古籍出版社2014年版，第121页。

展，是陆王心学的集大成者。高攀龙曾言："文成学所得力，盖深契于子静。"① 楠本亦认为阳明的思想与陆九渊一脉相承，阳明学是继承象山学而自慊的学问。《宋明时代儒学思想之研究》共分为"宋学"和"明学"两大部分；而楠本将象山学作为明学之渊源纳入"明学"范畴，成为明学之部的第一章。

（一）心即理

楠本认为象山学注重实践，具有"浑一"的特性，他称：

> 象山学创立的"心即理"的根本观念，其重点在于"行"，是活生生的人类的行为。既不是神之行（即理想的行），也并非禽兽之行（完全无规范的行），是彻头彻尾为生活而活着的人类的活泼泼地行，中心问题是作为行的功夫……象山特别揭示具有浑一的、动的、具体的、实质的"心"，以此抨击朱熹具有分析的、静的、抽象的、形式的"理"。而陆九渊的弟子杨慈湖虽同样论"心"，但更倾向于静虚的思想，与老师象山思想的要点有渐离之势。此静虚的风潮直到娄一斋才有所转变……王阳明是由娄一斋而承继陆九渊的思想，在阳明这里，"心"的思想作为"行"之功夫而复活，并得到进一步的发展。②

楠本的这些观点至今看来仍能感其熠熠生辉，不仅表明象山学注重行即实践和浑一的特性，还从广阔的学术史视角，审视陆王之异以及慈湖对象山学的偏离，具体指出阳明经由娄谅而对象山学的承继，实可见楠本对宋明学术的深造自得。而阳明学的特点也在这一整体观照中得以显现，此即象山的思想里有"行动哲学"③ 方面的倾向，阳明继承并将其进一步拓展，阳明的知行合一思想即是楠本所谓阳明学也重视实践的绝好例证。

楠本指出象山和阳明的功夫都是简易、直截的，又细致地辨析道："象山的功夫虽在人情、事势、物理上做，但知物价的低昂、辨别物品的美恶真伪不被纳入做功夫的范畴……这表现出以心为主的学问与技术的物理之学相区别的倾向。"④ 而阳明的《拔本塞源论》也有"圣人之学所以至易至简，易知易从，学易能而才易成者，正以大端惟在复心体之同然，而知识技能非所与论也"⑤ 之语。故而楠本称："（阳明）虽不否定知识技能，但在这里作为特殊的而置于道德性命的心学体系之外，由此圣人的境界是被认为人人学习而能达到的。阳明心学的动机也存在于此……阳明《拔本塞源论》的这一立场，其直接的先例思想确是来自陆象山。"⑥ 需要指出，楠本关于良知和知识的强调，实际上与现代新儒家所论良知与知识之间为坎陷的关系，实有一致之处，亦即强调道德性命与知识之间具有特殊的关联，成圣的本质并不在于科技知识，故可说它在道德性命之学的范畴

---

① 王守仁撰，吴光、钱明等编校：《王阳明全集》，上海古籍出版社 2014 年版，第 1789 页。
② ［日］楠本正继：《宋明时代儒学思想の研究》，広池学園出版部 1964 年版，第 412~413 页。
③ 日本九州大学福田殖教授用"行动哲学"一词来概括陆九渊的思想。参见福田殖：《陆象山文集》，明德出版社 1997 年版，第 37 页。
④ ［日］楠本正继：《宋明时代儒学思想の研究》，広池学園出版部 1964 年版，第 346 页。
⑤ 王守仁撰，吴光、钱明等编校：《王阳明全集》，上海古籍出版社 2014 年版，第 62 页。
⑥ ［日］楠本正继：《宋明时代儒学思想の研究》，広池学園出版部 1964 年版，第 431~432 页。

之外。

（二）动与静

象山所遭受的批评之一是偏于静而近禅，如顾炎武曾评价象山"专务虚静，完养精神，此象山之定论也"①。陆稼书也认为象山主静，"象山对朱济道言，收拾精神自立主宰。当恻隐时，自然恻隐，当羞恶时，自然羞恶……象山主静"②。但楠本强调动静之间不可隔离而论，"象山并非拘泥于静，并不是在静的功夫之外再做动的功夫，静的功夫是作为动的手段，贯通动静。如果动静有异的话，那不得不说有二心"③。这完全符合象山之论，象山曾言"若自谓已得静中工夫，又别作动中工夫，恐只增扰扰耳。何适而非此心，心正则静亦正，动亦正；心不正则虽静亦不正矣。若动静异心，是有二心也"④，也就是说从一心来论动静，则静实际上是主于理的静定，实无分于动静。楠本亦指出，阳明也是无分动静的，静未尝不是动的，动未尝不是静的，"心，无动静者也。其静也者，以言其体也；其动也者，以言其用也。故君子之学，无间于动静"⑤。良知本体也是无动无静的，不偏向于动静的任何一方，"良知明白，随你去静处体悟也好，随你去事上磨练也好，良知本体原是无动无静的，此便是学问头脑"⑥。

（三）爱敬与孝弟

楠本不仅重视心性的论述，还注重从具体德目上探究陆王之间的关系。如陆九渊曾言："彝伦在人，维天所命，良知之端，形于爱敬，扩而充之，圣哲之所以为圣哲也。"⑦那爱什么，敬什么呢？象山在《贵溪重修县学记》中作了进一步阐释："孩提之童，无不知爱其亲，及其长也，无不知敬其兄。先王之时，庠序之教，抑申斯义以致其知，使不失其本心而已。"⑧爱亲敬兄，孝弟之教，使不失其本心，象山对爱敬孝弟的重视由此可见一斑。对此楠本评价道："依据象山，这样的心在对待骨肉亲人时，是最坦率的表现。如耳之自聪，目之自明，事父兄而孝弟，如此则不必求于他人。"⑨与之相应，楠本认为："阳明曾积极承认对亲人的真情，并以此为出发点而拥有思考人类立场的机会，这可看作（阳明）转入儒学的关键点，也可以说真诚恻怛的良知之真切笃实处即是孝弟。阳明在这里归于以家族关系为基础的民族传统。而孝弟因其最真切笃实、难以蔽昧的缘故，成为仁

---

① 顾炎武著，黄汝成集释，栾保群校注：《日知录集释》，浙江古籍出版社 2013 年版，第 1076 页。

② 陆陇其：《三鱼堂文集》，《清代诗文集汇编》第 117 册，上海古籍出版社 2010 年版，第 358 页。

③ ［日］楠本正继：《宋明时代儒学思想の研究》，広池学園出版部 1964 年版，第 349 页。

④ 陆九渊著，钟哲点校：《陆九渊集》，中华书局 1980 年版，第 57 页。

⑤ 王守仁撰，吴光、钱明等编校：《王阳明全集》，上海古籍出版社 2014 年版，第 203 页。

⑥ 王守仁撰，吴光、钱明等编校：《王阳明全集》，上海古籍出版社 2014 年版，第 119 页。

⑦ 陆九渊著，钟哲点校：《陆九渊集》，中华书局 1980 年版，第 238 页。

⑧ 陆九渊著，钟哲点校：《陆九渊集》，中华书局 1980 年版，第 237 页。

⑨ ［日］楠本正继：《宋明时代儒学思想の研究》，広池学園出版部 1964 年版，第 354~355 页。

爱之本。"①

楠本的这一观点与阳明的思想是一致的。阳明非常注重以家族为中心的孝弟,他于1528 年给聂豹的回信中写道:"盖良知只是一个天理自然明觉发见处,只是一个真诚恻怛,便是他本体。故致此良知之真诚恻怛以事亲便是孝,致此良知之真诚恻怛以从兄便是弟,致此良知之真诚恻怛以事君便是忠。只是一个良知,一个真诚恻怛。"② 孝弟是对父兄而流露的良知之心,是仁爱之本,以此积极地建立以家庭为基础的人伦关系,以家族为本的社会组织也由此而建立。据此,楠本认为"致良知的功夫被称为头脑,此在阳明的思想里起着重要的作用。此即虚灵不昧的主体,这种思想是来自儒学系统之内的孟子、陆象山"③,继而强调,阳明良知思想的要点在于继承象山的"先立乎其大者",大者即是心,良知即是头脑,而这一思想也可追溯至孟子,"阳明以人伦之本源的良知为头脑的思想必须认为是从这里引出血脉"。④

但与象山不同的是,阳明更侧重"孝弟",甚少说"敬"。阳明以敬为蛇足。敬与静有关,程朱理学认为心得主一、专一,是通过无或者静的功夫。而阳明是无分于动静的,心应时而动而静。此外,程朱理学认为居敬穷理是两件事,居敬是存养功夫,穷理是穷事物之理。而阳明认为居敬穷理是一事,居敬即是穷理,致良知之说使敬与穷理的功夫成为一,惟其有事无事,一心皆在天理上用功。

三、对杨慈湖思想的批评与吸收

象山的弟子杨慈湖虽同样论"心",但更倾向于静虚的思想。楠本认为,宋代思想的原理是理、性(明代思想的原理是心),宋代思想的基调(精神)是静态,注重内在性质的思想(明代思想的基调是动态,注重现实性质的思想)。⑤ 因此,慈湖虽是陆九渊的高足,但其思想始终脱离不了宋代静态的思想基调。王阳明对此是有些不满的,认为慈湖"不为无见,又着在无声无臭上见了"⑥。在楠本看来,阳明的这一评语,是真切地看到了慈湖的长处与短处。

但楠本亦认为,虽然阳明对慈湖持不满的态度,但又不免吸收了慈湖的思想。阳明的"《书魏师孟卷》里有'心之良知是谓圣'一语,是来自杨慈湖的'心之精神是谓圣'"⑦。

---

① [日] 楠本正继:《宋明时代儒学思想の研究》,广池学园出版部 1964 年版,第 416 页。
② 王守仁撰,吴光、钱明等编校:《王阳明全集》,上海古籍出版社 2014 年版,第 95~96 页。
③ [日] 楠本正继:《宋明时代儒学思想の研究》,广池学园出版部 1964 年版,第 442 页。
④ [日] 楠本正继:《宋明时代儒学思想の研究》,广池学园出版部 1964 年版,第 443 页。曾有人评价陆九渊,说他"除了'先立乎其大者'一句,全无伎俩"。陆九渊对此回应:"诚然。"参见陆九渊著,钟哲点校:《陆九渊集》,中华书局 1980 年版,第 400 页。"先立乎其大者"出自《孟子》"先立乎其大者,而其小者弗能夺也",参见焦循撰,沈文倬点校:《孟子正义》,中华书局 2015 年版,第 852 页。
⑤ 参见 [日] 柴田笃:《楠本正继博士之宋明儒学思想研究》,《台湾东亚文明研究学刊》2005 年第 2 卷第 2 期,第 35 页。
⑥ 王守仁撰,吴光、钱明等编校:《王阳明全集》,上海古籍出版社 2014 年版,第 131 页。
⑦ [日] 楠本正继:《宋明时代儒学思想の研究》,广池学园出版部 1964 年版,第 378 页。"心之良知是谓圣"语出"心之良知是谓圣。圣人之学,惟是致此良知而已",参见王守仁撰,吴光、钱明等编校:《王阳明全集》,上海古籍出版社 2014 年版,第 312 页。

综观慈湖的思想可知，慈湖将"心之精神是谓圣"作为平生学问的宗旨，他在《送黄文叔侍郎赴三山》一诗中写道："某信人心即大道，先圣遗言兹可考。心之精神是谓圣，诏告昭昭复皜皜。"而阳明将"精神"一词替换成"良知"，成为"心之良知是谓圣"，对此楠本评价道："阳明虽然本于象山之语谈论心即理，但从良知思想的角度去阐发，可以说更为亲切……阳明修改慈湖'心之精神是谓圣'的纲领，成为'心之良知是谓圣'的动机也源于此。"① 楠本所言，实为灼见。

楠本也具体指出，《传习录》记载的"萧惠问王阳明'己私难克，奈何?'"一章，"阳明回答的语气与杨慈湖《己易》的口吻颇为相似"②。慈湖在《己易》中表达了对己的看法："不以天地、万物、万化、万理为己，而惟执耳目口鼻四肢为己，是剖吾之全体，而裂取分寸之肤也，是梏于血气，而自私也……以吾之视为目，以吾之听为耳，以吾之噬为口……言吾之变化云为深不可测谓之神，言吾心之本曰性……得此谓之德，由此谓之道，其觉谓之仁，其宜谓之义。"③ 而《传习录》中记载道：

> 萧惠问："己私难克，奈何?"先生曰："将汝己私来，替汝克。"先生曰："人须有为己之心，方能克己。能克己，方能成己。"……惠良久曰："惠亦一心要做好人，便自谓颇有为己之心。今思之，看来亦只是为得个躯壳的己，不曾为个真己。"先生曰："汝所谓躯壳的己，岂不是耳目口鼻四肢?"惠曰："正是。为此，目便要色，耳便要声，口便要味，四肢便要逸乐，所以不能克。"先生曰："若为着耳目口鼻四肢时，便须思量耳如何听，目如何视，口如何言，四肢如何动。必须非礼勿视听言动，方才成得个耳目口鼻四肢……汝若为着耳目口鼻四肢，要非礼勿视听言动时，岂是汝之耳目口鼻四肢自能视听言动?须由汝心。这视听言动，皆是汝心……所谓汝心，却是那能视听言动的。这个便是性，便是天理。有这个性，才能生这性之生理，便谓之仁。这性之生理，发在目便会视，发在耳便会听，发在口便会言，发在四肢便会动，都只是那天理发生，以其主宰一身，故谓之心。这心之本体，原只是个天理，原无非礼，这个便是汝之真己。"④

慈湖所论之己不外于天地、万物等，非血气的私己，而为无我一体的大己，而阳明认为耳目口鼻四肢的视听言动，皆由心而起，此即是性、即是天理。阳明所论不出慈湖之意。故而可说楠本之论甚有理据，阳明与慈湖的相似性不仅在于语言的表达方式，更在于义理方面的相近。此外，楠本还指出，"阳明的《稽山书院尊经阁记》也可看作继承了《己易》"⑤。由此而观之，楠本认为阳明吸收了慈湖的思想，确是不诬。

---

① ［日］楠本正继：《宋明时代儒学思想の研究》，广池学园出版部1964年版，第417~418页。
② ［日］楠本正继：《宋明时代儒学思想の研究》，广池学园出版部1964年版，第378页。
③ 黄宗羲著，全祖望补修，陈金生、梁运华点校：《宋元学案》，中华书局1986年版，第2469页。
④ 王守仁撰，吴光、钱明等编校：《王阳明全集》，上海古籍出版社2014年版，第40~41页。
⑤ ［日］楠本正继：《宋明时代儒学思想の研究》，广池学园出版部1964年版，第378页。

四、结　语

楠本深刻论述了阳明集前代理学家们的思想于一炉，加以吸收与批判，继承与发展，继而形成自己的学说体系。当然，这并不意味着，楠本认为阳明只是吸收或继承了程颢、陆九渊和杨慈湖的思想。楠本喜用"浑一"一词来形容明道、象山和阳明，而阳明继承了明道和象山浑一的立场，而更有推进。可以看出，楠本认为阳明的思想是承续明道和象山而来，上可追溯至孟子。此外，楠本亦认为阳明的思想与湖湘学派（楠本定义为宋代湖南学）的代表人物胡安国、胡致堂、胡五峰等人的思想有其相似之处，可惜楠本只是点到为止，并未具体阐释阳明与湖湘学派的关系，这与牟宗三关于湖湘学派的衡定相近，可见楠本之敏锐，富有深刻的学术洞见。

楠本虽然认为陆王心学一脉相承，但也有朱王会通的思想倾向。例如，仁义礼智是孟子以来儒家一直强调的伦理思想，朱子也非常主张仁义礼智。但楠本认为朱子虽用仁来说明仁（爱之性）、义（裁断之性）、礼（节文之性）、智（分别之性），却没有将仁进一步考虑归于浑一，而阳明在朱子思想的基础上继续阐发为良知之说，更倾向于浑然为一者。楠本在《宋明时代儒学思想之研究》的结语中提道："从历史的角度来讨论的话，尊崇生命的明代思想取代了推崇道理（法则）的宋代思想。前者与人们的'心'相通，后者与'性'相通，但二者均回归到'天'，最终是没有差异的。"① 宋学是以"性"为中心的学问，明学是以"心"为中心的学问，但宋明两代思想最终会回归到中国哲学思想的原点，而楠本关于阳明学的思考，也必须要置入这一大纲中才能得到更为切实的理解或定位。无疑，楠本关于阳明学渊源的论述，对阳明与明道、象山、慈湖和湖湘学派之间关系的细微评述，表现出其对宋明理学有一整体的观照，如此才能洞见幽微、缜思明辨。

（作者单位：武汉大学中国传统文化研究中心）

---

① ［日］楠本正继：《宋明时代儒学思想の研究》，広池学園出版部 1964 年版，第 505 页。

在比较视域中看安田二郎的阳明学诠释[*]

□ 李 想

【摘要】安田二郎用"习惯"揭示阳明在消除意志性的紧张问题上与朱子、白沙的一致性，主张朱子在追求心理合一的过程中形成理论，阳明从心理合一的结论立论，故二者为自下而上和自上而下之别。由此分判，他重新解读阳明学的物、心与知行合一等内容，勾勒出阳明的思想轮廓，并认为阳明无法解决恶的根源问题。安田的诠释，兼顾到概念的辨析和思想结构的阐述，较能注重阳明学的特质。牟宗三对朱王关系和无思无虑等的诠释与安田互有异同，反映出诠释的丰富性以及安田阳明学的独特性。

【关键词】安田二郎；王阳明；习惯；朱王关系；牟宗三

安田二郎（1908—1945）是日本战后阳明学研究的先驱，以援西学诠释中国思想著称，使中国典籍呈现出新的概念性、逻辑性乃至哲学性。其研究范式与新儒家如牟宗三相类。邓红和欧阳祯人编《日本阳明学研究名著译丛》收录了安田的代表作《中国近世思想研究》[①]，这为考察安田的阳明学研究提供了契机。本文拟先论述安田阳明学研究的旨趣，再从与牟宗三相比较的学术视角来考察安田的阳明学诠释的特质与得失。

一、以"习惯"诠释意志性的紧张问题

安田的阳明学研究与其对朱子和白沙的研究密切相关，他引入"习惯"范畴诠释朱熹、白沙和阳明之学。"习惯"是法国学者拉维松（Félix Ravaisson，1813—1900）《习惯

---

* 本文为贵州省 2019 年度哲学社会科学规划国学单列重大招标课题"阳明心学对先秦儒家思想的传承与发展"（19GZGX02）阶段性成果。

① 安田二郎：《中国近世思想研究》，符方霞译，山东人民出版社 2019 年版。

论》中的范畴①，安田用它对朱子所论的心作"受动的能动性和能动的受动性"的阐释，认为心的作用即情为受动性的，但心又"命物而不命于物"而具有能动性；这二者符合"习惯"的特性，即在习惯中意识显得逐渐弱化，而行动却越来越自由迅速，似越来越不需要感觉的指引就能自由行动，安田称此为"趋性"②。为了强化对心的这种诠释，他分析善的意志何以为"妄"的原因，得出"善之意志被否定正是因为这是意志，而不是根据其他的理由"③，对于这一稍显突兀的观点，安田也借助拉维松的论述来说明：

> 按照他的分析，运动习惯化地离开意志和反省的领域，却离不开知性。……在反省和意志里，建立知性的目的作为从运动离开的或多或少的目标，知性是与自己对立的对象。在习惯的发展中，随着趋性代替意志，趋性不断地与期盼它实现的行动接近，逐渐带上这一行动的形式。悟性在运动和其目标间浮现起来的间隙，一点点地减少，区别消失。目的接近趋性，与此接触，与此合一。在反省以及意志里，运动的目的是一个观念，即应该完成的一个理想。应该存在的存在，且未存在是何物，是应该实现的可能性。但是随着目标和运动、运动和趋性的合一，可能性即理想由此实现。④

安田主张意志本身具有紧张性，意志起初的对象总表现为应然、理想的样态，意志中存在"间隙"或紧张。随着习惯的形成，趋性代替意志，而与目标、应然不断接近甚至合一，本来只为可能性、理想性的目标逐渐成为现实。安田借助习惯的范畴道出道德修养的内涵，即经过不断的修养功夫消除应然和实然间的界限，实现"践形"或道德理想。可见，安田的问题意识是用习惯概念来彰显道德实践乃价值和事实相互融合的过程。

安田的这种诠释构成了他阐述白沙和阳明的基础。他将白沙的"仁"理解为"术"："这一命题的出发点在于，爱是人类共同的本能性作用，这个作用不是本能性的没有制约的，而是拥有'巧'的性格……'巧'是'时中'的意思……有意识性的'巧'并不是

---

① 高宣扬称拉维松："作为德国哲学家谢林的学生以及法国哲学家柏格森的老师，继承和发展了由曼·德·毕朗（Maine de Biran）的精神哲学（le spiritualisme），试图更新亚里士多德主义的形而上学本体论，严厉批判他的同时代的维克多·库赞（Victor Cousin）的折衷主义，也曾经就社会哲学研究方法及基本理论，进行了富有成效的探讨，主张把理性的、实证的和尊重自然的方法结合起来，贯彻到哲学研究中。……拉维松的著作《论习惯》（De l'habitude）就是一部优秀的社会哲学著作的典范。"高宣扬：《拉维松论艺术与哲学》2013 年 4 月 30 日，http：//blog. sina. com. cn/s/blog_4d95cb740101lnon. html，访问时间：2019 年 9 月 26 日。可知，"习惯"是拉维松借助实证方法的体现，安田引述道："习惯是因为'作为某种变化的结果，产生它并恰好与变化相关联而获得'的东西，'一旦获得的习惯一般是恒常性的存在方式，而变化是暂时性的东西，习惯就是超越这一结果变化的存续。于是习惯只要是习惯，即它本身的本质上，只与其产生的变化相关联，即为了可能性变化而存续。……因此习惯不仅是简单的状态，也是素质、能力'。简而言之，学习就是某种习惯的获得。"安田二郎：《中国近世思想研究》，符方霞译，山东人民出版社 2019 年版，第 50 页。
② 安田二郎：《中国近世思想研究》，符方霞译，山东人民出版社 2019 年版，第 55~56 页。
③ 安田二郎：《中国近世思想研究》，符方霞译，山东人民出版社 2019 年版，第 57 页。
④ 安田二郎：《中国近世思想研究》，符方霞译，山东人民出版社 2019 年版，第 57~58 页。

'仁'。"① "白沙向前更进一步，相关的'至巧'的作用不单单只限于人类，也对全宇宙、全自然起作用。"② 安田从功用的层面来理解白沙的仁，突出仁之泛应曲当。他还认为白沙之学脱去刻意造作，所以白沙把无意识的"巧"称为"至巧"。依他之见，白沙学术重自然而轻意识，即欲减少意志性的紧张。这与其用习惯所诠释的朱子之间并无区别："朱子认为，无论最终有多么善意的行为，只要把此作为善之意识来实行，就是'人心'而非'道心'，'道心'没有那种意志性的紧张，而是自然、从容中道的。如此看来，朱子的'道心'和白沙的'心'明显是一致的。"③ 他主张朱子和白沙所论之心的旨趣一致，其差异仅在于如何实现它，即朱子注重读书穷理，白沙更强调静坐。

安田对朱子与白沙的论述，进一步发展为对朱子和阳明之异同的说明："朱子的学问和白沙的学问都是在基于习惯事实的同时，各自强调一面，与此相对，阳明的学问可说是在'自在'的同时重视这两个方面。"④ 所谓两面即读书和静坐，这表明阳明在为学方式上继承二人。在阳明是否如他们那样认为学问基于习惯的问题上，安田称："阳明的'良知'是通过习惯形成的话，阳明的学问就和朱子的学问、白沙的学问站在了共同的地盘上，即习惯的事实可以说是这三个头脑思索的原动力。"⑤ 然而，安田并未对良知的两个维度的关系给出很好的说明，"原动力"之说显得说服力不足。实际上，良知虽然"见在"即功夫时刻皆应有"头脑"，但人仍要通过存天理去人欲的功夫来致良知，二者可以共存，而在从困勉而行到何思何虑转化的意义上可说良知的展现与"习惯"相关。

在习惯的视域中，安田发现了朱子和阳明圣人观的一致性。他认为阳明的圣人即是天理纯正而无私欲，与之相应，"为了应对私意的三层意思，可以从三个侧面来考虑。与私意第一层意思相对应的侧面，是所有的行为都不会伴随指向相反方向的可能性，是实现客观的正确性。第二层意思相对的侧面，是所有的行为实现客观正确性都是根源于内心的欲求。第三层意思相对的侧面，是所有的行为都是在无意识中实现客观正确性的。……三个侧面的第一个侧面归结于第二个侧面，第二个侧面归结于第三个侧面。换言之，纯粹的天理也就是要求所有的行为都是在无意识中实现其客观正确性"⑥。安田将圣人看作纯是天理，这把握住了阳明圣人观的精髓。⑦ 他将应对私欲分为三个层次，三者依次从行为到内心（动机）、再到内心的无意识状态即无意志性的紧张，这已分析出阳明圣人观与无意志性的紧张或习惯的本质关联。事实上，安田从习惯角度所揭示的朱子和白沙之学皆有此特质："阳明的圣人概念就未必一定是阳明独有的东西。其他的暂且不论，阳明学的先驱者陈白沙的圣人概念，不仅这些，还有被阳明否定的朱子在这一点上也完全是一致的。关于这一点，笔者已经从别的侧面讨论过，这里就不加详细说明了。"⑧ 所谓"别的侧面"，就是"习惯"。安田通过"习惯"揭示出朱子、阳明和白沙在消除意志性紧张问题上的继

---

① 安田二郎：《中国近世思想研究》，符方霞译，山东人民出版社2019年版，第79页。
② 安田二郎：《中国近世思想研究》，符方霞译，山东人民出版社2019年版，第80页。
③ 安田二郎：《中国近世思想研究》，符方霞译，山东人民出版社2019年版，第82页。
④ 安田二郎：《中国近世思想研究》，符方霞译，山东人民出版社2019年版，第90页。
⑤ 安田二郎：《中国近世思想研究》，符方霞译，山东人民出版社2019年版，第91页。
⑥ 安田二郎：《中国近世思想研究》，符方霞译，山东人民出版社2019年版，第96页。
⑦ 陈立胜：《"圣人有过"：王阳明圣人论的一个面向》，《学术研究》2007年第4期，第74页。
⑧ 安田二郎：《中国近世思想研究》，符方霞译，山东人民出版社2019年版，第96页。

承性或一致性。

二、安田对朱王关系的分判及其对阳明思想的阐释

朱子和阳明虽有一致性，但区别又是显见的事实，这该如何定位呢？安田认为此中关键是对心与理关系的解读：

> "心即理"学说的最终表现，在于心的显现即是"理"。在朱子那里，学习的结果无疑是"心"和"理"处于同一境界，也就是说，提倡"心即理"与事态体验作为事实成立的同时，从把朱子为学终极得到的东西当作人类的本来性来把握这一意义上，其在理论构成的方向上就能够逆转。……一方面存在朱子也把"心"和"理"合一的事态看成是人类的本质的看法，但在另一方面，阳明学虽承认学的必要性，然而在理论的构成方面，并没有被朱子关于这个问题的看法支配，反之阳明将其挤压出正面，从这一立场对为学概念加以了重新认识。这就是两者的根本不同。①

安田认为朱子也讲心理合一境界，并揭示出朱子主张心与理之间有一从"不一"向"合一"发展的过程②；阳明则从朱子所要达到的心理合一的境地直接展开为学方式，这是阳明对朱子在理论上的逆转。安田还形象地用自下而上与自上而下描述其间的差异："朱子和阳明处于相同的体验，只不过前者在达到体验过程中已经形成了理论，与之相反，后者从体验出发形成理论。一个是自下而上的理论，另一个是自上而下的理论。"③在他看来，朱子在追求心理合一的过程中形成其理论，这是自下而上的模式，阳明则直接从心理合一的体验直接形成理论，此即自上而下的模式。邓红高度评价这种分判："最重要的是，安田认为阳明学和朱子学之间有着必然的联系。……安田已经准确地认识到了阳明学和朱子学之间的根本区别在于为学的方法而已。"④ 需要指出，朱子植根于心理未一之心，而阳明则根于心理合一之心，其背后是不同的存在体验。

安田对朱王的分判影响到其对阳明学的诠释，即"'以物、心、知'为中心，阐述了自上而来的理论构成带来的归结"⑤。安田认为"因为阳明的'物'是作为行为的'事'，所以'心'不可能脱离'物'而求得……从这儿我们可以找到极有特征的'心'的概念"⑥。"阳明的'心'概念有其极其显著的特征，用一句话来概括就是：其不是朴素实体性的而是行为性的。"⑦ 安田消解"心"的实体性，将它还原为行为性的，心与行的共在决定心不可外于行为。故他主张："和'心'概念互为表里的，是知行合一之说。……

① 安田二郎：《中国近世思想研究》，符方霞译，山东人民出版社2019年版，第98~99页。
② 安田二郎：《中国近世思想研究》，符方霞译，山东人民出版社2019年版，第59页。
③ 安田二郎：《中国近世思想研究》，符方霞译，山东人民出版社2019年版，第99页。
④ ［日］邓红：《日本的阳明学与中国研究》，广西师范大学出版社2018年版，第28页。
⑤ 安田二郎：《中国近世思想研究》，符方霞译，山东人民出版社2019年版，第108页。
⑥ 安田二郎：《中国近世思想研究》，符方霞译，山东人民出版社2019年版，第103页。
⑦ 安田二郎：《中国近世思想研究》，符方霞译，山东人民出版社2019年版，第105页。

两者的关系不是单纯的表里关系，知行合一是对心即理学说的阐发。"① 安田之所以主张知行合一与心相表里，就在于其对心的独特理解，这也可藉由他对阳明 "知是行的主意，行是知的功夫；知是行之始，行是知之成" 和 "知之真切笃实处，即是行；行之明觉精察处，即是知" 的解读看出，他称："前者是有关于外在性行为的立言，后者是关于内在性行为的立言。总之，不论是内在行为还是外在行为，他们都同时意味着'知'。"② 外在与内在行为均为知，则行即知是知行合一的第一层含义。他又对知孝弟而不能孝弟阐述到："知行合一这一学说在于，'行' 意味着 '知' 这一主张的反面，也必须包含 '知' 不可能把 '行' 排除在外。只有这样才懂得知行合一学说和 '心' 概念互为表里的理由。说到底，其必须有一个前提，那就是 '知' 和 '心' 原本是合一的。"③ 不难看出，安田又强调知不可离行，此为第二层含义。这就表明知行关系和事心关系同构，这是他称知行合一与心互为表里的深层理由，这也意味着知行合一的前提是 "知" 和 "心" 的合一。正如安田所指出的："'知' 和 '心' 的关系既然是如上所述，那从心即理导出知行合一就是理所应当的了。而通过知行合一学说向致良知说发展，将上述那样的 '知' 命名为 '良知'，也决不是唐突的转变。"④ 安田对物、心和知的诠释，其意义不仅在于对这些概念的重新阐发，还不啻勾勒出阳明学的思想轮廓。吉川幸次郎称安田的研究为："在这些片段性言辞的背后，有着某种程度的逻辑性思想体系。而那些片段性的言辞，则是这个思想体系表露出来的那个部分，在此可以发现那些没有表露出来的部分，发现贯穿着各个露出部分之间的横向线索。"⑤ 可知，安田的研究不仅注重概念之辨析，其借助西学还是要探究阳明思想的逻辑结构。

安田还敏锐地洞察到 "理" 的变化："朱子的立场，是根据 '理' 和 '气' 的二元来说明有关自然和人事的所有想象。然而在阳明那里，'理' 和 '气' 的对立已经消除，将两者作为相同东西的两个侧面来理解。"⑥ 他追溯朱子理气二元的原因，认为在朱子学中气已经能说明存在的生成，理的存在论意义不明确，故只有在道德论中才见出理的意义。至于理气关系，安田称："如果只是为了满足道德论要求的话，现实就是非存在的，理想才是真实的存在。换言之，用 '理' 来调换 '气' 的原理而构成理论也是可能的。然而现实是掩盖不了的，从现实出发的朱子学对现实的说明也不是那么容易放弃的。于是这里不使用置换 '理' 这样直接的方法，而是将之和 '气' 并行而成为 '理' 的原理的二元论构成。然而，这样做，却和前面说过的朱子理论是自下而上的这一点是一致的。"⑦ 安田强调朱子能充分照察现实性，不用理置换气以保住价值和事实的区分，并且理气并行的二元论学说与朱子自下而上的理论一致，亦即朱子学要努力去实现心理的合一而非从心理合一出发。

如果理气二元有其理由，那么，阳明的理气同一论就将有其缺憾："阳明的理气同一

① 安田二郎：《中国近世思想研究》，符方霞译，山东人民出版社 2019 年版，第 106 页。
② 安田二郎：《中国近世思想研究》，符方霞译，山东人民出版社 2019 年版，第 107 页。
③ 安田二郎：《中国近世思想研究》，符方霞译，山东人民出版社 2019 年版，第 107 页。
④ 安田二郎：《中国近世思想研究》，符方霞译，山东人民出版社 2019 年版，第 107~108 页。
⑤ 安田二郎：《中国近世思想研究》，符方霞译，山东人民出版社 2019 年版，第 1 页。
⑥ 安田二郎：《中国近世思想研究》，符方霞译，山东人民出版社 2019 年版，第 108 页。
⑦ 安田二郎：《中国近世思想研究》，符方霞译，山东人民出版社 2019 年版，第 109 页。

说是自上而下的理论，这也带来了理气同一论不可能对现实加以说明的后果。关于恶的问题尤其如此。"① 在他看来，阳明主张理气同一，则会混淆道德的理想性与现实性，如此就难以说明恶的起源。他称："'恶'到底是如何产生的呢？对于这样的疑问，王阳明是这么回答的：'无善无恶理之静，有善有恶气之动'，再就是顺从理的是善，因气而动的是恶。这些说明和'理''气'同一论明显是矛盾的，只能是回到了朱子的理气二元论了。"② 安田认为阳明虽然偏袒"四无说"，但也不得不稍后退于"四有说"："现实的人不适用于阳明的本来理论。……这个稍有退后是自己的理论在处理现实时的无力的告白。这是自上而下的理论不可避免的命运，自上而下的理论确实是因为这个理由，才不能照亮下方的现实。"③ 安田的这种看法与他未能很好地说明良知的本体论和习惯之关系有关，未能区分理气同一论中恶之产生的主因和触缘。实质上"于阳明而言，人放弃良知的挺立（'志之不立'）而容让'习气'滋生，这内在的因素方是'恶'之所以产生的根本原因。若复追问导致'志之不立'的原因又何在？则只能答曰这完全是'志'之自身自主决定的结果，不能往外再找其他的原因"④。亦即说，人之放弃良知的主宰才是产生恶的根本原因，因这一过程乃自主决定，意愿就是主因。换言之，阳明虽然主张理气同一论，但仍可解释恶的起源。

三、牟宗三对朱王关系和何思何虑的诠释及与安田之比较

牟宗三早年虽曾在《心体与性体》中将朱王分为两系⑤，但中年时却对朱王关系另有一番认识：

> 穷理与格物之辨，实朱子与阳明两大系统之不同处。穷理须兼格致诚正而为功是也。然朱子涵养察识敬贯动静，则格物穷理非空头单行矣。既非空头，则穷理亦有助于尽性矣。惟此一系以反显"超越之体"为重。而阳明之"格致诚正兼备"所成之穷理，实即致良知之天理而使之充塞流行也。……此有前扩义亦是单线直贯义。此紧扣良知天理之为实现原理而言也。而朱子则有反显义。亦有回环歧出义。朱王最后之异即在此。……然回环委曲总当归于直而无曲也。是以王学乃历程之推进一步，而不必视为与朱并立之两统。⑥

牟宗三认为，朱子不从天心本心而从功夫的心来追求理的实现，也就有静涵动察的功夫，即所谓"回环委曲"处；阳明则以天心、本体的心为把柄展开为学形态，即扩充此良知的单线直贯义。虽然如此，朱子学的功夫归根究底要归结于阳明学之直贯形态，也就

① 安田二郎：《中国近世思想研究》，符方霞译，山东人民出版社 2019 年版，第 110 页。
② 安田二郎：《中国近世思想研究》，符方霞译，山东人民出版社 2019 年版，第 111 页。
③ 安田二郎：《中国近世思想研究》，符方霞译，山东人民出版社 2019 年版，第 112 页。
④ 陈志强：《晚明王学原恶论》，台湾大学出版中心 2018 年版，第 100 页。
⑤ 牟宗三：《心体与性体》（上），上海古籍出版社 1999 年版，第 42~43 页。
⑥ 牟宗三：《王阳明致良知教》，《牟宗三先生全集 8》，台湾联经出版公司 2003 年版，第 22~23 页。

是道德要有头脑。就此而言，牟宗三认为朱子学的终点是阳明学的起点，二者为相承而非对立关系。安田自下而上与自上而下的区分实际上与牟宗三的看法有异曲同工之妙，皆刻画出朱子注重为学的历程以求心理的合一，而阳明则直接从心理合一处开始论学。安田和牟宗三也有细微区别：安田将朱子的道心等同于本体的心；而牟宗三则发展出其宋明理学的三系说。安田的理路中未尝不含牟宗三式诠释的可能性，"上天如果能使安田先生多活几年的话，那么不容置疑，阳明心学的本质一定可以得到划时代的理解"①。

在"何思何虑"或"无善无恶"的问题上，牟宗三称："人在善善恶恶上总要转个念头，便已不纯。故对治此病，便就良知天理纯净不二说个无善无恶的至善。……此无善无恶只是遮拔在良知好恶上那个动于气的别转念头，非遮拔良知天理之为善也。……无善无恶只是这个意思，亦只是一个何思何虑。"② 牟宗三以为无善无恶并非对善恶置而不论，而是言无有所好无有作恶，即并未曾否定良知天理纯善无恶的本质内容，故而无善无恶是为了纠正良知动于气而有别转的念头。这里所谓的"动于气"区别于"气之动"，气之动犹如意之动而有善有恶，动于气则如动于意而有所把捉。牟宗三称："意之动有善有恶，良知知之，顺其善念而致之便谓致良知。良知一致，则意诚而恶去，顺天理的气亦同样可说无善无恶，故皆为至善。如是四有四无皆可说，四无只应就不著意思讲，不可作他讲。"③ 在他看来，致良知就是使意之动合乎良知，如此则顺天理的气也可称无善无恶，那么，顺良知的意也是无善无恶的。

在四无说中，牟宗三认为关键在于如何理解"意亦是无善无恶"。依他之见，从意的有善有恶不能反推出心体有善有恶，否则善恶将无定准。良知之天理保证心体的纯粹绝对性，它能够判别善恶，是为善去恶功夫的先天保证。这里的无定准和绝对性等概念有康德哲学作背景，良知天理犹如道德法则，是善恶的标准之所在。牟宗三强调良知虽保证心体之至善，但由此推不出意之必定为善，因为人有躯壳即气质与动物性，意之动也可能为躯壳所引发。就此而言，王龙溪的四无说从"尧舜性之"层面立论，有蹈空之嫌，不免忽视了人的气质和动物性。惟有已至何思何虑的上帝能够如此全然顺理而行，所以他主张四有说为究竟教法，"四无之说并非教法"④。

牟宗三虽揭示出"四无说"的弊病，但在王龙溪的四无说中他看出销镕道德的奋斗意的含义："王龙溪四无说，虽不可为教，实代表一种最高境界。……西人所了解之道德只是奋斗中之道德，只有过渡之意义，只表示在上帝面前自处有罪之自我否定中，而至乎宗教境界，则心性意志方面之道德义即不复言矣。……'意之动'一句即可代表西人所说之道德境界。然阳明就道德实践之本源即先天根据之立场，而言冒乎意而超越乎意以上之良知，以消化意之动中之坚持相与对立相……是则即在致良知之道德实践中，即越乎意之动之相对相而至绝对境界矣。"⑤ 这意味着从理上立论的四无说，有销镕道德实践过

---

① 岛田虔次：《中国近代思维的挫折》，甘万萍译，江苏人民出版社 2008 年版，"序"第 8 页。

② 牟宗三：《王阳明致良知教》，《牟宗三先生全集 8》，台湾联经出版公司 2003 年版，第 72~73页。

③ 牟宗三：《王阳明致良知教》，《牟宗三先生全集 8》，台湾联经出版公司 2003 年版，第 73 页。

④ 牟宗三：《王阳明致良知教》，《牟宗三先生全集 8》，台湾联经出版公司 2003 年版，第 75 页。

⑤ 牟宗三：《王阳明致良知教》，《牟宗三先生全集 8》，台湾联经出版公司 2003 年版，第 82~83页。

程中的紧张性的维度，天理流行的绝对境界亦是何思何虑的境地。牟宗三关于阳明何思何虑以及四有、四无问题的诠释，既表明阳明学对"作好作恶"警惕，这与安田通过习惯所诠释的注重行为的自由流畅一致，也表明牟宗三认为四无说无法面对现实中人的气性和动物性问题，这与安田关于恶的来源的思考又有一致性。牟宗三虽然指出四无说忽视人的气质和动物性，并未因此得出阳明要回归朱子的理气观的结论。

安田和牟宗三对王阳明的诠释互有异同，牟宗三主要借助于康德的道德哲学，而安田使用"习惯"范畴则体现出实证主义方法的影响。相较于牟宗三，安田的"反向格义"还显得较保守，而非体系性的援引。这固然与各自的学术背景相关，而对阳明学本身的体证仍是最大的"前理解"，牟宗三寻求儒学的创造性转化的关怀以及欲以儒学来纠正康德道德哲学的意图，皆是安田所缺乏的。故而，他们的"路数"虽然相近，但结论上仍然有细微和关键的差异，这也折射出安田的阳明学的独特性。

四 、小 结

安田二郎的宋明理学研究对战后日本宋明理学的研究有不可忽视的影响，如在理解朱子和宋学方面，岛田虔次坦陈："从安田氏的书受到了决定的影响。"① 在阳明学方面，岛田还直接从安田对于朱子和阳明学的分判中受到启迪，邓红已指出："岛田虔次从这里得到了重要的启发，提出了阳明学和朱子学之间的根本区别在于如何为圣的'内'和'外'对立的理论。"② 可见，安田研究的重要性和富有启发性，对其后的学术研究有很大的影响力。安田和牟宗三不约而同地采用西学来诠释阳明学甚至儒学，是 20 世纪学术现代化历程的重要环节，他们的成果是目前阳明学研究的重要学术资源。

（作者单位：武汉大学国学院）

---

① 岛田虔次：《朱子学与阳明学》，蒋国保译，山东人民出版社 2019 年版，第 61 页。
② ［日］邓红：《日本的阳明学与中国研究》，广西师范大学出版社 2018 年版，第 28 页。

阳明后学罗大纮生平思想初探[*]

□ 吴兆丰

【摘要】晚明思想史聚焦于阳明后学、东林讲学、关学复兴和三教合一趋势。江西吉水人罗大纮与上述焦点密切相关，但有关他的研究几近阙如。从罗大纮生平志事、师承交游与思想特色的探讨，可见阳明后学与佛学、东林、关学的交涉，以及明末思想界因应王学末流之弊出现悟修兼重的思想趋向。

【关键词】阳明后学；罗大纮；邹元标；丛林交游；悟修兼重

罗大纮（1547—1619），江西吉水人，字公廓，号匡湖，万历十四年进士，官至礼科给事中，言事忤旨，斥为民，与里中先贤罗伦（1431—1478）、罗洪先（1504—1564）"号称三罗"①。《明儒学案》将他与名儒邹元标（1551—1624）归入江右王门。② 学界研究邹元标思想与讲学活动颇多，然与邹氏互为密友的罗大纮生平思想几无关注。本文探析罗大纮生平历程与思想特色，为研究晚明江右王学发展变化乃至明末思想史动向提供助益。

一、私淑罗洪先

明代江西吉安是王阳明（1472—1529）学盛行之地。自邹守益（1491—1562）、罗洪先等设教讲学以来，后继有人。邹元标称"我明有白沙陈子，至阳明王子而大宏，学亦浸昌浸明，莫盛于西江，尤莫盛于吾吉"③。浓厚的地域讲学风气和乡邦文献推动吉安一地阳明学的发展。④

---

* 本文系国家社科基金重大项目"中国传统礼仪文化通史研究"（18ZDA021）阶段性成果。

① 张廷玉等：《明史》卷二三三《罗大纮传》，中华书局 1974 年版，第 6074 页。

② 黄宗羲著，沈芝盈校：《明儒学案》卷二十三《江右王门学案八·给谏罗匡湖先生大纮》，中华书局 2008 年版，第 548 页。

③ 邹元标：《愿学集》卷四《寿海门周公七十序》，《文渊阁四库全书》集部第 1294 册，上海古籍出版社 1987 年版，第 158 页。

④ 吕妙芬：《阳明学士人社群——历史、思想与实践》，台湾"中央研究院"近代史所，2003 年版，第 111~187 页。

罗大纮尤受罗洪先思想影响和感召，乃"所感慕而兴起者"①。罗大纮称"自结发向学，则慕吾宗石莲夫子，以年少未及执贽为恨"②，又谓"少也贱，不及见石莲先生，然私心实向慕之。凡先生之门人故旧，能体究先生之学者，吾师之矣，能言先生之貌与其行事者，吾友之矣"③。罗大纮与罗洪先门人曾同亨（1535—1607）来往密切④，保持师友关系，即是例证。罗大纮以罗洪先节义、理学相标，立志性命之学，问道求友："纮生晚，未及文恭之门，然幼小常向往焉。既成进士，又通籍日浅，无殊尤勋节光大公所期望者。惟苦志恭悟，于天人性命之原，稍能窥见本末。使石莲之脉，尤不绝于斯世，则文恭在天之灵，或不谓不肖为非人也。"⑤

罗洪先门人萧辙集陈献章、王阳明、罗洪先三人语录为《三先生粹言》。罗大纮序而刊之，为陈、王、罗得孔、孟道统之传张本：

> 世儒承读书穷理之说，学在载籍。其弊也记诵为多，讲说为明，卒老于古人之糟粕，无得也。陈先生始反约……世儒承穷物理以致心知之说，学□拟议，谓有一物即有一理，理在物而知在心，凡天下之物无不穷，而吾心之知无不致。其弊也内外扦隔，本末舛错，终其身，求所谓豁然贯通者，无得也。王先生始求诸我，以致良知为宗……世儒承无善无恶之说，学任自然。其弊也理欲不分，私意横决，至与流俗缁染，不可解也。罗先生始归静，以知止为宗……
>
> 三先生为说虽异，然皆不离乎一……三先生相去百年，非亲授受。然其精诣力行，探本穷源，学归于一，若符契之合也……陈氏抗志超悟，得舞雩之趣。王氏肆力独任，有邹峄之风。罗氏沉几内复，近屡空之旨。若溯洙泗之源，衍朱陆之派，必以三先生为宗。⑥

陈白沙、王阳明、罗洪先虽非亲相师承，然均自得于心，力救时学之弊，真得孔圣之传，愈后转精：罗为孔门颜回，而陈、王乃儒门曾点和孟子。

罗大纮表彰罗洪先思想乃为针砭王学左派"四无"学说茫荡之弊。万历末年，罗大纮重新编梓罗洪先集。⑦ 罗大纮好友邹元标称罗洪先"收摄保聚"之论是"末世津梁"⑧，乃

---

① 罗大纮：《紫原文集》卷三《选罗念庵先生全集后序》，《四库禁毁书丛刊》集部第39册，北京出版社2000年版，第542页。《紫原文集》卷一～七在第39册，卷八～十二在第40册，后文注引，仅标注书目及页码。

② 罗大纮：《紫原文集》卷十二《祭罗近溪先生》，第136页。

③ 罗大纮：《紫原文集》卷十二《祭陈心斋姻丈》，第146页。

④ 罗大纮：《紫原文集》卷十二《祭宫保曾见翁先生》，第137页。

⑤ 罗大纮：《紫原文集》卷八《文恭公手笔谱序跋》，第16～17页。

⑥ 罗大纮：《紫原文集》卷三《三先生粹言序》，第547～548页。

⑦ 陈于廷：《石莲洞罗先生文集叙》，罗洪先著，徐儒宗编校整理：《罗洪先集》附录二，凤凰出版社2007年版，第1411～1412页。

⑧ 邹元标：《罗念庵先生文要序》，罗洪先著，徐儒宗编校整理：《罗洪先集》附录二，凤凰出版社2007年版，第1409～1410页。

晚明思想界补偏救弊之药①。罗大纮称罗洪先"辗转于寂感内外之辨，而自反于收摄保聚之功，然率未得其要也"，其后"杜门结坐，潜心默识，始洞见本心，物我一原，而寂感动静之说，一切与化"，并由此论谓："学问逾三十年，其二十年皆探讨论辩以求其至，其十年乃资深入微。然唯有二十年论思，乃有十年悟境。学者未可徒赏心于悟境，而遂略其所为论思。"② 要之，罗洪先晚年洞见本心，但其求友论思，尤其"从博反约，静笃密存"工夫，是为前提关键。

罗大纮罢官家居，以"今世念庵"自期自励。罗大纮与邹元标讲学青原山，人视为邹守益、罗洪先复起："邹文庄、罗文恭两先生称宗师，郡弟子北面禀学焉。万历秋，大纮与邹尔瞻赴讲会……于是同学翕然诵曰'吉州世不乏邹、罗矣。'"③ 罗大纮晚年与邹守益之孙邹德泳（万历十四年进士）相盟证学，称"（邹德泳）少小承先文庄家学，发愤读所遗书……纮习闻家文恭之训，固阙于亲承，而念未尝忘……光大二先生之业，不朽千万世，其殆庶几乎"④。可见，他与邹德泳以发扬邹守益、罗洪先道德思想相期相励，盟约讲学。

总之，正是受到罗洪先思想感召与影响，罗大纮志向圣贤，求友辅仁，兴起讲学讲会，主张"实修实诣"，力除"修证浅而门户太高，切磋之益少而挟制之势盛"的不良讲学风气⑤，重振江右王学在明末思想版图中的位置。

二、师从徐用检

罗大纮师从浙江兰溪人徐用检（1528—1611）。徐用检，嘉靖四十一年进士，师事王阳明弟子钱德洪（1496—1574），"其为学不以良知，而以志学"⑥。徐用检既与赵贞吉（1508—1576）、罗汝芳（1515—1588）、耿定向（1524—1596）、李贽（1527—1602）等辩难论学，又与陆光祖（1521—1597）、胡直（1517—1585）、李材（1529—1607）、曾同亨等"质疑取善，不遗余力"⑦。

隆庆五年，徐用检由山东副使降为江西参议⑧，遂而悟道，讲学授徒，"发明所悟"，"一时风动，拜弟子受业者百余人"⑨。万历元年江西乡试新中举人罗大纮、邹元标、邹

---

① 邹元标：《石莲洞全集序》，罗洪先著，徐儒宗编校整理：《罗洪先集》附录二，凤凰出版社2007年版，第1413页。

② 罗大纮：《紫原文集》卷三《选罗念庵先生全集后序》，第543页。

③ 罗大纮：《紫原文集》卷七《鸿渐堂记》，第705页。

④ 罗大纮：《紫原文集》卷八《十二老会说》，第8~9页。

⑤ 罗大纮：《紫原文集》卷六《谢龙紫海丈》，第688页。

⑥ 黄宗羲著，沈芝盈校：《明儒学案》卷十四《浙中王门学案四·太常徐鲁源先生用检》，中华书局2008年版，第303页。

⑦ 罗大纮：《紫原文集》卷十《南太常卿徐贞学先生学行述》，第84页。

⑧ 《明穆宗实录》卷五十四"隆庆五年二月丙申"条，台湾"中央研究院"历史语言研究所，1962年版，第1330页。

⑨ 罗大纮：《紫原文集》卷十《南太常卿徐贞学先生学行述》，第80~81页。

德溥、刘士瑗、邹德泳、刘冠南、曾士亮等"同声气，遂定交，同问学于粮储道兰溪徐先生"①。罗大纮请教格物之义，徐用检未答，示以不可牵于文义，贵在体道自悟。万历二年，罗大纮赴青原讲会，时徐用检"大发明志学之义"。"志学"之旨乃惩王学末流之弊："其时学者执'心之精神谓之圣'一语，纵横于气质以为学，先生（徐用检）以孔氏为的，亦不得已之苦心也。"② 是年冬，罗大纮遂往赣州"执贽焉"③，正式拜徐用检为师。

徐用检讲学以开悟为主，以学孔体仁为的。徐用检坐禅习定，起而谓《论语》"色斯举矣，翔而后集"乃"夫子末后句"。"末后句"指禅宗大彻大悟、至极透彻之语。罗大纮"问其义"，徐用检告以"留汝，异日自说"。职是之故，万历三年，徐用检调任陕西提学，罗大纮与老友王之弼"相随入关"。徐用检"随时开示"：

> 一日会食罢，予自拭案，先生（徐用检）俯首侧视曰："用世尚早。"王中石（王之弼）酷好裁诗，又欲先生早解组养母，偶谈禅家干矢概话。先生曰："是何物。"中石曰："是官。"先生曰："是诗。"二人皆笑。顾予曰："汝作何观。"曰："是学人眼。"先生曰："渐入佳境。"中石曰："渐漏泄。"

可见，徐用检重视开悟，期使罗大纮会心妙悟。徐用检甚至送罗、王二人到终南山，"习定重阳宫，二月而归"④。

从学关中对罗大纮学思发展至为重要。罗大纮纵游名胜，出入佛老，坐禅习定，"心源开彻"，为后来悟道奠定前提：

> 从入关，浴温池，登临华岳，过渼陂，礼王季墓，披重阳仙人衲衣，结跏趺坐，纵游太白峰、老子说经台，返从蓝田，出襄阳，历蓝关，谒昌黎祠，至商山，吊四皓，亦古今胜游，而心源开彻，自重阳宫始。竟十年后，得闻至道，先生（徐用检）命入关之力也。⑤

罗大纮称"初从先师徐鲁源，与老友王之弼结坐重阳宫，始悟心量无穷，非思议可至"⑥，并谓"宴坐终南半载，悟心地无障法，归而若有得也"⑦。"心量无穷"和"心地无碍法"，语出大乘佛典《楞伽经》和《华严经》，意在减除执着于心的各种义解，恢复心体活泼，达到悟道之地。

① 罗大纮：《紫原文集》卷九《兴国州知州曾公传》，第62页；卷十《南太常卿徐贞学先生学行述》，第86页。
② 黄宗羲著，沈芝盈校：《明儒学案》卷十四《浙中王门学案四·太常徐鲁源先生用检》，中华书局2008年版，第303页。
③ 罗大纮：《紫原文集》卷十《南太常卿徐贞学先生学行述》，第86页。
④ 以上参罗大纮：《紫原文集》卷十《南太常卿徐贞学先生学行述》，第88页。
⑤ 罗大纮：《紫原文集》卷十《南太常卿徐贞学先生学行述》，第88页。
⑥ 罗大纮：《紫原文集》卷六《寄冯少墟》，第670页。
⑦ 罗大纮：《紫原文集》卷十二《祭罗近溪先生》，第136页。

万历十四年，罗大纮在京再见徐用检，徐氏自谓"如今心体圆成，万物皆备。于万物皆备中，无一物可得。明此之谓明德，止此之谓至善"①。徐用检卒，罗大纮"走瀫水，吊先师"②，感慨称："（徐用检）在虔提孔门末后句及学道拭案语，彼时都不之省，十五年后，始豁然有悟。人之精神随处显真，而圣人每以征言示道脉，开悟来学，世多忽焉，达者昭若日星矣。"③ 可见，罗大纮从游于徐用检，获闻志学之旨，领会开悟之妙，终而悟道。罗大纮为徐用检作祭文，称乃师"结好缁衣"，并自述从学谓：

> 大纮初举，于乡聚友。问师虔台，执赞夙夜。孳孳下榻，瀫水执辔。中原追随，万里参究。千门结坐，终南心源。恍契最后，有同直探。宗秘惟师，于我再造。④

要之，徐用检倡导志学，重视开悟，援佛资儒，对罗大纮思想演进影响甚巨。

罗大纮又问学于耿定向和罗汝芳，并与同里刘元卿（1544—1609）相为密切。罗大纮两度拜访耿定向，万历四年，罗氏从关中返，"出郢，省耿先生归"。万历十九年，罗大纮与刘元卿"同之入楚"，再次"省耿先生"⑤。耿定向对罗大纮颇器重，胡直门人求教于耿定向，耿氏建议他"归与刘聘君、罗谏议共商之"⑥。万历十二年，罗汝芳与王时槐（1522—1605）、刘元卿"会于白鹭书院。先生（罗汝芳）珍重，谈出心法，不佞（罗大纮）以微言证之，先生大喜"。罗大纮成进士，奉命出使，"过家者再，恍然有所悟，一悟于滁阳之客舍，再悟于里中之道院，始实证致知格物之义，辄欲踵先生（罗汝芳）庐，一语相印，而先生解矣"。⑦ 罗汝芳卒于万历十六年，由此推知罗大纮两次悟道发生在万历十五年前后。万历二十九年，罗大纮专程前往明德书院拜祭罗汝芳，对于时人訾议汝芳之学，颇抱不平。罗大纮与刘元卿同问学于徐用检，"坐则对席，寝则联榻，比目而视，比耳而听，比肩而游，不知尔我"。万历六年，刘元卿请罗大纮"授经复礼书院，游息书林洞"⑧。复礼书院为刘元卿创办，罗大纮"执经讲业数阅月"⑨。万历十二年，两人辅助王时槐纂修《吉安府志》。万历十九年，刘元卿被征入朝，罗大纮送之入楚。罗大纮称"交游遍天下，知己不过数人，无若征君（刘元卿）最密"⑩，谓"学之正也，无先生（刘元卿）若矣"⑪，评价刘氏之学甚高。

括言之，罗大纮从游于浙中王门徐用检，得其志学之旨，受其开悟之教，终至悟道，

---

① 罗大纮：《紫原文集》卷十《南太常卿徐贞学先生学行述》，第88页。
② 罗大纮：《紫原文集》卷十二《祭处士吴香山姻丈》，第147页。
③ 罗大纮：《紫原文集》卷十《南太常卿徐贞学先生学行述》，第92页。
④ 罗大纮：《紫原文集》卷十二《祭太常徐鲁翁老师》，第135页。
⑤ 罗大纮：《紫原文集》卷三《刘调甫征君六十作密湖通谱序》，第562页。
⑥ 耿定向著，傅秋涛校：《耿定向集》卷十二《别萧生言》，华东师范大学出版社2015年版，第483页。
⑦ 以上参罗大纮：《紫原文集》卷十二《祭罗近溪先生》，第136页。
⑧ 以上参罗大纮：《紫原文集》卷三《刘调甫征君六十作密湖通谱序》，第562页。
⑨ 罗大纮：《紫原文集》卷三《安成金滩王氏族谱序》，第567页。
⑩ 罗大纮：《紫原文集》卷三《刘调甫征君六十作密湖通谱序》，第563页。
⑪ 罗大纮：《紫原文集》卷十二《祭刘征君调甫先生》，第141页。

他还问学于耿定向、罗汝芳等泰州学派健将，并与晚明江右王门要员刘元卿往来密切。

三、取友邹元标

罗大纮与邹元标相互激励节义道德，共同致力林下讲学，互为至交。万历元年，罗、邹两人同中举人，"同问学于督赋徐先生（徐用检）所，遂以意气相许，定交帝子阁中"①，"切磋明德，白首为期"②。罗大纮称邹元标为"异姓骨肉""同年弟兄"③，甚至"母事"邹元标之母，与邹元标兄"欢然如兄弟"④。罗、邹同志交谊确非一般。

万历十五年至十八年，罗大纮"三以使命过故里"，参与邹元标在仁文书院讲学，并称：

> 古人之学，学众人之所以与圣人同。末世之学，求圣人之所以与众人异……且道本不可作也而强作之，本不可见也而强见之，本不可闻也而强闻之，本不可守也而强执之，本不可差别也而强差别之。是犹闻声捕风，见影捉月，解裂空虚，而自睹其眸子也，必无几矣……世儒妄意，各立赤帜，以植当时而述后世，亦异乎孔氏之指已。尔瞻嘉惠同志甚殷，而以修悟证之说进之，不知将求其圣凡之所同者而悟之修之证之耶？抑求其异者而悟之修之证之耶？将以为可作可见可闻可守可执可差别而悟之修之证之耶？抑以为不可作不可见不可闻不可守不可执不可差别而悟之修之证之耶？⑤

罗大纮借"道本不可作"的老庄思想，论心体虚寂之妙，反对各树宗旨，强为"解裂"，主张讲学贵以修、悟、证交相为用。

万历十九年后，罗大纮与邹元标"浮湛里中，同病相怜，遂忘尔我"⑥，力图恢复前贤邹守益、罗洪先兴起的里中讲学盛况。两人每年共同举办或参加讲学讲会共达十次之多："一岁之中，为玄潭次丁会者二，为同江会者一，为曲江会者再，为仁文会者四，青原仍其旧。"⑦ 青原会为邹守益、罗洪先等旧日讲学之地。玄潭雪浪阁是罗洪先会友讲学之所，罗洪先卒后，门弟子在此举行春、秋次丁会讲。⑧ 同江书院为曾同亨创建。仁文书院原名文江书院，吉水知县徐学聚捐资重建，邹元标讲学其中。曲江书院为罗大纮创建。可见，罗大纮与邹元标除远赴吉安青原大会，主要在吉水讲学会讲。"参玄推妙悟，对饮避高吟。霄汉双黄鹄，乾坤两赤心"⑨，罗大纮与邹元标会讲之密可见一斑。要之，邹、罗互为密友，是明末江右王学讲学中坚。

---

① 罗大纮：《紫原文集》卷五《刘年伯母大孺人七十序》，第 646 页。
② 罗大纮：《紫原文集》卷十二《祭邹年伯母罗太夫人》，第 153 页。
③ 罗大纮：《紫原文集》卷八《为邹尔瞻祈嗣文》，第 44 页。
④ 罗大纮：《紫原文集》卷十二《祭邹年伯母罗太夫人》，第 153 页。
⑤ 罗大纮：《紫原文集》卷三《仁文会约序》，第 550~551 页。
⑥ 罗大纮：《紫原文集》卷二《赠少参龙澄源兄》，第 514 页。
⑦ 罗大纮：《紫原文集》卷七《鸿渐堂记》，第 705 页。
⑧ 罗大纮：《紫原文集》卷八《玄潭重建真君阁及修罗文恭雪浪阁纪事疏》，第 25 页。
⑨ 罗大纮：《紫原文集》卷二《用韵答邹尔瞻年兄》，第 516 页。

罗大纮与邹元标"讲学石交，其议论如出一口"，但二人在政治上却有分歧，集中表现于申时行（1535—1614）墓表撰写之争。万历十九年，内阁上疏催请建储，申时行密揭神宗，谓其"不与闻，阁中特以故事列名耳"。礼科给事中罗大纮上疏纠弹申时行，反被斥为民：

> 罗归二十余年，而吴门公（申时行）殁于里中，其家求邹（元标）为立传。申为邹丁丑会试大座师，（邹）常劾江陵廷杖，时申为营护甚力。其特拜吏科与选入吏部，申力居多，素怀知己之感，因许为作传，已脱稿，寄吴中矣。罗闻之大怒。邹初亦尚以风谊为词，罗至欲具揭告海内。邹不获已，篋其草，并嘱申氏勿刻，事乃得已。①

《明儒学案》过于武断，谓"吴门墓表，见刻南皋《存真集》，野史之非可勿辨矣"②。检邹元标文集，确实收录申时行文集序和墓表。③ 然而，罗大纮文集有三封给邹元标的书信，力阻邹氏为申氏撰作墓表。第一封信谓："向山阴（王家屏）得名笔甚善，既不阿私所好，又不伤厚道。若吴门（申时行）恐不能如是。撄芒刃者，未免伤手，可已则已。彼固自有任之者，何必足下，此事关系匪细，幸裁之。"④ 换言之，申时行相业有亏，为撰墓表势必损害自身节义高品。邹大纮得知墓表已"寄吴中"，再致函责备道："吴中文不意去太速……且海内皆知忠佞、臭味不同，以此高仰。生不相投，死而谀墓，始终两人。若曰名非所重，更有何者重于名，而尽此不得已之情？"⑤ 罗大纮标帜君子、小人之别，着眼清流名节，责备甚切。邹元标虽以"宿谊"为词，但罗大纮不以为是，第三次致函邹氏，告其追回墓表，否则"我不得不为天下存大义，与大笔并传"⑥，几不两立。

墓表撰写之争揭示邹、罗政治思考差异。在罗大纮看来，万历年间政治败坏发端于申时行首辅一任，尤其"言路始轻"，神宗罢日讲、"废视朝"，申氏难辞其咎。罗大纮异常激烈地称："（申时行）临大节如是，御大乱如是，于法纪如是，用人如是，去国如是，如此而死，狗猪不食其余，即乡邻亲友、门生故吏稍有识者，操笔不敢濡纸，恐于天下公义。"⑦ 要之，罗大纮强调甄别君子、小人，以其为挽救晚明政治败局的强心剂。但邹元标从用人和崇道两方面肯定申时行。第一，申时行起用此前被张居正罢黜官员，"庭有鸣鹿，野无白驹"。第二，申时行成功推动王阳明从祀孔庙，表彰和引进讲学之士。相较于

---

① 以上参沈德符：《万历野获编》卷十九"罗给事"，中华书局1959年版，第504页。
② 黄宗羲著，沈芝盈校：《明儒学案》卷二十三《江右王门学案八·给谏罗匡湖先生大纮》，中华书局2008年版，第548页。
③ 邹元标：《邹子存真集》卷二《赐闲堂集序》、卷十《特进光禄大夫左柱国少师兼太子太师吏部尚书中极殿大学士赠太师谥文定瑶泉申公墓表》，《四库禁毁书丛刊补编》第76册，北京出版社2005年版，第57~58、420~421页。
④ 罗大纮：《紫原文集》卷六《与邹南兄柬论吴中墓文》，第696页。
⑤ 罗大纮：《紫原文集》卷六《复邹南兄柬》，第696页。
⑥ 罗大纮：《紫原文集》卷六《再复邹南兄柬》，第698页。
⑦ 罗大纮：《紫原文集》卷六《再复邹南兄柬》，第697页。

万历后期政治乱象，邹元标肯定申时行谓：

> （申时行）去国二十余年，昔也召对频仍，今心瞀臣望天颜不可得矣；昔也启事随请随得，今请不得报者常矣；昔也六卿满朝，今南北二三大臣落落晨星矣；昔也太和内使欲行，力请竟止，今磨牙吮民膏者遍海宇矣；昔也旋逐旋复，今一去国老死病死者几数百余人矣；昔也言官间有独见独言，言过即已，今不尽不休矣。予等林皋日久，始知公在国日事，去国久，而后知公有益于人国者如是，不敢以一时虚见私意而蔽美也。①

在邹元标看来，言路横行，清流之士品评朝政，过于讲求君子、小人之分，既无益于挽救时局，甚至以"公义"之名，行"虚见私意"之实，致令朝局更为不堪。

总之，罗大纮与邹元标以节义相标，道德相尚，同志讲学，如出一口。但撰写申时行墓表之争，彰显两人晚年政治取态南辕北辙：罗大纮始终一致标帜君子、小人之别，邹元标逐渐放弃截然两分的节义观，反思并寻找化解晚明政治危局的良方。

四、佛儒相资

援佛入儒，以儒证佛，三教融合，是晚明思想重要趋势。② 罗大纮"少肄业太云寺，旁通竺典"③，又师从"结好缁衣"的徐用检，故重视习定心悟，并与晚明高僧往来密切，以佛资儒。

罗大纮与潜修佛学的曾凤仪（万历十一年进士）相友善。曾凤仪"修净茹素"，著《楞伽经宗通》《楞严经宗通》《金刚经宗通》，合称《三宗通》。曾凤仪选吉安儒先"参悟心性者若干人，接引上根语若干卷"，名为"先儒宗要"。罗大纮肯定此书为"下学上达之梯航"，指出"上达之不根于下学，非真达也"，"学之不能上达，非君子也"。④

罗大纮丛林交游频繁。晚明高僧憨山德清（1546—1623）著《般若心经直说》，罗大纮为之作序，并称"数至庐山，与黄龙憨宗禅师相知甚稔"⑤。万历末，憨山结庵庐山五乳峰下⑥，"庐山习静，与吉之匡湖先生游"⑦。罗大纮又与邹元标等往来于憨山德清所主

---

① 邹元标：《邹子存真集》卷十《特进光禄大夫左柱国少师兼太子太师吏部尚书中极殿大学士赠太师谥文定瑶泉申公墓表》，《四库禁毁书丛刊补编》第 76 册，北京出版社 2005 年版，第 420~421 页。

② 新近研究参陈永革：《阳明学派与晚明佛教》，中国人民大学出版社 2009 年版；魏月萍：《君师道合：晚明儒者的三教合一论述》，台湾联经出版公司 2016 年版。

③ 李维桢：《明故礼科给事中罗匡湖公墓志铭》，中华罗氏通谱编纂委员会编：《中华罗氏通谱》，中国文史出版社 2007 年版，第 1572 页。

④ 罗大纮：《紫原文集》卷三《先儒宗要序》，第 545 页。

⑤ 罗大纮：《紫原文集》卷三《心经注解序》，第 552 页。

⑥ 钱谦益著，钱忠联校：《牧斋初学集》卷六十八《憨山大师庐山五乳峰塔铭》，上海古籍出版社 2009 年版，第 1563 页。

⑦ 石文器：《翠筠亭集》卷三《如如庵序》，《四库禁毁书丛刊》集部第 83 册，北京出版社 2000 年版，第 519 页。

五乳寺、若昧智明禅师所主开先寺、石生禅师主持香谷寺等丛林社集会讲活动。① 万历四十年，罗大纮赴兰溪吊祭徐用检，转道普陀山，"度莲花洋，礼洛迦，得湛然比丘同舟返，而况以《思益经》"，归而序刊《思益经》于吉水。②《思益经》是禅宗经典，宣扬诸法空寂。湛然圆澄禅师（1561—1626）是明末高僧，与浙中王门陶望龄（1562—1609）交游密切。③

罗大纮还与寿昌寺主持慧经（1548—1618）禅师交往。慧经，字无明，江西崇仁人，明末曹洞宗法嗣。④ "稍通宗门"的罗大纮赞许慧经禅师"真悟真修，不坠恶知解"，并称"道一而已矣，一切贤圣，真言无二，一切学法，真悟无二"。⑤ 罗大纮又与明末高僧无念（1544—？）往来。无念，法名深有，湖北麻城人，明末临济宗禅僧，备受邹元标、焦竑（1540—1620）、李贽、袁宏道（1568—1610）等推崇。罗大纮赠诗无念谓：

> 忆我当年苦浪游，驱秦适楚多颠踬。涸俗逐尘十五年，回头始参西来意。邂逅忽然一门开，旋转乾坤反掌易。始识在齐闻韶兴，始识谷神不死义。始识大悟与大机，三教圣人总不异。劝君莫向门外求，劝君莫向门中迟。此门许入不许住，住着便堕二智乘。入门直造菩提场，入门直造真如际。⑥

可见，罗大纮习佛参禅，主张佛儒相资。儒佛既在思想上相通相资，又在现实中相依相助："儒与释各自尊其教，而势恒相依。琼台玉宇，非藉儒力，岂能独创？然梵刹既成，而青衿游艺，缙绅讲德，必借资焉。"⑦

罗大纮以儒佛一致："能通达佛性，不碍圣学。在儒言儒，在禅言禅，在家言孝，在国言忠，乃是真信佛者，即以并美古圣贤何疑。"⑧ 他还以《金刚经》开悟引空和尚。引空，法名悟接，六祖惠能乡人，"初为罗谏议开示入悟"⑨。万历六年，罗大纮执教复礼书院，结识"不识一字"的引空，与谈《金刚经》"无所住而生其心"，引空"恍然有省"。⑩

禅宗经典和公案语录是罗大纮常读之书。除临济宗宗杲《大慧语录》外，罗大纮尤爱读《四家语录》（马祖道一、百丈怀海、黄檗希运、临济义玄四位禅师语录汇编而成），

---

① 潘之恒：《石林社记略》，毛德琦：《庐山志》卷三，《四库全书存目丛书》史部第239册，台湾庄严文化公司1996年版，第633页。
② 罗大纮：《紫原文集》卷三《思益经序》，第552页。
③ 黄宗羲著，沈芝盈校：《明儒学案》卷三十六《泰州学案五·文简陶石篑先生望龄》，中华书局2008年版，第868页。
④ 释德清：《憨山老人梦游集》卷二十八《新城寿昌无明经禅师塔铭》，台湾新文丰出版公司1983年版，第1445~1456页。
⑤ 罗大纮：《紫原文集》卷三《寿昌禅师传并语录序》，第554页。
⑥ 罗大纮：《紫原文集》卷二《芒鞋赠无念禅僧入楚并讯诸袁》，第521~522页。
⑦ 罗大纮：《紫原文集》卷八《青原鼎革议》，第12页。
⑧ 罗大纮：《紫原文集》卷八《书扇示年侄张觉夫》，第18页。
⑨ 耿定向著，傅秋涛校：《耿定向集》卷十二《天窝别引空僧》，华东师范大学出版社2015年版，第501页。
⑩ 罗大纮：《紫原文集》卷九《引空禅师传》，第78页。

称其"能与人扫除恶知见"①。佛老禅定和调息之法还成为罗大纮修持身心之方:"学者于昼,患其弛忙,当以定胜……定神先须定气,定气先须定息。初数息,渐调息,渐无息。息非无也,由粗入微,内外两忘,身心俱泰。成性存存,道义之门,此之谓昼定。学者于夜,病其昏黑,当以观胜……明道先须明心,明心先须明眼,宜结坐静观。"②

罗大纮以为"先须悟入无穷之门",然后"省事求友,印证磨炼,不放空过",乃为"真修真悟真舍"之学:

> 若不真修、真悟、真舍,但学世法,今月会某书院,明月会某寺观,今年刻一卷语录,明年刻一卷书札,今日受几个门徒,明日邀几个朋友,并是腐儒故套,虽由此取道学名头,生前作宗师,死后得从祀,亦是虚名,于身心性命,有何分毫损益耶!若果能真悟、真修、真舍,凡有所作,皆不唐捐。圣贤千言万语,先须立志,先须发心……人在宇宙内,神化莫测,入圣入凡,超圣超凡,在转盼间耳。③

入圣入凡,存乎一念,真修不假外求,"实修实诣"之要在于真悟真舍。罗大纮强调自性任心的真修之路:"学者未发心,即此发心,未闻道,即此闻道。但能内除心障,外除境障,除过去见闻障、将来思量障,诸障悉除,竟有不可除者是何状。悟彻此案,于道亦已升堂矣。"④

罗大纮以"不睹不闻"之旨即"天命之性"之谓,称"于此悟彻,使心眼在宇宙间,炯然无疑,然后能调御才情,变化气质,降伏邪念,渐入化境"⑤。明末关学代表冯从吾(1557—1627)尤为赞同:"圣贤学问,要在悟性。天命之性,不睹不闻"⑥。东林高攀龙(1562—1626)也认可"学必须悟,悟后方知痛痒耳,知痛痒后,直事事放过不得"⑦,"悟前妄为主,见真体固难。悟后真为主,消妄想更不易"⑧。罗大纮认为彻悟"不睹不闻"之旨后,需做"慎独"工夫:"苟非至德,至道不凝。不慎独,安所言至德哉?故慎独正以完其戒慎不睹、恐惧不闻者也。此道即佛学亦不能废,况圣学致中和以臻位育而可忽此?"⑨ 总之,罗大纮认为"践履在规矩准绳之迹,而体悟在清明虚圆之境"⑩,圣学既须践履操存的外在修为,又需清明虚圆的内在妙悟,儒佛相资,悟修兼重。

罗大纮晚年以悟修相即发明古本《大学》之意。罗大纮服膺古本《大学》,然"致知

---

① 罗大纮:《紫原文集》卷六《柬抚台王公》,第 672~673 页。
② 罗大纮:《紫原文集》卷八《昼定夜朗说》,第 8 页。
③ 罗大纮:《紫原文集》卷六《寄邹泸水年丈》,第 680 页。
④ 罗大纮:《紫原文集》卷八《示茂才周道从》,第 19 页。
⑤ 罗大纮:《紫原文集》卷六《寄冯少墟》,第 671 页。
⑥ 冯从吾:《少墟集》卷十五《答罗匡湖给谏》,刘学智等点校:《冯从吾集》,西北大学出版社 2015 年版,第 301 页。
⑦ 高攀龙:《高子文集》卷五上《与罗匡湖》,《无锡文库》第 4 辑,凤凰出版社 2012 年版,第 253 页。
⑧ 高攀龙:《高子文集》卷五上《答罗匡湖》,第 253 页。
⑨ 罗大纮:《紫原文集》卷六《上抚台王公》,第 667 页。
⑩ 罗大纮:《紫原文集》卷六《答冯少墟》,第 672 页。

与格物不贯，怀疑二十年，偶有所触，恍然悟格致之微，尽释宿障"①。高攀龙以《大学》有错简，并揭"修身"之旨②。罗大纮明确反对称："古本为是。但人不善读，遂疑格物无传，故或疑为衍，或疑为错，或疑为阙，而古本实未有衍与错与阙也。"罗大纮还称：

> 存其错与阙，乃所为畏圣人之言，而况《大学》实未尝有阙也，未尝有错也。未尝有阙与错，而妄为补之更之，不几于侮圣人之言乎？且古人之书，错乱变化，意常在言外，长短盈缩，随意所至……以读今人之文而读古文，以俗世之聪明而描摸圣贤心思，其违道也远矣。不但此也，圣贤之书，其言之隐约者，多自为发明。本章不解则解之别章，本经不解则解之别经，故当博学而详说之也。③

可见，罗大纮反对任何形式《大学》改本，强解经意，"惟不轻解，则其解必真"，主张融会贯通，博学详说，以经解经。解经先要具备"古人之悟与修……太上先自悟……其次平气以读之，虚意以完。久之，无心中恍然自得，而其疑者则阙之……此孔氏之家法也"④。解经之道在于"求真"，而非"求意"，释经之要在于心悟身修，而非自标宗旨，聚讼纷纭。罗大纮且谓：

> 《大学》之道，在明明德，在亲民，在止至善而已。然入门莫先于致知，而实功莫要于诚意。故首以格物释致知，而修身为本即格物之实；以毋自欺释诚意，而道学自修、恂慄威仪，即毋自欺之实……盖修身全该明德亲民事，而致知以开修者之眼，诚意以践修者之实，所谓止至善也。⑤

要之，修身全该明德、亲民之事，而修身之要在于致知和诚意：致知偏悟，诚意重修，悟修相即，是为止于至善。

五、结　语

罗大纮生长于江西吉安，深受江右王学尤其罗洪先思想感召，志向圣贤，问学求师。罗大纮与密友邹元标一道组织讲学讲会，提倡"实修实诣"，力图重振晚明江右王学。罗大纮与东林高攀龙和关学冯从吾等关系密切，来往论学。从罗大纮竭力劝阻邹元标撰写申时行墓表来看，罗氏较邹氏更加标帜君子、小人之分，始终抱持严格节义观，与东林同志精神更为契合。

---

① 罗大纮：《紫原文集》卷六《柬抚台王公》，第 672 页。
② 李卓：《高攀龙的〈大学〉改本与"修身"工夫》，《哲学动态》2015 年第 12 期，第 43～50 页。
③ 罗大纮：《紫原文集》卷六《答孝廉刘君东》，第 689 页。
④ 罗大纮：《紫原文集》卷六《答高景逸丈》，第 691 页。
⑤ 罗大纮：《紫原文集》卷三《订读大学古本序》，第 542 页。

　　罗大纮师从重视开悟悟道和结坐习定的徐用检，使他在儒佛关系上保持沟通姿态。罗大纮旁通佛典，喜读禅宗语录和公案，与憨山德清、圆澄、慧经、无念等明末高僧禅德来往交游，主张"真修真悟真舍之学"，以佛资儒。要之，罗大纮既重视心悟，又强调真修，以慎独为工夫，悟修相即。

　　阳明后学、东林讲学、关学复兴和三教合一趋势是晚明思想史研究焦点。从罗大纮生平志事、师承交游与思想特色的探研，可见晚明江右地域讲学重振，阳明后学与佛学、东林、关学交涉，以及因应王学末流之弊出现悟修兼重的思想趋向。

　　　　　　　　　　　　　　　　　　（作者单位：武汉大学历史学院）

历史文化语义学

20世纪前期中国思想建构中的 "人权" 观念辨析

□ ［韩］宋寅在

【摘要】"人权"作为现代民主主义的基本理念，在19世纪末、20世纪初输入中国。在早期思想家论说中，"人权"概念在社会政治话语体系中具有重要地位，陈独秀将其视为现代文明的两大动力之一。有学者提出，不能将国家生存发展凌驾于"人权"之上。20世纪30年代胡适、罗隆基等人编辑《人权论集》，在法律和制度层面讨论"人权"问题，丰富了"人权"概念的内涵。通过考察20世纪前期有关"人权"观念的主要论说，可以看出，"人权"观念的辨析是中国现代思想建构的核心论题。

【关键词】人权；国家；知识人；思想建构

"人权"是现代民主主义的核心理念，其作用是确保权利拥有者的基本尊严。因而在讨论现代民主主义观念时，往往与"人权"相提并论。例如韩国一所大学所发行的刊物，名称就叫"民主主义与人权"。①在创办者看来，为了实现民主主义，必须确保人人各有的"人权"。换句话说，在民主主义尚未建立、完善的社会，对民主主义的追求在某种程度上就是确立"人权"，而确保人人各有的权利是实现民主主义的主要过程。实现民主主义争取人权的过程又与政治行动紧密相关，在此过程中知识人发挥了重要作用。人权、知识人、政治三种历史因素，在实现现代民主主义过程中形成了互为关涉的话语系统。

纵览中国现代历史，可以发现知识人通过"人权"话语阐说介入政治改良的努力。胡适在《人权论集》的自序中说：

> 昔有鹦鹉飞集陀山。山中大火，鹦鹉遥见，入水濡羽，飞而洒之。天神："尔虽有志意，何足云也?"对曰："尝侨居是山，不忍见耳。"……我们明知小小的翅膀上滴下的水点未必能救火，我们不过尽我们的一点微弱的力量，减少良心的一点谴责而已。

---

① 韩国全南大学五一八研究所发行《民主主义与人权》（季刊）。其宗旨是集成1980年五一八民主运动的历史意义与其精神，推动韩国社会关于民主化、进步的讨论。

这篇文章反映了胡适对 1929 年中国政治的一般认识。当时胡适、罗隆基等《新月》同仁迫切地感到，他们必须宣扬"人权"思想。序中鹦鹉比喻当时的人权论者，集陀山的大火比喻"人权"被忽视的现实。胡适引用这篇寓话，批评南京政府忽视和蹂躏"人权"。20 世纪 30 年代，"人权"观念并未在整个社会成员中形成共识，统治阶层并不承认保障普遍"人权"的必要性。在这一点上，与 20 世纪前期接受西方近代民主思想的知识人有显著矛盾。1930 年发生的"人权"争论，是这种内在矛盾在现代中国思想建构中的表现之一。20 世纪前期，各种近代政治制度、观念传入中国，相关论争的发生既缘于思想观念上的冲突，也有现实政治与理想政治之间的矛盾。本文考察 20 世纪前期"人权"观念传入中国的状况，聚焦于这一时期中国知识人关于"人权"的各种说法，以及与之相联系的政治语境，以求从一个侧面解释 20 世纪前期中国的人权、知识人、政治的相互关系及其特点。

一、20 世纪初"人权"概念的传入及其特点

（一）天赋人权说的接受

陈独秀（1879—1942 年）是 20 世纪初积极倡导"人权"的代表人物。他在《新青年》的发刊词《敬告青年》上指出，使近世欧洲民主优于其他民主的两个主要因素就是"科学"和"人权"。在同一期上刊登的《法兰西人与近世文明》中，陈独秀指出，人权说、生物进化论、社会主义是三个贡献于欧洲文明的法兰西文明。文中还对法国人权宣言进行了介绍。[①]通常认为，"五四"新文化运动的核心口号是"民主"与"科学"，即所谓德先生、赛先生。然而在《青年杂志》的早期论述中，与"科学"相并列的是"人权"。当时陈独秀希望青年成为社会的新主体，主导建设新社会，要求青年学习欧洲进步的原因，而"人权"就是其学习的重点之一。

从时间上看，法国的"人权说"输入中国是在 19 世纪末，代表人物有何启（1859—1914 年）、胡礼垣（1847—1916 年）。二人发表《〈劝学篇〉书后》反驳张之洞《劝学篇》的观点。在这本书里，可以发现"天赋人权说"的影响：

> 权者乃天之所为，非人之所立也。天既赋人以性命，则必畀以顾此性命之权。天即备人以百物，则必与以保其身家的权。…… 此非民之善恶不同也。民盖自顾性命、自保身家，以无负上天所托之权，然后为已。…… 一切之权，皆本于天。[②]

虽然引文没有直接出现"人权"这一词汇，但是已经明确表露了人的权利来自天的看法。康有为（1858—1927 年）在 1884 年完稿的《大同书》里频繁提到"人权"。特别是在《戊部：去形界保独立》中提出"天赋人权"的观点，而且使用"自立、自主、自

---

① 参看陈独秀：《敬告青年》，《法兰西人与近世文明》，《青年杂志》1915 年第 1 卷第 1 号。

② 何启、胡礼垣：《新政真诠：何启胡礼垣集》，《五编：劝学篇书后》（一八九九），辽宁人民出版社 1994 年版，第 397 页。

由的人权""独立之人权""人权平等" 等来阐明人权的性格。①

梁启超（1873—1929 年）通过媒体活动更有活力地传播和宣传 "人权" 观念。在他主编的《清议报》《新民丛报》中，就有许多文章里出现了有关 "人权" 的论述。相关主题，或介绍欧洲形势和哲学，翻译伯伦知理或日本学者著作，进行中欧比较，讨论和展望中国时局，等等。例如，他发表在《清议报》上《论中国与欧洲国体异同》一文，当中就有这样一段："欧洲自近世以来，学理大昌，天赋人权，人全平等，同胞之声，遍漫全洲。"② 在以下问答中，也可以发现 "人权" 观念的印迹：

> （四）问：中国近日多倡民权之论，其说大率宗法儒卢梭。然日本人译卢梭之说，多名为天赋人权说。民权与人权有以异乎？比两名词果孰当？（东京爱读生）
>
> （四）答：民权之说实非倡自卢梭，如希腊古贤柏拉图、阿里士多德亦多言之，但至十八世纪而大昌明耳。民权两字，其义实不赅括，乃中国人对于专制政治一时未确定之名词耳。天赋人权之原字拉丁文为 Jura innata, Jura connata，法兰西文为 Drois d'l Homme，Droits homains③，英文为 Right of man，德文为 Urrecht, Fundamentalrecht, Angeborene Menschenrecht, Menschenrecht。其意谓人人生而固有之自由、自治的权利，及平等均一的权利，实天之所以与我，而他人所不可犯、不可夺者也。然则其意以为此权者，凡号称人类，莫不有之，无论其为君、为民也。其语意范围，不专用于政治上的，故以日本译语为当。④

上面问答主要包括两层含义：一是中国民权论的来源；二是翻译卢梭思想时应采用 "人权" 还是 "民权"。据问答内容，当时在中国用 "民权" 称卢梭的思想，但是梁启超反对这种做法而认为应该用 "人权"。更重要的是，答文可以清晰反映梁启超关于 "人权" 的认识。在此时梁启超的认知中，人权是天赋的、普遍的、不可侵害的权利，其内涵是自由、自治、平等，从中可以看出卢梭 "人权" 观念的影响。19 世纪末、20 世纪初的中国改革知识分子接受和介绍 "人权" 观念，其中卢梭成为人权思想的核心内涵和来源。

（二）"人权" 先于 "国家"

20 世纪初中国的 "人权" 论述有一个明显特点，就是将其与 "国家" 相联系。早在何启、胡礼垣的论述中就已有表现。1899 年，他们说："人人有权，其国必兴。人人无权，其国必废。"⑤在此，国家的存亡与 "人权" 直接相关。在他们看来，维护国家成员的普遍权利与否，是左右国家存亡的关键所在，从某种程度上来说即表明了 "人权" 在

---

① 参看康有为：《大同书》，中州古籍出版社 1998 年版。
② 壬公（梁启超）：《论中国与欧洲国体异同》，《清议报》第 26 册，1899 年，第 4 页。
③ 正确的是 Droits de l'homme, droits humains。
④ 《问答》，《新民丛报》第 6 号，1902 年，第 89~90 页。
⑤ 何启、胡礼垣：《新政真诠：何启胡礼垣集》，《五编：劝学篇书后》（一八九九），辽宁人民出版社 1994 年版，第 412 页。

思想观念建构中是先于"国家"的。梁启超也曾将"国家"与"人权"相联系。他以笔名"哀时客"发表《爱国论》，其中有这样一段：

> 不有民何有国，不有国何有民，民与国，一而二，二而一者也。今我民不以国为己之国，人人不自有其国，斯国亡矣。亡国而人权亡。①

在梁启超看来，"人权"与"国家"之间存在互补关系，而没有一边倒注重"国家"忽视"人权"。

清末维新派麦孟华（1874—1915年）曾专门讨论"国家"与"人权"的关系。1900年，他以"先忧子"笔名在《清议报》上发表《说权》。他指出："人权不全，则……虽具官体，不能复谓之人矣。国权不全，则……虽有国土，不能复谓之国。"② 将权利设定为人或国家可以保持存在的前提。还认为天赋与权利，谁也不可侵害。在阐明权利的基本特点后，明确提出了"人权"与"国权"的关系：

> 国权之权之振，实由人权之张。
> 人权既均，国权相敌。
> 当先复其人权，以成独立之国，然后扩张其国权。
> 人权不强，国权必多阻屈。
> 固未有人权不振。而国权可以大昌。③

以上论说表明，在麦氏看来，"人权"已成为树立"国权"的前提。此外他还通过分析日本、英国成为强国的原因，认为其中一个重要因素就是二者都进行了政治制度改革，并由此得出了"夫人权之兴，主权之荣也"的认识。④ 类似看法显示，在这些知识人的认知中，即便是在国家危亡之际，也不应该为了国家的生存而忽视"人权"，强国崛起的秘诀不是经济力或军事力，而是基于保障"人权"的政治改革。

20世纪初，陈独秀也讨论过"国家"与"人权"的关系。在1914年发表于《甲寅》的《爱国心与自觉心》一文中，他说：

> 爱国心，情之属也。自觉心，智之属也。爱国者何？爱其为保障吾人权利、谋益吾人幸福之团体也。自觉心何？觉其国家之目的与情势也。是故不知国家之目的而爱之则罔，不知国家之情势而爱之而殆，罔与殆，其蔽一也。⑤

---

① 哀时客：《爱国论一》，《清议报》第6册，1899年，《清议报全编》第1集，新民社，第22页。
② 先忧子：《说权》，《清议报》第44册，1900年，第1页。
③ 先忧子：《说权》，《清议报》第44册，1900年，第3~4页。
④ 先忧子：《说权》，《清议报》第44册，1900年，第4页。
⑤ 陈独秀：《爱国心与自觉心》（《甲寅》）1914年第1卷第4号，任建树等编：《陈独秀著作选》，上海人民出版社1993年版，第114页。

在陈独秀看，相比盲目的爱国心，此时的中国人更需要自觉心。由此他十分注重 "权利"，认为："人民何故必建设国家，其目的是在保障权利，共谋幸福，斯为国家之形式耳。"① 同时指出，国家只有符合这种目的，才能要求爱国心。

由此出发，陈独秀讨论了当时中国是否具有 "国家" 的资格。他指出，在中国，"国家" 没有为了国民的权利与幸福而存在，反而危害了国民的福利，因而远远未能体现 "国家" 的目的。缘于此，他认为中国 "未尝有共谋福利之团体"，所以在中国爱国心不能成立。刊登于《青年杂志》第一号上的译文《现代文明史》，更具体地表达了人权有限的看法：

> 陆克以为人类未成社会以前，即生而赋有自导其行为之德性，及天然之权利。此即人权 ［注：Les droits de l'homme.］ 也。人权者，个人之自由也，家主权也，财产权也，此等权利，皆建基于自然教义之上皆神圣也。人类之创设政府，为互相守护此等权利耳。为政府者不可不卫此天然权利，人民服从之者，唯此条件之故。政府试侵犯之，即失其存在之理由。②

在此一时期对国家之本质的叙述中，陈独秀提出了个人先于国家的见解。他说："断无盲从隶属他人之理，非然者。忠孝节义，奴隶之道德也。……不以自身为本位，则个人独立平等之人格，消灭无存。"③ "国家主义既盛，渐趋过当，遂不免侵害人民之权利……欧美政治学者诠释近世国家之通义曰：国家者乃人民集合之团体，辑内御外，以拥护全体人民之福利，非执政之私产也。"④ 此外，高一涵（1885—1968 年）在叙述 "国家" 的性格时也认为：

> 国家为达小己之蕲向而设，乃人类创造物之一种，以之保护小己之自由权利。俾得以自力发展其天性，进求夫人道之完全。质言之，盖先有小己后有国家，非先有国家后有小己。⑤

在此，高一涵明确指出，在国家与个人（小己）之间，个人优先于国家。在此基础上，他还认为："以独立自重的精神，发扬小己之能力，而自由、权利二者，即为发扬能力之梯阶。……一己之天性完全发展，即社会之成员完全独立，积人而群，群积而国，则安固强盛之国家。"⑥当然，他所强调的 "个人"，并非现代通常意义上的个人主义，而是充分反映个体价值进而成为 "国家" 之构成的完善个体。

———————————

① 陈独秀：《爱国心与自觉心》（《甲寅》）1914 年第 1 卷第 4 号，任建树等编：《陈独秀著作选》，上海人民出版社 1993 年版，第 114 页。

② 薛纽伯著，陈独秀译：《现代文明史》，《青年杂志》1915 年第 1 卷第 1 号，第 8 页。

③ 陈独秀：《敬告青年》，《青年杂志》1915 年第 1 卷第 1 号，第 2 页。

④ 陈独秀：《今日之教育方针》，《青年杂志》1915 年第 1 卷第 2 号，第 4 页。

⑤ 高一涵：《共和国家与青年之自觉》，《青年杂志》1915 年第 1 卷第 2 号，第 2 页。

⑥ 高一涵：《共和国家与青年之自觉》，《青年杂志》1915 年第 1 卷第 2 号，第 3 页。

二、20 世纪 30 年代胡适、罗隆基等的"人权"论争

(一)"人权"与"法治"

20 世纪 20 年代末、30 年代初,有关"人权"概念的辨析,反映的是南京政府与所谓"自由主义者"之间的矛盾。1929 年,以胡适为首的西方留学派自由主义者组织了新月社,创办《新月》杂志。他们讨论时事问题,内容整理发表于《新月》。不久后,汇编杂志上的文章为一本书——《人权论集》。南京国民政府对此十分反感,与胡适等人之间数次发生矛盾。根据南京国民政府的指示,在学校一律教授三民主义,名之为"党化教育"。胡适反对这样的政策,1928 年当局将他列为"反革命分子"。1928 年 4 月 20 日,国民政府发布《人权保障令》,作为保障人权的指示。对此,胡适批评说,保护人权的核心在于国民党当局与政府,而这一指示却不涉及此事项。胡适的批评发表后,当局下指示禁止贩卖《新月》与《人权论集》。1930 年 5 月,胡适退了中国公学校长职位。同年 11 月,罗隆基(1896—1965 年)被逮捕。

国民政府当局之所以反感胡适,很大一部分原因在于胡适批判了国民党的基本精神,即孙中山思想。对此,胡适依然固执己见,在《人权论集》序文称:"我们所要建立的是批评国民党的自由和批评孙中山的自由。上帝我们尚且可以批评,何况国民党与孙中山?"① 表达与国民政府不同的思想立场,并且认为"人权"是中国必须讨论的问题。根据这一想法,书的名称上使用了"人权"一词。对此,我们的关注点在于:胡适与他的同仁们是怎样批判国民党的?为什么这种批判要在"人权"的名义下进行?

在这场"自由主义者"与南京国民政府的思想、政治较量中,首先点燃人权论争之火的是胡适的文章《人权与约法》。该文 1925 年 5 月发表在《新月》后受到广泛关注,6 月份天津的《大公报》和上海英文报纸《字林西报》(North China Daily)都进行了转载。在这篇文章中,胡适从三个方面批判了国民政府的《人权保障令》:第一,没有具体地规定身体、自由、财产等人权的项目。第二,只禁止个人与团体,不涉及政府。可是当时人民最大的痛苦当中,借由政府与党之名而对个人的身体、自由、财产的侵害最为严重。第三,虽然命令说依法处理违法者,却没有法律规定权限,也没有法律保障人民的自由与权利。通过上述分析,胡适亟吁制定约法,规定人民的权利、义务和政府的统治权,并表示其宗旨是确定法治之基础、保障人权。胡适提出这些要求的同时,建议训政与法制的共存,反对保留法治。② 在此背景下,胡适就将保障"人权"问题与法治结合起来。

罗隆基从法治方面批判国民党。他指出,虽然 1928 年《人权保障令》规定不允许违法侵害他人的身体、自由、财产,但是中国还没有作为判定违法与否的宪法,因此当务之急的是制定法律。③ 然而当时国民党对制定成文法采取消极态度,其正式立场是,总理的

---

① 《小序》(1929 年)梁实秋、胡适、罗隆基:《人权论集》,新月书店 1930 年版,第 1 页。
② 胡适:《人权与约法》,《新月》1929 年第 2 卷第 2 号。
③ 罗隆基:《论人权》,《新月》1930 年第 2 卷第 5 号,第 12 页。

遗志就是成文宪法，试图以孙文的遗志代替宪法。① 几年后，1931 年国民政府颁布《国民会议代表宪法》，同年 3 月 2 日推选约法起草委员，同年 5 月 31 日制定《中华人民训政时期约法》，并于 6 月 1 日公布问世。按照国民政府的说法，这一约法代表了从训政到宪政、从党治到法制的过渡。

然而罗隆基对此并不认同。在他看来，该法律并未规定中华民国国民在法律上一律平等，也没有办法行使主权。具体来说就是：虽然约法规定中华民国国民在法律上一律平等，但是《训政纲领》规定统治权在于国民党。其结果，党与国民之间仍然是统治与被统治关系，没实现法律上的一律平等。他还指出，虽然该法案一共有二十四条规定人民的权利、自由，但是没有规定行使主权的办法、保障权利。② 他多次强调，虽然该法案规定不会非法限制人权与自由，但是缺少防止蹂躏人权的法律方案。基于这些认识，罗隆基最终判断，这一约法无法让人民行使选举、倡议、否决、罢免等权利。罗隆基的愿望是通过实现真正的法治保障人权，而当时国民政府的法制建设远远不能满足他的这一愿望。

罗隆基对"法治"的认识基于其比较系统的对"人权"的法理构想。他把自己的构想整理为"人权 35 条"，其中有几条是这样写的：

> 第十条　人民对国家一切义务是互惠的，不是一方面的。人民向国家的经济负担的条件有二：（一）没有代议权，即没有担任赋税的义务（No Representation no taxation）（二）议决预算决算。凡一切未经人民直接或间接通过或承认的经济上的负担——赋税、公债、捐输、馈赠——均为违法，均为侵犯人权的举动。
>
> 第十四条 国家应保障国民私有财产。凡一切不经法定手续的没收及勒捐等行动，均为违法，均为侵犯人权。
>
> 第十七条　凡一切国民的水旱疾病灾疫的赈济，是国家的人权上的责任，不是政府对国民的慈善事业。……因为生命是人权的根本。
>
> 第二十条　司法官的人选，不得有宗教及政治信仰的歧视。不得保荐及贿赂的弊端。凡采用陪审制的法庭、陪审员的人选资格，不得有政治信仰、宗教信仰、社会阶级，及男女界限的歧视。违背此项条件，即为侵犯人权。
>
> 第三十四条　在国民发展个性，培养人格的要求上，国民应有相当教育。国家对国民有供给教育机会的责任。为达到发展个性，培养人格的目的，一切教育机关不应供任何宗教信仰或政治信仰的宣传机关。
>
> 第三十五条　国民发展个性，培养人格以后，进一步的目的在贡献私人的至善于社会，以求全社会的至善。为达到这种目的，国民应有思想、言论、出版、集会的自由。③

这些条款将"人权"概括为政治权利、财产与劳动力的不可侵犯性，保护人命、平等权、教育权，幸福追求权、言论与思想的自由等。罗隆基认为，这些条款只有从法律上

① 罗隆基：《我们要什么样的政治制度》，《新月》1930 年第 2 卷第 12 号，第 17 页。
② 罗隆基：《对训政时期约法批评》，《新月》1930 年第 3 卷第 8 号，第 2 页。
③ 罗隆基：《论人权》，《新月》1930 年第 2 卷 5 期，第 17~25 页。

进行保障，才有可能真正实现，同时国家也有义务实现保障人权。他进一步指出，国家对人民的权威不是绝对的而是限制的，人民对国家的服从也是相对的，因此国家只有做到保障"人权"，才获得存在意义。如果过分强调特定个人或团体对国家的主导权，那么国家就会沦为蹂躏"人权"的工具。①上述人权条款显示，这一时期的"自由主义者"对通过"法治"保障"人权"的热望，以及对法律制度不健全现实的不满。

与此同时，罗隆基还特别对国民实现保障人权的路径予以关注，其理论依据来自法国《人权宣言》的第二条："任何政治结合的目的，都在于保护人的自然的和不可动摇的权利。这些权利就是自由、财产、安全和反抗压迫。"根据这一条，他提出"革命人权"概念。这一概念表明，其认识已较"天赋人权"更进了一步，使保障人权的政治行动具有了合法性。在罗隆基看来，孙中山的自由、平等主张，1848 年英国的人权条款，1776 年美国宪法，1785 年法国革命，都是属于"革命人权"的范畴。②

从 20 世纪前期有关"人权"与"国家"的论述来看，我们可以发现罗隆基的"人权"思想反映了知识人在这一问题上的探索和进步。20 世纪初，梁启超、何启、胡礼垣基于对西方观念的认同引入"天赋人权"，麦孟华、陈独秀、高一涵以此为基础提出"国家"应有保障"人权"的机制。到了胡适、罗隆基等，则基于现实政府的思考，从理论与实践两个层面关注"人权"保障的现实性问题。在此过程中，胡适、罗隆基提出将法律作为保障"人权"的机制。这一思想，使"人权"话语开始从观念走向现实。他们的言论、结社活动及罗隆基的"革命人权"概念，都是这一理路的直接表现，也是他们为了实现保障"人权"而进行的实践探索。

(二)"人权"的伪善性——鲁迅对胡适的责骂

人权论争发生后不久，鲁迅（1881—1936 年）就撰文指责胡适人权论的伪善性。③其依据则是人权论争之后胡适的言行。据鲁迅所说，1932 年 12 月，胡适应国民党军阀何健（1887—1956 年）邀请，前往长沙进行演讲，何健就送了他五千元程仪④。对此，鲁迅嘲弄说："鹦鹉会救火，人权可以粉饰一下反动的统治。这是不会没有报酬的。"⑤ 而在鲁迅来看，演讲的内容更有问题。讲稿刊登在 1933 年 2 月 21 日的《字林西报》，其中说：

> 任何一个政府，都应当有保护自己而镇压那些危害自己的运动的权利。固然，政治犯也和其他罪犯一样，应当得着法律的保障和合法的审判……⑥

相比胡适在《人权论集》中的立场，这段话反倒是给政府镇压反对派提供了正当性。

---

① 罗隆基：《论人权》，《新月》1930 年第 2 卷 5 期，第 9 页。
② 罗隆基：《论人权》，《新月》1930 年第 2 卷 5 期，第 13~14 页。
③ 参看鲁迅：《王道诗话》，《鲁迅全集·伪自由书》第五卷，人民文学出版社 1981 年版。原载《申报·自由谈》1933 年 3 月 6 日。
④ 关于程仪的额数，胡适与鲁迅的记忆有分歧。胡适在日记说，收到了四百元。
⑤ 鲁迅：《王道诗话》，《鲁迅全集·伪自由书》第五卷，人民文学出版社 1981 年版，第 46 页。
⑥ 鲁迅：《王道诗话》，《鲁迅全集·伪自由书》第五卷，人民文学出版社 1981 年版，第 46 页。

这样言行使鲁迅认为，胡适也不过只是捍卫政权的人士，而不是抵抗政权压迫、维护人权的卫道士。鲁迅更是写了一首诗对胡适大加嘲讽：

> 文化班头博士衔，人权抛却说王权，
> 朝廷自古多屠戮，此理今凭实验传。
> 人权王道两翻新，为感君恩奏圣明，
> 虐政何妨授律例，杀人如草不闻声。
> 先生熟读圣贤书，君子由来道不孤，
> 千古同心有孟子，也教肉食远疱厨。
> 能言鹦鹉毒于蛇，滴水微功满自夸，
> 好向侯门卖廉耻，五千一掷未为奢。①

鲁迅在诗中引用胡适《人权论集·自序》中的比喻，批评了鹦鹉的行为。鹦鹉寓话的来源是明末清初文人周亮工（1612—1672 年）《因树屋书影》所收录的印度寓言。在胡适而言，就像鹦鹉要救火，他也要去维护人权。然而鲁迅却认为，鹦鹉用一滴水救火的行为，不过是自欺欺人，胡适发表合乎政府口味的演讲而接受高额酬金，不过是披上了"人权"的伪装。或许对于知识人来说，行为上的瑕疵，不可避免地会让他们的思想打上"虚伪"的烙印。这样的印象，已无关思想本身的合理和可取与否。

三、结　语

在 20 世纪前期的思想话语中，"人权"与"国家"是同等重要的概念。20 世纪 30 年代"自由主义者"在"法治"层面进行的"人权"观念辨析，其意义同样不容忽视。"人权"不只是要在自然权或原则的层面上加以保障，为了保障人权还需要有实践上的能动行为。现代中国的"人权"观念，从根本理念到现实方案，走过了一段并不寻常的发展路径。20 世纪前期知识人在此方面进行的探讨，对时下建构具有中国特色的"人权"思想具有启示意义。在这一点上，最近西方的人权研究也表现出相似的状况，以往的研究将"人权"的根源追溯到古希腊哲学、一神论宗教、欧洲自然法、现代初期革命等方面，近来则更注重这一观念的跨国性实践。②

（作者单位：韩国翰林大学翰林科学院）

---

① 鲁迅：《王道诗话》，《鲁迅全集·伪自由书》第五卷，人民文学出版社 1981 年版，第 47 页。
② 参看 Samuel Moyn, *The last Utopia*, Harvard University Press, 2012。

日本近代转折期的概念与思想

——以西周为例*

□ 张厚泉

【摘要】在日本近代学术思想转型的过程中，日语词汇和日本思想发生了转折性的巨变，而西周的造词和思想则是无法绕开的坐标。本文以探讨西周造词的思想根源为切入点，通过对日本近代转折期的概念与思想进行考察，厘清了西周造词的思想根源。西周转向徂徕学之说，在很大程度上受到"朱子学＝幕府体制教学"、徂徕对"天人相关"的批判为日本近代合理主义展开做好了准备等丸山真男学术观点的影响。西周是在徂徕"天人相关"批判的基础上，贯通了东西方学术思想的践行者，但其抽象概念的造词思想不仅具有朱子学的基础，而且还有阳明学、徂徕学、折衷学以及系统的西方哲学学识，这在当时的亚洲是绝无仅有的。

【关键词】日本近代；西周；儒学；荻生徂徕；丸山真男

一、序　　论

　　西周（Nishi，Amane，1829—1897 年）是日本近代著名却又低调的启蒙思想家。其启蒙思想活动涵盖哲学、经济学、政治学、军事学、教育学、文学与语言等领域，不仅为日本系统地引进了西方近代的学术思想，而且还用汉字新造了大量的术语，这些术语如西周在 1875 年出版的《心理学》"心理学翻訳凡例"中所述，大多是表达近代西方学术思想的概念。

　　　　本邦从前译欧洲性理之书者甚少，是以译字固无所适从，且比之汉土儒家之说，心性之区分不仅更加微细，其名所指亦自有他义。以此另选字造词亦不得已矣。故如知觉、记性、意识、想像等从前有之者即从之。类似理性、感性、觉性、悟性等，又

　　＊本文为国家社会科学基金重大项目"日本民间反战记忆跨领域研究"（17ZDA284）、上海市教育委员会科研创新项目"基于全球史观的中国现代化核心价值的研究"（15ZS019）、东华大学中央高校基本科研业务费专项资金"儒学与近代词研究基地"（20D111410）、2018 年东华大学人文社科繁荣计划重点项目"日本近代转折期的译介与学术体系形成的研究"阶段性成果。

致知家之术语如观念、实在、主观、客观、归纳、演绎、综合、分解等大凡系新造，读者或难以理解其义。……读者根据上下文推测其意，通篇对照前后文、推敲细考其旨意，亦非难解，是为译者之所愿。①

明治时期新造的汉字字音词的大量出现，在数量上使原本以固有大和词为主的日语转变为以汉字字音词为主的语言，对现代日语的词语结构造成了颠覆性的影响。本文以探讨西周造词的思想根源为切入点，旨在通过对日本近代转折期的政治思想进行考察，以期厘清驱动西周造词的思想源头，进而达到正确揭示日本近代转折期的政治思想的目的。

二、"徂徕学"在西周思想中的地位

在西周研究的领域里，"徂徕学"往往被认为是西周思想转变的契机，岛根县立大学西周研究会编著的《西周と日本の近代》也不例外②。那么，"徂徕学"在西周所处的时代究竟处于怎样的思想地位？缘何能使西周为之倾倒？或者说这种认识本身就是误解？为什么西周能够通过私塾授业、翻译著述等启蒙活动，将西方近代的学术体系成功移植到日本、并影响整个汉字文化地域？这个问题对于理解日本近代转折期的政治思想，乃至汉字文化地域的近代化具有重要的意义。

西周出生于津和野藩（今属岛根县鹿足郡津和野町）的疡医（疮伤）世家，6 岁跟随祖父熟读四书五经，12 岁入藩校养老馆，学习《春秋左氏传》《国语》《史记》《汉书》等经典，后游学大阪，接触到折衷学。1857 年，西周脱离津和野藩应聘幕府蕃书调所助教，1862 年至 1865 年与津田真道一起作为日本首次派遣欧洲的留学生赴荷兰留学，回国后担任蕃书调所教授，同时成为德川庆喜将军的智囊，1868 年译《万国公法》，1870 年出任明治政府兵部省，同时加入明六社，在 1874 年出版的《百一新论》中首次使用了"哲学"等新造汉字词的概念。

按照日本当时封建统治的规定，西周成人后应该继承父业从医。西周虽不看好疡医，视疡医为小技，但"早有鸿飞之志"，并欲"吞并汉兰掌握古今、而喰华味葩以为疡科一世之宗耳"。③ 就在西周立志"吞并汉兰掌握古今"时，命运在他 20 岁时发生了转折性的巨大变化。藩主龟井兹监要求西周"一代还俗"，即让西周这一代放弃疡医，专心从事儒学研究，西周的命运就此发生了转变。然而，此时的西周已经阅读了家藏的荻生徂徕著作《论语征》，对幕府主导的朱子学产生了怀疑，"于是乎始知诸家不全非，程朱不可全信"，于是向藩主提出了学习古文辞学的愿望。

但是，藩主的答复彻底打消了西周研究古学的念头。

① 西周：《心理学》"心理学翻訳凡例"，大久保利谦编：《西周全集》第一卷"総記"，宗高书房 1961 年版，第 8~9 页。

② "年轻的西周学习儒教经典和朱子学，之后更倾心于注重实用的徂徕学。"见岛根县立大学西周研究会编著：《西周と日本の近代》序，ぺりかん社 2005 年版。

③ 西周：《徂徕学に对する志向を述べる文》，大久保利谦编：《西周全集》第一卷，宗高书房 1961 年版，第 3 页。以下同。

宋学古学固无别矣，同止修身治国耳。我欲彼学积德成，而为国家之用耳，亦将何择焉？虽然，我藩自古尊信宋学，我愿彼亦为宋学也。①

藩主的答复应该如何解读？《西周全集》编者大久保利谦据此将西周当时写下的无题文命名为"徂徕学に对する志向を述べる文"（徂徕学志向述怀之文）。不得不说，西周转向徂徕学受此观念影响颇深，而丸山真男在 1952 年出版的《日本政治思想史研究》中提出的"朱子学＝幕府体制教学"观点，以及之后在"徂徕赠位"问题上对徂徕的积极评价②，都成为西周转向徂徕学的的依据，以至于形成了一种只要能在西周的思想里找到与徂徕的关系，就是对西周评价（同时也是对徂徕的评价）的思维结构③。之所以造成这种局面，是因为丸山真男的学术观点在当时是划时代的、对此后的德川思想史研究起到了极大作用的学说，是当时的学术界的坐标。④

大久保利谦的命名虽说有一定的导向作用，但毕竟只是命名，在《西周全集》中也并未展开评论。但是，丸山真男作为著名的政治思想史学者，其学说观点不仅对学术界具有影响力，对一般社会的思想认识也有引导作用。那么，丸山真男的"朱子学＝幕府体制教学"观点是否可以作为日本政治思想史来认识呢？其对徂徕学的态度，以及对西周倾倒徂徕学的评价是否完全正确呢？只要对日本江户时代的学统进行梳理，对西周的文本进行分析就会发现，诸家不全非，丸山真男的学说不可全信。

西周接触到徂徕的《论语征》之后，"始知诸家不全非，程朱不可全信"，但并未完全倾向徂徕学，而是在留学荷兰回国后，在出版的第一部著作《百一新论》（1874 年）中，对包括阳明学、徂徕古学在内的儒学逐一进行了批判。

及至继承陆象山衣钵的阳明，较之程朱有过之而无不及。其知行合一或良知良能，自始至终以心为师，为治国平天下所用。本邦徂徕亦云，道谓先王之道，先王之道谓礼乐，等等。……其学风习气，皆尊古，拘泥于古。故后人无所发明进步，拖拖沓沓直至今日。⑤

自此之后，西周不但没有倾向于徂徕古学，而且用留学荷兰所学的近代西方哲学对儒学思想中不合理的部分展开了彻底批判，将毕生的精力投入以探索哲学为中心的学术统一观的学术体系建设的研究上。

---

① 西周：《徂徕学に对する志向を述べる文》，大久保利谦编：《西周全集》第一卷，宗高书房 1961 年版，第 5 页。

② 丸山真男：《荻生徂徕の赠位问题》，家永三郎教授东京教育大学退官记念论集刊行委员会编：《近代日本の国家と思想》，三省堂 1979 年版。

③ 菅原光：《西周の政治思想——规律・功利・信》，ぺりかん社 2009 年版，第 205 页。

④ 平石直昭：《日本政治思想史—近世を中心に—》（改订版），放送大学教育振兴会 2001 年版，第 12 页。

⑤ 大久保利谦编：《西周全集》第一卷，宗高书房 1961 年版，第 275～276 页。

三、江户时期的日本社会思想

众所周知，江户时代自德川家康起用林罗山始，推行以朱子学的儒学为统治思想的政策。这种观点在很大程度上受到了丸山真男（1914—1996 年）"朱子学＝幕府体制教学"学说的影响。

丸山真男在其 1952 年出版的《日本政治思想史研究》（以下略称《研究》）的第一篇论文《近世儒学の発展における徂徠学の特質並にその国学との関連》（《近世儒学发展中徂徕学的特质及其与国学的关联》，1940 年）中提出了德川幕府的开山鼻祖德川家康（1543—1616 年）为了巩固幕府政权的需要，认识到必须要有一种政治思想来统合，重用林罗山（1583—1657 年）担任政治顾问推行朱子学，于是朱子学盛行并在前近代占据了日本政治思想的主导地位。这种观点在丸山真男之前已经散见各家，但丸山从学术角度将其升华、形成学说，不得不说后人基本上是基于丸山真男的这一学说认识日本近世思想的。

但是，早在 1916 年津田左右吉（1873—1961 年）就已经提出了与丸山真男相左的观点。津田左右吉的观点可简单概括如下：

> 幕府关注儒学是事实，但是将其上升至德川家康重用儒学家，幕府的政治教学是儒学的认识是错误的。较之道春（林罗山剃发后的称呼——引者），家康更重视天海（1536—1643 年）和崇传（1569—1633 年）。家康启用僧侣的目的并非出于重视佛学、宋学，而是为了获得汉籍的知识。从崇传起草的武家条规《骏府记》可知，其条目沿袭建武式目或战国大名的条规，丝毫没有儒教的痕迹。德川政治均是基于武家传统思想与常识经验的基础上凝聚而成的。[1]

对此，平石直昭认为，从历史事实的认识角度，津田学说比丸山学说正确。津田似乎是超前批判了丸山第一篇论文的观点。[2] 即，德川家康起用林罗山，并非是政治顾问，只是纯属伴读而已；即便是作为政治文章的秘书，林罗山也尚显年轻，无法与崇传相提并论；家康或幕府没有对儒教、更没有对类似朱子学的特定学派有倾向性的支持。

丸山在其论文中介绍了津田论文，因此，掌握津田对幕府与朱子学之间关系的观点，只是丸山没有采用津田的观点，而是在家康重用朱子学家林罗山的框架下，构建了自己的学说。平石直昭指出，丸山是根据幕府的正式记录《德川实纪》（1809 年起稿，43 年完成）中的以下几个论据展开论述的：

（1）年轻的罗山以朱子注解为基础，在京都开设了"论语"讲座，颇受欢迎。对此，

---

[1]　津田左右吉：《文学に現はれたるわが国民思想の研究》（岩波文庫版 4 卷），洛阳堂初版 1916—1921 年版，第 255~256 页。张厚泉译，以下同。

[2]　平石直昭：《德川体制と儒教の関係について——津田説と丸山説（その変化）の検討を中心に》，東京女子大学・丸山眞男記念比較思想研究センター第 7 回公開研究会『丸山眞男講義録　別冊』合評会報告，2018 年 7 月 7 日。本资料系作者所赠。

朝廷的清原秀贤认为，未经敕许讲授经学的行为不可原谅，为此要兴师问罪。但德川家康驳回这个提议，支持了罗山（《研究》第 12 页，注 14，19 页）。

（2）家康尊信圣贤之路，认为欲治理天下国家，人行其道，除此之外别无他路。对此，丸山认为，德川家康为了达到永久武力统治的目的，采用儒教作为未来的教化手段（《研究》12 页，注 16，19 页）。

（3）罗山作为政治顾问受到重用，律令文书无不经其手的记录，引自原念斋 1816 年刊的《先哲丛谈》（《研究》12 页，注 15，19 页）。

平石指出，（1）（2）依据的是 19 世纪儒学家编写的《德川实纪》，具有浓厚的颂扬德川家康的色彩；（3）依据的《先哲丛谈》是后世为了表彰林罗山根据儒学家的传闻撰写的。因此，上述丸山学说所采用的史料均不够充分。需要说明的是，罗山在天海、崇传等前辈僧人去世后，从第三代将军家光开始得到重用，起草了《武家诸法度》等文件。因此，罗山作为幕府的智囊，应该说确实起到了一定的作用。但是，这并不意味着当时的幕府将儒教或者朱子学作为体制教学。事实上，罗山在出仕幕府时，不得不削发并取法号"道春"。这对一位极力主张排除佛教，但为了仕途又不得不屈从于佛教的势力、屈尊为僧的罗山来说，这种放弃原则的仕途体现了江户时代初期武士权力和儒教的对抗关系。因此，罗山和儒学所处的环境并非如年轻时代的丸山所述的那么顺利。直到五代将军纲吉的时代，林家才被允许束发，并授予"大学头"官职，而幕府视朱子学为正统、排除其他学派，则是 18 世纪末幕藩体制发生动摇、宽政二年（1790 年）老中松平定信推行"宽政异学之禁"后才开始的。

丸山的"朱子学＝幕府体制教学"学说在战后延续了相当长的一段时间，1961 年尾藤正英基于津田学说，如出版的《日本封建思想史研究》，对丸山学说提出了批判和质疑，而丸山也在 1966 年和 1967 年的东大法学院课程中对自己的观点做过修改，并在 1974 年出版的《日本政治思想史研究》英译本作者序文中刊载了修改意见。但是，这一修改意见的日语版直至 1983 年才被收录进新版《日本政治思想史研究》，此时与英译版出版已距 9 年，与初版则相距了 31 年，因此，不得不说英译本作者序言的内容没有及时在日本国内外得到广泛认识，与这之间的时间落差是有密切关系的。

平石进一步指出，丸山早在 1942 年就已经在其《福泽谕吉的儒教批评》一文中提出过作为思想体系的儒教在日本国民之间得到多少认识、在国民生活中具有多大约束力的问题。丸山认为，儒教在思想界独享其尊只是德川时代前期。因此，儒学可以从作为体系性教义的儒教和一般的思维模式（观察世界的视角）两个角度研究。儒教之所以具有强劲的生命力，不在于体系性的影响力，而在于儒教的各种理念成为封建社会人们的思维模式这一点。① 换言之，丸山在对"朱子学＝幕府体制教学"的观点作了修订后，可以说是维持了"儒教＝视角结构论"的观点，这一点对理解丸山学说和朱子学在江户时代的政治思想地位具有重要意义。

---

① "儒教の强力性はその様な体系としての影响力にあるのではなく、むしろ儒教の诸々の理念が封建社会の人间にとっていわば思惟範型となっていたという点に存する。"松泽弘阳、植手通有编：《丸山真男集》第二卷，岩波书店 1996 年版，第 140 页。

四、近代转折期的日本社会思想——以西周为例

西周在得到藩主"一代还俗"修行儒学的命令时，明确表达了希望学习徂徕古学的愿望，这种对徂徕学的态度，自森鸥外 1898 年著《西周传》（《鸥外全集》第三卷，岩波书店 1972 年版）之后，麻生义辉在《西周哲学著作集》（岩波书店 1933 年版）、大久保利谦在《西周の歴史観：百学連環に於ける歴史の問題》［帝国学士院记事 2（2）1943年，第 207~236 页］中也都有所论及，但均未引发足够的议论。2009 年菅原光指出："西周与徂徕的关系成为焦点，是 1952 年丸山真男出版的《日本政治思想史研究》之后的事。"① 之后，学界形成了一种"证明徂徕学对西周产生影响关系的论点，当然就是与丸山的徂徕论是相同的观点"的氛围。② 事实上，有关西周倾向于徂徕学的研究论文均出自丸山真男论文之后。

"日本政治思想史"的根基是"朱子学＝幕府体制教学"③，这只不过是丸山真男的早期观点而已。西周出生于崇尚宋学的津和野藩，从小跟随祖父学习四书五经，并在藩校学习正统的朱子学。那么，西周为什么能轻易地读到被视为异端的荻生徂徕的书籍呢？对此，如果从藩校的学统视角去考察，也可以得出丸山学说不可全信的结论。

明治十九年（1886 年），明治政府曾要求各府县提交旧藩时代的教育资料，并于 1890 年汇集成《日本教育史资料》（9 册）。1969 年，笠井助治对 9 册资料汇编的日本教育历史资料分析统计后得出了如下结论：

> 诸藩中，自始至终信奉一个学统学派教说的藩不多，中央学界的学派荣枯消长对诸藩的影响也颇多，一个藩校也有实行两个以上学派的，是多种多样的。宽政二年，幕府发布的异学禁令是和针对幕府官学昌平校的教育基本方针，原则上并不直接适用于全国各藩的藩校。……但是，在封建制度下的幕藩体制下，有些藩也会自觉追随幕府的教育方针，表面上看学校规则改为朱子学，是为了维护幕府的体面。从类似"阳朱阴王""阳朱阴物"④ 等用词可知，藩校也出现了表面上用朱子注释教授，对家塾的门第们实际上是用阳明学或徂徕学教授的儒者。⑤

笠井助治的研究结果表明，德川幕府禁止异学的政策是针对昌平坂学问所等幕府教育

---

① 菅原光：《西周の政治思想——規律・功利・信》，ぺりかん社 2009 年版，第 205 页。

② 菅原光：《西周の政治思想——規律・功利・信》，ぺりかん社 2009 年版，第 206 页。

③ 平石直昭：《日本政治思想史—近世を中心に—》（改订版），放送大学教育振兴会 2001 年版，第 12~13 页。平石指出，丸山真男氏在《日本政治思想史研究》的见解，其后有了很大的改变。有关这个问题，可参见《丸山眞男講義録〈第 6 册〉日本政治思想史 1966》（東京大学出版会 2000 年版）的平石解说、以及平石《他者と対話できる思想へ》（《週刊 東京大学新聞》通算第 3827 号，2015年）。

④ 荻生徂徕自认"物部氏"，自称物徂徕。这里的"物"即指荻生徂徕。

⑤ 笠井助治：《近世藩校に於ける学統学派の研究上》，吉川弘文館 1969 年版，第 81 页，此处为张厚泉译。

机构的，并没有强制规定所有的藩校都一定要以朱子学为正统学问。换言之，即便是禁止异学令发布后，日本的政治思想也并没有完全采用朱子学，而是相对宽松自由的。

在这种政治思想的环境下，再来重新审视西周奉命修行儒学时要求修行古学，藩主回复的一段话就会得到另外一种解读。前揭藩主龟井兹监的观点看，藩主的答复确实是没有同意西周学习古学的意思。但仔细研究其文本含义，藩主也没有否定古学。不仅没有否定古学，藩主还表示了"宋学古学固无别矣、同止修身治国耳"，认为宋学与古学并无区别，没有将古学视为异端。"虽然我藩自古尊信宋学、我愿彼亦为宋学也"，藩主希望西周钻研宋学的理由，只不过是因为津和野藩自古尊信宋学而已。言外之意，如果津和野藩自古遵信古学，那么，西周也就完全可以钻研古学了。长期以来，藩主这番话的含义及重要性被完全忽视了。事实上，由于藩主龟井兹监和重臣福羽美静笃信国学，江户时代末期，津和野藩导入了国学，津和野藩校的教授大国隆正师承四大国学家之一的平田笃胤，其门下的福羽美静不仅是津和野藩的智囊中枢，也是明治政府推行神道的始作俑者，作为明治政府的神祇省大辅（相当于大臣），其名冠副岛种臣、大久保利通、井上馨、山县有朋、伊藤博文之首，主导了明治天皇的神道式即位（登基）大礼，对明治政府的宗教政策产生过极大的影响。因此，如果就字面解读这段藩主答复的话，就难以正确理解这一时期日本政治思想的本质。

鉴于此，徂徕学在当时到底是异端、抑或可以公开学习的学问？其在各个藩校中的地位如何？有必要作出客观准确的正确判断。对此，笠井助治根据其调查结果指出：

> 根据笔者迄今为止的调查，全国约百个藩的藩学，或者从藩学教育的一部分（例如诗文教育）采用了徂徕学。徂徕学派成为宽政异学禁令的对象，首当其冲受到了打击。即便在这种状况下，基本上采用徂徕学的有庄内、丸冈、尼崎、大和郡山、萩、冈等诸藩，其中，庄内藩、大和郡山藩、尼崎藩自始至终以徂徕学为藩学。①

即，日本全国 270 余所藩校中，约有一百所藩校或多或少地讲授徂徕学或古学辞学诗文，其中庄内、丸冈、彦根、尼崎、大和郡山、萩、冈等藩，基本上是以徂徕学为主的，特别是庄内藩、大和郡山藩、尼崎藩，自始至终都将徂徕学作为藩学的正统学问。可见，并非在所有的藩校都将徂徕学视为异端邪说。

松岛弘认为，西周之所以敢于向藩主提出希望研究徂徕学的要求，其原因与荻生徂徕和其弟子太宰春台提倡的"经世济民之学"在介绍全国各藩模范时，三代藩主兹亲与执政官的中枢管家多胡的经济政策得到赞赏不无关系。因此，西周向藩主提出的这个请求也不为过。

此外，西周的思想还受到过"折衷派"的影响，其在自叙中记录过国内访学的经历，曾经就读过的"松阴塾"的掌门人后藤机（Goto，Chikashi，1797—1864 年）就是折衷学派的。

> 后藤机是美浓人，是赖山阳的弟子，曾在大阪开过私塾，其师赖山阳被认为是折

---

① 笠井助治：《近世藩校に於ける学統学派の研究下》，吉川弘文馆 1970 年版，第 2003 页。

衷派的学者。所谓折衷派，指不偏向朱子学、阳明学、古义学、古文辞学派等学派，而是取各派的长处而自成一派。①

综上所述，西周接受西方近代学术体系的思想基础，不仅是朱子学或徂徕学的知识，还包括阳明学等各流派的长处，形成了具有灵活性的知识结构。西周在其论著中或批或赞，多次论及徂徕、赖山阳的观点，深受西周影响的森鸥外的书库里也藏有《日本外史》等多种赖山阳的著作，这与不认可朱子理学就无法参加科举，无法踏上治国平天下仕途的中国士大夫所处的政治思想环境是截然不同的。从这一点来看，明治日本的知识分子在具有很高的汉学修养的同时，几乎没有中国知识分子那种思想束缚，这种思想结构是接受西方近代学术思想的平台和基础，是日本近代转折期政治思想的真实面貌。

五、结　论

丸山真男的"朱子学＝幕府体制教学"学说和"西周倾向于徂徕学"认识问题，只要从历时角度对文献进行分析（参见表1），即可清晰地整理出问题所在。

表1　"朱子学＝幕府体制教学"（问题1）和"西周倾向于徂徕学"（问题2）的观点论著

作者	发表年	观点	论著
丸山真男（问题1）	1952	"朱子学＝幕府体制教学"观点	《日本政治思想史研究》（第一篇论文发表于1940年）
津田左右吉	1916	幕府体制教学≠一贯的朱子学（未被丸山真男《研究》采纳）	《文学に現はれたるわが国民思想の研究》
笠井助治	1969	学统的多样性（丸山真男发表之后）	《近世藩校に於ける学统学派の研究　上》
丸山真男（问题2）	1979	"西周倾向于徂徕学"观点	《荻生徂徕の贈位問題》《家永三郎教授退官記念論集2》
西周	1960	无题文，大久保命名：《徂徕学に对する志向を述べる文》（1849）	《西周全集》第一卷
西周	1945	对儒学诸派的批判	《百学连环》（1870）
西周	1874	朱子学、阳明学、徂徕学的批判	《百一新论》
菅原光	2009	西周与徂徕关系的研究始于1952年的丸山幕府体制教学说	《西周の政治思想——规律・功利・信》

对于中国学者来说，从汉字文化圈角度观察这个问题时，较之这两个问题更为重要的是，与中国的严复相比，缘何西周在吸收西方近代学术思想时更具体系性的问题。西周在

---

① 松岛弘：《近代日本哲学の祖・西周：生涯と思想》，文芸春秋2014年版，第41~49页。

留学荷兰之前，具备程朱理学、徂徕学、阳明学、折衷学的多元思想，并已经在蕃书调所接触到了西方近代的哲学思想，基本上不受传统思想的束缚，这是他能够自主吸收西方哲学思想最重要的基础。西周在其启蒙活动中，特别是其《百学连环》《尚白劄记》，在从逻辑学的角度批判儒学的基础上，新造了大量表达西方学术思想的术语，构筑了以哲学统一思想为主体的日本近代学术体系，他的启蒙活动基本上取得了成功，其宏大的知识体系与造词，如阿诺德·约瑟夫·汤因比（Arnold Joseph Toynbee，1889—1975 年）所指出的那样，明治启蒙思想家在日本面对如何应对入侵的西方社会时，起到了"人类变压器"（the human counteropart of transtormer）的作用（Arnold J. Toynbee, *A Study of History*, London 1935-1954 V，p. 154）。

西周赴荷兰留学之前读了哪些西方哲学的书刊，西周的遗稿里没有留下完整的记录，其赠给东京大学的藏书毁于东京大地震，这为研究日本近代转折期的政治思想徒增了许多有待探索的问题，但其藏书单幸免于难。麻生义辉曾经指出："安政至文久年间，幕府和诸大名、学者购买的书籍中有相当部分是哲学方面的书籍。其中，对日本哲学产生影响的是路易斯（G. H. Loues，1817—1878 年）的《列传体哲学史》（*The Biographical History of Philosophy*，1845）。"留学荷兰后，对西周和津真道的思想产生最大影响的是荷兰哲学界的巨人奥普佐姆（C. W. Opzomer，1821—1892 年）教授，西周和津田真道从荷兰带回来的书籍大部分是哲学书籍，其中几乎购买并阅读了奥普佐姆的所有书籍，由此可见奥普佐姆对其哲学思想的影响之大。也正因为此，西周也自然地吸收了同一思想派系的孔德、弥尔、贝恩的哲学思想，英法哲学思想对日本近代转折期的政治思想的影响由此可窥一瞥。[①]

另外值得关注的是，徂徕学对宋学的批判富有着重要的哲学内涵。宋学的天人相关说（自然秩序与人类秩序之间直接相关联的学说）是建立在理气论的体系基础之上的。对理气论的否定即意味着对这种连续世界观的否定。因此，对于徂徕而言，天地自然和人类世界之间是有断层的，前者对于人类来说是不可知的，这是对"天则理"这一宋学合理主义的否定。[②] 关于这一点，正如丸山真男曾经敏锐地指出过的，徂徕学为日本的近代合理主义的展开作好了准备。[③] 当然，这个准备并不意味着宋学的合理主义与近代合理主义是直接相连的，只是对宋学式的自然观发出质疑而已。而真正将这种质疑与西方近代学术衔接上的是西周。

西周在其《尚白劄记》（1882 年）中，从西方哲学角度对东方的"理"做了细致的对比分析，用具体概念与事例论证了徂徕对"天人相关"提出的质疑具有其先见性与合

---

① 麻生义辉：《西洋哲学伝来七十年》（1936），《日本哲学全集 編纂書だより第二号》，1936 年。佐治芳雄：《西周全集補卷二·西周研究资料》，1965 年。

② "所詮君子之学問と申候は。国家を平治する道を学び候事にて。人事の上の事学び尽くしがたく御座候。格物致知と申事を宋儒見誤り候てより。風雲雷雨の沙汰。一草一木の理までをきはめ候を学問と存候。其心人を尋ね候に。天地の間のあらゆる事を極め尽くし。何事もしらぬ事なく。物しりという物になりたきといふ事迄に候（中略）。宋儒の説は。人のならぬ事を立てて人を強ゆるにて候。是よりして一物不知を恥とすといふ事を儒者盛んに申候。"荻生徂徕：《徂来先生答问书》，岛田虔次编辑：《荻生徂徕全集》第一卷，みすず書房 1973 年版，第 438 页。

③ 丸山真男：《日本政治思想史研究》，东京大学出版会 1983 年新装版，第 186~188 页。

理性。

　　"理"之词，西方没有合适的译词。所以，本邦就有儒家说"西人未曾知理"，其实并不是不知这个理，而是所指各异而已。欧洲近来的学问里，理分为二种，例如英语的 Reason、Natural Law。……Reason 译为泛用的"道理"，在局部译为"理性"。……故应该知道，在此理性道理的字义里，并不包括天理天道之含义。而Natural Law 译为"理法"，直译为"天然法律"之义。如牛顿重力的理法……皆指人类的活动。尽管是人类的发现，但并不是以人的意志为转移的，是属于客观的规律。此外，Principl、本义有"元理"译词，也译成"主义"……此外还有 Idea，该词今译"观念"。咋一看似乎与"理"无关，其实是与宋儒所指理的意思是同样的理，具体容后再论。不知欧洲人之理，是因为欧洲的理所指有各种各样的区别，更加慎密。但是，如宋儒无论何事都归结于天理，上自天地风雨，下至人伦之事，皆存一定不变的天理，但有不顺，皆以违背天理论断，可谓过于书生气，以至陷入错谬，无论是日蚀、月蚀，还是干旱、洪水之灾，均与人君政事相关联，徒生妄想。①

　　西周在此指出，日本有儒者（此处指赖山阳——张厚泉注）谓"西人未曾知理"，其实并不是西方人不知理，而是西方人与东方人的理所指不同而已。近来欧洲将理分为两部分，即客观存在的理和主观的理。但宋儒无论何事皆谓天理，上自天地风雨之灾，下至人伦之事，皆有一定不变的天理。若有不顺，皆以违背天理论，可谓读书人的短见，于是陷入错谬，遇到日食、月食、干旱、洪水灾害，也与君王政事牵强附会，徒生妄想。西周在此不仅打破了传统儒学的"天人相关说"，而且将儒学的理与西方近代哲学思想对接了起来。西周对"理"的这种认识，是其他汉字文化圈的启蒙思想家所欠缺的，这一点不得不说西周是受到了徂徕学影响、是在徂徕提供的准备下完成的，但如果因此认为西周倾倒徂徕学则是两个不同层次的问题。

　　不容否认的是，由于西周的留学国是荷兰而不是美国或欧洲其他国家，其所受教育的知识体系决定了其学术思想的框架结构，也势必导致其译词带有一定的局限性，这种局限性在一定程度上或多或少地制约了日本学术思想近代化的内容，乃至东亚近代化进程的方向。关于这一点，需要从近代学术术语框架和内容的成立角度加以研究，但丝毫无损对西周学术思想的评价。

（作者单位：东华大学外语学院）

---

　　① 西周：《尚白劄記》（1882），大久保利谦编：《西周全集》第一卷，宗高书房1961年版，第168~170页。

中国近代"民主""民政"概念的生成*

□ 顾 春

【摘要】西方近代 democracy 和 republic 概念，早随《万国公法》（1864 年）等丁韪良译公法著作传入中国。前者译作"民政"；后者译作"民主"。随着梁启超、严复等中国士人的使用和论说，近代 democracy 概念借"民政"之名在中文语境中流播、确立。甲午战后，受日本影响，"民主"最终取代"民政"，与 democracy 对译。

【关键词】民主；民政；概念翻译；文化交流

"民主"一词在古汉语中意指为民之主的统治者，偶尔也用来指称官吏。现代意义上的"民主"是西方的舶来品，最早出现在丁韪良译《万国公法》（1864 年）中。中国近代对来自西方"民主"的接受，是因应变法自强、救亡图存的现实需要而发生的。一百多年来，它不仅映照社会、历史变化的过程，同样参与了社会、历史的进程。

近年来，"民主"一词在《万国公法》中的研究受到关注。日本学界，陈力卫的研究表明作为西方政治概念"民主"的首次使用出自此书，并指出西周《百学连环》（1870年）"民主之治"与"民主"的渊源①，揭示了《万国公法》被日本接受后再次回归中国的概念传播脉络②。清水靖久在《民主主義の思想史の首頁、〈万国公法〉》③ 一文中，详细辨析了《万国公法》中"民主"与英文原著中的不同用例。国内学界，见聂长顺④涉及"民主"一词转义方式的探讨。此外，熊月之⑤、金观涛等⑥关于"民主"或其

---

* 本文为国家社科基金中华外译项目"中国现代文学三十年"（17WZW008）阶段性成果。

① 陈力卫：《近代中日概念的形成及其相互影响——以"民主"与"共和"为例》，《东亚观念史集刊》2011 年第 1 期。

② 陈力卫：《从汉译〈外国公法〉到和译〈国际法〉——汉语概念在日语中的形成和转换》，《印刷出版与知识环流》，上海人民出版社 2011 年版。

③ 清水靖久：《民主主義の思想史の首頁、〈万国公法〉》，《地球社会统合科学：九州大学大学院地球社会统合科学府纪要》，2015 年第 22 卷第 1 期，第 39~51 页。

④ 聂长顺：《中西对译间古典词的近代转义——以万国公法为例》，《长江学术》2013 年第 2 期。

⑤ 熊月之：《中国近代民主思想史》，上海人民出版社 1986 年版。

⑥ 金观涛、刘青峰：《观念史研究：中国现代重要政治术语的形成》，法律出版社 2009 年版。

关键词的整体研究亦对此有所观照。本文以丁韪良公法译著为源起，考察 democracy 和 republic 在晚清中国的传播及"民主""民政"等新概念的生成。

一、《万国公法》中的"民主"与 republic

《万国公法》是由美国传教士丁韪良受清政府资助翻译而成，所据原本为惠顿著 *Elements of International Law* 1855 年第 6 版（1836 年初版）①。在《万国公法》中，"民主"一词共出现 18 次②，表述的主要意思，见表 1。

表 1 丁译《万国公法》中的"民主"用例

序号	《万国公法》中的用例	英文对译	解释	用例数
1	系民主之： 盖无论其国，系君主制，系民主之，无论其君权之有限、无限者，皆借君以代国也③（p. 27）	republican 另一处无对译英文	民作主，人民支配	2
2	保各邦永归民主： 美国合邦大法，保各邦永归民主，无外敌侵伐（p. 72）	arepublican form of government	用"民主"表示"民主之国"之意	1
3	民主之国： 即如一千七百九十七年间，荷兰七省有变，法国征之，而其王家黜焉。于是易其国法，而改作民主之国（p. 31）	ademocratic republic（1 处）， elective government（1）， republic（1） republics（1） Republican States（1）， republican（1）， Representative government（1）	与"之国"搭配，表示民主之之意	8
4	民主之大国： 前时亦归王礼于民主之大国，如荷兰合邦，与威内萨（威尼斯）是也（p. 124）	great republics	与"大国"搭配，民主之大国	4

① 亨利·惠顿（Henry Wheaton），美国外交官、国际法学者，在此领域声誉极高。*Elements of International Law* 在国际法学界及外交界产生重要影响，出版后被多次再版，并被翻译成法、意、西等多种文字。由于 1855 年英文版本难以查阅，本文选用惠顿著 1866 年出版的版本（London：Sampson Low, Son, and Company. Boston：Little, Brown, and Company）。本文所摘录中文词条出自 ［美］惠顿：《万国公法》，丁韪良译，何勤华点校，中国政法大学出版社 2003 年版（该点校本底本为 1864 年北京崇实馆刻印本）。英文词条摘自：Henry Wheaton, *Elements of International Law*, London：Sampson Low, Son, and Company, Boston：Little, Brown, and Company, 1866.

② 清水靖久：《民主主義の思想史の首頁、〈万国公法〉》，《地球社会统合科学：九州大学大学院地球社会统合科学府紀要》，2015 年第 22 卷第 1 期。

③ ［美］惠顿：《万国公法》，丁韪良译，何勤华点校，中国政法大学出版社 2003 年版。

续表

序号	《万国公法》中的用例	英文对译	解释	用例数
5	民主小国：波里萨为民主小国，凭奥国保护（p.40）	The Republic of Polizza in Dalmatia	与"小国"搭配，民主之小国	1
6	各存民主之法：美国保其诸邦，各存民主之法，且当护各邦无外暴内乱（p.52）	a republican form of government	与"之法"搭配，民主之法	1
7	而其民主之权有增焉：一千八百三十年而后，各邦之内治有所变，而其民主之权有增焉（p.53）	democratic character（Since the French Revolution of 1830, various changes have taken place in the local constitutions of the different Cantons，tending to give them a more democratic character）	与"之权"搭配，民主之权	1

由表 1 可见，18 处用例中，除第 1 条中一处无对译英文外，分别用"民主之国""民主之大国""民主之小国"表示民主国家的用例最多，共计 13 处。与英文对照后发现，13 处中 10 处对译 republic，republican States，即现今"共和"；第 3 条中 1 处对译 democratic republic，表示现今"民主共和国"之意；1 处对译 elective government，即民选政府；1 处为意译，可以用 representative government、republics 两个单词理解"民主之国"，既含现今的"代议政府"，又含"共和国"两层意思。第 4 条、5 条、6 条各处用例，仍对译 republican。仅有第 7 条民主之法中的"民主"一处对译了 democratic。

在丁韪良尝试用"民主"翻译西方政治概念时，它虽然有"democracy"的意思，但绝大多数情况被用作"republic"的译词，偶尔还伴有代议政府、民选政府之意。

在英文原著中并未见使用 democracy 一词，而有 7 处使用了 democratic，分别是 democratic parties（2 处）、democratic republic（2 处）、democratic character（1 处）①、democratic institutions（1 处）、democratic-republican institutions（1 处），表示现今民主政党、民主共和国、民主之权②、民主制、民主共和制等意思，但这些内容由于大多出现在英文原文的示例及说明中，未在《万国公法》中正式译出。不过，即便译出，除"democratic parties（2）"也实已包含在表 1 之中。

二、丁译公法中的"民政"与 democracy

同一时期，中国人针对 democracy 习惯使用"民为政"一解，与"君为政"相对。其例可见蒋敦复《啸古堂文集》（1867 年）："立国之道大要有三：一君为政，西语曰恩伯

———————————

① 英文原文为表 1 第 7 条。

② democratic character 对应原文为表 1 中的第 7 条，丁韪良将之译为"民主之权"。

腊（中国帝王之称），古来中国及今之俄罗斯、法兰西、奥地利等国是也；一民为政，西语曰伯勒格斯，今之美理加（俗名花旗国在亚墨利加州）及耶马尼瑞士等国是也；一君民共为政，西语曰京，欧州诸国间有之"，君主立宪这里被译为"民共为政"。①

"民政"中的"政"在《说文解字》中的解释是"政，正也"，即治理国政，使之方向正确。"民政"可理解为"为民之政"，包括"八政"，《尚书·洪范》："三，八政：一曰食，二曰货，三曰祀，四曰司空，五曰司徒，六曰司寇，七曰宾，八曰师。"《礼记·王制》："齐八政以防淫。"又："八政：饮食、衣服、事为、异别、度、量、数、制。"郑玄注："饮食为上，衣服次之；事为，谓百工技艺也；异别，五方用器不同也；度，丈尺也；量，斗斛也；数，百十也；制，布帛幅广狭也。"民政包括所有和民相关一切事务，以"食"为首。故而，用"民政"理解 democracy 明显会削弱"民主之"之意涵，由"民主政"转而向与民相关的政事调和。

"民政"结合在一起较早出现的文本还有 1873 年张德彝《普法战事记》，"初七日，巴里闻各处失守，国君被俘，众议改为民政。遂于是日拟定各官……而民主执国政焉"②，这种用法显然被丁韪良及他们的翻译团队所承继。

同时期的公法译本中是否使用了"民政"，又是如何使用的呢？除《万国公法》外，丁韪良先后主持翻译了另外三部国际法著作，分别是德国人马尔顿（Martens）所著 *La Guide Diplomatique*（1822 年）③ 的译本《星轺指掌》（1876 年），美国法学家吴尔玺（Theodore Dwight woolsey）所著 *International to the Study of International Law*（1860 年）的《公法便览》（1878 年），德国法学家布伦（J. C. Bluntschli）*Le DroitIn-ternational Codifie*（1868 年）的《公法会通》（1880 年）。如果说《万国公法》系统地介绍了西方国际法的源流、基本内容，主权、平时法、战时法等，体现西方国家学说与政治原则的话，《星轺指掌》则介绍了近代西方的外交制度、国际关系准则、礼仪规范等，是一本外交官员的必备指南。《公法便览》的原著为吴尔玺的代表作，比《万国公法》的例证更为有济实用和全备，"更为周密，例有未达者，历引泰西史乘及今年案牍以发明之"④。《公法会通》则是丁韪良主持翻译的第四部重要的国际法译作，不论在语言阐释与国际法叙述的公正性、客观性、完整性上都被公认为其主持翻译的最好的国际法译著。

这三部译著的出版时间分别为 1876 年、1878 年与 1880 年，时隔第一部《万国公法》的 1864 年有十余年，概观三部公法均使用"民政国、民政邦"表示了现今"republic"的共和国之意，而表示 democracy 之民主政治概念时既使用了"民政"，也使用了"民主"。

如《星轺指掌》中，"昔荷兰立民政时，其通使之权，专归众省公会……"⑤，"至遣

① 蒋敦复：《英志自序》，《啸古堂文集》第七卷，同治十年刊本，第 2~5 页。

② 张德彝：《随使法国记》，岳麓书社 1985 年版，第 91 页。

③ 关于《星轺指掌》所译原著的版本和出版时间可参见傅德元：《〈星轺指掌〉与晚清外交的现代化》，《北京师范大学学报》（社会科学版）2006 年第 6 期。

④ 徐维则：《东西学书录》，转引自邹振环：《京师同文馆及其译书简述》，《出版史料》1989 年第 2 期。

⑤ 查尔斯·马顿斯著，联芳、庆常译，丁韪良鉴定、校核，傅德元点校，何勤华主编：《星轺指掌》，中国政法大学出版社 2006 年版，第 12 页。

头等公使之权，惟皇帝、君主及民政大国有之。……若附庸及民政小邦，与半主之国……"①，"昔民政之邦，如威尼斯、荷兰、瑞士冉瓦等国，亦皆享君礼而让于帝王。但现在民政大国，总不让位于帝王之国，而无不认其为平行也"②，"君主之国不欲先施礼于民政之国"③。有一处使用了"民主之国"一词，即"……或以奉教先后，或分君主民主之国，及属国多寡……"④ 这里还在其后用双行小字解释"其民政之国如威尼斯、瑞士，诸侯之国如巴拉丁、撒克……"大概为与"君主之国"对称而使用"民主之国"的说法，显然"民政国"表示 republic 共和国概念比"民主国"更为普遍。

在《公法便览》卷一第一章第四节中用"民主政权者"表述 republic。"如欧洲列国悉奉公法，实则政体彼此各异，或君权无限，或君权有限，而同为以国传世者。有民主政权者（日版注：民主政权者是为民政），有教会公举理政者（日版注：即教皇之国），以公法视之，无分轩轾。"而这之后章节用以表述 republic 的，皆为"民政"一词。⑤

《公法会通》亦然，如：

> 第四十章　某国初立君主。而旋行民政（democracy 之意——引者注）或君权前有限制。而后无限制者，在公法，总以国视之。因与各国往来，其权责无稍增减。
>
> 第四十二章　此国变更内政，其与彼国权责如何？大抵无殊。其君虽易，其政虽改，而其疆土仍存也。邦国或立君主，或行民政，以及法度更张，其国之疆界，与其名分，终不因之有所损益。
>
> 第六十八章　如百年前，法国改创民政，欲令邻邦尽效其政。
>
> 第七十章　众邦各成之国，多行民政，其法自古有之。……数十年前至瑞士、百年前之美国联邦是也。
>
> 第七十二章　凡众邦合成之国，无论行民政与否，概由上国操外交之权。
>
> 第八十六章　英国虽称君主……美国虽行民政……
>
> 第八十七章　凡民政大国及公侯大国，在公法视之，皆与称王者平行。
>
> 第八十八章　君主之国与民政之大国概无尊卑之别。
>
> 第一百二十六章　古之罗马虽行民政，有总统二人同操主权，与他国之君无异。⑥

需要说明的是，用中文"民主""民政"表述政治性质的描述中大多基于译者的归

---

① 查尔斯·马顿斯著，联芳、庆常译，丁韪良鉴定、校核，傅德元点校，何勤华主编：《星轺指掌》，中国政法大学出版社 2006 年版，第 18 页。

② 查尔斯·马顿斯著，联芳、庆常译，丁韪良鉴定、校核，傅德元点校，何勤华主编：《星轺指掌》，中国政法大学出版社 2006 年版，第 100 页。

③ 查尔斯·马顿斯著，联芳、庆常译，丁韪良鉴定、校核，傅德元点校，何勤华主编：《星轺指掌》，中国政法大学出版社 2006 年版，第 104 页。

④ 查尔斯·马顿斯著，联芳、庆常译，丁韪良鉴定、校核，傅德元点校，何勤华主编：《星轺指掌》，中国政法大学出版社 2006 年版，第 98 页。

⑤ 吴尔玺著，丁韪良主持翻译，《公法便览》，日本翻刻丸屋善七出品，1878 年。

⑥ 布伦著，丁韪良主持翻译，《公法会通》，1880 年。

纳，并非 democracy 严格的对译，如在英文原著中，也仅有一处使用了 democratic，表示与贵族国家、农业国家相对的民主、商业国家。① "民主" 一词由丁韪良首译《万国公法》时创制，为何时隔十几年后的另几部公法译著中放弃使用 "民主" 而用 "民政" 一词表述 republic 呢？

首先，几部公法翻译的时代和背景有所不同。虽然之前有传教士杂志《东西洋考每月统计传》、魏源的《海国图志》、徐继畲的《瀛环志略》等翻译实践和铺垫，但《万国公法》对政治原理和法律术语的翻译无疑是奠基性和开创性的。到了《星轺指掌》《公法便览》《公法会通》刊行的 19 世纪 70 年代后期、80 年代，与《万国公法》翻译刊行的 19 世纪 60 年代相隔十余年，社会思想状况以及对西方政治的理解有所深化。此时，正值中国洋务派自强运动时期，大量引进西方知识与技术。单在西方政治知识引进和生产方面，19 世纪 60 年代主要的途径是传教士所创办的《万国公报》及传教士译编的《万国公法》《左治刍言》等书籍。这时，传教士的翻译仍是最不可忽略的分量。

三、新名 "民主" 与 "民政" 的语用管窥

到 19 世纪 70 年代以后，清政府开始派专员赴西方国家实地考察，这期间较为著名的西行游记、日记相继流传，张德彝的《航海传奇》（记 1866 年游历欧洲，1867 年记述）、《欧美环游记》（《再述奇》记 1868—1869 年游历欧美见闻），斌椿《乘槎笔记》（1866 年），志刚的《初使泰西记》（1877 年），郭嵩焘的《郭嵩焘日记》（1875—1879 年出使英法），张荫桓的《三洲日记》（1886—1889 年），薛福成的《出使英法意比四国日记》（1890—1894 年出使四国）等，这些行记均或多或少对西方的民主制度、政党政治及思想有所记录，成为当时知识分子了解西方政治思想的另一个不可小觑的重要途径，使得知识阶层不仅对相关政治概念的认识走向深刻，产生了 "君民共主"、开设议院的诉求，也使新的政治术语表述走向成熟，它的表达也不失时宜地与政治现状和诉求结合起来。这些行记中出现了 "民主国" 与 "民政国" 共同对译 republic 的现象，"民政国" 的使用比例更大，而 "民主" 则主要倾向于表述代议民主制度。

郭嵩焘《伦敦与巴黎日记》：

> 禧在明言英国日报凡四：曰《代谟斯》，曰《得令纽斯》，曰《斯丹得》，曰《得勒格纳福》。《代谟斯》为国政公议，《得令纽斯》则民政议院之旨也，《斯丹得》主守常，《得勒格纳福》主持异论。四者各有所持议论，而《代谟斯》为最要。又有七日新闻报凡三：曰《斯伯格对得》，曰《撒得对尔日溜》，曰《贝勒墨勒太至得》。②

---

① Aristocratic and agriultural states were in general jealous of strangers，democratic and commercial ones viewed them with favor. Theodore Dwight woolsey，*International to the Study of International Law*，Boston and Cambridge：Jeams Munroe and Company，1860，p. 144.

② 郭嵩焘：《伦敦与巴黎日记》卷二，光绪二年十一月十七日（1876 年）。

张荫桓《三洲日记》：

> 美为民政之国，权在园会，其升领事之权亦各国一律，非于中国独刻，故无须争办。但美领事驻华墨享受通共利益。①

薛福成《出使英法意比四国日记》：

> 出使英法义比四国日记三（巴西）……将君主之政改为民政设立暂兼国政公会国民公举兼政大臣。……深愿归国认本巴西国为合众民国是为厚望等。因查君主改为民主，泰西原有此例，惟各自主之大国。……余查巴西改为民主系出兵部、海部一两人之私，谋意在擅权劫胁。……法美本皆民主也。②
>
> 大法民主国　地球万国内治之法不外三端，有君主之国，有民主之国，有君民共主之国。凡称皇帝者皆有君主之全权于其国者也。中国而外有俄德奥土日本五国。巴西前亦称皇帝而今改为民主矣。美洲各国及欧洲之瑞士与法国皆民主之国也。其政权全在议院而伯理玺天德（译作总统，原文注）无权焉。欧洲之英荷义比西葡丹瑞典诸国君民共主之国也，其政权亦在议院，大约民权十之七八君权十之二三，君主之盛于伯理玺天德无几，不过世袭君位而已。③

除丁韪良外，还有何师孟、李大文、张炜和曹景荣参与了翻译，陈钦、李常华、方瀎师、毛鸿图删校。《星轺指掌》由同文馆联芳、庆常初稿，贵荣、杜法孟润色，丁韪良勘错、定稿。《公法便览》费时三年，由汪凤藻、凤仪、左秉隆、德明共同译述，贵荣与前同文馆学生桂林参与了校阅。《公法会通》前半为法文馆副教习联芳、庆常、联兴翻译，余为丁韪良口译，天文馆副教习贵荣、桂林笔述，复经贵荣前后逐细校阅。这些参与翻译工作的人员虽年龄差距很大，如杜法孟已是当上祖父的老学生，但均为官办洋学的优等生，有些则与丁韪良师生关系亲密，后三部人员相对重叠，是翻译国际法较为固定的团队，作为官方的翻译者，即便处于兴办洋务的风潮之中，受到各种西行记录的影响自不必说，且由于自身的官方身份，国际法的翻译也首要为官方所用，故而在"与民共主"与"民之国政"中选择，不难想象他们会以后者为首选，去中和"民主之"的负面含义。

四、早期英汉词典中的 democracy 与 republic

几部丁译的国际公法译词反映出"民主""民政"作为不同于中国皇权专制国家与制度的新鲜译词，其主要意涵还是在于描述不同的执政体制国家，尤其是对 repubilc 的解

---

① 张荫桓：《三洲日记》卷三，1885—1891年版，第32页。

② 薛福成著，钟书河主编：《出使英法意比四国日记》卷三，《走向世界丛书》1890年版，第159~160页。

③ 薛福成著，钟书河主编：《出使英法意比四国日记》卷五，《走向世界丛书》1890年版，第286页。

释。下面,我们在当时的字典中确认一下 democracy、republic 特别是对译"民政"的情况。

如:1866—1869 年罗存德《英华字典》用"民政、众人管辖、百姓弄权"解释 democracy,而"民主"对译同一词汇的解释见端于 1884 年井上哲次郎增订《英华字典》之"民政、众人管辖、百姓弄权、推民自主之国政",较"民政"在字典解释 democracy 晚了 20 年左右。至 1899 年邝其照《华英字典集成》之"奉民主之国政"说明,"民政"在 19 世纪 60 年代译介为 democracy 具有一定普遍性,早于"民主"的 19 世纪 80 年代 20 年左右。而直至 1908 年颜惠庆《英华大辞典》democracy 词条,其解释"美国民政、政党之宗旨;庶民、民众、万民;民主政体、民政、庶建",仍然反映出直至 20 世纪初,"民政""民主"同为 democracy 译词的事实。① 将 democracy、republic 与民主、民政在字典里的对译情况总结为表 2,便会发现,在 1884 年的日本字典中,"民主"同时对译 democracy、republic,之后 1908 年的中国字典也始见"民主"同时对译 democracy、republic 的情况。这时"民政""民主""共和"同时对译 democracy,"民主""共和"同时对译 republic。

表 2 早期英汉词典对 democracy 与 republic 的译释

辞典名称	出版年代	democracy	republic
卫三畏《英华韵府历阶》	1844	既不可无人统率亦不可多人乱管	合省国
麦都思《英华字典》	1847—1848	众人的国统、众人的治理;多人乱管、小民弄权	公共之政治、举众政治之国
罗存德《英华字典》	1866—1899	民政、众人管辖、百姓弄权	众政之邦、众政之国、公共之政
卢公明《英华萃林韵府》	1872	众人的国统、众人的治理	合省国、公共之政治、举众政治之国、自主之民、百姓作主
井上哲次郎增订《英华字典》	1884	民政、众人管辖、百姓弄权、推民自主之国政	众政之邦、众政之国、公共之政、合众政治之国、民主之国
邝其照《华英字典集成》	1899	奉民主之国政	合众出治之国、公同之政
颜惠庆《英华大辞典》	1908	美国民政、政党之宗旨;庶民、民众、万民;民主政体、民政、庶建	民主政体、共和政府、公共国政、民国、儒林、学士社会、文人之团体

"民政"表述 republic 的用法如此广泛,但字典却没有收录这一解释,进一步查阅,发现最早在 1908 年颜惠庆《英华大辞典》中也仅有两条相关记载:(1)Republicanism:The principles and policy of a repubican party so called,民政党之主义,共和党之主义。(2)

———————————

① 在前摘金观涛、刘青峰:《观念史研究:中国现代重要政治术语的形成》一书中,其统计也指出"民政"在 1875 年前后的使用有一个小高峰,其后频率的增高出现在 1886 年左右,达到峰值在 1900 年前后。

Repubilcanize：To convert to republican principles，变化为民政主义，变化为共和主义。①

五、梁启超的"民政"论

1897 年，梁启超在《时务报》撰文《论君政民政相嬗之理》② 指出当时世界的政治体系的区分：

> 治天下者有三世：一曰多君为政之世，二曰一君为政之世，三曰民为政之世。多君世之别又有二：一曰酋长之世，二曰封建及世卿之世。一君世之别又有二：一曰君主之世，二曰君民共主之世。民政世之别亦有二：一曰有总统之世，二曰无总统之世。多君者，据乱世之政也；一君者，升平世之政也；民者，太平世之政也。

梁启超的"据乱世""升平世""太平世"实乃阐扬其师康有为的"大同三世说"，含有以西方历史发展附会维新政治理念的便宜之意，但这里的"民政"也无疑意味着 republic 的意思。在同篇中，他引严复对其《古议院考》之质疑曰："欧洲政制，向分三种：曰满那弃者（monarchy），一君治民之制也；曰巫理斯托格拉时者（aristocratic），世族贵人共和之制也；曰德谟格拉时者（democracy），国民为政之制也。德谟格拉时，又名公产，又名合众，希、罗两史，班班可稽，与前二制相为起灭。"显然，用的"民政"表示 democracy 之意，同时 democracy 的"民政"还与"公产""合众"通用，"合众"这里不难理解当时更为广泛的对译是 republic，由此亦可判断，"民政""民主"不仅用来表示 democracy，还用来表述 republic，它们几乎是混用的，"民政"的使用似乎更为普遍些。

1899 年，梁启超发表在《清议报》的《自由书》中对孟子的"民政"与西方的"民政"加以区别："孟子者，中国民权之鼻祖也；敢问孟子所言民政，与今日泰西学者所言民政，同乎异乎？曰：异哉异哉！孟子所言民政者谓保民也，牧民也，故曰'若保赤子'，曰'天生民而立之君，使司牧之'。西学中的'民政'则是'民也者，贵独立者也，重权利者也，非可以干预者也，惟国亦然'。"③ 强调独立、权利于西方"民政"的意义。

或许，正是由于"民政"在表述 democracy 和 republic 时的复杂性，也由于字典收录的延后性，民政虽同时用于表示 republic，但"合众国""合省国""众邦之治"等用法更为久远，也为了避免混淆，字典只收录了其表示 democracy 的意思，在于强调政体的实质，即"民政"的民众性、公共性，而非 republic 政体的名称。这种理解也可以在后文严复对"庶建"的翻译及归类中找到类似的解释。同时，"民政"中传统的"民众事务"的意思可以调和西方的"民主政"的意味，并在传统中找到二者的联系，方便人们讨论西方政治、表达诉求。

---

① 见颜惠庆：《英华大辞典》（1908 年）Republicanism 与 Repubilcanize 的词条解释，第 1893 页。

② 梁启超：《论君政民政相嬗之理》，《时务报》第四十一册，光绪二十三年九月十一日（1897年）。

③ 梁启超：《自由书·保全支那》，《饮冰室合集·专集之二》，中华书局 1936 年版，第 41 页。

六、严译中的"庶建""民主"与"民政"

严复在其所译《法意》①（1904 年开始分册陆续出版）中，将纳琴特对孟德斯鸠的政体分类的原文"There are three species of government: republican, monarchical, and despotic"，译为"治国政府，其性质有三：曰公治，曰君主，曰专制"。亦即说，以"公治"对译 republican；"君主"对译 monarchical；"专制"对译 despotic。

不过在翻译甄克思《社会通诠》时，严复则把 democracy 译为民主，表达与 politics 相通，与"公治"对应之意。进一步，严复把"公治"作两种区分，"公治之治，更分二别：曰庶建，曰贤政。庶建乃真民主，以通国全体之民，操其无上主权者也。贤政者，以一部分之国民，操其无上主权者也"②，形成庶建/民主—democracy，贤政—aristocracy 的对译，自然"庶建/民主"被包含在"公治"也就是 republican 之内。由上文所知，这也应该能够代表人们对 republican 与 democracy 的理解和区分。

在严复翻译的《法意》中，是这样对民主或公治精神进行解释的：

> 君主之治，无论为宪政，为专制，其所恃以立者，不必有至德要道可称也。宪政之君主，其道齐而奠定之也以法；专制之君主，其詟服弹压也以威。威伸法行，足以治矣。独至民主之国，非有一物为之大命则不行，道德是已。

英文译文为：

> There is no great share of probity necessary to support amonarchical or despotic government. The force of laws in one, and the prince's arm in the other, are sufficicient to direct and maintain the whole. But in a popular state, one spring more is necessary, namely, virtue.

显然，严复将专制、君主立宪与民主政治成立之根本的区别视为"道德"的有无。民主之国的"道德"，也就是支撑民主体制运行的基础在每一个个体，包括君王与普通百姓在自由平等关系下对社会契约的遵循，并由此使这些精神在法制轨道上良性循环而转化为一种"道德"的力量。

那么，严复所言专制、君主立宪国的"法"有什么基本含义呢？中国自秦汉起儒法合流形成了外儒内法、仁义道德与刑名赏罚互为表里，礼法兼用的专制格局。在这种法治专制体制下，以"国"或"君"为根本，通过权、势、术来实现统治，其核心在于君主无上的威严。严复讲"宪政之君主，其道齐而奠定之也以法"，如果结合严复在《法意》中对"法"的解释，则会发现，宪政之"法"与传统治术之法的区别。在《法意》首段

① 今孟德斯鸠《论法的精神》，文中英文原文皆引自：Thomas Nugent, The Spirit of Laws, BOOK Ⅱ（1），1752. www.constitution.org/cm/sol.txt
② ［法］孟德斯鸠著，严复译：《法意》上册，中华书局 1981 年版，第 11~12 页。

对 Laws 的解释中，严复是这样翻译的：

> 法，自其最大之义而言之，出于万物自然之理。盖自天生万物，有伦有脊，既为伦脊，法自弥纶，不待施设。宇宙无无法之物，物立而法形焉。天有天理，形气有形气之理。形而上者固有其理，形而下者亦有其理。乃至禽兽草木，莫不皆然，而于人尤著。有理斯有法矣。①

对照英译本，原有八处 laws，有时被译作"法"，有时被译为"理"：

> Laws, in their most general signification, are the necessary relations arising from the nature of things. In this sense all beings have their laws: the Deity * ("Law," says Plutarch, "is the king of mortal and immortal beings." See his treatise, A Discourse to an Unlearned Prince.) His laws, the material world its laws, the intelligences superior to man their laws, the beasts their laws, man his laws.

"法"与"理"并非对等和平行之物，法出于理，有理才有法。但法与理又是对等的，万事万物皆有其理，其理成则有法矣。也就是说，严复用儒家的"理"来解释 laws"法"，与道对应时"法"为器、用，与理对应时则为"法"，形而上者有其"理"，形而下者亦有其"理"，就是说"有理斯有法矣"，皆有"理""法"的意思。②

严复将君主政治的分类译为 monarchical——"宪政"，despotic——"暴君专制"，但这里的"宪政"并非 constitutionalism 对应的宪政之义，可以理解为以"法"及"道"为其成立之本的君主制度。而"奠定之也以法"的"法"与其说是作为西方民主制度基础的"法律"，不如说更像一种与事物形式相适应的道理天然之"法"。从这个层面上，它既不能是等同于君主不受其限制的"章法"，从"威"字理解的传统社会中"刑法"的"法"，又不能简单理解为政治形态对应的法律。它应该是超越了西方"法律"与法家之"法"层面的、具有宇宙运行的自然理法性质之"法"。作为近代中国融会东西文化精华一代启蒙大师，严复代表了那一时期中国知识分子在不同文明体系下融会中西的认识方式。

七、结　语

也就是在 1895—1896 年之时，"民主"较"民政"的使用产生了绝对的优势，显然这既有受到甲午战争日本获胜，清政府及维新派大力引入日本书籍，而传教士创制的"民主"在日本定型后回流中国的因素，也关系到甲午战后清朝知识分子产生对传统再审

---

① ［法］孟德斯鸠著，严复译：《法意》上册，中华书局 1981 年版，第 1 页。
② 关于如何理解"法""理"并非本文重点，故这里不过多涉及。有关严复《法意》之"法"的翻译可参见颜德如：《严复翻译之评析：以孟德斯鸠〈法意〉首段为例》，《福建论坛》（人文社会科学版）2012 年第 11 期。

视的精神要素。

如果说 19 世纪 60 年代以前的辞典对 democracy 只有解释且意义过于负面的话，19 世纪 60 年代后期的字典先于"民主"出现"民政"，它的负面含义有所消退。直至 19 世纪 80 年代"民政"与"民主"共用，而至 1910 年前后 democracy 的含义变得更为复杂，除之前字典中表示的"民政""民主"之意外，增加了带有政党宗旨之意的"民政"，以及民众、庶民、万民之意，"庶建"也用以表述 democracy 的民主政体之意。简而言之，直到 19 世纪 90 年代前后对 democracy 的译词只反映出一种政体的表述，未出现有关"民主"精神的指涉。但至 19 世纪末 20 世纪初，与"主义"的结合，表现出对其宗旨、精神理解与信仰的一种倾向，但此时使用了 19 世纪 60 年代延续使用的"民政"一词。这种语义上趋于丰富的变异与近代"民主"认识史、思想史、政治观念形成以及民主实践史的脉络保持了一致，即从对资本主义政治制度特别是代议制中议院组织形式上的探究，到自由、平等等近代意识觉醒、政治上伸张民权，再到精神上摒弃儒家传统、挖掘 democracy 真义并在精神和信仰上接纳之趋势。

近代"群治"概念的生成与展开*

□　解　维

【摘要】 在面对西方文明冲击的情境下，开始出现许多对东方古典国家管理体系的反思，且都有着深切的对中国社会历史命运的关怀，"群治"这一概念在近代便扮演着这样的角色。它被构架并作用于近代中国的历史进程，且频繁出现在人们的视野中。本文通过探讨清末新政的教育措施，以及辛亥革命以后教育范畴下的民智、新学术等和群治的关系，以探寻近代教育范畴下群治的概念。

【关键词】 群治；教育；学术；民智；概念史

一、"群治"的生成

近代以来，"群"与"社会"糅杂错综使用，用于翻译与西语 society 相关词汇和概念。西语 society 及相关词汇很早就出现在早期英汉词典中并获得汉字译名。在 19 世纪 90 年代以前，society 的汉字译名基本未出古典义范围，如"会、结社"等；social relations 译作"五伦"，social 译作"五伦的、交友的"，虽传递了社会关系之义，但显然被打上了中国传统伦理的烙印。作为社会学关键词 society 的译名厘定，则有待西方近代社会学的译介，而这则主要是 19 世纪 90 年代之后的事情。

不过，19 世纪 90 年代以前 society 的汉译也有特例存在。1864 年孟冬月，在总理衙门委托、支持下，丁韪良（1827—1916 年）等人译成《万国公法》，继而在北京崇实馆出版。其所据原书为美国人亨利·惠顿（Henry Wheaton，1785—1848 年）所著 *Elements of International Laws* 1855 年版。《万国公法》第二章"论邦国自治自主之权"起笔译云："人成群立国，而邦国交际有事，此公法之所论也。"①

其相应英文原文为：The peculiar subjects of international law are Nations，and those

＊ 本文为教育部人文社会科学重点研究基地重大项目"近代新名词与传统重构"（13JJD770021）阶段性成果，得到东华大学中央高校基本科研业务费专项资金"儒学与近代词研究基地"（20D111410）资助。

① 丁韪良等译：《万国公法》卷二，崇实馆 1864 年版，第 16 页。

political societies of men called States.① 亦即说，"群" 与 political societies 对译。而 political societies of men 则是 States（国）的内涵所在。此可谓 "群" 译 society 之源起。

此外，1882 年，颜永京译《肄业要览》刊行，原书为英国人斯宾塞的教育学代表作 *Education* 第一章 What Knowledge is of Most Worth（什么是最有价值的知识）。据王彩芹考察，在《肄业要览》中，social position 译作 "于众人中居高位"；social life 译作 "百姓彼此平常相交"；social and political relations 译作 "闾里国家相关之举"；society 译作 "风俗""国中之民"；而 sociology 和 science of society 则译作 "民景学"；social science 译作 "为民学"。② 译词虽不固定，但基本上是在 "民" 的层面把握 society 的蕴含。从这一层面来看，"群" 与 "民" 在含义上有相交的地方。当一个词在翻译相同的英文时有不同的互译，且在不考虑各自语义演变的情况下，二者既存在双方含义有部分交叠的情况，且交叠的区域不同，也没有完全交叠。

甲午战后，先进的中国士人起而力倡变法自强。1895 年 2 月，严复在《直报》上发表《论世变之亟》一文，有云："自由既异，于是群异丛然以生。"③ 同年 3 月，他又在《直报》上发表《原强》一文，介绍了达尔文的生物进化论和斯宾塞的社会进化论："其始也，种与种争，及其成群成国，则群与群争，国与国争。而弱者当为强肉，愚者当为智役焉。"④ 同年 3 月底，严复在其《原强》修改稿中继续阐释 "群" 的概念：

> 盖群者人之积也，而人者官品之魁也。……且一群之成其体用功能，无异于生物之一体，小大虽异，官治相准。知吾身之所生，则知群之所以立矣。⑤

将 "群" 的含义所覆盖的范围扩大到了类似于人类群体的意义上来。至于 "群" 的来历，严复在 1903 年《群学肄言》一书中的《译余赘语》有云：

> 荀卿曰：民生有群。群也者，人道所不能外也。⑥

很显然，严复创译的关键词 "群"，是取自荀子的一个重要概念，如 "人之生，不能无群"⑦。荀子的 "群" 即君王统治下的 "人群"，荀子在此篇中强调的也是以君王为主导的治群之术。荀子在该篇中将世间的构成分为有生命和无生命、植物与动物、动物与人，两个对比面的三个层次，并分析了人作为世间主体 "最为天下贵也" 的原因：

> 人有气、有生、有知，亦且有义，故最为天下贵也。力不若牛，走不若马，而牛

---

① Henry Wheaton, *Elements of International Law*, London：Sampson Low, Son, and Company, Boston：Little, Brown, and Company, 1855, p. 27.

② 王彩芹：《斯宾塞中译本〈肄业要览〉译词考》，《或问》2011 年第 21 期，第 100、106 页。

③ 严复：《论世变之亟》，《严复集》第一册，中华书局 1986 年版，第 3 页。

④ 严复：《原强》，《严复集》第一册，中华书局 1986 年版，第 5 页。

⑤ 严复：《原强修订稿》，《严复集》第一册，中华书局 1986 年版，第 17 页。

⑥ 严复译：《群学肄言》，文明编译书局，1903 年，译余赘语第 1 页。

⑦ 《荀子·富国》。

马为用，何也？曰：人能群，彼不能群也。①

指出人的社会性是人优于禽兽的原因。丁韪良等近代入华新教传教士和严复等中国士人，以"群"译society，是颇有道理的。他们"尽可能从中国的古籍中找出相应的词语来表达。这样做，既使寝馈于古籍的士大夫乐于阅读，而且也可以表达这种思想古已有之，不至被轻视为'夷说'"②。

对于新"群"概念，康有为、梁启超也极为注重，大力阐扬。1897年阴历四月，梁启超在《时务报》和《知新报》上发表《说群自序》云：

> 启超问治天下之道于南海先生，先生曰：以群为体，以变为用。斯二义立，虽治千万年天下可已。……能群焉，谓之君。……以群术治群，群乃成；以独术治群，群乃败。己群之败，他群之利也。③

其中包含着社会民主思想的精义。此一精义，不仅来自西方society概念，而且还源于中国古代的"能群"理念，如荀子有云："君者，何也？曰：能群也。"④

新名"群"，一经创译，广为采用，如《浙江潮》《江苏》《湖北学生界》《新民丛报》《新湖南》等报刊，都曾刊载发挥"群"概念阐述社会、政治问题的文章。其后，"群"与"社会"互释反复出现，如："叙述群之现象者谓之静群学或谓之社会现象论"；"推演人群之推进者谓之动群学，亦谓之社会运命论。人群运动之标的谓之人群之理想"；"人群之实在谓之群理。研究人群之实在谓之群理论，亦曰社会实在论……人群之意识行动谓之群行为，或社会行为。一群与他群区别之特色谓之群则或社会之规定"⑤ 等。

与"群"密切相关的"群治"一词，在清末和民国这个时间段中，频繁见诸报端。在面对西方文明的冲击下，知识分子开始从许多角度反思东方古典国家管理体系，且都有着深切的对中国社会历史命运的关怀。于是"群治"一词在近代被构架并作用于近代中国的历史进程中，在当时频繁出现于人们的视野。据考察，该词最早出现于1900年，梁启超以"中国之新民"之名，发表了《新民议》，在其《绪论》和《禁早婚议》中提道："今日中国群治之现象，殆无一不当从根柢摧陷廓清，除旧而布新者也。"⑥ "言群者，必托始于家族，言家族者必托始于婚姻，婚姻实群治之第一位也。"⑦ 其所言"群"皆含有群众和庶民、百姓之类的含义，是同为一群中的一人。"治"，有表"管理、处理、整理"等的动词意义，也有表诸如"安定"之类概念（如"天下大治"）的形容词意义。"治"

---

① 王先谦：《荀子集解》卷五《王制篇》，中华书局2013年版，第194页。
② 姚纯安：《清末群学辨证——以康有为、梁启超、严复为中心》，《历史研究》2005年第5期。
③ 梁启超：《说群自序》，《时务报》第二十六册，上海时务报馆，1897年阴历四月十一日，第1页；《知新报》第十八册，澳门知新报社，1897年阴历四月十六日，第1页。
④ 《荀子·君道》。
⑤ 汪荣宝、叶澜：《新尔雅》，上海明权社1903年版，第65、68、71页。
⑥ 梁启超：《新民议》，《新民丛报选编·选编续集·论说》，1900年，第44页。
⑦ 梁启超：《新民议》，《新民丛报选编·选编续集·论说》，1900年，第45页。

在与"群"字组成词,动词或形容词词性兼有。梁启超在另一篇文章《法理学家孟德斯鸠之学说》中也介绍道:"当法王路易十四之际,君主专制政体,正极权盛。及其殁后,弊害百出,群治腐败,道德衰颓,宫廷教会尤为蠹政渊薮。"① 这里的"群治"带有"政治"或者说是一种社会治理之类的含义。社会达尔文主义思想的传入,对当时的人产生了很大的影响,包括梁启超在内的许多知识分子认为,"人"的素质决定了"群"的整体实力。"人非群则不能使内界发达;人非群则不能与外界竞争,故一面为独立自营之个人,一面为通力合作之群体。"② 将国家与国家之间的竞争归结于民族精神与国民素质的较量,以达"群治"的目的。严复在甲午战争失败的刺激下着手翻译《天演论》,其手稿本中提道:"盖以为群治既兴,人人各享乐业安生之福,既有所取之以为利,斯必有所与之以为赏,不得仍夫初民之旧贯,使群道涣,而颓然复返于犷獉也"③,该篇在之后的版本中,都以"群治"为标题。纵观《天演论》可知,"合群制治""合群为治"的群己整合是实现"群治"的前提,只有在群己整合之下发展个人,才能达成辅助国人实现厚生进种,增进社会福祉,以达到救亡和启蒙的目的。在词汇和概念掌握有限的情况下,这一词汇要在当时的境况下尝试解决好多个新的问题,这也是那个时代的普遍现象,故"群治"一词在当时即表达动词概念的"合群而治",又是一个表达某种良好的政治状态的名词化的短句,等等。人们在宽泛且变化多端的"群治"概念下探讨不同的话题,且在承袭荀子"群"的概念的同时,又将其注入了新的含义。

二、"群治"与教育

"群治"一词出现以后,便积极参与了有关教育话题的讨论。教育在当时被视作国家治乱之根本。"凡国家之治乱,根乎人才;人才之盛衰,根乎教育。此理已日明于今。"④诸如此类的发文比比皆是。试从这一范畴中讨论"群治"的概念,不仅是对清末民初教育改革和社会变化的回顾,也是对较为抽象的"群治"的含义在固定的讨论范围内的梳理。

清末,随着科举制度的改革和深入,在1901年废除八股制之后,废除整个科举制度成为时人公开的呼吁。朝堂之上,袁世凯、张之洞奏请递减科举,提出了"科举之为害,关系尤重,今纵不能骤废,亦当酌量变通,为分科递减之一法……"⑤ 急迫地探讨改革方法的清王朝,将焦点放在了废科举、兴学校之上,科举成为革新教育乃至革新政治的一大阻碍。1903年,科举还未停废,新式教育实行也不过几十年,报刊所见讨论教育与群治的文章层出不穷。

---

① 梁启超:《法理学家孟德斯鸠之学说》,《新民丛报汇编(新民丛书)》,1900年,该篇目下第2页。

② 梁启超:《论政府与人民之权限》,《饮冰室合集·文集之十》,中华书局1989年版,第1页。

③ 严复:《严复全集·手稿本论十六》第一册,福建教育出版社2014年版,第65页。

④ 汤振常:《论教育诸理》,《同文沪报》,1901年5月3日,第6744号,第3版。

⑤ 袁世凯、张之洞:《直隶总督袁世凯两江总督张之洞奏请递减科举》,《光绪政要》卷二十九,第345册,台湾文海出版社1969年版,第1828页。

群治之必待教育兴而革新者是也。……科举不废，教育不得而兴也。①

1903年《湖北学生界》刊登《教育与群治之关系》（作者不详）一文便批判了新政下的教育改革。认为拥有悠久历史和庞大人口的帝国"摧残朽败至于今日"②的原因在于，国家没有教育。

彼乌知国家为何物，政治为何事，对于国民有若何之义务，对于外国有若何之权利。……教育不兴内政不得而修也。……岂知外人之善外交者，必悉国际法，必知各国政治上现行之主义。孰宜谛盟，孰宜拒绝，主权如何保护，国势如何扩张，利权如何收揽。……故教育不兴，外交不得而善也。……地球万国，未有无国民而能成国民军者，未有无教育而有国民者，教育者制造国民之机械，国民者制造国民军之材料也。……故教育不兴兵备不得而整也。……吾未尝游欧美，吾惟至日本……外国之警察，皆中学卒业之学生品学兼优者，又加之以训练；吾国之警察，召集之无赖焉耳。故教育不兴，警察不得而行也。……吾国何以实业不盛？惟无教育故。……虽然，吾民勤俭耐苦劳，健而敏慧，重信义，东西人多艳称之，此诚宜农宜工宜商之特性哉。苟非无教育，吾国之农工商。扩充其膨胀力，超全球可也。故教育不兴，实业不得而盛也。③

所谓"内政修、外交善、兵备整、警察行、实业盛"，也就是"群治革新"在各个方面的体现。想要革新群治，必需教育先行，因为教育是"国家存立之根本"④，而后此文针对新政所实行的教育政策做出了反思和批判：

东西文明国，莫不专设文部以办全国之学校。……不然，若前此之学政，乡会之考官，各府州县学，国学翰林院，员亦多矣。试问于教育二字有丝毫之影响否也？

而兴教育的关键则在于"废科举"。于是，废除科举已经提升到了与群治兴衰相关的高度。教育的革新并不是简单的废除科举、兴办学堂，而是在科举废除之下，旧的学政体系的自然瓦解，随之派生出的地方自治下的普及性教育才是教育改革的方向和方法。

惟行地方自治之制，使地方之贤能者自谋其公共之利益，则民知所出之经费。所以自用，而非前此之贡献于官吏。吾知百废俱举，学堂遍全国矣。故地方自治之制不行，教育不得而兴也。⑤

---

① 《教育与群治之关系》，《湖北学生界》1903年第4期，第16、20页。
② 《教育与群治之关系》，《湖北学生界》1903年第4期，第15页。
③ 《教育与群治之关系》，《湖北学生界》1903年第4期，第16~18页。
④ 《教育与群治之关系》，《湖北学生界》1903年第4期，第20页。
⑤ 《教育与群治之关系》，《湖北学生界》1903年第4期，第21页。

而新政看来并没有直面群治革新问题的关键,新办学堂也并不是革新教育的上乘之策。

> 勿徒知以办学堂为哄外人之观听,为搪塞诏书敷衍新政之惯技。敬祝吾国学堂之监督总办,勿徒知鱼肉学生,奴隶学生,盗贼学生,监狱学生,以媚大吏得保举蚀经费为得计;敬祝吾国学堂之教习,勿徒知贪不得其值之薪水,以各教居奇为能事;吾敬祝吾国学堂之学生,勿徒知以学堂为出身之捷径,衣食之根据地,果其为奴隶教育也;勿摇尾帖耳,污辱学生之资格,果其为国民教育也;勿荒嬉怠惰,放弃学生之责任。①

由此可知,新政下的教育改革不过是缘木求鱼,以哄外人试听的敷衍伎俩。并在文末呼吁,"合祝吾国之施教育、受教育者,破釜沉舟、卧薪尝胆,日日以救亡国亡种为宗旨,以爱同胞合群力为精神,以灌输新道德新智识为手段,或其有效哉"②。

如果说"群"仅指社会的话,那么此文"群治革新"中的"群治"包含了社会、国家、政治三重含义。

三、"群治"与学术

除了讨论整体的教育,大力推崇科学的王本祥在《科学世界》上也讨论了理科与群治的关系,并借用中国传统哲学的"体""用"来诠释精神文明与物质文明:

> 夫精神的文明,蕴于内而为体,用器者也,物质之文明,见于外而为用,供驱使者也。③

王本祥留洋时期学的是物理,文中是以自己的视角作判断,认为理科是使国家各个体系强盛的关键,只有军备、农业、医学、交通等强盛了,才能"足以达改革社会,左右世界而有余"④。

> 通世界万国有急剧的战争,有平和的战争,或战以工,或战以农,要莫不待助于理科,是故理科者,实无形之军队,安全之爆弹也。凡国于斯土者,能战胜于斯,则其国富强,不能战胜于斯,则其国贫弱。⑤

他的这种观念也是建立于社会进化论体系之上的,并认为"抑理科之势力,于群治

① 《教育与群治之关系》,《湖北学生界》1903年第4期,第22页。
② 《教育与群治之关系》,《湖北学生界》1903年第4期,第23页。
③ 王本祥:《论理科关系群治论》,《科学世界》1903年第7期,第1页。
④ 王本祥:《论理科关系群治论》,《科学世界》1903年第7期,第7页。
⑤ 王本祥:《论理科关系群治论》,《科学世界》1903年第7期,第2页。

中，具最大之关系者，社会学也"①。此处的社会学实际上是社会进化论之学，社会进化论是基于达尔文的生物进化论而产生的，据此理论，理科于"群治"便能产生巨大的影响力，从而在"群治"中发挥作用。理科强盛，社会便"强盛""革新""进步"。由于此文中的"群治"一词并未赋予盛衰、革新等词汇以限定，从行文逻辑来看，它可以是一种表示政治清明、社会安定、国家强盛等状态的形容词，也可以指代社会，并且是以国家为单位的相对独立的民族共同体。

发表于《政法学报》的《新学术与群治之关系》，从"古学复兴"（Renaissance）也就是今天所讲的"文艺复兴"，开始探讨新学术，此是科学为西方带来的福祉，并将科学与国家与民族存亡相联系。依然是在社会进化论的框架下，将群治进退比附于物种存亡。

> 故人类独有学术，而下等动物无之。文明人种独有新学术，而野蛮及不进化人种无之。盖自有宇宙以来，物种存亡之故，群治进退之理，赜其大要，在是矣。生存竞争，最宜者存，其宜性何？即能发明最新之学术，而进化不已之谓也。

没有进化的物种会灭亡，同理，群治一直不进的国家、种族，也会灭亡。值得一提的是，（马）君武认为中国无法将祖先、前人发明之庭燎野火发扬广大的原因在于，没有西方科学研究之法的讲学、教育，只讲程朱理学或者陆王心学，从而招致"陆沈之祸"。

> 西方以科学强国强种，吾国以无科学亡国亡种。呜呼，科学之兴，其期匪古，及今西方讲学之法，救祖国陆沈之祸，尤可为也。②

1908年《论群治受病之原因》一篇，同样认为群治不进的原因在于国家问题积重难返和国民思想墨守、一成不变。这篇文章里，提到了唐以前，群治犹可自持，宋代以后一落千丈，也包含了思想和学术上因"陆沈之祸"而造成的偏倚。不过这里讲的"学术"指的是学者所倡导和研习的主流学问。

> 吾国强弱盛衰之衡，以唐宋之交，为其大限。自唐以前，群治虽不进，而犹可以自持，宋以后则一落千丈矣。求其所以致此之故，发乎墨守而箴膏盲，倘亦言群学者之所许乎？③

作者认为我们没有向这方面发展学术的原因应该归咎于程朱理学和陆王心学，人人自以为圣贤，高谈性命，造成了"兵惰、农偷、商贱、工窳"的局面。且如今旧的学术并不能改变这一局面，也不能拯救当下国家面临的外患。

---

① 王本祥：《论理科关系群治论》，《科学世界》1903年第7期，第6页。
② 君武：《新学术与群治之关系》，《政法学报》1904年第78期第3卷，第31~32页。
③ 蛤笑：《论群治受病之原因》，《东方杂志》1908年第4期第5卷，第55页。

呜呼！今外患之凭陵，较之南宋，宁可同年而语。犹欲讲心学以拯之，是何异临河讲孝经也耶？①

于是提出"必先改良学术，而研精格致，以筑振兴实业之基。……戒虚夸而崇实践，吾国其庶有豸乎？"倡导学术走向自然科学，用实业救国观点。

这两篇议论里的"群治"，或因科学这样的新学术而进，或又因心学、理学这样的学术而退。它"进"和"退"所涵盖的，有以国家为单位的社会，也有国家政治的含义。

四、"群治"与民智

民国建立以后，在新的政治体制下，知识分子对教育与群治关系的讨论渐渐开始有了新的落脚点，其所想要解决的问题的对象，也有了转变。

> 社会秩序，进步以渐，强力主宰，仅免暂时之违越，久而又久，必有所谓一种之自成秩序，出现世间，范围群庶，俾无侵凌，于是而群治始焉。群治之道，当使人人于一定界线内，求所有改良或改造社会者，然非通彻社会进化之原理，其道末由，是知人民知识，对于群治，关系綦重，社会而苟欲维持秩序者，舍教育无改良策矣。②

吴葭的《教育与群治之关系》，翻译自某美国学者白马氏（具体已不可考）的著作，旨在以其教育在"群治"中所起到的作用为参考，以证教育在促进民智之进的价值与作用。在国家完成了政治体制转变的诉求之后，知识分子将"群治"的视角转向"民智"的优化，试图向当时的先进国家学习，即在提升"人民智德"的基础上实现社会中个体的自觉和自治。从行文可知，这里的"群治"表示的是一种良好的社会秩序。"治"在这里形容的是一种安定、和谐的状态，是诸如"天下大治"中的"治"的含义。

1914年剑云发表的《群治不进急宜振兴教育说》将国势的强弱归因于民智的优劣，是教育的差别造成了人民智德上的差别。

> 国家之盛衰，视乎群治之进退。群治之进退，视乎人民智德之优劣。渡太平洋而东至美，缘西伯利亚而西至欧，旷观世界，环顾列邦，其民智德优者，其国无不强，其民智德劣者，其国无不衰。如影随形，如响应声，未有或爽者也。……智德之悬殊，教育之功能也。孔子曰：性相近，习相远。其明证也。然则促群治之进化，臻国家于富强，非振兴教育，其道无由，若夫我国群治不进之原因，莫甚于人民之二大劣性，矫正之，尤非教育不为功。③

---

① 蛤笑：《论群治受病之原因》，《东方杂志》1908年第4期第5卷，第56页。
② 吴葭（译美国白马氏原著）：《教育与群治之关系》，《通俗教育究录》1912年第6期，第11页。
③ 剑云：《群治不进急宜振兴教育说》，《教育周报（杭州）》1914年第56期，第1页。

文章作者用"性相近，习相远"诠释教育的作用，这是中国近代一种比较常见的解释手法，运用中国传统的经典对当下视域中的教育功效加以诠释和理解，在使经典有了新的意义和诠释范畴的同时，也让一些近代的概念在经典的诠释下更好地与传统思想融合，并在此过程中得到深化和翻新。另外，作者认为造成群治不进的原因在于，我国人民有"不知认定职业，妄生非分之求也"① 以及"漠视国家理乱，常怀厌世之心"② 两大劣性，并希冀用教育唤醒、增进人民智德。

> 我国人民，具此二大劣性，故放任之，则觊觎非分，扰乱治安，束缚之，则袖手旁观，视同秦越，扶得东来西又倒，国家其如斯醉人何？然而群治不进，国家断无富强之望。推本由来，皆原于人民智德之薄弱，从根本而解决之，必自增进人民智德始，增进人民智德必自振兴教育始。③

在这篇议论中，群治进步与国家昌盛视为一体，与清末在使用上有承续，但将改进的重点放到了国智的优化上，而非政治层面的改善。

此外，还在命名和翻译方面，"群治"一词有了相对有指向性的概念输入。民国元年，一所以"群治"命名的学校于湖南长沙建立，是一所法政专门学校。

> 民国元年夏，设立人罗王陈常余李粟郑曹殷曾诸先生酿金发起。定名为"群治法政专门学校"。金以罗先生杰，清季在日本留学法政时，即与前江西民政长贺国昌等，组织法政研究社，密约还国，各肩法政教育，分负维新责任。④

从学校建立的初衷和名称看，其设立的旨趣在于推进法政教育的建设。此时的"群治"向"法治"和"政治"迈进。所指向的是国家治理的范畴，而且是西方的国家治理理念。

> 法科于政治，则注重酌采欧美统一与自治兼进之精神。于法律，则注重构成法治国家及预备撤去外人法权及增进本国在国际地位之平等权力。于经济、商业，则注重发展国际贸易平均贫民生活及努力于资本土地之制限与调剂。于汉学、哲学，则力谋深造有得，发辉固有之道德与超绝之思想。⑤

1932 年罗素所著 *Education and the Social Order* 在 1935 年被赵演译为《群治与教育》，将"The Social Order"与"群治"相对译。"群治"一词的概念，在翻译的过程中，与社会秩序产生了紧密的联系。在教育与群治的关系下，强调了个人与公民的关系，并倡议在

---

① 剑云：《群治不进急宜振兴教育说》，《教育周报（杭州）》1914 年第 56 期，第 2 页。
② 剑云：《群治不进急宜振兴教育说》，《教育周报（杭州）》1914 年第 56 期，第 2 页。
③ 剑云：《群治不进急宜振兴教育说》，《教育周报（杭州）》1914 年第 56 期，第 3 页。
④ 群治大学：《群治大学沿革及旨趣》，《群治大学年刊》1925 年第 1 期，特载第 1 页。
⑤ 群治大学：《群治大学沿革及旨趣》，《群治大学年刊》1925 年第 1 期，特载第 4 页。

公平、民主的教育中实现对公民的训练和塑造。赵演的对译将 "群治" 的含义，尤其是 "治" 的含义明确了，它是一种结构、制度、关系、习俗、价值与惯例均相互连接的体系。

综上所述，"群治" 的含义是根据作者的立场不同、理解不同而变化的。我们基本上可以赋予其以社会、社会治理，国家、国家治理，政治、政治治理等含义。它相对于 "群" 来说，有其能动性和指向性。在清末，这种相对保守的改革的观念，是基于通过教育等方式来改变群治的情状，通过 "变" 来达到一国国民的变革，也是建立在清末的民族危机和立宪的情境下发出的。许多像梁启超这样的知识分子，无论大小，对 "群治" 的讨论都是落脚于 "救亡图存" "求强求富" 的议题上。"救亡图存，自甲午迄辛亥，一直是中国志士仁人关心的重点之一。"[1] 这一袭自荀子的 "群" 的概念，在他们发挥下，有了与荀子不同的重心。荀子所强调的是严肃的宗法制下的君主的术治；清末强调的则是救亡图存、保种强国，且都是在挽救和巩固清廷的政治统治之下的讨论。辛亥革命以后知识分子对群治和教育问题的讨论，多多少少有了一些转变。他们讨论的 "群" 有了向着国民和公民发展的 "同为一群之中一人" 的现代民主思想。"他们所用的术语与具体内容，都体现了从中国本地传统文化出发吸取外来文化时那种 '亦中亦西' 的过渡性特征。"[2] 这也是出于文化传统急骤变迁时代的相对于更激进人士的保守立场。这种变化是和历史的轨迹相并行的，无论是从它讨论对象的转变，还是从它含义的延伸和相对具象化来看，都是有脉络可寻的。

（作者单位：武汉大学中国传统文化研究中心）

---

①　熊月之：《西学东渐与晚清社会》，中国人民大学出版社 2011 年版，第 31 页。

②　张琢：《中国社会和社会学一百年》，中华书局香港分局 1992 年版，第 8 页。

近代"学会"概念的传入与确立*

□ 聂长顺　孙莹莹

【摘要】近代"学会"概念是随着西方近代"学会"（Society 和 Association）的相关中文报道而传入的，它获得的主要译词是"公会"（1857 年）、"文会"（1872 年）和"学会"（1878 年）。此一概念的确立则是中国士人自身"知行合一"的过程与结果。"行"即中国士人自主的学会创设，如 1882 年左秉隆在新加坡创立"中国论理博学会"；1890 年张持三首席开讲的天津圣道堂"格致文会"；叶耀元经数年努力，于 1896 年创立"新学会"和"算学会"。"知"即中国士人关于"学会"的论说，如 1896 年叶耀元的"明学会之义"、梁启超《学会》一文。这一过程中也含有"中国学会"历史建构的文化努力。

【关键词】学会；概念史；文化交流

一、引　　言

"学会"一词，古已有之①，主要是指传统士人聚会宴饮，切磋学艺的活动，基本属于"以文会友"之雅事；而现代意义的"学会"，则是指从事某一学科或领域的专业人员自愿组成的群众性学术团体，其宗旨在于开展学术交流，促进学术发展，专业性、学术性和群众性是其基本属性。"学会"概念的古今转换，主要是由近代"西方新式学会之移植"② 而造成的。这一新概念的传入与确立，是中国近代重要的文化事象。

迄今学界，关于中国近代学会的研究，成果颇丰；但关于"学会"的概念史研究，却很寥寥。张玉法《戊戌时期的学会运动》一文指出，"戊戌时期的学会，在性质上是仿

* 本文为教育部人文社会科学重点研究基地重大项目"近代新名词与传统重构"（13JJD770021）阶段性成果，得到东华大学中央高校基本科研业务费专项资金"儒学与近代词研究基地"（20D111410）资助。

① 朱棠《近代中日同形词"学会"的语义演变》[《湖南科技大学学报》（社会科学版）2018 年第 3 期] 有考，自不赘。此外，《明儒学案·诸儒学案下·忠节吕豫石先生维祺》："今天下禁讲学，而学会日盛。学会虽盛，而真实在此间做者甚少。弟之修复孟先生会，原自修复，不沾带世间一尘。"

② 左玉河：《学科、学会与学术：中国现代学术共同体之建构》，《安徽史学》2014 年第 5 期，第 38 页。

照西方学会，不是由传统的诗社、文社、画会演变而来"；但"国人何时开始知道西方国家有学会的组织，史无可考"。① 朱棠《近代中日同形词"学会"的语义演变》一文则认为，"'学会'先在汉语中产生，但它的'学术团体'之现代意义最早出现在日本明治初期的文献中，且日本率先在 19 世纪末完成了英和对译。'学术团体'之意在 19 世纪末自日本传播至中国"②。前者的"史无可考说"，乃是当时研究条件的局限所致；而后者的"日源说"，严格说来，则属于词汇史范畴，且对词汇与概念未予分疏，故与"学会"概念史的实态多不相符。

概念是词汇的内容；词汇是概念的形式。但二者的对应关系并不是固定的，一词多义者有之，一义多词者亦有之；在文化大转换的近代中国，尤其如此；从概念的跨语际、跨文化传播角度来看，更是如此。今之所谓"学会"，近代西方多以 Society 和 Association 称之；而西方近代 Society 和 Association 概念传入中国的过程，则首先是随着关于西方近代 Society 和 Association 的中文报道而展开的。在这一过程中，Society 和 Association 概念获得了多种译名，以出现时间先后为序，主要有"公会""文会"和"学会"。本文试以此三词为节点，勾勒近代西方"学会"概念入华之轨迹；进而从实践与认知两层面透见这一概念在中国初步确立的基本情形，以就教于方家同仁。

二、"学会"意义的"公会"

"公会"作为中华古典词，其义有二：一指因公聚会，如《晋书·舆服志》："自非公会，则不得乘轺车"；一指众人集会，如《旧五代史·后晋·崔悦列传》："群居公会，端坐寡言"。晚清以降，"公会"一词被入华新教传教士用来对译西方概念，多增新义；而"学会"意义上的"公会"，则早见于 1857 年阴历十月《六合丛谈》杂志刊登报道《英格致大公会会议》(*Meeting of the British Association*)：

> 七月七日，英格致大公会集于阿尔兰首邑都柏林。向例每岁一集，东西南朔，格致之士靡至。此第二十七集也。是日，司事数人，呈列条陈。第一条计五事：一、欲国中议院相助；二、欲遣舟往海测潮；三、欲造大千里镜，置南半球；四、欲知火轮船船身大小、驶力轻重迟速；五、欲遣舟至阿非利加之尼日河，查勘新地。第二条，论会中刊行《格致大全目录》。第三条，论以三角法测量阿尔兰地面。第四条，论立副会督。第五条、六条、七条，皆言各地寄书至，预订明年之集。第八条，论辨吸铁气，已设专局。……至夜复集，新会督洛伊特详论格致之学。③

"新会督"（新会长）所论"格致之学"，内容非常丰富，主要是报告科学界在"天文""地形势及潮汛""地吸铁力与潮水相应""地气""光学""热气""化学""察地

① 张玉法：《戊戌时期的学会运动》，《历史研究》1998 年第 5 期，第 6~7 页。
② 朱棠：《近代中日同形词"学会"的语义演变》，《湖南科技大学学报》（社会科学版）2018 年第 3 期，第 168 页。
③ 《英格致大公会会议》，《六合丛谈》一卷十一号，上海墨海书馆，1857 年阴历十月初一，第 10 页。

学"等方面的最新研究进展。①

"英格致大公会"（British Association）当是"英国科学促进会"（British Association for the Advancement of Science）的简称。该会成立于 1831 年 9 月 27 日，会中设总委员会（General Committee），作为最高领导机关；按学科分设数学和物理科学、化学 、矿物学、地质学和地理学、动物学和植物学、机械技术六个小组委员会（sub-committee）。② 该会的历史是 19 世纪英国科学史的重要组成部分。

同期《六合丛谈》载《新出书籍》称：

> 英京伦敦设立公会，曰"亚西亚会"，专论东方古迹、文字，以及格致杂学。咸丰初年，分设于香港。③

这个被称为"亚西亚会"的"公会"，当指英国皇家亚洲学会（Royal Asiatic Society）。该会于 1823 年 3 月 15 日在伦敦成立；1847 年在香港设立了分会 China Branch of the Asiatic Society。亦即说，"公会"一词在汉文世界传递西方"学会"概念伊始，即牵出了两个重要个案。

1878 年 7 月 6 日、7 月 13 日、7 月 27 日、8 月 10 日，《万国公报》多次报道英国"地理公会"的活动情况。"地理公会"英文 Geographical Society 和 Royal Geographical Society，即今之所谓"英国皇家地理学会"，是享有盛誉的学术团体。1881 年 1 月 31 日，《益闻录》杂志报道法国巴黎成立"电务公会"的消息：

> 巴黎斯城新创一电务公会，以西历九月十五日为始。凡在会者，按期齐集，踵错皆来。统其事者，为法国某相臣。助理者六人，三为法人，三为他国人，皆名望素彰，精于电务者。会中议定章程，均臻妥洽，并准天下博学士与入会中云。④

1882 年 6 月 2 日，《沪报》刊登《新创公会》，报道新加坡、槟榔屿华人创立"中国论理博学会"一事。关于此事，后文有述，兹不赘。

随着报章的译介，"学会"意义上的"公会"一名得以流布。1897 年，中国士人创设的学术文化团体或组织，也有以"公会"命名者，如"化学公会""蒙学公会""译书公会"等。

三、"学会"意义的"文会"

"文会"一词，早见于南朝刘宋时期的学者范晔所撰《后汉书》。其《朱乐何列传》

---

① 《英格致大公会会议》，《六合丛谈》一卷十一号，上海墨海书馆，1857 年阴历十月初一，第 10~12 页。

② 柯遵科：《英国科学促进会的创建》，《自然辩证法通讯》2010 年第 3 期，第 37 页。

③ 《新出书籍》，《六合丛谈》一卷十一号，上海墨海书馆，1857 年阴历十月初一，第 12 页。

④ 《电务公会》，《益闻录》第一三三号，上海徐家汇汇报馆，1881 年 12 月 31 日，第 308 页。

评论东汉人朱穆《绝交论》时有言"若夫文会辅仁，直谅多闻之友，时济其益"。可见，所谓"文会"，乃取《论语·颜渊篇》所载曾子"君子以文会友，以友辅仁"之义，指示士人交游得朋的基本原则或方法；后来用于指称文人学者赋诗、作文或切磋学问的宴饮聚会。据南朝梁代刘勰《文心雕龙·时序》所述，晋明帝司马绍登基之前即"雅好文会"，登基以后仍"孳孳讲艺"。其"文会""讲艺"所研求的，主要是经学之义、"诰策"之文。据《旧唐书·杨师道列传》载，唐朝宰相杨师道"退朝后，必引当时英俊，宴集园池，而文会之盛，当时莫比"。据《明史·夏允彝列传》载，"东林讲席盛，苏州高才生张溥、杨廷枢等慕之，结文会，名'复社'"。众所周知，复社不是一般意义上的文学社团，而是具有思想、政治意味的组织。亦即说，时值明末，"文会"概念因复社之类组织的出现而增添了思想团体、政治结社的属性。

近代"学会"意义的"文会"用例，早见于 1872 年 11 月 2 日《教会新报》所载《中外近闻：大美国一则》（*Japanese Embassy in America*）：

> 日本钦差至美国时，正士人例集文会之期。日本钦使亦至会所，与美国之文人达士晤谈。正钦差曰："……现在余见西邦，无一不精，无一不备。似此，定令我国男女诸人，皆尽效仿之"云云。其钦差中有一学士亦曰："……今至贵国，刚逢文会之期，得观盛事，实有幸也。"而美国文会中诸士人起谢答曰："贵大臣来我国，刚遇我等会期，欣降会所，使我会中更生光彩。又聆要论，吾等皆愿相助，成贵大臣之美举为幸。"①

其中，"日本钦差"（Japanese Embassy）当指岩仓使节团（Iwakura Embassy）；"美国文会"当指美国科学促进会（American Association for the Advancement of Science）。该会成立于 1848 年，总部设在华盛顿，是一个很大的综合性科学团体。它是美国科学历程的见证者。

以"文会"为题专门介绍西方学会的文字，早见于入华德国传教士花之安（Ernst Faber，1839—1899 年）所撰《大德国学校论略》（*The German School System*）。该书于 1873 年在广州出版；1874 年 1 月起又在《教会新报》上连载。其"文会"一节云：

> 泰西文会甚多，如中国乡课相佛。中国乡课，只课文艺；泰西各种学问皆课，以相习益。尝有名人所过之地，维絷讲学。赁一馆，凡人入听讲者，一点若干值，一月若干值。是以为学之法甚备，亦甚便。大抵每人皆入一会，非彼即此。理学人入理学会，格致人入格致会，各从其类，余各按人性情之所近而入。有官宦人喜讲格物，有富豪人喜讲花鸟，以相鼓舞。是以各种学问，蒸蒸日上。②

入华美国传教士嘉约翰（J. G. Kerr，1824—1901 年）为该书所作 *INTRODUCTORY*

———————————————

① 《中外近闻·大美国一则》，《教会新报》二一〇卷，上海林华书院，1872 年 11 月 2 日，第 66 页。

② ［德］花之安：《大德国学校论略》，羊城小书会真宝堂，1873 年，第 50 页。

NOTICE 中有云：

The activity of the western mind is exhibited in the number of new books annually issued from the press, the extent and educational influence of the periodical press, of the pulpit and of public lectures, and associations.

显然，《大德国学校论略》中的"文会"，即西方的 association（学会）；而"理学会"一词，也蕴含着"学会"义项。

1873 年 11 月，入华美国传教士丁韪良（W. A. P. Martin, 1827—1916 年）在《中西闻见录》杂志上报道了法国"东方文会"的消息：

> 泰西之专攻亚细亚各国文学者不少。近闻设立东方文会，于七月间学士大集于法京，共相砥砺观摩，讨论文策，以期广益；更选人将汉史译成。在会者皆泰西各国士人，外有法国女学士一名；有日本数人，所论者洋文极佳，众相佩服。凡八日，会始竣，订于明岁毕集于英京。此盖泰西以文会友，以友励学之意。如果敦行弗怠，将来可以同天下之大文，即可以友天下之善士，岂不盛哉！①

1874 年 7 月，"东方文会"英国伦敦会议如期召开。同年 12 月，丁韪良在《中西闻见录》上对此做了报道，易名为"东学文会"。他评述道：

> 该文会连年聚集名士，各抒所学，彼此互相印证，定必考据日精，见闻日广矣。惟愿中国学士亦克设立西学文会，研求泰西诸学，以资博考，未必非信而好古之一助也。②

丁韪良所说的"东方文会"和"东学文会"，当指西方各国建立的亚洲学会（Asiatic Society 或 Asia Society）。饶有兴味的是，丁氏将中国"以文会友"之古义赋予西方近代之"文会"；并以"西学文会"寄望于中国。

十五年后，丁韪良的这个心愿得以体现。1890 年 9 月，位于天津紫竹林海大道的圣道堂创立了"格致文会"，并于同月 15 日晚"首次开院"，"宣讲各种格物西学"。③

1892 年 11 月，李提摩太和袁竹一在《万国公报》上报道了欧洲"东方文会"（亦称"东土文会"）伦敦会议的消息。其中有云：

> 前十余年，泰西诸博士，约期共聚，考察东土各国古今诸学，名曰"东土文

① ［美］丁韪良：《法国近事：东方文会》，《中西闻见录》第十六号，北京米市施医院，1873 年 11 月，第 25 页。
② ［美］丁韪良：《英国近事：东学文会》，《中西闻见录》第二十八号，北京米市施医院，1874 年 12 月，第 22 页。
③ 《格致文会》，《字林沪报》第二九五〇号，上海字林西报馆，1890 年 11 月 10 日，第 3 版。

会"。凡埃及、犹太、巴比伦、波斯、印度、中国、日本所有历来紧要书籍,无不搜罗研究,以识其国之所由废兴,而民俗之所由进退,此结会之意也。①

兹所谓"东方文会"或"东土文会",当指欧美各国设立的东方学会(Oriental Society)。据 *The North-China Daily News* 报道,1885 年在北京也成立了一家这样的学会,英文名称 Peking Oriental Society,英美两国部长级官员及多数在京学者参与其中。②

1893 年 1 月,《万国公报》刊载铸铁生《设文会以广闻见议》(*Literary Societies to Extend Learning*)一文。"文会"对译 Literary Society。不过,1892 年广学会成立后,"学会"一词被大量使用,"文会"最终被"学会"所取代。铸铁生《设文会以广闻见议》一文中即大量使用"学会"一词。可以说,该文生动体现了当时由"文会"向"学会"转换的语用状况。

四、译名"学会"的创用

译名"学会"早见于 1878 年 10 月 19 日《万国公报》"各国近事"栏所载英国新闻《格致学会集议》(*Meeting of British Association*):

> 近悉格致学会,士林毕集,商议他学每年几处集议,未有一定之所。此几日功夫,或著教人作内外等事后,将所讲诸事印于书而分送之,足以扩识见,亦足以增学问也。③

此后,"学会"一词,多有用例。如 1881 年 11 月、12 月和 1882 年 1 月《万国公报》刊《大英众学会》《立学会以兴大利》和《广学会以精各业》;1884 年 11 月《字林沪报》刊《学会宏开》;1892 年,入华新教传教士等在上海成立"广学会"等。

在被使用的过程中,西方近代学会的属性得以展现。《大英众学会》报道了英国"众学会"成立 50 周年大会情况:"会中不独英人,别国之洽闻博识者,咸与其列……共计会友二千二百五十四人互究格致之学"④,表明了该"学会"的国际性和科学性。《立学会以兴大利》云:"今万国宜立格化学大会,召集人才,各尽所长……一切大小诸事,无不穷理中窾,乐育后学,继续不绝"⑤,表明了"学会"的科研机能和教育机能。《广学会以精各业》则简要介绍了俄、法、德、瑞士、英国"广学会"的若干情况:

---

① [英]李提摩太口译、袁竹一手述:《大英国·东方文会》,《万国公报》第四十六次,上海美华书馆,1892 年 11 月,第 22 页。

② *The North-China Daily News*, VOL. xxxv., No. 6392, Shanghai, 18th March, 1885, p. 255.

③ 《格致学会集议》,《万国公报》第十年五一〇卷,上海林华书院,1878 年 10 月 19 日,第 132 页。

④ 《大英众学会》,《万国公报》第十四年六六六卷,上海林华书院,1881 年 11 月 26 日,第 141 页。

⑤ 中西友:《立学会以兴大利》,《万国公报》第十四年六六八卷,上海林华书院,1881 年 12 月 10 日,第 155 页。

广学会之大有益于世也。西国考试取中者，皆得入会。俄罗斯国皇后，前于西历一千七百二十六年，命立广学会。初立之年，每岁费银不及二万。此后每年所费，几至四万。法国亦于西历一千六百四十年初立广学会，兼收他邦之士。德国亦于西历一千六百七十二年初立是会，每年所办之事，著书广传，以供众览。兹德京又于其会分为四科：一格物，二算学，三理学，四史学。外邦在会者，不准过二十四名。瑞国亦于西历一千七百三十九年初立此会，每年集聚四次，各将所专之事著书示众。英国亦于西历一千六百六十二年始立此会，每年所费无多。后将有益者分为数等，各专所务。所费虽多，而君上皆乐为资助，俾得各精其业。西例入考者，必先通他国语言；不通者，则不准与考。有力者周游外邦，习学数年；无力者亦必公延他国之人，至本国教习。一经取中，故得入他邦学会，以求精进。①

虽然在成立时间上和现在的说法有出入，但大体可以断定，其中的俄罗斯"广学会"当指叶卡捷琳娜一世（1684—1727 年）依彼得一世（1672—1725 年）遗嘱创立的"彼得堡科学院"（Петербургская Академия Наук，英译 Petersburg Academy of Sciences），后改称俄罗斯科学院（Российская Академия Наук，英译 The Russian Academy of Sciences）；法国"广学会"当指法兰西学术院（Académie française，英译 French Academy）；英国"广学会"当指英国皇家学会（The Royal Society）。亦即说，除 Society 之外，Academy 在此也被译作"学会"。这些"学会"都是官立高水准学术组织，费用有国家财政拨款作保障，学会成员具有国际开放性；而德国的"广学会"则又呈现了综合性和分科性。

据《字林沪报》1884 年 11 月 18 日披露，有入华英国传教士慕某，"于传教之外，复崇实学"，1884 年自宁波来到上海，在四川路租房，"聚中国孔圣之徒，与夫道流释子互讲学问之异同，以冀折衷于一是"；"日来客至甚多，彼此辩论，各具粲花妙舌"，为中国重启"讲学之风"。《字林沪报》称之为"学会宏开"。②

1887 年，韦廉臣（A. Williamson，1829—1890 年）、李提摩太（T. Richard，1845—1919 年）等入华新教传教士在上海成立"同文书会"（Society for Diffusion of Christian and General Knowledge Among the Chinese），出版书籍，发行报刊，传播新学。1892 年，该会改称"广学会"（Society for Diffusion of Knowledge）。该年 2 月《万国公报》所载《广学会序》云：

今夫学业不期其益，无以立国养民也；学问不求其广，无以取精用宏也。……爰立一会，名为"广学会"，其意要使各省文武州县守备各官而上，又自各书院山长学官及名下文人，深悉各国养民善法，然后愚民亦可由此渐开门径。③

---

① 中西友：《广学会以精各业》，《万国公报》第十四年六七三卷，上海林华书院，1882 年 1 月 14 日，第 202 页。

② 《学会宏开》，《字林沪报》第八〇六号，上海字林西报馆，1884 年 11 月 18 日，第 4 版。

③ 广学会同人：《广学会序》，《万国公法》第三十七次，上海美华书馆，1892 年 2 月，第 14 页。

同年 6 月，《万国公报》所载李提摩太撰《广学会启》（*Society for Diffusion of Knowledge*），再次申明广学会的设立旨趣：

> 本会之设，专广近时各国有用之学，可以养民，可以强国；即将各事编辑成书，以资开导。所有设会之意，无非为国计民生，俾士林之中先行学习，然后次第推行也。①

1896 年 5 月，古吴困学居士发表《广学会大有造于中国说》（*The Diffusion Society-Its Relation and Value to China*），推阐"广学会""命名之意"：

> 推其命名之意，学为人生所必需，广诸天下而无间，以西国之学广中国之学，以西国之新学广中国之旧学，不诚大有造于中国哉？②

1897 年 6 月，林乐知（Y. J. Allen，1836—1907 年）、蔡尔康发表《广学兴国说》（*On the Diffusion of Learning*），也对"广学会"的命义予以申发：

> 会以"广学"名，广西国之学于中国也。……广学而必有会者，一人之才智有限，众人之识见无穷也。③

广学会虽然基本属于出版组织，但也定期举行学术研讨会；会员大会也宣读论文，讨论问题，有其学术意味。它对译名"学会"的确立，助力甚巨；对于近代中国人的学会创设，颇有启迪。

五、国人近代学会初立

实践出真知。中国士人真正理解近代"学会"概念，离不开自身创立学会的实践。关于近代学会的研究，迄今集中在甲午战后。而从概念史层面来看，则必须尽可能往前追溯。

最早从事近代学会创设而知"学会"为何物的中国人，当首推清政府 1881 年派驻新加坡的第一任专职领事左秉隆（1850—1924 年）及其所辖新加坡、槟榔屿一带的华商。1882 年 6 月 2 日《沪报》载《新创公会》报道称：

---

① ［英］李提摩太：《广学会启》，《万国公报》第四十一次，上海美华书馆，1892 年 6 月，第 18 页。

② 古吴困学居士：《广学会大有造于中国说》，《万国公报》第八十八卷，上海美华书馆，1896 年 5 月，第 6 页。

③ ［美］林乐知、蔡尔康：《广学兴国说》，《万国公报》卷一〇一，上海美华书馆，1897 年 6 月，第 1~2 页。

外国新闻纸言，迩来寄寓隳防之华商，拟该处创立一博学公会，专事辩驳言语及理论各务，名曰"中国论理博学会"，以便各华□在内西学英国文法，并练达人情，必使人人精于辨驳，长于口材，兼欲考究文墨而后已。现已公举中国驻扎该处之领事官为首。所有章程，集议三次，悉臻妥善。①

另据新加坡独立学者柯木林《新加坡领事官左秉隆：事迹与历史评价》一文称，为了帮助当地华人在英国殖民之下维护自身权益，左秉隆于 1882 年 5 月 27 日组织成立了"英语雄辩会"（Celestial Reasoning Association）。② 该文所述，与前引《沪报》报道为同一事。该学会为"英国文法"（含逻辑、论辩）专业学会，具社会教育职能，且有驻外中国官方背景，按集体议定的规章制度运行。此可谓华人所创第一新式学会。

就中国境内而言，最早参与新式学会创设而知"学会"为何物者，当推张焘。张焘（1852—1908 年），字持三，又字赤山，祖籍浙江钱塘（杭州），生于北京，寓居天津，1863 年受洗，成为基督徒，并被选为神学生。1865 年圣道堂学馆成立，他作为神学生兼任学馆教职。③ 据 1890 年 11 月 10 日《字林沪报》载《格致文会》报道，"天津紫竹林海大道之圣道堂创兴格致文会。九月十五日晚八点钟，首次开院。有张持三先生在堂，宣讲各种格物西学"，内容"多光与热之学，大有裨于养身之法；且条分缕晰，雅俗共赏"；"来堂者八九十人，侧耳而听，抚掌而快"。该会活动安排，乃经集体"议定"；凡"通儒名士、博雅君子"，均可"随意入会"，意在"集思广益，以图大成"；其切磋讲习，内容广泛，不限于"格物西学"，而是"或赋琴吟咏，或执经问难，或谈古今，或讲文艺，各从其志，各抒所长，以期精博而广学"。④ 该会乃依托圣道堂创办，其中张焘究竟是何身份虽未可考，但其角色之重要却是确定无疑的。

在中国境内，最早自主发起、创办、主持新式学会者，当推叶耀元。叶耀元（生卒不详），江都吴县人，素号明达，广方言馆生员，精通西学，尤擅数学。他认为，"新新之学"乃"天下之大本"；"苟为无本，虽日谈富强，千岁无效"。为立此"大本"，他经过数载的不懈努力，于 1896 年 7 月在上海组织创立了"新学会"。他在同年 8 月发表的《新学序》中申述了自己创办"新学会"的艰辛和旨趣：

> 意欲约集通人，萃天下豪杰之士，集思广益，共襄盛举。数载以来，凡三登报章，作辍者数四。……今此心为灰，复自发愤，约二三同志，为海内人士倡。讲习象数，剖磋物理，祛浮气，练精心，辟智慧，生坚定，皆所以植根柢也。⑤

---

① 《新创公会》，《沪报》第十四号，上海字林洋行，1882 年 6 月 2 日，第 2 版。

② 参见［新］柯木林：《新加坡领事官左秉隆：事迹与历史评价》，刘泽彭编：《互动与创新：多维度视野下的华侨华人研究》，广西师范大学出版社 2011 年版，第 17 页。

③ 参见［韩］吴淳邦：《张赤山与〈海国妙喻〉辑录之研究》，《社会科学辑刊》2017 年第 3 期，第 184 页。

④ 《格致文会》，《字林沪报》第二九五〇号，上海字林西报馆，1890 年 11 月 10 日，第 3 版。

⑤ 叶耀元：《新学序》，《字林沪报》第五〇三一号，上海字林西报馆，1896 年 8 月 21 日，第 1 版。

"新学会"所研习的，基本是"天文、舆图、测绘、格致诸学等；然其中则以代数术及几何学为当今之至要"。1896 年 7 月 25 日下午，该会借用时务报馆的房舍"特开首会"，中外名士 20 余人与会。会议首先推举叶耀元为会长，主持会务；然后举行了学术报告会：沈立民讲"代数术第一百十四款之新法"；叶耀元讲"容圆切点之新理，发西人未言之奥"；叶友琴讲"日食图"；贾步维讲"新译算表"。报告完毕，茶点款待。"时至酉刻，众始一揖而散。"对于"新学会"，时人赞曰："讲实学以开风俗，立新会以励人才。"①

叶耀元还组织创立了"算学会"。实际上，关于"算学会"的基本构想，1896 年春即已形成；至于念头的萌发则更早。1895 年冬，叶耀元在上海与何易一相遇，两人"握手言欢"，意趣相投。别后不久，何致信叶，提议"专约海内算家，设立学会，以时讲习，立百学万理之本"。叶以为"具见卓识"，于 1896 年孟春拟成《算学会章程》："第一条 明学会之义"；"第二条 象数为百学之祖"②；"第三条 应设馆舍"；"第四条 馆务"；"第五条 何谓学友"；"第六条 何谓学生"；"第七条 购置书器"；"第八条 公举董事"；"第九条 开会讲学"；"第十条 筹措经费"③；"第十一条 标志创新理者"；"第十二条 算学层次"；"第十三条 教习责任"；"第十五条 访求通才"；"第十六条 新理新法之盛"；"第十七条 和衷共济"；"宽柔以教，不报无道"④。该会于 1896 年 8 月在上海宣告成立，并将章程刊登在《字林沪报》上。

六、国人近代"学会"初论

叶耀元不仅有国人自主创建新式学会之践行，而且发国人专论"学会"之先声。其所拟《算学会章程》第一条"明学会之义"，将"学会"界说为"讲学修德之会"。他首先指出，"学会"的精义存在于《礼记·学记》所言"独学而无友，则孤陋而寡闻"之中。学因切磋而精，德因砥砺而进。而古人所说的"敬业乐群""以文会友"，则是"切磋学问，砥砺德修"的基本方法。依他之见，"学会"本是中国固有概念，只是"三代还，其旨寖失"了。在做了这番"历史的追寻"之后，他转而面对现实：

> 近日泰西学会最盛，而富强之效，学术之精，何尝非学会讲求之力？日本师其法，学校之余，广设学会，成效昭著。而我华之党会，未始不多，或佞佛敛财，或匪类煽惑，或和曲赛物，蚁聚蝇逐，慷慨乐输，然皆非学会也。虽巨室宦族，臧获婢妾，类多醉信。至如诗文会课，仅务帖括，或旁及辞赋，固属文人雅事，然非身心美

---

① 卫罗氏、金襄如：《学塾要则·新学开会》，《中西教会报》第二十二次，上海美华书馆，1896 年 10 月，第 14 页。

② 叶耀元：《算学会章程并序》，《字林沪报》第五〇四〇号，上海字林西报馆，1896 年 8 月 30 日，第 1 版。

③ 叶耀元：《续录算学会章程》，《字林沪报》第五〇四二号，上海字林西报馆，1896 年 9 月 1 日，第 1 版。

④ 叶耀元：《再续算学会章程》，《字林沪报》第五〇四五号，上海字林西报馆，1896 年 9 月 4 日，第 1 版。

己之学也。①

依他之见，学会对于学术的发展、国家的富强至关重要；西方学会最为兴盛，日本效法西方卓有成效，中国则只有"敛财""煽惑"之类"党会"和"诗文会课"之类的"文人雅事"，而根本就没有真正的"讲学修德"的学会。其隐含之意是：中国必须创建学会；而中国的学会创建，就客观现实而言，则必须以西方为源头，以日本为样板。

在这里，叶耀元在"学会"与"党会"等之间划清了界限，不仅有凸显"学会"特质的学理意义，而且有使"学会"免遭"例禁"的现实考虑，因为当时"朝廷功令，颇严党会之禁"。为此，他甚至提出了"悉本于《圣谕广训》，上以佐治化之隆，下以救师儒之失"的"学会"行为准则，以希图国家的"维持调护"。②

1896 年 11 月 5 日，梁启超（1873—1929 年）在《时务报》上发表《学会》（论学校十三 变法通议三之十三）一文。他开宗明义，指出"合群"是自强之道："道莫善于群……群故通，通故智，智故强。"依他之见，"群之道，群形质为下，群心智为上"。而"群心智"为"人道之群"，从实行上说，分为三种："国群""商群"和"士群"，其表现形式依次为"议院""公司"和"学会"；而"学会"又是前二者的根本所在，它和"学校"一起，成就着一个人群的"心智"：

> 国群曰议院；商群曰公司；士群曰学会。而议院、公司，其职论业艺，固不由学。故学会者，又二者之母也。学校振之于上，学会成之于下。欧洲之人，以心智雄于天下，自百年以来也。③

将"学会"概念放在"群"论的理论框架内加以阐释，这是梁启超"学会"论的一大特点。梁氏的"学会"概念，当然源于近代西方。关于西方近代"学会"，梁氏述曰：

> 西人之为学也，有一学即有一会。故有农学会，有矿学会，有商学会，有工艺会，有法学会，有天学会，有地学会，有算学会，有化学会，有电学会……乃至照像、丹青、浴堂之琐碎，莫不有会。其入会之人，上自后妃王公，下及一命布衣，会众有集至数百万人者；会资有集至数百万金者，会中有书，以便翻阅；有器，以便试验；有报，以便布知新艺；有师友，以便讲求疑义。故学无不成，术无不精；新法日出，以前民用；人才日众，以为国干；用能富强，甲于五洲，文治轶于三古。④

① 叶耀元：《算学会章程并序》，《字林沪报》第五〇四〇号，上海字林西报馆，1896 年 8 月 30 日，第 1 版。

② 叶耀元：《算学会章程并序》，《字林沪报》第五〇四〇号，上海字林西报馆，1896 年 8 月 30 日，第 1 版。

③ 梁启超：《论学校十三·变法通议三之十三：学会》，《时务报》第十册，上海时务报馆，1896 年阴历十月初一日，第 1 页。

④ 梁启超：《论学校十三·变法通议三之十三：学会》，《时务报》第十册，上海时务报馆，1896 年阴历十月初一日，第 2 页。

毫无疑问，梁氏对近代西方"学会"概念是有相当了解的。但饶有兴味的是，他也像叶耀元那样，对"学会"做了"历史的追寻"：

> 学会起于西乎？曰：非也，中国二千年之成法也。《易》曰"君子以朋友讲习"；《论语》曰"有朋自远方来"，又曰"君子以文会友"，又曰"百工居肆以成其事，君子居学以致其道"。孔子养徒三千，孟子从者数百，子夏西河，曾子武城，荀卿祭酒于楚宋，史公讲业于齐鲁，楼次子之著录九千，徐遵明之会讲逾万，鹅湖、鹿洞之盛集，东林几复之大观，凡兹前模具为佐证。先圣之道所以不绝于地，而中国种类不至夷于蛮越，曰惟学会之故。①

显然，在"历史"的维度上，梁启超比叶耀元走得更深。他不仅将"学会"视作"中国二千年之成法"，而且勾勒出了中国"学会"的源流脉络，甚至认为它是中华文明延绵不绝的根源之所在。

七、结　　语

其一，近代"学会"概念传入与确立的过程，大体于1857年开始展开，于1896年基本完成。

其二，近代"学会"概念的传入，是通过关于西方近代"学会"的中文报道而展开的。在这一过程中，这一概念获得的主要中文译词依次为"公会"（1857年）、"文会"（1872年）和"学会"（1878年）。此三词作为三个节点，显出了在时间上有所重叠的三个阶段，勾连出了近代"学会"概念传入的基本轨迹。

其三，"学会"脱颖而出，固定为Society和Association的对译词，与1892年改称的"广学会"的影响是分不开的。此后，在中国成立的学术团体，便大多以"学会"命名了。

其四，西方近代"学会"相关中文报道，可能在当时中国士人的头脑中形成片断的、模糊的异域"学会"意象。至于西方近代"学会"概念的确立，即中国士人真正知道它究为何物，则是中国士人自身"知行合一"过程与结果。"行"即中国士人自主的学会创设，如1882年左秉隆在新加坡创立"中国论理博学会"；1890年张持三首席开讲的天津圣道堂"格致文会"；叶耀元经数年努力，于1896年创立"新学会"和"算学会"。"知"即中国士人关于"学会"的论说，如1896年叶耀元拟《算学会章程》第一条"明学会之义"、梁启超的《变法通议》的一部分《学会》一文。他们做了，他们说了，他们知道了，概念确立了。

其五，近代"学会"概念传入与确立的过程，不仅使"公会""文会""学会"三词的意涵在中西对译之际发生了古今转换，而且促使叶耀元、梁启超等中国士人将新概念投射到中国的历史屏幕上，进行了"中国学会"的历史建构。

（作者单位：武汉大学中国传统文化研究中心）

───────────────

① 梁启超：《论学校十三·变法通议三之十三：学会》，《时务报》第十册，上海时务报馆，1896年阴历十月初一日，第1页。

学 术 综 述

40 年来的中国文化史研究（1978—2018）

□ 杨 华 李娅杰 张 爽

近来，各个学科、各个领域都在回顾自己的研究历程。回顾的时间单位，或为中华人民共和国成立以来的七十年，或为改革开放以来的四十年。本文拟以改革开放以来四十年为时间单位，对中国文化史研究作一个整体的回顾和评述，以便于今后相关研究进一步深入。

此前，已有不少学者做过类似工作。例如，早年朱维铮在《中国文化史的过去和现在》（1984 年）中简要回顾了文化史的渊源发展，并指出文化史研究的最大问题在于"如何进行综合性研究"①。周积明《二十世纪的中国文化史研究》（1997 年）②、《中国文化史研究的反思》（1998 年）③ 两文，对 20 世纪中国文化史的发展情况和重要著作作了详细论述，并指出 20 世纪的文化史研究"虽有大潮奔涌之势，却始终无法形成相对稳定的研究队伍，缺乏向纵深度的开拓"④。何晓明《改革开放以来的中国文化史研究》（2009 年）以"专史说"和"范式说"来讨论文化史的研究范畴和学科范围等问题，对文化史的"文化"进行辨别，认为"所谓文化史，不是客观事实对象意义上的'文化的历史'，而是主观理解意义上的研究者'以文化的眼光所看到的历史'"⑤。

类似研究还有不少。例如，黄兴涛《文化史研究的再出发》⑥、刘志琴《50 年来的中国近代文化史研究》⑦、杨峰《中国新文化史研究进展及特点》⑧、张昭军《文化史研究

① 朱维铮：《中国文化史的过去和现在》，《复旦学报》1984 年第 5 期。
② 周积明：《二十世纪的中国文化史研究》，《历史研究》1997 年第 6 期。
③ 周积明：《中国文化史研究的反思》，《史学理论研究》1998 年第 3 期。
④ 周积明：《中国文化史研究的反思》，《史学理论研究》1998 年第 3 期。
⑤ 何晓明：《改革开放以来的中国文化史研究》，《史学月刊》2009 年第 5 期。
⑥ 黄兴涛：《文化史研究的再出发（代序）》，《新史学》第三卷，中华书局 2009 年版。亦载《中国图书评论》2009 年第 12 期。
⑦ 刘志琴：《50 年来的中国近代文化史研究》，《近代史研究》1999 年第 5 期。
⑧ 杨峰：《中国新文化史研究进展及特点》，《光明日报》，2013 年 4 月 3 日，第 11 版。

再出发：1978—2000 年的中国文化史研究》和《文化史学在近代中国的兴起》① 等，都
颇有启发。扬州大学张毅的硕士学位论文《六十年来的中国文化史通史编纂研究
（1949—2009）》（2011 年）对中华人民共和国成立以来文化史通史的编纂情况和主要著
作进行了具体描述。② 还有些文章对文化史及书目作了细致的回顾，限于篇幅，兹不一一
详列。③

在借鉴以上成果的基础上，本文将分三个部分来勾勒改革开放 40 年以来中国文化史
研究的发展脉络，同时对近年来文化史发展的新动向也稍加介绍。由于资料所限，本文所
涉及的信息主要限于我国大陆地区，对港台地区和国外的中国文化史研究暂不作述评。

一、40 年来中国文化史研究的发展历程

与其他学科的阶段划分大致相同，20 世纪的中国文化史研究，也可以分作三个阶段，
即中华人民共和国成立以前、中华人民共和国成立后 30 年和改革开放以来的 40 年。而中
国文化史的发展高峰，也基本归于前后两段。中华人民共和国成立之前，该学科筚路蓝
缕，初成系统，梁启超、顾康伯、常乃德、柳诒徵、钱穆等一批学者都出版了中国文化研
究的杰作。中华人民共和国成立后 30 年，由于学术潮流的变化，文化史所受关注有限，
相关研究也基本处于停滞状态。

改革开放后，才迎来中国文化史研究的春天，可以说，目前所见关于中国传统文化研
究的主要论著，基本都是 20 世纪 80 年代以降的成就。以下先从机构、会议和刊物三个方
面来简述 40 年来中国文化史研究的复兴和发展历程。

（一） 科研机构

1978 年，复旦大学历史系首先设立了中国思想文化史研究室。研究室主任蔡尚思教
授，于次年便出版了《中国文化史要论》（湖南人民出版社 1979 年版）一书。这是中华
人民共和国成立后第一本以"文化史"命名的著作。1980 年，中国社会科学院近代史研
究所也组建了文化史研究室。虽然此时的研究机构规模不大，力量尚较薄弱，但自此我国
的文化史研究结束了分散状态，开始了有组织的研究工作。

---

① 张昭军：《文化史研究再出发：1978—2000 年的中国文化史研究》，《云南大学学报》（社会科
学版）2015 年第 6 期；《文化史学在近代中国的兴起》，《史学史研究》2018 年第 3 期。

② 张毅：《六十年来的中国文化史通史编纂研究（1949—2009）》，扬州大学硕士学位论文，2011
年。

③ 类似的学术史回顾，还有不少，例如，李晓东《中国文化史研究现状述评》（《西北大学学报》
1985 年第 4 期）、覃建《七十年来中国文化史著作简介》（《管子学刊》1990 年第 2 期）、程京生《中国
文化史研究书目选编》（《东南文化》1990 年第 4 期）和《中国文化史研究书目选编补遗及新录》（《东
南文化》1992 年第 1 期）、杨齐福《20 世纪中国文化史研究之回顾与展望》[《淮阴师范学院学报》（哲
学社会科学版）2002 年第 2 期]、李平《建国五十年来中国文化史研究的回顾与反思》（《学术界》2002
年第 6 期）。

1984 年，中国文化书院在北京大学成立。该书院由梁漱溟、冯友兰、任继愈、周一良、张岱年等著名学者共同发起，主要期望通过教学与研究来继承中华民族优秀文化传统，加强中外文化交流。书院属于民间学术机构，是大陆第一个民间学术团体。后来从事中国文化史研究的很多中坚力量，都曾在此受到训练，开展交流，被很多学者誉为该领域的"黄埔军校"。

20 世纪 80 年代以来，文化史研究机构的涌现，如雨后春笋，研究队伍随之不断壮大。北京、上海、武汉、西安、广州、湖南等地，均先后成立专门的文化史研究机构，如中国社会科学院中国古代文化史研究室、西北大学中国思想文化研究所、湖北大学明清文化史研究室、清华大学中国思想文化史研究室、黑龙江大学中国思想文化史研究所、山东大学传统文化研究所、郑州大学殷周文化研究所、湖南大学岳麓书院文化研究所、武汉大学中国传统文化研究中心，等等。到 20 世纪末，全国至少已有十余所中国文化史的专门研究机构。各地的文化史研究机构在学术方向上，各有侧重。例如，北京的机构侧重研究中国古代与近代的文化问题，上海主要侧重中西文化比较研究，西安地区侧重研究汉唐文化，湖北地区主攻明清文化，广州地区则侧重岭南文化，等等，大多与当地文化的基础有关。

21 世纪以来，"国学"和"儒学"成为中国文化史的重点研究内容。各地高校纷纷成立国学院或国学研究所、儒学研究所等专门机构，如武汉大学国学院、中国人民大学国学院、深圳大学国学研究所、山东大学儒学高等研究院、南昌大学国学院，等等。

（二）学术会议

1980 年，在中国史学界第二次全国代表大会上，代表们着重呼吁注重文化史的研究。1982 年 12 月 16—19 日，由复旦大学历史系、中国社会科学院近代史所和联合国教科文组织《人类科学文化史》中国编委会联合发起的"中国文化史研究学者座谈会"，在上海召开。参与学者有周谷城、蔡尚思、周一良、马雍、陈旭麓、王元化、胡道静、李学勤、朱维铮等著名学者。他们就中国文化史研究面临的问题展开了深入讨论。会议指出，"中国文化史的研究，在我国的学术领域属于一个巨大的空白点"①，呼吁中国学者开展文化史研究。此次会议是 1949 年以来首次以"文化史"为主旨的专题学术会议，成为中国文化史复兴的一个里程碑。会议决定，由复旦大学创办《中国文化研究集刊》，藉以推动该领域学术研究。②

1983 年，在长沙举行的全国历史学科规划会议上，学者们探讨了如何推动中国文化史研究事宜。会议决定，由上海人民出版社出版"中国文化史丛书"，中华书局出版"中国近代文化史丛书"。同年 9 月，刘志琴在《光明日报》上发表了《关于文化史研究的初

① 《中国文化史研究学者座谈会纪要》，《中国文化研究集刊》第 1 辑，复旦大学出版社 1984 年版，第 3 页。

② 邹振环：《朱维铮先生与 20 世纪 80 年代的"文化史"》，《安徽史学》2013 年第 1 期。

步设想》① 一文，这是中华人民共和国成立以来国家重要报纸首次发表讨论文化史研究的文章。此后，两家出版社先后出版了几十种中国文化史专著，大多是中国文化史研究的标杆之作。朱维铮在 1984 年发表的《中国文化史研究散论》中说道，"中国文化史，在度过多年的向隅生活之后，最近又被提上了学术界的研究日程"②。

从 1984 年开始，文化史在国内全面复兴。"文化史热"开始升温，有关文化、文化史的丛书、专著、译著、论文等大量出现，国际性、全国性、地域性的文化史会议接踵而至。

1986 年，由复旦大学主办的首届国际中国文化学术讨论会，可谓是该学科又一里程碑式的盛会。与会中外学者达 70 多人，几乎囊括了当时该领域的所有一线学者，内地学者包括蔡尚思、谭其骧、胡道静、庞朴、刘泽华、李泽厚、李学勤、来新夏、朱维铮、刘志琴、冯天瑜、包遵信、金冲及、龚书铎、姜义华、胡绳武、丁守和、萧萐父、金观涛、汤一介等，海外学者包括杜维明、傅怡敏、大庭脩、齐赫文斯基、魏斐德、秦家懿等，真是极一时之选。会议就如何进一步拓宽文化史研究视野，深化文化史研究的内部结构等诸多问题，进行讨论，极大地推动了中国文化史研究高潮的到来。会后由上海人民出版社出版的论文集《中国传统文化的再估计》（1987 年），所收录的不少文章，至今仍有学术指导意义。

（三）相关丛书、刊物

1980 年开始，内地出现了多种文化史丛书、期刊，成为中国文化史研究的发表园地。

其中影响最大的，当数上海人民出版社推出的"中国文化史丛书"。该丛书由周谷城主编，其出版构想见于朱维铮《中国文化史分类试析》③。1985 年 12 月，推出首期三种，即沈福伟《中外文化交流史》、郑为《中国彩陶艺术》、吴浩坤和潘悠合著《中国甲骨学史》。原计划分 10 年共出版 100 种，有意超过民国时期王云五主编的同名丛书，可惜只出版了 30 多种，即告中止。其中很多著作都成为该领域后来的开拓之作。

1982 年在复旦大学召开的中国文化史会议上决定出版《中国文化研究集刊》，年出一集。首集于 1984 年 3 月由复旦大学出版社出版。该书名义由上海复旦大学中国思想文化史研究室和北京中国社会科学院近代史研究所中国近代文化史研究室两家单位合办，实则编辑事务由复旦方面操办。该书出版至 1987 年第五集终止。

1989 年，由中国艺术研究院主办的《中国文化》创刊，这是第一家同时在北京、香港、台湾发行的学刊。2003 年，中山大学与香港科技大学联合创办的《历史人类学学刊》，在历史人类学、社会文化史方面多有建树。

90 年代初期，随着"国学热"的出现，学术界迎来新一轮的创刊热潮，北京大学传统文化中心的《国学研究》、轩辕黄帝研究会的《华夏文化》、国家古籍整理与出版规划小组的《传统文化与现代化》、北京外国语大学的《国际汉学》、北京语言大学的《中国

---

① 刘志琴：《关于文化史研究的初步设想》，《光明日报》，1983 年 9 月。

② 朱维铮：《中国文化史研究散论》，《复旦学报》1984 年第 4 期。

③ 朱维铮：《中国文化史分类试析》，《中国文化研究集刊》第 3 辑，复旦大学出版社 1986 年版。

文化研究》、四川省社会科学院的《中华文化论坛》、深圳大学国学研究所的《中国文化与中国哲学》等刊物，至今仍有具有学术活力。

由上可见，20 世纪 80 年代以来，以中国文化史为主题的学术会议、丛书、杂志，为中国文化史研究和学术交流提供了专门平台，客观上推动了"文化热"的发展。特别值得指出的是，以复旦大学为基地的上海学者，在成立机构、创办学刊、举办会议三个方面，都走在全国前列，为中国文化史研究的复兴起到实质性推动作用。

二、40 年来的中国文化史论著

改革开放以来，大陆涌现了大量的中国文化史研究著作和论文，限于学术边界的复杂性，其数字迄今尚无具体统计。以下根据作者的理解，分为六个侧面，加以简述。

（一）中国文化通史研究

改革开放初期，学界关于文化史的研究成果中，通史类著述数量尤多。

1979 年，在复旦大学成立中国思想文化史研究室一年后，蔡尚思出版了《中国文化史要论（人物·图书）》一书，这是他 50 年来研究文化史的结晶，也是新时期第一本以"文化史"命名的著作。该书认为中国文化的主要部分是中国学术，介绍了中国文化史上的代表人物与主要图书，每条之下都有评述，提出要用辩证法分析历史问题。① 1984 年，蔡尚思又推出了《中国文化的优良传统》，该书以文化主题作为章节划分的依据，见解独到，标题的命名多出自作者的评价或感悟，极具特色，也是文化史研究的重要著作。

1986 年，有两部文化史通论的著作出版，分别是向仍旦主编的《中国古代文化史论》，冯天瑜与周积明合著的《中国古文化的奥秘》。《中国古代文化史论》集合了刘志琴、朱维铮、冯天瑜等 22 位历史学家对于中国文化史的思考与研究成果。冯、周的合著分为"溯源篇"和"鸟瞰篇"两部分，多层次、多角度分析了中华文化形成与发展的漫长过程，对于传统文化的现代化改造提出了独到见解，在方法、体系上皆使人耳目一新。于是在 1990 年，二人又与何晓明合著出版了《中华文化史》，被列入上海人民出版社的"中国文化史丛书"。该书是中华人民共和国成立后的"第一部中型文化通史"，也是最重要的一部文化通史著作。后又多次修订，多次再版，影响极大。

1987 年之后，文化通史著作的出版数量渐多。例如，何新《中国文化史新论》（1987年）、谭家健主编《中国文化史概要》（1988 年）、李宗桂《中国文化概论》（1988 年）、黄新亚《中国文化史概论》（1989 年）、冯天瑜《中国文化史断想》（1989 年），等等。

20 世纪 90 年代，有多种中国文化通史出版。例如，郭齐勇《文化学概论》（1990年）、刘蕙孙《中国文化史稿》（1990 年）、晁福林《天地玄黄：中国上古文化溯源》(1990 年)、吴荣政和王锦贵主编的《简明中国文化史》（1991 年）、冯天瑜《中国文化

① 蔡尚思：《中国文化史要论（人物·图书）》，湖南人民出版社 1979 年版。

史纲》（1994 年）和《中华元典精神》（1994 年）、胡世庆《中国文化通史》（1996 年）、裘士京《中国文化史》（1998 年）。其中，虞云国和周育民编著的《中国文化史年表》（1990 年）是一部文化史的年表，它打破了以往政治史的系年方法，在文化史系年方面有所探索，且利用了大量可考的文化史材料，极便使用。程应镠对此书有极高的评价，在书序中称这部书"是一个创举"①。

21 世纪以来，中国文化通史著作也有增无减。例如，吴小如的《中国文化史纲要》（2001 年），蒋方《中国文化史九绎》（2000 年），张维青、高毅清合著《中国文化史》（2002 年），纪云华、杨纪国主编的《中国文化简史》（2004 年），李山《中国文化史》（2007 年），许结主编的《新编中国文化史》（2007 年），何平立《天命、仪礼与秩序演绎：中国文化史要论》（2011 年），戴庞海《中国文化史探研》（2012 年），余英时《中国文化史通释》（2011 年），等等。

有几部分量较重的文化通史，必须提及。萧克主编的《中华文化通志》，该书采取十"典"百"志"的体例，分为历代文化沿革典、地域文化典、民族文化典、制度文化典、教化与礼仪典、学术典、科学技术典、艺文典、宗教与民俗典、中外文化交流典。每"典"十"志"，共有 101 卷，4000 余万字。内容十分丰富，例如，"学术典"分为经学志、诸子学志、哲学志、史学志、语言文字学志、政治学志、经济学志、法学志、教育学志和军事学志，凡 10 卷，300 万字。该丛书动员了全国 200 多位著名专家学者，历时八年，由上海人民出版社于 1999 年开始出版，2010 年出齐。限于体例，该书各典各卷之间，难免有所重复，但仍不失为当代学者在中国传统文化方面最为系统的学术成就。

由龚书铎担任名誉主编，郑师渠担任总主编的十卷本《中国文化通史》，共 540 多万字，2000 年先由中共中央党校出版社出版，2009 年由北京师范大学出版社再版。"贯通"是该书的首要亮点，以时代顺序分为先秦、秦汉、魏晋南北朝、隋唐五代、两宋、辽西夏金元、明代、清前期、晚清、民国等共十卷。该部文化通史是集体智慧的结晶，龚书铎、王冠英、陈梧桐等多位著名历史学家担任分卷主编，精确地把握了中国文化史发展的阶段性特点与总体趋势，是目前国内最为系统、全面阐释文化史的通史著作。袁行霈、严文明、张传玺、楼宇烈等主编的《中华文明史》（2006 年），打破了以朝代为纪年的模式，以文化文明本身发展的过程为标准，采用跨学科的研究方法，也有所创新。

冯天瑜著《中国文化生成史》（2013 年），注重中国文化生成过程的理论探讨，包括中国文化的自然环境、政治和经济制度、国际环境、社会土壤等内容，以及中国文化的发生、发展历程、精神特质、中外文化比较，并从当下出发回答中国文化的未来走向。是其《中华文化史》上卷理论部分的升华。

有三部中国文化史的教材特别值得注意。

一是张岱年、方克立主编的《中国文化概论》。此书是国家教委高教司组编并推荐各大学使用的教材，由北京师范大学出版社 1994 年出版。全书分上、中、下三编，上编包括中国文化的历史地理环境、经济基础、政治结构等五章，中编包括中国的语言文字和典

———————————

① 虞云国、周育民主编：《中国文化史年表》，上海辞书出版社 1990 年版，"序言"第 1 页。

籍、科学技术、教育等八章，下编包括中国文化的类型和特点、基本精神、价值系统等五章，基本囊括了中国文化史的各方面内容。该书采取集体编写的方式，各章的撰作者，如何晓明、葛剑雄、陈支平、莫砺锋、郭齐勇、李宗桂等，当时尚是青年的一线学者，后来均是各领域的知名专家。该书既有横向叙述，又兼顾纵向贯通，信息量大，但理论性叙述偏重，对于理工科大学生而言不易掌握。

二是阴法鲁、许树安主编的《中国古代文化史》，共分三册，由北京大学出版社于1989年和1991年陆续出版。该书是专门为大学文科"中国古代文化史"课程编写的教材，是国家教委"六五"规划的重点教材之一，由国家教委向全国高校文科学生推荐。其内容共分31章，以横向叙述为主，包括中化起源与中华民族形成、少数民族、书籍制度、儒家经书和经学、古地理学、政区沿革、交通工具、民族、礼仪制度、兵器、婚姻制度、丧葬制度等各个方面，这是一部全面介绍中国文化常识的教材，非常适宜文化常识的教学。各章的三十多位撰写者，都是当时的中青年学者，包括于希贤、王世襄、向仍旦、陈连开、罗哲文、裘锡圭等知名学者。

三是冯天瑜、杨华、任放合作编著的《中国文化史》，由高等教育出版社于2005年、2007年、2012年出版多种版本，是教育部"十五""十二五"规划教材，为各高校广泛采用。该书采取历史叙述的框架，按时代顺序，纵向叙述中国文化的发展历程。在每个时代的叙述中，该书又紧抓重点，突出时代特点，而且特别注重中国文化史的几个转折时间点，例如春秋战国之际、魏晋之际、唐代中叶、明代中后期、晚清等时期。该书内容简捷，篇幅适中，极便于高校文理科各专业学生阅读。2019年又出版了修订第二版，目前可能是大陆使用量最大的中国文化史教材。

此外，在新时期中国文化通史著作不断涌现的同时，民国时期的中国文化史旧著也被多次翻新重印。柳诒徵《中国文化史》可以称之为中国文化史的开山之作，1925年柳著《中国文化史》在《学衡》杂志连载，1932年南京钟山书局正式出版。后分别由上海东方出版中心（1988年）、上海古籍出版社（2001年）、上海三联书店（2007年）、岳麓书社（2010年）、吉林人民出版社（2013年）、中华书局（2015年）、河南人民出版社（2018年）等多个出版社再版，共有数十个版本，可见学界推崇程度之高。陈登原师从柳诒徵，他认为柳著《中国文化史》"于心未惬"，故向其发出挑战，1935年上海世界书局出版了陈登原《中国文化史》。书中陈登原就文化史的定义、分期、理论架构等进行了详尽的分析，他认为人在历史中占主体地位，其在长时段内重新解释历史的尝试意义非凡。可惜陈著长久不被重视，至80年代后才逐渐被翻新重印，由上海书店出版社（1989年）、辽宁教育出版社（1998年）、商务印书馆（2014年）、浙江古籍出版社（2016年）等出版社再版。

陈安仁也是民国时期著名的文化史研究学者，其于1933年出版的《中国上古中古文化史》，后在上海书店出版社（1991年）、上海古籍出版社（2015年）、南开大学出版社（2019年）等再版；1936年出版《中国近世文化史》，后在上海书店出版社（1991年）、上海古籍出版社（2014年）等再版；1942年出版的《中国文化演进史观》，后在上海书店出版社（1992年）、南开大学出版社（2019年）等再版。梁漱溟的《中国文化要义》，后由学林出版社（1987 年）、安徽师范大学出版社（2014 年）、上海人民出版社（2005 年、2011 年、2018 年）等多次再版。1943 年钱穆《中国文化史导论》在《思想与时代》杂志连载，1951 年在台湾正式出版，后上海三联书店（1988 年）、商务印书馆（2003 年）、九州出版社（2011 年）、河南人民出版社（2017 年）等再版。此外还有多种民国著作再版，在此不一一。

2018 年，由侯杰主编，南开大学出版社出版《民国中国文化史要籍汇刊》① 二十卷，是"近代稀见旧版文献再造丛书"中的一种，以旧版影印的方式遴选了 37 种民国时期出版的具有代表性的中国文化史著作，如梁启超、钱穆、梁漱溟、顾康伯、王其迈、柳诒徵、雷海宗等三十多位学者关于中国文化史的著作，总字数逾百万。虽然时间已过去数十年乃至一个世纪，但这些中国文化史旧著的史料信息和叙述方式，对当下中国文化史的研究仍不无启发，故而也广受读者欢迎。

上述文化通史，大多以"中国文化史"命名，书名相同或相近。其叙述框架基本都依朝代更替为序，历述各历史时期的文化形态和发展过程。不过，在具体内容、叙述重点等方面，则各具特色。

（二）断代文化史研究

这四十年来，也涌现出不少聚焦于某一具体时段的文化史成果。此类论著，往往关注一朝一代或某一段时期，对于当时的文化史进行更加全面深入的挖掘。几乎每个历史时段，都有此类专门著作。

关于先秦秦汉时期，较早出版的有李学勤《东周与秦代文明》（1984 年）。它利用考古资料，结合文献记载，考察了东周以及秦统一之前的文明发展。此外，陆续出版了林剑鸣《秦汉社会文明》（1985 年）、韩养民《秦汉文化史》（1986 年）、卢云《汉晋文化地理》（1991 年）、张志哲《震荡与整合——春秋历史文化流程》（1991 年）、杨希枚《先秦文化史论集》（1995 年）、李福泉《先秦文化史》（1996 年）、王子今《秦汉区域文化研究》（1998 年）、吕文郁《春秋战国文化史》（2007 年）、王贵民《先秦文化史》（2013 年）等书，均在该时段文化史研究上有所进展。其中，卢云《汉晋文化地理》和王子今

---

① 《民国中国文化史要籍汇刊》二十卷，收录了梁启超《中国历史研究法》，钱穆《中国文化史导论》，梁漱溟《中国文化要义》，柳诒徵《中国文化史》，杨东莼《本国文化史大纲》，陈登原《中国文化史》，顾康伯《中国文化史》《本国文化史》，王其迈《中国文化史》，王德华《中国文化史略》，陈竺同《中国文化史略》，李继煌译、[日] 高桑驹吉《中国文化史》，姚名达、朱鸿禧《中国文化小史》，范子田《中国文化小史》，常乃惪《中国文化小史》，李建文《中国文化史讲话》，靳仲鱼《中国文化史要》，孙德孚译、[美] 盖乐《中国文化辑要》，王云五《编纂中国文化史之研究》，陈安仁《中国文化建设问题》《中国文化演进史观》，陈国强《物观中国文化史》，丁留余《中国文化史问答》，姚江滨《民族文化史论》，缪凤林《中国民族之文化》，王治心《中国文化史类编》，雷海宗《中国文化与中国的兵》，蒋星煜《中国隐士与中国文化》，孟世杰《先秦文化史》，罗香林《唐代文化史》，陈安仁《中国上古中古文化史》《中国近世文化史》，朱谦之《中国思想对于欧洲文化之影响》，张星烺《欧化东渐史》，郑寿麟《中西文化之关系》，梁启超《中国文化史·社会组织篇》，吕思勉《中国文化史六讲》（南开大学出版社 2018 年版）。

《秦汉区域文化研究》，分别对秦汉、魏晋的区域文化作了条块性分析，可谓是断代文化史和区域文化史的杰作。

在魏晋南北朝隋唐文化史方面，1989年，罗宏曾、万绳楠先后分别出版了《魏晋南北朝文化史》。此后，赵文润《隋唐文化史》（1992年）、熊铁基《汉唐文化史》（1992年）、徐连达《唐代文化史》（2003年）、孙昌武《隋唐五代文化史》（2007年）、杨泓、李力合著《魏晋南北朝文化史》（2018年）等著作，也陆续出版。

关于宋辽金元文化史的著作并不多，且早期主要集中在宋代。较早的有姚瀛艇的《宋代文化史》（1992年）、陈植锷《北宋文化史述论》（1992年）、杨渭生《两宋文化史研究》（1998年）。21世纪后，对辽夏金元逐渐重视，有叶坦、蒋松岩合著《宋辽夏金元文化史》（2007年），以及陈高华、张帆、刘晓合著《元代文化史》（2009年）等。

关于明清文化史，最早关注此领域的，当属冯天瑜《明清文化史散论》（1984年）。该书是作者关于明清文化研究的论文集，内容涉及文学、哲学、艺术、科学技术、中外文化关系等主题，既有微观细致的个案考察，也有对于明清文化走向的宏观把握，在当时具有开学术风气的作用。20年后，冯天瑜又出版了另一部明清文化史的论文集《明清文化史札记》（2006年）。类似著作还有不少，如陈宝良《悄悄散去的幕纱——明代文化历程新说》（1988年）、商传《明代文化史》（2007年）、南炳文《清代文化：传统的总结和中西大交流的发展》（1991年）、汪林茂《晚清文化史》（2005年）、谢贵安《明清文化史探研》（2010年）等书。

关于近现代文化史，有史全生主编《中华民国文化史》（1990年）、叶青和马怀忠主编《中国现代文化史》（1990年）、萧效钦和钟兴锦主编《抗日战争文化史（1937—1945）》（1992年）、张顺清和李金山主编《中华人民共和国文化史》（1992年）等著作。

在断代文化史方面，该时期也再版了不少此前的旧著。例如，论述隋唐制度的典范之作，陈寅恪的《隋唐制度渊源论稿》在新时期不断再版。仅三联书店，便以单行或合集的形式，于2001、2004、2009、2011、2012、2015等年份不断再版。1989年开始，上海书店陆续出版"民国丛书"系列，其中陈安仁《中国上古中古文化史》（1991年）与《中国近世文化史》（1991年）、孟世杰《先秦文化史》（1992年）与罗香林《唐代文化史研究》（1992年）都得以再版。

（三）区域文化史研究

区域文化史研究，是中国文化史研究的重要一环。中国幅员辽阔，各地风俗、信仰、方言都各具特色，文化差异很大，所谓"十里不同风，百里不同俗"。区域文化史研究，就是针对不同地域的风俗习惯、文化传统来进行专门的书写。值得注意的是，区域社会经济史的研究在改革开放后获得长足进展，它从客观上推动了区域文化史的研究。

以往述及区域文化史研究时，往往只注重陆地文化史的成果，常常忽略海洋文化的内容，例如，海上丝绸之路、徐福跨海东渡、郑和七下西洋等事件及其文化信息。以下将区域性文化史分为陆地与海洋两大板块进行综述。

1. 陆地区域性文化史研究

陆地区域性文化史的研究和叙述框架，常常分作三种类型。

其一，根据我国现行政区的格局，来划定各区域文化史的叙述格局，类似于省区文化史。基于浙江的文化史著作出版较早，且研究较多，有滕复等著《浙江文化史》（1992年）、徐吉军《浙江文化史》（1992年）、沈善洪《浙江文化史》（2009年）。其余各省区也陆续出版了类似的文化史著作。如马继孔、陆复初著《云南文化史》（1992年）、《安徽文化史》（2000年）、《上海百年文化史》（2001年），申畅、申少春主编《河南文化史》（2002年），杨升祥主编《天津文化史》（2003年），周积明《湖北文化史》（2006年），朱耀廷主编《北京文化史研究》（2008年），牛志平等著《海南文化史》（2008年），李建平等编著《广西文化图史》（2009年），伍新福著《湖南文化史》（2016年），顾建国主编《江苏地方文化史》（2019年）等，逐渐填补了省区文化史研究的空白。

由袁行霈、陈进玉主编的《中国地域文化通览》（中华书局2013年版），可谓此类研究的大成之作。全套丛书共34卷，各省、自治区、直辖市，以及港、澳、台均有1卷，对每省区的历史文化作了整体叙述，上起远古时代，下迄1911年辛亥革命，是各地的"文化地图"。

其二，突破当今政区界划，按照自古以来的区域划分常识而确定的叙述框架，这正是狭义的区域文化史。春秋战国时期，各地政治、军事、经济割据导致文化分裂，出现了《汉书·地理志》上描述的几大区域文化板块。这常常成为叙述我国区域文化史的大框架，例如齐鲁文化区、三晋文化区、燕赵文化区、关中文化区、荆楚文化区，等等。1991年，辽宁教育出版社出版"中国地域文化丛书"，包括巴蜀文化、三晋文化、台湾文化、燕赵文化、三秦文化、两淮文化，等等，即是这一时期区域文化研究的代表性著作。

类似的丛书还有不少。例如，冯天瑜、林干主编的"中国地域文化大系"，由安徽、北京、河北、内蒙古、山西五家教育出版社合作出版，包括《燕赵文化》《三晋文化》《三秦文化》《齐鲁文化》《中州文化》《荆楚文化》《吴越文化》等19卷，分别由各地的地域文化史研究专家主编，于21世纪初陆续出版。陈万雄也主编有"中国地域文化大系"，包括《齐鲁文化：东方思想的摇篮》《草原文化：游牧民族的广阔舞台》《楚文化：奇谲浪漫的南方大国》等6种，1998年由上海远东出版社和香港"商务印书馆"合作出版。

基于这种文化地理的单元划分，各地分别对当地的区域文化做了深入挖掘，出版了一批研究更加具体的论著。例如，在齐鲁文化区，由安作璋、王志民主编的八卷本《齐鲁文化通史》（中华书局2004年版），汇集了五十年来学界研究齐鲁文化的成果，由二十余位专家历时四年完成。齐鲁文化具有陆地文化与海洋文化兼具的特点，对此地域的系统著述尚属首创。

荆楚文化史研究，也是区域文化研究中最为活跃的部分之一。早在20世纪80年代，楚文化史研究就非常热烈。出版了张正明《楚文化史》（1987年）和《楚文化志》（1988年）、李玉洁《楚史稿》（1987年）、何光岳《楚源流史》（1988年）、王光镐《楚文化源流新证》（1988年）等，后来又陆续出版了罗运环《楚国八百年》（1992年）、刘彬徽《早期文明与楚文化研究》（1992年）等重要著作。石泉主编《楚国历史文化辞典》（武汉大学出版社 1996 年版）是一部标志性的楚文化百科全书，极便查索。由张正明主编的"楚学文库"丛书（湖北教育出版社 1995 年版），包括《中原楚文化研究》《楚文化的南渐》《楚人的纺织与服饰》《荆楚歌乐舞》等共 18 部。进入 21 世纪后，又出版了刘玉堂主编的"世纪楚学"丛书（湖北教育出版社 2012 年版），包括《楚简册概论》《楚国礼仪制度研究》《楚国封君研究》，等等，共 12 部。湖北省社会科学院设有楚史研究所，编有《楚学论丛》。湘鄂豫皖四省楚文化研究会定期召开年会，出版有《楚文化论集》。

得益于民间文书的大量留存，徽州文化史研究始终是区域文化研究的热门。2002 年，王振忠着眼于村落、家族等相关文书，著成《徽州社会文化史探微：新发现的 16—20 世纪民间档案文书研究》，可谓是徽州社会文化史研究的力作。2015 年，安徽人民出版社出版《徽州文化史丛书》，此书分为"先秦至元代卷""明清卷""近代卷" 3 卷，是第一部系统全面研究徽州文化的学术专著。此后还有徐国利《徽州社会文化史》（2017 年）、卞利《明清以来徽州社会经济与文化研究》（2017 年）等书，进一步丰厚了徽州文化史的研究成果。

另外，还有以河流流域为叙述框架的区域文化史。例如，侯仁之主编的《黄河文化》（华艺出版社 1994 年版），是国内学界第一部系统论述黄河文化史的著作。李学勤、徐吉军主编《长江文化史》（江西教育出版社 1995 年版），是长江区域文化史研究的创新之作，在该流域通史的叙述中着重打破向来流行的文明起源一元说即黄河文明中心论，证明早在史前时期长江流域已经高度文明，中华文明是多元的区域性发展。李学勤、徐吉军后来又主编有《黄河文化史》（江西教育出版社 2003 年版），是继其《长江文化史》后的又一部流域文化史大著，系统展现了黄河文化开放性特点。自 1998 年始，湖北省社科院长江文化研究中心策划了一套大型的"长江文化研究文库"（湖北教育出版社 2004 年版），由季羡林主编，共 7 大系列，50 多种，包括《长江文明的曙光》《长江流域的饮食文化》《长江流域美术史》《长江流域出土简牍与研究》等。类似著作还有不少，不烦赘举。

其三，专题性区域文化史，即按照某一特定的区域空间，对某些特定时段、特定事类进行研究，形成的区域文化史。这种叙述框架，也是一般历史研究的常用办法，很多中观、微观研究均由此着手。例如，严文明《仰韶文化研究》（1989 年），林正秋《浙江经济文化史研究》（1989 年），宋新潮《殷周文化区域研究》（1991 年），徐少华《周代南土历史地理与文化》（1994 年），董楚平《吴越文化新探》（1988 年），王子今《秦汉区域文化研究》（1988 年），董贻安《浙东文化论丛》（1995 年），徐晓望《福建思想文化史纲》（1996 年），谢儒弟《重庆抗战文化史》（2005 年），袁宣萍、徐铮著《浙江丝绸文化史》（2008 年），吴道军等著《贵州佛教文化史》（2015 年），李建平、盘福东的《广西抗战文化史》（2015 年），陶绍清《浙江科举文化史》（2017 年），黄文杰《浙江戏曲文化史》（2019 年）等。由于地域、话题的庞杂，类似著作近来极为丰厚，囿于文本，兹不一一列举。

特别值得注意的是，从学科划分上来说，区域文化史与历史文化地理之间，常常出现概念和学科的重合。历史地理学科下，分有历史人文地理和历史自然地理。而历史人文地理的一个重要研究内容，即历史文化地理，即按照区域单元来研究各地的人文演变历程。谭其骧、史念海、侯仁之等老一辈历史地理学家，均有类似专著。周振鹤主著《中国历史文化区域研究》（复旦大学出版社 1997 年版），对此领域的相关理论和叙述模式做了总体展示，该书把中国的历史文化区域，按照语言、宗教、风俗、人物等要素，把历史上的地理空间分作若干区域，试图复原历史上的文化重心区和各地的区域文化状貌。在此理论框架下，出版有张伟然《湖南文化地理研究》（1995 年）、《湖北文化地理研究》（2000年）、张晓虹《文化区域的分异与整合——陕西历史文化地理研究》（2004 年）、朱海滨《近世浙江文化地理研究》（2011 年）等一系列著作。

2. 海洋文化史

以往的文化史自然而然地集中在陆地，下意识地忽视了海洋文化。我国海洋文化的研究长期被割裂成航海史、中外交流史、海外贸易等多个部分，如何在整体、全面的视野下研究海洋文化史，学界已有所关注。20 世纪我国海洋文化的研究成果不多，21 世纪以来，该领域越来越受到关注，出现了相当一批学术成果。

整体性的海洋文化通史，有曲金良《海洋文化概论》（1999 年）、《中国海洋文化研究》（2002 年）、《中国海洋文化研究的学术史回顾与思考》（2013 年）等书。张炜、方堃主编的《中国海疆通史》（2003 年），是海疆史研究的代表作。曲金良、朱建君等主编《中国海洋文化史长编》由中国海洋大学出版社于 2013 年出版，分为先秦秦汉卷、魏晋南北朝隋唐卷、宋元卷、明清卷、近代卷等五卷，系统钩沉了中国海洋文化发展史的精神文化、制度文化、经济文化、社会文化等，展现了中国海洋文化史丰富多彩面貌。

杨国桢主编的十卷本《中国海洋文明专题研究》2016 年由人民出版社出版，全书共计 300 余万字。第一卷是杨国桢撰写的海洋文化史研究，是其 2010—2015 年承担的教育部哲学社会科学研究重大课题攻关项目的研究成果，主要包括海洋文明论、历史的海洋中国、现代新型海洋观三大主题部分，其余九卷主要是以青年学者的博士学位论文为基础的专题性研究。海洋出版社的"中国海洋文化"丛书（2016 年），是我国出版的第一部大型海洋文化系列丛书。是由原海洋局组织，200 余位历史学家参与的大著，按行政区域分为 14 卷，对中国沿海 11 个省（区、市）及港、澳、台地区的海洋文化进行了细致梳理和全面研究，分别叙述沿海各地的海洋事业发展、海洋军政历史沿革、海洋文学艺术等，是比较系统而整体的中国海洋文化长卷。陈贞寿所著八卷本"中国海洋文化"丛书，2018 年由中国大百科全书出版社出版。该书涉及造船、海神、海上贸易、海战、郑和下西洋等主题，立体地反映了中国海洋文化史在经济、政治、文化等诸多侧面。

除了整体性的海洋文化史之外，还有区段性的海洋文化史。例如，李国强《南中国海：历史与现状》（2003 年），阐述了中国对于南海管辖的历史。王赛时《山东海疆文化研究》（2006 年）是山东海疆的区段性海洋史。陈君静《浙江近代海洋文明史》（2017年），则是浙江区段的海洋文化史。司徒尚纪《中国南海海洋文化史》（2013 年），是第一部关于南海海洋文化的著作。还有一些涉及海洋文化的专史。例如，陈诗启《中国近代海关史》（2002 年）、杨金森和范中义《中国海防史》（2005 年）、李庆新《明代海外贸易制度》（2007 年）等，将海防、海关、海盗、海外贸易等问题，都视为海洋文化史的重要部分。徐晓望《妈祖的子民——闽台海洋文化研究》（1999 年），则是与宗教相关的海洋文化研究。2010 年，广东省社会科学院主办的《海洋史研究（第一辑）》出版，这是国内首部以海洋为专题的丛刊。

（四）专题性中国文化史研究

专题性中国文化史研究，内容更加聚焦，研究更加深入。四十年来也取得丰硕成果。以下简要综述几种。

1980 年以后，以"中国文化史丛书"命名的系列丛书相继出版、重印，除前文提及的上海人民出版社"中国文化史丛书"和中华书局出版社的"中国近代文化史丛书"外，还有山东教育出版社的"中国文化史知识丛书"（1988—1992 年），商务印书馆的"中国文化史知识丛书"（1996—1999 年），上海古籍出版社的"中国古代生活文化丛书"（1991 年），沈阳出版社的"中国文化史知识丛书"（1997 年），等多种文化史丛书。

其中陕西人民出版社出版的"中国风俗丛书"（1992 年），是我国第一套系统研究民俗文化的大型丛书，内容涉及饮茶、书画、节日风俗、寺庙生活、礼俗以及饮食等各个方面。中国华侨出版社、三联出版社共同出版的"中华本土文化丛书"（1992 年），共有 31 册，内容涉及巫术、风水、武侠、炼丹、气道、民俗等。新华出版社出版的"神州文化集成丛书"（1993 年），由季羡林、汤一介主编，共有 46 册，话题涉及交通、医术、煤炭、家谱、戏剧、地方志文化等门类。中国社会科学出版社出版了"江湖文化丛书"（1993—1995 年），主要涉及流氓史、赌博史、侠客史等内容，彰显了江湖的专题特色。1995 年开始，河南大学出版社陆续出版了"元典文化丛书"三批共 30 种，借用的正是冯天瑜提出的"中华元典"的概念。中国经济出版社出版的《雅俗文化书系》（1995 年），共有四类 30 册，是完整介绍民间历史文化、经济生活、社会风情和宗教习俗等内容的文化丛书。人民出版社推出的"中国文化新论丛书"系列（2000 年），其中包含了欧阳中石《书法与中国文化》、徐城北《京剧与中国文化》等著作，还涉及生肖、姓名、围棋、龙、梦、孝、礼仪、禁忌等专题，选题突出民族特色，而且生动有趣。东方出版中心出版的"中华文化专题史系列丛书"（2006 年），共有 8 册，包含有妓女文化史、科举史、书院史、学术史、会馆史、官制史、园林史、继承制度史等八个专题，都是专业领域内的佳作。陕西师范大学出版社出版的"中国学术思想史编年"丛书（2006 年），由张岂之担纲主编，是一部编年体学术思想史著作，关注的是中国不同时期的观念文化，将有关学术思想史的代表人物、作品、主要活动等方面联系起来，力图展现各个时期的哲学、文学、历史、艺术等不同方面的概况。北京体育大学出版社出版的"中国体育文化史丛书"（2010 年），大大推进了我国体育文化史的研究。开明出版社的"中国古代物质文化史丛书"（2015 年），共有 14 册，涉及绘画、水利、纺织、书籍、陵墓等物质文化专题。武汉大学出版社出版了《中国科举文化通志》（2015 年），共 21 册，主要介绍科举制度在各历史时期的发展情况，以及科举文献材料的整理，体现出科举文化史的丰富内涵。

除了以上的系列丛书之外，有关中国文化史专题的单本专著也十分丰富，研究内容涉及文化的诸多领域，以下仅举较为常见的几例。

例如，在中外文化交流领域，有季羡林《中印文化关系史论文集》（1982 年）、朱杰勤《中外关系史论文集》（1984 年）、沈福伟的《中西文化史交流史》（1985 年）、梁容若《中日文化交流史论》（1985 年）、周一良主编《中外文化交流史》（1987 年）、王晓秋《近代中日文化交流史》（1992 年），等等。其中周一良主编《中外文化交流史》是我国第一部全方位讨论中外文化交流的著作，具有开创性。李喜所编《五千年中外文化交流史》（2002 年）系统论述中外文化交流的历史沿革，吸取了近二十年来我国该领域研究的成果。何芳川主编《中外文化交流史》（2008 年），继承了周一良《中外文化交流史》的学术传统，在吸收周著优点的基础上，以全球文明史的视野展示中外文化交流。王介南《中外文化交流史》（2011 年），亦是继起之作。2015 年，山东教育出版社推出"中外文学交流史"丛书，共 16 册，包含日本、法国、英国、德国、美国、东南亚等 15 个国家或地区与中国文学的交流历史。

思想文化和学术史方面，有李泽厚的《中国近代思想史论》（1979 年）、《中国古代思想史论》（1985 年）、曹聚仁《中国学术思想史随笔》（1986 年）、冯天瑜《中国元典精神》（1994 年）、李申《中国儒教史》（1999—2000 年），等等。2001 年葛兆光的《中国思想史》在复旦大学出版社出版，有别于以往思想史的书写模式，提出了书写一般知识、思想与信仰世界的历史。2002 年之后，张国刚和乔治忠合著《中国学术史》（2002 年）、张岂之《中国思想文化史》（2006 年）、韦政通《中国思想通史》（2009 年）、吴雁南和李禹阶合著《中国经学史》（2010 年）、邝士元《中国学术思想史》（2014 年）、郑杰文主编《中国经学学术编年》（2015 年）等也相继出版。

书籍文化史方面，有李致忠《中国古代书籍史》（1985 年）、张秀民《中国印刷史》（1989 年）、萧东发《中国编辑出版史》（1996 年）、张绍勋《中国印刷史话》（1997 年）、张秀民与韩琦合著《中国活字印刷史》（1998 年）、宿白《唐宋时期的雕版印刷》（1999 年）、田建平《元代出版史》（2003 年）、周宝荣《宋代出版史研究》（2003 年）、钱存训《中国纸和印刷文化史》（2004 年）、罗树宝《中国古代图书印刷史》（2008 年）、吴永贵主编《中国出版史》（2008 年）、郭孟良《晚明商业出版》（2010 年）、杨玲《宋代出版文化》（2012 年）、张丽娟《宋代经书注疏刊刻研究》（2013 年）、张献忠《从精英文化到大众传播——明代商业出版研究》（2015 年）、辛德勇《中国印刷史研究》（2017 年）、陈力《中国古代图书史——以图书为中心的中国古代文化史》（2017 年）、田建平《宋代出版史》（2017 年）、曹南屏《阅读变迁与知识转型——晚清科举考试用书研究》（2018 年）等书。

物质文化和日常生活两方面文化史的研究著作也层出不穷。有周锡保《中国古代服饰史》（1984 年）、宋德金《金代的社会生活》（1988 年）、罗开玉《中国丧葬与文化》（1989 年）、冯尔康与常建华合著的《清人社会生活》（1990 年）、骆崇骐《中国鞋文化史》（1990 年）、林永匡和王熹《清代饮食文化研究》（1990 年年）、王玉哲《中国古代物质文化史》（1990 年）等。进入新世纪后，相关选题进一步深入与延展，有赵世瑜《狂欢与日常——明清以来的庙会与民间社会》（2002 年）、罗钢与王中忱《消费文化读本》（2003 年）、余凤高《瘟疫的文化史》（2005 年）、朱世英与季家宏主编《中国酒文化辞典》（2007 年）、游修龄与曾雄生的《中国稻作文化史》（2010 年）、戴建斌《中国货币文化史》（2011 年）、骆文亮《中国陶瓷文化史》（2012 年），等等。近年来，关注"日常生活"蔚然成风，关注的话题有交往、娱乐、服饰、饮食、住宅，等等，往往集中讨论消费的历史，来研究古代人们生活的实态。如宋立中《闲雅与浮华——明清江南日常生活与消费文化》（2010 年）、戴健《明代后期吴越城市娱乐文化与市民文学》（2012 年）、孙机的《中国古代物质文化》（2014 年年）和《华夏衣冠——中国古代服饰文化》（2016 年年）、赵荣光《中国饮食文化史》（2015 年）、周武忠《中国花文化史》（2016

年）、范金民《衣被天下——明清江南丝绸史研究》（2016 年）、常建华主编《中国日常生活史读本》（2017 年），及徐敏、汪民安主编的《物质文化与日常生活的变迁》（2018 年），等等。

（五）中国少数民族文化史研究

将少数民族文化纳入中国文化史研究视野，是新时期中国文化研究的一大进展。

首先是通论性的少数民族文化史研究硕果频出，如佟柱臣《中国边疆民族物质文化史》（1990 年）、吴永章《中国南方民族文化源流史》（1991 年）、李德洙主编《中国少数民族文化史》（1994 年）等。《中国少数民族文化史》是近二十年来少数民族文化史的集大成之作，是中华人民共和国成立以来第一部全面、系统地研究中国少数民族文化史的专著，共有 64 位专家学者参与编纂，是我国民族学界具有开拓意义的著作。1995 年，张碧波等主编的《中国古代北方民族文化史》由黑龙江人民出版社出版，全书共 250 余万字，由 70 余位专家学者历时十年完成，是改革开放以来，民族文化史研究领域的重要成果。该书全方位、多层面地综合研究了北方区域性文化、北方各民族发展的历史轨迹以及对中国历史的影响。此外还有徐万邦、祁庆富主编《中国少数民族文化通论》（1996 年），任继愈主编《中国少数民族婚丧风俗》（1996 年），王永强、史卫民等主编《中国少数民族文化史图典》（1999 年），毛公宁编《中国少数民族风俗志》（2006 年），皆各有特色。

其次是以单一的少数民族为主题的文化史研究，以下简述几种。关于彝族的研究有，刘尧汉主编的"彝族文化研究丛书"（1985—2003 年）、马学良《彝族文化史》（1990 年）等。纳西族的研究有郭大烈《东巴文化论》（1985 年）、李国文《东巴文化与纳西哲学》（1990 年）、杨福泉《纳西族文化史论》（2006 年）等，杨书集纳西历史文化研究之大成，在充分采纳前人研究成果的基础上，利用历史文献学考证与民族学调查资料，以及大量考古新发现的证据，较为全面地展示了纳西族社会文化的样貌。关于蒙古族文化的研究有蔡志纯《蒙古族文化》（1993 年）、唐吉思《藏传佛教与蒙古族文化》（2007 年）等。回族文化研究有杨继国《回族文学与回族文化》（1990 年）、束锡红《宁夏回族文化图史》（2008 年）等。傣族文化研究有张云瑾《傣族文化研究》（1989 年），刘岩《南传佛教和傣族文化》（1993 年），王松、王思宁《傣族佛教与傣族文化》（1998 年）等。朝鲜族文化研究的有孙春日《中国朝鲜族移民史》（2009 年）、李印林《河北朝鲜族史》（2016 年）等。其他少数民族的研究成果亦十分丰硕，不再一一。

（六）中国传统文化的普及读物

20 世纪 80 年代以来，在"文化热""国学热"的推动下，社会上出现了对传统文化知识的广泛需求。于是大批面向社会大众尤其是青少年的普及性读物，也应运而生。这些读物，涉及中国传统文化的各个方面，知识性和趣味性并重，对于增强民众爱国情怀、提高国民文化素养，起到重要作用。以下略举几种。

丛书类的传统文化普及读物有以下几种。1991 年，任继愈主编"中国文化史知识丛书"，此书由国内百余名专家学者共同编著，共有一百册，面向青少年和一般读者的大型文化普及丛书，内容包括考古、史地、思想、文化、教育、科技等十个专题，后被我国港台地区、韩国等国家和地区的出版机构相继翻译出版，英译本也随后面世，是我国文化史普及类丛书的典范之作。2011 年，长春出版社出版"传统文化普及读本"，主要收录了《老子》《论语》《孟子》《荀子》等中国古代经典作品。2013 年，上海戏剧学院教授刘永华著"中国古代生活文化普及丛书"，主要介绍了历代的古代军戎服饰、服饰、车舆马具等知识，图文并茂极具趣味性。2018 年，中国人民大学出版社出版"中华传统文化普及丛书"，内容包括文学、民俗、茶文化、天文等八部分，深入浅出地展现出中华文化不同侧面。

非丛书类的读物也十分丰富。中国青年出版社出版的《中国古代史常识》（1980 年）共有 69 题来介绍中国文化，郭维森主编的《古代文化知识要览》（1986 年）、上海古籍出版社出版的《中国文化史三百题》（1987 年）也是较为突出的文化史普及读物，分门别类介绍了政治制度、经济、宗教礼俗，等等。郭尚兴、盛兴庆主编的《中国文化史（英文版）》（1993 年）致力于帮助外国人从哲学、宗教、社会制度等方面了解我们的文化史。2000 年，冯天瑜和杨华合著《中国文化发展轨迹》，次年，冯天瑜又出版了一部文化史普及读本《中国文化的昨天、今天和明天》（2001 年），这是一部名家演讲集，收录了有关中国文化的 27 篇文章。此后还有房列曙、木华合著《中国文化史纲》（2001 年）、吴存浩《中国文化史略》（2003 年）等。2007 年，《中国古代文化史讲座》出版，此书共有十四讲，主讲人都是当之无愧的学界泰斗，自出版以来，始终受到读者的喜爱，是比较受欢迎的知识性读物之一。2008 年，《吕思勉讲中国文化史》出版，该书是在吕思勉先生为学生讲授中国文化史的基础上整理而成的，对于文史爱好者来说是一部极富启发性的中国文化史指南。

三、近年来中国文化史研究新动向

经过 20 世纪最后二十年的复苏和勃兴，21 世纪以来的中国文化史研究转向沉潜和深入。在诸多方面呈现出新动向和新特点，以下略举数端。

第一，文化史研究出现了很多新领域和新问题，产生所谓"新文化史"的态势。

随着学术视野的变化和西方学术理论的传入，中国的文化史研究出现了很多此前关注不够的全新领域，如女性文化史、科学文化史、民俗文化史、民间文化史、医疗卫生文化史、海洋文化史，等等。在此，仅对女性文化史、海洋文化史以及民间文化史三个新领域略作简述。

近年来女性文化史发展迅速。如黄兴涛出版的《"她"字的文化史》（2009 年）便是其中的代表作。该书主要从语词的视角来揭示近现代一段被人遗忘的文化史历程。此书是介于女性史与文化史之间的著作，作者直言其追求的是一种新文化史的研究范式。

随着国家对海洋重视程度的提高，国民海洋意识也逐渐增强，中国海洋大学、浙江大学、广东海洋大学、上海海事大学、厦门大学等相继开设了海洋学院或相应的海洋文化研究中心，推动了国内"海洋文化"学科的建立与发展。海洋史与文化史的结合也逐渐被重视，如前所述，《中国南海海洋文化史》（2013 年）、《中国海洋文化史长编》（2013 年）等著作，都是近来海洋文化史的代表作。

民间文化史，本属于文化史研究中的小传统范畴，是伴随着大量民间文献的发现、利用而兴盛的。地方档案、账本、族谱、排日账、碑刻、契约文书等民间材料的发现，直接促进了民间社会文化的研究。作为此前重视不够的第一手资料，民间历史文献反映了社会基层的生活实态和思想观念，有利于地方文化史的建构。郑振满、刘志伟、赵世瑜、王振忠、张建民及刘永华等诸位学者，都在此领域取得不斐成就。例如，赵世瑜《狂欢与日常——明清以来的庙会与民间社会》（2002 年）一书，从晚清的民间庙会这一生活空间向外延伸，探索明清社会转型时期的民间生活与大众文化。刘永华《礼仪下乡——明代以降闽西四保的礼仪变革与社会转型》（2019 年）一书，利用历史人类学的研究方法，历经十几年的田野调查，综合利用了族谱、碑刻、地方志、档案、日用类书、民间祭文本等多种民间历史文献，来探讨明清时期礼下庶民的历程。

特别值得注意的是，新文化史与新社会史的合流互动。1988 年，刘志琴在《复兴社会史三议》一文中，首次论述了文化史与社会史之间的关系，提出"社会文化史"的概念。① 2001 年，冯尔康提出，"社会史、文化史互借资源，深化各自领域的研究及互动研究"，推进关于"文化与社会"整合的跨学科研究。② 这种趋势在最近几十年得到加强。一方面，文化史领域走向"新文化史"；另一方面，社会史领域走向"新社会史"。可谓二者合流。

"新文化史"的理念首先来自域外。1989 年，由美国历史学家林·亨特（Lynn Hunt）主编的《新文化史》一书，第一次明确地举起了"新文化史"（New Cultural History）的旗号。③ 此后多位西方史家对新文化史都有论述，但也未形成系统的理论，其特点大致是：由经济社会史转向新文化史；从历史分析转向历史叙事；提倡用文化观念解释历史，即历史学的"文化转向"；从着眼上层精神文化，转向基层社会和普罗大众。④ 例如，过去一些不被研究者所重视的领域如身体、厕所、厕纸、气味等课题现在都成为文化史研究的对象，一些旧问题也在文化史的新视野下被重新检视。彼得·伯克（Peter Burke）在《文化史的多样性》一书中列举了一系列文化史的研究领域：日常生活、物质文化、媒介文化、性别、身体、医疗、形象、记忆、图像、语言、阅读，等等。

这种研究视角平民化和碎片化的趋势，无疑使得日常生活、衣食住行、社会交往等都成了文化史研究的对象。这与社会史的视角之间，获得某些契合。于是出现了新文化史与新社会史合流的态势。

2001 年，杨念群主编《空间、记忆、社会转型："新社会史"研究论文精选集》由上海人民出版社出版，其中提出"新社会史"的概念。他认为，应该有一个符合中国本土语境的理论建构范畴，以更加微观的视角来探究中国的基层社会。此种认识，表现了国内社会史学者对于西方社会史学理论的反思与扬弃。2011 年，刘永华主编的《中国社会文化史读本》由北京大学出版社出版，他在编后记中指出，"社会文化史不同于社会史、

① 史薇：《复兴社会史三议》，《天津社会科学》1988 年第 1 期。史薇即刘志琴。

② 冯尔康：《简述文化史与社会史研究的结合》，《历史教学》2001 年第 8 期。

③ 周兵：《西方新文化史的兴起与走向》，《河北学刊》2004 年第 6 期。周兵：《微观史学与新文化史》，《学术研究》2006 年第 6 期。

④ 杨峰：《中国新文化史研究进展及特点》，《光明日报》，2013 年 4 月 3 日，第 11 版。

文化史的地方，就在于这种方法强调在具体的研究实践中应结合社会史的分析和文化史的诠释"①。

以上多种新领域的开拓，使得中国文化史研究的范围获得极大扩充，焕发出新的活力。

第二，中国文化史研究大量吸收其他学科的新方法和新成果，相关研究突破了以往的学科边界。

关于中国文化史研究的基本方法，蔡尚思早年曾经提出，除了文史哲相结合的方法以外，还应当更加突显各时代的突出领域和突出问题，可以先分写艺术史、思想史、政治史等部分，最后再合起来组成相对完整的文化史。② 朱维铮则强调，以整体的眼光来看待中国文化史，并提出四点要求：一是我们发现各种文化形态和文化现象的规律；二是一经发现支配性的规律，就必须详密地研究它在历史过程中的诸般表现，以及由此产生的社会效应；三是在论证的过程中，决不能从观念到观念，使文化史变成观念形态的自我发展史；四是对于文化史的一般规律，也不能用一成不变的眼光去看待。③ 这些高屋建瓴的方法论，可以作为基本的指导思想，对具体研究不无指导。

文化史本身就是一门综合性极强的学科，近年来，随着研究领域的拓展，它所牵涉的学科也越来越多了，例如，人类学、社会学、民俗学、心理学、民族学、语言学的方法和成果也开始被引入文化史研究之中。甚至心理分析、数理统计、气候变迁、族群迁徙、语言分布、图像分析等方面的历史信息，都被纳入文化史研究。有学者指出，"史学研究范型的变革已是确定的趋势，文化研究将对这一变革起很大的推动作用。而文化史研究是文化研究的重要内容。这样，人们在研究过程中就必须结合历史唯物主义原则，应用现代文化人类学、社会学、社会心理学等方法展开研究"④。新方法影响了文化史研究范式的变化，而文化史的范式变化又反过来影响其他学科的变化。

第三，大量的新材料得到发掘和使用，使得相关研究更加实证。

20 世纪 20 年代，梁启超、胡适倡导文化史研究，谈到文化史的研究对象和研究材料时，曾经指出，过去种种，上自思想学术之大，下至一个字、一支山歌之细，都是历史，都属于文化史的研究范围。⑤ 相对于旧史学而言，这在史料范围上可谓是一大飞跃。改革开放以来，中国史在史料开发方面取得了突破性进展，新见材料越来越多，这包括地下出土材料、民间文书、田野调查、域外汉籍和外文译介等。

以出土文献为例。新时期我国考古事业快速发展，为文化史的研究提供了极其珍贵的新材料。1973 年，马王堆帛书出土，大批黄老、纵横家、儒家文献得以面世，引起海内外关于上古哲学思想史研究的热潮。1993 年，湖北荆门郭店楚墓出土了大批竹简，是战国时期的儒家和道家文献。《郭店楚墓竹简》（文物出版社 1998 年版）的出版，给思想文化史带来极大震动。2015 年，南昌发现西汉海昏侯墓，其中所出大批竹简包括有《论语》

---

① 刘永华主编：《中国社会文化史读本》"编后记"，北京大学出版社 2011 年版。
② 蔡尚思：《关于文化史研究的几个问题》，《文史哲》1984 年第 1 期。
③ 朱维铮：《中国文化史研究散论》，《复旦学报》1984 年第 4 期。
④ 姚蒙：《文化研究与历史学》，《史学理论》1987 年第 3 期。
⑤ 胡适：《国学季刊发刊宣言》，《北京大学日刊》第九分册，1923 年第 1185 期。

《诗经》《礼记》等典籍，也会更新对西汉中期学术思想的认识。各类日书、医方、卜筮祭祷简的出土，弥补了传世文献重在精英文化而忽视民间生活的不足，可以重新复原早期中国的社会生活场景。由于历代兵燹水火之灾，《汉书·艺文志》所记载的早期中国文献大多散佚，但是，20 世纪的考古发掘大大弥补了这种不足。迄今为止，"六略"中的各类文献都有发掘。① 有学者提出重写上古学术史，实际上，上古文化的重写也已成为进行时。

明清和民国时期民间文献的"再发现"，也是新时期一大亮点。如碑刻、家谱、账本、地方档案、契约文书、日用类书、私人日记、科仪文本、功过格等材料，此前研究向来不太关注，淹没在浩瀚的"正统"史料之中。近三十年来，这些民间文献的收集成为一大热点，例如，徽州文书、湖北民间文书、福建民间文书、清水江文书、天柱文书、鄱阳湖文书、南部档案、龙泉档案、石仓文书、永泰庄寨文书，等等。正因为这些民间文献是"无意识"的实用文本，在产生时并没有"存史"的先入之见，所以，它们忠实地反映了历史晚期中国民间社会生活的真实面貌，是研究民间社会文化生活的绝佳材料。但同时，民间文献体量巨大、质地粗糙、很少具有系统性，且散落乡野，收集难度大，文本错误多，使得利用和研究存在一定难度。

四、关于中国文化史的若干思考

由上文所述，可以了解中国文化史在四十年来取得长足进步，成为促进新时期史学繁荣的一支重要力量。不过毋庸讳言，目前中国文化史研究存在的问题和挑战亦甚为显明。以下从几个方面来加以说明。

第一，由于"文化"一词概念比较模糊，导致"文化史"研究的边界不甚清晰。

"文化"一词 20 世纪转译自日本，最初来源于拉丁语的"Cultura"，原义为加工、修养、教育、礼貌等多种含义，内涵的不确定导致外延意涵更加不确定。不同文化背景、学科背景，甚至不同看问题的角度都影响着学者对文化的理解，因此无法给出一个严格定义。殷海光整理了美国人类学家克鲁伯（A. L. Kroeber）和克罗孔（Clyde Kluckhohn）合著的《文化：关于观念和定义的检讨》（*Culture，A critical Review of Concepts and Definitions*）一书中罗列的从 1871 年到 1951 年八十年间关于文化的 164 种定义，将文化的定义分为六种类型：记述的、历史的、规范性的、心理的、结构的、发生的，等等。② 后来关于文化的定义都不出这六种类型，但文化的定义却在不断增加，目前学术界关于文化的界定多达二百余种③，足以见"文化"这一概念的模糊性和复杂性。向仍旦强调区分文化广义与狭义的区别，冯天瑜认为文化"就广义而言，指人类社会历史实践过程中所创造的物质财富和精神财富的总和。就狭义而言，指社会的意识形态（如思想、道德、风尚、宗教、

① 李学勤：《简帛佚籍与学术史》，江西教育出版社 2001 年版。李零：《简帛古书与学术源流》，三联书店 2004 年版。沈颂金：《二十世纪简帛学研究》，学苑出版社 2003 年版。
② 殷海光：《中国文化的展望》，三联书店 2002 年版，第 28~37 页。
③ 焦润明：《文化史学之学科渗透及其边界》，《史学理论研究》2016 年第 3 期。

文学艺术、科学技术、学术，等等），以及与之相适应的制度和组织"①。

"文化"概念的模糊性，必然导致"文化史"研究对象的模糊性。1967 年，日本《大百科事典》对于文化史的定义是，文化史是与政治史、法律史、社会经济史等相区别的历史学之一分支，因而，它意味着是与人的精神生活相关的历史研究，属于艺术、思想等精神的历史。1977 年，美国芝加哥大学出版的《新英国大百科全书》对于文化史的定义较为宽泛：文化史是从总的文化的观点来对过去及现在进行的历史研究。正因过大过泛，陈垣甚至说："什么思想史、文化史等，颇空泛而弘廓，不成一专门学问。"②

中国文化史成为一门独立的学科，大约形成于 20 世纪 20 年代。对于文化史的研究对象和学科范围，学者们各抒己见，见诸论著的定义不胜枚举。③ 但观其大略，大致有"狭义说"和"广义说"，或"专史说"和"范式说"两种划分方式。

广义说与狭义说，主要根据文化史研究范围或对象来进行区分。狭义说认为，文化史是与学术思想史、艺术史、典籍文化史同义，将物质文化的研究排除在外。广义说认为，文化史应研究人类社会所有的文化形态，及其产生、演变过程。

专史说与范式说，则更加侧重研究文化史的方法的不同。专史说认为，文化史是独立于思想史、政治史、经济史、科技史等领域之外的学科，有自己的研究领域与研究方法，主张将文化史与其他专门史进行切割。范式说认为，文化史是研究历史的一种范式，而不是历史学科的一个分支，故而，文化史并不是字面上的"文化的历史"之意，而是研究者以文化的眼光去看待历史。这种认识与美国科学哲学家托马斯·库恩（Thomas Kuhn）的范式理论有关。

第二，新文化史与新社会史合流后，导致研究选题的碎片化，缺乏理论观照。新文化史或新社会史特别关注普通人的日常生活，包括身体、行为、情绪、服饰等，以及社会的各个微观个案和琐碎枝节，往往忽视宏观视野，忽视对历史规律的理论思考，只见树林不见森林，这就是当今学术界普遍反思的历史研究"碎片化"问题。如何将整体史与专题史乃至个案史相结合，将宏观研究与微观研究相结合，这固然是当今所有历史研究的共性问题，但在中国文化史研究中表现尤其突出，亟待解决。

第三，中国文化史研究未来将如何发展，换言之，其学术生长点何在，这也值得深思。中国文化史学科在 20 世纪最后二十年得到复兴，其生长点首先在于基本叙述框架的突破，其次在于历史细节的丰富。但近二十年来，由于理论研究方面似乎没有太大突破，而且与文史哲等其他人文学科的新进展、新趋势未能形成明显的互动或同步。中国文化史今后的研究方向何在，叙事模式如何，必须有所回答。

在现有学科体系框架之下，中国文化史学科的内涵和外延、研究方法、研究路径、未来走向等问题是否明确，直接关系到它作为一门学科来加以建设的"合法性"和"合理

---

① 冯天瑜：《明清文化史散论》，华中工学院出版社 1984 年版，第 6 页。

② 陈智超编：《陈垣来往书信集》，上海古籍出版社 1990 年版，第 355 页。

③ 关于文化史定义的讨论可参见降大任：《对文化史研究的一些反思》，《复印报刊资料》1988 年第 1 期；曹大为、曹文柱：《关于中国文化史学科建设的若干构想》，《北京师范大学学报》（社会科学版）1988 年第 6 期；朱维铮：《中国文化史研究散论》，《复旦学报》（社会科学版）1984 年第 4 期；何晓明：《改革开放以来的中国文化史研究》，《史学月刊》2009 年第 5 期；张昭军：《文化史学在近代中国的兴起》，《史学史研究》2018 年第 3 期。

性"问题。以下笔者试图作些思考，以求抛砖引玉。

我们认为，一门学科之所以存在，必定有其不可替代的要素。应当具备五个明确的要素，即学术边界、研究对象、问题意识、应用范围和学科归属。

其一，关于中国文化史的研究边界和研究对象。如上所述，存在三种不同的声音：一是不主张，认为不需要边界，比如朱维铮先生（分分合合）。二是也不主张划分边界，"文化"只是一种方法，用文化的眼光来研究各时代的其他现象。三是主张划分边界，即研究"大文化视野下的小文化"；也就是说，根据文化由外及内的四个层次（物质、制度、行为、精神），从外向里看，大文化将这四个层次均囊括其中，而小文化则只研究最核心的一层——精神。然而，最核心的精神层面也有很多，包括思想、心理、哲学、宗教等。目前最常见的一种学科格局和研究模式是：通史包括专门史（与断代史等量齐观）；专门史包括文化史（即狭义的文化史，与经济史、政治史、宗教史、民族史之类等量齐观）；文化史包括思想史；思想史又包括哲学史、学术史、概念史等。我们觉得也有相当的操作性。这种以精神的视野来审视中国历史、由小文化把握大文化的路径，也正是它存在的必要性和特色所在。与蔡尚思所关于文化史研究应以学术思想史为中心而展开的观点，大致可以相通。

钱穆主张，"文化即人生"，他认为文化史的范围，要大于政治、社会、经济、学术、人物、地理各方面，后者均只是中国文化的一部分："中国文化延续数千年以至今天，由其历史演进之总全程，包括一切方面，而来研究其汇通合一之意义与价值者，乃谓所谓文化。"① 当然，这是从广义的文化角度来理解的。

其二，关于中国文化史的问题意识。可以从以下几方面来予以理解。中国文化史研究必须致力于从不同角度、不同材料来阐释以下问题：

（1）中华民族的民族精神。全世界的文化史著作，都是由"民族志"（其来源传教士报告和旅行家游记之类）发展而来。我国富于文献，中国人自己的民族志并不算少，例如历代的人文地理志、游记，这既包括汉族地区的，也有少数民族的人文地理志。然而，中国人至今没有撰写出一部可堪与《菊花与刀》相比的中华民族精神史著作。中国文化通史、各地的区域文化史、断代文化史出版不少，民族志也编纂非常丰富（少数民族之外，汉族的地方风俗志也有不少），但能在世界上产生重大影响的民族精神志几乎没有。迄今为止，仍只有林语堂的《吾土吾民》、柏杨的《丑陋的中国人》（"酱缸文化"）之类为外人所道，且都是不能准确反映中华民族精神特质的通俗读物。为什么？也许正由于身处其中，才"不识庐山真面目"，无法准确而又高屋建瓴地概括出中国人的精神特质。我们认为，中国文化史研究应当以世界视野下的中华民族精神志撰写作为奋斗目标。

（2）中华民族的文脉传承。文化与文明这一对概念，有分有合。时间上而言，进入文明阶段之后，最近的四千多年，中华民族的文明就是文化；从内容上而言，中华文明是可与其他文明进行比较的单元。文明由很多文化要素组成，不同的文明，文化要素不一样，那么，中华文明乃至整个东亚文明，在哪些要素上具有独特性？在不同的时期，它独特的精神风貌是什么？哪些文化要素上是连续的，或中断的？文化的传承具有何规律？今天，中华民族在哪些方面继承和扬弃了祖先传承下来的文化要素？应当如何传承下去？此

---

① 钱穆：《中国历史研究法》，三联书店 2001 年版，第 132~133 页。

类问题，是文化史研究必须回答的问题意识。

（3）中华民族的文化认同。费孝通先生关于中华民族"多元一体"的理论，很好地解释了当前我国的民族多元性问题。但是，文化多元性的问题还需要更深刻更合理的理论加以解释。中华民族和中华文化的多元一体结构是如何形成的？这不只是民族史学科的问题，更是一个文化史问题。几千年来，由华夏族群（三大族团）演变到汉族、中华民族，内部是如何逐步形成文化认同的？需要进行系统的文化史阐释。其他民族（如北方游牧民族、南方百越民族）是怎样与华夏族、汉族共同形成文化认同的？更需要文化史阐释。就某种意义而言，如从文化史角度加以解释，可能比从族群演变的角度解释得更清楚、更合理。

以上三个问题，其他的学科当然也可以研究，但通过中国文化史的具体研究，由中国文化史学科来进行整体阐释，则可能更为合适，更为系统，脉络更加清晰。这正是中国文化史学科最重要的问题意识，该学科存在的合法性和必要性也自在其中了。

其三，关于中国文化史的应用范围和学科归属。

如上所论，中国文化史研究的优长在于其宏观性，即理论性和整体性。我们认为，这对于以下两个方面的应用具有较强针对性：

（1）中外文明比较。在克服"碎片化"的研究之后，中国文化史研究有利于建立解释中华文明的大框架、大理论。这些体系化的理论揭示，在中华文明与其他世界文明的对比研究中，更具有学术上的便利性，这也是其他断代史、志题史所无法具备的优势。

（2）国民素质教育。1949年之前，出版的中国文化史有数十部之多。之如以如此，就是因为当时的高等教育将其作为必修科目。柳诒徵、陈登原等人的《中国文化史》便是当时的教材。今天，一般的高等学校，尤其是理工科大学，也应当将中国文化史作为必须学习的基本内容，由之而提高国民素质，加强爱国教育，促进文化认同。目前的中国文化史教材，有两种叙述方式：一是平面式的文化常识介绍，类似于王力的《中国文化常识》；二是历时性的叙述，按照时代先后进行分章讲解。前者更适于一般大众和理工科学生，后者更适于高校学生尤其是文科学生。

在目前的历史学科门类之下，中国文化史是中国史（一级学科）下二级学科专门史的一支，实即专门史下的三级学科。

当前，中国文化史研究和教学仍处于方兴未艾之势，其前景可期。我们认为有两点尤其应当注意。一是，应当更加注意域外文明的文化史研究，将域外民族的文化史研究成果纳入视野，增加中外文化比较的维度，由之克服"身在庐山"之弊。二是，应当更加自觉地利用数字人文的方法和成果，将中国文化史的研究更加推向深入，使中国文化史的教学获得更加优异的成效。

（作者单位：武汉大学中国传统文化研究中心、复旦大学历史系、武汉大学国学院）

英文汉学界的礼学研究综述[*]

□ ［美］郑伊凡

　　在中文学术传统中，礼学研究是学界长期关注的重要课题。因为礼学不仅与中国经典和中国文化的核心内涵密切相关，还贯穿了传统中国学术史与思想史的发展脉络。从先秦秦汉的儒家经典到清代的嘉乾礼学研究，广义的礼学研究的范围大致包括礼经、礼制、礼仪、礼俗、礼法等多个分支领域。对礼学的各学术分支进行细部研究和探讨，有助于我们深入思考礼制、礼仪与政治文化、学术思想和社会民俗之间的关系，而海外的英文学术界有关礼学尤其是中国礼学研究的内容，也逐渐成为礼学研究者关注的对象，有助于我们从不同的角度思考中国礼学的本质特征，探索未来的研究方向。

　　近年来，随着中西方学术交流的增加，海外的中国学研究也开始展现出对礼学领域的兴趣与关注。本文从西方自身学术传统中有关仪式的研究切入，重点介绍英文世界中礼学理论和中国礼学的代表性研究者及其著作，以期对西方礼学研究的概貌作一初步的尝试性探索。

一、西方学术传统中的仪式研究

　　在西方的宗教学、社会学和人类学研究中，与中文学术话语传统中的礼学相对应的概念大概有 ritual，rite，etiquette 和 ceremony。中文中的"礼"既可以指西方宗教学研究范式中的仪式（ritual），又包含社会学意义上的礼节、礼俗等概念。在现当代的西方学术传统中，通常用"ritual"来表述仪轨层面上的礼，用"rite"表述礼俗或具体实践的仪式活动。

　　仪式作为一个分析性的词语，对宗教学和人类学的学科发展产生了深远的影响，而学者们对仪式的解读，亦十分多元。例如，法国人类学家涂尔干（Emilie Durkheim）曾提出，仪式是宗教信仰中最为核心的体系，而宗教"就是一整套与神圣事物相关的信仰和仪式活动"[①]。阿萨德（Talal Asad）则认为，仪式"被看作规范化行为的一个类型，它象

---

　*　本文是国家社科基金重大项目"中国传统礼仪文化通史研究"（18ZDA021）阶段性成果。
　①　涂尔干：《宗教生活的基本形式》，渠东、汲喆译，上海人民出版社 2006 年版，第 39 页。

征或表现了某种东西，而且由此个人意识和社会组织形成了不同的联系"①。仪式，既是宗教起源研究中的核心概念，也是心理学的精神分析领域常见的主题之一。同时，仪式的社会功能性也是西方文化学研究中的一个讨论重点，并在近年来结合了殖民主义、跨文化研究等，被广泛地应用在各个层面的社会文化研究中。

西方对仪式研究的早期阶段中，强调的是仪式在原始宗教的形成和传播中所扮演的重要角色。而"原始宗教"本身，就是一个在 19 世纪较为流行的学术概念，其基本假设"蒙昧、野蛮与文明"的二元论对立。流行自然崇拜，应用巫术仪式的是原始氏族，而随着人类的进化发展，进入文明阶段的社会则不再流行巫术和泛灵信仰。由于其浓重的欧洲文明中心论色彩，"蒙昧、野蛮与文明"这一二元系统在后来的西方学术体系中被严厉批判并逐渐被摒弃。然而，19 世纪学术传统中对仪式的研究取向仍然为现代的仪式研究奠定了理论基础。

自 20 世纪 60 年代以来，许多西方宗教学家和人类学家开始对仪式在学术史中的构建做出反思，并将仪式研究从原有的研究范畴中进行扩展。20 世纪的仪式研究不再拘泥于二元的结构主义视角。以法国社会学家布尔迪厄（Pierre Bourdieu）为代表的后结构主义学派提出，结构是不能够充分地解释历史变化的。而对仪式的研究，也应当跳出刻板的社会功能主义框架，将仪式作为一种文化实践进行研究。与 19 世纪的人类学家相比，后结构主义学者们往往更重视仪式是怎样去展示文化模式的，并更加关注社会关系的政治属性。在马克思主义的影响下，学者们不再将仪式看作对固有社会结构的复制，而是一种对原有社会权力秩序积极进行挑战和应变的中心活动。仪式作为一种普遍的文化实践，在复杂的社会权力关系网下推动了历史事件的发展，并不断地对已有文化价值进行新的界定。

在 20 世纪后结构主义思潮下对仪式研究的反思和发展中，以美国历史学家乔纳森·史密斯（Jonathan Smith）、人类学家大卫·科泽（David Kertzer）和宗教学家凯瑟琳·贝尔（Catherine Bell）为代表的学者对仪式这一学术概念进行了重新的定义，并进一步扩展了仪式研究的内涵，对不同文化传统中的仪式特点做了分析和诠释，为当代的仪式研究奠定了基础。同时，这三位学者的著作也分别体现出了欧美学界人类学、历史学和宗教学三门学科的理论研究方法和趋势。通过对三位学者代表性研究著作的回顾分析，我们可以对西方仪式研究的体系和脉络略知一二。

在上述三位学者中，史密斯构建并还原了宗教学和仪式研究的历史，并对两者的学术关联做出了梳理。史密斯既是西方当代宗教学界的泰斗之一，也是古希腊史研究领域的专家。他早年在耶鲁大学取得了宗教史的博士学位，随后在芝加哥大学执教多年。史密斯的学术研究范围极为广泛，包含了早期基督教发展史、希腊宗教和比较宗教学研究等多个研究方向。在对宗教学学术史的梳理中，史密斯指出，英文中的宗教一词"religion"的词义并非一成不变的，而宗教一词内涵的变迁与历史上仪式在宗教中所扮演的角色的演变息息相关。在其著作《宗教、宗教们和宗教的》（*Religion，Religions，Religious*）一书中，史密斯提出，宗教的现代含义是在十七十八世纪形成的。此前，宗教一词更加强调人对于外在于自己的神，或某种外在力量的主观态度和感知。而在十七十八世纪之后，由于理性主

---

① Talal Asad, *Genealogies of Religion：Discipline and Reasons of Power in Christianity and Islam*, Baltimore and London：Johns Hopkins University Press，1993.

义和启蒙时代的到来，欧洲知识界对宗教的定义更加注重其作为信仰和实践体系的属性。① 当宗教被具体化和系统化成为一个信仰与实践体系后，宗教中的教义和仪式就成为至关重要的两个分析和研究的对象。在其 1980 年发表的论文《论仪式的基本事实》（*The Bare Facts of Ritual*）中，史密斯对仪式研究中的关键问题做了反思。首先，史密斯提出了宗教研究中的聚焦点理论：在神学中，奇迹事件的发生地点（教堂、庙宇等）往往被认为是具有特殊意义的，并成为神圣体验中的聚焦点。通过聚焦点（庙堂这类空间），其他的干扰和无关事件被减少了，只剩下人与神之间常规化、重复性的沟通交流。而人与神之间常规化、重复性的交流进一步为庙堂这一空间赋予了神圣的含义。换而言之，神圣性本身并不是一个独立而自发存在的天然属性，而是在人为的仪式参与下逐渐形成的。

史密斯进一步提出，与以人类学家弗雷泽的代表作《金枝》为代表的人类学理论不同，仪式本身并非由原始社会中人们对交感巫术（sympathetic magic）的相信而衍生出来的，而是一种策略性选择的结果。史密斯通过对西伯利亚猎熊仪式表述的分析发现，仪式的叙述者往往在描述仪式时采取了理想化的表达，并非完全真实地还原出仪式过程本身。仪式的本质是创造出一种变量（各种意外）可以被完全控制的环境，而非出于人们对交感巫术效力的相信。史密斯认为，仪式在宗教学研究中扮演了聚焦点的角色，为我们揭示出了宗教传统中人们战略性选择而构建的空间。换而言之，仪式并非人们内心信仰的真实外在体现，而是一种展现人们对"应当发生的过程"的认知的渠道。

史密斯从宗教史的角度对仪式的本质做出了阐述，挑战了此前结构主义思潮中将仪式作为原始宗教核心象征的观点。在史密斯 1992 年出版的著作《发生：走向仪式的理论化》（*To Take Place：Toward Theory in Ritual*）中，史密斯强调了环境、场所和空间在仪式的形成与实践中所扮演的重要角色。史密斯将神圣性（sacrality）、空间和仪式联系起来，对仪式做出了重新定义："仪式，首要的是，一种专注的模式。"而场所之所以是我们理解仪式的本质的关键是因为"仪式的基本构成要素就是场所，场所引导了我们的注意力"②。史密斯的著作既重新定义了人类学意义上的仪式，也建立了仪式在宗教史研究中的核心地位。

史密斯对仪式的反思和重新定义也带动了其他学者们对仪式的思考。布朗大学历史学和人类学教授大卫·科泽（David Kertzer）于 1989 年出版了《仪式、政治与权力》（*Ritual，Politics，and Power*）一书，对政治仪式进行了详细探讨。《仪式、政治与权力》一书是第一本真正意义上研究政治仪式的理论性专著，主要解释了仪式为何从古至今都是政治生活中关键的一部分。科泽旁征博引，带领读者翱翔于全球不同国家和地区的历史时空中，比如，解析了墨西哥的阿兹特克、苏联、法国大革命在内的里程碑式政治事件中仪式的含义及其影响。科泽认为，当代政治学过于强调理性人的政治模型，以经济学的实证研究方法为主，忽视了类似权力、国家等抽象概念是如何被普通人理解这一核心问题。在这一问题的基础上，作者提出，政治家是通过仪式和象征体系将政治学上的抽象概念具体

① Smith, Jonathan Z, *Religion, Religions, Religious*, in Mark Taylor edited *Critical Terms for Religious Studies*, Chicago：University of Chicago Press, 1998, pp. 269-284.

② Jonathan Z. Smith, *To Take Place：Toward Theory in Ritual*, *Chicago Studies in the History of Judaism*, Chicago：University of Chicago Press, 1992.

化的。在其论述中，科泽揭示了仪式在政治生活中的普遍性，并将仪式定义为一种体现社会规范的，重复性的象征行为。① 作者同时指出，仪式通过对标准化的程序在特定时间和空间布置下的重复操演，维持了已有秩序，并暗示了世界经验的稳定性。然而，仪式并非只是起到了维护现有政治秩序的作用，仪式本身也可以被用来颠覆权力。仪式并非一成不变的，仪式在心理层面上具有煽动性和刺激性，可以促使人们接受新的政治观念，达到高度致幻的群体心理作用。而仪式在权力的争夺颠覆过程中所起的主导作用也从侧面证明了仪式并非是一成不变的，要想颠覆已有的社会权力动态，仪式必须在不完全抛弃传统的基础上实现一定程度的创新。而这种创新并非凭空而来，通常来说，在政治争夺中，政治力量会对原有的仪式模式进行借鉴和移植，并为已有的象征体系赋予新的含义，从而达到颠覆原有政治体系的目的。

科泽的《仪式、政治与权力》一书将仪式这一脱胎于人类学的概念巧妙地应用到了政治学的分析框架中，并用全球各地不同政治模式的实例进行佐证，精确地解读了政治权力的延续与颠覆的模式。作者不仅从宏观的理论角度对政治仪式进行了功能性的分析，还综合应用了民族志分析、文化研究和群体心理学等跨学科的方法对政治仪式做出了全面的辨析，真正意义上实现了对仪式研究的跨学科拓展。

除了史密斯、科泽等学者从人类学视角对仪式的解读之外，欧美学术界在近二十年间还涌现出了一批从地域研究的角度进一步拓展仪式研究学术意义的学者。其中，美国宗教学家贝尔对礼学理论和中国礼学的研究最为突出。贝尔于芝加哥大学取得宗教史的博士学位，之后在加州的圣克莱拉大学宗教学系任教。贝尔于 1992 年出版了其第一部研究仪式理论的专著《仪式理论与仪式实践》(Ritual Theory, Ritual Practice)。随后，贝尔在 1997 年出版了第二部著作《仪式：研究视角与维度》(Ritual：Perspectives and Dimensions)。贝尔的两部专著不仅对仪式研究的学术流派进行了前所未有的系统性梳理，还指出了西方学术传统中仪式研究所存在的弊端，以中国的礼学传统和本土宗教仪式研究为切入点，对现存的西方仪式研究领域进行了拓展。

在《仪式理论与仪式实践》一书中，贝尔指出，以涂尔干、列维斯特劳斯等人类学家为代表的学术传统将仪式视为一种将信仰与行为进行结构性整合的框架，而仪式的目的是创造出集体性的信仰或典范，并进一步帮助社会形成想象的共同体。② 然而，贝尔认为，涂尔干等人的仪式理论缺乏具体的文化语境下的分析，也没有将人性的双重性纳入考虑范围。与其说坚持仪式本身建立在信仰和行为的二元结构之上，不如说仪式不仅仅是行为，也是信仰与行为的融合，这就体现出了仪式参与者同时作为演员和思考者的双重身份。贝尔进一步提出，仪式本质上可以被视作"文化表演"的一种，是一种被"戏剧化"了的行为。基于对不同文化语境中仪式的文化学分析，贝尔提出，仪式不仅建立了人与神明之间的沟通，还进一步打开了人与人之间沟通的渠道。在人类学的仪式解读中，行为从属于信仰，身体从属于思想。贝尔基于对中国宗教及思想的研究，提出了身体并不仅仅是一个物质性的躯体，还是仪式参与的主体。

难能可贵的是，通过对中国民间信仰宗教仪式的细致观察，贝尔在《仪式：研究视

---

① ［美］大卫·科泽：《仪式、政治与权力》，王海洲译，江苏人民出版社 2015 年版。
② Catherine Bell, Ritual：Perspectives and Dimensions, Oxford：Oxford University Press, 1997, p. ix.

角与维度》中对仪式提出了六分法的学术框架，分别为：过渡仪式、历法仪式、交换和共享仪式、磨难仪式、宴会/进食仪式、节日仪式和政治仪式。六分法框架的建立在西方宗教学界产生了极大的反响，它宏观的角度对仪式的本质做出了阐述。

史密斯、科泽和贝尔是近年来西方仪式研究中最具影响力的三位学者。他们不仅梳理了西方人类学传统中的仪式研究历史，还从文化研究的角度以详实的案例分析对仪式的本质进行了探讨，挑战了 20 世纪结构主义人类学对信仰与仪式的二分法研究范式。除了对仪式理论层面上的辨析之外，西方学术界还涌现出了一批将仪式置于具体的地域文化语境中进行研究的学者。这其中，东亚语言文化学科对中国礼学的探讨吸引了很多学者的参与。接下来，将从中国礼学的理论探讨、中国礼学的研究分支和礼学研究的多元视角三个方面展开，为读者呈现西方（主要是英文学界）有关中国礼学研究的代表性著作和思想。

二、英文汉学界对中国礼学研究的理论探讨

如上所论，仪式研究在现当代人类学和历史学等人文学科的发展中起到了重要的作用。然而由于学术交流的局限性，在相当长的时间内，传统西方学术话语中都没有给予中国本土的礼仪文化足够的关注。西方传统礼仪研究的专家对中国的了解不够，而专门研究中国的汉学家又未必对礼学这一分支领域有集中的关注，或是其自身对西方礼学的研究不够熟悉。这种互相不了解的状态直至最近二十年才逐渐有所打破。哈佛大学的普鸣（Michael Puett）教授是西方学者中试图将中国的礼学思想理论化，并努力将中国礼学和西方人类学、哲学理论形成对话所做尝试最多的学者。普明教授研究思路的独特之处在于他不仅仅把人类学的理论单向地应用到中国的礼学研究中，而且尝试发掘和呈现出中国礼仪传统中的自身的理论思考模式，并使它与现代西方文化学领域中的许多问题对接起来。就其总体思维特征来看，他的研究理路大概属于形式主义和结果论的功能派二者的结合。

首先总结一下普鸣对中国礼学中最重视的一些文本及据此阐发的有关概念，它们分别是：《礼运》篇所反映的古代自然与世界观；《论语·八佾》章中提到的"祭如在"的仪式场景感；《荀子》"圣人化性而起伪，伪起而生礼义"中"伪"的观念与现代理论中"礼"的表演功能的比较；另外还有《礼记》中的《祭义》《檀弓》等有关丧葬和祖先祭祀的篇章。他的许多理论创发大多基于上述文本。

最能集中反映普鸣观点的两本书分别是他和另外三位人类学家及宗教学者合编的《仪式及其结果：兼论"诚"的有限性》（*Ritual and Its Consequences：An Essay on the Limits of Sincerity*，Oxford University Press，2008），还有他更早期的专著《"作"的矛盾：中国古代关于创造与技艺的争论》（*The Ambivalence of Creation：Debates concerning Innovation and Artifice in Early China*，Stanford University Press，2001）。普鸣教授的部分论文是以这两本书中的观点作为基础而展开的。下文就从两个主要方面总结普鸣教授关于中国礼学的思考。

其一，"断裂"的宇宙观与"礼"的功能。

所谓"断裂"的宇宙观是普鸣对于中国古代世界观和宇宙观的独特认识，这里的"断裂"意指自然与社会的不连续、无序的状态，以及人与自然之间不和谐的关系。乍看起来，这种提法有些莫名其妙，其实普鸣教授是针对西方世界自耶稣会士以来即普遍流行的关于"东方社会"（oriental）的固有看法，即认为中国长期维持一种"前现代"的停滞

和循环的发展模式，传统中国的社会与宇宙自然是同构的、连续的，并且保持和谐一致的运行状态。这一认知模式在礼学领域所带来的结果则是，我们一般所熟悉的大部分现代礼学研究的理论都是从"和谐"的角度来看待礼仪，认为礼仪的功能就是为了达到现实世界的和谐。这一理论模式从更深层来看，正是把礼仪作为一种前现代社会的产物来看待的结果。把礼仪视作传统社会下集体主义世界观的产物，这一世界观与强调个人主义和自主性的现代社会形成对比。这种对比带来的差异也让现代社会的人们意识到传统的礼仪可以在现代社会发挥价值，以弥补过度强调个人主义所带来的现代性的缺失（Puett，2008，p. 30）。

普鸣教授反对这一常见的理论模式。他认为，所谓的作为传统社会产物、代表"和谐"的礼仪是一种错觉，"和谐"只存在于仪式的表演者在特定场景所创造的短暂瞬间。并且正是因为世界从根本上来说是无序且不和谐的，才有必要不断地进行仪式表演。他认为中国古代对于人和自然以及人类社会的关系的认识不是近代的理论家和文化学者所想象的天然的和谐状态，被人类改造之前的自然总体上来讲遍布各种危害人类自身的存在，而人与人之间的关系也被个人私欲和天然情感所充斥而满是负能量。举个简单的例子，中国古人认为"鬼"就是人死去之后的阴气未能得到妥善安置而成为无序的存在，进而危害到活人的世界，这是一种普遍的状态。通过对《檀弓》篇所记载的从人刚死后的处置方式，从安葬再到最终完成一系列祭祀活动的分析（Puett，Ritual and Ritual Obligations，2015），他指出丧葬和祭祀礼仪就是让这种本来有可能出现的人鬼杂处的混乱状态重新变为有序的方式，他特别重视这一篇中所提到的多次仪式转换所带来的参与者之间身份的变化，比如从最开始的死者的亲人（这时应当表达自己悲痛的情感），到成为死者的孝子孝孙（要适当节制悲痛情感的表达，转而作为祭祀的提供者），最终的结果是使死去的人和尚在世的人之间通过一系列的仪式确认为祖先和后嗣的关系。这一确认的过程非常重要，如果不能有效地完成，死去的亲人不仅不会变成庇佑子孙的祖先，反而会成为危害活人的"恶鬼"。对于那些不能归入祖先序列的鬼则要以其他的方式确认他们为"神"。

但是从根本上而言，人类的这些努力只是有限的，理想中的和谐状态永远只存在于仪式场景的短暂瞬间。祖先是一种人为的建构，这种建构是为了活着的人的生存保障，以免遭受鬼的攻击和无度索取。并且正是因为礼仪效果的短暂性和有限性，所以才需要不断地举行各种仪式活动，以对抗本质上充满矛盾和无序力量的世界，这是一个永远没有止境的工作（Puett，2015，p. 548）。他认为以往的理论框架的误解在于，首先把中国古代视为重视"孝"和祖先的社会，祖先理所当然地庇护子孙而子孙也发自内心地敬重祖先，这种认识其实是把人们通过复杂的礼制行为努力想要达成的理想结果当成了预设的前提。所谓的"断裂性"还体现在，礼仪活动的参与者实际上清楚自己在这一短暂场域中所扮演的角色与现实世界中是有差别的，正如"尸"的角色常常由幼童充当祭祀人的父祖的角色。这与他们在现实世界的实际身份是相反的，因为这是一种训练自己以适当的方式与他人和外界相处的方式。仪式的参与者（包括围观者）不是通过体会和熟悉一种本来就和谐的相处模式而掌握礼，与之相反，人们通过体验一种充满紧张关系和张力（比如，父子角色颠倒）的礼仪环境，而学会如何在日常生活中以恰当的方式应对同等程度甚至更强的矛盾（Puett，Ritual Disjunctions，2014，p. 219）。古代的礼仪制作者和实行者其实内心都很清楚，世界根本上并不以和谐的方式运行。仪式参与者的这种"意识"也和普鸣教授的另一个理论预设，即礼仪活动中有关"诚"的问题紧密相关，我们将在接下来展开。

其二，"如在"（as if）的场景和"诚"（sincerity）的有限性。

普鸣的研究特点还在于他擅长将单个学术问题和宏大的思想背景联系起来，就"诚"的问题来看，他指出西方的礼学理论对"诚"的重视其实是根源于西方历史上基督教、尤其是新教的传统。而这一特定历史传统下产生的礼学理论，并不一定适用于其他文明和社会。

在《仪式及其结果：兼论"诚"的有限性》一书中，普鸣教授的主要观点是，在礼仪活动中，仪式参与者内心的"诚"不仅不是必要的，甚至可能是矛盾的。他认为，礼仪活动本质上应该是表演性质的、可重复操作的、虚拟性（subjunctive）的并且是社会性的，而所谓的"诚"是对个人内在性的要求，这二者根本上是存在矛盾的（Puett，2008，p. 115）。仪式活动不是要达成客观意义上的"真实"（true），但这也并不意味着它的目的是要欺骗，而是要把所有参与者带入一种虚拟的场景中，礼仪的功能不是在于让人们相信，而是让人们体会。最重要的是过程，礼仪活动的主要意义和功能都在仪式的过程中得以实现，而在这一过程中，个人内心的活动是无关紧要的，重要的不是参与者怎么想，而是他们怎么做。礼仪活动也不是要通过外在活动的形式来达到内心的确信，而是通过不断重复的仪式环节，达成对世界的建构（Puett，2008，p. 24）。

因此，礼仪并不需要像一些宗教礼学家所要求的"诚"，它的意义在于整个礼仪仪式各环节的完成和不断的重复，"虚拟的"才是重要的。以日常生活中的场景为例，即使是关系亲密的家庭成员之间，也有必要维持一定程度的礼节，比如，要适当使用一些礼貌用语和表达爱的语言，当这样表达的时候内心的想法是不重要的。无心的日常礼貌用语虽然不会增加家庭成员之间的爱和信任，正如不这样做也不会带来家庭成员间的不信任。但这些礼节却能有效地消除各成员之间日常的小的冲突和矛盾。礼仪让人们能够带着界限感生活并维持一定的模糊地带，但是对诚的要求却有可能剥夺人的自主性（正如许多前现代的宗教那样），这样的结果反而违背了一开始创设礼的初衷。所以普鸣教授提出，最重要的是礼仪活动中虚拟性的仪式场景，并借由这一场景创造出的秩序空间。而理想的结果是让人最终能够以符合礼仪精神的方式自然地应对从未出现过的新情境，而不是像过去的礼仪诠释者所认为的，必须基于一种发自内心的真诚，或者是通过仪节的规训达到内心的真诚。就这一意义来讲，礼仪不是对个人自主性的限制，而是在一个更高的层面上实现人的自主性。普鸣教授的书视野宏阔，常常跨越历史学、人类学和宗教学的界限，书中所举的例子也各式各样，从严肃的民族志材料到玩笑和游戏理论，包罗万象且俯拾成趣。

与普鸣的思路类似的是，宗教学家 Michael Ing（吴荣桂）也对礼的社会功能做出了探讨。吴荣桂毕业于哈佛大学东亚系，现任印第安纳大学宗教学系副教授，主要研究方向为礼学、宗教理论、伦理学与儒家文化。Michael Ing 于 2007 年和 2012 年分别出版了两本专著：《早期儒家中礼的功能性缺失》（*The Dysfunction of Ritual in Early Confucianism*）和《早期儒家思想中操守的脆弱性》 （*The Vulnerability of Integrity in Early Confucian Thought*）。这两本专著通过对《礼记》等关键文本的阅读，从伦理学及哲学的角度对早期儒家思想做出了新颖的解读。

其中，《早期儒家中礼的功能性缺失》一书对礼学的研究最为集中。作者在书中提出并探讨了一个关键性的问题：尽管礼在早期儒家思想中被认为是维护社会秩序的关键，礼的社会功能存在着潜在的不确定性（作者将这一现象称为"礼的功能性缺失"）。换而言之，礼并不一定能够创造并维护完美的社会秩序。那么，《礼记》的作者们是怎样面对和回应这种不确定性的？吴荣桂认为，礼制中潜在的功能性缺失并没有削弱早期儒家学者们对礼的信心。礼的功能性缺失实则作为一种有成效的焦虑（productive anxiety），为儒家学者们创造了一个对礼制不断进行试验、改革与创新的空间。

《早期儒家思想中操守的脆弱性》一书共七章，主要围绕"脆弱性"（vulnerability）和"气节"（integrity）两个主题对早期儒家思想中的礼制进行分析。在该书的引言部分，作者对"脆弱性"和"气节"两个概念进行了定义。英文中"vulnerability"一词来源于拉丁语的"vulnerare"，通常被解读为一个主体面对伤害时的易感性（susceptibility to harm），带有一定的负面含义。近年来，西方伦理学对"脆弱性"这一概念做出了新的解读：以哲学家 Alasdair MacIntyre（麦金泰尔）为主的学者提出，"脆弱性"在人类发展史中，实则做出了许多不可磨灭的贡献。该书作者对儒家思想中"脆弱性"的探讨无疑受到了许多当代西方伦理学的启发：基于伦理学家 Erinn Gilson（吉尔森）对"脆弱性"的解读，作者将"脆弱性"定义为是一种"开放性的体验"（the experience of openness）。所谓的"开放性"指的是我们在不确定的环境中所表现出的对任何潜在变化的接纳性。尽管"脆弱性"本身通常与"被伤害"息息相关，我们面对潜在的变化时所体现出的"开放性"却可能带来出其不意的益处。在儒家研究中，从"脆弱性"这一视角展开的研究目前还比较少见，而该书作者围绕"脆弱性"主要探讨的有以下几个问题：人类社会中有哪些固有的"脆弱性"？对于儒家的圣贤来说，他们是怎样面对或回避道德困境中的"脆弱性"的？"脆弱性"究竟为人类社会的发展起到了哪些积极的作用？

作者在书中还对儒家思想中"操守"的含义做了探讨。与英文中以"integrity"一词来形容气节的高尚与德行的臻美不同的是，儒家思想中的"integrity"是多层次的，既包含了德、行，又包括了义、节、清、廉等品质。对于作者而言，一一列举出"integrity"所对应的儒家思想中的概念显然是不切实的；因此，作者选择突出"integrity"一词中"德"的含义。作者进一步提出，可以用"德"作为一个诠释视角来解读早期儒家文本。对于"早期儒家"这一概念，作者将讨论范围限定在公元前 5 世纪到公元后 3 世纪（战国秦汉时期），重点放在汉代文献的解读中。

在《早期儒家中礼的功能性缺失》的第一章中，作者开门见山地指出了早期文本中普遍存在的一个道德冲突问题：如果说对社会的改变往往会涉及与不道德的政治人物的合作，或者不道德行为的发生，人们是如何平衡个人道德操守与改变社会的实践中所涉及的道德矛盾的？作者提出，儒家文本中圣贤通过对权（moral deliberation）的构想和实践调和了个人道德与社会的矛盾。在第一章的基础上，作者在第二章对"脆弱性"与"无懈可击性"（invulnerability）进行了辨析。通过对现当代儒家思想研究的分析，作者提出，认为早期儒家思想的道德体系具有无懈可击性的完满性这一观点是不够严谨的：在早期文本中，道德矛盾颇为常见，而"以和为贵"这一理念也并非是解决道德矛盾的唯一策略。在第三章和第四章中，作者集中诠释了儒家道德思想中"悔"（regret）的含义。作者通过对孔子生平形象的刻画与孔子晚年时获"麟"一事的解读，提出了一个较有原创性的观点：与此前学者们对"悔"的解读略有不同，作者认为早期儒家思想的"悔"通常与未竟的社会改革理想有关，而早期儒家学者是通过文本的写作去进一步传播儒家的"道"

与社会理想的，正如孔子作《春秋》一样。换而言之，在早期儒家思想中，社会改革理想中充满了潜在的道德矛盾，而处理这种道德矛盾的方法并非径称儒家思想的道德体系就能做到无懈可击。早期儒家学者是通过对礼制的不断探索与创新来回应道德困境中所涉及的不确定性与矛盾性的。

《早期儒家中礼的功能性缺失》一书主要围绕《礼记》这一文本进行展开。通过对《礼运》等关键章节的检视，作者总结出了儒家礼制失败的主要原因：一方面，由于年代久远，先贤们所流传下来的礼制在后世无法得到恰当的执行，使得礼制本身的效应大打折扣。另一方面，随着社会的发展，人们面临着许多道德层面的新的挑战，而现存礼制的失败也有着非常复杂的成因。与此同时，人们对于"自我"的定位也发生了改变。在社会的变化中，是否对先前流传下来的礼制进行与时俱进的改变就成了早期儒家学者的一种焦虑，而这种焦虑进一步激发了儒家学者对礼制的不断思考与改革。

而作者在第二本著作《早期儒家思想中操守的脆弱性》中，同样对早期儒家思想中的礼进行了探讨。在书中，作者进一步对早期儒家思想中所体现出的各种道德困境进行了阐述。作者通过对《论语》《孟子》《荀子》等儒家文本的解读，驳斥了早期儒家思想中操守与德行是无坚不摧的这一理念。作者提出，早期儒家对于人性的观察中，就已经反思性地注意到了道德操守的潜在脆弱性。而这种脆弱性不仅体现在平民百姓日常生活所面临的道德困境中，还体现在儒家学者们在面对社会问题时不得不在保全个人操守与改变社会中做出抉择这一棘手的现象中。与作者的第一部著作相比较，《早期儒家思想中操守的脆弱性》更加侧重对伦理学中"脆弱性"的比较研究，同时也大量运用了礼制相关的文本，可以视为对《早期儒家中礼的功能性缺失》的一个延伸讨论。

作者在对礼制进行分析时，借鉴了西方伦理学与宗教仪式理论中的概念，也对《礼记》这一与儒家礼制最为直接相关的文本进行了细致的文本分析，在 Roger Ames（安乐哲）与 Philip Ivanhoe（艾文贺）等人的思想史研究成果之上填补了儒家礼制研究领域的一些空白。

三、礼制、礼文与礼俗：英文汉学界关于中国礼学研究的主要领域

普鸣、吴荣桂等学者巧妙借鉴了西方宗教学、伦理学的相关理论，从礼的社会功能和形式主义礼学的角度对儒家思想中礼的内涵做出了解读，并在理论的层面上对礼做出了概念性的探讨。除了对礼学研究中的理论框架的关注之外，英文世界有关中国礼学的研究还集中在礼制、礼仪文本和礼俗文化等具体课题。

1. 礼制

英文学术界较早而又最为系统地对家礼作出全面性研究的是西雅图华盛顿大学历史系的伊沛霞（Patricia Buckley Ebrey）教授，伊氏专长为中古时期的家族史和妇女史，家礼是其长期关注的学术领域之一。伊沛霞在家礼方面的代表作是 1991 年由普林斯顿大学出版社同时出版的《中华帝国的儒家与家礼》（*Confucianism and Family Rituals in Imperial China*），以及《朱子家礼》的英译本（*Chu His's "Family Rituals"*）。这两本书是姊妹篇，英文翻译精审、注解翔实，中文底本采用的是台北"故宫博物院"收藏的元代至正元年

（1341 年）《朱子成书》中收录的《家礼》。译者在附录中按时代先后逐一列举出了《家礼》在不同时期的刻本，以及宋至清末的 66 种改编本。译者在文献基础研究方面的研究随处可见，比如她在英译本中插入从其他礼书中征引的图片，以便于解释复杂的仪节，也在脚注中广泛征引《仪礼》《书仪》等相关文本中的文句和论述，以互相发明。

伊沛霞的学术贡献和着力点主要集中在文献爬梳和《家礼》在宋至清代流传的社会史考察两个方面，她的一些具体观点在今天可能已经成为学术界普遍接受的知识，但是在 90 年代初的英文学术界无疑是具有开辟性和前瞻性的。她对《家礼》的研究是置于礼仪对于维系中华文明的连续性所发挥的核心作用这一大背景之下的，但是这种连续性绝对不是一成不变的，在不同的时代，文本、作者、注释者以及他们所生存的社会环境之间的相互作用关系是她整个研究的重点关注对象。她的研究刻意超脱思想史研究范式下对儒家礼学思想核心概念的阐释，而是展示出了宋代以后的士大夫在推动《家礼》的正统化进程中的多重身份和角色，他们如何回应不同时代的社会需求，以及如何在礼（国家礼典）与俗（民间信仰）之间达成平衡的妥协，印刷术的普及所带来的刻本时代的挑战如何改变这种动态等一系列至今仍具有持续生命力的学术课题。

正如她在翻译本的导论一开头所提到的，当法国传教士傅圣泽（1665—1741 年）初到中国的时候，他发现《家礼》是当时民间社会中流行度仅次于《论语》的一本书。从唐代的《大唐开元礼》仅规定九品以上官员的官修礼制，到宋元明清渐次普及的各种家礼版本，中间经历了怎样的社会过程，这是作者要尝试探究的课题。围绕这一问题，作者提出了不少见解，比如她在结论中把《家礼》的社会实践归纳为儒学的"下行思想"（lower-order ideas）和"儒学实践"（Confucianism in action）。宋元明清官方学者的立场并不是像想象中的坚守三礼文本的传统而与民间士民形成对立，他们的立场其实相当灵活而且现实，而传统的道学士大夫们在推广家礼的过程中对于实际操作层面的用心绝不比他们在形而上的理论思辨方面的探究要少。相对于整个儒学和礼仪经典的传统，学者们受到自己时代的影响可能更大，以朱熹为例，他在修撰家礼的过程中其实在不少地方对民间流行的阴阳风水思想等小传统作出了妥协，只是在面对佛教礼仪时采取了相对坚定的态度。程颐、张载、朱熹、王阳明都在不同程度上对民间习俗保持了开放性，这也是诸如葬礼中的烧冥纸，婚礼中的奏乐等传统仪典未涉及的习俗逐渐进入家礼实践传统的原因。而社会习俗的影响在印刷本普及之后变得更加明显而直接，各种改编本的《家礼》直接面临市场上读者需求和选择的竞争，他们也努力迎合这种市场需求，推出更多简单化、实用化、与日常生活更接轨的《家礼》版本。作者甚至在全书结论中指出，儒家的礼制传统和西方基督教和圣经的传统不同，即礼制文本并不过度强调礼仪的神圣性或发挥人的伦理、宗教情感，而是集中在指导人们一步步地具体操作某个仪式。

在《中华帝国的儒家与家礼》一书的第七、八两章中，作者在考察《家礼》的诸种改编本和明清学者的学术态度时指出，清代政府虽然仍尊奉朱子的《家礼》为官方版本，但并未尝试将《家礼》的版本统一化或权威化，学者们批评现有版本的错误或是不能满足社会实际需求的情况是常见的，只不过他们提出自己反对意见的方式是通过对经典进行再解释，作出新的注释本或改编本。至于家礼的推广对于社会阶层的影响，作者认为要分两个方面来看。虽然礼制从根本上有构建和维护阶层差异的一面，但是礼制不只表达和加强社会分层，有时也会通过强调共通性（commonalities）而在实际结果上（未必是有目的的）消弭社会等级差异。另外，随着家礼的普及，普通民众也开始模仿经典中记载的过去只有贵族才能使用的礼仪形式，社会小传统的习俗也不断地向上浸染，最终成为官方认可或默许的传统。在社会分化方面，作者认为《家礼》唯一明显加剧的社会分化是性别差异，多种不同形式的礼制都规定了男女在仪式环节中明显不平等的绝色地位，这种地位不仅反映了，更加强了他们在日常社会生活中的性别不平等的实际。

总之，伊沛霞对《朱子家礼》的研究，无论从宏观视野，还是在具体论证上，都作出了里程碑式的典范，是研究中国近世社会的历史、哲学史和社会史的学者应当参考的书目。延续这一研究思路，对晚期帝国的实用性《家礼》类文本进行探讨的还有 Kai-Wing Chow（周启荣）教授的论著《中华帝国晚期儒学礼教思潮的兴起》（*The Rise of Confucian Ritualism in Late Imperial China：Ethics，Classics，and Lineage Discourse*，2013）。周启荣教授认为清代考证学兴起的一个大背景是儒学的一个重要转化，即礼教思潮（ritualism）的兴起。具体反映在三个方面：儒家道德论从本体论的心性问题转而强调通过礼的道德功夫对心性的塑造；儒家的经世论从透过政府管治转移到重视士绅阶层对社会基层秩序的控制；儒家"净化"主义强调对古礼的研究与恢复，同时重视古礼的研究对于建立宗族秩序的指导意义。这三个领域的转向都促进了学者对礼学的重视，比如，《朱子家礼》的宗法理念为清代的收族运动提供了理论建构，促进了宗族的发达。清代的礼学研究从一兴起就具有现实政治社会的关怀，研究的方式则是"考礼"（重视制度和礼之例）而非单纯的"注经"，而且多受到《朱子家礼》和《仪礼经传通解》的启发。乾嘉时期的经学家和礼学专家还大多参与到了族谱的修撰和家礼的修订等具体实践中。

2. 礼仪文本

礼仪文本的研究是英文世界礼学研究的另一个主要领域。这里所说的礼仪文本不仅包括《礼记》《周礼》等系统性的礼学经典文献，还包括广义的文学、宗教及历史叙述中涉及礼仪与政治表达及文学修辞等范畴的文本。礼仪文本研究中，最具代表性的包括美国普林斯顿大学东亚系教授柯马丁（Martin Kern）的《秦始皇石刻：早期中国的文本与仪式》（*The Stele Inscriptions of Chin Shih-huang：Text and Ritual in Early Chinese Imperial Representation*），以及柯马丁与本雅明·艾尔曼教授共同主编的《经世治国与古典学问：东亚历史上的周礼》（*Statecraft and Classical Learning：The Rituals of Zhou in East Asian History*）这两部著作。

柯马丁教授的《秦始皇石刻：早期中国的文本与仪式》则是一部着眼于秦代，以秦始皇刻石为切入点，用物质文化进行秦代礼仪文化研究的论著。该书的中文译本被纳入上海古籍出版社的"早期中国研究"丛书，于 2015 年出版，已在中文学术界引起关注。全书分五章，第一章为导论，第二章是对第一手资料秦代泰山、琅琊、会稽等七个石刻文本的翻译与文本分析，第三章把刻石现象放在秦代整体性的礼仪体系中，第四章和第五章尤为重要，分别是对铭文的结构分析和历史性阐释。

全书的结论和落脚点体现在终章，用作者自己的话说，"本书的研究也属于这一类型的'疑古'研究，认为两千多年来居于主流的常规秦史观如今也经不起检验。比起其他证据来，石刻铭文更能说明秦王朝对政治合法性的诉求与表达，都是具有高度传统主义的"（中译本，第 172 页，以下引文皆同，不再出注）。作者首先把石刻铭文作为整体视为"礼仪化政治表征语境中的一种传统手段"（第107页），并用文本细读的方式分析其中的"仪式语言"（ritual language，第134页）。作者指出，仪式语言的目的不是要让读者知道具体发生了什么，重要的是"我们想要记住什么"。仪式语言还具有"固定化"和"规范化"的特征，这些特征强化了仪式语言的权威性，也必然地限制了语言的多样性，使仪式语言具有模式化的组合方式和形式主义（传统性）、套话（刻板僵化）、凝练（融合）、冗赘（重复）的特征。作者还通过细腻的文本分析（字词、句式和语法结构和韵脚字等），指出秦始皇石刻铭文与周代铜器铭文在形式与内涵上的延续性与一致性，以及其中所隐含的礼仪活动中各不同角色参与者的声音。作者还特别强调了这类文本的口头流传性质，认为它们"利用了一个共同的、一般较易辨认的、现成的礼仪语言库，这些礼仪语言不仅（或许更少地）保存在书面文本中，而且还通过不断教习的口头实践而保存下来"（第84~85页）。作者认为，口头表演与书面文本一样都是制度化记忆的一种方式。

除了文本分析，作者还从史籍中勾勒出蛛丝马迹，尝试证明秦代曾经存在一个复杂的礼乐文化传统，紧承两周与春秋战国的秦国文明，所谓秦代暴政下的"礼崩乐坏""书缺简脱"是汉代人为了自己的王朝合法性而建构出来的对秦的认识，经不起石刻铭文与宗庙颂歌这些第一手证据的检验（第166页）。作者首先指出传世与出土秦公礼器与西周以来的礼器传统之间的一致性，进而指出秦代文化的复古倾向。在传世文献方面，由于《史记》原本可能保存秦代礼乐资料的《礼书》《乐书》很早就佚失，而《史记·封禅书》只提供了秦祭祀宇宙神灵的简要轮廓（第161页）。但秦代礼仪文化在汉初的强势存在还是可以看到蛛丝马迹的，比如直到公元前38年，汉朝廷还继续使用秦代延续数百年的礼仪中心雍邑。再比如成于高祖时期的《安世房中歌》等宗庙乐歌中显见的对周代经典文化的继承，应当被视为建立在秦代的文化中继基础上。作者认为，秦石刻与汉初宗庙颂歌之间的相似性不值得惊讶，毕竟叔孙通等为汉代建立礼乐传统的大儒也曾效力于秦廷。

作者还从学术史的角度批判了秦始皇"焚书坑儒"的刻板认识，这一认识始于贾谊《过秦论》和《史记》对秦始皇和秦代政治的刻画，但其中一个重要原因就是司马迁未能在其史书中给予这些在当时即已著名的石刻铭文以恰当的位置。作者认为，"至少就后世史学体例而言，它们应置于作为帝国统治象征性核心的礼乐志。相反，我们看到这些铭文被置于《秦始皇本纪》。这种错置，以及其周边总体从修辞学上看堪称'人身攻击'的故事，显示了在涉及皇帝作为个人的帝王与作为制度的帝王时，史学上的冲突"（第146页）。最后，作者尝试对石刻铭文记载的秦代与传统史书书写的秦代之间的矛盾作出解释，所谓"焚书坑儒"的历史记忆本质上是一种摧毁竞争性的历史档案，借此统一官方历史记忆的手段，对非官方学术的强令禁止则确保了帝国权威凌驾于书面传统之上。禁制是整个统一方案的组成部分，如同石刻铭文对传统的频繁指涉显示了传统处于帝国的控制之下。从这个角度看，创制高度传统的铭文与焚书之间，不再自相矛盾，而是面向政治文化统一与帝国权威的同一驱动力的互为补充的两个方面（第178页）。

《经世治国与古典学问：东亚历史上的周礼》是一部对《周礼》进行综合性研究的论著。该书共有十三章，每个章节由一位作者负责。作者群体阵容强大，许多都是当今欧美学界一线的东亚文化研究专家。全书的内容和主题跨度也很大，从《周礼》自身的文本性质解读，到《周礼》在中古时期文化史上的地位，直至晚清《周礼》学对清代政局的影响，甚至还包括古代日本和韩国学者对《周礼》的研究和阐发等，主题跨度在时间和空间上都达到新的高度。

全书大致按照时段顺序分为四编。第一编共四篇文章，首篇作者是加州大学洛杉矶分校的史嘉柏（David Schaberg）教授，主要观点受到中国学者金春峰影响，认同《周礼》的成书时间是在秦代，标题中的"周"是周备之意而非周代，汉代学者才开始把它与周公联系在一起。作者认为，作为秦代的政治蓝图，全书反映了秦代力图建立一个强有力的中央政府，并在全国范围内实现信息和贸易交换体系的政治理想（a comprehensive system for knowing and governing），作者还借用亚里士多德对古希腊"政体"（politeia）概念的定义，认为《周礼》在某种意义上是一种"君主政体对于内部权力和政治义务的合理分配方式"。柯马丁的文章梳理了《周礼》中各层级的"史"这一群体，并从这一角度指出，尽管《周礼》中充满战国甚至西汉早期的文本痕迹，但是其中包含西周时期是真实准确的。戴梅可（Michael Nylan）的文章主要分析了战国时代的文本对周公形象的塑造，这些文本所描绘的周公并不是一个传统"儒家"的形象，而是一个充满权谋的法家官员的形象。普鸣提出王莽之所以重视和支持《周礼》，主要原因在于《周礼》赋予了王莽想要建立一个强力的中央集权政府的理念以正当性。

第二编主要集中在唐宋时期。剑桥大学的麦大维教授详细勾勒了《周礼》对唐代的影响，尤其是与《周礼》紧密相关的《大唐六典》对于唐代政治发挥的重要作用。包弼德讨论了王安石对《周礼》所作的注解，对于王安石来说，《周礼》对于政府组织作出了最优化的设计，只有深刻理解了《周礼》的内在理念，才有可能在现实政治中发挥这部经典的功能。宋在伦（Jaeyoon Song）则分析了南宋时期的《周礼》注本，不同于王安石的解读，南宋时期的注释家认为《周礼》实际上倾向于支持地方政府的自治和自主权，以及少量的政府官员通过各种临时性职务的差遣完成多样性的政治职能和社会教化的工作。

第三编的内容超出中国的范围，探讨《周礼》在东亚其他地区的历史影响。Kate Wildman Nakai 回顾了德川幕府时期的日本水户学派思想家对《周礼》的爱好，因为他们认为这部经典认可一种去中央集权化的政策，尤其是其中提到的文武职能兼备的官员符合这一时期的日本武士群体的形象。金滋炫（JaHyun Kim Haboush）考察了17世纪韩国新儒家尹镌（1617—1680 年）对周礼的研究，他提出政治的权威应该集于宰相一职，这样才能有足够的力量对抗当时刚刚兴起的清王朝。

在第四编中，艾尔曼注意到明太祖曾经根据《周礼》的政治理念设计了明代政府的组织，尤其是乡村地区的控制体系。到了明末清初时期，尽管《周礼》已经失去了它在政治上的意义，但是学者们开始普遍认为《考工记》一篇反映了中国早期的技术工艺的发展情况。在最后一章中，德国学者瓦格纳考察了18世纪清代革新家对《周礼》的阐释和运用，《周礼》为他们提供了一种田园牧歌式的前王朝时期中国的理想范本。清代的改革者们还尝试将《周礼》与西方现代政治理念与政府构造结合起来，以达成自己的政治理想。

全书的主要贡献在于其宏观的视野和多学科的交融，可以看作一部《周礼》的接受史以及它在整个东亚的政治史和文化史上的影响。《经世治国与古典学问：东亚历史上的周礼》和《秦始皇石刻：早期中国的文本与仪式》两部著作向我们展现出了海外中国礼学研究中对文本的精细解读和对物质文化等跨学科研究方法的巧妙运用。通过对文本的诠释和对历史语境的分析，展示了文本、思想和历史三者之间的关系，并以独特的视角来解读礼仪文化与历史社会的互动。

3. 礼俗

如果说礼制和礼仪文本更多地反映了中国思想史和政治文化传统中礼的重要地位的话，礼仪习俗的研究则为我们提供了观察中国社会史和地方社会的独特视角。英文学术界对于中国礼俗的研究主要集中于丧礼研究和祭祀仪式研究两大方向。这其中，从事丧礼研究的学者更多地关注丧礼和早期中国政治文化的关系，而对于祭祀仪式的研究，则侧重于祭祀仪式与地方信仰的互动，祭祀在历史上发挥的社会学意义等。

丧礼研究中最具代表性的是密歇根大学教授 Miranda Brown（董慕达）的《服丧与早期中国的政治文化》（*The Politics of Mourning in Early China*，2007）一书。董慕达从丧礼与政治文化的角度指出了一个有趣的现象：东汉时期的史书和墓志记载显示，相较于父子关系，这一时期的士大夫更多地强调儿子对故去的母亲的孝（称之为"私恩"），并且不遗余力地展示这种孝心。她通过统计数据指出，东汉时期的士人为母亲服丧、安葬的记载数量是父亲的 2.5 倍，不少东汉人通过这样做来建立自己的社会声誉。如何解释这种与经典记述、礼制（比如丧服有斩衰、齐衰之别）规定和对当时社会的一般认识似乎相违背的情况？作者通过梳理战国秦汉的文献，指出子女与父亲的关系和与母亲的关系之间在思想史和政治文化上的差异，前者被视为公领域范畴，属于君臣关系的延续（至尊），而后者则是私人情感的极致（至亲）。东汉人对母亲居丧的极致描写实际上是在表达他们对政治义务的疏离态度，与之相关的另一历史背景是东汉时期开始兴起的士大夫家族势力的地方意识。以"母子关系"为突破口，作者还探讨了当时更多样化的人物关系（同僚、朋友、宾客等）和居丧文化，并反思了以韦伯为代表的对中国传统社会"君父一体"和父家长制的刻板认识。

在《服丧于早期中国的政治文化》之外，德国学者 Joachim Gentz（耿幽静）的论文《同处一室：早期中国丧服中所体现出的仪式准则》（Living in the Same House：Ritual Principles in Early Chinese Reflections on Mourning Garments, in *Ritual Dynamics and the Science of Ritual*（Book 1），ed. Axel Michaels, Weisbaden：Harrassowitz, 2010, pp. 373-398.）亦着眼于丧礼，探讨了为什么《丧服》类文本（包括《礼记》的《丧服小记》《丧大记》《丧服四制》等）在所有的礼学相关文本中受到最多关注，他提出一个假设：因为《礼记》其他篇章的主要阅读和使用对象是礼仪专家，而《丧服》类文献的读者受众群体更大，任何人遇到丧服的问题都可以查阅咨询。也就是说它要能够向普通人解释清楚具体的仪节，因而具备读者群体上的多样性。Gentz 的论文还对《丧服》类文献逐一作了说解与文本层次上的分析，应该是西方学者阅读这类文献的入门指导。

相比丧礼的研究，祭祀研究领域获得了更多的关注，研究的视角也更为多元。其中，剑桥大学的胡司德（Roel Sterckx）教授在《早期中国的食物、祭祀和圣贤》（Sterckx, Roel, *Food, Sacrifice, and Sagehood in Early China*, Cambridge：Cambridge University Press, 2011）一书中对早期中国的食物与祭祀仪式做出了多方面的探讨。刘永华用区域研究的方法在《礼仪下乡：明代以降闽西四保的礼仪变革与社会转型》一书中应用人类学、历史学、文学等多学科的理论框架解读了礼仪是如何在中国传统社会的近代变迁中发挥其独特作用的。这两本代表性的著作都很好地融合了多学科的研究方法，研究角度新颖，值得借鉴。

在《早期中国的食物、祭祀和圣贤》（该书的中译本于 2018 年由浙江大学出版社出版，译者为刘丰。译文精准，以下多采用中译本的词汇）中，胡司德教授向我们展现了古代中国食物与祭祀仪式密不可分的关系（集中在第三、五两章），与其早年的另一代表作《古代中国的动物与灵异》在研究思路上的一贯之处就是在于，二者都是通过祭祀礼仪将动物或食物与鬼神世界联系起来，因此可以说，祭祀礼仪是贯穿作者整个研究的核心。

该书最大的特点在于，与其他许多对中国古代祭祀仪式的研究相比，胡司德强调了祭祀仪式中全方位的嗅觉、味道、声音和视觉等多种感官功能的综合性（p. 107-108）。人与神灵世界的沟通存在多种管道，通过仪式进行沟通的微妙性和复杂性就体现在这多种感知方式的综合性之上。而普通人对于这多种感官的把握和运用是不全面和不够精细的，只有圣人和专职的巫祝卜史才具备最全面的感知能力。从这一意义上讲，圣人所具有的超强的耳目鼻口的感官机能，正是其为圣（sagehood）的品质的重要部分，并且这一品质特征与其政治和道德上的品质是相通的。作者从食物作为人类与鬼神世界沟通交流的方式开始，层层推进，提出了一系列新见解。比如，作者认为之所以在祭祀的时候崇尚"玄酒"（水）和无味的"大羹"，除了因为它们更质朴，还因为它们从味道上更不容易为常人所把握，而感知能力非凡的巫祝和鬼神则能够掌控它们，而仪式和"礼的权威有时候就来源于对超感知形式的掌控"（中译本，第 159 页）。一方面，感觉上的模糊性决定了祭祀的影响力与神秘性，另一方面，正是要通过制造模糊性才能把祭祀和日常生活区别开来。用作者自己的话说，"祭祀仪式就像是一个临时的舞台一样，它连接了经验的世界与非经验的世界"（中译本，第 158 页）。

作者在第五章还讨论了有关味道与圣人的道德品质之间的譬喻，指出人和食物在色香味的物质层面的特征与其道德直觉之间的联系性。圣人之所以具有超凡的感知能力（视、听、道德敏感性等），因为他就是神灵的超级感官能力的延伸，同时在整个社会结构中，君主也可以视为整个社会的感觉器官。而礼的功能就在于荀子所提出的"养"，礼以符合天地规则的方式让物质财富成为君主合适的供养，也提升了君主的各种感知能力，感官欲望的养护与道德修行在本质上是一致的。但是作者的诠释也存在偏差之处，比如在第 192页引用《白虎通》"故水清无鱼，人察无徒，明不尚极知下"一节，这里是在讨论天子以纩塞耳和垂旒遮目的原因，是为了主动限制自己的眼目，"不视邪，不听谗"，也是给臣下一定的犯错空间。但是胡司德教授在阐述此段时认为这是为了使君主不沉溺于声色等感官享受。

除了食物与感官，祭祀与道德方面的综合讨论，作者在导论中回应了普鸣（Michael Puett）教授对中国古代思想中人神世界之间存在连续性的解构，胡司德认为这种质疑富有启发性，但不能过于绝对，作者有关食物的研究就是沟通人神世界的一个例证（见导论，p. 8），正如鬼神祭祀可以被视为人类生活中的烹饪与饮食的延续（p. 83）。作为对比，作者讨论了基督教传统中的"圣餐"的概念，通过味道可以消除礼仪世界与自然社会之间的界限，也可以消除人与神之间的界限。在讨论祭祀本质时还借用人类学的"礼物"的理论，把祭祀的过程当作礼物交换仪式，并称之为"沉默的交易"（silent trade，p. 109）。另外，该书第四章的"祭祀与经济"（economics of sacrifice）视角也较为新颖，讨论了围绕祭祀而展开的征用祭品、分配使用、职官系统等一系列社会经济的消费活动。作者把遣册、买地券、明器等陪葬品也归入这一范畴，还回顾了早期文献中关于履行礼的义务与经济消费之间复杂关系的讨论。

而刘永华的《礼仪下乡：明代以降闽西四保的礼仪变革与社会转型》的中文版本是在英文著作的基础上改写而成的，本文以最新版的中文本为主，对全书进行总结与介绍。该书是一部多学科融合的典范性著作，既有文本解读、理论分析，也包含人类学田野调查。该书的研究课题虽然本质上属于区域研究，集中在明清时期福建西南部的四保地区，但是作者把它放置在整个明清乃至近世社会变迁这一宏大的历史背景之下，向上接续到中古以前所谓"礼不下庶人"的历史传统，从社会文化深层结合唐宋变革以及宋元明过渡，体现了作者同时作为历史学家和人类学家的训练。

该书的主要史料除了较为常见的方志和作者搜集的族谱之外，还有当地礼生实际使用过的礼仪文本，记载各项仪式活动所用的账簿，以及家族分家析财的分关，现场调查所得的口述史料和仪式表演更是补充和丰富了文字资料（p. 29-30）。相较于以往研究多以《家礼》为中心的做法（比如伊沛霞的研究），该书把更实用性的礼仪手册纳入史料范围，从而能得以窥见乡村仪式在实践层面的操作性和真实性。该书末尾的众多可供参考的附录，是作者对各种史料吸收和处理的结果，可以直观地反映作者的材料依据。

该书提出了一系列的新见，值得学界思考与借鉴。在具体内容方面，有关明清时期"礼生"的社会文化史研究，作者有首创之功，甚至开启了一种研究范式。比如，笔者注意到学界近来有关于明清时期的"阴阳生"的研究，从问题意识和研究思路上或许就受到"礼生"的启发。就大的思想理论框架方面，作者多次指出，以往学界将地方文化与儒家思想二元对立的观点，已经成为理解近世社会的障碍（p. 23）。而作者努力呈现的，是礼仪如何通过发挥中介（mediation）的作用，从而沟通地方文化与精英文化的。虽然该书的中文标题"礼仪下乡"似乎暗示了一种方向性，但是作者借鉴年鉴学派的概念，认为礼仪进入乡村和普通民众世界的过程是一个文化合成（cultural hybridity）的过程。也就是说，作者否定了那种认为儒家礼仪通过自上而下的单向度的强力推行从而基层征服地方文化的认识，展示了这一过程的复杂性和多向性，即儒家礼仪与佛、道以及地方信仰之间互相借用，彼此影响和融汇，共同塑造了明清乡村社会的思想与仪式生活。作者研究的深刻之处在于，通过礼仪下乡的过程呈现，把它的影响从思想和仪式层面扩展到社会、经济领域的变化。地方宗族的出现是明清社会最重要的变迁之一，作者指出了宗祠的修建、族谱的编纂和祭祖仪式对于宗族组织实体化的重要影响。

四、礼学研究的多元视角

以上所述的礼制、礼文和礼俗三个领域大致代表了英文世界有关中国礼学研究的主要方向。除此之外，近代以来的中西交通这一文化背景下所带来的中西礼仪文化的碰撞也受到海外学者的关注，其中最著名的或许当属比利时汉学家 Nicolas Standaert（钟鸣旦）的著作《礼仪的交织：明末清初中欧文化交流中的丧葬礼》（*The Interweaving of Rituals*：

Funerals in the Cultural Exchange between China and Europe, Seattle：University of Washington Press，2008）便是一个极好的例子。

《礼仪的交织：明末清初中欧文化交流中的丧葬礼》（中译本的译者为复旦大学的张佳教授，出版于 2009 年）一书从 17 世纪中国丧礼的变化入手探讨中西礼制的碰撞和中西文化的近代互动。他同时参考中西两方面的资料记述（如《临丧出殡仪式》等文本），尝试超越欧洲中心或者中国中心的立场，从"文化互动"的模式解释这一变化，探讨中西礼仪传统的碰撞对中国葬礼的影响。在 16 世纪之前，中国和西方各自有本土的传统葬礼仪式，传教士进入中国之后，天主教徒在葬礼的态度上经过了一个变化的过程。从一开始坚持严格的天主教葬仪，到对礼仪规范进行修订，最终实现本土化，并创制了中国式的天主教葬礼。这一礼仪变化一方面确认了他们作为天主教徒的身份，同时也使他们能够很好地融入中国社会而展开传教工作。传教士们在这一礼仪变化的过程中同时展现了包容性（丧礼作为传统"家礼"的基本仪节得到保留）和排他性（如佛、道的仪式，祖先牌位上的神灵以及供奉食物等）。

作者认为，截至这一时期，中国人在中西文化交流中占据主动甚至支配地位，一个明显的指标是在中国的传教士都需要学习中文和中国典籍而不是反过来，就该书所研究的丧葬礼仪的变化来看，中国人也是主要的推动者。根据作者对 17 世纪末在广州草拟的葬礼决议所作的文本分析，作者指出一个与通常认识不大相符的现象，即一向被认为更关注思想正统性的天主教士其实对具体的宗教实践非常重视，与之相对，中国当时的统治者（康熙皇帝）则更关注思想的纯正而非实践的正统性。

作者对方法论的反思进行了很深入的思考和系统的总结，适用于所有研究中西文化交流的案例。作者所归纳的四种框架分别是：从文化扩散角度出发的传播式，从文化接受者的角度出发的接受式，关注双方立场和话语建构与诠释的建构式，以及互动与交流的模式。该书的标题"交织"（interweaving）正是对互动交流模式的形象譬喻，它的基本预设是：礼仪正是由不同人群接触的多样性构成的。该书的研究还延伸到中国传统礼仪与宗教的总体性特征的问题。由于中国的传统礼仪通常被视为"儒家传统"的内涵，而儒家可以被视为一种"弥散型"宗教（相对于天主教等"制度型"宗教而言，译名参考中译本）。这导致的一个结果是，那些由世俗信徒举行的非教会礼仪（作揖、叩头、上供等中国世俗礼仪）在中国天主教徒的生活中成了最重要的部分，继续沿用《家礼》的规范，而天主教制度型宗教的礼仪（如祈祷、洒圣水）部分由传教士主持，真正被剔除的只有一些被视为"邪礼"（如烧纸钱）和中国本土的制度型宗教的礼仪（如佛教的诵经文）的部分。

而礼学研究的学科，也不局限于人类学、社会学和历史学中。哥伦比亚大学的商伟教授从文学的角度探讨了《儒林外史》中泰伯礼相关叙述所反映出的 18 世纪文化转折。商伟在《〈儒林外史〉与十八世纪的文化转折》中用精湛的细读方法，考察了《儒林外史》中反映出的嘉乾礼学的知识生产、实践及功用，探讨了考据学背后知识的分化、衍生和重构。不但是一部文人章回体小说研究的著作，更是一部从思想史、文化史视角探讨明清时期礼学学术史的巨著。除上述论著之外，佛教学者 Robert Sharf 和欧洲历史学家 Geoffrey Koziol 也分别对礼学研究在历史学中的具体应用进行了理论性思考，Sharf 在 Catherine Bell 的基础上对礼学的几种流行模式进行归纳和分析，从心理学和宗教学的角度解读了宗教仪式中神圣性的来源，并进一步在禅宗的历史发展中解读了仪式、宗教和传统的关系。Koizol 主要结合中世纪天主教的传统，对礼仪的社会功能作了辨析，用详细的历史事例说明了西方礼仪的虚构性质和功利主义的特点，由此凸显出中国礼仪与西方礼仪的神圣性区别，为读者们提供了比较宗教学的独特视角。

五、结　语

本文选取了一批比较有代表性的中国礼学研究的英文著述，着力呈现其主体内容、研究思路和方法，并尝试勾勒英文世界有关这一课题的研究脉络。总体来看，英文学术界对中国礼学的研究在范围和广度上还存在很大发展空间，中文学界长期处于主流地位的例如有关礼经的文献考证以及各具体礼仪的复原研究，在英文学界中很少看到。但英文学界的中国礼学研究也有其显著特点，比如特别注重理论性思考，这当然得益于西方人类学和宗教学领域固有的对仪式的长期理论探索。另外，英文学术界对礼学研究的外延与传统中文学界不尽一致，例如，"礼仪文本"和"礼仪空间"等概念的提出，实际上扩展了礼学研究的范围，把一些原本看起来不属于传统礼学研究领域的对象纳入礼学研究。再有就是并不令人意外的比较文明视野下的礼学研究时而可见，这些都为我们提供了不同的研究视角和跨学科的理论框架。特别要指出的是，海外华人学者群体的研究和近年来突飞猛进的海外汉学著作的翻译，对于中外学术交流和互相借鉴起到了很大的促进作用。

需要说明的是，本文的概述还只是非常初步的尝试，作者深知在很多方面都存在不足。首先是文献的搜集就难免存在挂一漏万的现象，短时间内不容易把散落在各研究领域的礼学论著都纳入进来。当然更主要还是由于作者自身能力所限，对于礼学理论的把握可能存在偏差，尤其是对于搜集到的文献的阅读和消化不足，很难对整个学术面貌有全面和精准的呈现，管窥锥指、郢书燕说之处恐比比皆是。作者衷心希望的是，至少文末所附的参考文献能够成为学界对此一领域存有兴趣的读者按图索骥的工具，相信未来随着对英文世界礼学研究的逐步了解而最终使这些文本也成为中文读者耳熟能详的常识。作者也会持续关注这一领域的进展，随时准备修正和增补现有的认识。

（作者单位：美国加州大学伯克利分校东亚系）

近百年来《庄子》年代、作者研究之回顾与反思[*]

□ 李　锐　王晋卿

辨析《庄子》各篇的年代与作者是《庄子》研究的基础。自郭象注《庄子》后，郭注三十三篇本广泛流传，苏轼始对《让王》《盗跖》《说剑》《渔父》四篇提出怀疑[①]。此后，一些学者继承并发展了苏轼的意见，他们考辨了《庄子》外、杂篇的部分篇章，方法主要是"从《庄子》散文艺术的特点出发，以品评文学属性的辨析形式为主，辅之以义理分析及其他方法"[②]。由于其方法的主观性偏强，因此成果有限，但也丰富了对《庄子》篇章的认识并为此后的反思奠定了基础。

近代以来，学者对《庄子》各篇章进行了更深入的探讨，突破了传统学人考辨的局限。传统学者重在辨伪，且考辨主要针对外、杂篇。近代学者重在辨明年代、作者，然后将相应篇章置于思想史、哲学史的脉络中加以考察，而且突破了内篇与外、杂篇的界限，考证过程中也多有方法论的自觉。

本文主要从方法与论据的角度对以往研究进行检讨。学者考证《庄子》年代、作者的依据大体可归为四类[③]：（1）特定词汇；（2）文本中出现的人物、事件；（3）《庄子》各篇章之间或与其余文本之间的"同文"；（4）出土文献。此外，亦有学者根据《庄子音义》崔、向、司马注的分布来推测五十二篇本《庄子》原貌，这与年代、作者问题也颇为相关。

---

* 本文得到上海市教委科研创新重大项目"出土四古本《老子》综合研究"（57）、上海 085 社会学学科内涵建设科研项目、北京师范大学"学术思想专题研究"（201904）科研基金的资助。

① 苏轼：《庄子祠堂记》，张志烈、马德富、周裕锴主编：《苏轼全集校注》第十一册，河北人民出版社 2010 年版，第 1085 页。《南华真经评注》载韩愈、王安石对相关篇章皆有怀疑，据刘海涛考证，韩、王评语来自陆西星《南华真经副墨》，参刘海涛：《〈南华真经评注〉伪书相关问题考论》，《图书馆理论与实践》2014 年第 2 期。

② 罗彦民：《清代〈庄子〉考证研究》，中国社会科学出版社 2013 年版，第 293 页。

③ 依据思想、文风辨析《庄子》篇章也是一个重要方法，但这一方法受制于学者的立场、眼光，难以得到广泛认同。因此，本文重在总结、评析非思想、文风类方法的运用及相关结论。

一、由特定词汇辨析年代、作者

文本中常有一些特殊词汇，这些词汇或带有时代特色，或体现作者风格，或在该文本中有特殊用法。在《庄子》考辨中，古今学者找出了一系列词汇对相关篇章进行辨析。

1. 所谓特定时间出现的词汇

《天地》"尧观乎华"章有"上仙""白云""帝乡"等三词，姚鼐认为"上仙"是"秦以后人语"①，吴汝纶认为"白云""帝乡"两词"亦非雅词，周秦人无比"②。《天道》"天道运而无所积"章有"素王"一词，"孔子西藏书于周室"章有"十二经"一词。姚鼐认为"素王、十二经，是汉人语"③。《天运》"孔子谓老聃"章有"六经"一词，黄震认为："'六经'之名始于汉，《庄子》书称'六经'"，故《庄子》"未尽出庄子也"。④ 该篇"孔子西游于卫"章与"孔子见老聃归，三日不谈"章提到了"三王五帝""三皇五帝"之说，罗根泽据此认为《天运》一篇迟至汉代完成。⑤ 《秋水》首章云："五帝之所连，三王之所争"，张恒寿认为"运用'五帝'一词的文章，可能在庄子以后"⑥。《外物》"任公子为大钩巨缁"章有"县令"一词，吴世尚认为"县令"二字在秦后。⑦《盗跖》"子张问于满苟得"章有"宰相"一词，林希逸认为"战国之时未有称宰相者，此为后人私撰明甚"⑧。《则阳》"孔子之楚，舍于蚁丘之浆"与《列御寇》"吾尝食十浆"两句中有"浆"字，张恒寿认为"浆"字作售浆家的称谓在他书中少见，故称之为"先秦色彩"。又认为《列御寇》"敦杖蹙之乎颐"句中的"敦"字、"曾不发药乎"中的"药"字的用法皆在先秦。⑨ 《天下》篇有"邹鲁之士"一语，钱穆认为"邹鲁"指孔孟之家，并据此认为《天下》晚出⑩，等等。

上述判断现已基本不被学界接受：其一，论者对部分词的时代把握有误，如"县令"于秦统一六国之前已经设立，"宰相"一词也见于《韩非子·显学》；其二，一些说法纯属猜测，如"上仙""白云""帝乡"之类；其三，一些词可以有不同解释，如《天下》

---

① 姚鼐：《庄子章义》，严灵峰编：《无求备斋庄子集成续编》第 35 册，台湾艺文印书馆 1974 年版，第 136 页。

② 吴汝纶：《庄子点勘》，方勇编纂：《子藏·道家部·庄子卷》第 125 册，国家图书馆出版社 2011 年版，第 86 页。

③ 姚鼐：《庄子章义》，严灵峰编：《无求备斋庄子集成续编》第 35 册，台湾艺文印书馆 1974 年版，第 149 页。

④ 黄震：《黄氏日抄》卷五五，《景印文渊阁四库全书》第 708 册，台湾"商务印书馆"1986 年版，第 401 页。

⑤ 罗根泽：《庄子外杂篇探源》，《诸子考索》，人民出版社 1958 年版，第 290~291 页。

⑥ 张恒寿：《庄子新探》，湖北人民出版社 1983 年版，第 185 页。

⑦ 吴世尚：《庄子解》，《丛书集成续编》第 76 册，上海书店 1994 年版，第 488 页。

⑧ 林希逸著，周启成校注：《庄子鬳斋口义校注》，中华书局 1997 年版，第 475 页。

⑨ 张恒寿：《庄子新探》，湖北人民出版社 1983 年版，第 283 页。

⑩ 钱穆：《庄子纂笺》，九州出版社 2011 年版，第 266 页。

篇的"邹鲁",成玄英、陆德明、马叙伦、王葆玹等学者皆认为"邹鲁"指孔子家乡①,刘建国、刘笑敢、罗彦民诸先生曾对这些问题进行过部分总结②,可参看。

2. 所谓庄子特用的词汇

杨树达在《大宗师》"嗟来桑户乎,嗟来桑户乎"句后说:"庄子恒用'来'为语己词(引案:'己'当为'已'),《人间世》篇云:'尝以语我来',又云,'子其有以语我来',与此'来'字皆是。"③ 刘笑敢认为《庄子》内篇以"来"作为语末助词有三处四例,外杂篇中仅一次,且以庄周引语出现;又认为《庄子》内篇使用"游""逍遥"的频率是外杂篇的1.8倍。故"来""游""逍遥"皆为庄子的独特用语,是庄子自作的证明。④ 李大华认为杨树达的说法"仅仅可以说明庄子在这两篇里面所形成的独特表达句式,但并不能作为普遍的有效模式"⑤。实际上,周策纵已经指出在公元前4世纪"来"字作为纯粹的助词见于多种典籍⑥,因此,"来"字未必是庄子独特用语。笔者之一曾指出内篇使用"游"字频率多,这能不能说明其比外、杂篇更代表《庄子》的特色,仍是可怀疑的。⑦

张恒寿指出《齐物论》中的疑问系词,都用"恶乎""恶""庸讵"等词,《则阳》"桓公问管仲"章,亦用"恶乎",而《淮南子》《吕氏春秋》引相同语句时,都将这些词或删去,或改动,《秋水》末章"安知鱼之乐""安知我不知鱼之乐""汝安知鱼乐"都用"安"字而不用"恶乎""恶"字,说明这是稍后《齐物论》之作⑧。即使这些词如张先生所说体现了庄子用语的特色,但不能排除庄子弟子或学庄者也在使用这些词,更不能说庄子只用这些词。再者,按照张先生的理解,《人间世》前三章非庄子所作⑨,但是其中却又用了"庸讵""未始"以及当"何"字用的"恶"字,于是张先生只好说:"这三章思想作风虽和《庄子》内七篇迥别,但在语词方面,还有一些和宋、楚一带文风

---

① 郭庆藩:《庄子集释》,王孝鱼点校,中华书局1961年版,第1068~1069页。马叙伦:《庄子义证》第三十三,《民国丛书》第五编,上海书店1996年版,第2页。王葆玹:《黄老与老庄》,中国人民大学出版社2012年版,第204页。

② 刘建国:《中国哲学史史料概要》,吉林人民出版社1983年版,第173~175页。刘笑敢:《庄子哲学及其演变》(修订版),中国人民大学出版社2010年版,第65~69页。罗彦民:《清代〈庄子〉考证研究》,中国社会科学出版社2013年版,第242~294页。

③ 杨树达:《积微居读书记》,上海古籍出版社2006年版,第156页。

④ 刘笑敢:《庄子哲学及其演变》(修订版),中国人民大学出版社2010年版,第36~37页。

⑤ 李大华:《自然与自由——庄子哲学研究》,商务印书馆2013年版,第43页。

⑥ 周策纵:《说"来"与"归去来"》,《周策纵作品集2·文史杂谈》,世界图书出版公司2013年版,第96~97页。

⑦ 笔者之一指出,按照刘笑敢的讲法,外、杂篇中的"来"字是出现在庄子语之中的,若此则外、杂篇的庄子语有可能是实录,而外、杂篇中的庄子语有提到"道德"等词,这与刘先生根据"道德"等词判断内篇与外、杂篇的关系是矛盾的。参李锐:《再论〈庄子〉的内外杂篇问题——回应刘笑敢先生》,杨国荣主编:《思想与文化》第十七辑,华东师范大学出版社2016年版,第329~332页。

⑧ 张恒寿:《庄子新探》,湖北人民出版社1983年版,第187~188页。

⑨ 张恒寿:《庄子新探》,湖北人民出版社1983年版,第85页。

相似的地方。"① 但既然将"庸讵""未始"等词归结到"宋、楚一带文风",又如何证明这些词是庄子的独用语呢?

3. 篇名以及"庄子""庄周"两词的运用

古代学者如林云铭、宣颖等曾根据《庄子》内篇与《让王》以下四篇篇名的使用情况判断过相关篇目的作者②,近代以来一些学者也有这样的尝试。比如傅斯年据篇名怀疑《齐物论》为慎到所作③,任继愈据篇名怀疑内篇成书于汉代④,等等。其中,刘笑敢的一个说法值得注意,他认为除去《让王》以下四篇的外、杂篇"以篇首取字来命名的原则,是贯彻始终的",《至乐》首句为"天下有至乐无有哉",不按惯例取"天下"名篇而取"至乐"二字,这说明当时已有《天下》篇,故《天下》成篇早于《至乐》,刘先生定《至乐》成篇于先秦,故否定了《天下》成于汉初的说法。⑤

《庄子》中直呼"庄周"姓名者四章,即《齐物论》"昔者庄周梦为蝴蝶"章、《山木》"庄周游于雕陵之樊"章、《外物》"庄周家贫"章、《天下》"古之道术有在于是者,庄周闻其风而悦之"章。张恒寿论《齐物论》末章云:"本节称庄周而不称庄子,颇有作者自道的倾向。"⑥ 王葆玹认为《天下》中庄周与彭蒙等人并称;《山木》与《外物》其余章节中有的称"庄子",则仍为弟子所作,唯有《齐物论》仅称"庄周",则为庄子所作。⑦ 笔者之一曾认为《齐物论》"昔者庄周梦为蝴蝶"章、《山木》"庄周游于雕陵之樊"章、《外物》"庄周家贫"章中称"庄周"皆"应该是庄子自己的笔法"。⑧ 现在看来也不能排除别有来源而被收入《庄子》的可能。譬如《山木》中,庄周、庄子皆出现。此外,《天下》篇称庄子为"庄周",却独称墨翟为"墨子",情况特殊,而且篇与章之间仍有区别,不可据一章来判断一篇。

二、由文本中的人物、事件辨析年代、作者

《庄子》中的一些文句包含着当时的人物、事件,有助于判定相关篇章的年代、作者,但学者在这一方面有很多判断也是猜测之语,说服力不强,此处限于篇幅,不能一一列举⑨,仅就一些重要的内容加以陈述并稍作分析。

① 张恒寿:《庄子新探》,湖北人民出版社 1983 年版,第 100 页。

② 林云铭:《庄子因》"庄子总论",张京华点校,华东师范大学出版社 2011 年版,第 5 页。宣颖:《南华经解》,曹础基校点,广东人民出版社 2008 年版,第 220 页。

③ 傅斯年:《谁是〈齐物论〉的作者?》,欧阳哲生主编:《傅斯年全集》(三),湖南教育出版社 2000 年版,第 263~275 页。

④ 任继愈:《庄子探源——从唯物主义的庄周到唯心主义的"后期庄学"》,《哲学研究》1961 年第 2 期。

⑤ 刘笑敢:《庄子哲学及其演变》(修订版),中国人民大学出版社 2010 年版,第 62~63 页。

⑥ 张恒寿:《庄子新探》,湖北人民出版社 1983 年版,第 53 页。

⑦ 王葆玹:《黄老与老庄》,中国人民大学出版社 2012 年版,第 181~185 页。

⑧ 李锐:《再论〈庄子〉的内外杂篇问题——回应刘笑敢先生》,杨国荣主编:《思想与文化》第十七辑,华东师范大学出版社 2016 年版,第 328 页。

⑨ 如王葆玹找出了一些例证,但说服力不强,参王葆玹:《黄老与老庄》,中国人民大学出版社 2012 年版,第 185~190 页。

　　《齐物论》疑点颇多。第一，该篇云："以指喻指之非指……万物一马也。"王叔岷引《韩非子·外储说上》兒说持白马非马之辩与《战国策·赵策二》苏秦"夫刑名之家，皆曰白马非马"云："指、马之喻，当属周季恒言。"① 但任继愈认为此处乃明确针对公孙龙而发，并认为公孙龙晚于庄子，故《齐物论》非庄子作品。② 第二，《齐物论》云："昭文之鼓琴也，师旷之枝策也，惠子之据梧也，三子之知几乎皆其盛者也，故载之末年。"王葆玹认为"《齐物论》的作者生活于惠施死后"③。更准确的说法是《齐物论》的作者写作《齐物论》时惠施已死，钱穆考证惠施死于公元前314年至前310年之间④，则《齐物论》当作于此后。第三，《齐物论》又云："非所明而明之，故以坚白之昧终。而其子又以文之纶终，终身无成。""其子"有不同解释⑤，从前后文文脉来看，当指惠施之子，"文之纶终"之"文"字当解作文辞，正与前文"坚白"相对，而非指昭文。若此，则《齐物论》的作者写作《齐物论》时不仅惠施已死，惠施之子已然死去，所以《齐物论》的作者才会有"终身无成"的感慨。

　　很多学者讨论《齐物论》的作者，如傅斯年认为《齐物论》为慎到所作，任继愈认为《齐物论》不代表庄子思想，王葆玹认为《庄子》中唯独《齐物论》为庄子所作。从以上三条来看，《齐物论》有晚出之痕迹，或是庄子晚年所作。《庄子音义·齐物论》"夫道未始有封"下崔譔注云："班固说在外篇。"⑥ 可见《齐物论》成文相当复杂。

　　《胠箧》"十二世有齐国"一语引起过不少争论，笔者之一曾做过综述，并在李学勤先生的基础上根据"十二代而有齐国"的异文，指出"十二代"指自陈完到太公和，而非田成子至齐王建。⑦ 如若确实，则不能据此认为《胠箧》成篇于汉初。同时，《胠箧》篇内容亦见于《鬼谷子》⑧，可见此篇的一些文字确是渊源有自。

　　《秋水》首章有"昔者尧、舜让而帝，之、哙让而绝；汤、武争而王，白公争而灭"之语。姚鼐认为"之哙与庄子同时，不必曰昔者"⑨。之、哙败亡在前312年，则《秋

　　① 王叔岷：《庄子校诠》，中华书局2007年版，第60~61页。
　　② 任继愈：《论〈齐物论〉不代表庄周思想》，《文史哲》1965年第4期。
　　③ 王葆玹：《黄老与老庄》，中国人民大学出版社2012年版，第180页。
　　④ 钱穆：《先秦诸子系年》，九州出版社2011年版，第395~396页。
　　⑤ 崔大华：《庄子歧解》，中华书局2012年版，第73~74页。
　　⑥ 陆德明：《经典释文》，上海古籍出版社2013年版，第1422页。
　　⑦ 李锐：《〈庄子·胠箧〉之"十二世有齐国"补论》，陈致主编：《简帛·经典·古史》，上海古籍出版社2013年版，第431~439页。李学勤：《从郭店简〈语丛四〉看〈庄子·胠箧〉》，《简帛》第一辑，上海古籍出版社2006年版，第75页。
　　⑧ 司马贞《史记索隐》云："庄周及鬼谷子亦云：'田成子杀齐君，十二代而有齐国'。"《长短经·反经》引《鬼谷子》内容与今《庄子·胠箧》大体一致。《史记》，中华书局1959年版，第1886页；赵蕤：《长短经》，梁运华校注，中华书局2017年版，第123页。又，《北堂书钞》一四八引《鬼谷子》云："鲁酒薄而邯郸围"，此句不见于今《鬼谷子》，在《庄子·胠箧》中。参王叔岷《庄子校诠》，中华书局2007年版，第352页。《鬼谷子》有《胠乱》篇，今佚，《鬼谷子》"佚注"云："或有庄周《胠箧》而充次第者"，又云："或曰《转丸》《胠箧》者，《本经》《中经》是也。"则《胠箧》或是好事者补《胠乱》者，然古书常夹杂别家之文，故亦无确证。参许富宏：《鬼谷子集校集注》，中华书局2008年版，第191~192页。
　　⑨ 姚鼐：《庄子章义》，严灵峰编：《无求备斋庄子集成续编》第35册，台湾艺文印书馆1974年版，第184页。

水》首章当作于此年之后无疑。张恒寿认为"昔者"并非一定指很久以前,《孟子·公孙丑》"昔者疾,今日愈"中的"昔者"仅指几天前。① 此说应从,《庄子·山木》"昨日山中之木",《吕氏春秋·必己》作"昔者山中之木"。

《盗跖》首章有"汤武立为天子,而后世绝灭"一语,一些学者据此认为《盗跖》首章完成于宋、周灭亡之后。但是,秦骃(秦惠文王)玉版铭文中已有"周世既没"之语②,那么"汤武立为天子,而后世绝灭"并非一定出于齐灭宋、秦灭周之后。

《天下》篇年代、作者的判定关系甚大,近代以来,学者聚讼纷纭,但皆无明确的文献证据。阜阳汉简《庄子》简中有《天下》篇的内容,则《天下》篇的下限当为战国末期(详下文),且根据刘笑敢的意见,《天下》当早于《至乐》。近来,笔者之一注意到《天下》篇关于墨家的记载带有时代特征。《天下》论墨家思想章云:"相里勤之弟子,五侯之徒,南方之墨者苦获、已齿、邓陵子之属,俱诵《墨经》,而倍谲不同,相谓别墨。"该句反映了墨家分裂为二墨的状况,通过分析墨家发展过程,可知《天下》篇所记载的二墨的情况应在公元前 300 年前后③,所以《天下》篇的主体内容当完成于庄子生前。

《太平御览》卷四三七引《庄子》佚文云:"田光答太子曰:'窃观太子客,无可用者:夏扶,血勇之人,怒而面赤;宋臆,脉勇之人,怒而面青;武阳,骨勇之人,怒而面白。光所知荆轲,神勇之人,怒而色不变。'"④ 荆轲刺秦发生在前 227 年,此文所作当在此后,应是秦汉之际或汉初的作品。

总体而言,《庄子》33 篇内容多在先秦,但也不能完全排除有较晚者。

三、由"同文"辨析篇章

"同文"指的是两个文本之间相同或相似的文句、段落,学界曾找出了大量《庄子》内部以及其与先秦秦汉典籍之间的"同文"来判断一些篇章的年代:张恒寿曾就《庄子》与其他先秦秦汉文献中的"同文"加以总结;刘笑敢曾就《庄子》内部各篇章之间的"同文"加以归纳⑤。

———————————

① 张恒寿:《庄子新探》,湖北人民出版社 1983 年版,第 185~186 页。
② 李学勤:《秦玉牍索隐》,《故宫博物院院刊》2000 年第 2 期。
③ 李锐、邵泽慧:《〈庄子·天下〉篇成文时间探析》,日本中国史学会:《中国史学》(第 28 卷),2018 年。此文有《天下》年代、作者争论的详细综述。另,高亨亦曾注意到对墨家的表述与时代之间的关系,但是没有深论,只泛指其为战国之作,参高亨:《庄子天下篇笺证》,《高亨著作集林》(第九卷),清华大学出版社 2004 年版,第 370 页。
④ 李昉:《太平御览》卷四三七,中华书局 1960 年版,第 2013 页。
⑤ 张恒寿:《庄子新探》上编,湖北人民出版社 1983 年版,第 48~316 页。刘笑敢:《庄子哲学及其演变》(修订版),中国人民大学出版社 2010 年版,第 38~44、73~98 页。此外一些学者还就《庄子》与《吕氏春秋》《淮南子》等书的"同文"加以专门研究,尤其是《让王》篇与《吕氏春秋》的关系更是产生了不少争论。主要可参王叔岷:《吕氏春秋引用庄子举证》,《道家文化研究》第十辑,上海古籍出版社 1996 年版,第 250~266 页。徐飞:《〈吕氏春秋〉援引〈庄子〉研究》,《四川文理学院学报》(社会科学版)2008 年第 1 期。李伟:《〈吕氏春秋〉引用〈庄子〉新论——以〈让王〉等四篇为例》,《诸子学刊》2014 年第 2 期。

以往，学者常认为"同文"之间有线性因袭关系。近些年来，出土文献引起了反思，我们逐渐认识到，"同文"之间存在多种可能，可能是一个文本引用、借鉴另一个文本，也可能"同文"存在同源，甚至这些相关文本是"族本"型的关系。① 因此，根据"同文"辨析相关文本关系时必须慎重，刘全志、叶庆兵等学者利用了新观念对《庄子》进行了初步分析②。下面我们用两个例证对这个问题加以说明。

《胠箧》与郭店简《语丛四》存在"同文"现象。《胠箧》云："彼窃钩者诛，窃国者为诸侯。诸侯之门，而仁义存焉。"《语丛四》简8、9云："窃钩者诛，窃邦者为诸侯。诸侯之门，义士之所存。"③ 此外，《盗跖》"子张问于满苟得"章亦有类似之语："小盗者拘，大盗者为诸侯，诸侯之门，义士存焉。"《史记·游侠列传》亦云："窃钩者诛，窃国者侯。侯之门，仁义存。"④ 刘师培曾认为《盗跖》中的"义士"应据《胠箧》《史记》改为"仁义"⑤，王葆玹在郭店简发掘后认为"仁义存焉"应据《语丛四》《盗跖》订为"义士存焉"⑥。笔者之一指出："《语丛四》和《胠箧》之间，未必有所谓'抄袭'关系，而《胠箧》很有可能是在引用古代的智者之语。"⑦ 我们可以进一步推测司马迁虽然见到过《胠箧》，但《史记·游侠列传》中的话很可能是引流行之语，并非一定来自《胠箧》。此外，《胠箧》首章与《吕氏春秋·当务》的记载类似，张恒寿认为"《胠箧》作者和《吕氏春秋》都是引自他书"，并说"吕氏别有所本"，这是合理的，但进一步判断说"《胠箧》和《吕氏春秋》的时代也约略相当"⑧，则证据不足。

《外物》宋元君与神龟的故事又见于《史记·龟策列传》，历来学者多认为《史记·龟策列传》改编《外物》而来，但阜阳汉简《庄子》有七支简涉及了这一故事。⑨ 胡平生认为这七支简字迹与其余《庄子》简字迹不类，故将其归入《说类杂事》。两相对比，可见简文与今本《外物》文字有出入，却与《史记·龟策列传》有相合之处⑩，则宋元

———————————

① 李锐：《从出土文献谈古书形成过程中的"族本"》，《同文与族本——新出简帛与古书形成研究》，中西书局2017年版，第215~228页。

② 刘全志：《论〈庄子〉的文本形态与话语资源》，《北京师范大学学报》（社会科学版）2015年第5期。叶庆兵：《论〈庄子〉"重出"现象与〈庄子〉之取材及编辑》，《广东技术师范学院学报》（社会科学）2016年第10期。

③ 荆门市博物馆编：《郭店楚墓竹简》，文物出版社1998年版，第217页。

④ 《史记》卷一二四《游侠列传》，中华书局1959年版，第3182页。

⑤ 刘师培：《庄子斠补》，于大成、陈新雄编：《庄子论文集》，台湾木铎出版社1976年版，第75页。

⑥ 王葆玹：《试论郭店楚简的抄写时间与庄子的撰作年代——兼论郭店与包山楚简的时代问题》，《哲学研究》1999年第4期。

⑦ 李锐：《〈庄子·胠箧〉之"十二世有齐国"补论》，陈致主编：《简帛·经典·古史》，上海古籍出版社2013年版，第435页。饶宗颐、刘彬徽等学者皆有类似的论述，相关研究综述皆可见此文。

⑧ 张恒寿：《庄子新探》，湖北人民出版社1983年版，第128~129页。

⑨ 胡平生：《阜阳双古堆汉简〈庄子〉》，《出土文献研究》第十二辑，中西书局2013年版，第196页。韩自强归为六支简，参韩自强、韩朝：《阜阳出土的〈庄子·杂篇〉汉简》，《道家文化研究》第十八辑，三联书店2000年版，第10~14页。

⑩ 胡平生：《阜阳双古堆汉简〈说类杂事〉研究》，第三届中国古文献与传统文化国际学术研讨会会议论文，2012年。

君与神龟的故事可能是一个流传很广的故事，《史记·龟策列传》或别有所本。

　　总之，"同文"之间的关系非常复杂，"'同文'分析法，对于校勘、训诂的工作，非常有帮助；但是超出了校勘、训诂的范围，进而要用它分析古书篇章的年代先后、真伪，恐怕就不是很有帮助了"①。根据新观念，全面总结与《庄子》相关的"同文"是一个有待深入展开的工作。

四、出土文献带来的认识

　　上文已谈到出土文献对《庄子》研究带来的材料以及观念上的影响，这里集中讨论一下张家山汉简与阜阳汉简中的《庄子》简。

　　江陵张家山 M136 号汉墓出土了《庄子·盗跖》篇，该墓下葬年代上限为汉文帝前元七年（前 173 年），下限为汉文帝前元十三年（前 167 年）。②简本《盗跖》只是一个传抄本，且竹简的流传需要一个过程，如果再考虑到自公元前 213 年到公元前 191 年秦、汉政府一直实行的《挟书律》，那么可以确定《盗跖》成文的下限为战国末期。张家山汉简的《盗跖》简共 44 支，现只公布了两支简的照片。根据廖名春先生的释文，第 10 号简共 37 字，第 11 号简共 38 字，若以第 11 号简推算，则张家山汉简《盗跖》篇共 1692 字，但今本《盗跖》则有 3100 字，所以廖先生认为张家山汉简《盗跖》只有今本《盗跖》首章③（今本首章共 1748 字）。马叙伦曾指出《盗跖》第一章结尾郭注云"此篇"与郭注体例不类，由此认为郭注本《盗跖》篇只有第一章④，廖先生的结论印证了马叙伦的观点。

　　阜阳汉简中亦有《庄子》简，涉及今本《庄子》十八篇，遍及内、外、杂三部分。⑤该简出土于阜阳县双古堆一号汉墓，墓主夏侯灶卒于汉文帝前元十五年（前 165 年）⑥，则墓中所随葬的《庄子》当早于此年。同样如果考虑到秦、汉《挟书律》以及竹简的流传需要一定时间，可以确定今本《庄子》的大部分篇章在战国末期都已经形成。

五、据《庄子音义》推断五十二篇本《庄子》

　　武内义雄曾根据《庄子音义》研究五十二篇本《庄子》原貌，黄华珍在这一基础上

　　①　李锐：《"同文"分析法评析》，《同文与族本——新出简帛与古书形成研究》，中西书局 2017年版，第 173 页。

　　②　院文清：《江陵张家山两座汉墓出土大批竹简》，《文物》1992 年第 9 期。

　　③　廖名春：《〈庄子·盗跖〉篇探原》，《文史》第四十五辑，中华书局 1998 年版，第 53~54 页。

　　④　马叙伦：《庄子义证》序，《民国丛书》第五编，上海书店 1996 年版，第 1 页。

　　⑤　参韩自强、韩朝：《阜阳出土的〈庄子·杂篇〉汉简》，《道家文化研究》第十八辑，三联书店2000 年版，第 10~14 页；胡平生：《阜阳双古堆汉简〈庄子〉》，《出土文献研究》第十二辑，中西书局 2013 年版，第 188~201 页。胡文与韩文有不少差异，参李锐、王晋卿：《阜阳汉简〈庄子〉残简研究》，将刊于《古文字研究》第三十三辑，中华书局 2020 年版。综合韩文与胡文，阜阳汉简《庄子》简共涉及今本《庄子》十八篇，其中内篇四篇，外篇七篇，杂篇七篇。

　　⑥　王襄天、韩自强：《阜阳双古堆西汉汝阴侯墓发掘简报》，《文物》1978 年第 8 期。

有所推进，总其大成。一些意见颇有启发，可以参看。

《在宥》向秀注只有前两章，"黄帝立为天子十九年"后皆无向注；崔譔、司马彪注只有前四章，自"世俗之人"后皆无崔、司马注。武内义雄认为《在宥》等篇有附益之处。①《秋水》崔譔、向秀注只有第一章，司马彪注全。武内义雄认为《秋水》第一章和后面的章节"未必有联系"，后文是从司马本酌情抄录过来的。②《至乐》无向秀注，崔譔注仅有一、三章，第四章首句出现"马捶"二字，武内义雄推定"这恐怕是被称之为《马捶》篇的一部分"。③《在宥》《秋水》《至乐》等篇前后章节关联不大，故有可能是由后人（如郭象）于不同篇章中杂抄形成。

不过，这种研究方法也有弊端。第一，"我们没有理由肯定崔向、司马彪或者其他人都曾一章不漏地注释了《庄子》，而且陆德明是否百分之百地收录了他们的注也是个问题"④。实际上，陆德明并没有完全收崔、向、司马注，如《养生主》第一章"吾生也有涯……可以尽年"，《庄子音义》无司马彪注，但《文选》注有两则注文。第二，黄华珍的分章主要根据姚鼐《庄子章义》，但各家分章皆有不同，且分章又影响着注文分布。如《齐物论》"夫道未始有封……有不见也"之间 115 字不见司马彪注，武内义雄据此认为这一段文字原本不见于《庄子》内篇，黄华珍则认为这一段文字当与下文"夫大道不称……而况德之进乎日者乎"合为一章，那么，此章便含有司马注。⑤ 武内义雄与黄华珍结论的差异便是由于章节划分不同导致司马注分布不同所造成的。

六、结　语

综合上文，我们可以确定《庄子》绝大部分内容成书于战国中、后期，但不排除个别章节晚出，同时，《庄子》中的一些文句、故事或有更早来源。在具体篇章上，《齐物论》成篇复杂，年代、作者还可讨论；《盗跖》原本应只有一章，且通过此篇郭象注可知，今本《庄子》也不是郭象注本的原貌；《天下》成篇年代当在公元前 300 年前后。从方法来看，依据词汇、人物、事件乃至于"同文"来判断《庄子》年代、作者都有或多或少的不足。面对一些材料，解释时要考虑多种可能。《庄子》相关出土文献虽少，但仍有助于我们检验以往结论，同时，出土文献引起的方法、观念的反思更需格外关注。此外，有不少学者通过分析《庄子》内篇与外、杂篇的关系来判断年代与作者，这与本文的主旨同样相关，但限于篇幅，只能另行论述了。

近百年来，学者在《庄子》年代、作者的研究上付出了艰辛的努力，从一开始较为

---

① 黄华珍：《庄子音义研究》，中华书局 1999 年版，第 210 页。

② 黄华珍：《庄子音义研究》，中华书局 1999 年版，第 211 页。

③ 黄华珍：《庄子音义研究》，中华书局 1999 年版，第 211 页。《南史》卷七十二《何子朗传》云："子朗……拟庄周马捶，其文甚工"故论者多认为"马捶"或为《庄子》佚篇。参李延寿：《南史》卷七十二《何子朗传》，中华书局 1975 年版，第 1783 页。

④ 黄华珍：《庄子音义研究》，中华书局 1999 年版，第 221 页。

⑤ 黄华珍：《庄子音义研究》，中华书局 1999 年版，第 176 页。

独断地举证到当下精审地反思，从对证据的追问到对观念、方法的批判，虽然仍存在不少分歧，但学术取得了长足发展。同时，在反复讨论中，《庄子》被重新理解、诠释，推动了对《庄子》的文本分析与哲学解读。

（作者单位：北京师范大学历史学院）

百年明清女性诗文总集研究的回顾与前瞻[*]

□ 许秋伊

明清女性诗文总集是指明清两朝人编刊的以女性作家诗文为选录对象的总集。明清时期是女性文学繁盛的时期。据统计，明清两朝之前专门收录女性诗文总集的数量不超过10 种，而有明一代选录女性诗文的总集高达 38 种，清代更是接近于百种。数量众多的女性诗文集包含着规模庞大的历史文献，是明清两代社会文化的组成部分，具有重要的研究价值。自 20 世纪后期以来，明清女性诗文总集逐渐受到了学界关注，涌现出一批出色的研究成果，呈现出了良好的发展势头。不过总体来说，明清女性诗文总集在诗歌总集研究中受关注度不高，研究成果数量较少，尚有相当大的学术空间可供进一步挖掘。有鉴于此，本文尝试对明清女性诗文总集研究的学术史作一简单回顾，展望明清女性诗文总集研究未来的发展方向，以期引起更多研究者的关注。

一、明清女性诗文总集研究的展开（1919—1991 年）

清朝末年，欧风美雨滔滔东来，改变了我国的学术面貌。整个社会对于女性的认识有所提高，女性教育也开始逐步推广。发源于教会学校的中国女学培养出了大批知识女性。这些女性一方面积极投身于妇女解放运动中；另一方面也在报纸杂志上宣传女性解放思想，鼓吹社会改革。这一时期，女性地位和女性文学成为一个值得关注的社会话题，古代女作家及其创作逐步进入学者的视野之中。

值得注意的是，这一时期的女性及女性文学研究受到了传统研究方法的影响。目录学是中国古代的传统学科之一。通过目录的编纂，收集和整理，学者们可以较为直观地了解学术积累以及最近的学术动态。明清女性诗文总集研究延续着传统的治学方法。徐祖正编《昆山徐氏藏闺秀书目》、胡文楷编《昆山胡氏怀琴堂藏闺秀书目》皆有涉及女性诗文总集的部分。1922 年，施淑仪辑《清代闺阁诗人征略》，辑录了清代顺治至光绪末年女性诗

* 本文为国家社科基金重点项目 "《钟惺全集》整理与研究"（18AZW015）阶段性成果。

人一千二百余人，保存了许多与明清女性诗文总集有关的史料。1927 年单士釐整理发表了《清闺秀艺文略》，该书起始于明末祁彪佳的妻子商景兰，终止于当时还健在的作家，如吕碧城，共收清代女作家二千七百余人，涉及作品三千余部，被胡适誉为"文化史上的一大发现"。

与此同时，在文学史中出现了明清女性诗文总集的身影。1927 年梁乙真《清代妇女文学史》第三编《清代妇女文学之极盛时期》第三章《妇女著述家》中涉及了选政家恽、汪。恽是指选编了《国朝闺秀正始集》恽珠，汪是指选编了《明三十家诗选》的汪端。梁乙真在书中记录恽珠生平，并节录《正始集》例言，评论《正始集》有五大优点、五大劣点，最后总结"《正始集》之优劣参半，然其劣者，特以其所处时代不同，恽氏未必于无见于此也。盖评人论世，当具时代眼光……恽氏特女子识阶级之代表人物耳，可慨也夫！"[1] 1937 年，陈东原《中国妇女生活史》中的《清代的妇女生活》提到了许夔臣的《国朝闺秀香咳集》、蔡殿齐的《国朝闺阁诗钞》、袁枚的《随园女弟子诗选》。陈东原在书中仅选几本女性总集进行了简单的罗列，其目的是展示清代妇女文学的兴盛，对女性诗文总集自身着墨不多。1944 年，朱东润《中国文学批评史大纲》于"章学诚"一章涉及了袁枚所编的女性诗文集，指出袁枚收录女子诗作一事在当时风头极盛，然"实有不可训者"[2]。

中华人民共和国成立之后，社会变化所带来的风云激荡深深影响到了学术界。女性文学研究继承了"钩沉索隐，去伪存真"的乾嘉学派学风，取得了一定程度的进展。陈寅恪写的《柳如是别传》和胡文楷编《历代妇女著作考》堪称这一时期女性文学研究的双璧。1957 年，商务印书馆出版《历代妇女著作考》。1985 年，此书经由胡文楷修订，复由上海古籍出版社再版。在自序中，胡文楷言："凡见于正史艺文志者，各省通志府州县志者，藏书书目题跋者，诗文词总集及诗话笔记者，一一采录。自汉魏以讫近代，凡得四千余家，依姓氏笔画编次，并将二十余年所采集资料重加整理；详见其刊印年代，版本款式，卷数篇帙，序跋题识，编校评阅姓名；精钞名椠，间录序跋全文，以资稽考。"[3] 与前代诸多收录女性著作的书籍相比，《历代妇女著作考》是目前中国妇女著作最完备的目录书，在明清女性诗文总集研究中具有重大意义。张宏生更是指出："胡文楷的《历代妇女著作考》是中国古代妇女研究真正意义上的现代起点。"[4]

综观这一时期的明清女性诗文总集研究，除了对于文献的挖掘与整理之外，绝大部分研究依然处于最为浅显的阶段。学界的研究重点停留在传统的女性作家研究与女性创作研究上，如李清照、朱淑真、蔡文姬等，关于明清诗文总集的论文基本没有。伴随着政治标准在学术研究中的影响力逐步加强，包含着诸多"小资产阶级情调"作品的明清女性诗文总集逐渐沦落到了无人问津的程度。

———————————————

① 梁乙真：《清代妇女文学史》，中华书局 1932 年版，第 199 页。
② 朱东润：《中国文学批评史大纲》，武汉大学出版社 2008 年版，第 334 页。
③ 胡文楷：《历代妇女著作考》，上海古籍出版社 1985 年版，第 6 页。
④ 张宏生、石旻：《中国古代妇女文学研究的现代起点——胡文楷〈历代妇女著作考〉的价值和意义》，《江西社会科学》2008 年第 7 期。

二、明清女性诗文总集研究的兴盛（1992年至今）

20世纪80年代以来，性别研究的风潮在西方汉学界兴起。"性别研究起源于对女性和男性的研究，并受到后现代主义多中心视角的影响。其前提是视性别为个人的社会属性（gender），而非我们通常理解的自然生理属性（sex）——当然二者之间无法分割。在这一基础上，性别研究分析文学和社会中性别的构筑和认同。"① 性别研究涉及多种学科，并引发了对传统知识结构的反思，女性与文化的关系开始被重视。数量繁多，规模较大的明清女性诗文总集开始进入了学者的视野。1992年，孙康宜撰写了 Ming and Qing anthologies of women's poetry and their selection strategies，该文概述了十三部明清女性诗文选集的基本情况，在该领域中实有开拓之功。2004年，孙康宜又在《明清文人的经典论和女性观》中讨论了明清女性诗文总集产生的原因，认为明代女性诗文选集是女性诗文经典化的重要途径之一。2005年，高彦颐在《闺塾师》的《都市文化、坊刻与性别松动》将明代女性诗文总集总结为明末清初印刷文化中女性作家的一个侧面，基于此讨论男性文人在女性诗词商品化、明末清初的文学改革运动中所扮演的角色。2008年，方秀洁在 Herself and author：gender，agency，and writing in late imperial China 中采用专章的形式讨论了明清女性选家编纂女性诗文总集的文学实践。方秀洁认为相比于男性批评家，女性批评家更倾向于推崇"性情""性灵"，但是她们也担负起更多的才德焦虑。

在这一时期，中国的女性文学研究逐步摆脱了传统研究方法的禁锢，西方现代学术思潮开始冲击研究者的心灵。1988年，河南人民出版社出版了一套《妇女研究丛书》，包括康正果《风骚与艳情——中国古典诗词的女性研究》，孟悦、戴锦华《浮出历史地表——现代妇女文学研究》等。此时的女性文学研究，借鉴了其他学科的研究方法，引进和利用西方的某些学术观点，扩大了女性文学研究的范围。明清女性诗文总集作为明清两代特有的女性文学现象受到了重视，出现了一批对于该议题进行总括式研究的成果，如杨丽莹、叶辉《从明人女子诗集的编纂看明代妇女文学现象》（《华夏文化》2001年第1期）、郭延礼《明清女性文学的繁荣及其主要特征》（《文学遗产》2002年第6期）、孙康宜《明清文人的经典论和女性观》（《江西社会科学》2004年第2期）、陈广宏《中晚明女性诗歌总集编刊宗旨及选录标准的文化解读》（《中国典籍与文化》2007年第1期）、莫立民《明人所纂女子诗集及其主要价值》（《古籍整理研究学刊》2008年第3期）、夏勇《论清代闺秀诗歌总集的成就与特色》（《韶关学院学报》2008年第11期）、张丽杰《明代编纂刊刻女性文集的选文标准及其目的》（《社会科学辑刊》2010年第2期）、乔琛《明代女子诗文总集的性别视角》（《社会科学家》2015年第5期）、胡晓林《从他选到自选——论清人清代闺秀诗歌选本的嬗变与价值》（《中国韵文学刊》2018年第4期）等。

硕博士学位论文的选题中出现了明清女性诗文总集的身影。其主要代表有王艳红的硕士学位论文《明代女性作品总集研究》（上海师范大学，2005年）、陈启明的博士学位论文《清代女性诗歌总集研究》（复旦大学，2012年），这两篇论文对明清时期的女性诗歌

---

① 钱南秀、孙康宜：《美国汉学研究中的性别研究——与孙康宜教授的对话》，《社会科学论坛》2006年第11期。

总集进行了综合论述。崔琇景的博士学位论文《清后期女性的文学生活研究》（复旦大学，2010 年）、王翼飞的博士学位论文《清代女性文学批评研究》（武汉大学，2014 年）、王郦玉的博士学位论文《明清女性的文学批评》（华东师范大学，2015 年）则将明清女性诗文总集作为明清女性文学活动或者文学批评的一个部分进行研究，着重于讨论女性诗歌总集与文学之间的关系，分析总集产生与流传过程中的文学影响。

再者，针对特定总集进行个案分析的论文也陆续产生。如连文萍《诗史可有女性的位置——方维仪与〈宫闺诗评〉的撰著》（《汉学研究》第 17 卷第 1 期）、王艳红《解读〈名媛诗归〉》（《山西煤炭管理干部学院学报》2006 年第 1 期）、郑艳玲《题名钟惺评点的〈名媛诗归〉》（《黄冈师范学院学报》2007 年第 1 期）、王翼飞《晚明畅销书：女性诗歌选本〈名媛诗归〉》（《西南政法大学学报》2016 年第 2 期）、张波《画中美人读何书》（《古典文学知识》2017 年第 1 期），均以《名媛诗归》作为研究对象，从编者身份、编纂体例、诗学批评、后世影响等方面对该总集进行研究。闵定庆《在女性写作姿态与男性批评标准之间——试论〈名媛诗纬初编〉选辑策略与诗歌批评》（《苏州大学学报》2006 年第 6 期）、李鹏《蔡殿齐与〈国朝闺阁诗钞〉》（《古典文学知识》2011 年第 1 期）、周志舫《沈宜修辑撰〈伊人思〉的价值》（《湖州师范学院学报》2014 年第 5 期）、朱志远《〈花镜隽声〉考论》（《汉语言文学研究》2015 年第 21 期），这些立足于相关总集本身，分别对总集从文献、诗学批评、后世影响等角度进行研究。硕、博士同样开始研究特定的明清女性诗文总集。如高春花的硕士学位论文《恽珠与〈国朝闺秀正始集〉研究》（南京师范大学，2006 年）、黄晓丹的硕士学位论文《沈宜修研究》（南昌大学，2007 年）、郭玲的硕士学位论文《王端淑研究》（中南大学，2009 年）等。

在这一时期，明清女性诗文总集研究取得了长足进展，其具体表现为：

第一，研究成果数量明显增加。就单篇论文来说，这一时期所发表的单篇论文超过了 30 篇，而在此前，这一数字不超过 10 篇。就硕博士学位论文而论，这一时期将明清女性诗文总集作为选题的论文数量迅速增长，仅就笔者目前所掌握的情况，一共有博士学位论文 5 篇，硕士学位论文 6 篇。涉及明清女性诗文总集的硕博士学位论文超过 20 篇。

第二，研究范围大幅扩大。据笔者统计，20 世纪前中期对于明清女性诗文总集的研究甚少，所涉及的女性诗集也只有《名媛诗归》《伊人思》《随园女弟子诗选》等数种。而 90 年代以来，《名媛诗纬初编》《闺秀集》《国朝闺秀正始集》《国朝闺阁诗钞》《湖南女士诗钞所见初集》《湘潭郭氏闺秀集》《撷芳集》《国朝名媛诗绣针》等，均第一次出现在学者的研究中。可以说，20 世纪后期以来明清女性诗文总集研究的情况，实在是前所未见的兴盛景象。

第三，从简单介绍到深入研究。此前的明清女性诗文总集研究绝大多数集中在总集编纂者介绍和总集自身情况的简要梳理中，缺乏对于女性总集的深入研究。近二十年来，这种情况已经被打破。例如闵定庆在《在女性写作姿态与男性批评标准之间——试论〈名媛诗纬初编〉选辑策略与诗歌批评》（《苏州大学学报》2006 年第 6 期）中从选心、选阵、诗学批评三个角度对《名媛诗纬初编》进行了分析；王翼飞在《晚明畅销书：女性诗歌选本〈名媛诗归〉》（《西南政法大学学报》2016 年第 2 期）中为争论已久的《名媛诗归》编者问题提供了新材料，有利于我们进一步探究钟惺与《名媛诗归》的关系；吴琳在《论晚明女性总集中的小说人物与诗词著录》（《明清小说研究》2019 年第 4 期）从晚明女性总集入手，讨论古代女性诗词与小说故事混杂共生的流传途径和编纂环境。

综上可见，本时期的明清女性诗集研究较之此前已经获得了迅速发展。这一发展不仅体现在成果数量的增加和研究范围的扩大，更是从此前的简单介绍进入深入研究层面。这表明了明清女性诗文总集正日益得到学界瞩目，也预示着该领域已经进入发展的快车道中。笔者坚信，明清女性诗文总集研究将在未来取得更为显著的成果，在学术研究的格局中扮演重要角色。

三、明清女性诗文总集研究存在的问题与走向

虽然明清女性诗文总集研究已经取得了一定的进步，但是相较于明清女性诗文总集庞大的文本数量和巨大的文献容量来说，现有的研究工作依然存在着不足。其中主要的问题有：

首先，基础资料的整理存在问题。目前，对明清时期女性诗文总集记录最多的论著是《中华古籍善本总目》、胡文楷《历代妇女著作考》，又有王艳红《明代女性诗歌总集研究》、陈启明《清代女性诗歌总集研究》等论文，在大体上对明清女性诗文总集进行了整理。但是囿于人力物力的限制，这些资料在细节上仍有不足之处。如《名媛诗归》的版本数量，在现存资料中记载为："上海师范大学图书馆藏明万历间善本，九行十九字，白口，左右双边，明末钟惺刻本 18 册（后民国七年有正书局据此本刊铅印本 8 册）；上海图书馆藏明末钟惺刻本，清佚名评点 6 册；上海图书馆藏明末刻本，河涧堂修补本，10 册。"据笔者所掌握的资料，目前全国保存有《名媛诗归》的图书馆绝不止于上海一地，图书馆所存版本数量众多，这些有待于学者的进一步挖掘与整理。

其次，研究视野与研究格局依然不够开阔。现有的研究成果存在着三个问题。第一是见林不见木的问题，研究者在进行研究时着力于大范围的研究，而对文中所涉及的单本诗集疏于考证。第二，很多明清女性诗文总集研究属于就事论事之作，在研究的背后缺乏将该诗集与时代环境、地域文化、文学现象相联系的思索。第三，目前的研究多半采用文献学、文艺学、历史学的研究方法，采用新方法的研究比较少，影响力也较小，不利于研究视野的开拓。

基础资料是诗文总集研究的基础部分，只有掌握了尽可能多的基础资料，我们才能够得出更靠近历史真相的结论。由此可得，大力推进全国的明清女性诗文总集研究，我们应该积极推动并实施基础资料建设工作。在这个方面，学者们需要着手的工作包括：明清女性诗文总集总体数量的整理，遗佚女性诗文总集的钩沉与考索，相关序跋、凡例、题辞乃至其他参考资料的集成，针对相关总集之编者、编纂背景与过程、版本、流布等的实证研究等。随着科学技术的发展，我们有必要组建一个容纳诸多明清女性诗文总集的数据库，从而为以后的诗文总集研究提供宏观视野，增强学者对此的整体把握。

至于具体的研究方向，本文认为主要有以下几个方面：

第一，对明清女性诗文总集继续进行个案研究。据统计，目前的总集研究中，研究人数最多，出产论著数量最多的总集当数《名媛诗归》，有 4 篇论文以《名媛诗归》为题，3 篇论文中有大篇幅涉及。其次是恽珠所编的《国朝闺秀正始集》，有 5 篇论文以此为题。至于《诗女史》《彤管新编》《翠楼集》《唐宫闺诗》《本朝名媛诗钞》《历代闺媛诗选》

《广东古今名媛诗选》《国朝闺秀香咳集》等诗文总集，尚无论文对其进行研究。笔者认为在前代学者研究的基础上，继续对明清女性诗文总集进行挖掘与讨论是十分必要的。

第二，将女性诗文总集研究与时代背景、社会文化、文学思潮甚至是文学地理相结合。譬如在清代，出现了一批以某家族或者是某个社团为收录对象的诗文总集，如《种竹轩闺秀联珠集》《泰州仲氏闺秀集合刻》《曲江亭闺秀唱和诗集》《麦浪园女弟子诗》《吴江三节妇集》等。在研究女性诗歌总集的过程中，我们可以尝试着开辟新的研究视角。如从收录社团诗歌的女性诗文总集出发，讨论清代女性结社、交往和参加诗文活动的情况；又或者是从地域性的女性诗文总集入手，讨论地域文化与女性文学之间的关系。

第三，将女性诗文总集与其他文献结合，进一步考察女性诗文总集在历史文化格局中的位置。事实上，明清女性诗文总集在编纂开始，编纂者带着一种严肃的"史官使命"。无论是《淑秀总集序》中"今考我明，盖落落希阔焉。予刻百家诗，乃搜拾往牒，间得一二，梓而存之，以备典故"①，还是《彤管遗编序》的"世女子有工于文翰……君子遂并弃而不录。昔欧阳子叙谢希孟诗，叹女子莫能自彰显于世，可冤也。余传阅群书，得女之工于文翰者几四百人，编次成帙，名曰《彤管遗编》"②，都体现出了这一意旨。在研究女性诗文总集的时候，我们不仅要将其作为研究对象，也可以将其视为广义上的历史文献集。想要更好地对女性诗文总集进行研究，我们必须注意到女性诗文总集与历史的关系，采用文史结合的眼光去探索其背后的文化意义。

总而言之，明清女性诗文总集研究方兴未艾，是一个值得研究的领域。在不远的未来，期待有更多与此相关的研究成果出现。

（作者单位：武汉大学中国传统文化研究中心）

---

① 俞宪：《淑秀总集》，《四库全书存目丛书》集部第 306 册，齐鲁书社 1997 年版，第 667 页。
② 郦琥：《姑苏新刻彤管遗编前集》，明隆庆元年（1567 年）郦琥刻本，第 3 页。

"中国文化中的文学传统暨文学史著作整理研究国际学术研讨会"综述

□ 林 昭

2019 年 9 月 20 日至 22 日，由武汉大学中国传统文化研究中心、光明文学遗产研究院、武汉大学文学院联合主办的"中国文化中的文学传统暨文学史著作整理研究国际学术研讨会"在武汉大学隆重召开。来自北京大学、复旦大学、中国社会科学院、韩国岭南大学及我国港台地区的 80 余位学者出席会议，提交论文 59 篇。应邀出席开幕式并先后致辞的有武汉大学副校长李资远，原国家图书馆馆长詹福瑞，武汉大学资深教授、中国传统文化研究中心名誉主任冯天瑜，光明文学遗产研究院学术委员会主任方铭，武汉大学文学院院长涂险峰等。开幕式由武汉大学中国传统文化研究中心副主任余来明主持。会议先后安排两次大会发言和四场小组讨论，与会学者围绕"中国文化中的文学传统"展开深入研讨，涌现出一批新的研究成果。会议期间，还举行了"关于《剑桥中国文学史》和《哥伦比亚中国文学史》"专题访谈，特邀原国家图书馆馆长詹福瑞教授、武汉大学陈文新教授、光明文学遗产研究院梁枢教授、中国社会科学院文学研究所刘倩研究员（《剑桥中国文学史》主要译者）、北京大学出版社马小悟编审（《哥伦比亚中国文学史》主要译者）、光明日报社刘剑编辑等专家就相关问题展开探讨。

一、文学史著作的整理与研究

文学史著作的整理与研究，是文学史相关研究的基础，也是本次会议的重要议题。由陈文新教授主持的 2017 年度国家社科基金重大招标项目《中国文学史著作整理、研究及数据库建设》，已完成了《20 世纪中国文学史著作丛刊》第一辑的整理校对工作，发表了数十篇高质量的学术论文，海外中国文学史著作的翻译、《中国文学史著作总目提要》《中国文学史编年纪事》的撰写也取得了重要进展。本次会议的近三分之一论文，从不同角度对不同时期的文学史著作加以考察，推进了这一项目的研究。

（一） 从个人著述的角度

在学习西方观念与建构民族国家意识的双重背景下，早期文学史著述既体现了传统学人在新旧冲突时选择的共性，又具有各自的特殊性。

中南民族大学王同舟以林之棠的《中国文学史》为例证，考察 20 世纪前期的中国文学史撰著中的旧知识体系与文学史新体裁之间的冲突问题。福建农林大学白金杰认为，顾实编著的《中国文学史大纲》在 20 世纪 20 年代颇具特色，体现出早期学人为了建构本国文学史，处理国学与西学冲突与融合等问题的集体努力与个性思考。湖南文理学院周勇以曾毅的《中国文学史》为研究对象，他指出著者对于本国文学史书写的体系化、科学化的自觉意识，对建构中国文学史的观念世界和叙述方式做出了初步的有益探索。武汉大学林昭认为，在 20 世纪早期的中西文化博弈中，谢无量的《中国大文学史》对于如何用一种新的手段对民族精神进行塑造的思考和犹疑具有典型意义。武汉大学张奕以胡怀琛文学史书写为例，认为相较民国时期的其他中国文学史著作，其"兼而有之，调和新旧"的特点尤为突出。

经过文学史的草创期之后，纯文学史观逐渐成为文学观念和文学史观的主流。武汉大学李梦竹以小品文为切入点，考察刘大杰文学史书写的动态过程。进入 21 世纪，文学史写作延续"重写文学史"的实践与集体编纂的惯例，在这样的背景下，武汉大学杜近都聚焦于龚鹏程的《中国文学史》，认为其拒绝同质化、程式化的书写态度或将对未来的"重写"或"另写"文学史产生积极影响。

（二） 从教材编纂的角度

现代意义上的中国文学史著述，无论是"教材型"还是"学术型"，都在不同程度上具有广义层面的"教材"属性，并承担着不同层次的教学功能。

湖北美术学院江俊伟从教育学视角审视中国文学史的编撰与批评，以时间、空间和本体研究三条思路，观察中国文学史的谱系归属、场域生态与呈现形态。华中农业大学方宪则聚焦于一段特殊的历史时期，以"十七年"中国高等教育为切入点，指出中国文学史编撰的指导思想、行为过程、成果形态，都与高等教育的演变发展密切相关。武汉大学鲁小俊、刘妍以张之纯的《中国文学史》为中心，既考察该书在"杂文学"的架构之下的文学本位意识，又注意到其作为师范教材，注重文学与教育的联系。

（三） 从域外汉学的角度

从汉学角度审视域外中国文学史，是文学史研究的新兴视角，丰富了中国文学史研究的维度。

复旦大学陈维昭以儒学、古文、时务为坐标，观照日本汉学家眼中的中国古文史。他认为，无论是对于日本汉学之考察，还是对近世中国文学和理论的特质、意义与价值的评估，其视野应拓展到整个东亚汉字文化圈。中国社会科学院文学所刘倩关注《哥伦比亚中国文学史》《剑桥中国文学史》带来的启示，指出西方汉学家编撰的中国文学史提供了一个新的棱镜，有助于我们认识自身。香港大学洪涛以英美学者所撰的文学史著作为研究的起点，进行中外文学史和翻译叙述学的个案研究。华中师范大学裴圭范、杨茜雯以作者为中心深入阐释中国文学史在韩国的著述历史及发展方向,梳理韩版中国文学史的发展历史及主要特征。武汉大学张鸿彦考察了 20 世纪以来俄罗斯学界的中国文学史研究,指出其既留存有俄罗斯自身思想、文化和学术的印记,也在中国文学史观、文学史分期、理论视域、书写策略等方面具有诸多值得注意的特点。

二、文学史观的理论阐释

文学史的出现借助意识形态的力量,动摇、瓦解了前现代文学的自然秩序,试图在读者的阅读中建立另一种"文学记忆"和文化印象。在本次研讨会中,很多与会学者注意到文学史观对文学史书写的重要影响。

中国社会科学院民族文学研究所刘大先从历史哲学的角度考察中国民族文学史观的诞生,认为中华多民族史观具有潜在的范式意义,既是世界历史哲学转型的产物,亦是中国近现代历史实践与历史哲学转型的必然结果。海南师范大学阮忠就文学史撰述应遵循的基本原则、史与论结合、内部规律与外部规律结合等问题发表了意见,他认为文学史书对于体现文学流变的作家作品关联性和作品选择、评说的问题应继续予以关注。武汉大学王少芳关注到五四时期的文学论争对于中国近代文学史观形成的重要作用和新文化学人对于西方文论运用的水土不服。

从具体的文学作品和现象切入,可以细致而直观地观察到文学史观的影响和变化。暨南大学闫月珍以"魏晋文学"为例,从三个版本考察刘大杰文学史书写的变化,以"因小见大"的方法来透视特定的文艺思潮和时代背景对刘大杰文学史修订的影响。曲阜师范大学刘相雨将谭正璧的宋元话本小说研究与其《中国小说发达史》相互参照,以融通的文学史观,充分吸收当时学界最新的研究成果,体现了五四新文化运动的学术思潮。海南师范大学郭皓政从诗人之史、学人之史、编辑之史的角度分别对刘大白、钱基博、宋佩韦的明文学史书写进行阐述,认为三部明文学史在中国文学史草创期呈现出强烈的个性色彩。武汉大学王安琪、王雪婷、易静、岳可欣以不同的经典文本为例,分别从《儒林外史》《世说新语》《红楼梦》和王维诗歌的个案切入 20 世纪上半叶的中国文学史,对这一时期文学史观的交替与嬗变进行较为深入的剖析。

三、文化与文学的多维视角

中国文化中的文学传统,是本次会议的中心议题。本次会议中,在研讨文学史研究最新成果的同时,中国文化与文学也得到与会学者的高度关注。

(一) 大文学观视角

将中国文学置于一个更广阔的背景加以考察,是本次会议的特色之一。

北京语言大学方铭从历史与现实的角度对儒家"迂远而阔于事情"的内涵与意义进行辨析,以秦博士与秦始皇帝之间的对立,探析儒家的仁义理想和儒生的价值所在。北京师范大学魏崇武以《柳溪玄心寺洙公壁记》为中心,探讨杨丘文的思想及其特色。云南师范大学王玉超从经学文学化的角度,关注经注类举业用书的文学意识和审美。华中科技大学谢超凡、李军均从俞樾传统儒家文人的现实关怀出发，注意其在晚清文化保守人物的师承关系上承先启后的地位。黄冈师范学院潘志刚、徐薇经过爬梳原始文献，对明清科举殿试策问文的生成和运行机制进行考证。武汉大学张帆则以王鏊八股文为中心，考察集部视野下的八股文与古文之关系。湖北经济学院刘芝庆以谭元春的生命情调为个案，对文学与生死问题进行分析。深圳大学张惠从胡适改创《西游记》第八十一难探讨其佛学思想，指出无论是在内容营构还是在故事寓意上，胡适的创作都较吴承恩的《西游记》第八十一难更能突显佛教的精神，宣扬了更纯粹的佛教思想。华东交通大学阳达以慈训堂这一文化现象，观照明代文人的母教书写。南昌大学韩东通过阐释金时习《龙宫赴宴录》中的龙宫空间，进行现实的观照与审视。南通大学朱明胜以《西游记》的域外传播与影响为例，阐述中国古典文学在海外的翻译、接受与研究。

（二）文体与文类视角

研究不同文体的文学审美与功能，是深入探析文学内涵的重要路径。

江西师范大学周兴泰对赋体的研究与传统视角有所不同，他指出，赋虽然并不是最适合于叙事的文体，但确实是中国文学叙事传统生成演变的重要一环。北京师范大学李小龙从洪迈唐人小说之评辨伪出发，强调了对古代小说史料加以整理与辨伪的重要意义。北京出版社熊术之考察《长恨歌传》与《玄宗内传》的关系，也留意于文献考辨。江西师范大学杨志平从中西叙事学的差异出发，对明清小说功能性叙事进行研究，认为其有别于西方叙事学中的功能性叙事模式，呈现出古代小说独特的文体特征。广东惠州学院杨林夕对《聊斋志异》的开篇进行分析，认为其与《诗经》的起兴、赋序和戏曲的引戏等不谋而合，与传统艺术暗合的同时又有所超越。云南师范大学刘明坤以英雄传奇《水浒传》为代表，探究了小说中的"江湖社会"与"江湖文化"的文学意义。韩国岭南大学朴明真探析了中国古代小说与中国文化融合的课程模式。金陵科技学院乔孝冬认为《笑林》与"笑林体"的文体独立在小说史上具有重要意义，"为赏心而作"和"戏而不谑"的创作手法和科诨尺度成为后世笑话的基本范式。武汉大学何博则以蔡九迪《幽灵女主角：十七世纪中国文学中的鬼魂与性别》为例，尝试从演剧的角度为魂旦这一副角色建立一个比较完善的谱系。台湾静宜大学朱锦雄从政治权力的角度出发，为南朝诗研究提供了新的思路。河南大学范先立以苏天爵编选的《元文类》为对象，考察元代文学审美观与功用观的建构。

（三）雅俗文学和民族文学视角

雅俗文学的冲突与交流、融合，多元文化的融合与统一，也是本次会议的讨论热点。

河北大学任红敏认为在多元文化交融的视角下，元代雅俗文学发展呈现出不同于其他时期的特点。嘉应学院汪平秀、汤克勤以南宋话本小说《拗相公》为考察对象，在宋代新旧党争的背景下观察其雅俗文学特征。中央民族大学黄鸣聚焦于中国文学的文化传统和现实意义，从智、信、仁、勇、严等五个内涵角度，论述了中国文学中尚武传统的表现，以此观览社会和历史的不同侧面。

多民族文化的交融，是中国文学研究的重要维度。新疆大学和谈阐释契丹文学的二元同构，契丹在中原社会的影响下，社会生活和文化的诸多方面表现出二元状态，文学也呈现出二元同构的特征。江苏师范大学刘嘉伟则以元末明初的诗人王逢为例，从王逢诗境的开拓观察多民族交往的涵化，是中国多民族融合历史上一个典型的案例。

（四）文学观念视角

从不同的文学观念出发，对各种文学现象与文本展开文学批评，是本次会议的理论热点。

南开大学宁稼雨从中国文化"三段论"视阈观照审视了中国文学的嬗变，分析不同文化背景下各种文学样式的反战与突破。华东师范大学李舜华以阮元"文言"说为中心，考察其宗经的实质，试图重新为"文（言）"正名，并重构文学的统系。江西师范大学李舜臣认为中国古代"诗人"观念的演变，潜含着一条从群体到个体、从"圣门"到"诗家"的内在发展理路，这一理路是中国诗学对儒家诗教的不断消解，不断接近诗歌本质的逻辑发展。华中师范大学黄念然以 20 世纪几部重要的中国文学批评史著作为例，从历史观、历史解释范式、话语特征三个方面分析了中国文学批评史研究中的历史叙述问题。河南大学杨亮以元人交游与元诗风尚为中心，考察了袁易《寓钱塘杂诗》写卷的经典化过程。兰州大学魏宏远从近代知识分科的角度考察"新文学"概念的建构，"文学"立科与高等学堂文学专业的设置，使得"新文学"获得了新的呈现，文学转型表现出新的存在方式。上海外国语大学史伟指出，晚清、民国之际，历史比较语言学及普通语言学输入中国，借助语言学的观念、方法，胡适、傅斯年、朱自清的研究在文学界定、文学史叙述等方面具有开拓性意义。

（作者单位：武汉大学文学院）

武汉大学中国传统文化研究中心大事记

(2019 年 1—12 月)

□ 李小花

1 月

20 日，欧阳祯人应邀在深圳图书馆作了题为"处事、治家与教育——朱柏庐先生治家格言"的演讲。

26—29 日，刘乐恒在越南河内参加由澳大利亚 La Trobe 大学中国研究中心主办的"《大乘起信论》与现代新儒学"国际学术会议并发表论文《马一浮与〈大乘起信论〉》与《唐君毅与〈大乘起信论〉》。

本月，陈文新著《四大名著应该这样读》由中华书局出版。

李维武负责的 MOOC 课程"中国哲学史（先秦部分）"被中华人民共和国教育部评为国家精品在线开放课程。

2 月

本月，陈庆著《度量消费者对肉类包装创新的态度——基于选择实验结果》（中英文合刊）由崇文书局出版。

3 月

9 日，杨华受邀在深圳市图书馆为社会群众讲学，题为"礼记与中国古代日常生活"，此属该市图书馆"南书房"系列学术讲座之一。

20—21 日，吴光正参加由武汉大学文学院主办的第二届古代文学研究的新视野与新理念学术研讨会，发表论文《马臻的宗教实践与诗歌创作》。

21 日，傅才武在文化和旅游部讲学，题为"新时代文化和旅游融合的内涵建构与模式创新"。

21 日，钟书林应邀到美国肯恩大学（Kean University）讲学。

22 日，卢烈红应邀到湖北工业大学作学术报告《汉语汉字的文化魅力》。

22—24 日，郭齐勇应邀分别在武汉大学工学部 10 教学楼为烽火集团 150 人演讲《儒家的精神与〈四书〉》，在湖北省图书馆"长江讲坛"为近 500 名市民演讲《儒家人文主义与道家自然主义》，在荆州市图书馆"楚都讲坛"为 400 名市民演讲《儒家人文主义与道家自然主义》。

22—24 日，吴根友应邀出席武汉大学哲学学院承办的第三届"湖广中哲论坛"。

22—24 日，储昭华、王林伟应邀参加武汉大学哲学学院承办的第三届"湖广中哲论坛"。

25—29 日，周荣在天津师范大学参加由中国古籍保护协会主办的中国古籍保护协会一届五次理事会。

29 日，李维武在湖北省建设银行为湖北省建设银行共青团干部作题为"百年回首话'五四'"的演讲。

30—31 日，郭齐勇在荆门出席"纪念陆九渊诞辰 880 周年学术研讨会"，作大会主题演讲《陆九渊与熊十力的"本心"论》。

30—31 日，欧阳祯人在湖北省荆门主办"纪念陆九渊诞辰 880 周年学术研讨会"，会议收到参会文章 90 多篇，参会代表 100 多人。湖北省社科联俞立平书记出席会议并致辞。

30—31 日，王林伟应邀参加"纪念陆九渊诞辰 880 周年学术研讨会"，发表论文《心学转进的内在理路：从象山到阳明》。

31 日，中华孔子学会陆九渊研究会正式成立，欧阳祯人担任首届会长。武汉大学郭齐勇、北京大学张学智、浙江大学董平、苏州大学蒋国保等担任学术顾问。

本月，冯天瑜、彭池等编《中国学术流变》由上海人民出版社出版。

郭齐勇著《儒者的智慧》由北京出版社出版。

郭齐勇著《中国文化精神的特质》（繁体字版）由香港"三联书店"出版。

郭齐勇、张志强编，萧萐父著《师道师说·萧萐父卷》由东方出版社出版。

陈文新著《吴敬梓与〈儒林外史〉》由中州古籍出版社出版。

傅才武、陈庚《中国公共文化政策研究实验基地观察报告（2018—2019）》由社会科学文献出版社出版。

4 月

4 日，傅才武参加在北京举办的国家文物智库建设工作座谈。

5 日，储昭华应邀参加由山东兰陵县政府主办的荀子思想高峰论坛，提交论文《影响与背离：荀子与董仲舒关系再认识》。

9 日，郭齐勇应邀在武汉大学国际教育学院为湖北邮政公司高管人员品质提升培训班数十人讲授《王阳明的心学思想》。

13 日，李维武应邀参加由中国孔子基金会主办的中国孔子基金会学术委员会工作会议暨"中华历史文化精华与习近平新时代中国特色社会主义思想"学术研讨会，作题为"传统文化的创造性转化与创新性发展——对习近平文化观的思考"的报告。

13 日，姚彬彬在杭州佛学院作"法云讲堂"（社会公益讲座）第十八讲《"宗教"译名的确立与晚近中国佛学研究的基本范式》。

14 日，由武汉大学历史学院、中国传统文化研究中心杨华主持的国家社科基金重大项目"中国传统礼仪文化通史研究",在珞珈山庄举行开题报告暨研讨会。来自中国社会科学院、北京大学、美国伊利诺伊大学、南开大学、浙江大学、厦门大学、湖南大学、南京师范大学、山东师范大学、武汉大学等国内外著名科研机构和高等院校的 5 位评审专家和 17 位课题组核心成员,济济一堂,围绕"中国传统礼仪文化通史研究"项目的学术目标、研究计划、撰写方案及预期成果等问题展开了深入研讨。

15 日至 6 月 6 日,王林伟作为学者赴台湾辅仁大学士林哲学研究中心参加"第十六届士林哲学讲习会",以士林哲学为中心自形而上学、伦理学、存有论等各个方面展开学习研究,活动结束时发表并报告论文《论德福一致:基于〈圆善论〉的探讨》。此外全程参与了主办方在此期间所举办的两场国际学术讨论会(墨子思想的现代意义、多玛斯思想——自然法、德性伦理)。

17 日,傅才武在湖北省财政厅讲学,题为"新时代文化和旅游融合的内涵建构与模式创新"。

19 日,吴根友应邀为上海大学哲学系讲学,题为"从经学解释学到经典解释学——戴震的解释学及其当代的活化"。

22 日,郭齐勇应湖北省作协邀请在武昌职业技术学院广信酒店,为 300 位新进入省作协的作家们讲授"儒释道三教的人生智慧与心理调节"。

24—28 日,吴根友参加英国伦敦国王大学哲学史年会,提交文章《当代中国的几种形上学概述》。

26—28 日,姚彬彬参加台北华严莲社举办的第八届华严专宗国际学术研讨会,发表论文《晚近新儒家的华严思想探析》。

27—28 日,李维武在北京参加由中国社会科学院近代史研究所主办的纪念五四运动一百周年国际学术研讨会,并作题为"五四运动与中国马克思主义政治哲学的开启"学术报告。

28 日,傅才武在湖北省台办讲学,题为"文旅融合背景下陈云台湾风情小镇规划定位及其理论基础"。

5 月

3—5 日,姚彬彬参加厦门大学台湾研究院主办的"首届高校台湾研究学术年会",发表论文《禅宗在台湾地区的影响和发展》,并担任历史学分会场评议人。

5 日,李维武在湖南大学岳麓书院为长沙高校师生等讲学,题为"以哲学史为中心的思想史研究:19—20 世纪中国哲学研究的一种新方法"。

8—11 日,姚彬彬参加湖南佛教协会主办的"南岳佛道救难协会抗战救亡及其历史地位"学术研讨会,发表论文《南岳佛道救难协会与左翼进步文人的统一战线合作》,主持分会场报告一场。

8 日,郭齐勇应邀在武汉楚天粤海国际大酒店,为中央统战部主办的"省级政协常委、召集人国情研修班"三十多位省市自治区常委讲授《中国传统文化的精神特质》。

9 日,李维武在武汉大学哲学学院为武汉大学哲学学院党委理论学习中心组成员和哲学学院师生讲学,题为"五四运动及其评价的百年回顾"。

10—12 日,吴根友出席中国人民大学主办的"中国·乐山·中华道文化论坛",提交文章《中国文化"两化"的历史使命与"世界化"的慧梦》。

11 日，李维武在广州参加由华南理工大学马克思主义学院主办的"中国共产党与传统文化"高端论坛暨国家社科重大项目开题论证会，并作题为"传统文化创造性转化和创新性发展的主体问题"的报告。

17 日，吴根友与北京外国语大学历史学院李雪涛、日本郡山女子大学宗教学何燕生举行了一场对谈，主题是"世界历史与文明对话"。

18—19 日，周荣在上海参加由上海大学人类学与民俗学研究所主办的明清至民国时期的地方善举及国家转型学术研讨会，发表论文《慈悲与慈善："佛教慈善"视域中的明清佛教碑刻分类问题》。

18—19 日，吴根友出席武汉大学"世界历史与世界哲学——比较哲学的时代与方向"学术研讨会。提交发言提纲《"世界历史"时代里的实践哲学诸问题》。

25 日，郭齐勇应湖北省国学研究会的邀请，在中南路新东方为六十多位听众演讲《礼乐文明的人文精神及其现代意义》。

25 日，李天虹应邀在合肥为安徽大学汉字研究中心师生讲学，作题为"五种楚简的整理体会——以遣册为中心"的演讲。

29 日，申万里应邀在华中农业大学第 38 届"国学讲坛"为华中农大师生讲学，题为"中国神的诞生：关羽由人到神的构建过程"。

30 日，吴根友为河北大学哲学系师生演讲《从经学解释学到经典解释学——戴震的解释学及其当代的活化》。次日上午，主持博士生学位论文答辩。

本月，冯天瑜著《中国传统智慧二十讲》由湖北人民出版社出版。

吴根友《老子导读注译》由岳麓书社出版。

陈文新《中国文化中的小说传统》由孔学堂书局出版。

丁四新撰《周易溯源与早期易学考论》获得北京市第十五届哲学社会科学优秀成果奖。

杨国安指导的《世纪的文物抢救：三峡文物保护工程的回顾与反思——基于对全国百位三峡文物保护工作者的调研访谈》获得湖北省第十二届"挑战杯"大学生课外学术科技作品竞赛特等奖。

6 月

11—12 日，陈伟参加韩国首尔大学主办的中国秦汉简牍国际学术讨论会，发表题为"新出秦简研究"的学术报告。

16 日，冯天瑜荣获 2019 年度"汤用彤学术奖"，由学生姚彬彬在苏州代为出席颁奖仪式领奖。"汤用彤学术奖"在我国人文学研究领域声誉卓著，本年度获奖者还有北京大学陈鼓应和山东大学刘大钧。

19—20 日，周荣在武汉大学参加由武汉大学经济与管理学院组织的"传统中国的营利与非营利组织"工作坊，发表演讲《明清以降中国佛教慈善组织的理念、实践和社会转型》。

21 日，欧阳祯人在湖北工业大学给部分教师和领导演讲《传统文化与新时代师德师风》。

21—23 日，谢贵安在山西省大同市参加由山西省主办的"一带一路"与山西对外开放暨明史国际学术研讨会，发表论文《明代大同西式火器的引进、仿制与应用初探》。

22—23 日，吴光正、申万里参加由武汉大学文学院与本中心合办的"古代中国的族群、文化、文学与图像"国际会议，吴光正作学术报告《吴全节与元代文坛》，申万里作学术报告《元代官学的教与学》。

24 日，傅才武在湖北省文化和旅游厅讲学，题为"学习贯彻习近平总书记关于文化和旅游重要论述"。

28 日，吴根友出席武汉大学"文明对话高等研究"揭牌仪式，并主持下半场"轴心时代与新轴心时代文明的对话与融合"，对话者为冯天瑜、安乐哲、姚新中。

28—30 日，杨华在上海参加由复旦大学哲学系主办的东亚礼学与经学国际研讨会暨上海儒学院第三届年会，发表论文《"礼崩乐坏"新论：兼论中国礼乐传统的连续性》。

28—30 日，卢烈红应邀赴呼和浩特参加"第五届文献语言学国际学术论坛"，担任大会报告主持人，宣读论文《"网开三面""网开一面"考》。

29—30 日，欧阳祯人应邀参加河北省衡水市"董仲舒与儒家思想国际学术研讨会"，提交题为"从黄老与儒学的比较看儒学的实质与前途"学术论文，并发言。

本月，郭齐勇主编、欧阳祯人担任执行主编的《阳明学研究》第四辑由人民出版社发行。

由欧阳祯人与日本北九州岛大学的邓红联手主持完成贵州孔学堂（2016 年度哲学社会科学规划国学单列课题）重大攻关课题"日本阳明学研究名著译丛"（16GZGX09），成果由山东人民出版社出版。译丛包括高濑武次郎《日本之阳明学》、井上哲次郎《日本阳明学派之哲学》、安田二郎《中国近世思想研究》、岛田虔次《朱子学与阳明学》、山井涌《明清思想史》、楠本正继《宋明时代儒学思想之研究》、冈田武彦《明代哲学的本质》以及荒木见悟《明代思想研究》八卷。

申万里著《元代科举新探》由人民出版社出版。

张昭炜著《阳明学发展的困境及出路》获得武汉市第十六次社会科学优秀成果一等奖。

7 月

1—2 日，郭齐勇在南昌出席南昌大学主办的熊十力新儒学研究所揭牌仪式暨熊十力思想学术讲座，作讲座"熊十力及其学术思想"。

2—5 日，李维武在瑞士伯尔尼玻恩大学参加由国际中国哲学会主办的第 21 届国际中国哲学大会并做报告，报告题为"严复与中国哲学本体论的古今之变"。

3 日，"日本阳明学研究名著翻译丛书首发式"在武汉大学中国传统文化中心报告厅举行。校党委副书记沈壮海、山东人民出版社社长胡长青、副社长王路，贵州孔学堂文化传播中心主任肖立斌研究员，日本北九州市立大学、日本阳明学研究名著翻译丛书日方主编邓红，浙江社会科学院研究员、中华孔子学会阳明学研究会长钱明，人文社科院驻院研究员、日本阳明学研究名著翻译丛书总顾问郭齐勇，武汉大学中国传统文化研究中心主任杨华、副主任余来明，日本阳明学研究名著翻译丛书译者焦堃、连凡、陈晓杰以及四十余位武大师生出席活动。丛书首发式由中国传统文化研究中心、丛书中方主编欧阳祯人主持。

3 日，傅才武参加由湖北科技学院举办的鄂南非物质文化遗产传承基地建设研讨会。

5—7 日，吴光正受邀参加由四川大学中国俗文化研究所主办的中国俗文化国际学术研讨会暨项楚先生八十寿辰庆祝会，发表论文《海外道教神话道教传记道教小说研究及其启示》。

6 日，杨华在武汉丰颐酒店主持召开儒家经典的诠释与传承：《论》《孟》新注学术研讨会，发表论文《"拜上""拜下"说》。

6 日，吴根友参加北京师范大学哲学学院、思维与发展战略研究中心召开的"加快构建中国特色哲学学科体系、学术体系、话语体系"会议，提交文章《中国哲学学科的共性与民族性》。

7—8 日，欧阳祯人应邀到湖北省恩施市委宣传部演讲《阳明心学与当代文化建设》。

8 日，李天虹在上海为华东师范大学中文系 2019 年暑期学校课程"汉语言文字学的传统与创新"作题为"湖北出土楚简（五种）漫谈"演讲。

11 日，刘乐恒主办"心性问题的多学科互动"学术工作坊，参会报告主题："心性的三个维度"。

12—14 日，郭齐勇在山东烟台出席山东大学主办的儒学全球论坛：百年儒学走向国际学术研讨会暨牟宗三先生诞辰 110 周年纪念会，在大会作主题演讲《牟宗三哲学的意义》。

12—14 日，卢烈红应邀赴湖南常德参加"2019 年汉语史研究国际学术研讨会暨第一届华中语言学高级论坛"，在开幕式上致辞，作大会报告《明清小说话题转移标记考述》。

17—18 日，欧阳祯人应邀参加由山东大学易学与中国古代哲学研究中心、中国周易学会、《周易研究》编辑部在山东济南举办"中国哲学起源问题的新探索国际论坛"，提交《儒家经典的上古背景》论文并发言。

28 日，卢烈红应邀到北京为北京大学主办、北京语言大学承办的"第九届汉语言文字学高级研讨班"学员授课，题为"禅宗语录句法专题"。

本月，吴根友著《判教与比较——比较哲学探论》由东方出版中心出版。

陈文新主编《科举文化与明清知识体系》由武汉大学出版社出版。

刘宽忍、傅才武《区域社会发展与影响力研究——以十一艺节为中心》由中国社会科学出版社出版。

傅才武、彭雷霆《文化蓝皮书·中国公共文化发展指数报告（2019）》由社会科学文献出版社出版。

周荣整理、编审《〔康熙〕湖广通志》等 3 种由崇文书局出版。

8 月

5—9 日，周荣在贵州遵义参加由国家图书馆出版社、遵义市政协主办的《遵义丛书》首发暨地方文献整理与开发研讨会，发表论文《试论湖北地方佛教文献的价值》。

11 日，申万里应邀为上海大学历史学院师生讲学，题为"元代江南的士人与社会"。

12—13 日，周荣主办的"茶叶与茶商——近代中国与世界"多学科工作坊在武汉大学图书馆古籍部召开。

15—16 日，郭齐勇在海南定安玉蟾宫出席海南省道教协会主办的"2019 海峡两岸信仰共同体论坛"，作主旨报告《论儒学的宗教性》。

19—20 日，谢贵安在安徽凤阳参加由中国明史学会、凤阳县人民政府、安徽科技学院主办的第二十届明史国际学术研讨会暨朱元璋与明中都国际学术研讨会，发表论文《明代"中国长技"概念的形成及其师夷特征》。

21 日，吴根友参加 2019 国际出版企业高层论坛，提交文章《"亚洲文明"到"文明亚洲"》。

22 日，欧阳祯人应邀在浙江绍兴给领导干部作了题为"王阳明的家训及传统家教"演讲。

23 日，欧阳祯人应邀参加浙江稽山阳明研究院学术委员会委员大会，被聘为该研究院的学术委员。

24—25 日，欧阳祯人应邀参加中华孔子学会在山东曲阜召开的年会，提交论文《日本阳明学的发生原因及早期特征》。

24—25 日，周荣受邀在复旦大学参加由复旦大学历史系主办的"明清区域社会研究的省思"国际学术研讨会，发表了论文《历史之碎片 心性之一体——明清佛教碑刻大数据与佛教社会史研究方法论的反思》。

29 日，吴光正赴亚利桑那州立大学访学一年。

30 日，郭齐勇在贵阳孔学堂出席第三届孔学堂国学图书博览会，在融合出版与国学传播大会上发表题为"学校应成为传承国学的重要基地"的演讲。

本月，陈来、张昭炜主编《阳明学文献与思想》由中国社会科学出版社出版。

9 月

7—8 日，武汉大学中国传统文化研究中心与清华大学国学院合办的"方以智与中国哲学学术研讨会"在清华大学召开。三十余位专家学者参加了本次会议。中国传统文化研究中心张昭炜参与筹划了本次会议。

7 日，吴根友参加了武汉大学中国传统文化研究中心与清华大学国学院举办的"方以智与中国哲学学术研讨会"，提交文章《后理学时代与明清哲学研究的可能范式》。

8 日，吴根友参加东北师范大学"儒家政治哲学的思想传统及当代新开展"学术研讨会，提交文章《何谓政治哲学?》，并作"从经学解释学到经典解释学——戴震的解释学及其当代的活化"的讲座。

9—12 日，陈锋参加由南开大学主办的纪念郑天廷先生 120 周年诞辰暨第五届明清史国际讨论会，发表论文《清代盐务与造办处经费、物料来源》。

9 日，郭齐勇应邀为湖北省老干部局长处长培训班 60 人作《中华优秀传统文化与人生智慧》的专题报告。

11—12 日陈伟参加芝加哥大学、南开大学主办的纪念《剑桥中国上古史》出版二十周年学术研讨会，提交论文《秦洞庭、苍梧二郡的设置时间和境域问题》。

14—15 日，储昭华参加由武汉大学哲学学院主办的"传统德性伦理与现代政治哲学"学术会议，提交论文《从"王"的涵义演变看中国传统政治的文质两面性》。

14—15 日，刘乐恒参加武汉大学哲学学院与《道德与文明》杂志社联合举办的"传统德性伦理与现代政治哲学"学术研讨会，提交论文《孔子有心性论吗?》。

14—15 日，王林伟应邀参加武汉大学哲学学院与《道德与文明》杂志社联合举办的"传统德性伦理与现代政治哲学"学术研讨会，报告论文《德福一致：基于〈圆善论〉之探讨》。

14—15 日，吴根友出席武汉大学哲学学院与《道德与文明》杂志社联合举办的"传统德性伦理与现代政治哲学"学术研讨会，提交文章《〈国语〉中的美德思想研究》。

18—21 日，周荣在中山大学参加由中山大学图书馆主办的古籍整理与特藏文献研究国际学术研讨会，发表论文《略论以社会史为导向的明清佛教碑刻分类》。

20—22 日，卢烈红应邀参加在襄阳举行的"京浙鄂湘豫（2019）古汉语研讨会"，在开幕式上致开幕词，作大会报告《"网开三面""网开一面"考》。

20—23 日，陈锋参加由河北师大主办的第五届全国区域文化研究会年会暨太行山文化学术研讨会，发表论文《区域文化史与区域经济史的研究理路》。

20—22 日，胡治洪参加由北京大学高等人文研究院、中国国际文化交流中心、中国文物协会、河南华夏历史文明传承创新基金会联合主办的第八届嵩山论坛——文明对话与人类未来，发表《当今人类危机与儒家救治之道》。

21 日，郭齐勇应邀在武汉理工大学马院主办的全国性马克思主义与中华传统文化高端论坛上作 25 分钟主题演讲《中国文化的精神价值》。

21 日，傅才武参与在山东济南举办的新时代文化创新论坛。

21—23 日，谢贵安在湖南新田参加由中国明史学会、新田县人民政府主办的明代锦衣卫制度与新田骆氏锦衣卫世家学术研讨会，作学术报告《明代史学的现代转型：国民锦衣卫研究的学术路径》。

20—22 日，"中国文化中的文学传统暨文学史著作整理研究国际学术研讨会"在武汉大学召开。此次会议由武汉大学中国传统文化研究中心、光明文学遗产研究院、武汉大学文学院共同主办，来自北京大学、复旦大学、中国社会科学院、韩国岭南大学及我国港台地区各主要研究机构和高校的 80 余位学者参加了这一盛会。

20—22 日，晏昌贵、杨华在上海参加由复旦大学主办的复旦大学历史地理研究中心成立 20 周年暨《历史地理研究》发刊学术研讨会，晏昌贵发表论文《近 70 年来中国古代疆域与政区变迁研究的主要进展》，杨华发表论文《重读谭先生〈中国文化的时代差异和地区差异〉》。

21—22 日，周荣在福建福州参加由福建省民宗局、福建省佛教协会等主办的第三届海丝佛教论坛，发表论文《雪峰义存禅系的北渐与和两宋黄梅禅宗祖庭的复兴》。

25 日，吴根友在武汉大学与牛津大学三一学院 Johannes Zachhuber 教授展开了两场对话。

25—27 日，周荣在南开大学参加由南开大学图书馆主办的南开大学图书馆古籍特藏文献国际研讨会，发表论文《武汉大学图书馆明清佛教金石文数据库建设的构想》。

27 日，吴根友与澳门大学的王庆节、中国人民大学的姚新中举行对话"比较哲学与文明对话"。

27—28 日，胡治洪参加山东曲阜孔子研究院主办的中华礼乐与东亚文明高端儒学会讲，发表《新文化运动与中国传统和西方文化》。

27—28 日，吴根友在武汉大学参加围绕《判教与比较——比较哲学探论》一书而展开的"比较哲学的理论与方法工作坊"。

29 日，吴根友在中南财经政治大学哲学院作《从经学解释学到经典解释学——戴震的解释学及其当代的活化》的讲座。

本月，欧阳祯人主编《唱民歌 学汉语》由北京大学出版社出版。

张昭炜编校《宗一圣论 古本大学释论》由复旦大学出版社出版。

傅才武被湖北省人民政府评为 2019 年湖北省突出贡献中青年专家。

10 月

1 日，王林伟赴德国慕尼黑大学汉学所、哲学系开始为期近两年的访学。

11 日，吴根友出席北京外国语大学全球史研究中心"东亚智慧与东北亚关系国际学术研讨会"，提交文章《东亚"近代文明观"的早期形态——以王夫之的"文明史观"为例》。

11—13 日，卢烈红应邀参加在北京举行的"视角与方法：汉语史研究新视界高端论坛"，作大会报告《唐宋禅宗语录"看"字祈使句析论》。

12—19 日，钟书林参加法国巴黎七大、法国国立宪章学院、法国法兰西学院、法国远东学院学术交流。

13—17 日，武汉大学在法国巴黎举行第四届主题为"文化与文明的流动与保护"的海外学术周活动，巴黎七大、法国国立宪章学院、法国国立东方语言与文明学院等协办。郭齐勇、吴根友、傅才武、陈伟等学者出席学术周。于 15 日开幕式上，郭齐勇应邀作了主旨演讲《中华文化精神的特质》。

14 日，申万里应邀为北方民族大学民族学院师生讲学，题为"宋元之际的'射雕英雄'及其家族"。

14—20 日，吴根友出席武汉大学海外学术周，提交文章《从汉语佛教的孝道思想看东亚伦理共识可能性》；17 日在德国杜伊斯堡孔子学院作演讲《庄子与海德格尔生死观之比较》。

14—16 日，刘国胜参加内蒙古额济纳"居延遗址学术研讨会"，提交论文《西北汉简释文订补二则》。

14—19 日，薛梦潇在法国巴黎参加第四届武汉大学海外学术周"古代晚期和中古时期东亚的信仰与文化流动"国际论坛，发表论文《汉晋南朝间的"死而复生"》。

16—18 日，杨华在上海参加由复旦大学历史系主办的中国与希腊的情感史比较研究（Emotions Between China and Greece）国际学术研讨会，发表论文《秦汉时期的怨怒和复仇》。

17—23 日，徐少华出席台湾"中央研究院"历史语言研究所的年度学术报告会；21 日为史语所的有关研究人员和研究生讲学，题为"罗山高店曾子季卷臣器组及曾季氏析论"。

18—20 日，胡治洪参加由北京大学高等人文研究院主办的第二届"精神人文主义"学术研讨会暨杜维明先生八十寿庆会，发表论文《当今人类危机与儒家救治之道》。

18—20 日，陈锋、杨华参加由教育部主办、泰山学院承办的"教育部社会科学委员会历史学学部 2019 年度工作会议暨七十年来的中国历史学"研讨会，分别发表论文《曲折与辉煌：中国经济史研究 70 年》《近 40 年的中国文化史研究》。

18—21 日，周荣在长沙参加由湖南师范大学历史文化学院、湖南省慈善总会等主办的"回顾与前瞻：中国慈善史研究的理论与实践"国际学术研讨会，发表论文《明清津梁桥渡碑刻与佛教慈善》。

18—21 日，谢贵安在复旦大学参加由中国社会科学院史学理论研究所、《史学理论研究》杂志、复旦大学历史系西方史学史研究中心联合主办的第 22 届全国史学理论研讨会，发表论文《面向西方的明清史学——明清官史对西器东传的记载与书写》。

18—21 日，卢烈红应邀参加在北京举行的"汉语历史词汇语法研究国际学术研讨会"，宣读论文《"胚子"等词语考三则》。

19 日，郭齐勇在北京大学出席该校高等人文研究院主办的第二届"精神人文主义"学术研讨会暨杜维明先生八十寿庆会，在大会发表主旨演讲《杜维明先生精神人文主义的新贡献》。20 日出席清华、北大两校哲学系、中国哲学史学会、中华孔子学会主办之"中国哲学的传统及其现代开展——纪念张岱年先生诞辰 110 周年学术研讨会"，上午在大会报告《学习张岱年先生的人品与学问》。21 日上午在北京中国教育网络电视台国学频道录制节目，主题是"生活中的儒学"。23 日晚，在清华大学人文社科图书馆大同厅，参与清华大学哲学系与人文社科图书馆举行"冯友兰中国哲学纪念讲座（七）""文化自信与儒学的未来——儒学大家陈来与郭齐勇的文化对话"，与陈来对话，百多人出席。24 日下午，郭齐勇在清华大学新斋 324 教室，作"牟宗三的哲学系统"的讲座。

21 日，谢贵安受邀为上海师范大学人文学院历史系师生讲学，题目为"从实录体史书看中国传统史学的特征与生机"。

25—26 日，武汉大学中国传统文化研究中心陆九渊研究会与江西南昌大学、江西省金溪县委宣传部在江西省金溪县联合主办陆九渊诞辰 880 周年暨心学传承与发展国际学术研讨会。大会收到学术论文 100 多篇，参会代表 100 多人。欧阳祯人会长在大会上作了主旨发言，并作了大会总结发言。

25—27 日，陈庆参加由韩国中国小说学会主办的韩国小说学会 30 周年纪念国际学术研讨会，发表论文《〈红楼梦〉中的资助者与被资助者》。

25—26 日，吴光正受邀参加印第安纳大学主办的 Crossing Boundaries：An International Symposium on Chinese Literature and Culture Hamilton Lugar School of Global and International Studies，发表论文《宗教实践与元代全真教传记书写》。

25—27 日，卢烈红应邀参加在广西南宁举行的"修辞创造与汉语发展演进"全国学术研讨会暨中国修辞学会 2019 年年会，作大会报告《黄梅方言超常搭配三题》，并在大会闭幕式上致闭幕辞。

27 日，吴根友为本科生党员讲党课"如何理解党的政治建设?"。

27 日，卢烈红应邀为广西民族大学文学院师生作题为"词汇、语义研究的广阔空间"的学术报告。

28—29 日，吴根友参加湖南衡阳纪念王船山诞辰 400 周年的学术研讨会，在分哲学论坛作主题发言，并做十位发言嘉宾的点评人。提交文章《王夫之的"文明史观"探论》。

28 日，徐少华应邀为辽宁大学历史文化学院有关教师和研究生讲学，题为"曾鄂之谜与周王朝在江汉地区的分封"。

本月，冯天瑜整理《冯永轩集》（荆楚文库）由武汉大学出版社出版。

11 月

1 日，李少军参加北京大学历史系纪念邵循正诞辰 110 周年学术研讨会。

1—2 日，欧阳祯人在贵州孔学堂参加 2019 年度学术委员会年会。

1—3 日，胡治洪、李维武在韶山参加由中国现代哲学研究会、湘潭大学碧泉书院暨哲学与历史文化学院、北京航空航天大学人文与社会科学高等研究院联合主办的"新中国哲学七十年：反思与前瞻"学术研讨会暨中国现代哲学研究会 2019 年年会，分别作题为"中国现代哲学概观""毛泽东'实践论'的创立与 20 世纪上半叶中国认识论的开展"的学术报告。

1—3 日，姚彬彬在浙江宁波慈溪参加"天台宗与中国佛教制度"学术研讨会，发表论文《萧衍〈断酒肉文〉与遵式〈诫酒肉慈慧法门〉之文本比较》，并主持大会第二场主题发言。

1—5 日，卢烈红应邀参加在广西桂林举办的"第十三届汉文佛典语言学国际学术研讨会"，作大会报告《禅宗语录中的"看"字祈使句》。

2 日，郭齐勇在贵阳孔学堂出席 2019 年度学术委员会年会，主持上午会议并发言。

2 日，卢烈红应邀为广西师范大学文学院师生作题为"词汇、语义研究的广阔空间"的学术报告。

2—3 日，申万里应邀参加在南开大学举办的"中古帝制与地主经济型体"高端论坛，发表论文《帝国时期的士人与士人社会》。

3 日，欧阳祯人在深圳市图书馆（人文讲坛 100 期）与马敏、李大华以"文化传统能否锻造现代人的品格"为主题，进行高端对话。

8 日，吴根友参加中德哲学美学高端对话，对话者为德国卜松山、陈望衡、邹元江、贺念。

8—10 日，晏昌贵受邀在厦门参加由《历史研究》杂志社主办的"第十三届历史学前沿论坛"学术研讨会，作学术报告《从〈图集〉到〈通史〉：中国传统沿革地理的近现代转型》。

9 日，鲁小俊应邀参加广州大典研究中心举办的广雅书院与中国教育的现代转型学术研讨会，提交论文《经心经古书院的考课和课艺》。

9—10 日，武汉大学哲学学院主办"比较视野下的启蒙哲学"国际学术研讨会，吴根友主持并提交文章：《启蒙与解蔽——关于"启蒙"的哲学认识论解读》，李维武作《新文化运动中的"启蒙"与"启蒙反思"》学术报告，储昭华发表论文《比较哲学与世界哲学：深化与展望》。

12—15 日，周荣受邀在南京参加由南京大学图书馆、栖霞寺主办的 2019 年全国高校图书馆古籍保护工作研讨会暨南京栖霞古寺中兴百年佛经展览会，发表论文《返本而开新：武汉大学图书馆古籍特藏工作的回望与前瞻》。

12 日，欧阳祯人为中华孔子学会陆九渊研究会荆门市实践基地（象山中学）剪彩，并作题为"象山思想对历史的超越"的演讲。

15 日，欧阳祯人应邀参加武汉商学院"通识教育与当代发展"国际会议，提交《现代商业职业教育必须以人格教育为前提》论文，并作大会主题发言。

15—16 日，吴根友出席广州中山大学承办的第五届中国高校高研院联盟会议暨中山大学人文高等研究院成立十周年座谈会。

15—17 日，谢贵安在江西省吉水县参加由吉水县人民政府、南昌大学谷霁光人文高等研究院联合主办的纪念解缙诞辰 650 周年暨全国首届解缙学术研讨会，发表论文《解缙二修〈明太祖实录〉相关问题研究》。

15—18 日，申万里在南京大学参加由中国元史研究会、南京大学历史学院主办的色目人与元代多元社会国家学术研讨会，作学术报告《元代地方政府衙门：制度史研究的新视角》。

15—20 日，欧阳祯人应邀出席在人民大会堂举行的国际儒学联合会年会，并当选为国际儒学联合会理事。

16 日，李少军参加湖南师范大学主办的"近代条约与中国社会学术研讨会"。

16 日，傅才武参加由武汉大学召开的新时代下中国乡村文化振兴国际学术会议暨 2019 年特色文化产业论坛。

16 日，李维武在武汉参加由湖北省炎黄文化研究会儒学文化分会君子文化研讨会，作学术报告《从近现代中国发现"君子"》。

18—20 日，陈锋参加由南开大学主办的天津第二届中国史上的日常生活与物质文化学术研讨会，发表论文《雅好与交谊：清代官员、商人的文玩进贡》。

20 日，郭齐勇在武汉大学经管院 B224 教室，为国务院侨办主办之 2019 年第二期海外华侨华人专业人士国情研修班五十余人讲演《中国传统文化》。

20—23 日，张建民在厦门参加由厦门大学主办的第 11 届民间文献论坛，提交论文《读契三题》，作学术报告《认字与学史》。

21 日，傅才武参加由黄冈师范学院召开的 2019 湖北青年学者论坛暨大别山精神研讨会。

22—24 日，陈锋参与主持第三届财税史论坛暨中国历史上的财政与社会变迁并作主旨发言。

22—24 日，钟书林在广州参加由中山大学中文系主办的第六届中国文体学国际学术研讨会并宣读论文。

22—24 日，杨国安在泰安参加由中国经济史学会主办的第三届财税史论坛暨"中国历史上的财政与社会变迁"学术研讨会，发表论文《书差、税收与秩序：明清两湖乡村赋役征收群体考察》。

22—24 日，谢贵安在成都参加由中国社会科学院中国历史研究院历史理论研究所、四川师范大学历史文化与旅游学院联合主办的新时代中国史学史研究与中国史学的体系构建会议，发表论文《明清史学近代转型案例：锦衣卫史学形象的民国书写》。

23—24 日，高一致参加由湘鄂豫皖楚文化研究会主办，湖北省文物考古研究所、荆州博物馆承办的湘鄂豫皖楚文化研究会第十六次年会，发表论文《荆州胡家草场 M12 出土"肥牛方"杂说》。

26 日，郭齐勇在武汉大学振华楼出席朱舜水全集整理点校中期交流讨论会，与台湾中国文化大学徐兴庆校长共同主持大会，作大会发言。

26—27 日，储昭华在湖北黄冈参加由湖北省哲学史学会主办的湖北省哲学学会年会。

29 日，李维武应邀在上海参加由教育部高等学校社会科学发展中心主办的"社会主义先进文化弘扬与新时代大学文化发展"理论研讨会，作学术报告《中国共产党领导中国人民创造的中华民族新文化——关于社会主义先进文化本质内涵的思考》。

30 日，郭齐勇在武汉大学老图书馆，为出席省国学会 2019 年年会的本省若干所大学师生讲演《中国文化精神》。

30 日，谢贵安受邀在武汉市新东方大厦湖北国学大讲堂为湖北省武汉市国学爱好者讲《明太祖朱元璋治国理政的策略》。

本月，冯天瑜、杨华、任放合编《中国文化史》（第二版）由高等教育出版社出版。

刘乐恒主编《中国哲学史学科地图》由北京大学出版社出版。

王林伟著《天人回环：论船山思想的核心视野》由武汉大学出版社出版。

陈伟主编《望山楚墓竹简 曹家岗楚墓竹简》（《楚地出土战国简册合集（四）》由文物出版社出版。

周荣编著《武汉大学图书馆古籍普查登记目录》由国家图书馆出版社出版。

张昭炜主编"阳明后学文献丛书"（第三编）《陶望龄全集》由上海古籍出版社出版。

12 月

1—2 日，姚彬彬参加杭州师范大学、中国社会科学院近代史研究所主办的"章太炎和他的时代"学术研讨会，发表论文《"章门弟子"缪篆与其〈齐物论释注〉》。

2 日，在武汉大学哲学学院 B107 报告厅，吴根友主持武汉大学文明对话高等研究院主办的"儒、释、道与亚洲文明对话"。参加对话的嘉宾有：日本东京大学名誉木村清孝、四川大学宗教研究所盖建民、武汉大学国学院院长郭齐勇。

2 日，傅才武在珞珈山别墅区 12 栋讲学，题为"文化长江：从文化价值到旅游价值的转换"。

6 日，傅才武参加在武汉召开的长江国际黄金旅游带发展论坛。

6 日，卢烈红当选为湖北省社会科学界联合会第九届委员会委员。

6—9 日，徐少华、李天虹在北京参加由清华大学主办的李学勤先生学术成就与学术思想国际研讨会，分别发表论文《记向李先生问疑求教的几点感受》《〈随州孔家坡汉墓简牍〉"未编联残片"的整理与复原》。

7—8 日，吴根友主持并参加武汉大学文明对话高等研究院主办的"现代文明理论的重建与反思"的学术会议，提交文章《如何建构现代中国人的文明理论?》。

7—8 日，晏昌贵在武汉参加由华中师范大学资环学院主办的国家社科重大项目"《中国疫灾历史地图集》研究与编制"结项评审暨中国历史地理与疫灾研究学术报告会。

7—9 日，杨华受邀在北京参加由清华大学经学研究主办的中华礼乐文化传承学术前沿论坛，发表论文《礼仪制度与亚洲文明对话》。

7—9 日，申万里出席内蒙古师范大学主办的内蒙古师范大学东北亚民族历史文化研究院揭牌仪式暨族际交流与文化互动高峰论坛，发表论文《元代出仕中国的高丽人》。

11 日，傅才武在长沙学院讲学，题为"文化长江：文化引领旅游，旅游增益文化"。

11 日，谢贵安受邀为武汉生物工程学院管理学院本科生及部分教师讲学，题为"明太祖朱元璋的治国方略"。

12 日晚，郭齐勇在广州暨南大学为百多名师生演讲《中国文化及其精神价值》。

14—15 日，郭齐勇出席暨南大学与中国社科院哲学所主办的"多元视域下的诸子学研究学术讨论会"，作大会主题报告《诸子学导论》。

12—14 日，杨华受邀在北京参加由北京大学区域与国别研究院主办的中英第四届人文高等教育人文联盟峰会"全球再想像：跨文化人文共同体与另一种世界主义"，发表论文《文庙与城隍：中国古代城市空间设计的现代转化》。

13—15 日，吴根友出席暨南大学人文学院哲学所主办的"多元视域下的诸子学研究学术研讨会"，提交论文《子学的双重视野及其对当代中国哲学创新的启示意义》。

13—15 日，储昭华参加暨南大学与中国社科院哲学所主办的"多元视域下的诸子学研究学术研讨会"，提交论文《"天下乃天下之天下"辨》。

13—15 日，陈锋参加由安徽省委宣传部、光明日报社主办的首届淮河文化论坛，发表论文《区域与流域经济史、文化史研究》。

18 日，郭齐勇在广东珠海北京师大珠海校区出席该校主办的 2019 京师"一带一路"论坛，作关于《文明对话》的大会发言。

20—24 日，欧阳祯人应邀出席日本东北大学实学会主办的国际学术会议，并发表大会主旨报告。

21—22 日，张建民在江西南昌参加由南昌大学主办的"70 年来区域史研究的回顾与展望"国际学术研讨会，提交论文《雨盈晴涸：清至民国秦巴山区河流的水文变化》，作学术报告《环境史研究回顾与河流环境演变研究》。

27—29 日，徐少华在武汉大学主持召开周代汉淮地区列国青铜器与历史地理研究学术研讨会。

27 日，冯天瑜先生在武汉大学中国传统文化研究中心报告厅作了题为"周制与秦制：中国文化史分期片论"的学术讲座，并向中心捐赠部分藏书。

本月，吴光正主编《宗教实践与宗教文学论文集》由北方文艺出版社出版。

卢烈红著《汉语词汇语法修辞历时变迁考论》由武汉大学出版社出版。

傅才武《技术的颠覆式创新推动文化领域进入"奇点时刻"》入选《人民论坛》2019 年年度最具价值 100 个观点。